上册

第一届资产评估新发展国际论坛论文集

The First International Forum on New Development of Valuation

第一届资产评估新发展国际论坛论文集 · 第一届资产评估新发展国际论坛论文集 · 第一届资产评估新发展国际论坛论文集 · 第一
The First International Forum on New Development of Valuation · The First International Forum on New Development of Valuation · The Fir

主编 赵 仑 王竞达

经济科学出版社
Economic Science Press

图书在版编目（CIP）数据

第一届资产评估新发展国际论坛论文集/赵仑，王竞达主编．—北京：经济科学出版社，2012.6

ISBN 978－7－5141－1783－7

Ⅰ.①第… Ⅱ.①赵… ②王… Ⅲ.①资产评估－文集 Ⅳ.①F20－53

中国版本图书馆 CIP 数据核字（2012）第 065698 号

责任编辑：柳　敏　宋　涛
责任校对：刘欣欣
版式设计：代小卫
责任印制：邱　天

第一届资产评估新发展国际论坛·论文集
主　编　赵　仑　王竞达
经济科学出版社出版、发行　新华书店经销
社址：北京市海淀区阜成路甲 28 号　邮编：100142
总编部电话：88191217　发行部电话：88191537
网址：www.esp.com.cn
电子邮件：esp@esp.com.cn
北京汉德鼎印刷厂印刷
河北省三河市德利装订厂装订
710×1000　16 开　38 印张　600000 字
2012 年 4 月第 1 版　2012 年 4 月第 1 次印刷
ISBN 978－7－5141－1783－7　定价：62.00 元（上、下册）
（图书出现印装问题，本社负责调换。电话：88191502）

前言

资产评估在促进我国经济发展，改善市场环境，规范市场秩序、保护资产产权人合法权益、保障国家金融安全、促进经济结构调整等方面具有不可或缺的作用。随着我国改革开放和全球资本市场的迅猛发展，资产评估行业的天地和前景日益广阔，资产评估行业也面临着难得的历史发展机遇。进入"十二五"时期，我国改革开放和现代化建设将进入一个新的发展阶段，经济发展对资产评估行业提出了新的要求。资产评估行业必须适应新形势、新变化，抓住机遇，迎接挑战，准确定位，不断拓展服务领域，不断提升执业能力，紧跟社会主义现代化建设的前进步伐。

作为研究专业知识的殿堂，高等院校应该关注经济社会发展中面临的各种前沿问题，发挥学术引擎和智库作用。为把握资产评估业务拓展新机遇，积极促进资产评估行业国际学术交流，由首都经济贸易大学（CUEB）主办、美国评估师协会（ASA）和英国皇家特许测量师学会（RICS）协办的第一届资产评估新发展国际论坛于2011年10月28~30日在北京隆重举行。本届论坛的主题为"资产评估新发展"，既立足当下，又着眼未来，重点围绕以财务报告为目的的评估研究、税基评估研究、知识产权评估研究、企业价值评估中流动性折扣和控股权溢价实证研究、绩效评价研究、文化产业评估研究、抵质押品评估研究、新能源评估研究、民间投融资评估研究、资产评估学科建设与人才培养研究等资产评估行业前沿问题开展研讨。来自美国、英国、日本、中国等国家的资产评估行业部门领导、高等院校及资产评估机构的100余名学者专家出席论坛并发表专题演讲。论坛筹备期间，共征集到来自各方面积极投稿的论文70余篇。

经过几个月的酝酿积蓄，经过斟酌筛选，《资产评估新发展国际论坛论文集》终于结集出版。论文集共收录论文40余篇，系从论坛所收集的论文中精选而出，约45万字。论文集汇集了国内外众多知名专家学者的智慧与思想，内容涉及以财务报告为目的的评估研究、税基评估研究、企业价值评估研究、知识产权评估研究、抵质押品评估研究、资产评估学科建设与人才培养研究、其他资产评估前沿问题等七个部分，展示了理论界和实务界对资产评估行业前沿问题进行探索的丰硕成果。

由于文稿数量多，编辑工作量大、时间紧，且编者水平有限，本论文集有不当之处，敬请作者和读者指正。

第一届资产评估新发展国际论坛会务组

2012年2月于北京

目录

第二部分
税基评估研究

第三部分
企业价值评估研究

第四部分
知识产权评估研究

第五部分

抵质押品评估研究

第六部分

资产评估学科建设与人才培养研究

第七部分

其他资产评估前沿问题研究

目　录

CONTENTS

PART 1
VALUATION FOR THE PURPOSE OF FINANCIAL REPORTING (VFR)

PART 2
TAX BASE VALUATION

PART 3
BUSINESS VALUATION

CONTENTS

PART 4
VALUATION OF INTELLECTUAL PROPERTY RIGHTS

CONTENTS

CONTENTS

财政部企业司刘玉廷司长在“资产评估新发展”国际论坛的讲话

中国的评估行业是随着中国对外开放、企业改革和社会主义市场经济的建立而逐步发展起来的，迄今已有20多年的历史。20世纪90年代初，在全面推进国有企业公司制改革、上市、退出以及建立现代企业制度过程中，需要对相关资产的价值进行估算和度量，作为实施投资行为和经济交易的依据，资产评估由此应运而生。随着《国有资产评估管理办法》（国务院令第91号）等一系列法律制度的完善，资产评估成为国有资产产权变动的必备环节，并广泛应用于行政事业资产、矿业资产、森林资产、金融资产、无形资产等多个专业领域。2000年前后，资产评估行业经历了脱钩改制，实现了与挂靠单位在人员、财务、业务和名称上的彻底脱钩，评估机构和评估师独立承担责任的能力进一步增强。截止到2010年年底，全国共有资产评估机构2853家，其中证券评估机构72家，注册资产评估师29872人，全行业执业人数超过8万人，行业资产评估业务收入50多亿元。资产评估行业已经成为社会主义市场经济发展中不可或缺的重要现代服务业之一。近年来，企业改制等项目逐渐减少，传统业务相对萎缩，资产评估行业的生存和长远发展面临着直接威胁和挑战。由于评估行业起步较晚，整体上仍然呈现出“小、散、弱”的状态。相比注册会计师行业，资产评估行业无论是总体收入规模，还是行业的集中度，都处于较低水平，2010年年底收入上亿元的评估机构仅3家，评估师数量过百人的仅有4家。尤其是高端人才匮乏，行业人才储备明显不足，理论研究和技术创新水平较低，评估人员的素质亟待提高。这种状况远不能适应我国企业改革和经济社会发展的需求。

一、新时期中国评估行业面临着前所未有的发展机遇和更加广阔的市场空间

2011 年是“十二五”规划的开局之年。“十二五”规划提出了以科学发展为主题、以加快发展方式转变为主线的方针。企业是转变发展方式的主体，我国从此进入了深化企业改革、加快转变发展方式的攻坚阶段。这就标志着评估行业发展新的春天的到来。

——产权多元化是关注重点。目前我国企业仍面临着一定的发展困境，尤其是一些国有企业一股独大现象突出，架空了企业法人治理结构，导致企业经营效益低下、发展质量不高，财政部企业司近期对中央和地方十几万家国有企业的数据分析更加证实了这一问题。解决发展问题必须要进一步深化企业改革，推进产权制度改革、盘活资本存量。其中，国有企业在国有控股前提下的产权多元化应当是近期和未来关注的重点。这对评估行业来讲，既是传统业务的延伸又是全新的发展机遇。评估行业要继续把握深化企业改革提出的广度和深度要求，为新一轮产权改革做好服务。事实上，地方国有企业改制并走向市场的进程从来没有停止过，在这个过程中，只要涉及产权变动就需要评估，这里面有很大的市场空间。

——企业“走出去”需要高水平评估人才。2011 年是中国企业“走出去”战略实施十周年。在经济全球化的大背景下，越来越多的企业走出国门，“走出去”内涵和外延正在发生深刻变化，“走出去”的规模在不断扩大。企业“走出去”，需要评估行业“走出去”，特别需要高层次的专业人士提供智力支持，提供更多的“走出去企业”和“企业走出去”服务。中国的评估行业要加强与境外评估同行的竞争与合作，延伸国内外服务链条，为企业对外并购战略、尽职调查服务、投资项目评估、境外资产管理等提供专业报告或意见。

——财政资金绩效评价引出新市场。近年来，特别是国际金融危机后，财政支持企业改革与发展的资金规模加大，渠道和方式增多。企业取得和使用的财政资金是否规范，效果是否达到预期，财政部门非常关注。在市场经济条件下，财政支持企业并非包揽一切，而是要发挥宏观

调控功能和"四两拨千斤"的杠杆作用，撬动社会资源，形成放大效应。要在提高财政资金科学化、精细化管理水平的同时，强化对企业乃至经济布局和结构调整的宏观调控能力，全面提升企业财务管理水平。在此过程中，通过政府购买服务强化绩效评价非常必要。作为财政工作的延伸，资产评估等中介行业应承担这一重任。这一市场空间将会随着财政管理体制改革的深化越来越大。

——企业内控评价对评估行业提出新要求。从 2008 年起，财政部等五部委联合出台了企业内部控制规范体系。按照要求，2011 年起，企业内部控制规范体系已在境内外同时上市的公司施行，"十二五"期间将在更多大中型企业施行。当前我国的内部控制规范体系刚刚进入实施阶段，效果还没有充分显现，这一体系要发挥其真正作用，达到全面、全员、全过程控制的目标，必须建立内部控制执行情况的监督检查机制，对企业构建的内部控制体系的完善程度和实施效果进行评估或评价，确保内部控制规范落到实处，而评估、评价恰恰是我们评估行业的优势。值得注意的是，与传统的一次性评估业务不同，这一业务是经常性的，这也是评估行业转型升级的重要方面。评估行业要抓住内部控制体系实施带来的重大机遇，发挥自身的专业优势，积极拓展内部控制相关业务，使其成为评估行业的新兴增长点。

——企业财务管理能力认证需要评估行业支持。我部正在开展企业财务管理能力认证体系的重大课题研究，将参照质量认证模式，创新性地研究建立企业财务管理能力认证体系，与产品质量认证中的 ISO9000 类似，要建立认证标准、明确认证程序、规定认证方法以及认证结果的使用，等等。通过认证企业财务管理能力，促进企业全面提升财务管理能力，实现管理创新。资产评估行业要及早做好人才储备，随着相关办法的制定出台，可发挥专业优势，按照设定的企业财务管理标准、程序、方法和要求，定期对企业财务管理能力进行评估。这将构成评估行业又一个全新的业务领域和增长点。

除了上述几个方面，在一些战略性新兴产业发展的过程中，同样需要评估行业发挥专业发现价值和判断价值的功能。如在文化产业，资产评估可以解决出版、传媒、影视、演艺、动漫等知识产权价值较难确定问题，在宝玉石产业，资产评估可以为宝玉石在征税、质押、典当、保险等环节提供价值参考，从而降低交易成本，保障各方权益，促进市场繁荣。总的来看，在新的发展时期，评估行业前景广阔，大有可为。评估行业要充分发挥自身的主观能动性、创造性和敏锐性，根据市场需求加快知识更新，提高应变能力，找准评估的切入点，以自身优势更好地服务于经济社会发展和企业改革大业。

二、完善大中小评估机构协调加快发展的合理布局

评估机构是评估行业发展最具活力的细胞。要实现评估行业的健康发展，必须要调整完善评估机构的规模、布局和结构，努力促成大型、中型、小型评估机构执业领域各有侧重、市场定位各有特色、服务对象各有倾斜、地域分布较为合理，不同规模评估机构有序竞争、协调发展的良好格局。

——推动大型评估机构做优、做强、做大。评估行业要积极探索做优、做强、做大的途径和模式，通过兼并、联合、重组等方式，鼓励强强联合、强弱联合，实现规模化、品牌化、跨越式发展。大型评估机构应建立研发部门，加大研发投入，积极开展新评估方法和技术的研究。有条件的评估机构还要积极拓展海外业务，提高国际竞争能力和服务水平。力争在"十二五"期末，打造若干家具有较强综合服务能力和核心竞争力，既能参与国际竞争和合作，又能服务于国内大型企业和上市公司的大型评估机构。从 2010 年年底开始，资产评估行业推行了母子公司试点，这是现阶段评估行业做优、做强、做大的一种比较有效、比较快捷的形式，从长远来讲，作为人合而不是资合的行业，还是要引导评估机构的组织形式向特殊普通合伙的方向发展。

——引导中小评估机构做优、做专、做精。中小评估机构要结合自身专业优势、区域优势、比较优势，突出专业特色，精细服务项目，充分发挥中小评估机构贴近市场、靠近客户、反映灵活的特点，为客户提供全方位的优质专业服务。有关部门可以以政府采购等方式支持中小评估机构参与国民经济结构调整的专项服务业务，行业协会也要加大对中小评估机构开辟新业务、拓展新领域的技术支持力度，不断提高中小评估机构专业服务能力和内部管理水平。力争在"十二五"期末形成一大批专业特色明显、服务水平精专、内部管理规范，能够满足市场经济多元化发展需要和适应区域经济发展需求的中小评估机构群体。

——全面提升评估机构的管理水平。无论是大中型还是小型评估机构，内部管理都是核心竞争力的重要组成部分，必须要建立和评估机构实际状况相适应的治理结构和内部管理机制。评估机构要按照《评估机构内部治理指引》等要求，结合自身实际健全内部组织架构，规范内部决策流程，形成权责明确、有效制衡的组织架构，建立和完善包括股东及合伙人进退机制、激励约束机制、内部决策机制、利益分配机制、质量管理机制、风险控制机制、机构文化建设机制等在内的科学合理的内部运行机制，不断提高执业质量，实现员工、机构、行业和社会的和谐发展。

三、打造一支高素质的评估人才队伍

评估机构是由评估师组成的，评估师的知识、水平和能力是评估机构和行业加快发展的关键。要在未来一段时期实现行业的跨越发展，针对目前我国评估师队伍的状况，需要从以下方面打造一支高素质的评估人才队伍。

——重视资产评估学历教育。截至目前，教育部已批准 15 所院校开设了资产评估本科专业，70 所院校招收资产评估专业硕士，这是解决行业人才问题的重要举措和平台。要搭建院校与行业主管部门、评估实务界的交流平台，推荐具有较高理论水平和丰富实践经验的人员担任课程教学、实践环节和论文指导，推荐更多评估机构作为评估教学实践基地。要发挥主管部门、高校和评估机构的合力，以专业实践为导向，培养具有扎实理论基础，适应评估行业实际工作需要的应用型高层次专门人才，改善评估师的学历结构，为资产评估行业提供更多更好的后备力量。

——改革评估师准入制度。自注册资产评估师执业资格考试制度以来，截至 2011 年年底，共举办了 15 次考试，累计报名人数 53 万多人，通过人数达到 37380 人，为评估行业输送了大批优秀人才。但现行考试制度还存在一些不适合行业发展的弊端。注册资产评估师考试作为一种执业资格考试，更应当看重考生的能力而非资历，可以考虑适度放宽考试门槛，使更多的人才进入评估行业，既可以充实行业执业力量，也可以以非执业会员的方式形成缓冲和储备。同时，还要完善考试质量控制制度和组织管理制度，不断优化考试科目设置，改进考试命题，使之切合评估业务不断发展的动态需要。

——强化后续教育培训。资产评估师接受终身教育是行业和社会发展的需要。后续教育是进行知识更新、提高专业技术水平和保持专业胜任能力的主要途径，也是构建资产评估师终身教育体系的必由之路。要进一步健全分类分级后续教育培训体系，对评估机构负责人、项目负责人和一般从业人员实行岗位分级培训和专业分类培训，完善后续教育评价体系和考核体系，提升培训质量和效果。积极借助社会培训力量，培养行业高端管理人才、新型业务人才和特殊需求专门人才，保障行业服务结构调整和升级的人才需求。

以上是本人对中国评估行业加快发展的粗浅认识，相信在主管部门、行业协会、评估机构和全体评估同仁的共同努力下，评估行业定会迎来光辉灿烂的明天！

第一部分 以财务报告为目的的评估研究

PART 1 VALUATION FOR THE PURPOSE OF FINANCIAL REPORTING（VFR）

会计中的公允价值与资产评估中的市场价值
——从FASB公允价值三层级谈起

姜 楠 杨 琳 东北财经大学

【摘要】 国际评估实务界多数认为会计中的公允价值与评估中市场价值是基本一致的，我国于2007年颁布的《以财务报告为目的的评估指南（试行）》中也明确指出在符合会计计量属性规定的条件时，会计准则下的公允价值一般等同于资产评估准则下的市场价值，但对于两者间的关系在评估理论界和实务界仍存在许多疑惑。本文以反思和对比的视角，从广义和狭义公允价值定义的差异、会计公允价值计量的层级划分及可操作性三个方面论证两者之间的关系，并依据公允价值的不同层级对两者间的对应关系可能产生的疑惑进行分析阐述，希望通过会计准则的不断完善能够打消人们的误解。

【关键词】 公允价值；市场价值；以财务报告为目的的评估

Comparison of Accounting Fair Value and Valuation Market Value
—through Fair Value Hierarchy

JIANG Nan YANG Lin

Abstract: It is widely accepted in valuation public practice that the accounting concept ‘Fair Value’ is equivalent to the ‘Market Value’ defined in valuation. It also explicitly indicates in the Valuation for the Financial Reporting Guide (2007) that the Market Value is equivalent to the accounting norms of the fair value in the light of the provisions of the accounting measurement attribute. Nevertheless, doubts and confusions still exist among the academics and practitioners. This purpose of the report is to analyze and explore the differences between generalized and specific fair value, accounting fair value measurement hierarchy and its operability in the aim to improve the understanding of accounting standards.

Key Words：fair value；market value；valuation for the financial reporting

以财务报告为目的的评估不再是一个陌生的词汇，随着公允价值的广泛应用，此类评估业务早已逐渐发展起来。《国际评估准则》第九版的征求意见稿于2010年6月发布，其逐渐淡化准则中的不动产偏向性，反映出评估目的及评估应用的全面性，同时在结构上更加着重于以财务报告为目的的评估。而我国《以财务报告为目的的评估指南（试行）》（以下简称《指南》）自2007年颁布以来，也为促进我国评估与会计的长期合作起到很大的帮助作用。

以财务报告为目的的评估是为会计计量、记录、核算提供专业性意见，其对公允价值或其他计量属性的评估结果将直接影响到对外披露的财务报告的信息质量，故为促进评估更好地为会计服务，促使会计与评估两个行业的共同发展，我们必须要明确会计中的计量属性与评估中的价值类型的相互关系，尤其是公允价值与市场价值之间的关系。会计计量属性是整个会计体系的根源和保证，而评估价值类型又构成资产评估理论的基础和标准，两者之间的对应关系极为重要，但它们之间的关系并不能简单的对其施加判断。我国《指南》指出符合一定条件时，会计准则中公允价值与评估准则中市场价值一般可以等同。对此，评估理论界与实务界存在许多疑惑，其中，会计公允价值与评估公允价值的关系以及会计公允价值内涵与外延的关系等，一直成为大家理解和把握会计中公允价值等同于评估中市场价值的障碍。

一、评估公允价值与会计公允价值的关系

会计准则中公允价值一般等同于评估准则中市场价值，而非等同于评估中的公允价值，可能是相当一部分理论界与实务界在理解会计公允价值与评估市场价值中遇到的第一个困扰。其实，公允价值包含了广义的公允价值和狭义的公允价值两个层面。评估中的公允价值属于广义的公允价值，即一种相对宽泛合理的价值。广义的公允价值并没有一个确

切的公允边界，其公允的内涵是相对于各种条件而言的，它是对资产在各种条件下合理价值的概括和抽象。评估中的公允价值既不是一种价值定义，也不是一种价值类型，而是资产评估中的基本目标和执业理念。这种目标和理念要求评估人员应当根据被评估资产自身的条件及其所面临的市场条件，对被评估资产的客观交换价值进行合理估计和判断。根据评估对象自身的条件及其所面临的市场条件，公允价值是以市场价值和市场价值以外的价值两大类表现其存在。会计中的公允价值是一个有着严格定义的价值，是会计准则规定的资产或负债在满足某种条件约束下的合理价值。因而，是一种有着严格条件限定的公允价值，即狭义的公允价值。相对于会计中狭义的公允价值，资产评估中的广义的公允价值，可以理解为一种估值思想和估值的公允性目标，它通过市场价值以及市场价值以外的价值（其是一种集合概念，以下简称非市场价值）两种价值类型表现出来，无论内涵抑或是外延都比会计中的公允价值更广。显然，会计中的公允价值①与资产评估中的公允价值是字同意不同。

2006 年 9 月，FASB 发布美国财务会计准则第 157 号——《公允价值计量》（SFAS NO. 157），将公允价值定义为“在计量日市场参与者之间进行的有序交易中，出售一项资产被认可的或是转让一项负债所支付的对价”。同时强调公允价值狭义满足市场参与者、最大最佳使用及主市场或最有利市场等价值定义要件和前提。《国际评估准则》对市场价值的定义为：“自愿买方与自愿卖方在评估基准日进行正常的市场营销之后所达成的公平交易中，某项资产应当进行交易的价值估计数额，当事人双方应各自理性、谨慎行事，不受任何强迫压制”。同样强调市场价值的公开市场条件、最佳使用、理性交易以及自愿买卖双方等价值定义要件的内容。可以说，从定义及其概念要件上看，会计中的公允价值与评估中的市场价值的内涵十分接近，两者对市场条件的要求都相对较高，都是一种相对于市场整体条件下的合理价值，从内涵的层面上两者非常接近或近似等同。从上述分析中可以得出这样一个初步结论：会计中的公允价值与评估中的公允价值并没有直接的关系，而与评估中的市场价值存在着某种联系。循着这样的逻辑作出会计准则中公允价值一

① 本文如无特殊说明，所指公允价值均指会计中的公允价值。

般等同于评估准则中市场价值的结论和判断应该是顺理成章的。然而，会计准则关于公允价值计量层级划分的跨度和维度，使得公允价值定义及其概念要件的严谨甚至苛刻性与其计量层级及其数据资料来源的广泛和宽松性形成较为明显的反差，似乎让人感觉到公允价值的内涵与其计量层级的划分的非匹配性，也很容易使得人们对会计中的公允价值与评估中市场价值的关系有了另外一种理解。

二、会计公允价值内涵及外延的“非匹配”带来的混淆

FASB 对公允价值的定义，是一个基于理论层次上的、严谨且规范的定义，但在实务过程中，无论是市场条件抑或是理论假设均无法得到完全满足。故为加强公允价值计量与评估的可操作性，促进理论与实务的统一，FASB 在 SFAS NO. 157 中同样对公允价值的外延及估值过程中参数的选取进行了详细的界定，即为人们所熟知的公允价值的层级划分。

FASB 对公允价值的层级划分别为：第一层级为可观察的市场输入值——活跃市场中相同资产或负债的报价；第二层级仍为可观察的市场输入值，并细分为四个层次，依次分别为活跃市场类似资产或负债的报价、非活跃市场中相同或类似资产或负债的报价、直接观察到的除报价以外的其他参数、其他非直接观察到的市场数据计算而得的市场参数；而第三层级则为不可观察的市场输入值。具体如图 1 所示。

第一层级		活跃市场相同资产或负债的报价	可观察输入值
第二层级	一	活跃市场类似资产或负债报价	
	二	非活跃市场相同或类似资产或负债报价	
	三	直接观察到的除报价以外的其他市场参数	
	四	非直接观察到的市场数据计算而得的参数	
第三层级		报告主体基于市场参与者角度选取的参数	不可观察输入值

图 1　基于输入参数的公允价值层级划分（FASB FAS NO. 157）

仔细分析三层级可以看出，当活跃市场存在报价，即公允价值位于

第一层级以及第二层级的第一层次时，可以直接依据市场报价或依据市场法对市价作出一定调整来估计公允价值；而当活跃市场不存在报价（第二层级的后三层次）时，需要采取一定的估值手段——市场法、收益法或成本法对公允价值进行估计，公允价值的估值结果也便取决于估值过程中所依据的输入参数。从公允价值位于第一层级以及第二层级要求的数据来源角度讲，公允价值的外延与其定义及内涵基本保持匹配，公允价值一般等同于市场价值的结论基本成立。但是，到了计量的第三层级，特别是依据不可观察参数判断公允价值时（尽管会计准则强调了报告主体基于市场参与者角度），此层级确定的公允价值外延似乎与其定义及其概念要件的要求产生了错位。不仅数据可以来源于非活跃市场，而且涉及不可观察参数。人们对于评估中市场价值的理解，往往是与其公开市场数据来源相联系，公允价值第三层级所指向的公允价值的外延似乎超出了市场价值的外延。这就使得人们对公允价值与评估中市场价值的关系有着另外一种理解，具体关系如图 2 所示。

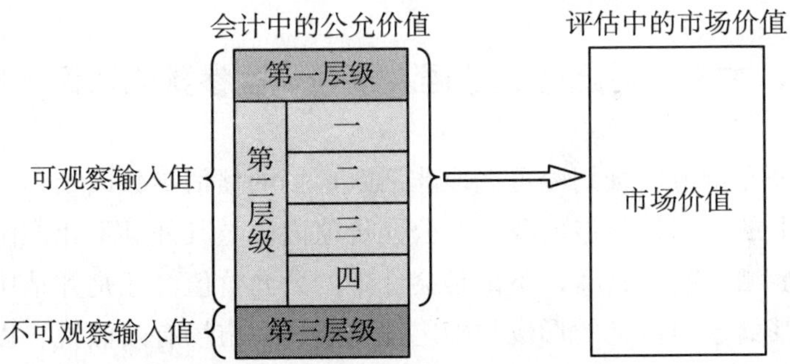

图 2　依据 FASB 公允价值层级划分对公允价值与市场价值关系的表面理解

FASB 为提高公允价值在实际计量及估值过程中的可操作性，而对公允价值所作出的层级划分，特别是第三层级的引入，会给人们造成公允价值的定义与其外延产生了一定程度背离的印象。公允价值的计量层级中非活跃市场及不可观察参数的出现，使人们有“理由”认为公允价值在某种情况下并不等同于市场价值，也可能与非市场价值形成某种对应关系。当市场活跃，公允价值处于第一层级以及第二层级时，公允价值可以与市场价值一般等同；而当市场不活跃，公允价值处于第三层级，其所选取的估值参数源于非活跃市场或是不可观察的参数时，公允价值与市场价值的对应关系便不是那么明显，甚至也可以理解，公允价值也可能与非市场价值相关价值对应。因而，如何理解与把握公允价值计量对非活跃市场的估值参数以及不可观察参数的选择，将成为人们正确理解公允价值一般等同于市场价值这个命题的关键。会计公允价值是小于评估中的公允价值但大于评估中的市场价值，还是会计公允价值一般等同于市场价值，均将取决于人们对非活跃市场的估值参数以及不可观察参数的认识与理解。

目前评估理论界与实务界对广义与侠义公允价值的区分，以及评估中的公允价值属于广义范畴，会计中的公允价值属于狭义范畴的理解并无太大的分歧与争议。但对会计公允价值与评估中的市场价值关系的理解中则存在一定的模糊和混淆，这更多的是与会计准则对公允价值价值计量层级的划分与表述有关。就是说，会计准则在公允价值定义及其概念要件中的阐述非常严谨且条件非常苛刻，而在计量级次划分中对资料来源取得的约束又相对宽松。

三、关于非活跃市场数据及不可观察参数的认识与理解

对公允价值层级划分可选取非活跃市场的估值参数以及不可观察参数字面上的认识，是造成我们对公允价值内涵与其外延不相匹配的理解的关键症结所在。其实，不论是会计中的公允价值，还是评估中的市场价值，其概念与定义的形成与确定都是建立在市场有效假说，以及相对理想市场条件的假设基础之上。而现实的市场条件，不论是正处于经济转轨中的中国，还是已经相对成熟的美国和欧洲，市场条件还都未完全达到相对理想的程度。在实务操作中，要使得评估公允价值或市场价值的评估成为可能，都需要根据现实市场的情况对公允价值或市场价值所依据的数据（来源）的规范做出既符合定义宗旨又切合实际的调整。这可能就是理论的理想化与实践现实性的关系吧，或称作“理论联系实际”。

笔者十分清楚公允价值计量与估值在实务操作过程中的困难，也清晰地看到 FASB 在完善公允价值定义及层级划分过程中所作出的努力。故在现实的市场条件与公允价值定义的市场条件要求不能完全吻合的条件下，对公允价值依据的估值参数进行层级划分（择优选择），从而为公允

价值的计量与估值提供可行的操作指南是一种具有实践意义的明智之举。

事实上，鉴于实务操作过程中市场条件的局限性及理论假设的难以满足性，公允价值的内涵与外延存在差异的情况正在改善。尤其是当FASB颁布FSP FAS 157－1至FSP FAS 157－4，对公允价值的层级划分及应用进行补充和完善之后，公允价值内涵与外延理解上的缝隙正在缩小。2009年4月，FASB颁布FSP FAS 157－4，对资产或负债的交易数量及水平显著减低时公允价值的确定及非有序交易的识别进行单独规定，从而使得FAS 157得到进一步的补充和完善。FSP FAS 157－4对公允价值估值参数的选取作出明确的要求，指出公允价值的估值要最大限度的选取相关的可观察输入参数，最低程度地选取有不可观察输入参数，即在公允价值的估值过程中，一定要首选相关的可观察输入参数，若不存在相关的可观察输入参数（公允价值处于第三层级时），特定报告主体便要基于市场参与者的角度选取不可观察的输入参数对公允价值进行估值。可见，会计准则在公允价值的不同层级划分中都在强调市场及市场参与者，有些层级的数据来源虽然不能完全满足公允价值定义中规定的理想状态下的活跃市场条件的要求，现行会计准则的规定仍可被认为是对理论到实践之间必要的过渡和良好的演绎，公允价值的客观性、公允性可以得到基本保证。

相对于评估中的公允价值，会计中的公允价值无论是从内涵还是外延上理解，均属于狭义的公允价值。公允价值计量层级划分从表面上看，存在着个别层级参数来源无法完全满足其定义中所要求的市场条件的现象，公允价值定义及其市场条件假设与计量要求存在着某些"误差"，易让人产生公允价值的内涵与其外延或许有些背离的感觉。这也使我们意识到会计准则仍需要不断地完善公允价值定义及其计量层级（外延）的统一性，兼顾公允价值理论上的严谨与实务中可操作性的衔接。理论与实践总是存在差异的，如何保证好的理论能够被正确地应用到实践中，以及在实践中如何正确贯彻相关理论，始终都是我们为之奋斗的目标。我们相信，上述目标的实现一定是一个过程，在这个过程中总是从不完善、不尽完善向着完善靠拢。会计准则的不断完善会使得公允价值内涵与其外延不断趋于匹配，以及会计中的公允价值与评估中的市场价值之间的关系趋于明朗。虽然现阶段大家对上述问题的理解还没有达到完全的统一，可能还存在这样或那样的理解分歧，但我们都在朝着这个方向不断的努力，也相信公允价值的理论研究与实务发展会有完美结合的一天。

四、结语

本文以 FASB 对公允价值的定义及层级划分为依据，对会计中公允价值与评估中市场价值的关系进行分析阐述，指出现行会计准则中公允价值层级划分可能引起的对两者关系的混淆，最终在考虑现行市场条件的约束下，认为公允价值的内涵与外延并不统一。从其本质含义来看，公允价值与市场价值的确可以等同；但从其层级划分，尤其是从第三层级不可观察估值参数的角度来讲，公允价值与市场价值却并不总是一致。我们需要意识到，在现实市场条件下，公允价值定义中所体现出的基于理想条件下的、公平、公开市场的理念只能作为一个计量标准或是计量目标，尚无法在实务中得到完全的应用；而其层级划分则是为实现理论至实务的良好过渡，依据不同的市场条件对估值参数作出不同的选择，让公允价值的计量和应用更具操作性和可行性。当然，公允价值内涵与外延的不匹配只是暂时的，随着公允价值定义及层级划分的不断完善及相互统一，公允价值与市场价值的关系将日趋明朗，评估界可以为会计界提供更高质量的会计信息，以财务报告为目的的评估也将得到无比繁荣的发展。

参考文献

[1] 姜楠：《再论公允价值——学习第八版〈国际评估准则〉有感》，载《中国资产评估》2009 年第 12 期。

[2] 陈少瑜、李挺伟：《以财务报告为目的的评估在美、英、德国的发展——普华永道国外有关专家专题讲座》，载《中国资产评估》2008 年第 2 期。

[3] 陈少瑜：《国际评估准则最新进展》，http：//wenku. baidu. com/view/c2ff8bc5bb4cf7ec4afed0c8. html，2010（11）。

[4] 刘云波、李挺伟：《公允价值与资产评估》，载《中国资产评估》2007 年第 5 期。

[5] FASB. FSP157 –4：Determining Fair Value When the Volume and Level of Activity for the Asset or Liability Have Significantly Decreased and Identifying Transactions That Are Not Orderly，2009（04）.

收购价格分摊之无形资产辨认与评价

——中国台湾案例分析

陈联兴　华渊鉴价股份有限公司

【摘要】依据中国台湾“财务会计准则公报”第25号规定，企业以现金或交付资产或承受债务进行企业合并或收购等，应就该购买目标进行收购价格分摊，就被收购企业之收购日进行资产公平价值评估，并以购买价格超过被收购企业全体资产公平价值，依据中国台湾“财务会计准则公报”第37号规定，辨认被收购企业的无形资产，进而予以评价，完成后，作为公司认列调整相关科目的依据，并按照中国台湾“相关税法”规定提列摊销费用，未辨认且购买价格超过被收购企业全体资产公平价值，依商誉认列，并每年进行资产减损测试，我们以中国台湾相关案例为例简要说明收购价格分摊的流程。

【关键词】收购价格分摊；购买法；无形资产；辨认与评估

Intangible Valuation in Purchase Price Allocation

—Case Study in Taiwan of China

CHEN Lian-xing

Abstract: According to Taiwan of China GAAP #25, an entity acquires another entity by paying cash, distributing assets or assuming liabilities is required to do purchase price allocation following business combinations. Purchase price allocation is the process of allocating the purchase consideration of an acquirer's entity to the identifiable assets acquired and liabilities assumed at fair value on the date of acquisition. GAAP #37 is applied as the guideline for the identification, recognition and measurement of intangible assets. Intangible assets are subject to amortization according to the tax law of Taiwan. When the fair value of identifiable net assets acquired exceeds the purchase consideration, the difference is identified and recognized as goodwill which is required for impairment test annually. Five Taiwan of China cases are applied to explain the process of purchase price allocation.

Key Words: purchase price allocation; identification; recognition and measurement of intangible asset; Taiwan of China case studies.

一、前言

PPA① 是将被合并企业的主要资产、负债，透过公平价值重新认列的过程。所谓合并，系指一个公司取得一个以上公司的控制能力而合并为一个经济个体。简言之，在会计稳健原则下，企业账上价值为历史成本，不等于企业合理的公平价值，某些资产可能被高估，也有可能被低估或未列入资产负债表内。依购买法的会计处理原则，收购成本超过有形及可辨认无形资产的公平价值扣除承担的负债后净额部分，应列为商誉。在购买日，买卖双方交易的资产及负债应可视为公平价值，然而在目前中国台湾现行一般公认“会计原则”下，账上不动产或机械设备价值并未合理反映真实价值；再者，自行研发申请的专利通常只列手续费、规费及登记服务费等申请费用，公司主要制程、处方、技术等项目，通常不在资产负债表上；若未进行辨认及评估，买卖双方可能到交易多年后才逐渐发现自己买到或卖出资产的真正公平价值，无法反映实质上的经济交易；如此提供的非攸关性的财务报表，可能导致报表用户及经营管理阶层做出不利的决策，损及应有的权利。在 PPA 的分离过程中，透过逐项检讨资产负债表上主要项目，重新找到该资产在合并基准日的公平价值；另外透过访谈、研究和探讨后，依据无形资产的一般公认“会计原则”② ——无形资产认列的定义，我们可以辨认无形资产项目，并依评价目标目的与用途的不同，而选择遵循中国台湾“评价准则”③ 或

① PPA：Purchase Price Allocation，购买价格分摊。

② 系指“财务会计准则”第三十七号公报——无形资产会计处理准则。无形资产系指无实体形式的非货币性资产，并同时符合下列条件：（1）具有可辨认性；（2）可被企业控制；（3）具有未来经济效益。

③ 中国台湾“评价准则公报”第 1 号，2007 年 12 月 26 日发布，目前已发行至第 6 号公报。

国际评价准则[1]或美国评估准则[2]或 IAVCA[3] 作业规范，透过合理的评价方法，取得专利、商标等无形资产的公平价值。这对财务透明度、会计信息的质量、日后税务摊提[4]上、资产减损回转上均有相当的帮助。

图 1 是中国台湾收购价格分摊的无形资产辨认与评价，与世界各经济体会计准则及评价准则的关系。

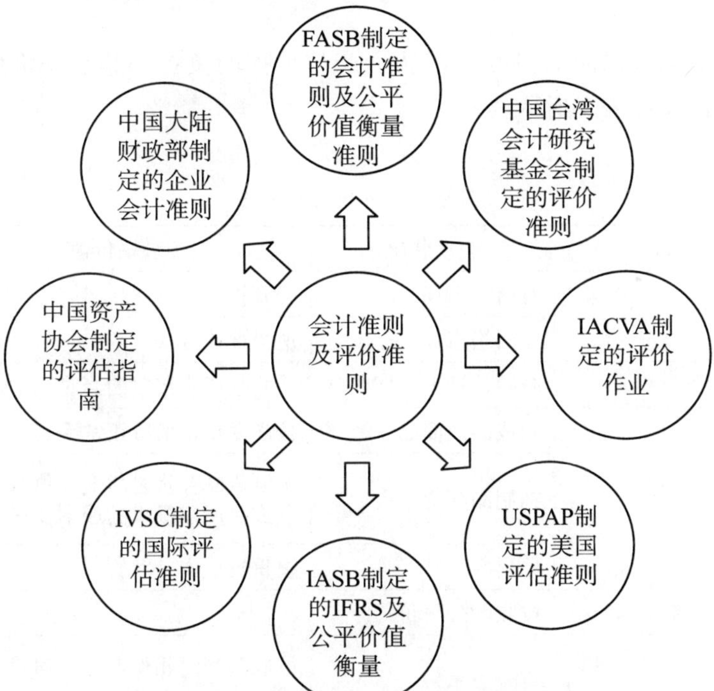

图 1　世界各经济体会计准则及评价准则的关系

资料来源：华渊鉴价股份有限公司研究整理。

---

① "International Valuation Standards", International Valuation Standards council (IVSC).

② "Uniform Standards of Professional Appraisal Practice", The Appraisal standards Board of The Appraisal Foundation.

③ International Association of Consultants, Valuers& Analysts (IACVA) 是 National Association of Certified Valuation Analysts (NACVA) 的国际分会。

④ 中国台湾"并购法"第 35 条：公司进行并购而产生之商誉，得于 15 年内平均摊销。

二、会计公报及评价准则的依循

1. 依据中国台湾现行“财务会计准则公报”第25号《企业合并——购买法的会计处理》，若一公司取得一家或多家公司的控制能力，或一新成立的公司同时取得多家公司的控制能力等，则须进行收购价格分摊，其购买价金不限于现金，亦包括交付资产或承受债务等①。

企业因收购而取得的可辨认资产与承担的负债，其公平价值的决定，经汇总如表1所示。

表1　　　　公平价值评价方法汇总

项目	假设状况	公平价值
金融商品	有活络市场	公开报价
	无活络市场	适当评价方法
应收款项	减除估计无法回收款项及收款成本按收购当时利率折现	
存货	制成品及商品	按净变现价值减正常毛利
	在制品存货	按制成品存货之净变现值减完成至制成品所需投入的成本及正常毛利
	原料	按重置成本
待出售非流动资产	按收购公平价值	
厂房及设备	重置成本	按收购当时相似产能厂房设备重置成本
	预期使用价值	若预期使用价值较低时，可采用
可辨认无形资产	有活络市场	公开报价
	无活络市场	适当评价方法
其他资产	有活络市场	公开报价
	无活络市场	适当评价方法
应付账款及票据	按收购当时利率折算的现值	

① http：//dss. ardf. org. tw/ardf/ac25. pdf.

续表

项目	假设状况	公平价值
长期负债	按收购当时利率折算的现值	
其他应付债务	按收购当时利率折算的现值	
应计负债	按收购当时利率折算的现值	
其他负债	按收购当时利率折算的现值	
承诺事项	按收购当时利率折算的现值	
或有事项	其公平价值可于收购价格分摊期间确定者	按公平价值
	其公平价值无法于收购价格分摊期间确定者	按估计金额

资料来源："财务会计准则"第25号公报：《企业合并——购买法会计处理》，中国台湾会计研究基金会出版。

至于IFRS对公平价值的定义："在公平交易下，已充分了解并有成交意愿的双方据以达成资产交换或负债清偿的金额"①。或者"公平价值为在正常交易下，市场参与者间于衡量日出售资产所收取或移转负债所支付的价格"②。因此若根据IFRS的原则性规范，企业在衡量资产及负债的公平价值时，应注意下列事项：

（1）辨认有无需衡量的特定资产及负债；

（2）资产或负债于常规中主要市场或最有利市场；

（3）就非金融资产而言，该金融资产最大且最佳之用途及该资产系与其他资产一起使用或单独使用；

（4）评价技术。

2. 或有价金的考虑。或有价金，以收购者立场而言，到底买到公司的内容是不是符合当时的预期，另外收购完成后，原经营者有没有良善的把全部的信息或know-how保留下来，因此制订一个或有价金，如果能保持或达到一个盈余水平，买方愿意另外多给付一笔价金的方法。

① "国际财务报导准则"第3号——企业合并，附录A，中国台湾会计研究基金会翻译。

② "国际财务报导准则"第13号——公平价值衡量，第9段，中国台湾会计研究基金会翻译。

以被收购者立场看，可能已约定某个收购金额，而买方以现金或股票或其他资产当作价金。并且约定股票每股金额。

依据25号公报第12段中企业合并契约有时规定视未来一定期间（或有期间）某特定事项或交易（或有事项）的发生或不发生，而必须额外发行证券、交付现金或其他资产等或有价金。或有价金如果与未来盈余有关，即于收购时，收购人约定在未来一段时间内，若能保持或达到某特定盈余时，或者当或有事项可合理确定或很有可能发生时，即应将或有价金列入收购成本中。如果无法预期，通常我们不会把或有价金部分列入。

3. 无形资产在辨认过程中，依据中国台湾“财务会计准则”第37号公报“无形资产会计处理准则”① 的无形资产系指无实体形式的非货币性资产，并同时符合下列条件：

（1）具有可辨认性；

（2）可被企业控制；

（3）具有未来经济效益。

同时具备下列条件：

（1）资产的未来经济效益很有可能流入企业；

（2）资产的成本能可靠衡量。

因此在辨认无形资产：例如合约、专利权、特许权、客户及供货商名单、有利的租赁契约等，此类资产若有活络市场存在时，公平价值以公开报价衡量；若无活络市场，宜以适当评价方法估计公平价值，如图2所示。

4. 商誉及非确定耐用年限无形资产的减损测试，收购公司应依据“财务会计准则公报”第35号“资产减损之会计处理准则”的规定，每年定期进行商誉之减损测试，且发生特定事项或环境改变显示商誉可能发生减损时，应立即进行减损测试。收购公司不得摊销该商誉。至于IFRS关于减损测试如图3所示。

5. IFRS下各项资产公平价值的衡量优先级如图4、图5、图6所示。

---

① 中国台湾“财务会计准则”第37号公报：《无形资产会计处理准则》第2段，中国台湾会计研究基金会发行。

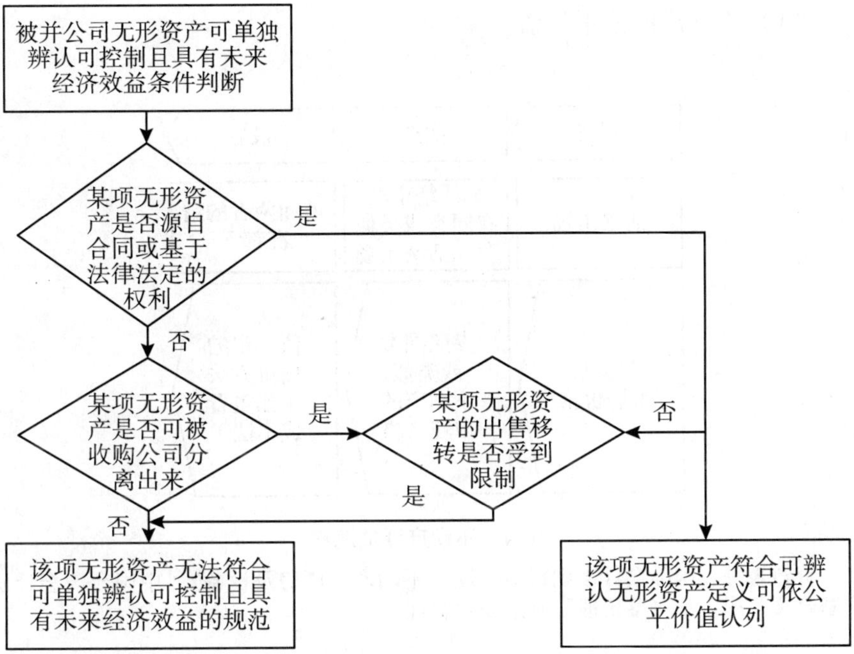

图 2　无形资产辨认流程

资料来源："财务会计准则"第 25 号公报及第 37 号公报，华渊鉴价股份有限公司整理。

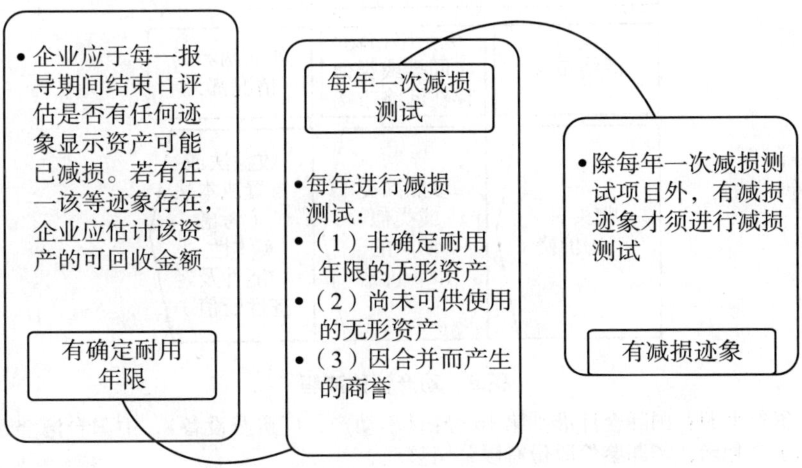

图 3　资产减损测试流程

资料来源：国际会计准则第 36 号：《资产减损测试》，中国台湾会计研究基金会翻译，华渊鉴价股份有限公司整理。

（1）不动产的公平价值。

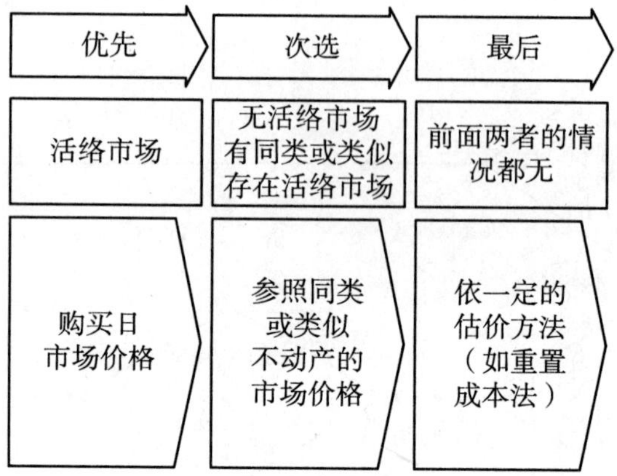

图 4　不动产评估流程

资料来源：国际会计准则第 16 号：《不动产、厂房及设备》，中国台湾会计研究基金会翻译，华渊鉴价股份有限公司整理。

（2）动产的公平价值。

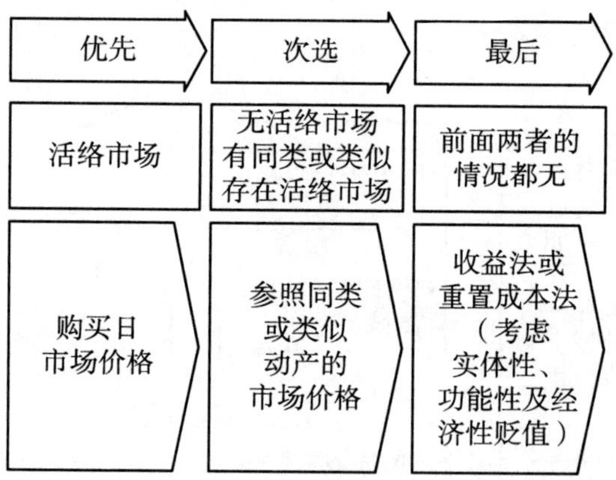

图 5　动产评估流程

资料来源：国际会计准则第 16 号：《不动产、厂房及设备》，中国台湾会计研究基金会翻译，华渊鉴价股份有限公司整理。

（3）无形资产的公平价值。

图 6　无形资产评估流程

资料来源：国际会计准则第 38 号：《无形资产》，中国台湾会计研究基金会翻译，华渊鉴价股份有限公司整理。

6. 评价准则的公平价值定义。

（1）根据中国台湾会计研究基金会发行的“评价准则”第 4 号公报的定义如下：

①就财务报导目的而言，系指在正常交易下，已充分了解相关事实并有成交意愿的双方据以达成资产交换或负债清偿的金额。

②就法律事务而言，公平价值应根据相关法令或判例予以定义。

（2）根据国际评估准则委员会（the International Valuation Committee，IVSC）的“国评估准则”的定义，公平价值定义（Fair Value）：指在公平交易中，充分知情的理性当事人自愿据以进行资产交换的金额（Fair Value is the estimated price for the transfer of an asset or liability between identified knowledgeable and willing parties that properly reflects the respective interests of those parties）。

7. 评价作业的规范。

无形资产的评价作业，主要根据：

（1）一般公认会计原则及评价准则公报[①]。

① 目前中国台湾研究基金会已发行的“评价准则”如下（评价准则公报）：
“No. 1 评价准则总纲”（1996 年 12 月 26 日发布）
“No. 2 职业道德准则”（1997 年 8 月 13 日发布）
“No. 3 评价报告准则”（1998 年 8 月 21 日发布）
“No. 4 评价流程准则”（1998 年 12 月 31 日发布）
“No. 5 评价工作底稿准则”（1999 年 8 月 26 日发布）
“No. 6 财务报导目的之评价”（2000 年 5 月 31 日发布）

（2）美国 IACVA[①]（International Association of Consultants, Valuers& Analysts）的作业规范。

（3）IASB 的国际评价准则。

（4）The Appraisal standards Board of The Appraisal Foundation 发行的“美国评估准则”。

（5）评价模型：净现金折现法、成本法、市场法及资产基础法等。

（6）相关评价理论、学说。

三、基本观念

PPA 的辨认及评价资产、负价及无形资产的架构如图 7 所示。

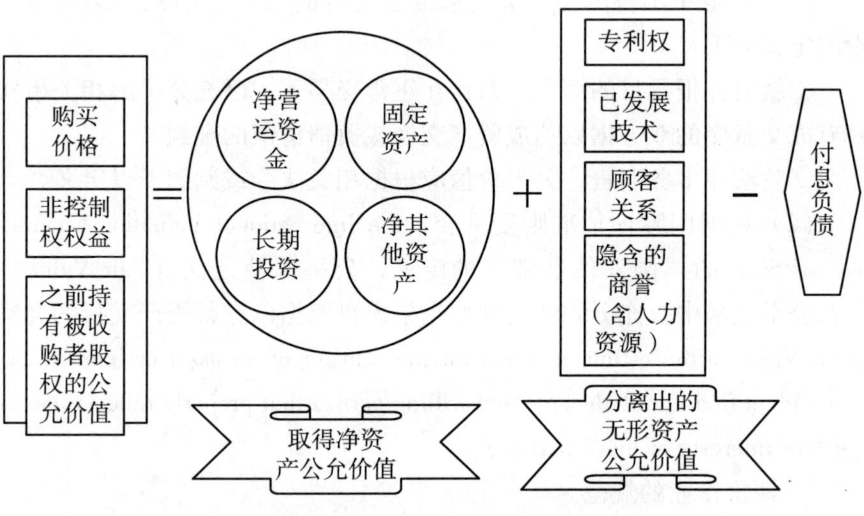

图 7 PPA 辨认、评价资产、负债及无形资产架构

资料来源：“财务会计准则”25 号公报“合并——购买法之会计处理”，中国台湾会计研究基金会；《国际财务报告准则》第 3 号——企业合并，中国台湾会计研究基金会翻译，华渊鉴价股份有限公司整理。

兹详细说明如下：

① International Association of Consultants, Valuers & Analysts（IACVA）是 National Association of Certified Valuation Analysts（NACVA）的国际分会。

以图 8 资产负债表的账上价值而言；资产 = 负债 + 业主权益；资产负债表左边资产合计 = 200 + 300 = 500，等于资产负债表右边的流动负债 100 + 长期负债 100 + 股东权益 300 = 500。所以，如果依账上看，股东权益价值应该为 300 单位，但我们知道，企业之所以合并有许许多多原因，少有人会刚好以账上价值交易，如本案以 600 单位交易，依据“财务会计准则”第 25 号公报第 17 段第一小段：“因企业合并而取得的可辨认资产与承担的负债，不论是否列示于收购公司的财务报表上，均应按收购日的公平价值衡量”。所以，PPA 的过程即是在企业合并后，透过各种不同的评价方法，将全部资产及负债项目重新评估，得出公平价值。如图 9 所示，流动资产由原来的 200 单位变成 150 单位，而有形资产由 300 单位变成 350 单位。透过访谈及运用各种不同评估方法，得出专利及技术，顾客关系的价值，透过资产 = 负债 + 股东权益，求出商誉价值 100 单位。这是最简单的 PPA 类型。也是我们前面所说的，把资产负债表上所有的项目及可能会有的项目，全部重新检讨为公平价值的过程。

评价公司接受并购公司委托时的作业过程，不同类型的公司会有不同的作业过程，本文谈的是比较常用的流程。

第一，决定收购者及被收购者。首先确定收购方或被收购方，比较有趣的案例如 2009 年亚洲最大的并购案，群创并购奇美及统宝公司，存续公司是群创，但留下的名字是奇美，以 PPA 的立场，案例要评估

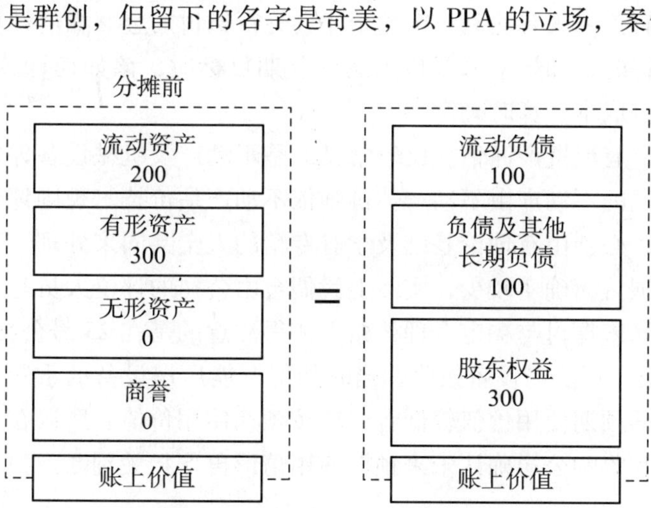

图 8　购买价格分摊前的资产负债

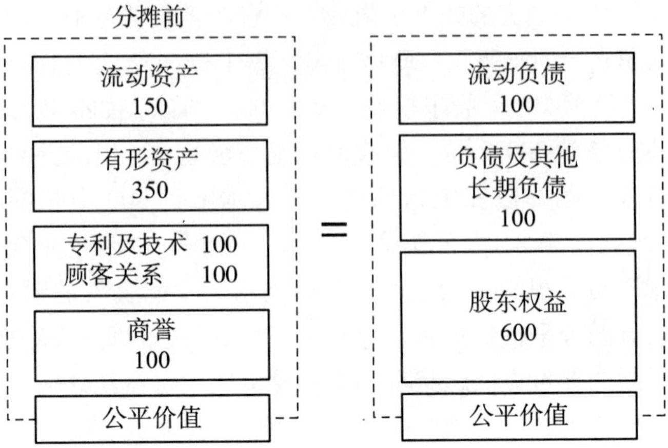

图9　购买价格分摊后的资产负债

的是被收购公司，即奇美及统宝公司的公平价值，所以一开始要确定收购方或被收购方。另外，我们也要确定收购日，以评估所有资产、负债的价值。①

第二，决定收购成本。收购成本通常可以是现金、发行权益证券(股票)、发行或承担负债、交付其他资产（如以土地或机械或有价值的资产）而取得。实际上，评价公司会要求收购单位提出相关收购数据，并与客户一起讨论、分析；如只买到部分股权时，该如何处理；收购成本中有关未来要达到一定盈余才会另行给付的金额如何计算、以发行股票取得时，如果未来股价未达到预期目标时，该如何计算等问题，均要在收购成本计算时确定。

第三，有形资产评估。比较常见的是不动产及机械设备评估，在中国台湾地区的不动产由不动产估价师依不动产估价技术规则评估，机械设备方面，必须由有理论基础及学有专精的人士共同来处理。这方面的人才在中国台湾确实较少，实际上我们会由公司的评价人员与不同产业的专家协同来探讨与决定合理价格。值得注意的是在25号公报18段第5小段指出：厂房与设备按收购当时相似产能厂房设备的重置成本，但收购公司的预期使用价值较低者，应按预期使用价值。所以在评估过程中，先要和收购公司确认未来预期使用情形再作相关判断。报告书的批

① 《国际财务报告准则》的流程是辨认买卖方、选定评估方法、无形资产的结论。

注或提请报告书用户注意事项中，必须提到价值差异的问题。

第四，辨认无形资产。这是 PPA 过程中，需要花较多时间和收购方沟通之处，也是评价公司是否有足够评价经验的重要指标，许多的无形资产，收购方或被收购方的研发人员通常不具有辨认无形资产的专业及能力，而财务人员因为专心在财务及会计的相关规范上，未涉及技术问题或销售问题而忽略。专利权、商标权大家都耳熟能详，比较没问题。但往来多年的顾客关系、员工竞业禁止条款、有利租赁契约及特许权等，都是需要有经验的评价人员，透过多次的访谈、检讨，从访谈中辨认出。

第五，是无形资产评价。运用各种不同方法，主要以成本法、收益法及市场法三大主轴探讨，后面将会有实例与各位分享。

第六，即计算商誉。将购买价格分配后，最后剩下的，无法符合无形资产定义的部分全部列为商誉。当我们把全部资产均用公平价值计算后，即得到商誉价值。即商誉是由负债加上收购成本减去可辨认的有形资产及无形资产所得余额。

四、无形资产的辨认与评价

依据中国台湾“财务会计准则”公报第 37 号①提到无形资产的定义，它是指无实体形式的非货币性资产，并同时符合具有可辨认性——指无形资产可与企业分离而与其他合约、资产出售（如专利）、可被企业控制、具有未来经济效益，并且符合资产的未来经济效益很有可能流入企业，成本能可靠衡量这两项标准。

无形资产如何取得，其取得途径有单独取得，如向外购买专利；企业合并取得，即并购另一家公司时取得；资产交换取得系指以非货币性资产交换而取得；内部产生系指无形资产已不仅是研究阶段，而是达到发展阶段而取得；最后一项政府捐助取得，通常指的是政府以优惠价格或免费的方式授予，该等情况可能发生在政府移转或分配机场的起降额度，广播或电台的执照或频率、输入许可证或配额，或取得其他受限制资源的权利等无形资产，提供各位参考。

在各种评价方法中，首先是成本法，其基本观念是替代原则，即各

---

① http：//dss. ardf. org. tw/ardf/ac37. pdf.

种资产的价值，不应该超过重新“再建造一个的效用相当之目标”再扣除其“累积折旧额”的观念。比较简单地说：重新盖一个新厂房如果需要100元，则已用了3年的厂房最多价值是100元。这里谈的不是账上的历史成本观念，而是现在重新建造一个效用相当新目标的观念。这个方法有两个比较大的问题，无形资产比较难以量化成本，如创意、灵感是不容易量化的；另一个问题是，成本和收益不一定相关；这个方法在无形资产未来收益较不确定或无法衡量的情况下才会使用，如客户名单或人力资产方面。

收益法：基本观念是因为拥有该无形资产而产生的利益或不必支付给别人金钱而节省下来的费用。在无形资产价值评估上，是最常用的方法。后面实际上我们会有很多例子。

市场法：基本观念是，该无形资产在市场上预估的合理交易价格，当然在实际操作上要选择可比较目标，进行适当调整与衡量。权利金法有时也被列为市场法的一种。

五、购买法的收购价格分摊——中国台湾相关案例

中国台湾相关案例，分享的案例都是我们曾经评估过的，案例是以无形资产项目作为分析使用，这些案例使用的方法皆经过适当讨论后，才决定使用这些方法，并不代表这些方法是绝对正确或最好的。

案例一： 私募基金收购中国台湾某家运动器材制造公司，经与管理当局讨论后，无形资产部分主要为专利及顾客关系，我们使用权利金法及超额盈余法，如图10所示。

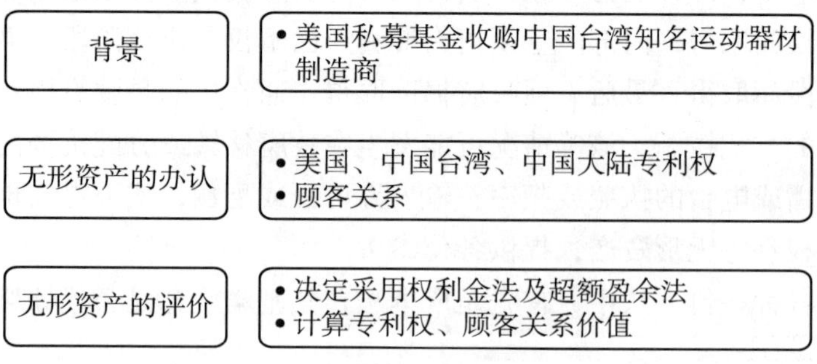

图10　案例一的摘要介绍

在专利方面——《权利金法》，一般较多人称为权利金节省法，它的基本观念假设，如果这家公司未拥有这项专利时，必须付权利金，才能取得专利授权，事实上，该公司因为拥有这个专利，所以不必付给其他公司所节省下来的钱，当作成本的节省，即经济的利益。这个方法的使用，通常是一个专利的群组（portfolio）而非单一的专利；另外要对专利的新颖性、进步性、经济性作分析，对可能竞争性、取代性专利、产业未来发展趋势有相当了解后，再去搜集全世界相类似用途专利的权利金比率多少。取得合理的权利金比率后，再计算经济收益年期，另外要思考产业、使用公司及专利的风险情形，给予适度折现，以计算出合理的专利权价值，如图 11 所示。

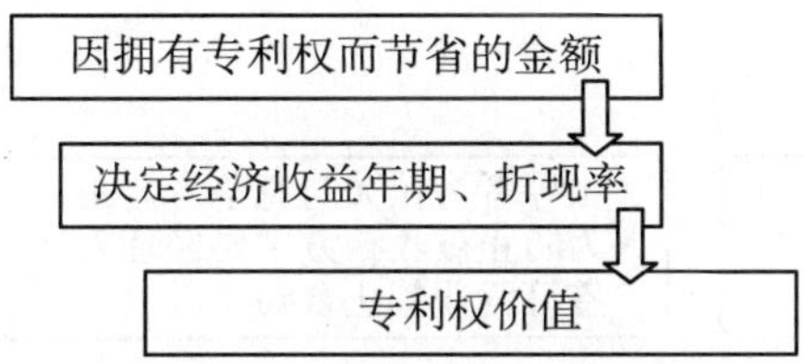

图 11　案例一评估专利流程

顾客关系方面，基本观念是因为这家被并购公司拥有与顾客的良好关系，所以客户会因为长期信任、依赖或其他因素，继续与这家公司往来。因而产生盈余。

首先计算因顾客关系而产生的贡献额，并且在实际上思考因顾客关系良好的营业收入，占全体营业收入比例多少，再扣除营运上的必要费用及成本后，得出因顾客关系产生的净利润，但这个利润仍是由企业全体资产共同贡献而得，所以要再扣除如营运资金的资产利用贡献、专利、商标、人力资产的资产利用贡献后，剩下的净额才是因为顾客关系所产生的。所以超额盈余法基本观念是，把非属于特定资产的盈余贡献额扣除后，如果仍有盈余，则该盈余即属该特定资产的贡献额，即经济价值。这种经济收益价值可能有很多年，当然在期间有些旧客户会流失，随着年期改变，超额收益会递减，把这些年期的收益用适当的折现率计算，即可得到顾客关系的价值，如图 12 所示。

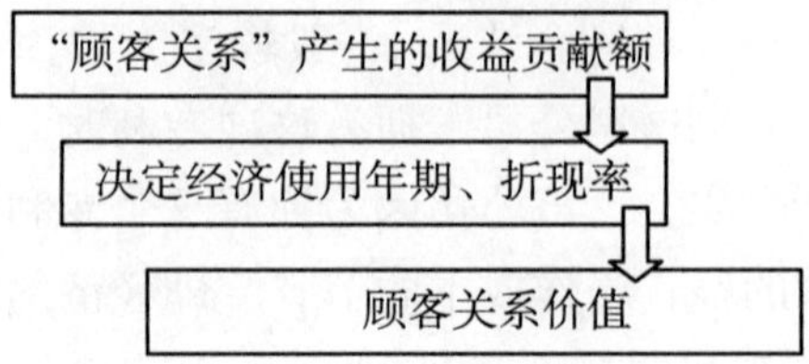

图 12 案例一评估顾客关系流程

案例二：生技公司的专利主要发明人为该公司经理人，若他要另行创业，由于复制原来产业模式非常容易，对原来承买人将产生不利的影响，所以在收购合约中加入竞业禁止条款。一般这种条款期间多为 3 年，在 3 年内，原公司的主要经营者不得从事相类似的工作，如图 13 所示。

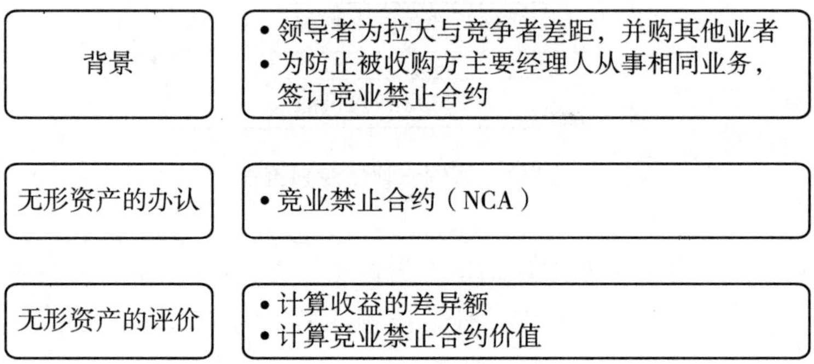

图 13 案例二的摘要介绍

竞业禁止合约的价值，主要观念是防止未签订竞业禁止时，原来经营者在并购完成离开公司后，另行设立相类似公司的前提下，原被并购公司的营业收入及获利状况如何？另再模拟，在签订竞业禁止条款下，原来经营者完全退出市场下，这家公司的营业收入获利状况。这二者的差额即可计算为"有禁止条款"或"无禁止条款的差额"。当然，也有可能即使没有签订竞业禁止条款，该原经营者也可能因为年事已高或身体状况而不会产生竞业问题。所以，我们对原来有竞业禁止及无竞业禁止的差额还要再适度作几率调整，如图 14 所示。

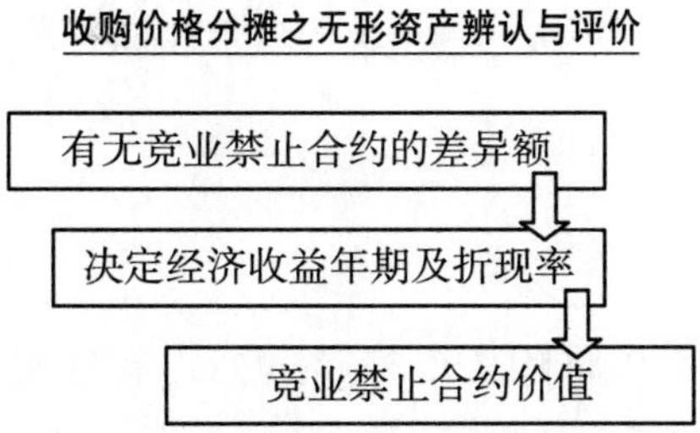

图 14　案例二的竞业禁止合约评估流程

案例三：某有线电视公司为扩大市场占有率，并购了另一家有线电视，广播特许权的评价方法基本上有不同类型，有一种是 Green Field 法，这是类似在沙漠中建筑城堡的方法，即要取得特许权，要投资多少固定设备成本才能建立完善，进而得到政府许可，这是成本重置法的概念，但亦有多期成本以折现累加的计算观念。另一个方法是以收益法的观念思考，因为拥有特许权，所以可以产生多少的经济收益，进而可以获得多少利润。这两种方法均有人使用。主要看不同个案，使用何种方法较适当。在这里我们举的例子是以经济收益的观点来思考；即当我们拥有这个特许权后，产生多少的经济收益，值得注意的是，特许权若因为重新取得特许权的成本不高（Renew），会以非确定耐用年限来作为特许权的使用年限，如图 15、图 16 所示。

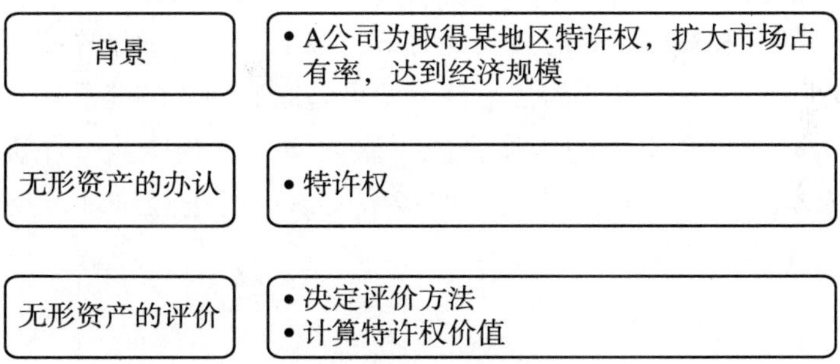

图 15　案例三的摘要介绍

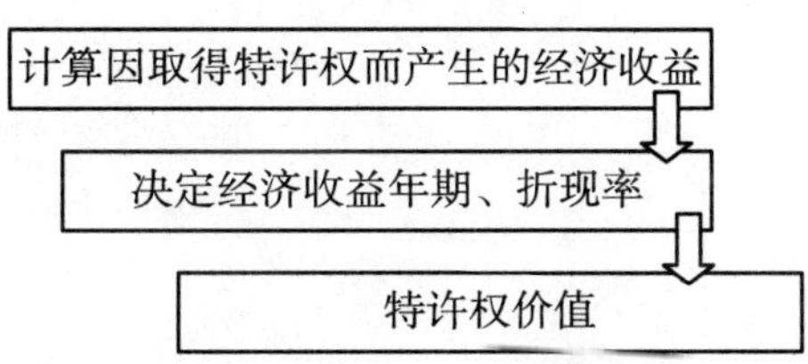

图 16　案例三的评估广播特许权评估流程

六、结语

进行PPA作业可以将购买价格超过公司有形资产公平价值的部分经过辨认分离出无形资产，对于公司经营管理、提升财务报表的信息质量及透明度将有非常大的帮助，企业若未执行PPA，超过购买价格的部分可能就一直以商誉认列，就不能适用中国台湾“所得税”第60条无形资产按年摊折抵税的节税优惠，再者，嗣后依中国台湾一般公认“会计原则”每年必须进行减损测试或未来无形资产的买卖，都可能会在实际执行上遭遇到困难。

由于PPA涉及较多不同专业领域，不仅在无形资产的辨认，在不动产、机械设备方面，亦涉及很多不同专业知识，我们建议应以较严谨的态度来处理合并的会计规范，尤其是无形资产的辨认及评价，企业应委托专业且独立客观的评价公司执行PPA。

另外，PPA主要的分摊原则为公平价值的分摊，因此，所有资产都应调整为公平价值，当然，各项资产的公平价值涉及较多层面问题，需要多个层面的人才共同完成。因此受托的评价公司，必要时应邀请产业分析、财务及评价方面的专家来共同协助，才能顺利完成PPA的任务。

我们期待未来在各界的共同努力下，各项资产的数据库皆可顺利建置，如此一来，各项资产的公平价值便可趋向透明，亦能真实反映其价值，如此PPA这项艰巨的工作将能由繁入简，减轻企业、评价公司及社会的成本，进而真实反映实质的经济交易，促进经济环境交易的公平，带动社会的繁荣。

准 IPO 公司股份支付的公允价值计量实践

刘　敏　安永（中国）企业咨询有限公司

【摘要】近期过会的 A 股首发公司招股说明书显示，监管层高度关注上市前股权激励问题。本文介绍了股份支付公允价值计量的国际实践的有关情况，列示了一些常用的估值模型及其适用性的比较。

【关键词】股份支付；公允价值；发展；实践

Fair Value Measurement Practice for Share-based Payment of Pre-IPO Companies

LIU Min

Abstract: Recently published prospectuses of A-Share listing companies show that regulators now pay far more attention to pre-listing share-based incentive issues. This article briefly introduces current international practice for fair value measurement of share-based payment, and lists some common valuation models as well as applicability thereof.

Key Words: share-based payment; fair value; development; practice

一、最新进展

中国已经连续两年成为全球最活跃的 IPO 市场，深圳交易所更是以 2011 年上半年 144 宗 IPO 为全球交易所上市家数之冠。然而在众多成功通过证监会发行审核委员会审核的准 IPO 公司中，最近成功过会的深圳瑞和建筑装饰股份有限公司（“瑞和装饰”）却吸引了众多媒体的特别关注，原因是其对于股权激励的会计处理与以前的首发上市公司略显不同。

根据瑞和装饰的招股书中披露，公司大股东在2009年7月向战略投资者及部分管理层和员工转让股权，其中战略投资者的价格明显高于管理层和员工的购买价格，据此，公司在2009年管理费用中计入1600万元的股权激励费用。

在之前的一些首发上市公司招股说明书中，类似的交易是不用作会计处理的，对企业利润也没有影响。如2011年1月在创业板上市的江苏天瑞仪器，2009年6月引入战略投资者时入股价格每股8.88元，2009年8月向一些高管和核心技术骨干发行新股350万股时价格却降到每股3元，但是并没有按照股权激励来作相应会计处理。

有媒体跟踪报道指出，监管层对于IPO审核过程中涉及上市前股权激励问题高度关注，并且初步明确："员工与战略投资者对拟上市企业的投资，若处于同一次决议的同一次增资或股权转让，但价格却存在差异的，应视为股权激励行为，适用股份支付会计处理，差额直接计入管理费用，摊薄当期利润"。[①] 在瑞和装饰的案例中，股权激励费用占公司2009年的税前利润的74%。这提醒准IPO公司在IPO前向员工转让股份或者发行新股时，不得不考虑其对企业利润的潜在影响。

由于股份支付对现金流影响的延期效应，股份支付是国际上非常流行的员工薪酬支付方式。在2005年中国证监会发布了《上市公司股权激励管理办法（试行）》后，股份支付的案例在A股上市公司中也逐渐增加。股份支付的会计处理问题也渐渐引起众多利益攸关方的关注。

众所周知，股份支付会计处理中的核心问题之一就是对股份支付的公允价值计量。国际上对股份支付的公允价值计量相对而言已经比较成熟，随着中国会计准则与国际会计准则趋同的实现，国际上有关股份支付公允价值计量的实践对中国企业也许具有一定的参考意义。下面我们简单介绍一下股份支付公允价值计量的国际实践的有关情况。

二、股份支付公允价值计量的国际实践

一般企业的股份支付中常用的金融工具有限售股、期权、股票增值

① 郭成林：《IPO前股权激励监管趋严　员工低价入股或摊薄公司盈利》，《上海证券报》2011年6月25日。

权等。限售股和普通股类似，但是会对持有者提出更严格的出售条件，如 IPO 后 3 年内不转让，等等。期权就是授予持有者在一定期限内以某个价格购买公司股票的权利。股票增值权则是公司承诺在持有人行权时对持有人进行现金补偿，补偿金额往往由公司股票价格决定。这些金融工具的基础资产往往都是普通股，因此对这些金融工具的公允价值计量可以分成两个步骤。简单地说，首先是对基本的普通股股票的公允价值的衡量，然后是基于普通股的公允价值，选择适当的定价模型来计算出所需要的金融工具的公允价值。

（一）普通股公允价值的衡量

国际估值实践比较重视实际的交易价格。如果公司股票已经在交易所上市，每天的交易价格显然是很好的公允价值的参考指标。但对于准 IPO 公司来说，每天的交易价格是不存在的。当然，如果有近期的可比交易价格，例如私募基金、风险投资者的入股价格等，通常也可以采用该交易价格作为估算有关金融工具公允价值的基础。

在国际实践中，对于可比交易价格，常常也需要做一些必要的分析，确保其真正反映了普通股的公允价值。举个例子，如果实际交易的股票类型是优先股，或者在交易的普通股中有一些特殊条款，我们就需要分析这些条款会不会影响交易的价格，使得实际交易价格可能显著不同于普通股的公允价值。在有些情况下，交易双方可能存在一些业务联系，如股权购买方可能是出让方的长期客户或者供应商，如果无法排除对交易价格公允性的合理怀疑的话，使用交易价格作为普通股的公允价值需要特别谨慎。交易时间也是一个需要关注的因素，例如估计一个网络游戏公司的公允价值，半年前的实际交易价格可能就不是对当前股票公允价值的合理估计了，因为半年的时间内公司可能有很大的变化，如新游戏上线、活跃用户数发生重大变化等。

当不存在可比交易价格时，衡量非流通的普通股股票的公允价值往往需要借助特定的估值方法，如现金流折现法、市场法、成本法等。由于准 IPO 公司的资本结构往往包含多种类型的权益资本，其股权结构也可能比较复杂，估算普通股公允价值时还往往需要借助一些复杂的数学模型。

（二）期权模型的应用

在普通股公允价值的基础上，期权、股票增值权等的公允价值需要进一步使用期权模型来衡量。常用的估算员工期权的模型有布莱克－斯科尔斯－默顿（Black-Scholes-Merton，BSM）模型、网格模型（Lattice）、蒙特卡洛模型（Monte Carlo）等。不管采用哪种期权定价模型，从技术角度上来讲，基本的假设条件都至少有6项：

- 基础股份的公允价格；
- 期权的行权价格；
- 期权期限；
- 股价的预计波动率；
- 股份的预计股利；
- 期权期限内的无风险利率。

1. BSM模型

BSM模型是应用最广泛的期权定价模型，其最早由布莱克（Fischer S. Black）和斯科尔斯（Myron S. Scholes）于1973年提出，它的出现可以说带来了过去40年来金融衍生品市场的蓬勃发展。BSM模型主要用来计算欧式期权的价格，其假设资产价格服从对数正态分布，它的理论基础是连续时间下的无套利定价。

尽管BSM模型的推导很复杂，但实际应用时相对简单直观，因此BSM在期权交易中被广泛使用，很多公司采用BSM模型来估算员工期权的公允价值。然而严格来讲，BSM模型只在一个时间点即到期日计算期权价值，而没有考虑可能提前行权的中间步骤，因此BSM的适应性会有所限制。以下一些员工期权的独特性常常使得BSM模型在衡量员工期权时不那么有效：

- 行权等待期；
- 提前中止条款（如员工离职时往往只有90天的行权期）；
- 期限较长（5～10年的期限很常见）；
- 禁止买卖窗口。

随着关于员工期权的学术研究的深入，出现了一些更适于对员工期权进行估值的模型，近年的实践也逐渐趋向采用这样一些模型。

2. 网格模型

网格模型是一种优化的计算期权价格的数学方法，包括常见的二叉树、三叉树模型。二叉树模型最早由考克斯（John C. Cox）、罗斯（Stephen A. Ross）和鲁宾斯坦（Mark E. Rubinstein）于 1979 年提出，随后学术界不断提出了各种变形，并在业内被广泛使用。二叉树模型本质上与 BSM 模型是一致的，但对 BSM 模型进行离散化处理。

通过离散化处理，二叉树模型具备了 BSM 模型所缺乏的灵活性，一些 BSM 模型无法考虑的员工期权的独特条件可以在二叉树模型中计入，例如：

- 等待期：二叉树模型中可以设定不同的等待期；
- 离职强制行权：通过离职率的假设条件，可以考虑离职提前行权的情况；
- 禁止买卖窗口：可以预先设定一些禁止买卖窗口期。

网格模型的多功能性使得很多估值专家相信网格模型提供的关于员工期权公允价值的估算比 BSM 模型更准确，从而在实践中监管机构更倾向于网格模型。在具体实践中，股份支付最常用的网格模型是由赫尔 - 怀特（Hull-White）二叉树模型，其除了能考虑员工离职率以外，还可通过设定一个行权倍数来模拟员工期权的提前执行行为。

3. 蒙特卡洛模型

蒙特卡洛模型也是一种计算期权价格的数学方法，但由于其计算效率较低，往往非常耗时，因此一般只用在某些特定情况且其他定价模型不适用的时候。以下是几个员工期权中的特别条款的例子，这些条款都可能需要采用蒙特卡洛模型来估值：

- 基于市场的行权条件，例如股东年回报达到 25% 才能够行权；
- 行权价格取决于未来一段时间的平均价格而定。

类似上面这些条款采用 BSM 和网格模型都很难处理，而采用蒙特卡洛模型处理就相对比较方便。

三、结语

如上所述，对准 IPO 公司的股权支付的公允价值计量需要引起管理层的高度重视。在具体实践中，需要对权益工具的条款有充分了解，并结合实际情况来选择合适的估值模型及确定合理的假设参数。在可行的情况下，及早的准备以及有丰富实践经验及对会计准则的透彻理解的估值专家的协助也许会让整个估值工作更加顺利。安永的估值和商业模型部门作为覆盖40多个国家的全球评估网络的一员，拥有一支技术精湛、经验丰富，也是大中华区国际公司中最大的估值团队。安永估值团队拥有对资产评估准则和财务报告准则的深入了解，并具有在企业海外上市中对于员工期权及其他金融工具等的财务报告目的评估的丰富经验。

投资性房地产评估方法应用问题及对策探讨

朱允伟　夏　鑫　梁美健　山东工商学院会计学院

【摘要】《投资性房地产评估指导意见（试行）》对投资性房地产的公允价值评估做出具体的规范。本文综合分析了投资性房地产评估的价值类型定义、评估目的的分析确定和评估方法的应用，得出市场法和收益法应用在投资性房地产评估中存在的问题，并探讨解决问题的措施。

【关键词】投资性房地产；资产评估；市场法；收益法

The Application and Countermeasure of Investment Real Estate Appraisal Methods

ZHU Yun-wei　XIA Xin　LIANG Mei-jian

Abstract: "The investment real estate appraisal instruction opinion (try out)" made concrete norms on the fair value of an investment real estate's evaluation. This article defined the investment real estate appraisal value types; gave the evaluation purpose, analyzed evaluation method to identify market method and the application research to find the investment real estate income approach to assessment defects. Finally we gave their application of methods to solve the problems appeared in the measures.

Key Words: investment real estate; asset appraisal; market method; income method

一、引言

2006年2月颁布的《企业会计准则》全面引入公允价值计量。2007年11月颁布的《以财务报告为目的的评估指南（试行）》则是中国资产评估行业第一个关于公允价值计量的评估准则。此后，中国资产评估协会于2009年12月18日下发《投资性房地产评估指导意见（试行)》（以下简称《评估指导意见》)，对投资性房地产的评估方法做了规定。《评估指导意见》的颁布不仅对企业投资性房地产公允价值计量提供指导，而且对物业税的税基评估也有影响，对全面开征物业税有示范作用。[1] 此外，投资性房地产毫无疑问也是物业税征收的重点，对投资性房地产的评估值出台专门意见也明确显示了政府要以评估值为基础征收物业税的意图。

截至2010年4月30日，A股已公布年报的1339家上市公司中，存在投资性房地产的上市公司有665家，占49.66%。但是这些公司大多数对投资性房地产采用了成本模式进行后续计量，其中只有25家上市公司采用公允价值模式对投资性房地产进行后续计量。[2] 影响上市公司采用公允价值模式的因素有很多，其中公允价值的确定缺少统一标准是不可忽视的一个因素。因此对投资性房地产评估理论与方法的研究至关重要。

二、投资性房地产评估的价值类型

价值类型在资产评估业务中具有重要作用。《国际评估准则》明确要求专业评估师应避免用未经限定的“价值”概念，而应对所涉及的特定价值类型进行详细描述；在运用和理解评估时明确披露价值类型和定义尤为重要，价值类型和定义需要与特定的资产评估业务相适应，价值定义的改变会对各种资产所具有的价值产生实质性的影响。价值类型确定后直接制约方法应用中各种指标、参数的判断和选择；明确评估价值类型，可以更清楚地表达评估结果，可以避免评估使用者误用评估结果。

1. 公允价值

新《企业会计准则——基本准则》中对公允价值的定义是：“在公平交易中，熟悉情况的交易双方自愿进行资产交换或债务清偿的金额”。国际会计准则中的公允价值是指熟悉情况并自愿的双方，在公平交易的基础上进行资产交换或债务结算的金额。如果金融工具在活跃和流动的市场上交易，其标明的市价（需经实际交易发生的交易费用调整）提供了公允价值的最好依据。公允价值最大的特点是来自于公平交易的市场，参与市场交易理性双方充分考虑了市场信息后所达成的共识，这种共识后的市场交易价格即为公允价值。

2. 市场价值

《国际评估准则》中定义的市场价值为："自愿买方与自愿卖方在评估基准日进行正常的市场营销之后，所达成的公平交易中某项资产应当进行交易的价值的估计数额，当事人双方应当各自精明、谨慎行事，不受任何强迫压制"。结合《国际评估准则》对市场价值的其他补充说明，可以将资产评估中的市场价值理解为资产在评估基准日公开市场上最佳使用状态下最有可能实现的交换价值的估计值。

3. 价值类型的选择

会计中的公允价值定义更接近评估中市场价值的定义。《评估指导意见》第十条规定："注册资产评估师应当知晓，当符合会计准则计量属性规定的条件时，会计准则中的投资性房地产的公允价值一般等同于资产评估准则中的市场价值"。这一规定事实上明确了作为会计计量的公允价值与投资性房地产的市场价值之间的关系，即两者是等同的。所以进行投资性房地产的评估时对价值类型的设定便是市场价值。

三、投资性房地产评估方法存在的问题

企业对投资性房地产采用公允价值计量的谨慎态度除了税收和成本方面的考虑，更大的一部分原因是对投资性房地产进行独立评估之后得到的评估值是否真正合理的反映资产的市场价值。[3]为了得到公认合理的市场价值，在公允价值的实施条件下对资产评估方法的选择显得尤为重要。常用的三种评估方法中，投资性房地产价值类型的定义使得成本法不适合投资性房地产的评估，对投资性房地产的评估要在市场法和收益法中选择。

1. 评估准则的指向

《评估指导意见》中则从第十七条开始至第二十条，以四条六款的篇幅来规定收益法在投资性房地产评估中的运用。第十八条对于投资性房地产的净收益测算时明确要求关注现有租约条款对公允价值的影响，同时还规定要考虑市场租金水平。第十九条规定收益法中的收益年限确定时，应当根据建筑物的剩余经济寿命年限与土地使用权剩余使用年限

等参数，及有关法律、法规的规定，合理确定收益期限。第二十条规定折现率应当反映评估基准日类似地区同类投资性房地产平均回报水平和评估对象的特定风险。收益法的三大参数在《评估指导意见》中都作了明确的规定。尤其是考虑了房地合一评估时建筑物的剩余经济寿命年限与土地使用权剩余使用年限不相等时的处理原则，这在房地产评估的实际操作中是非常普遍的。《评估指导意见》虽然没有明确的方法选择导向，但毫无疑问的是该试行意见对收益法持看好态度。

2. 市场法应用问题

《企业会计准则讲解（2008）》指出“投资性房地产所在地有活跃的房地产交易市场并且企业能够从房地产交易市场上取得同类或类似房地产的市场价格及其他相关信息，从而对投资性房地产的公允价值做出合理的估计”就可采用公允价值模式计量。然而中国幅员辽阔，东中西部、城市与农村的经济发展、制度水平都存在明显差异，房地产的发达水平也不尽相同。公认的活跃市场至少包括中国的沿海大中型城市以及内陆的大型城市。除此之外，同类或类似的房地产要求彼此地理位置、性质、结构类型相同或相近，而由于地段、楼层、朝向不尽相同，要找到每一处房地产的活跃市场，其实很不容易。因此，根据市场的要求，通过在市场中寻找同类或类似的交易案例来确定价格显然存在困难，这就给投资性房地产公允价值估值技术中的市场法的实际运用制造了麻烦，凸显了估值的难度。以区位状况为例，其受空间和时间的双重约束。在空间上，不同城市、同一城市的不同地段的房地产价值相去甚远；在时间上，同一地段的价值在各年份也不尽相同。由于缺乏衡量各因素的具体标准，使得估值缺少客观性。

3. 收益法应用问题

运用收益法评估投资性房地产公允价值时，准确确定净收益、收益期限以及折现率是估值的基础。虽然这些参数以现有租约条款、土地使用权剩余使用年限等历史信息为基础，但还是需要对未来信息进行预测。首先，评估基准日的选择可以是资产负债表日、投资性房地产转换日等，不同的时点其风险回报不同，所以要确定的折现率就会随之改变。其次，租金收益是通过履行租约实现的，但未来实际租约收入因为考虑了时段而变得不可靠，这将最终影响净收益的确定。最后，收益期限需要根据建筑物的剩余经济寿命年限与土地使用权剩余使用年限等参数来确定，但企业可能会根据建筑物未来的收益情况来改变其使用期限。所以从总体来看，时点和时段上的改变都会影响估值的准确性。大多数企业倾向于使用收益法，但收益法因为考虑了时间价值，需要评估人员的主观判断，增加了估值的不确定性，企业也可能通过对估值方法的选择来进行盈余操纵。指导意见中的收益法强调了净收益、收益期限、现有租约对公允价值的影响和折现率等重要因素。但这些都是对因素的简单陈述，没有明确指出影响因素，也就无法从根本上对其进行量化，指导相关工作。

四、解决措施

从以上分析中可以看出，由于存在地域差异、时间跨度等问题，使得评估方法难以在投资性房地产公允价值中得到切实的应用，从而直接影响到我国公允价值的确认和计量的可靠性，妨碍公允价值在我国的应用。全面推动评估方法的应用，已成为当前亟待解决的问题。笔者结合相关研究成果，提出以下建议。

1. 明确量化标准

提高量化手段可以直接提高投资性房地产公允价值计量的可操作性。首先是明确允许运用评估方法的地域范围。相关准则制定机构应该统筹考虑，将各地经济发展水平，例如人均 GDP 作为衡量指标，建议以京、沪、广为代表的沿海大中型城市以及内陆大型城市使用评估方法，因为这些城市投资性房地产交易量大，更可能形成活跃的市场。其次是明确运用方法的依据。例如根据公司所披露的经营规模和 5 年经营业绩的平均值确定评估方法。在符合会计准则计量属性规定的条件时，会计准则中的投资性房地产的公允价值估值优先考虑的是市场法，但实物状况、权益状况、区位状况、交易情况及租约条件等还缺乏量化标准，所以应将各种影响因素根据其重要性的先后顺序赋予权重参数以规范计量手段，降低使用公允价值的风险。最后是参照系数的修正。由于市场上不存在完全相同的两处房产，所以在寻找到相似房产后还要进行系数修正，可借鉴资产评估中对企业价值进行评估的观点，通过成长性、资产盈利能力等相关财务指标的比较来确定，再结合参照企业的价值系数确定最终评估对象的价值。

2. 建立市场信息数据库

现阶段信息技术为依托建立和完善我国房地产市场信息数据网络和市场信息数据库，是推动评估方法应用的重要举措。企业可以充分利用数据网络获取地区权威数据，使相关评估人员在运用评估方法进行投资性房地产公允价值评估时，更具有依据，并能保证评估结果的公允性。由于数据库的建立一方面需要不同交易市场提供及时可靠的交易数据，另一方面要保证该数据库拥有必要的技术支持，而在我国要素市场、资本市场和商品市场都存在不同程度问题的情况下，其实施起来比较困难。因此，房地产市场信息数据库的建立必须坚持国家主导、市场导向的原则，采取逐步推进的方式，以现有公开市场交易数据为主要数据来源，同时结合国家统计局等有关部门的调研数据。另外，国家有必要通过制定和修改相关政策法规强化信息数据库的权威性。

3. 提高评估方法在报表披露中的地位

建议企业在附注中增加具体计算和确认的过程。首先应阐明评估方法选择的依据。其次是具体参数的选定标准，如果选用市场法，应该具体披露所参照的类似市场、参照的标准以及各指标的相似度；若是收益法，应分别对净收益、收益期限以及折现率的数值标准进行解释。通过附注的披露可以使整个计算过程受到信息使用者的监督，增强公允价值确认和计量的准确性和透明度，防止利润操作，提高人们对评估方法的信心，推动评估方法的运用。[4]

此外，评估方法易受资产评估人员和会计人员主观判断的影响，所以两者业务水平的提高是公允价值可以顺利运用的保障。相关人员一方面要丰富自身的专业知识，尤其是对公允价值的认识与理解；另一方面又需要在不确定因素面前做出自己的职业判断。所以他们除了通过后续教育机构进行再培训、学习欧美先进经验以及最新的国家方针政策外，还要在工作中不断总结经验，了解整体经济走势和行业发展状况，提高经济敏感度和职业判断能力。

参考文献

［1］王志芳：《试论投资性房地产评估及其方法》，载《税务研究》2010 年第 4 期。

［2］贺英莲：《对投资性房地产采用公允价值模式计量的几点认识》，载《内

蒙古统计》2010年第4期。

［3］王文芳：《浅析新形势下企业投资性房地产评估方法》，载《科技信息》2010年第13期。

［4］孙芳城、茆晓燕：《推动我国投资性房地产公允价值估值技术应用的几点思考》，载《会计之友》2010年第11期。

第二部分 税基评估研究

PART 2 TAX BASE VALUATION

中国大陆企业重组涉税评估与非涉税评估比较研究

纪益成　连泉淇　厦门大学

【摘要】 随着《企业重组业务企业所得税管理办法》（以下简称《办法》）的发布和执行，企业重组的涉税评估已成为必然，并成为新的评估业务之一。企业重组所得税涉税评估和非涉税评估在客观上存在一些异同，为保证企业重组涉税评估业务的顺利开展，有必要对两者的区别和联系进行比较和分析。比较分析表明，企业重组的涉税评估和非涉税评估在重组业务规定范围、评估目的、评估法律依据等方面都存在一些不同，有些甚至存在较大的差异，两者在行为主体、客体等方面也存在着一些联系。在企业重组的价值评估实践中，涉税评估业务和非涉税评估业务还有“两类业务同时存在”、“只有涉税评估业务”和“只有非涉税评估业务”三种不同情形。因此，在企业重组的价值评估实践中，应该区分涉税评估和非涉税评估两类不同的评估业务，并根据涉税评估和非涉税评估各自的特征和规律，分别开展具体的评估工作。

【关键词】 企业重组；涉税评估；非涉税评估

The Comparative Study of Tax-related Assessment and Non-tax-related Assessment during the Corporate Restructuring in China

JI Yi-cheng　LIAN Quan-qi

Abstract: With the “the Management Rules of Corporate Income Tax in Corporate Restructuring” (the forth announcement of State Administration of Taxation in 2010, hereinafter referred to as “Rules”) issued and executed, the tax-related assessment of corporate restructuring has become a necessity, and become one of the new valuation services. As there are some similarities and differences between tax-related assessment and non-tax-related assessment in corporate restructuring objectively, it is necessary to compare and analyze their differences and connections in order to ensure the smooth development of business. As the comparative analysis shows, there are some differences between corporate restructuring tax-related assessment and non-tax-related assessment in the purpose of the appraisal, evaluation bases, the evaluation date, types of value and methods of valuation, some of which have huge differences. However, there are also connections both in valuation subject and valuation object between tax-related assessment and non-tax-related assessment. During the valuation practice in corporate restructuring, there exist three situations, which refer to "co-existence of two kinds of assessment", "tax-related assessment only" and "non-tax-related assessment only". Therefore, we should distinguish between tax-related assessment and non-tax-related assessment and carry out specific valuation services based on the characteristics and laws of the tax-related and non-tax-related assessment.

Key Words: corporate restructuring; tax-related assessment; non-tax-related assessment

一、引言

企业重组时进行涉税评估是非常必要的。企业重组所得税处理的涉税评估内容包括两大方面：一方面是企业重组所得税处理管理规定所需要的附送、准备资料而产生和可能产生的涉税评估；另一方面是因企业重组所得税处理所需要的估算、确认所得或损失的涉税评估，即企业重组所得税处理的所得税基评估①。随着《办法》、《关于企业重组业务企业所得税处理若干问题的通知》（以下简称《通知》）和《关于企业清算业务企业所得税处理若干问题的通知》（以下简称《清算通知》）等企业重组所得税处理的相关税收政策的落实，企业重组涉税评估的业务需求也必将日益增长。

然而，企业重组的涉税评估与已有的企业重组的非涉税评估在评估目的、评估依据、评估基准日、价值类型、评估方法等方面都存在一些不同，有些甚至存在较大的差异。虽然，两者在评估行为主体、评估客

① 纪益成：《企业重组的涉税评估及其业务类型研究——兼对企业重组的涉税评估与非涉税评估比较》，载《“十二五”中国评估业教育与发展论坛》论文集，2011 年 7 月。

体方面也存在着一些联系，但是，各自的特征和规律决定了直接采用非涉税评估方法体系进行涉税评估是不合理的。因此，对企业重组的涉税评估与非涉税评估进行区分，将有利于日后开展企业重组涉税评估。

中国目前的企业重组的涉税价值评估的研究还处于起步阶段，对已有的企业重组涉及的价值评估的研究，大都是围绕着对企业的兼并、收购等产权变动的企业价值评估问题而进行的，几乎很少有对企业重组后的涉税评估问题进行专门的研究。因此，除了从会计的角度对企业重组中的所得税会计及其税务处理问题研究的文献外，从评估的角度对企业重组涉税评估问题的文献资料极少。理论研究和实际操作都表明，当前对企业重组的涉税评估和非涉税评估进行比较研究很有必要，如图1所示。

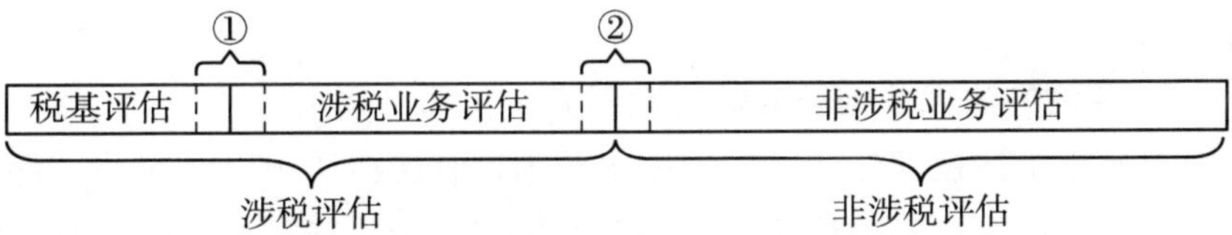

图1　企业重组涉税评估（税基评估和涉税业务资产评估）与企业重组非涉税评估关系

注：①指税基评估和涉税业务评估业务交叉的部分；②指涉税业务评估业务和非涉税业务评估业务交叉的部分。

二、企业重组涉税评估与非涉税评估的区别与联系

（一）企业重组涉税评估与非涉税评估的主要区别

1. 企业重组对重组具体业务范围的规定不同

涉税评估有关的企业重组与非涉税评估的企业重组各自对重组具体业务范围的规定不同。根据《办法》所称的企业重组业务，是指《通知》第一条所规定的企业法律形式改变、债务重组、股权收购、资产收购、合并、分立等各类重组。而非涉税评估有关的企业重组的具体业务并没有统一，通常是指企业的资产重组、债务重组和产权重组，其主要业务是企业兼并、收购和分立，也延伸到反并购等。涉税评估的企业法

律形式改变并不在其业务范围内，股权收购、资产收购也经常不加以区分。

2. 评估目的不同

企业重组中涉税评估的评估目的非常明确，它是为了所得税处理活动的需要，其评估目的不仅具体包括为债务重组、股权收购、资产收购、企业合并、企业分立和企业重大法律关系改变等具体需要的评估目的，而且具有明显的法定性和强制性。不论是作为企业重组申报必附材料的涉税业务资产评估，还是作为计算重组所得或损失依据的税基评估都是所得税法律法规和企业重组所得税处理税收政策规定必须进行涉税评估。相比之下，企业重组非涉税评估目的不是为了所得税处理活动的需要，其评估目的主要是企业兼并、收购和企业反并购需要的资产评估，其法定性和强制性不太明显，其中有些是由企业自愿选择是否进行的评估。

3. 评估的法律依据和政策规定不完全相同

企业重组涉税评估的法律依据主要为税收法律法规以及相关文件和制度规定，在其与其他法律法规和制度规定发生冲突时，就要以税收法律法规、政策和制度规定为准。目前，企业重组涉税评估的政策规定主要有：《企业所得税法》、《办法》、《通知》和《清算通知》等，而企业重组非涉税评估的法律依据不是这些税收法律法规，而是《公司法》、《证券法》等相关的法律法规，也包括企业会计准则和制度，其涉及的相关法律法规和制度的范围更广。目前，企业重组非涉税评估的法律法规、政策和制度规定主要是《公司法》、《证券法》、《企业国资法》和《上市公司收购管理办法》、《上市公司重大资产重组管理办法》、《企业国有产权转让管理暂行办法》、《企业国有资产评估管理暂行办法》等。

4. 评估基准日的确定不同

企业重组的重组日是由税收法律法规明确规定。企业重组涉税评估的评估基准日一般就要根据企业重组发生的时间，即重组日。债务重组，以债务重组合同或协议生效日为重组日；股权收购，以转让协议生效且完成股权变更手续日为重组日；资产收购，以转让协议生效且完成资产实际交割日为重组日；企业合并，以合并企业取得被合并企业资产所有权并完成工商登记变更日期为重组日；企业分立，以分立企业取得被分立企业资产所有权并完成工商登记变更日期为重组日①。而企业重组的非涉税评估的评估基准日不一定严格按企业重组发生的时间，它主要是根据评估目的、财务及相关资料汇集的情况，在与委托方进行充分的沟通后，进行谨慎的选择，并且在评估报告中给予充分的说明。非涉税评估的评估基准日通常是选择年末、半年末、季末、月末为评估时点。

5. 价值类型中的市场价值含义和市场价值以外的价值类型的选择不同

价值类型包括市场价值和市场价值以外的价值。企业重组非涉税评估的价值类型和涉税评估价值类型各自的“市场价值”的含义有所不同，“税基评估所指的市场价值往往是过去时点上的市场价值，一般评估所指的市场价值往往是指现在时点上的市场价值。当然，在有些时候，税法的某些具体规定也会影响到税基评估中的市场价值”②。

企业重组非涉税评估的价值类型和涉税评估对市场价值以外的价值类型的选择也有不同。在企业重组时，非涉税评估市场价值以外的价值类型的选择主要包括在用价值、投资价值、保险价值、持续使用价值等，但不包括从价税价价值，通常也很少选择清算价值。而企业重组涉税评估的市场价值以外的价值类型选择主要包括从价税价价值、在用价值、持续使用价值、清算价值等，但不包括保险价值，一般也较少选择投资价值的价值类型，因为在企业重组涉税评估中，企业重大法律关系改变、合并、分立的重组的涉税评估是为所得税处理而对不存续企业的清算所需，而且所有的涉税评估结论的使用者主要是税务机关及税务管理人员。

与之相对应，企业兼并收购和反并购的企业重组非涉税评估并不适用于清算价值的价值类型，而且所有的非涉税评估结论的使用者是参与企业兼并收购和反并购的各相关方。企业通过内部结构改进或者资产重组发生结构变化，但是企业仍然是存续的，仍在持续经营，评估时应在持续经营假设前提下选择相应的价值类型。

---

① 见《企业重组业务企业所得税管理办法》第七条。

② 纪益成，《三论税基评估有关问题》，（2006 昆明论坛优秀论文集）中国财经出版社 2007 年版。

6. 两者采用的评估途径方法不完全相同

两者评估途径方法的不同不仅体现在与清算有关的方法[①]，而且也体现在三大基本评估方法选择优先程度上。在企业重组涉税评估中，包括企业重大法律关系改变、合并、分立都涉及到所得税处理的涉税清算，所以，不仅其价值类型会选择清算价值，其评估方法也会采用与清算有关的方法，而在企业重组非涉税评估中，一般很少使用与清算有关的方法。收益法、成本法和市场法都是普遍使用的三大基本途径方法，在企业重组的非涉税评估中，重组企业资产大多是处于持续经营和持续使用的状态下，对有收益或有潜在收益的企业价值评估，是基于企业重组后的预期获利能力对企业价值进行的估计，关心企业未来的经营状况和盈利能力，注重企业的内在价值，所以收益途径更是常用的方法。同时，应对企业重组后可能产生的协同效应等有充分的考虑，实物期权法、动态规划等一些新的企业价值评估方法也逐步被用于非涉税评估。在企业重组的涉税评估中，有些重组企业资产不是处于持续经营和持续使用的状态下，而是处于清算状态下，处于清算状态下的企业资产一般是不适用采用收益途径的方法。同时，在进行企业重组的涉税评估时，收益途径方法的使用也常受到诸多限制。所得税是对已实现收益征收的税收，所以企业重组的涉税评估是对企业过去获利能力形成结果的评价，体现的是已经形成的事实所决定的企业外在价值，极少涉及对企业未来获利能力的预测。对企业重组进行所得税涉税评估。而收益法本身所具有的预期性质和对已实现收益课税的原则相悖，使得进行涉税评估时应用收益法存在一定程度的争议[②]。因此，在进行企业重组涉税业务评估时，除了股权收购、资产收购的重组外，一般只能选择市场途径或者成本途径评估方法。

7. 影响两类评估结果的因素不完全相同

影响企业重组资产评估的因素很复杂，既包括企业生产经营状况、资本结构、组织管理结构、客户关系、无形资产、财务状况等企业自身条件和资产，也包括企业所在行业整体经济发展形势的影响。同时，法

① 虽然，《清算通知》同时适用于企业重组的清算与公司破产的清算，但在评估时应有所区别，因前者是属于有序清算，后者是属于强制清算。

② 纪益成：《再论税基评估》，载《中国资产评估》2005年第7期。

律法规和行业准则的变化也影响着企业重组的价值评估结果。不同评估方法的选择也影响着企业的评估价值，如企业价值评估收益法中折现率的选择不同。除此之外，评估人员的专业素质也都会对评估结果有着重要的影响。

除了这些共同的影响因素，企业重组涉税评估与非涉税评估的影响因素还有各自的决定因素。这些影响因素的不同大多是因两者的不同特征和评估法律依据不同决定的。企业重组非涉税价值评估更多的是基于持续经营和持续使用的条件下，对并购企业的企业价值进行的估计，影响企业未来获利能力的因素都会对评估结果有重大影响，甚至企业发展战略、企业文化、协同效应等因素也会对评估结果有影响。而企业重组涉税评估除股权收购和资产收购的之外，一般较少或者不太考虑企业这些影响。其主要影响因素还是税收法律法规和政策的相关规定。

（二）企业重组涉税评估与非涉税评估的联系

尽管企业重组涉税评估与非涉税评估存在不少的差异，但是两类评估也存在一些联系。

1. 两类评估都属于价值评估活动范畴，所根据的评估原理基本相同

无论是企业重组涉税评估还是企业重组非涉税评估，都属于价值评估活动的范畴，都是在企业重组环节进行的价值评估行为，两者均对重组中的企业价值给出评估的结果，各自所根据的评估原理基本相同。尽管在估算参数的确定方面的依据不完全相同，价值评估的基本原理在进行这两类评估时基本也是相通的。在评估过程，两类评估一般都需要根据和参考企业的生产经营状况、财务核算报表和其他相关资料来进行分析、判断和评定估算。

2. 企业重组的涉税评估与非涉税评估在评估行为主体、评估客体也存在一些相同

两类评估的评估行为主体均为具有合法资质的资产评估机构①和评估师。当然，评估行为主体也需要同时具备从事这两类评估的胜任能力。

在重组涉税评估业务与非涉税评估业务同时存在的情形下，两类评

① 见《办法》第九条。

估中的有些重组业务的评估客体也同为具体的重组企业，如对通过股权收购和资产收购方式进行的重组企业涉税评估与非涉税评估，其评估的客体基本没有太大差别。这种评估客体基本相同的两类评估，其涉税业务资产评估的评估结果与非涉税业务资产评估的差异一般较小。

尽管企业重组的涉税评估与非涉税评估之间也存在上述的联系，但是两类评估还是不能混淆，其评估结果通常是不能够相互替代。即使在两类评估同时存在时，有些评估客体相同的评估结果的差异较小而彼此有一定的互相参考价值，但也仅限于涉税业务资产评估报告与非涉税业务资产评估报告之间的互相参考，不宜互相替代。

三、企业重组的涉税评估与非涉税评估存在的具体情形分析

在中国大陆，自 1988 年的资产评估实践开始以来，企业重组的非涉税评估就已经存在。从 2010 年的《办法》发布和生效以来，企业重组的涉税评估也开始出现，从此，在企业重组的过程，既存在非涉税评估，也存在涉税评估。在企业重组的具体过程中，还有"企业重组的涉税评估与非涉税评估同时存在"、"只存在企业重组的涉税评估"和"只存在企业重组的非涉税评估"的三种具体的情形。

（一）企业重组的涉税评估与非涉税评估同时存在的具体情形

1. 债务重组中的涉税评估和非涉税评估

（1）债务重组的涉税评估。在企业重组一般性税务处理管理的债务重组中，债务重组的涉税评估包括对作为抵债的非货币资产公允价格确认的评估的涉税业务资产评估和计算债务重组所得或债务重组损失的税基评估。

《办法》第十一条规定："企业发生《通知》第四条第（二）项规定的债务重组，应准备以下相关资料，以备税务机关检查。（一）以非货币资产清偿债务的，……以及非货币资产公允价格确认的合法证据等；……"。

以非货币资产清偿债务的，因需准备非货币资产公允价格确认的合法证据而可能产生的涉税评估是属于涉税业务资产评估。

《通知》第四条规定"（二）企业债务重组，相关交易应按以下规

定处理：①以非货币资产清偿债务，……确认相关资产的所得或损失。②发生债权转股权的，……确认有关债务清偿所得或损失。③债务人应当按照支付的债务清偿额低于债务计税基础的差额，确认债务重组所得；债权人应当按照收到的债务清偿额低于债权计税基础的差额，确认债务重组损失。”

在企业债务重组中，以非货币资产清偿债务须确认相关资产的所得或损失，发生债权转股权需要确认有关债务清偿所得或损失；债务人须按照支付的债务清偿额低于债务计税基础的差额确认债务重组所得，债权人须按照收到的债务清偿额低于债权计税基础的差额确认债务重组损失。需要进行涉税评估的，是属于涉税评估中的税基评估。

（2）债务重组的非涉税评估。债务重组的非涉税评估的目的是确定抵债非货币资产的公允价值，评估的对象主要是对债务重组涉及的非货币资产。

债务重组的涉税评估与债务重组的非涉税评估的不同表现是：债务重组的涉税评估要根据重组企业所得税处理的不同情况分别对抵债的非货币资产的公允价值，或债转股的受让股价公允价（特殊性税务处理管理）进行涉税评估，而债务重组的非涉税评估无需依据《办法》规定，对抵债的非货币资产和债转股的受让股价分别在不同条件下进行评估，也不需要同时分别对债务人的债务重组所得确认和债权人的债务重组损失确认需要进行评估。

2. 股权收购中的涉税评估和非涉税评估

（1）股权收购的涉税评估。在一般性税务处理管理的股权收购中，股权收购的涉税评估同样包括涉税业务资产评估和税基评估。

《办法》第十二条规定：“企业发生《通知》第四条第（三）项规定的股权收购、……重组业务，应准备以下相关资料，以备税务机关检查……（二）相关股权收购、……公允价值的合法证据。”

因需要准备股权收购相关股权公允价值的合法证据而可能产生涉税评估是属于涉税业务资产评估。

《通知》第四条规定“（三）企业股权收购、资产收购重组交易，相关交易应按以下规定处理：①被收购方应确认股权、资产转让所得或损失。②收购方取得股权或资产的计税基础应以公允价值为基础确定。”

被收购方须确认股权转让所得或损失，收购方取得股权的计税基础应以公允价值为基础确定需要进行涉税评估的，是属于涉税评估中的税基评估。

（2）股权收购的非涉税评估。股权收购的非涉税评估目的是为股权收购方（或出售方）确定股权交易的市场价值，其评估对象是拟收购或出售的股权。

股权收购的涉税评估与股权收购的非涉税评估也有所不同，主要体现在股权收购的涉税评估要根据重组企业所得税处理的一般性税务处理管理规定分别进行涉税业务资产评估和税基评估。股权收购的非涉税评估却无需依据《办法》规定分别进行评估，而且评估价值类型是市场价值，而不是公允价值。

3. 资产收购中的涉税评估和非涉税评估

（1）资产收购的涉税评估。在一般性税务处理管理的收购中，资产收购的涉税评估同样包括涉税业务资产评估和税基评估。

《办法》第十二条规定："企业发生《通知》第四条第（三）项规定的……、资产收购重组业务，应准备以下相关资料，以备税务机关检查……（二）相关……、资产公允价值的合法证据。"《办法》第五条规定："《通知》第一条第（四）项所称实质经营性资产，是指企业用于从事生产经营活动、与产生经营收入直接相关的资产，包括经营所用各类资产、企业拥有的商业信息和技术、经营活动产生的应收款项、投资资产等。"

在一般性税务处理管理的资产收购中，因需要准备资产收购相关资产公允价值的合法证据而可能产生的涉税评估，评估对象是对资产收购的实质经营性资产。这种涉税评估是属于涉税业务资产评估。

《通知》第四条规定"（三）企业股权收购、资产收购重组交易，相关交易应按以下规定处理：①被收购方应确认股权、资产转让所得或损失。②收购方取得股权或资产的计税基础应以公允价值为基础确定。"

被收购方须确认资产转让所得或损失，收购方取得资产的计税基础应以公允价值为基础确定需要进行涉税评估的，是属于涉税评估中的税基评估。

（2）资产收购的非涉税评估。资产收购的非涉税评估目的是为资产收购方（或出售方）确定股权交易的市场价值，其评估对象是拟收购或出售的资产。

资产收购的涉税评估与资产收购的非涉税评估也有所不同，主要体现在两个方面，一是资产收购的涉税评估要根据重组企业所得税处理的一般性税务处理管理规定分别进行涉税业务资产评估和税基评估。二是资产收购的涉税评估的资产是《办法》规定的资产，其不包括后勤服务等间接相关的资产。而资产收购的非涉税评估不需根据《办法》、《通知》的规定进行评估，其评估的资产通常是包括后勤服务等间接相关的资产。而且在资产收购的涉税评估中，其资产仅仅指不包括股权的资产。在资产收购的非涉税评估中的资产通常是包括股权在内的资产，而且其评估价值类型是市场价值，而不是公允价值。

4. 企业合并中的涉税评估和非涉税评估

（1）企业合并的涉税评估。在一般性税务处理管理的企业合并中，企业合并的涉税评估同样包括涉税业务资产评估和税基评估。

《办法》第十三条规定："企业发生《通知》第四条第（四）项规定的合并，应按照《清算通知》规定进行清算。被合并企业在报送《企业清算所得纳税申报表》时，应附送以下资料：……（二）企业全部资产和负债的计税基础以及评估机构出具的资产评估报告。"

在一般性税务处理管理规定的企业合并需要附送企业全部资产和负债的计税基础以及评估机构出具的资产评估报告产生涉税评估，是属于涉税业务资产评估。

《通知》第四条规定"（四）企业合并，当事各方应按下列规定处理：①合并企业应按公允价值确定接受被合并企业各项资产和负债的计税基础。②被合并企业及其股东都应按清算进行所得税处理。"

合并企业须按公允价值确定接受被合并企业各项资产和负债的计税基础和不存续的被合并企业需要清算确定清算所得或损失需要进行的涉税评估，是属于税基评估。对被合并的不存续企业的清算而进行的评估是属于清算目的的税基评估。

（2）企业合并的非涉税评估。企业发生合并，无论是吸收合并，还是新设合并，都会涉及产权的重大变动。公司法对公司制企业的合并，国资法对国资企业的合并、证券法对上市公司的合并，以及相关法律法规对企业合并都有明确规定，需要对合并企业进行资产评估。

企业合并的涉税评估与企业合并的非涉税评估也有所不同，合并的涉税评估不仅为提供计税基础以及资产评估报告为附送材料的涉税业务资产评估，还为注销不存续企业清算目的的税基评估，清算目的的税基评估是在不持续经营条件下和不持续使用前提下进行的评估。

企业合并的非涉税评估对不存续的企业通常不需要进行非涉税评估，而是出于并购目的而对目标企业的价值评估，通常是在持续经营和持续使用条件下的评估。企业合并的另一种非涉税评估是被并购企业为争取提高收购价而进行企业价值评估，其也是在持续经营和持续使用条件下的评估，企业合并的非涉税评估的评估增值可能性更大。被并购企业为提高收购价而进行的企业价值评估是通过企业价值评估，使本已客观存在的而没有体现出来的价值得以体现（如企业自创无形资产、账表外资产等）。在现行的财务会计中，尽管已引入公允价值计量属性，企业资产仍有相当部分是采用历史成本计价。由于受会计核算制度的约束，以及通货膨胀的存在，使得按历史成本计价的资产价值往往低于其实际价值。当目标企业收到并购出价以后，为提出提高收购价的诉求，就可能对其资产进行重新评估，并把评估结果编入资产负债表，提高了净资产的账面价值，以显示并购企业对目标企业出价的定价过低，从而迫使并购企业提高收购价。

5. 企业分立中的涉税评估和非涉税评估

（1）企业分立的涉税评估。在一般性税务处理管理的企业分立中，企业分立的涉税评估同样包括涉税业务资产评估和税基评估。

《办法》第十四条规定："企业发生《通知》第四条第（五）项规定的分立，被分立企业不再继续存在，应按照《清算通知》规定进行清算。被分立企业在报送《企业清算所得纳税申报表》时，应附送以下资料：……（二）被分立企业全部资产的计税基础以及评估机构出具的资产评估报告。"

一般性税务处理管理的企业分立需要准备被分立企业全部资产的计税基础以及评估机构出具的资产评估报告产生涉税评估，是属于涉税业务资产评估。

《通知》第四条规定"（五）企业分立，当事各方应按下列规定处理：①被分立企业对分立出去资产应按公允价值确认资产转让所得或损失。②分立企业应按公允价值确认接受资产的计税基础。③被分立企业继续存在时，其股东取得的对价应视同被分立企业分配进行处理。④被分立企业不再继续存在时，被分立企业及其股东都应按清算进行所得税处理。”

被分立企业对分立出去资产须按公允价值确认资产转让所得或损失的、分立企业须按公允价值确认接受资产的计税基础的、被分立企业继续存在时其股东取得的对价须视同被分立企业分配进行处理的和被分立的不存续企业需要清算确定清算所得或损失的，需要进行的涉税评估，是属于税基评估。对不存续的被分立企业的清算而进行的评估也是清算目的的税基评估。

（2）企业分立的非涉税评估。企业分立时，涉及相关资产在分立后的企业和股东之间的股权分配、作价等需要，有必要对资产的公允价值进行确定评估，从而产生企业分立的非涉税评估业务。

企业分立的涉税评估与企业分立的非涉税评估也有所不同，分立的涉税评估是为提供计税基础以及资产评估报告为附送材料的涉税业务资产评估和为注销不存续企业清算目的的税基评估，而且清算目的的税基评估是在不持续经营条件下的税基评估。而企业分立的非涉税评估是出于分立目的对股权分配和作价等需要而对分立企业的资产评估，其评估一般是在资产持续使用条件下进行的。企业分立的非涉税评估对被分立的不存续企业通常不需要进行非涉税评估。

6. 企业重组特殊性税务处理管理规定的涉税评估和非涉税评估的具体情形

按企业重组特殊性税务处理管理规定的涉税评估具体情形。在特殊性税务处理规定的涉税评估业务中，大多是因按企业重组特殊性税务处理管理规定所需要附送、准备资料而产生和可能产生的涉税业务资产评估。其中，只有非股权支付仍须在交易当期确认相应的资产转让所得或损失的，才可能产生企业重组的税基评估。

①债务重组中的债转股及其可能产生的涉税业务资产评估。《办法》第二十二条规定：“企业发生《通知》第六条……（二）发生债权转股权业务，债务人对债务清偿业务暂不确认所得或损失，债权人对股权投资的计税基础以原债权的计税基础确定，应准备以下资料：……3. 企业所转换的股权公允价格证明……”

在企业重组特殊性税务处理规定的债务重组中的债转股因需要准备“企业所转换的股权公允价格证明”而可能产生涉税业务资产评估，需要进行的涉税业务资产评估是评估企业所转换的股权公允价值。

②股权收购产生的涉税业务资产评估。《办法》第二十三条规定："企业发生《通知》第六条第（二）项规定的股权收购业务，应准备以下资料：……（三）由评估机构出具的所转让及支付的股权公允价值；……"。

在企业重组特殊性税务处理管理的股权收购业务中，因需要准备由评估机构出具的所转让及支付的股权公允价值材料而产生这种股权收购涉税业务资产评估。需要进行的涉税业务资产评估是要同时评估转让方股权的公允价值和受让方支付股权的公允价值。

③资产收购产生的涉税业务资产评估。《办法》第二十四条规定："企业发生《通知》第六条第（三）项规定的资产收购业务，应准备以下资料：……（三）评估机构出具的资产收购所体现的资产评估报告；……（四）受让企业股权的计税基础的有效凭证；……"。

在企业重组特殊性税务处理管理的资产收购业务中，因需要准备由评估机构出具的资产收购所体现的资产评估报告和受让企业股权的计税基础的有效凭证而产生资产收购的涉税业务资产评估。

④非股权支付仍须在交易当期确认相应的资产转让所得或损失的，需要进行的税基评估。

《通知》第六条规定"企业重组符合本通知第五条规定条件的，交易各方对其交易中的股权支付部分，可以按以下规定进行特殊性税务处理：……（六）重组交易各方按本条（一）至（五）项规定对交易中股权支付暂不确认有关资产的转让所得或损失的，其非股权支付仍应在交易当期确认相应的资产转让所得或损失，并调整相应资产的计税基础。非股权支付对应的资产转让所得或损失＝（被转让资产的公允价值－被转让资产的计税基础）×（非股权支付金额÷被转让资产的公允价值）"

非股权支付对应的资产转让所得或损失确定之所以可以进行税基评估，是因为在这资产转让所得或损失的确定过程中，其中的被转让资产的公允价值和被转让资产的计税基础也都可以先通过评估来确定，最后再来评定非股权支付对应的资产转让所得或损失，即评定非股权支付对应的资产转让税基价值。

（二）在企业重组特殊性税务处理管理规定的非涉税评估具体情形

企业重组的非涉税评估无需按《办法》、《通知》规定进行评估，所以无需区分在企业重组一般性税务处理和特殊性税务处理管理规定下的非涉税评估。为了更好证明企业重组非涉税评估与涉税评估的区别，在按企业重组特殊性税务处理管理规定里，对交易中股权支付暂不确认有关资产的转让所得或损失的情况下，却会有非涉税评估的具体情形。在这种情况下，对以股权支付方式的股权不需要涉税评估的税基评估，但是，对其作为支付对价的股权的价值评估，往往却成为企业重组非涉税评估的业务之一。

（三）只存在企业重组的涉税评估的具体情形

按《办法》的规定，企业法律关系改变的两种情形的企业都应按《清算通知》规定进行清算。一种是因企业由法人转变为个人独资企业、合伙企业等非法人组织需要清算，另一种是因企业将登记注册地转移至中华人民共和国境外也需要清算。企业法律关系改变的这两种清算都要进行涉税评估，其清算涉税评估也包括涉税业务资产评估和税基评估。

《办法》第十条规定："企业发生《通知》第四条第（一）项规定的由法人转变为个人独资企业、合伙企业等非法人组织，或将登记注册地转移至中华人民共和国境外（包括港澳台地区），应按照《清算通知》规定进行清算。企业在报送《企业清算所得纳税申报表》时，应附送以下资料：……（二）企业全部资产的计税基础以及评估机构出具的资产评估报告"。

企业法律关系改变的清算在报送《企业清算所得纳税申报表》时须附送"企业全部资产的计税基础以及评估机构出具的资产评估报告"产生涉税评估，是属于涉税业务资产评估。

《通知》第四条规定"（一）企业由法人转变为个人独资企业、合伙企业等非法人组织，或将登记注册地转移至中华人民共和国境外（包括港澳台地区），应视同企业进行清算、分配，股东重新投资成立新企业。企业的全部资产以及股东投资的计税基础均应以公允价值为基础确定。”

企业由法人转变为个人独资企业、合伙企业等非法人组织和企业将登记注册地转移至中华人民共和国境外的，须视同企业进行清算、分配，股东重新投资成立新企业；企业的全部资产以及股东投资的计税基础均应以公允价值为基础确定的，需要进行的涉税评估，是属于税基评估。对视同企业清算而进行的评估也是清算目的的税基评估。

这种视同清算的评估业务是属于企业重组涉税评估特有的评估业务。在这种情形下，通常不存在企业重组非涉税评估业务。因为一方面是非涉税评估的“企业重组”的业务范围通常不包括企业法律形式的改变，所以其一直没有被归入非涉税评估的“企业重组”的范围。另一方面是企业在这两类法律形式的改变时，其企业仍照常运营、产权和股东也基本没有发生变化，所以，这些企业通常也不需要去委托评估机构对其企业进行“视同清算”的非涉税评估。

（四）只存在企业重组的非涉税评估的具体情形

反并购，是反兼并和反收购的统称。在反并购过程中，只涉及企业重组的非涉税评估，即反并购中的资产重估。在企业兼并收购的重组中，有些目标企业并不是出于自愿被并购的，为了自救或抗争，他们往往会采取一些措施来反并购，其中，运用评估增值，使其客观存在的而没有体现出来的价值得以体现，使企业增值而使并购方因并购成本加大而放弃目标企业来达到反并购，是有效的途径之一。当目标企业通过评估增值的反并购目标实现后，企业并购活动就不存在，企业也就不需要按《办法》、《通知》和《清算通知》的规定进行企业重组业务所得税处理，也不存在企业重组的涉税评估。所以，这种情形下的企业价值评估，只存在企业重组的非涉税评估。

企业重组涉税评估业务与非涉税评估业务的三种不同的存在具体情形不仅印证了企业重组的涉税评估与非涉税评估客观存在的事实，也为进一步对涉税评估业务市场的分析和开拓提供了方向。

四、结论与启示

（1）对企业重组的涉税评估与非涉税评估进行研究有助于正确开

展企业重组的涉税评估和非涉税评估工作。企业重组的涉税评估与非涉税评估既有区别，也有联系，两者的区别比两者的联系明显，其区别主要体现在重组业务规定范围、评估目的、评估法律依据、评估基准日、价值类型、评估途径方法和影响评估结果的因素等方面的不同或不完全相同。企业重组中的涉税评估和非涉税评估虽都是价值评估的范畴，也有一定的联系，但是，各自的特征和规律决定了它们是两类不同的价值评估。因此，两者不仅在概念上不能混淆，在实际操作上也不能互相替代，否则会引起评估结果的不合理，更不能简单地将两类不同的评估结果进行替代使用。在企业重组的非涉税评估中，虽然其有时也要考虑税收因素对评估结果的影响，但它仍然不属于重组所得税收处理为目的的涉税评估。对目前企业重组的价值评估实践中，局部存在的用非涉税评估替代涉税评估的做法是不妥当的，需要加以改进。同样，在企业重组的涉税评估体系建立后，一般也不能直接用涉税评估结果替代非涉税评估结果使用。

（2）在企业重组的价值评估的实践中，涉税评估业务与非涉税评估业务有三种不同的存在具体情形：①企业重组的涉税评估业务与非涉税评估业务同时存在的情形。具体包括一般性税务处理管理下的，债务重组、股权收购、资产收购、合并、分立等企业重组和特殊性税务处理管理下的债务重组、股权收购、资产收购、非股权支付对应的资产转让所得或损失确定时，可能同时发生的涉税评估业务与非涉税评估业务；②只有企业重组的涉税评估业务的情形。这种企业重组的涉税评估业务主要是发生在公司制改为合伙制和企业登记注册地由境内转移到境外的企业重大法律关系改变的情况下；③只有企业重组的非涉税评估的情形。这种企业重组的涉税评估业务主要是发生在出于反并购目的的企业价值评估的情况下。企业重组涉税评估业务与非涉税评估业务的三种不同的存在具体情形不仅印证了企业重组的涉税评估与非涉税评估客观存在的事实，也为涉税评估的业务市场分析和开拓提供了方向。

（3）企业重组涉税评估的内容包括了企业重组的涉税业务资产评估和企业重组的税基评估两大主要内容。虽然，企业重组涉税评估中的税基评估与涉税业务资产评估都是企业重组涉税评估的内容，都不同于企业重组的非涉税评估，但是，企业重组的税基评估与企业重组的涉税业务资产评估之间也仍存在一定的区别和联系。在上述的企业重组的涉税评估业务存在情形①当中，其涉税评估业务就分别包括作为向税务部门提供资料（资产评估报告、公允价值证明）的涉税业务资产评估，也有计算“债务重组所得（损失）、股权和资产收购所得（损失）、合并分立清算所得（损失）”等需要的税基评估；在其情形②当中，其涉税评估业务既有涉税业务资产评估，也有计算“清算所得（损失）”需要的税基评估。限于立论的主题和文章的篇幅，本文没有对企业重组涉税评估中的税基评估与涉税业务资产评估的关系展开研究。因此，在开展企业重组涉税评估工作时，除了要将涉税评估与非涉税评估区别开外，还要注意把握好企业重组涉税评估中的税基评估与涉税业务资产评估之间的区别与联系。

参考文献

[1]《中华人民共和国企业所得税法和实施条例（2007）》。

[2]《企业重组业务企业所得税管理办法》。

[3]《关于企业重组业务企业所得税处理若干问题的通知》。

[4]《关于企业清算业务企业所得税处理若干问题的通知》。

[5] 刘萍主编:《企业价值评估指导意见》，经济科学出版社 2005 年版。

[6] 纪益成:《企业重组的涉税评估及其业务类型研究——兼对企业重组的涉税评估与非涉税评估比较》，载《“十二五”中国评估业教育与发展论坛》论文集，2011 年 7 月。

[7] 中国资产评估协会:《昆明国际评估论坛优秀论文集》，中国财经出版社 2007 年版。

房地产税评估问题探讨

丁　芸　首都经济贸易大学

【摘要】目前，房地产税改革的研究与推进成为备受关注的热点。而改革房地产税的重要前提之一就是科学确定房地产税的计税依据即确定房地产税税基的价值，这就使得构建科学的房地产税基评估体系显得尤为重要，可以说房地产价值评估制度的完善与否是导致房地产税改革成败的关键。本文从房地产评估出发，在介绍我国房地产税制改革的现状的基础上，对部分发达国家以及发展中国家和地区的房地产评估体系进行比较分析和借鉴，提出构建我国房地产评估体系思路和建议。

【关键词】房地产税；评估

Adjustment on the Real Estate Tax Assessment

DING Yun

Abstract: Recently, the research on the reform of real estate tax has been a sustaining focus. While, one of the preconditions to a successful implementation of real estate tax is deciding the gist of it, assuring the value of the tax base of real estate tax, which highlights the importance of constructing a reasonable system of real estate tax assessment. In another word, the assessment decides the future of the reform of real estate tax. In this thesis, with the theory of assessment of real estate, the author analyzes the practical condition of real estate tax assessment in China. By analyzing practices and experiences of real estate tax assessment in some developed and developing countries, the author summarizes their enlightening and revealing impacts on the process of building Chinese real estate tax assessment system. Finally, give the suggestions on system of real estate tax assessment in China.

Key Words: real estate tax; assessment

进入21世纪以后，我国房地产业迅猛发展，房地产税种受到广泛的关注。个人拥有的房地产大量增加，使得我国房地产税的征收具有了深厚的经济基础。尤其近几年，我国各城市普遍存在房价上涨过快、房地产税费混乱、房地产业繁荣背后隐藏金融风险等问题，这使广大民众寄期望于房地产税改革，来促进房地产业的健康发展。而且政府也迫切希望通过改革房地产税制来调节国民经济和促进收入分配、增加财政收入。

2010年9月29日，有关部门出台新一轮调控政策时明确提出，“加快房产税改革试点工作，并推广到全国。”10月底，中央关于制定“十二五”规划的建议中提出，“研究推进房地产税改革”。2011年1月，上海、重庆两地正式试点开征房产税。除了房产税税制的设计方面，房产税税基评估的研究也非常重要。

房地产价值评估制度的完善与否是导致房地产税改革成败的关键。从其他国家不动产税征管情况来看，由于评估价值引起的矛盾纠纷十分普遍，甚至有些发展中国家的不动产税因为价值评估问题而难以为继。可以想象，纳税人通常都希望少缴税款，那么无论评估值是否客观合理，纳税人总是希望评估价值可以更少，因此这对矛盾是难以消除的。因此，完善房地产价值评估已是房地产税改革准备的重要环节。

一、我国房地产税现状

我国目前房地产税制中，涉及房地产的税种多达12个，其中直接与房地产相关的有土地增值税、城镇土地使用税、耕地占用税、房产税、固定资产投资方向调节税和契税6种；非直接相关的有营业税、企业所得税、个人所得税、印花税以及城市建设维护税及教育费附加6种。

上述12个税种之中，主要包括取得、保有、转让三个环节，其中开发建设阶段涉及的税种有耕地占用税、营业税、城市建设维护税和教育费附加、印花税、增值税、土地增值税；转让阶段涉及营业税、城市建设维护税和教育费附加、印花税、契税、企业所得税，个人房地产转让还可能涉及个人所得税；保有阶段主要涉及房产税、城镇土地使用税。

房地产相关税种的计税依据主要分为房地产转让价格、租金、转让增值和单位定额四类，这几种方式所确定的税基从根本上讲都是源于房地产账面价值。其中，保有阶段涉及的房产税、城镇土地使用税中，城镇土地使用税以实际占用的土地面积为计税依据。房产税规定对于不出租的房产，计税依据是房产原值一次减除 10% ~30% 后的余值，具体减除幅度，由省、自治区、直辖市人民政府规定，若没有房产原值作为依据，则由房产所在地税务机关参考同类房产核定，税率为 1.2%；对于出租的房产，租金收入为计税依据。

2011 年 1 月，国务院常务会议同意在上海和重庆进行对个人住房征收房产税改革试点，重庆市实施的房产税细则规定以应税住房的计税价值为房产交易价，待条件成熟时以房产评估值作为计税依据。上海市实施的房产税细则规定试点初期暂以应税住房市场交易价格的 70% 计算缴纳。以后应为参照应税住房的房地产市场价格确定的评估值，评估值按规定周期进行重估。

二、目前房地产税评估存在的问题

我国目前房地产税评估中存在的问题分为以下三方面阐述。

首先，缺乏统一的技术标准和手段测定相关数据。房地产税征收的关键点在于评估房地产的价值，而评估需要对房地产的房龄、朝向、结构、建筑成本、坐落位置、附近公用设施等许多数据资料进行采集统计的数据做支撑，由于评估值将作为征税的依据，必须准确，所以房地产评估的工作量极其庞大。而目前大多数地区房地产权属资料不全，电子化水平不高，为改革房地产税的最大障碍。另外，由于房地产税的实际征收还涉及减免的问题，因此需要明确个人拥有的房产权属的全面记载，而目前由于地区间的权属登记信息尚没有联网，因此为减免政策的制定也提出了难题。

其次，与现有房地产税费的关系及现行法律法规的衔接性尚待研究。作为保有阶段的重要税种，房地产税改革首先需要理清与现有房地产税费的关系。现行的法律法规中有关房地产税的法规政策也需要做相应调整，这是一个涉及多方利益的复杂工程，还需要假以时日进行研究。

最后，评估权力难以分配。房地产税改革的核心环节就是房地产的计税依据从原值改为市场价值，而市场价值是通过评估得出的。为了评估房地产的价值，可供选择的评估机构有地方税务机关、社会评估机构和地方国土资源部门。"空转"试点城市的实际操作大多由税务部门主持评估，同时参考国土资源局的数据，仅个别城市采用社会评估机构的评估值。但将来实际征收中部门间的协调难度远大于"空转"阶段，评估的成本和效率问题将更加凸显。

三、国外房地产税评估相关经验借鉴

国外房地产税评估的经验主要从计税依据、评估主体、评估机构及方法、评估方式、评估周期五方面来介绍。

（一）计税依据

当前，世界各国房地产税体系中的房地产计税依据有三类：一类是面积计价法，一类是市场价值计价法，一类是面积和市场价值混合法。世界上大部分国家尤其是发达国家都采用市场价值计价法，一些转轨国家和经济水平较低的国家，如捷克、智利、肯尼亚等采用面积计价法或混合估价法。但大多数实行面积计价法和混合计价法的国家正在向市场价值计价法转变。

（二）评估主体

由于房地产估价比较复杂，因此多数国家一般都设有房屋、土地等财产估价机构，发达国家都有估价师专门从事房地产价格评估工作。

有的国家有中央政府设置的遍布全国的评估机构，如英国政府负责不动产税基评估的是附设在国家税务局内部的估价办公室，并分为国家、区域和地方三个层次，通过这套管理体系的设立，保证了房地产税基评估的进行，这是房地产税稽征的基础。有在地方（市政局）设置的评估机构，澳大利亚由州政府制定财产评估规则，然后交给地方政府，再由地方政府制定税率，并管理和征收税款。财产的价值评估体系由州总评估员制定，总评估师由议会任命，对州长负责，这些价值评估体系用于评估土地价值，以及政府土地购买、租赁及机构间的财产转移的价值。在俄罗斯，建筑物价值由市技术评估局估定，并于每年 3 月 1 日前向地方征税机关提供登记建筑物的价值和所有权信息。

有的国家由税务部门专门设立资产评估机构，如美国各地方政府都拥有自己的房地产估价部门和大量专业人员，这些人员专门从事各类房地产的估价工作。估价师必须有估价不动产所在地州政府核发的执照或证书，才能为联邦管制机构进行估价。如果业主对估价有异议，可以分级上诉：首先是地方政府的估价办公室；其次是州的仲裁委员会；最后是联邦的税务法院。经过评估得出的价值称为公平市场价格。税务部门并不根据公平市场价格征收财产税，而是把公平市场价格乘以估价折价比率（根据州法律一般是40%），从而得到估计价值。

（三）评估机构及方法

从国际上看，各国在估价房地产征税的方法上，主要应用三种方法来求得房地产的估定价值：

（1）市场售价比较法。在市场相当活跃而且有同类资产出售的情况下，可以采用这一方法。主要看与被评估房产类似的房产的销售额。具体办法是以市场上相同或类似财产为参照物，同时考虑影响交易价格的各种因素，估定应税财产价值。市场价值比较法是用得最广泛的一种方法，适用于居民住房、私人公寓、度假屋、农场的评估。

（2）收入法。评估人员估计房产可能产生的潜在总租金收入，并减去经营性支出，然后，用一个资本化比率将由此得出的年净经营收入换算成资本价值。收入法在比较容易获得相同或同类商品市场租金价值（非实际的租金）的情况下使用，适用于评估社区、商店、工厂、仓库、耕地。

（3）重置成本法。市场价值比较法和收入法都不能使用的情况下，才考虑使用成本法，即估计的重建成本（需扣除折旧）。通过估计空置土地的价值，然后再加上重置房屋和其他土地改良所需的成本来评估房产的价值。重置成本法的优点是考虑了财产折旧和无形损耗，比较合理；但也存在着计算重置成本和损耗有主观臆断的缺点，且这种方法不适用于对房地产自然增值较大房地产的估定。如果房产相对较新，而且没有可比较的销售额，土地改良相对独特，那么可以采用成本法。成本法通常也被用来评估工业用房产。

（四）评估方式

房地产税的评估方式主要有三种，一是批量评估手段；二是单宗评估手段；三是自行评估手段。

批量评估是指借助计算机信息系统，采用法定形式建立的参数体系，分片区批量评估应税房地产的市场价值，据以计算应征税款的方法。单宗评估是指评税专家遵循法定规程，选用合适的评估方法，对个别产权结构和建筑结构复杂、功能多样的应税房地产进行评估的方法。自行评估是指财产所有人对其自有财产确定一个评估价值，并以此进行财产登记和申报纳税的方法。

从目前的情况看，以市场价值为计税依据的国家普遍采用批量评估手段，批量评估已成为世界各国评估手段发展的趋势。如美国、英国、法国、德国、荷兰、挪威、芬兰、爱沙尼亚、塞浦路斯和罗马尼亚等。其中，美国广泛应用计算机辅助批量评估系统（CAMA）和地理信息系统（GIS）作为房地产评税价值的技术支撑系统。还有一些转轨国家和发展中国家正在开展批量评估工作，如匈牙利、立陶宛、波斯尼亚、马耳他等。例如立陶宛批量土地评估由国家登记事业中心组织进行，其主要职能包括房地产登记、法人登记、地址登记、服务于税收的财税评估、GIS系统开发等，为其开展批量评估提供了有利条件。中心建立的数据库存储了全国登记的所有房地产交易信息、地籍信息、市场信息等。

在个别缺乏专业估价人员，税收征管水平较低的国家，如匈牙利、泰国、突尼斯和菲律宾以及哥伦比亚实行自行估价制度。但由于财产所有人自主估价，财产价值存在被低估的倾向，加之居民纳税意识薄弱，税务部门缺少足够的人员对自行申报财产税数据的审核，往往会造成税源大量流失的状况。

（五）评估周期比较

世界各国评税周期的规定一般分为两种：一种是对评税周期由法律规定，包括必要时推迟或取消房地产重估的规定；另一种是评税周期没有法律规定，但在实际操作中有一般规定。

从各国实施的实际情况看，重估周期一般都在3～10年的范围内，其中以3年和5年作为周期的最多，只有较少数国家每年都进行重估，还有一些国家很少评估。总的来说，一些发达国家和地区由于技术和财政能力相对较强，评估周期较短且相对固定；反之，一些发展中国家或地区评估周期则较长且不固定。各国评估周期主要有以下几种：

（1）每年1次，如中国香港、新加坡、美国地方政府的评税师每年都要重新核定房地产课税价值。温哥华市政府对房产管理非常严格，对房地产每年评估1次，评估由政府主持，费用也由政府负责。温哥华市政府对房产管理非常严格，对房地产每年评估1次，评估由政府主持，费用也由政府负责。

（2）澳大利亚的评估周期各州从4～7年不等。对较大的已城市化地区每年1次，对于较小的地方当局每3年1次。土地价值在一个评估周期内一般不作调整。近年来，澳大利亚各州都努力缩短评估周期。

（3）每5年1次，如英国、巴基斯坦、牙买加、博茨瓦纳，英国国内收入署的房产估价部门负责每5年对房产价值重新评估一次，按房产的价值分为A～H共8个级别，分别征收不同的税额。

除此以外，一些国家如约旦、哥伦比亚和巴西采用房地产价格指数（如利用通货膨胀率）作为重估指标，但效果不太理想。

四、我国房地产税评估的建议

在借鉴国外房地产税评估经验的基础之上，本文提出以下对于我国房地产税评估的建议。

（一）房地产税的计税依据

在全球范围内，由于受房地产经济发展和其他有关因素的影响，房地产价格发生经常性地、较大幅度变动已成为人们不可回避的问题，由于我国采用原值作为财产税计税依据，所以造成税收流失和税负严重的不公。而我国在房地产税基评估方面才刚刚起步，目前尚未建立房地产税基评估制度和体系。因此，在充分借鉴这些国家有益经验的基础上，构建符合我国实际情况的房地产税基评估体系就具有重要的理论意义和现实意义。

模拟评税试点实践也表明，房地产税的计税依据应界定为土地使用权和地面房地产的公允评估价值，实行从价计征。根据西方国家的实践经验，可靠的计税依据包括了土地的级差收益、房地产的物理价值和房地产的时间价值，是通过评估得到的房地产公允价值。

采用评估价值作为税基是因为：一是评估价值能全面反映房地产作为经济资源的价值和纳税人的承受能力；二是评估价值能促使纳税义务人合理利用房地产和土地。我国应由政府确定的专业评估机构定期对房地产的市场价值进行评估，以反映出房地产的真实价值。可以扣除正常的维修、保养费用，但应设定限额，扣减幅度可以为评估价值的30%～40%，以此作为税基，计算应缴纳的房地产税。

（二）房地产税的评估方法

上文已经提到房地产税评估方法主要有三种，分别是重置成本法、收入法和市场售价比较法，从南京市地方税务局房地产模拟评税试点取得经验来看，成本法较为实用可行，用于评估工业房地产较准，但用于评估住宅和商业房地产则离其实际市场价格有较大差距。因此，在具备条件时，选用不同方法评估不同的房地产应成为一种趋势。如可以用成本法评估工业和综合类房地产；用市场法评估住宅类房地产；用收益法评估商业类房地产。

（三）房地产税的评估机构

设置房地产税评估机构是房地产税基评估工作中的一项重要环节。房地产税评估机构是评估工作的主管机关，我国在构建符合我国国情的房地产税基评估机构的时候，首先要借鉴境外有益经验。境外通常的做法有三种：评估中介机构、税务部门内设专门机构和新设立的独立半官方机构这三种机构负责房地产税基评估工作。

本文认为，由于我国至今没有开展大规模房地产税基评估的经验，更没有设定专门的评估机构负责该业务，在构建房地产税基评估体系过程中，考虑到税务部门是税款的征收部门，主管房地产税的征收，掌握更多与房地产税应税房地产相关的资料，更适合开展房地产税的评估工作。

（四）评估的其他因素

我国房地产税评估周期应选择在3～5年为宜，并且应当考虑到宏观经济波动、房地产行业周期等因素的影响，相机抉择；评估收费应控制在合理的收费标准，降低征税成本。

参考文献

［1］陈淑贤：《物业税税基评估主体的选择》，载《涉外税务》2008年。

［2］差饷物业评估署：《差饷介绍》，差饷物业评估署网站2008年。

［3］兰相洁：《美国征收物业税的经验及启示》，载《房地产金融》2008年。

［4］杨向伟：《我国开征物业税问题的研究》，暨南大学硕士学位论文2006年。

［5］高世星、何扬：《构建物业税的难点剖析》，载《物业税改革的国际借鉴研究（上）》2008年。

［6］张平竺：《房地产税基评估研究》，厦门大学博士论文2007年。

［7］徐四伟：《物业税制度研究》，厦门大学博士学位论文2005年。

［8］樊华：《地方公共财政框架下的不动产税制现状及其改革研究》，浙江大学硕士学位论文2005年。

税基评估与纳税评估

古建芹　仇晓洁　河北财贸大学

【摘要】 在我国，税基评估与纳税评估都是新事物。如何认识和把握税基评估与纳税评估的地位和作用，如何认识税基评估与纳税评估相同点和区别，如何开展税基评估与纳税评估业务，对于评估行业的健康发展意义重大。

【关键词】 税基评估；纳税评估；作用

Tax Base Assessment and Tax Assessment

GU Jian-qin　QIU Xiao-jie

Abstract: In China, the tax base assessment and tax assessments are new things. It is significant for the healthy development of the assessment industry that is how to understand and grasp the status and role of tax base assessment and tax assessment, and how to understand the similarities and differences between tax base assessment and tax assessment, and how to carry out the business of tax base assessment and tax assessment.

Key Words: the tax base assessment; tax assessment; role

一、税基评估与纳税评估是社会管理和税务管理的需要

（一）国际背景：新公共管理运动

20 世纪后 20 年，为了迎接全球化、信息化的挑战，提高国际竞争力和政府效率，解决越来越复杂的国内社会问题，化解政府与民众之间越来越尖锐的矛盾，消除政府自身的种种弊端，英国、美国、澳大利亚、新西兰等国政府相继对近代尤其是 19 世纪中期发展起来的官僚行

政结构、福利国家政策和政府管制模式进行了全面改革。这场改革被称之为“新公共管理（New Public Management，NPM）”或“政府再造”。改革很快得到西方国家和一些发展中国家的积极响应，逐渐形成一场全球性的政府改革运动，内容涉及公共管理尤其是行政管理的体制、过程、程序及技术等各个方面，它对当代世界各国政府管理的体制、机制产生了深刻影响，有一定的示范作用。

新公共管理运动体现了公共管理理念和方式的根本性、方向性调整。其基本取向是采用工商管理的理论和方法、引入市场竞争机制、强调顾客导向以及提高服务质量。具体内容包括：（1）重视成本效益关系。强调政策、规划、项目的成本效益关系，要求政府管理要有成本观念，要以最小的投入获取最大的效益。（2）强调顾客导向。各级政府提供公共服务都要考虑居民的需求，要以对顾客负责为根本，以顾客满意为衡量公共服务质量的标准。（3）强调政府行政市场化。将企业的管理技术和方法，如绩效评估、全面质量管理、组织发展、人力资源开发等等，引入政府行政过程，以提高政府行政效率和整体绩效。（4）提倡创新与改革。提出解除规则、规制枷锁，打破固化的惯性思维，主张官员运用创新性思维、创新性策略达到政府管理的目标。

税收是政府重要的财政收入，是政府手中重要的经济杠杆，税务部门作为政府重要的公共管理机构，不可避免地受到新公共管理运动的深刻影响。因此，在新公共管理运动的影响下，新加坡、英国、美国、日本、德国、爱尔兰等许多国家，在原有的税务管理基础上建立或优化了税基评估和纳税评估业务。

（二）国内背景：我国新税收征收管理模式确定

税务工作作为涉及面广、政策性强、与经济利益紧密联系的执法工作，自改革开放以来始终受到社会各方面的强烈关注。税收征收管理是税收管理的核心，征管主体是由征管人和纳税人构成的，征纳关系是税收管理的最基本关系，良好的征纳关系是税收管理活动得以正常开展的基础和必要条件。在税务管理实践中，因为征纳双方追求的目标不一致，信息掌握的非对称性，在征管活动中双方地位的不平等性以及政府形象的非优良性。征纳矛盾始终普遍存在。为了解决这个矛盾各国政府均在加强税收征收管理上下了不少工夫。我国政府也一样。但是，在

2003年前，我国税收征收管理目标比较单一，就是及时足额地取得税收收入。而随着经济体制改革的深入，居民法律意识、民主意识的增强，我国税收征收管理目标日趋多元化。逐步形成既考虑取得收入，又考虑遵守税法；既考虑征税方利益，又考虑纳税方权利的多重目标模式。即（1）执法规范。依法征税，应收尽收，不收过头税，防止和制止越权减免税，做到严格执法，公正执法，文明执法，加强执法监督，确保政策法规落实到位。（2）征收率高。依据税法，通过各方面管理和范围、服务工作，使税款实征数尽量接近法定应征数，实际税负接近法定税负，最大限度地减少税收流失，保证税收收入与经济协调增长。（3）成本降低。既要降低税务机关征税成本，又要降低纳税人的纳税成本。提高税收效率。（4）社会满意。有效发挥税收作用，为纳税人提供优质高效的纳税服务，使纳税人更加方便、快捷地办理涉税事项。完善内部行政管理，推动建立行为规范、运转协调、管理高效、服务优良、公正廉洁的税务行政管理体制，提高税务干部综合素质，使税务形象日益改善。

随着我国税收征收管理目标模式的转变，税收征收管理模式也在发生变化。2004年，我们明确提出要在2010年前要实现“以申报纳税和优化服务为基础，以计算机网络为依托，集中征收，重点稽查，强化管理”的税收征收管理模式。这表明我国税收征收管理发生了深刻变化。首先，税务管理理念和运作方式的重大转变，即从税务管理从规制导向向服务导向转变，纳税人定位从监管对象向商业客户转变，税务内部管理从行政管理向企业化经营转变，纳税服务从行政服务向社会服务转变。为此，无论是从税收征管理论还是税收征管实践看，改革是必须的。其次，税务管理制度、方法的内容发生了重大改变。需要重新审视税务部门与纳税人的关系，重新定位税收征纳中征纳双方的地位和作用。传统的税务管理思想、税务管理模式、税务管理方法和税务管理制度受到挑战。这就要求在原来税务基础管理、税款征收，税务稽查三大部分基础上，增加税源管理，税收分析，税基评估，纳税评估，纳税服务，税务信息等新内容。税基评估与纳税评估成为其中应有之义。

二、税基评估与纳税评估的同与异

税基评估根据国际经验和理论来看，其以征税为目的的税基评估包括很多方面，如物业税、不动产、财产税、所得税、关税等税种都要进行税基评估，这是广义上的税基评估；而在我国，税基评估现在仅对不动产而言，它是随着我国准备开征物业税而产生的，是狭义的税基评估。具体就是指具有税基评估胜任能力的评估机构和评估人员，以税收为目的，以相应的税法为依据，对未能明确具体从价税价值的税基为评估对象，按一定的程序，运用适当的估价标准和方法，独立、客观、公正地开展评定作价的专业活动。

纳税评估，从国外纳税评估理论和实践来看，是指评估主体依据税法和相关法律，以计算机系统为依托，以社会信息共享为基础，运用一定的技术手段和方法，对征纳双方的涉税情况以及各种资料和信息进行综合审核、分析和评价，所开展的一项管理活动。而在我国，根据国家税务总局出台的《纳税评估管理办法》的有关精神，则是指税务机关运用数据信息比对分析的方法，对纳税人和扣缴义务人申报纳税的真实性、准确性进行分析，通过税务函告、税务约谈和实地调查等方法进行核实，从而做出定性、定量判断，并采取进一步征管措施的管理行为。

据此可知，无论是纳税评估还是税基评估，与国际实践相比，存有明显区别，但皆是以税收为目的的，皆是以对纳税人税源的监管为基础，皆设计征税和纳税，如价值判断中有税收因素、申报过程中征多少税、纳多少税。

且二者同时存在很大不同，其在我国具体表现为：第一，评估的主体不同。在我国，税基评估主体是税务机构和中介机构。而纳税评估主体比较单一，只有税务机关。第二，评估的内容不同。在我国，税基评估的内容则是计税依据，其必须涉及与征纳税有关的，而且主要是不能直接明确从价税价值的评估对象的标的物，如房地产。纳税评估的内容仅包括纳税人、扣缴义务人的纳税申报情况。第三，服务对象不同。税基评估主要服务于税务机关。纳税评估则服务于两方面：一是纳税方面；二是政府。第四，作用不同。税基评估起到征到位的作用。纳税评估的作用则为评价和告知。第五，为评估过程不同。税基评估是税务机关在课税过程中对税基进行的估算，仅作为征纳有关税收的计税依据，既是一种事前分析，也是一种事后分析。而纳税评估的工作环节一般在纳税人、扣缴义务人按期缴纳税款及办理有关纳税事项之后，是对纳税人纳税申报状况的一种事后分析。

以上描述说明，税基评估与纳税评估，其人才需要有多重资格：作为社会中介人员需要有执业资格，如注册税务师、注册会计师、注册评估师等；作为税务机关的工作人员需要有公务员资格，才能执法，才能有执法资格，如管理资格、检查资格、评估资格等；作为纳税人评税自然需要一定的专业知识，即一定的专业资格。

三、税基评估与纳税评估在税收管理中的地位和作用

在税务管理中，通常产生的征纳矛盾主要有：摩擦性矛盾和抵触性征纳矛盾。而税收管理的目的就是为了解决这些矛盾。在税务管理中，纳税服务、税收分析、税基评估、纳税评估、税源监控、税款征收、税务稽查、税收信息都是不可缺少的基本环节。

纳税服务贯穿于税收征收管理的各个环节中，缺少了纳税服务，税款征收、税源管理、税务稽查、税务信息、税收分析就缺少了基础，缺少了人性化；纳税服务是税收征收管理的重要组成部分。

税务信息是反映税收分配过程动态的数据情报，它产生于税务管理的全过程之中。缺少了税务信息，税收分析就没有基础和依据。缺少了税收分析，税款征收、税源管理、税务稽查、纳税服务对象的情况不明，就会产生盲目性，就会无的放矢；搞好基础资料、基础管理是保证税务管理正常开展的前提，没有完整的税收信息资料，税务管理只能纸上谈兵。

税源管理是税基评估、纳税评估、税款征收、税务稽查的基础，没有税源管理，税基评估与纳税评估没有依据，税款征收、税务稽查没有评价依据。只有加强税源的监控，注重对税源的调查分析，并充分利用税源监控信息，才能实事求是编制税收计划，指导征收单位采取有效组织收入措施，能够及时堵塞管理漏洞，有效遏制偷逃税，保障税收任务的完成。经济税源决定税收，如果对税源以及企业的申报情况把握不清，对各行各业出现的新现象新问题不能正确认识及评估，税收计划就无从落实或盲目落实，也会给组织税收收入带来不利影响。

税基评估通常发生在不能直接确定从价税价值的课税对象上或处于征纳双方的税收纠纷阶段上，因此税基评估就是通过对税收分析数据的使用，来确定税基，减少征纳双方在征税过程中的纠纷，为税款征收、

纳税评估、税务稽查奠定良好的基础。

纳税评估是连接税款征收与税务稽查的有效载体，可以为税款征收、税务稽查提供信息来源。纳税评估是提高税源监控能力和水平的一项具体措施，是税务稽查实施体系的基础，只有具备充足可靠的信息，税款征收及税务稽查才能正常进行，以达预期的效果。纳税评估有助于税务稽查整体效能的发挥，缺少了纳税评估，税务信息，税款征收、税源管理、税务稽查就缺少了真实性和可靠性。

税款征收是税务信息反映的主要内容，是税收分析的主要对象，是税源管理、税务稽查、纳税服务、税基评估、纳税评估的目的。

税务稽查即按照稽查整体安排独立行使税务检查权，又与税款征收、税源管理、纳税评估相衔接，是税款征收、税源管理、纳税评估的深入、继续。税务稽查是税务信息的重要资料来源，是税收分析的重要内容。纳税评估可以为税务稽查准确提供案源。通过纳税评估发现疑点，直接为税务稽查提供案源，避免了税务稽查选案的随意性，提高了税务稽查的效率，实现对纳税人的源头控管。当然，纳税评估不能代替税务稽查，纳税评估环节也不能使用稽查文书和稽查手段。但可以对纳税人实行“税务检查准入制度”，确立未经评估、不得检查制度，使纳税评估成为稽查准入制度的重要基础。

税收分析主要是对税收管理结果的分析，是对税务信息的处理和使用，没有税收分析，税务信息就失去了意义。税收分析是对税款征收、税源管理、税务稽查、纳税服务情况的总结。缺少了税务分析，对税款征收、税源管理、税务稽查的结果不清楚，就会缺乏前瞻性、计划性。

总之，纳税评估、税基评估二者与纳税服务，性质（具体、抽象）不同、所处阶段不同。二者与税源管理，对象不同、依据不同、指标体系不同、目的不同。二者与税收分析，对象不同、依据不同、指标体系不同、目的不同。二者与税务稽查，性质（柔性、刚性）不同、目的不同、所处阶段不同。二者与税务信息则主要是对象不同。但不管哪项工作都与纳税评估有着密切联系。

在社会中介业务中，涉税业务不可避免。无论是注册会计师所从事的财务会计业务，还是注册税务师所从事的税务咨询、税收筹划业务，还是注册评估师所从事的房地产评估、机械设备评估、金融资产评估等业务，毫无例外的都与税收政策、税收制度有关。都有对涉税业务进行评价的问题。

正确认识和掌握税基评估与纳税评估的地位、作用、人才资格要求和管理属性，有助于我们正确认识纳税评估科学体系，深入研究税基评估与纳税评估的理论和方法，尽快形成与我国国情相协调的税基评估与纳税评估的知识体系；有助于我们充分利用高等教育资源，取长补短，尽快发展税基评估与纳税评估教育；有助于我们准确设计税基评估与纳税评估的教学计划，正确组织税基评估与纳税评估学历教育、继续教育和岗位培训；有助于我国纳税评估事业的健康快速发展。

企业重组中以税务为目的的评估探讨

刘云波　普华永道会计师事务所

【**摘要**】近年来，中国政府出台了一系列法规以规范企业在重组交易过程中的所得税处理，规定在一般情况下相关资产应当按照交易价格重新确定计税基础，而计税基础均应以公允价值为基础确定，并要求企业必须提供合法证据或资产评估报告用以证明被转让的股权或资产的公允价值。本文对相关法规进行了梳理，对涉及资产评估的相关条款进行了解读，分析了实际发生的典型案例，提出了企业重组中以税务为目的的评估存在的问题以及解决思路和建议。

【**关键词**】企业重组；公允价值；资产评估

Discussion on Valuation for Tax Purpose in Enterprise Reconstruction

LIU Yun-bo

Abstract: To stipulate the treatment of income tax issues in the deals of enterprise reconstruction, Chinese government sets up a number of tax law and regulations recent years, which requires commonly the tax base should be in line with the deal price of relative assets, legal evidence or valuation report should be prepared to support the deal price of asset or equity are fair value. In this article, the author provides a brief summary of the tax law and regulations, explanation of the terms with respect to the valuation requirement, two cases with tax issues occurred in Dalian and Nanjing and suggestions regarding how to deal with the problems arose from the valuation for tax purpose valuation in enterprise reconstruction.

Key Words: enterprise reconstruction; fair value; valuation

一、背景

2007年11月28日，国务院第197次常务会议通过了为配合《中华人民共和国企业所得税法》（2007年3月16日由全国人大十届五次会议通过）所制定的《中华人民共和国企业所得税法实施条例》（以下简称“新条例”），新条例中明确规定，企业重组在一般情况下应当按照交易发生时的公允价值确认税务上的所得或者损失。近年来，国家税务总局和财政部也陆续发布了一些文件，详细规定了企业重组交易中所得税处理、所需要准备的文件和有关程序性的要求以及相关的反避税措施。

基于新条例的规定，国家税务总局和财政部于2009年4月联合颁布了《关于企业重组业务企业所得税处理若干问题的通知》（以下简称“59号文”），该通知为企业重组业务的企业所得税处理设定了框架和准则。2009年12月，国家税务总局下发了《国家税务总局关于加强非居民企业股权转让所得企业所得税管理的通知》（以下简称“698号文”），进一步明确了加强非居民企业转让股权所得税管理的相关措施。该文件首次明确提出了针对非居民企业通过境外控股公司间接转让境内企业股权的反避税新规，显示了中国税务机关已决心遏制外国投资者通过转让特殊目的公司来间接转让中国境内公司股权从而逃避中国税收的行为。2010年7月，国家税务总局颁布了《企业重组业务所得税管理办法》（以下简称“4号公告”），“4号公告”进一步为“59号文”中所涉及的所有企业重组类型提供了详细文件材料及程序要求方面的指引。“4号公告”也明确了“59号文”所遗留一些政策方面的技术问题。2010年8月，国务院发布了《关于促进企业兼并重组的意见》，为切实加快经济发展方式转变和结构调整，提高发展质量和效益，现就加快调整优化产业结构、促进企业兼并重组提出了政策指引。2011年3月，国家税务总局发布了《关于非居民企业所得税管理若干问题的公告》，对到期应支付而未支付的所得扣缴企业所得税问题作出了政策解释。

根据上述法规，企业重组所得税处理中资产评估的具体需求主要体现在：（1）在股权收购（转让）所得税处理中的资产评估；（2）在资产收购（转让）所得税处理中的资产评估；（3）在企业合并（兼并）所得税处理中的资产评估；（4）在企业债务重组所得税处理中的资产评估；（5）在企业因重组涉及清算所得税处理中的资产评估；（6）在跨境企业重组中所得税处理中的资产评估等。

对于大多数企业重组，新条例规定除国务院财政、税务主管部门另有规定外，企业在重组过程中，应当在交易发生时确认有关资产的转让所得或者损失，相关资产应当按照交易价格重新确定计税基础，而计税基础均应以公允价值为基础确定。企业必须提供合法证据或资产评估报告，用以证明被转让的股权或资产的公允价值。但目前为止，还没有任何清晰的指引说明"合法证据"的范围以及对资产评估工作的规范。

"4 号公告"是目前对涉及的所有企业重组类型提供了较为详细文件材料及程序要求方面指引的法规，其中有部分条款涉及资产评估，下面就相关条款进行具体分析。

二、"4 号公告"与资产评估相关的条款分析

1. 资产评估机构

"4 号公告"第九条规定"本办法所称评估机构，是指具有合法资质的中国资产评估机构"。在中国，多个政府部门都参与管理评估，部门分割，多头管理的格局还没有实质性改变。目前，主要有财政部门管理的资产评估，国土资源管理部门管理的土地价格评估和矿产资源开采权、使用权评估，建设部门管理的房地产评估，计划、物价管理部门管理的价格评估等，这些部门对评估的管理基本上都自成体系，从项目管理、评估人员资格考试和认定、评估机构的审批与管理、评估方法标准的制定等都在一个相对独立的体系中运行。除价格评估可以排除在资产评估体系以外，拥有相关资质的资产评估机构、房地产估价机构、土地估价机构以及矿业权评估机构在中国都有合法的评估资质，但如果严格按照第九条规定的"中国资产评估机构"进行字面意义上的理解，那可以认为能够为企业重组提供资产评估服务的应该是具有财政部门颁发的资产评估资格证书的评估机构。

2. 公允价值

"4 号公告"规定对计税基础均应以公允价值为基础确定，公允价

值是会计要素的计量属性之一，参照2011年5月国际会计准则理事会（IASB）颁布的国际财务报告准则第13号《公允价值计量》，公允价值是在计量日市场参与者之间进行的正常交易中出售一项资产所收到的价格或转移一项负债所支出的价格，该定义主要反映出三层意思，首先，计量前提必须是有序交易；其次，公允价值计量是对特定资产或负债而言的，必须站在市场参与者的立场考虑公允价值，即公允价值是一种基于市场的计量方式，而并不基于个别主体；最后，公允价值强调了脱手价格的概念，即卖出资产所收到的价格或转移负债所支付的价格。本质而言，公允价值是一种市场评价，是市场参与者充分考虑了市场信息后所达成共识的市场交易价格，是市场而非特定主体对资产或负债的认定。

公允价值并非资产评估的价值类型，根据《资产评估价值类型指导意见》第五条“市场价值是指自愿买方和自愿卖方在各自理性行事且未受任何强迫的情况下，评估对象在评估基准日进行正常公平交易的价值估计数额”，其与公允价值的定义并没有实质性的差异。《以财务报告为目的的评估指南》第二十四条规定“在符合会计准则计量属性规定的条件时，会计准则下的公允价值一般等同于资产评估准则下的市场价值”。因此，资产评估师在执行企业重组中以税务为目的的评估时，一般采用市场价值作为评估结论的价值类型。

作为资产评估的一般目的和基本目标或执业理念，在对公允价值的理解上，不仅要理解作为资产评估基本目标和执业理念的价值公允性，还要对是否是“公平交易”这一公允价值/市场价值的本质特征之一所涉及的诸因素进行充分的分析，基于事实和有合理基础的假设作出恰当和专业的判断。

3. 评估基准日

“4号公告”第七条中规定企业重组的重组日确定，按以下规定处理：

（1）债务重组，以债务重组合同或协议生效日为重组日；

（2）股权收购，以转让协议生效且完成股权变更手续日为重组日；

（3）资产收购，以转让协议生效且完成资产实际交割日为重组日；

（4）企业合并，以合并企业取得被合并企业资产所有权并完成工商登记变更日期为重组日；

（5）企业分立，以分立企业取得被分立企业资产所有权并完成工商登记变更日期为重组日。

单纯从会计计量的角度看，公允价值计量的时点是动态的、现时的，因此，同样的资产和负债在不同的计量日或不同的交易日，其公允价值可能是不同的。公允价值的计量时点与资产评估的基本要素之一的“评估基准日”相一致，都强调了某个假设的时点，而并非实际发生交易的时点，因此公允价值应该建立在统一的基准日基础上。从而使相关信息具有一定的现时性和可比性。但“4号公告”对评估基准日如何确定没有给出任何建议。在目前企业重组中以税务为目的的评估实践中，评估基准日的确定应该根据企业重组相关协议中的定价日来确定，可能是协议中双方约定的某一时点或协议的生效日，在该时点，交易可能并未执行或交易在执行过程中，但买方的风险和报酬未完全自卖方转移，不确定性依然存在，相关资产和负债的公允价值有可能仍处于变动之中，有可能在重组完成的重组日形成新的损失或利得，进而可能影响计税基础。重组日是否可以作为评估基准日还需要根据具体情况来确定，但根据上述重组日的定义，从经济行为发生的时点看，重组日是风险和报酬从法律意义上实现转移的时点，如果以其作为评估基准日，可以避免相关资产和负债公允价值因计价时点的不同所产生的变动，但由于重组是否能够完成涉及诸多因素，难以准确预期，因此以重组日作为评估基准日有可能产生在税务机关要求企业提交资产评估报告时，资产评估工作在进行还没有完成的情况。

由于“4号公告”对过去事项具有追溯力，根据上述规定，评估基准日有可能是过去2年或3年的某个时点，这就涉及追溯性评估，《资产评估准则——评估报告》第二十条规定“评估报告应当载明评估基准日，并与业务约定书约定的评估基准日保持一致。评估报告应当说明选取评估基准日时重点考虑的因素。评估基准日可以是现在时点，也可以是过去或者将来的时点”，因此，进行追溯性评估原则上符合评估准则的要求，但如何进行追溯性评估，目前还没有规范和指引，这也是企业重组以税务为目的的评估所面临的现实问题。

4. 评估报告与合法证据

“4号公告”规定在企业在报送《企业清算所得纳税申报表》时，应附送“企业全部资产的计税基础以及评估机构出具的资产评估报告”；企业以非货币资产清偿债务的，应保留“非货币资产公允价格确认的合法证据”以备税务机关检查。企业发生的股权收购、资产收购重组业务，应准备“相关股权、资产公允价值的合法证据”，以备税务机关检查；企业债务重组时发生债权转股权业务，应准备“企业所转换的股权公允价格证明”；企业发生股权收购业务，应准备“由评估机构出具的所转让及支付的股权公允价值”等。

“4 号公告”的上述条款中提及了“资产评估机构出具的资产评估报告”、“公允价格确认的合法证据”、“公允价值的合法证据以及公允价格证明”等在企业重组过程中因所得税清算等事项需要企业提供的相关文件。但“4 号公告”没有任何清晰的指引说明何为“合法证据”、“价格证明”等概念的内涵和外延，也没有对资产评估应遵循的执业准则进行概要性描述和规范，有资质的资产评估机构出具的资产评估报告当然是确定计税基础公允价值所要求的文件，资产评估报告也可以理解为“合法证据”的一种表现形式，但除资产评估报告外，是否还有其他的合法证据（如非关联方交易合同等），以及这些合法证据的具体表现形式还需要进一步澄清。

三、企业重组案例

在最近两年的企业集团的内部重组中，有两个外国企业集团内部转让中国子公司股权的案例值得关注。透过这两个案例可以看到，中国税务机关在执行“4 号公告”等相关法规的立场和在确定企业重组中公允价值的思路和方法。

大连案例：

2010 年年初，媒体报道一则有关境外上市公司通过集团内部重组，最终将其某个业务实体转让给第三方。该报道引起了大连市国家税务局（“大连国税”）的注意，并着手对此进行了税务调查。在税务调查的过程中发现，2008 年 1 月 1 日（新的企业所得税法的生效日）的前后几年内，外国控股公司进行了一系列同一集团内按照成本价转让中国企业股权的交易。大连国税不认同该集团按照成本价进行股权转让，并坚持认为应遵循独立交易原则，以公允价值为基础确认股权转让价格。

在转让定价的调整过程中，大连国税与外国控股公司（转让方）进行了多次谈判，以确认适当的评估方法。大连国税最终运用“收益法”确定了股权转让的公允价值，并得到了国税总局的确认。外国转让方最终也接受了这个评估价格，并向大连国税缴纳了以“收益法”计算出来转让所得的相应税款1100万元。

南京案例：

某香港控股公司于2010年就其来源于南京的被投资公司的股息向南京市国家税务局（“南京国税”）申请享受税收协定待遇（预提所得税优惠税率）。南京国税在审阅申请资料时发现，香港控股公司于2008年11月以成本价从其关联方英属维尔京群岛某控股公司（即：原南京公司投资方）获得了南京公司的全部股权。经过查询，重组各方均以“精简集团机构，并为南京公司在香港顺利上市做准备”等看似具有合理商业目的的原因作为以成本价转让股权的理由。但他们却不能提供充分证据来证明其所申诉的合理商业目的。最终，重组各方承认，英属维尔京群岛控股公司转让南京公司的股权给香港公司主要的目的，还是为了享受内地和香港的税收协定中有关股息的协定待遇，并同意支付因股权转让而产生的23000万元的预提所得税。然而，报道中没有更多细节说明，南京国税与纳税人在计算转让收益时，是怎样确定公允价值并达成共识的。

上述案例中的大连案例可能是在媒体公开公布的案例中，首个中国税务机关主动参与选择最合适的评估方法及确定变量（比如：折现率、评估对象的预期收益等）用作计算股权转让收益的案例。大连国税所采取的“收益法”是国际上股权交易中常用的评估方法之一。通过这个案例，我们看到，中国税务机关正在将转让定价执行和管理的重点，转向企业重组交易中相对复杂的转让定价问题。另外，他们也在寻找国际公认的估值方法去解决这些复杂的转让定价问题，以保持与国际惯例接轨。

但目前不论在税务机关还是中国资产评估协会都还没有一个清晰明确的指引，“4号公告”是对企业重组涉及的公允价值确定进行最为详细规定的文件，但文件中涉及的相关概念还是相对模糊，需要进一步明确和厘清。

四、资产评估如何服务于以税务为目的的评估

从总体上看，以税务为目的的评估是评估领域的一个独立分支，它与以交易或财务报告为目的的企业价值评估、无形资产评估和不动产评估等不仅并存，而且有很大部分的交叉，资产评估的基本理论方法和技能也同时适用，这是资产评估行业可为以税务为目的的评估提供服务的重要前提，中国资产评估行业多年的评估知识经验的积累和沉淀以及中国资产评估准则体系的不断完善也对以税务为目的的评估提供服务创造了基本条件，资产评估行业的从业人员已具备相关的知识结构（税收、财务会计等基本知识），并掌握与企业重组中以税务为目的的评估紧密相关的企业价值评估、无形资产评估、不动产评估等资产评估知识和技能。而且在目前的评估实践中，资产评估机构在以税务为目的的评估中基本遵循的是中国资产评估准则。

中国资产评估协会已与国际税收评估组织和国外涉税评估机构建立了交流与合作关系，先后与国际财产税学会（IPTI）国际估税官协会（IAAO）等国际税收评估组织，加拿大安大略省财产税基评估公司（MPAC）美国评值公司（AAC）等涉税评估组织和机构进行交流与合作，并已建立密切的合作关系。对以税务为目的的评估有国际经验可供借鉴和相应技术支撑的外部合作基础。

但由于目前对企业重组中以税务为目的的评估还没有制定相应的准则，对资产评估的特定要求、程序、方法、披露以及执业责任等方面缺乏规范性要求，而相关的税法和法规（如“4 号公告”）对涉及资产评估业务的基本事项并没有清晰的指引，虽然注册评估师在执业中可以遵循现有的中国资产评估准则体系，但企业重组中涉及的特定事项如何考虑，例如，如何确定评估基准日，报告披露是否有特定的要求，如何界定“合法证据”，“合法证据”与评估报告之间的关系，评估报告的使用的有效期是否遵循现有的规定，追溯性评估如何进行，有哪些操作上的具体要求，税务当局是否为评估报告的使用者，在税务当局进行税务调查发现问题时，是否需要以及如何对评估报告进行审核，税务当局在哪些情况下可以作为委托方委托资产评估机构进行评估或进行评估审阅等。现有的资产评估准则并没有针对上述问题进行系统的规范，在目前

的评估实务中，如果注册评估师在具体评估业务中只遵循现有各项准则、指南和指导意见的要求，可能存在难以满足企业重组中以税务为目的的特定要求，没有统一的规范，会造成执业质量的参差不齐，难免会出现争议，加大注册资产评估师的执业风险。鉴于此，应大力加强资产评估行业与税政税务部门的合作，尽快制定以税务为目的的评估指南或指导意见，积极协调解决在提供以税务为目的的评估服务中出现的具体问题，广大注册资产评估师应积极参与企业重组中以税务为目的的评估工作，逐步积累经验，为相关资产评估指南或指导意见的制定建言献策。我们有理由相信，在中国资产评估协会的重视下，资产评估行业在以税务为目的的评估业务中将发挥重要的作用。

（本文仅代表作者个人的观点，与作者所在机构无关）

参考文献

[1] 中国资产评估协会：《中国资产评估准则》，经济科学出版社2010年版。

[2] 刘云波、李廷伟：《公允价值与资产评估》，载《中国资产评估》2007年第5期。

[3] 普华永道：《中国税务/商务专业服务新知》，2011年第3期。

[4] 财政部、国家税务总局：《关于企业重组业务企业所得税处理若干问题的通知》。

[5] 国家税务总局：《企业重组业务所得税管理办法》。

资产计税基础对评估价值的影响

陈　扬　北京中天衡平国际资产评估有限公司

【摘要】若企业各项资产单独交易的市场价值与其原始计税基础相比有重大差异时，在股权转让等不改变计税基础的交易条件下，该差异对各项资产市场价值会产生不可忽略的影响。本文将计税基础作为资产一种经济属性，提出资产在“附带原始计税基础”与“附带更新计税基础”条件下将有不同的市场价值。本文主要分析了房地产资产计税基础对其市场价值的影响，亦对其他资产计税基础的影响作了简要分析。

【关键词】计税基础；企业价值评估；资产基础法；合并对价分摊

The Assets Tax Base's Influence on Appraisal Value

CHEN Yang

Abstract: In equity deals, the involved asset's tax base cannot be renewed. If there are significant differences between the market value (MV) of the assets with its tax base, the effect on the MV of the assets is not to be ignored in this equity deal. This article argues that the tax base is one of the asset's attributes, and that the MV with original tax base is different from the MV with renewed tax base. This article has developed a quantitative analysis of the relationship between the MV and the tax base of real estate and other assets.

Key Words: tax base; business valuation; asset base method; merger consideration to share

一、问题的提出

近年来，随着中国经济的高速发展，各项资产价格也在迅速上涨，特别是中国的房地产市场，其价格上涨速度与幅度都是惊人的。随着政府开始加大对房地产市场的宏观调控，房地产交易的各项税收政策的执行力度也随之趋紧，房地产交易的总体税费率也随之升高，成为一项不可忽略的重要交易成本，特别是对卖方的净收益有重大影响。以至于有相当部分的房地产交易条件，从传统的买卖双方“各付各税”，变为买方“包税”卖方“实收”，二手房市场上的报价类型出现“实收价”；另外，不少二手房挂牌公示的房屋情况有“是否已过5年”这一项。

为了合理规避交易税费，不少大宗房地产交易，特别是市场价格远高于原始成本的大宗房地产的交易，大量采用了股权交易的形式以规避巨额营业税及土地增值税。传统资产基础法中涉及的各单项资产评估，不管采用市场法、收益法还是成本法，作为资产的计税基础（大多数情况下为资产的账面价值），均没有作为评估模型的参数出现，评估基本不考虑资产计税基础的影响。因此，资产作为单独交易对象的市场价值评估，与作为股权交易涉及的市场价值评估，实务中除了在用途假设（最高最佳使用假设与现状用途假设）有区别之外，基本没有其他实质性区别。

但是，对于交易核心的房地产评估，当其作为单独交易对象的市场价值评估，与作为股权交易涉及的房地产市场价值评估，难道完全一样吗?

二、计税基础对资产价值的影响

分析作为单独交易对象的房地产交易，其一般交易条件为买方可以按交易价格取得合法发票（计税基础凭证），即可以认为评估对象房地产是附带有交易金额全额的发票。卖方（房地产权属人）按交易价格为基础缴纳交易税费与所得税，买方也按交易价格为基础缴纳交易税费，并以交易价格作为以后开发经营的计税基础。

而当以股权交易形式进行交易时，标的企业的房地产不是直接交易对象，虽然其市场价值可能远高于其账面值，但其计税基础是不变的，计税基础与实际交易价格将产生差异，按中国的税收政策，这将对以后的开发、经营或转卖的税费产生直接影响。因转卖与开发经营两种情况的税收政策不同，分别分析如下（见图1）：

（1）若该房地产以后转卖，原应由股权卖方实际承担的资产增值相关所得税、营业税、土地增值税等税费，递延至由股权买方实际承担，而该等税费本应由股权卖方实际承担的。

（2）若该房地产以后不转卖，而是标的企业自用或对外经营，则由于房地产计税基础小于实际购买成本，导致标的企业与具有同等房地产的新建企业相比，日后经营的折旧小，经营所得税高，而该等经营所得税的差异本应由股权卖方实际承担的。

因此，房地产的计税基础直接影响该等资产转卖的交易税费、影响经营的折旧从而影响经营所得税，是评估标的房地产的重要经济属性之一。随着对房地产交易的税收政策的严格执行以及对高增值房地产的税收政策，房地产计税基础对房地产评估价值的影响逐渐变得不可忽略。

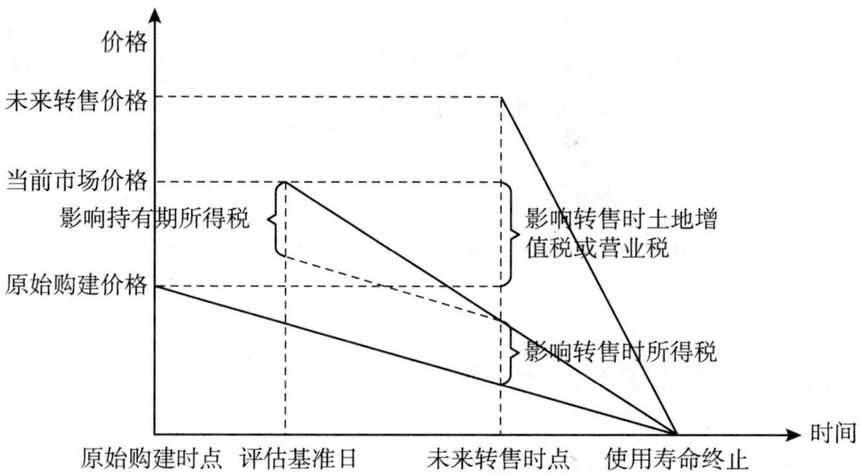

图1　不同情况下的税收政策

作为评估对象的“资产”，与市场价值定义中的模拟市场交易对象“资产”是一致的。资产一般具有经济属性与法律属性，有形资产还具有物理属性。资产属性均对其市场价值有影响。鉴于资产的计税基础对资产权属人的经济利益造成的影响，计税基础可认为是资产的经济属性之一。因此，具有不同计税基础的资产，可以认为是不同的资产，其市场价值亦可能并不相同。对于作为单独交易对象的资产，因其计税基础随着交易而发生改变，可称之为“附带更新计税基础”资产；对于股权交易中涉及的标的企业资产，因其计税基础并不随着股权交易而改变，可称之为“附带原计税基础”资产。

三、传统评估方法中对计税基础的处理分析

后文我们的分析仅针对评估标的资产计税基础不随着评估目的经济行为发生改变的情形，在通常的资产评估目的中，此类评估目的主要有企业股权转让、PPA 评估等。

1. 企业价值评估

企业股权转让涉及的股权价值评估，属于企业价值评估，通常采用资产基础法、收益法与市场法评估。

资产基础法的传统方法系对各单项资产与负债分别按模拟单独交易条件的市场环境评估其市场价值。由于在单独交易条件下，资产或负债的计税基础将随着交易价格发生改变，因此，按资产基础法的原理，通过市场购置取得与评估标的企业同样的各项资产与负债从而重置评估标的企业，以其重新购置取得的成本为评估标的企业股权（净资产）的市场价值。但如此重置的企业与评估标的企业的计税基础完全不同，对企业未来经营的税费将有直接影响，当两者差异较大（通常表现为评估值与账面值有重大差异）时，“重置企业”与评估标的企业计税基础差异对评估值的影响已不能忽略。

收益法以标的企业持续经营为基础，若预测收益、净现金流涉及的税费均基于企业原有计税基础，故收益法评估结果理论上已体现了企业原计税基础的影响，为“附带原计税基础”价值。若预测净现金流涉及的税费均未基于企业原有计税基础，则收益法评估结果体现为“附带更新计税基础”价值。

市场法通过各种市场数据与企业经济指标或财务指标的比率进行分析调整，一般均无专门针对企业计税基础的修正因素，因此，市场法评估结果一般也未反映计税基础的影响。

2. PPA 评估

PPA 评估通常与股权转让或重组相伴，PPA 评估亦与企业价值评估中的资产基础法评估形式较为相似，但本质区别是 PPA 评估的评估对象分别是各单项资产与负债，企业价值评估的评估对象多数情况下为股

权。PPA评估的目的，是为非同一控制下的企业合并提供各单项资产与负债公允价值，并从而确定合并商誉。

现有会计准则要求对企业合并取得的可辨认资产、负债逐一以公允价值确认价值，等同于模拟企业从市场上以公允价值取得被合并企业所有同等资产、负债，以其取得成本作为合并企业各项资产负债入账的依据，保证后续经营成果的计量有更好的可比性。这其实与企业价值评估中资产基础法模拟重置企业的思路是一致的。因此，资产基础法重置企业的计税基础问题，也同样存在于PPA评估中。

完整的PPA评估实务中已注意到计税基础的影响，在对各项可辨认资产负债（附带更新计税基础）的公允价值进行评估后，就公允价值与计税基础的差额所形成的暂时性差异，按会计准则的规定确认相应的递延所得税资产或递延所得税负债。因此，资产基础法可以借鉴PPA评估中对计税基础的处理，在传统方法上增加对计税基础的影响的考虑。

PPA评估中通过确认递延所得税考虑计税基础的影响，使所有者权益公允价值更加趋于合理。但由于递延所得税仅限于确认对企业所得税的影响，未能包括计税基础影响房地产公允价值涉及的土地增值税、营业税等。另外，PPA所确认的递延所得税资产或递延所得税负债并不进行折现，而评估计税基础对企业所得税的影响是随着资产折旧年限逐年发生的，特别是固定资产、无形资产等的折旧年限较长，不考虑折现会高估计税基础的影响。

四、计税基础对房地产价值影响的量化分析

由于市场交易形态主要还是单独资产的交易，其交易信息的可比性也相对较强，评估“附带更新计税基础”资产的市场价值具有更好的市场基础。对“附带原计税基础”资产的市场价值评估，主要是通过对“附带更新计税基础”资产的市场价值进行计税基础影响修正而得出。评估时，根据不同评估目的所确定的交易条件，按照税法的相关规定，确定评估标的资产的计税基础在评估目的经济行为发生时是否发生改变。若标的资产计税基础将改变为标的资产的交易价格，则评估时可以无须考虑计税基础对评估价值的影响；若标的资产计税基础不随着评

估目的经济行为发生改变，计税基础与资产实际交易价格将产生差异，评估时需关注此差异，结合评估目的与评估委托确定是否在评估价值中考虑此差异的影响，并予以提示披露。

房地产计税基础主要通过影响房地产经营的所得税或房地产转卖的交易税费从而影响其市场价值，因此，主要分析计税基础对经营所得税或转卖税费的影响。不同计税基础条件下的房地产市场价值的关系为：

$$V1 = V0 - VT \tag{1}$$

式（1）中：

交易改变计税基础条件下的房地产市场价值（交易价格全额为计税基础）为 V0；

交易不改变计税基础条件下的房地产市场价值（计税基础为历史购置成本）为 V1；

计税基础对市场价值的影响额 VT；

1. 持有房地产的目的为自用或出租经营

持有房地产的目的为自用或出租经营时，涉及影响的税费主要为企业所得税。

$$VT = i = 1n(TS1i - TS0i) \times (1 + r) - i \tag{2}$$

式（2）中：

交易改变计税基础条件下，房地产自用或经营年企业所得税为 $TS0_i$；

交易不改变计税基础条件下，房地产自用或经营年企业所得税为 $TS1_i$；

在不同的房地产计税基础条件下，除房地产的年折旧有差异外，其他如年收入、其他经营税费、成本均无差异，故有：

$$VT = i = 1n(V0n - TBN) \times TR \times (1 + r) - i \tag{3}$$

式中：

交易改变计税基础条件下，房地产尚余折旧年限为 n，则年折旧 = V0/n（假设直线法折旧并忽略其他购买税费）；

交易不改变计税基础条件下，房地产的计税基础（账面原值）为 TB、房地产的正常折旧年限为 N，则年折旧 = TB/N（假设直线法折旧并忽略残值）；

企业所得税税率为 TR；

折现率为 r。

由于式（3）中的各项参数 V0，TB，n，N，TR 等在评估基准日时确定的，因此可以认为两种计税基础条件下，企业所得税的差异是确定的，折现率 r 可以参考所得税后的贷款净利率确定。

目前房地产价格不断上涨，因此多数情况下房地产市场价值高于其账面净值，V0 > (TB × n/N)，这时意味着附带低计税基础的房地产比单独交易的房地产会使得以后经营多缴企业所得税，VT > 0，因此若交易不改变计税基础，则附带低计税基础的房地产市场价值比单独交易的房地产低。

当房地产市场价值低于其账面净值时，以上公式也仍适用，这时意味着附带高计税基础的房地产比单独交易的房地产可以使得以后经营少交企业所得税，VT < 0，因此若交易不改变计税基础，则附带高计税基础的房地产市场价值比单独交易的房地产高。

2. 持有房地产的目的为开发后出售（房地产开发企业的开发用地或在建工程）

持有房地产的目的为开发后出售时，涉及影响的税费主要有开发项目清算时缴纳的土地增值税 TZ 与企业所得税 TS。土地增值税与企业所得税因采用预售期按预售收入预征，项目开发完成后清算的模式，故不同计税基础条件的税费差异在项目开发完成时（项目税务清算时）才体现出来。

我们采用模拟土地增值税清算的计算模式，假设评估标的房地产在交易改变计税基础条件下的市场价值为 V0，标的房地产计税基础假设为 TB，房地产开发后续投入开发成本 CK，开发完成房地产出售缴纳的营业税及其他交易税费为 TY，期间费用为 CQ，项目开发周期尚余 n 年，如表 1 所示。

表 1　　两种计税基础条件下的土地增值税与企业所得税总额计算

项目	交易改变计税基础条件下	交易不改变计税基础条件下
A 销售收入：	S	S
B 扣除项目 = B1 + … + B5：	TY + (V0 + CK) × 1.3	TY + (TB + CK) × 1.3
B1 销售税费	TY ≈ S × 5.5%	TY ≈ S × 5.5%
B2 标的房地产取得成本（计税基础）	V0（忽略买方交易税费）	TB

续表

项目	交易改变计税基础条件下	交易不改变计税基础条件下
B3 后续开发成本	CK	CK
B4 房地产开发费用	(V0 + CK) ×10%	(TB + CK) ×10%
B5 房地产开发企业加计抵扣	(V0 + CK) ×20%	(TB + CK) ×20%
C 土地增值额 = A – B:	0.945 × S – (V0 + CK) × 1.3	0.945 ×S – (TB + CK) ×1.3
D 增值比率 = C/B	S/[0.055S + (V0 + CK) × 1.3] –1	S/[0.055S + (TB + CK) × 1.3] –1
E 土地增值税 TZ	TZ0	TZ1
F 期间费用	CQ	CQ
G 应纳税所得额	S – TY – (V0 + CK) – CQ – TZ0	S – TY – (TB + CK) – CQ – TZ1
H 企业所得税 TS	TS0 = [S – TY – (V0 + CK) – CQ – TZ0] ×TR	TS1 = [S – TY – (TB + CK) – CQ – TZ1] ×TR

按表1 严格的土地增值税清算模式，因土地增值税税率30% ~60% 与增值比率相关，故土地增值税具体计算至少需预计 S、CK，并套用不同税率计算，并进一步计算企业所得税。

$$VT = TZ1 - TZ0 + TS1 - TS0 \times 1 + r - n$$

$$VT = TZ1 - TZ0 \times (1 - TR) + V0 - TB \times TR \times 1 + r - n \qquad (4)$$

此处，因 VT 的计算涉及项目预计总销售收入 S、预计需投入的后续开发成本 CK、尚余开发期 n 等在评估基准日并不确定的预计值，故折现率 r 的取值应体现出该等预计值波动的风险，可以参考房地产项目现金流折现的折现率取值。

3. 持有房地产的目的为投资（持有一段时间，视市场情况转卖）

此种房地产持有目的，应为除房地产开发外的其他企业最普遍的持有目的（尽管资产不一定列入投资性房地产会计科目），不同计税基础会影响持有期的企业所得税、转售时的营业税、土地增值税与企业所得税。需分为持有与转售两个环节分别分析。计税基础不同对两个环节的税费差异影响分别为 VT1、VT2。

第 1 环节持有期，与持有房地产的目的为自用或出租经营的情况类似，假设持有期为 t 年，则有：

$$VT1 = i = 1t(V0n - TBN) \times TR \times (1 + r1) - i \tag{5}$$

第2环节转售，与持有房地产的目的为开发后出售的情况类似，但因营业税、土地增值税区分房地产的原取得方式不同，有不同计税方式，如表2所示。

表2　　按常见的企业自建房（标的房地产为企业自建，非通过购买取得）分析

	交易改变计税基础条件下	交易不改变计税基础条件下
A 转售收入：	S	S
B 扣除项目 = B1 + … + B2：	S×5.5% + V0×(0.945 + 5%t)	S×5.5% + TB
B1 转售税费	TY0≈(S－V0)×5.5%	TY1≈S×5.5%
B2 标的房地产购置成本扣除项(计税基础)	V0×(1+5%t)	≈TB
C 土地增值额 = A－B：	0.945×S－(0.945 + 5%t)×V0	0.945×S－TB
D 增值比率 = C/B	S/[0.055S + V×(0.945 + 5%t)]－1	S/[0.055S + TB]－1
E 土地增值税 TZ	TZ0	TZ1
F 标的房地产净值	V0×(n－t)/n(忽略残值)	TB×(n－t)/N(忽略残值)
G 应纳税所得额	S－TY0－TZ0－V0×(n－t)/n	S－TY1－TZ1－TB×(n－t)/N
H 企业所得税 TS	TS0 = [S－TY0－TZ0－V0×(n－t)/n]×TR	TS1 = [S－TY1－TZ1－TB×(n－t)/N]×TR

按表2土地增值税计算模式，因土地增值税税率30%～60%与增值比率相关，故土地增值税具体计算至少需预计持有期t年，以及t年后的房地产转售价S、房屋建筑的评估价VB，并套用不同税率计算，并进一步计算企业所得税。

$$VT2 = TY1 - TY0 + TZ1 - TZ0 + TS1 - TS0 \times 1 + r2 - t$$

$$VT2 = (TY1 - TY0 + TZ1 - TZ0)(1 - TR) + (V0n - TBN)(n - t) \times TR \times 1 + r2 - t \tag{6}$$

将式（5）与式（6）相加，得出在持有房地产的目的为投资时，不同计税基础条件下的市场价值差异VT = VT1 + VT2。

在两个不同环节的折现率因对应的税费差异的确定性不同，第 1 环节的折现率 r1 可以参考所得税后的贷款净利率确定，第 2 环节的折现率 r2 因涉及持有期及房屋转售价的不确定性，r2 应高于 r1。

对于持有期 t，除非在评估基准日时有确定的规划与目标需要持有多长时间再转售，一般情况下可以根据房地产市场长期波动的周期性等因素，持有期 t 取值不低于 1 个长期周期或 10 年。

五、计税基础对其他资产价值的影响

PPA 评估或企业价值评估中，除了主要房地产之外，其他资产的市场价值也常会与其账面价值有差异，参照上文房地产计税基础对其评估基准日后税费影响的分析方法，以下对其他常见的资产计税基础对评估的影响逐一简单进行分析。

1. 机器设备等固定资产

机器设备的计税基础影响评估基准日后的税费主要为企业所得税，其对机器设备价值的影响具体量化可参照式（3）。

对于增值税一般纳税人企业，若机器设备的增值税进项税额可以直接抵扣，则机器设备计税基础还影响企业缴纳的增值税款。但绝大多数情况下，评估范围机器设备均为已使用的旧设备，旧设备交易一般很少开具可用于抵扣的增值税发票，且旧设备交易的增值税税率很低，在此情况下，计税基础对增值税的影响就很小了。

2. 土地使用权之外的无形资产

PPA 评估中单独进行评估的无形资产许多属于自创无形资产，其计税基础很小甚至无计税基础，因此，不同计税基础条件下其公允价值的差异显得较为突出。计税基础对无形资产价值的影响主要为企业所得税，具体量化可参照式（3）。

3. 存货

存货其计税基础主要影响企业所得税。因存货一般流转较快，其对评估基准日后经营现金流的影响一般在 1 年之内，故其除个别积压较多的存货需较长时间消化处理之外，一般可不考虑折现。具体量化公式简化为：

$$VT = (V0 - TB) \times TR \tag{7}$$

对于增值税一般纳税人企业，若存货的增值税进项税额可以直接抵扣，则存货计税基础还影响企业缴纳的增值税款。

$$VT = S - TB \times TR \times 1 + r - t$$

其中，VATR 为增值税税率。

4. 长期股权投资

企业的长期股权投资，按税法规定在将股权转让时，转让价款高于原始投资成本的部分才需实际缴纳所得税。这与前述固定资产或无形资产不同，股权投资并不通过每年的折旧摊销影响企业所得税，其对企业所得税的影响只在股权转让时才一次性体现。其计税基础对评估价值的影响，受股权计税基础（TB）、股权受让方的持有期限（t 年）、股权再次转让的市场价值（S）等因素影响。具体量化式：

$$VT = S - TB \times TR \times 1 + r - t \tag{8}$$

大多数情况下，受让方拟持有股权的时间 t 并无具体规划，t 年后该股权的市场价值的不确定性较大，式（8）应用的局限性较大。但不论是改变计税基础与不改变计税基础的交易形式，从交易对买卖双方公平的角度，本应由卖方实际承担的对增值的所得税应以某种形式体现在股权评估值中。

在股权投资交易中，对于买方来说，其期望受让标的股权后，标的股权的市场价值会随着时间不断增值，至少增值的速度不低于其投资的加权资金成本，即 S 期望至少为 $V0(1+r)^t$。代入式（8），则有：

$$VT = V0(1+r)t - TB \times TR \times 1 + r - t = V0 - TB(1+r) - t \times TR \tag{9}$$

对于卖方来说，不管采用改变计税基础的单独转让股权投资的交易形式，还是采用不改变计税基础的转让持股企业股权的形式，其期望的时转让净收益的最大化。若采用单独转让股权投资的形式，卖方需缴纳所得税为：

$$TS0 = (V0 - TB) \times TR \tag{10}$$

买方期望其他交易形式净收益至少不低于 V0 - TS0，故只有当 VT = TS0 时，即 t = 0，才是股权交易双方期望的平衡点。此时，式（9）简化为：

$$VT = (V0 - TB) \times TR \tag{11}$$

六、案例

某上市公司拟收购其母公司持有的 A 公司 100% 股权，A 公司目前业务为出租经营由其开发的某办公楼物业。该物业列为投资性房地产，评估基准日物业剩余使用年限为 40 年。物业原值 614M，净值 491M，如表 3 所示。

表 3　　评估结果如下

	账面价值（M）	评估价值（M）	增减值（M）	备注
A 流动资产	31	31	0	
B 非流动资产	500	1454	954	
B1 投资性房地产	491	1445	954	账面值采用成本模式计量；评估方法采用市场比较法；评估值未考虑计税基础影响
B2 固定资产	1	1	0	
B3 在建工程	8	8	0	
B4 无形资产	0	0	0	
B5 递延所得税资产	1	1	0	
C 负债	316	316	0	
D 净资产	216	1170	954	

该公司主要资产为投资性房地产，评估增值也主要是该投资性房地产物业。因此就该案例的投资性房地产的评估情况进行分析。

物业评估值 1445M 比原计税基础增值很大，系采用市场比较法评估得出，物业的计税基础未作为修正因素参与市场法的评估修正。因此，市场法评估值反映的是该物业单独进行转让（交易改变计税基础）交易条件下的市场价值。但案例的实际交易形式为转让物业权属人股权，转让后并不改变物业的原有计税基础。

根据前文对投资性目的持有房地产计税基础对市场价值影响的分析，计税基础将影响评估基准日后企业所得税、转售时的税费。以下逐项分析：

1. 股权转让后，物业继续持有期的企业所得税差异 VT1

参考式（5），V0 = 1445，n = 40，TB = 614，N = 50，TR = 25%，

假设持有期 t = 10，折现率 r1 = (1 − 25%) × 7.05% = 5.3%，

以上参数代入式（5）：

VT1 = i = 110144540 − 61450 × 25% × (1 + 5.3%) − i = 45

2. 持有期到后，转售的相关税费 VT2

假设物业（附带更新计税基础的）市场价值的年增长率为 3%，则未来转售收入 $S = V0(1 + 3\%)^t = 1942M$，转售时上盖建筑评估价与原土地取得成本及其他开发费用账面原值合计约为物业账面原值 TB = 614M，折现率 r2 = 6%，如表 4 所示。

表 4　　在不同计税基础条件下转售时的各项税费计算

	交易改变计税基础条件下	交易不改变计税基础条件下
A 转售收入：	1942	1942
B 扣除项目 = B1 + … + B2：	2195	721
B1 转售税费	TY0 ≈ 27	TY1 ≈ 107
B2 标的房地产购置成本扣除项（计税基础）	2168	614
C 土地增值额 = A − B：	−253	1221
D 增值比率 = C/B	−11.5%	169%
E 土地增值税 TZ	TZ0 = 0	TZ1 = 1221 × 50% − 721 × 15% = 502
F 标的房地产净值	1084	368
G 应纳税所得额	831	965
H 企业所得税 TS	TS0 = 208	TS1 = 241

将表 4 数据代入式（6），则有：

VT2 = (107 − 27) + (502 − 0) + (241 − 208) × 1 + 6% − 10 = 343

3. 计算附带原计税基础的物业市场价值 V1

VT = VT1 + VT2 = 45 + 343 = 388M

V1 = V0 − VT = 1445 − 388 = 1057M

4. 与原评估值的比较

根据上述计算结果，若考虑物业附带计税基础条件下的市场价值为

1057M，比原评估值 1445M 下降约 27%，最终采用资产基础法的 100% 股权市场价值为 782M，比原评估结果 1170M 下降约 33%。

七、总结

在资产基础法与 PPA 评估中，对于不考虑计税基础条件下的增减值变动幅度较大的资产或负债项目，计税基础对市场价值的影响的通常不可忽略，特别是以房地产、无形资产为主要资产的企业。

评估师需要根据评估目的、评估目的具体交易对象，交易对计税基础变化的影响，从而确定具体评估值是“附带原计税基础”资产的市场价值，还是“附带更新计税基础”资产的市场价值。

在具体判断分析计税基础对市场价值的影响时，需要评估师充分了解资产的计税基础（并不一定是资产账面价值）与资产运营及变现的税务法规与实务，对涉及的企业所得税及其他各税种的影响进行量化分析，这些对评估师的税务知识能力提出了新的挑战。

参考文献

［1］张佑民：《企业价值评估中企业所得税相关问题探讨》，载《中国资产评估》2010 年第 4 期。

［2］北京慧运会计师事务所：《探讨企业现行资产评估和验资税负相关问题》，网站：http：//www. huwse. cn/article/html/viewpoint_1448. html。

物业税税基评估体系研究

徐爱农　上海立信会计学院

【摘要】开征物业税是我国税制改革的重要内容之一，开征物业税的关键环节在于税基评估。本文分析和总结了国外物业税税基评估体系设计与实施情况，在借鉴国外成功经验的基础上，对构建我国物业税税基评估体系提出了一些设想和主张。

【关键词】物业税；税基评估；不动产；批量评估

A Study on Property Tax Valuation

XU Ai-nong

Abstract: Levying property tax is one of the important part of tax reform in China. Property tax valuation is the key point of property tax levy. This paper analyses the basic status of foreign practice of property tax valuation. Using the experience of foreign practice for reference, it puts forward some proposals for China's property tax valuation.

Key Words: property tax; tax valuation; real estate; mass appraisal

一、引言

自从十六届三中全会提出"条件具备时对不动产开征统一规范的物业税"以来，物业税受到了广泛关注。多年来，尽管政府部门和理论界对开征物业税进行了不断探索，但由于一系列棘手问题特别是物业税税基如何评估始终得不到有效解决，被寄予厚望的物业税一直处于"空转"状态。随着上海和重庆房产税的试行，物业税再次成为热点话题。物业税推广已经渐行渐近，而目前物业税开征的最大瓶颈则在于物业税税基评估，因此，当务之急是要解决物业税税基评估体系如何设计的问题。物业税的引进是对西方税收实践经验的借鉴，物业税税基评估体系的构建同样可以借鉴国外成功的经验，在此基础上结合我国税基评估环境，设计出具有可操作性、能够得到广泛认同的税基评估体系。

二、国外物业税税基评估体系

物业税在国外也称为财产税、不动产税，是针对土地、房屋等不动产在保有环节征收的税种，其税收性质为财产税，课税对象为纳税人的不动产。国外物业税税基评估体系涉及税基评估主体、税基评估客体、税基评估内容、税基评估方法、税基评估技术等基本要素，就这些基本要素而言，各国具体做法不尽相同。

（一）税基评估主体

税基评估主体是针对物业税税基进行评定估算的组织和人员。开征物业税的国家，税基评估活动基本上由政府专门部门来主导。比如，美国的许多州县设有总评估处，由总评估处的总估税师负责税基评估活动的组织，总评估处雇用一批评估人员作为政府的税基评估师，从事具体税基评估活动。加拿大一般在各省设立政府拨款的皇家评估公司，对本省内各地方政府辖区内的物业进行评估，然后由征税官去征收。评估公司虽然不属于政府系列，但这些评估公司的注册资金和经费均来源于政府部门，是类似于财政全额拨款的准政府机构。在英格兰和威尔士，物业税税基由英国税务及海关总署（HMRC）下设的评估总署（VOA）负责评估。该署在英格兰和威尔士设有几十个办公室，有数千名政府雇员，其中，许多雇员属于英国皇家特许测量师学会会员。

社会评估机构则在政府税基评估活动起到积极的补充作用。在美国，政府雇佣的评估人员可能对一些特殊资产无法准确评估，而美国纳税人有良好的机制可以对税基评估结果提出申诉，他们经常会聘请经验丰富的评估师对政府评估结果提出异议。为避免在此类异议或诉讼中失利，很多地方政府的总评估处也会直接聘请社会专业评估机构对疑难评估项目进行评估。

（二）税基评估客体

税基评估客体是指物业税税基评估的对象，即税基评估的不动产类型。物业税税基评估服务于政府部门的物业税征收活动，因而物业税税基评估客体取决于物业税的课税对象，物业税课税对象也就是物业税税基评估对象。在国外税基评估实践中，税基评估的客体主要有三种：土地、建筑物、土地和建筑物。

1. 以土地为评估客体

在国外，以土地为课税对象、将土地作为税基评估客体的国家和地区主要有澳大利亚、乌克兰、新西兰、牙买加、肯尼亚和南非等。在土地资源比较紧张的国家和地区，政府往往以税收为导向，来刺激土地市场有效运行，提高土地利用效率。由于只对土地价值征税，而不对建筑改良物的价值征税，土地所有者会极力寻求因改良建筑物而带来的收入或价值，以弥补较高的土地税收成本。另外，仅仅以土地作为课税对象，不需要定期评估房屋建筑物价值的变化，因此可以利用计算机系统进行统一的批量评估，从而降低评估成本，缩短重估周期。

2. 以土地和建筑物为评估客体

以土地和建筑物作为物业税课税对象，将土地和建筑物作为评估客体在国外比较普遍，美国、英国、德国、日本、加拿大、印度、墨西哥等均采用这一做法。同样是将土地和建筑物作为评估客体，在国外既有国家对土地和土地上建筑物统一进行评估并适用同一税率，也有国家对土地和土地上建筑物分别进行评估并适用差别税率。当政府开征物业税的目的在于增加财政收入，而不是刻意刺激土地有效利用时，政府倾向于对土地和建筑物统一评估、采用同一税率，典型代表是土地资源比较丰富的美国和加拿大。当一个国家和地区的土地资源比较匮乏，同时又要保证政府有一定的税收来源时，则采用土地和建筑物分别评估，分别采用不同的税率，一般是对建筑物采用较低的税率，这样一方面将建筑改良物纳入税基中，扩大了税基，增加税收收入；另一方面，可以弱化对建筑改良物征税而造成的效率降低，保证对土地开发的刺激作用，以及打击投机性的土地囤积行为。这一做法的典型代表是日本。

3. 以建筑物为评估客体

只对建筑物征收物业税不仅不利于土地资源的开发和利用，而且评估过程比较复杂、评估成本较高，因此，只有极少数国家和地区（如坦桑尼亚）以建筑物为课税对象，将建筑物作为作为评估客体。

（三）税基评估内容

物业税税基评估内容也就是物业税的计税依据。各国物业税税基评估内容分为三种基本类型：评估不动产的面积、评估不动产的市场价值、评估不动产的租金价值。

1. 对不动产面积的评估

对不动产面积进行评估相对比较简单，评估成本也较低，因而，许多国家和地区如波兰、捷克、智利、肯尼亚、乌克兰等将不动产的面积作为计税依据，税基评估内容相应为不动产的面积。在对不动产进行基于面积的评估时，一般是将土地估算率（Assessment Rate）与土地面积的相乘，再加上建筑物估算率与建筑物面积的乘积，即：

$$\text{不动产的有效评估面积}=\text{土地估算率}\times\text{土地面积}+\text{建筑物估算率}\times\text{建筑物面积}$$

估算率为有效税基面积与总面积的比例，土地估算率和建筑物估算率可能相同，也可能不相同，如果政府为了鼓励土地开发及房地产建设，往往设定较高的土地估算率和较低的建筑物估算率。

2. 对不动产市场价值的评估

大多数市场经济发达国家和地区均采用不动产的市场价值作为物业税的计税依据，税基评估内容相应为不动产的市场价值，如美国、加拿大、德国、日本等。

不动产的市场价值是指不动产置于公开市场上，自愿买方和自愿卖方在评估基准日进行正常市场营销，达成公平交易时最有可能实现的交换价值的估计数额。由于基于市场价值的评估能够反映不动产从政府公共服务（如城市基础设施）获益的大小，且针对不同财富水平的税负更加公平，因此，以不动产的市场价值作为计税依据得到非常普遍的认同。

3. 对不动产租金价值的评估

评估不动产租金价值作为计税依据的代表性国家有泰国、印度、澳大利亚等。由于租金价值评估体系建立在收入流量而不是财产存量基础之上，这与物业税作为保有税的性质相冲突，因而其合理性受到了很大的质疑和挑战。但也有观点认为，当市场相对稳定的时候，租金价值与市场价值之间存在着某种可预测性，从而租金价值评估与市场价值评估是相联系的。此外，以租金价值为计税依据，经济发展所带来的升值因素可以在税收收入中得到较好的体现，而且从公平和公正的角度讲，税收义务基于实际用途更符合量能课税原则（根据负担能力的大小来确定税收负担水平的原则）。

（四）税基评估方法

上述三种税基评估内容中，不动产面积评估以及不动产租金价值评估相对比较简单，而不动产市场价值评估则要复杂得多。国外评估不动产市场价值常用三种方法：售价类比法（Sales Comparison Approach）、成本法（Cost Approach）、收益法（Income Approach）。

1. 售价类比法即市场法

通过选择与评估基准日接近的不动产成交案例，将被估不动产与已成交不动产进行比较，并进行不动产状况因素、交易日期因素、交易情况因素等修正，从而得到被估不动产在评估基准日的市场价值。售价类比法的一般评估模型如下：

$$MV = SP + AB + AR + AG + AT + AC + OA$$

式中：MV 为不动产的市场价值，SP 为可比交易案例的销售价格，AB 为根据卫生间数量的不同进行的价值调整，AR 为根据房间数量的不同进行的价值调整，AG 为根据车库差异进行的价值调整，AT 为根据可比案例销售日至评估基准日房价指数变化进行的价值调整，AC 为根据房屋质量、装修状况等差异进行的价值调整，OA 为根据其他因素差异（例如区位、周边环境等）进行的价值调整。

售价类比法依据的技术经济原则主要是替代原则，即在同一市场上，具有相同使用价值和质量的商品，应该有大致相同的交换价值。由于售价类比法建立在评估对象和可比交易案例的比较基础之上，因此，该方法的应用必须满足以下两个前提条件：一是需要有公开活跃的不动产交易市场；二是市场上具有与评估对象类似的不动产交易案例。正因为如此，在税基评估中，售价类比法常常用来评估市场发育比较成熟的住宅、商业物业等，而对于较少交易的特殊不动产如城市污水处理厂、电话交换站以及在房地产市场发育不成熟的地区就很难采用。

2. 成本法

以假设重新复制被估不动产所需要成本为依据而评估不动产价值的

一种方法，即以重置一宗与被估不动产可以产生同等效用的不动产（已考虑不动产的贬值因素），所需要投入各项费用之和为依据，再加上一定的利润和应纳税金来确定被估不动产价值。成本法的理论依据是生产费用价值论，即作为不动产的开发者，等量投资至少获得等量回报。一般评估模型为：

$$MV = V_L + V_B = S_L \times C_L + [(S_B \times C_B) - D]$$

式中，V_L 为土地价值，V_B 为建筑物价值，S_L 为土地面积，C_L 为典型土地的单价，S_B 为建筑物面积，C_B 为建筑的单位成本，D 为不动产的贬值（实体性贬值、功能性贬值、经济性贬值）。

对于难以采用售价类比法评估，且难以确定未来收益流的不动产，成本法是最合适的一种评估方法。

3. 收益法

也称为收入资本化法、投资法、收益还原法，该方法的技术路线为，对被估不动产的未来正常净收益进行预测，选用合适的折现率或资本化率将预测的净收益折现到评估基准日，所得数值即为被估不动产的价值。

如果不动产各期收益相等且可以永续获取，则计算公式为：

$$MV = \frac{R}{r}$$

式中，R 为每期收益，r 为资本化率。

如果不动产非永续获取收益，则计算公式为：

$$MV = PVOI + PWR$$

式中，PVOI 为经营期间内不动产各期净收益的现值，PWR 为经营期末不动产处置收益的现值。

收益法在国外税基评估中常被应用于收益型不动产的价值评估中，如宾馆、饭店、商场等，对于没有收益或收益难以预测的不动产则无法采用。此外，不动产的收益预测以及折现率的确定受评估人员的主观因素影响较大，其评估结果往往容易引起争议。

（五）税基评估技术

由于物业税所覆盖的不动产数量极其庞大，如果对每一不动产逐一进行评估（单体评估），则不仅耗时漫长，而且评估成本也非常高昂。

因此，为了提高评估效率，降低税收成本，国外物业税税基评估普遍运用批量评估（Mass Appraisal）技术。批量评估可以一次性评估大批量不动产，相对于单体评估而言，评估时间大大缩短（单体评估一般需要几天甚至几个星期才能完成），同时，评估成本也大大降低，比如在美国，批量评估的平均成本大约在 15～20 美元之间，而单体评估的成本则在 200～300 美元之间。

批量评估的技术路径是：将拟评估不动产划分为若干个同质的区域，在充分收集信息资料的基础上，对不同区域选用合适的评估方法（售价类比法、成本法或收益法），构建批量评估模型，针对拟评估不动产，确定评估模型需要的各个解释变量数值，将解释变量数值代入评估模型即可得不动产的评估值。在批量评估实践中，评估人员往往需要通过计算机来建模、评估，因此，实务中的批量评估一般都是计算机辅助批量评估（Computer Assisted Mass Appraisal，CAMA）。

典型的批量评估系统包括四个组成部分：数据管理子系统、销售分析子系统、评定估算子系统和评估管理子系统。数据管理子系统的主要功能是收集构建评估模型所需数据以及运用评估模型对拟评估不动产进行评估所需要的数据，同时对数据进行输入和编辑、格式转化，并对数据进行存储，以及确保数据安全。

销售分析子系统的主要功能是对不动产销售信息进行收集和处理，根据不动产价值的影响因素，分析和研究相关比率，形成有关不动产的市场销售报告，从而为构建评估模型提供依据。

评定估算子系统的主要功能是选用售价类比法、成本法或收益法，针对不同区域的不动产，构建相应的批量评估模型，并对评估模型进行拟合度检验，以及对模型进行优化，在得到满意的评估模型后，对拟评估不动产进行批量评估。

评估管理子系统的主要功能是对批量评估的全过程进行管理，包括对批量评估进行总体规划、制定批量评估计划和批量评估预算，对批量评估活动进行调查、分析，完成批量评估报告，将评估结果报送相关部门和人员，对评估过程中的文档资料进行整理保存，纳税人申诉处理等等。

批量评估系统往往和地理信息系统（Geographic Information System，GIS）结合在一起，GIS 能够对空间信息进行收集、存储、分析以及可视化表达。通过 GIS，评估人员可以直观地识别不动产所在地以及该不动产的各项属性，从而更加准确、便捷地评估不动产价值。

三、我国物业税税基评估体系的构建

目前，上海和重庆两个直辖市已经开始试行房产税，从实施细则看，两市房产税的征收对象主要是居民新购房地产，计税依据是房地产的成交价，因而税基确定就非常简单。但仅对新增房地产征税并不是税制改革的初衷，房产税以物业税的形式推广到存量二手房、以重新评估的市场价值作为计税依据将是大势所趋，而一旦推广物业税，如何对数量庞大的二手房进行价值评估也就成为急需解决的问题。借鉴国外成功的实践经验，笔者对构建我国物业税税基评估体系提出以下一些建议和主张。

（一）关于评估主体

开征物业税是政府行为，在物业税税基评估体系设计中，税基评估活动应由政府部门来主导，包括评估计划的制订、评估人员的落实、评估过程的监控、评估结果的审核和报送均由政府专门部门、专门人员来承担。

究竟由哪个部门来负责税基评估活动，目前争议较大。笔者认为住房和城乡建设部门比较合适，其原因在于：其一，该部门所拥有的房地产信息是其他任何部门都无法比拟的，部门工作人员对房地产市场非常了解和熟悉，负责税基评估将会得心应手；其二，由该部门负责物业税税基评估可以保证税基确定和税金缴纳相互独立，公正性可以得到保证；如果由税务部门来承担的话，则税基确定者与税金收缴者集于一身的设置不免让人质疑其合理性，且可能导致监管缺失。

政府部门负责评估活动的新增工作人员可以来自于资产评估机构、房地产估价机构、土地估价机构以及科研机构，在一些特殊情况下比如构建评估模型、评估特殊资产等，也可以临时获得这些机构的人力支持。

（二）关于评估客体

从促进土地资源的开发利用、降低物业税税收成本、打击市场投机行为的角度出发，应该将土地和建筑物合并在一起，统一评估，统一税率纳税。现在引起很大质疑的是：土地是租来的，租来的东西也要纳税合理吗？回答是肯定的，因为物业税是对保有的财产征税，承租土地表明承租人拥有了土地使用权，土地使用权是一项无形资产，既然承租人拥有这项资产，对其保有这项资产征税也就理所当然。

（三）关于税基评估内容

市场价值反映了在特定时点房地产价值量的大小，以价值量的大小作为纳税依据比以面积和以租金作为纳税依据更加公平合理，因此，我国物业税税基评估内容应该是不动产的市场价值，而不宜评估不动产的面积或不动产的租金。

（四）关于税基评估方法

不同的评估方法从不同的技术路径和角度评估房地产的价值，由于评估环境和评估对象的不同，不同评估方法就有评估效率和直接程度上的差异，在税基评估活动中应视具体情况选择合适的评估方法。在房地产市场比较活跃的地区，应该采用市场法来评估，因为市场法评估需要的数据比较容易收集，评估速度快，评估结果易于被纳税人接受。而在房地产市场不活跃的地区以及对于一些特殊类型的房地产则应该采用成本法或收益法来进行评估。

（五）关于税基评估技术

我国存量房地产数量非常庞大，采用逐一单体评估确定税基不仅评估周期长（有媒体报道，上海存量房评估一遍理论上需要 28 年），而且将耗费巨大人力和财力，逐一单体评估显然不现实。比较可行的做法是，普通房地产以批量评估为主，特殊房地产辅以单体评估。目前，我国已经具备建立批量评估的条件：首先，我国许多城市都拥有建立批量评估的数据基础；其次，评估行业的迅速发展以及高校评估领域的研究积累，为建立批量评估系统提供了人力资源支持；再其次，我国卫星和测绘技术日渐成熟，为批量评估系统的数据采集提供了技术保障；最后，国外成功的批量评估经验可以为我国批量评估系统的建立提供有益的借鉴。

四、结论

税基评估是推广物业税的关键，鉴于物业税税基评估体系设计的复杂性和我国现实条件的限制，我们既要立足于国情，以科学严谨的态度进行尝试和探索，同时也要借鉴国外成功经验以避免走弯路，从而确保物业税推出后能以最小的成本高效率地加以实施。

参考文献

［1］陈小悦、孙力强：《关于建立中国房地产税批量评估系统的几点思考》，载《财政研究》2007 年第 12 期。

［2］纪益成、王诚军、傅传锐：《国外 AVM 技术在批量评估中的应用》，载《中国资产评估》2006 年第 3 期。

［3］国际财产税学会、中国资产评估协会：《税基评估国际研修班资料》，2010 年 11 月。

［4］北京大学中国经济研究中心宏观组：《中国物业税研究》，北京大学出版社 2007 年版。

［5］海南省地方税务局课题组：《房地产税计税依据改革的国际借鉴与改革方案构想》，载《税务研究》2006 年第 8 期。

计算机辅助技术、模型选择与我国房地产税基批量评估系统构建研究

米旭明　深圳大学

【摘要】税收体系和房地产市场的差异决定了各国房地产税基批量评估体系的独特性。本文从计算机辅助和模型选择的角度对我国房地产税基批量评估系统构建进行了研究，分析了批量评估对象的划分和系统选择，提出了基础数据库的构建体系、评估方法选择依据，以及服务子系统的建立。最后，提出了我国房产税评税工作需要进一步研究的内容。

【关键词】房产税；税基评估；批量评估；计算机辅助

Computer-Aided Technology，Model Selection and Mass Appraisal System of Real Estate Tax Base in China

Mi Xu-ming

Abstract：The differences of Tax system and the real estate market determine the unique mass appraisal system of real estate tax base for many countries. Form computer-aided design and model selection angle，this paper analyze the mass appraisal system of real estate tax base in China. The paper firstly analyze the division of mass appraisal objects and system selection，then research the basic data system，the basis for appraisal methods choice，and service subsystems. Finally，some contents about real estate tax base appraisal in China for future research are put forward.

Key Words：real estate tax；tax base appraisal；mass appraisal；computer-aided

批量评估系统是不动产税基评估的核心部分，决定了不动产税征收的准确性和公平性，一直受到各方关注。2003 年，美国《纽约时报》

刊登了 Gootman 的文章，指出由于模型设定和数据的缺陷，纽约州政府耗资 3400 万美元建立的房地产批量评估系统发生严重的偏差。这样的评估结果损害了不动产税的根本逻辑，即基于市场价值课税。世界上成功实施房地产税的国家都依据本国或本地区的税收政策和税收文化环境，构建了科学的、适合国情的批量评估系统。这样的评估系统往往以计算机辅助的批量评估为核心，同时结合了单宗评估。

对于我国来说，特殊的税收体系和税收文化、具体的地区差异都决定了房地产税税基批量评估系统的独特性和差异性。因此，对我国大陆地区的房地产税基批量评估系统进行系统地研究，并提出具体影响因素和解决方案具有重要的理论意义和实践意义。

一、基于计算机辅助的系统构建

房地产保有税的征收涉及众多物业和参数，因此在实务中使用的批量评估方法一般都是计算机辅助批量评估法（Computer-Assisted Mass Appraisal，CAMA）。CAMA 是指应用统一程序和统计学理论对大批量房地产进行估价的一种方法，目前已被开征房地产税的国家和地区广泛采用。基于计算机辅助技术构建的房地产税基批量评估系统具有客观、省时、成本低廉等功能。以美国为例，购买一份资产自动评估报告需要 20～25 美元，而一份由不动产评估师单独进行评估的报告需要 500 美元[①]。因此，这种快速且低成本的评估方式，是传统人为评估方式所无法比拟的。同时，这样的系统不容易出现人为的误差，也不会造成评估人员的道德危险。

对于我国来说，房产税的开征意味着数量众多的待评估不动产。这些累积的评估数量动辄数万件以上，如果再以传统人为方式对全部标的物全面进行评估，从成本面来看几乎是不可能的事。因此，只有借助计算机建立批量评估系统才能够在规定的期限内对不动产做出快速的、成本低廉的评估。批量评估法不仅是传统评估法的辅助工具，也具有独立存在的价值。国际评估协会（IAAO，1999）提出不动产税基评估的重

① 彭建文、杨宗惠：《自动估价系统对不动产估价师之潜在冲击分析》，载《住宅学报》2007 年第 16 卷第 1 期。

点在于如何利用计算机和模型降低不确定性，产生优质的信息。

计算机辅助的批量评估系统能提供的服务包括：预测房屋价格、分析市场区域、批处理不动产评估、结合风险系数找出高房贷违约概率的不动产案件、提供评估结果的信心分数和评估区间范围等。美国1990年年初期建立该系统，目前已经广泛地被银行界、财务机构、评估部门、评估师及投资者使用，成为有多家公司和近20套应用软件的不动产信息产业，可评估范围包括全美近千个城市，评估对象主要应用于住宅和商用不动产方面的评估。

二、批量评估系统中的模型选择

在批量评估系统当中，自动评估模型（Automated Valuation Models，AVM）是指在自动化系统中开发出来的数学评估模型，利用市场的历史数据，如近期交易价格、房地产特征信息等，形成大批房地产的价值报告。自动评估模型是批量评估系统中的关键技术。基于此，许多国家近年来一直致力于批量评估模型的研究，建立多种模型进行模拟、测试、校准，对评估结果进行准确性评价，确保房地产保有环节税收的公平性和有效性。

自动评估模型也从特征方程模型（Rosen，1974）发展到多样化，例如Lockword（1996）采用工具变量法（instrumental method）评估；McCluskey（1997）建立了类神经网络模型（neural network）；James（1997）构建了人工智能模型（artifical intelligence model）；Pace（1998）利用网格调整法（grid adjustment approach）；Leung（2000a，2000b）应用地理加权回归模型（geographically weighted regression）；Sing（2001）引入模糊现金流量模型（fuzzy discount cash flow）；Francke（2004）采用半参数模型（semi-parametric model）；Schuiz（2004）引入卡门滤波法（Kalman filter）建立模型；Barber（2008）引入混合模型；Zietz（2009）建立了分位数评估模型。

由于在不动产数据质量、市场特色、房价影响因素方面的不同，运用的评估模型技术也有差异。为了量化AVM执行评估作业的可信度，一般使用命中率（hit rate）和公平性指标评估AVM的适用性。评估命中率主要研究评估结果达到一定误差范围的比例。这方面是房地产税基批量评估模型准确性研究的重要组成，具体分为两个方向：第一，评估结果和市场交易价格（或其他替代变量，如评估值的平均数）的差异；第二，用同样的数据比较和验证若干评估模型的命中率。评估公平性主要是通过研究评估比率、有效税率、税负分布等因素，来衡量和判断评估结果的准确性，它是调整、更新批量评估模型和方法的重要依据。

2005 年，我国台湾不动产信息中心以台北市为研究范围，运用 2001 ~ 2003 年公开的房地产数据，对特征方程模型、线性结构模型、类神经网络模型、半参数模型进行了测试和比较，以误差平方和、绝对平均百分比误差、评估比值，以及评估命中率作为对比指标。其中，前两项指标衡量误差或偏误，后两项衡量公平性和准确性。研究表明：整体而言，特征方程模型表现最佳；类神经网络模型与半参数模型在百分比误差和误差平方和方面表现较好，但其最高命中率低于 75%。

在实际操作中，可以首先在数据库的基础上，进行小范围统计研究，初步建立自动评估的理论模型。然后，测试初步自动评估模型的精度，最终建立正式的自动评估模型。同时，开始大样本的模型测试。通过一段时间的数据积累和模型测度，完成自动评估模型的构建。其具体过程可以概括为：首先，建立 AVM（包括模型设立和模型校准），得出 AVM 的输出结果；其次，对 AVM 的输出结果进行复核、调整和比率研究后得出计算机辅助批量评估报告。

可以在一些小区实行试点，即使用批量评估系统评估的房地产价值作为税基在试点小区征收房地产税。在这一阶段，主要关注业主的投诉率，即模型的估算结果是否满足了公平性的要求。如果投诉率过高，则需要对模型进行调整甚至重新构建模型。

批量评估模型在房地产税基评估过程中发挥着重要的作用。模型运用不当将导致评估结果出现整体偏差，最终损害税收的公平性。所以，应该以市场差异为基础，以公平、准确为目标，合理地选用适用于不同区域市场环境的批量评估模型，并分析相关模型的有效性和操作性，这些对于我国房地产税基批量评估系统的建立有着重要的意义。这方面的研究可以帮助房地产评税部门改进评税方法，提高评税效率和准确性，减少纳税人申诉和诉讼，降低社会成本。

三、批量评估对象划分与系统选择

在进行批量评估之前，按照评估对象的范围和类别进行分析和区别是必不可少的。例如，加拿大的不列颠哥伦比亚省通过《税基评估法案》及《公园法案》等各种专门的法案，将各种不动产划分为住宅、公用设施、无管理的林地、主要工业、轻工业、其他商业、有管理的林地、休闲娱乐不动产、非营利组织、农场等各种类型，并根据不同类型的不动产，规定了相应的评估步骤和方法。我国香港地区依据《差饷条例》将评估对象分为建筑物、海港内设立的码头以及船只停泊处。因此，在构建批量评估系统前，应该根据我国的具体情况，尤其是各地方的经济发展和民族情况进行分析，研究是否纳入批量评估系统中。结合国际经济和我国二元化的经济发展格局，本文认为应对评估对象进行如下划分，如图 1 所示。

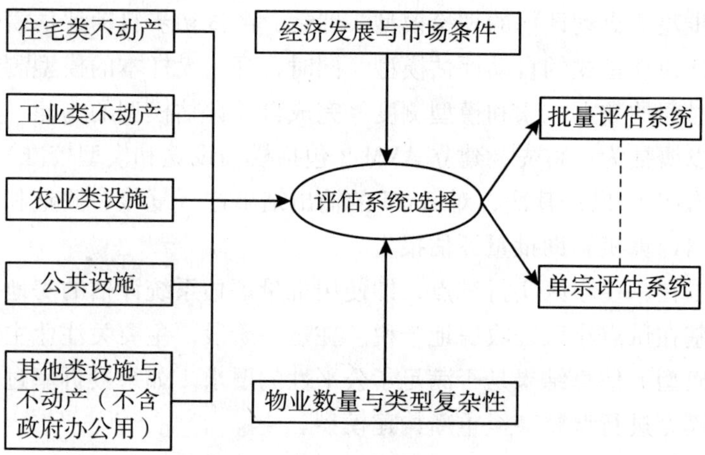

图 1 评估对象划分与系统选择

首先，应搜寻发现所有的不动产类型，根据全国统一的房地产税税基评估准则进行分类，通常来说，可以分为住宅类、工业类、农业类、公共设施和其他类不动产。对于不同类别的不动产应该按照准则和法规的要求区别对待，比如农业类不动产和普通住宅等等。其他类别设施主要包括海港内设立的码头、船只停泊处、林地等等。政府办公用的不动产并不包含在所有的类别中，这是因为，如果对政府办公用不动产进行课税，并不符合征收房地产税的目的，而且还会发生税收成本导致的公共财富浪费。

其次，当评估对象划分结束后，需要分析待评估对象的数量、类型复杂性、当地经济发展和市场条件，根据这些情况决定评估系统的选择。如果待估物业数量巨大，市场条件成熟且数据齐全，就应该进入批量评估系统；反之，则应该进行传统的单宗评估系统，这样不仅可以有效地降低税收和行政成本，而且还可以解决批量评估系统对专业人才大量需求的矛盾。

四、我国房地产税基批量评估系统构建研究

对于我国来说，根据地区差异和市场经济状况，应该采取计算机辅助评估系统为主，人工评估为辅的原则。本文重点分析基于计算机辅助批量评估系统的构建。

（一）数据搜集与数据库的建立

建立批量评估系统需要有完整和准确的房地产数据库、精确的地理信息系统（geographic information system，GIS）。没有基础数据库，就无法正确评估房地产税基，房地产税也就很难顺利实施。从技术角度看，数据库建设需要解决数据来源、数据存储、数据输入和数据输出这四个基本问题，其中数据来源问题最为关键和困难。目前我国在多个相关部门中都建立了相关数据库，比如国土资源部门、建设部门、城市规划部门、地方税务部门等等。全国的660多个城市中，有120多个城市建立了城市规划管理信息系统，400多个城市建立了房产管理信息系统，200多个城市不同程度地建立了空间基础信息系统和综合管网系统，100多个城市的建设主管部门建立了办公自动化系统。但是，这些数据库构建的目的与税基评估不符，因此，其数据可用性、格式等都需要进行调整。在国外，一般实行信息采集制度以保障数据的采集工作，数据来源主要包括有关政府部门根据法定义务提供的信息、税基评估机构工作人员现场采集的信息、从社会渠道（如问卷调查、商业购买等）获

取的信息。

基础数据库的服务对象是税基批量评估。所以采集什么样的数据完全取决于税基评估原理和评估方法。采集的数据必须量化，即使是定性的数据，也须量化后才能作为数据来源。从评估原理上说，影响一套房屋评估价值的因素很多，包括物业类型、权属、区位、建造年代、面积、结构、楼层、朝向、室内净高、开间跨度、户型、采光、厨卫大小、建筑质量、电梯数量和品牌、外立面造型、物业装修以及物业所处的外部环境（例如人文、交通、绿化、服务设施、基础设施、人气、容积率、区域规划）等等。这些因素需要在税基评估原理和评估模型确定后通过统计识别的方法来确定是否进入数据库，以及如何量化进入数据库。

另外，房地产数据的采集还可以借助于一些高科技手段，比如地理信息系统。通过 GIS，评估人员可以直观地观察房地产的位置等各项属性，从而更加准确、便捷地确认房地产的各项相关数据。

基础数据库构建如图 2 所示。

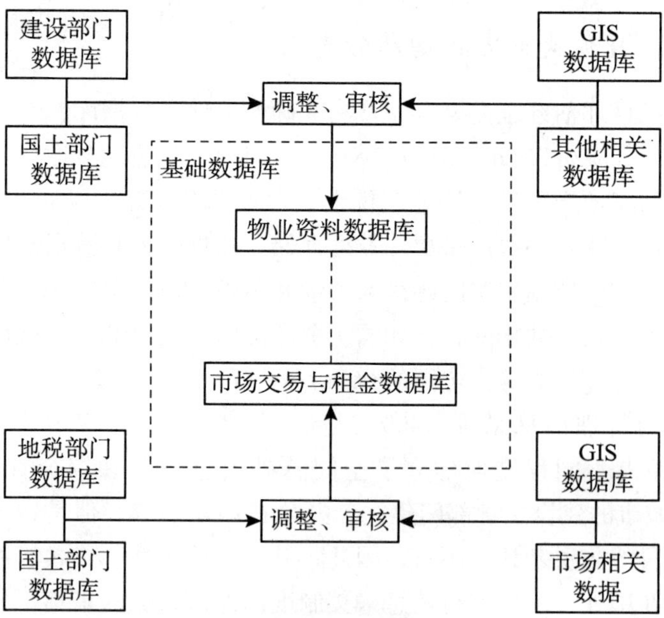

图 2　基础数据库构建

通过图 2 可以看出，基础数据库的构建是一个系统工程，一方面需要建立稳定的、具备相当数据规模的数据来源；另一方面要保证所得数据的准确性和及时性。所以通常来说，这一部分是费用最高，耗时最长的工作。如何整合和利用这些部门的数据，如何协调上述部门之间的关系，减少房地产税基评估在数据库建设方面的投入成本是构建我国的税基批量评估体系的一个重要的问题。

基础数据库建立完成以后，就可以建立批量评估系统。由于该系统数据量巨大、安全性重要，所以在系统设计时要充分地考虑系统的安全性。自动评估模型需要不断修正并随外部条件的变化进行调整，应保证批量评估系统具有良好的扩展性。具体系统的构成如图 3 所示。

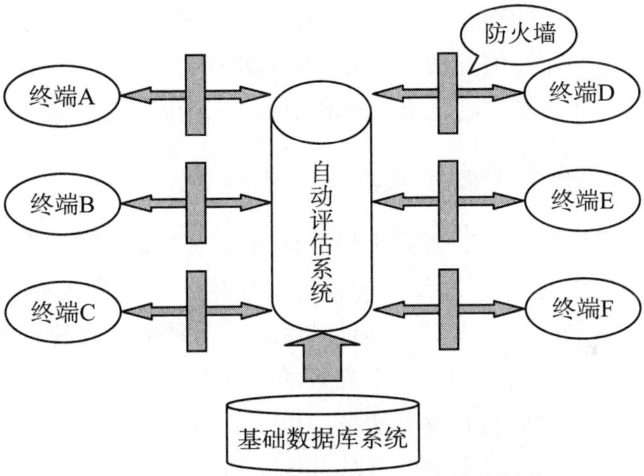

图 3　房地产税基批量评估的信息技术系统

（二）具体评估方法的选用

国际上对房地产税基进行评估的主要方法是市场法、收益法和成本法。房地产税的征税对象是所有土地及依托土地的建筑物和附着物等不动产，包括海洋、湖泊、河流及其上面的建筑物和附着物等，这些对象涉及的范围很大，因此，在建立我国房地产税基评估体系时需要综合考虑各方面的因素，遵循区别对待的原则，分别采用适应当地实际情况的评估方法。

（1）对于我国经济发达地区和中心城市，应建立以现行市价法为主体、以收益现值法和重置成本法为辅的评估体系。

由于存在较为成熟的市场，所以对于经济发达地区和中心城市来说，比较容易获取相关的市场交易信息，得到的评估价值就具有较高的准确性，也易于被纳税人所接受。对于那些无法准确核算重置成本但能够比较准确评估其收益的物业，应采用收益现值法，如海洋、湖泊、河流及其上面的建筑物和附着物，山林，矿藏，农、林、牧业用地；老城区具有悠久历史的古老建筑物；城市市区的“农民房”等具有经营功能的不动产等。对于没有市场交易参照物和无法测算收益的不动产，如果其重置成本可测算则采用重置成本法，如港口、码头、机场、油库、休憩会所等房屋建筑物等。

（2）对经济不发达地区应以政府定价为主。由于没有形成成熟的交易市场，缺乏相关的物业交易基础数据资料，因此建议在开征房产税的初期，这些地区物业评估方法的运用应根据政府主导的原则，由地方政府根据评估师的专业意见，制定统一的地方标准来确定房地产税基价值。

（三）服务子系统的建立

为了提升服务水平，提高人民群众对房地产税的接纳程度，在批量评估系统中应充分地考虑服务子系统的构建，为纳税人带来真正的便利，节约成本和时间。尤其是房地产税作为一种宽基础的税收，涉及了大量的纳税人，更需要建立一个高效的信息平台。

服务子系统中应包括通知服务、电子表格服务、综合发单服务、缴款服务以及投诉与反馈服务，具体如图 4 所示。

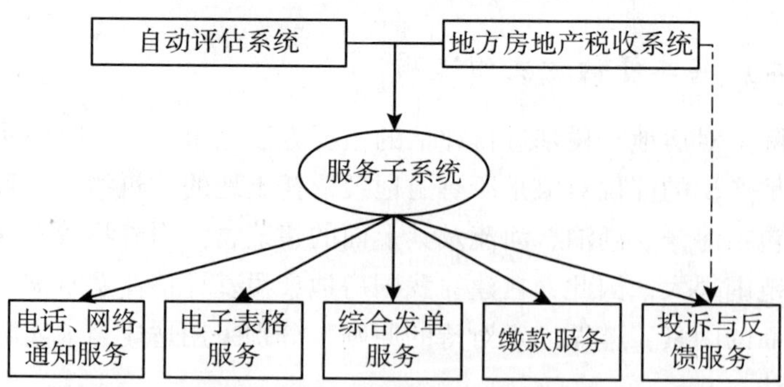

图 4 批量评估中的服务子系统

五、结论与展望

通过对我国房地产税基批量评估系统构建的研究，可以得到以下几方面的结论和展望：

（1）房地产税体系的顺利实施存在两方面的制约因素，一是现行房地产税制的调整和公众接纳程度的培育；二是技术问题，具体就是构建房地产批量评估系统，确保基于市场价值的房地产税基可以得到快速和经济的评估。目前我国的学术界和实务界都对房地产按照市场价值调整后的评估价值计征房地产税具有共同的认识，认为评估结果的公正性、客观性、准确性以及经济性将直接影响到房地产税的顺利实施。但我国目前尚未建立房地产税基评估工作的完整理论体系，相关技术方案的研究也没有得到有效地进行，同时也缺乏完善的法律框架。因此，研究房地产税基批量评估系统的构成要素和关键技术，通过分析我国的文化、制度环境从而得到房地产税基批量评估系统构建的具体方案具有重要的理论意义和实践价值。

（2）应结合我国的实际情况，分别构建批量评估系统和单宗评估系统，对于市场经济条件完善、交易资料丰富的地区，宜采用基于市场价值的批量评估系统进行评估；而对于市场交易很少、地区经济条件较差的地区，宜采用成本法为基础的单宗评估系统。

（3）未来需要在以下两个方面进一步深入。首先，研究房地产税基批量评估系统中具体自动评估模型的开发和利用。这需要在传统模型的基础上进行改进，得到系统的模型构建与校准方法，指导实际工作。其次，房地产税基批量评估系统中数据整合与协调方法。与国外的研究不同，我国特殊的国情与具体的部门协调方式决定了房地产相关数据的既有分布，研究具体的整合与协调规则是房地产税基评估的重要保障。

参考文献

［1］纪益成、傅传锐：《批量评估：从价税的税基评估方法》，载《中国资产评估》2005 年第 11 期。

［2］纪益成、王诚军、傅传锐：《国外 AVM 技术在批量评估中的应用》，载《中国资产评估》2006 年第 3 期。

［3］纪益成：《三论税基评估有关问题》，国际评估论坛文集 2006 年。

［4］陈小悦、孙力强：《关于建立中国房地产税批量评估系统的几点思考》，载《财政研究》2007 年第 12 期。

［5］耿星：《开征房地产税中的评估问题》，载《税务研究》2004 年第 4 期。

［6］深圳市房地产税评估体系课题组：《构建我国房地产税评估体系的初步设想》，载《涉外税务》2005 年第 12 期。

［7］彭建文、杨宗惠：《自动估价系统对不动产估价师之潜在冲击分析》，载《住宅学报》2007 年第 16 卷第 1 期。

[8] Mark Skidmor, Property Value Assessment Growth Limits and Redistribution of Property Tax Payments: Evidence from Michigan, National Tax Journal, 2010, 63 (3), 509 – 538.

[9] Haveman, Property Tax Assessment Limits: Lessons from Thirty Years of Experience, Focus Report, Lincoln Institute of Land Policy, Cambridge, MA, 2008.

[10] Anderson, An Unfettered Property Tax in Illinois, Lincoln Institute of Land Policy, 2007.

[11] Muhammad, Horizontal Inequity, Vertical Inequity and the District of Columbia's Property Assessment Limitation, National Tax Association's 100th Annual Conference on Taxation, 2007.

[12] Bowman, Property Tax Policy Responses to Rapidly Rising Home Values: District of Columbia, Maryland, and Virginia, National Tax Journal, 2006, 59 (3), 717 – 733.

房地产税源分析及税基评估

——以内蒙古为例

张彩英　乔永峰　李玖浔　内蒙古财经学院

【摘要】本文对我国房地产市场的开发热、高房价、炒房热现象背后存在的深层次问题进行了剖析，在描述房地产宏观调控税收政策基础上，展开税源分析与税基调查，进而提出了促进内蒙古房地产业可持续发展的税收政策。

【关键词】房地产；税源分析；税基评估；税收政策

Analysis of the Real Estate Sources of Revenue and Tax Base Assessment

—Baesd on Inner Mongolia

ZHANG Cai-ying　QIAO Yong-feng　LI Jiu-xun

Abstract: In this paper, China's real estate market development heat, high house prices, real hot phenomenon of deep level problems are analyzed, in describing the real estate tax policy based on the macro-control, expand the sources of revenue analysis and tax base survey analysis, then presents a promote sustainable development in Inner Mongolia real estate tax policy.

Key Words: real estate; sources of revenue analysis; tax base assessment; tax policy

近些年，经济的发展提高了人们的物质生活水平，在崇尚生活质量的今天，房地产行业以它独有的特性呈现出迅猛发展的趋势，在扩大内需和促进消费方面发挥着巨大的作用，并成为推动国民经济发展的一支重要力量和税收收入增长的重要来源。但是，房地产开发高温不减，房价不断走高，炒房愈演愈烈……这些房地产行业中的诸多问题，加剧了金融风险和房地产行业泡沫经济的产生，也给税收征管工作带来难题。

一、中国房地产市场存在的主要问题

（一）市场发育不良，泡沫化程度较高

我国的房地产市场市场化发育时间较短，而且在发育过程中，受到许多不健康因素的影响（如官商勾结、房地产商炒作等），导致了其发育不良、利润率太高而不可持续发展。据权威部门提供信息，房地产行业的利润率远高于各行业的平均利润率，并且一直在快速增长。国际上房地产利润率一般维持在5%左右，高的有6% ~8%，而中国房地产的利润率高达30% ~40%。而按国家统计局计算，中国房地产利润率增长每年都在30%以上，2001 年增长41%，2002 年增长56%，2003 年增长32%。在国外，人们购一套适于居住的房屋仅是年工资的3 ~5 倍，而国内工薪阶层购一套房的费用多是年工资的 10 ~20 倍。由于在前期获取了巨额的暴利，使得多数房地产商未能摆正其定位和心态，以为暴利会一直延续下去，拒绝接受价格下降的现实。并人为将房价炒高，致使我国房价远偏离其真实价值和居民收入水平，出现了较严重的泡沫。据统计，我国的房价收入比（即一套房屋的价格与一个家庭年收入之比）超过10，远高于国际水平。按照国际惯例，目前比较通行的说法认为，房价收入比在 3 ~6 倍之间为合理区间，如考虑住房贷款因素，住房消费占居民收入的比重应低于30%（日本的房价在发达国家最高，其房价收入比约为4 ~5∶1，美国及其他发达国家房价收入比是3∶1；旧金山、东京、纽约、伦敦、悉尼等城市的房价收入比约为4.4 ~8.5∶1，而我国深圳、北京、上海房价收入比都超过13∶1)。

（二）土地的供应不规范，政府机会主义行为严重

政府在我国房地产市场的发育和发展中起着非常重要的作用。然而，我国政府在以下方面却是机会主义的：（1）在土地转让和使用中政府为了增加收入，某些官员为了私利而采取机会主义行为。他们以低价从农民手中圈得土地，然后以高价转让给开发商。据统计，2007 年政府的转让土地所得超过7000 亿元。（2）政府在与地产商的交易中不

能履行契约或随意更改契约。(3) 政府的调控政策没有延续性和稳定性，很多政策的出台都是违反市场经济规律的（如要求开发商公开建房成本等)。(4) 政府在土地交易中黑箱操作，腐败严重。我们的国土管理部门和各级政府在过去20多年的房地产发展中，土地供应很不合理。而且在土地交易中存在很大的黑箱操作和腐败行为。这些行为严重阻碍了我国建立起一个公正、公平、高效、廉洁的土地交易市场。

（三）供需结构失衡

目前我国的房地产存在较严重的供需结构失衡。具体表现为：(1) 新建的中小户型、中低价位普通商品住房和经济适用住房供应不足，而高端住房却供给过剩。据对北京、上海、天津、西安、武汉、杭州等城市房屋销售情况调查，去年销售的商品住宅中，120平方米/套以上的住房都在40%以上，最高的超过60%，中小套型住宅比例偏低。同时，据建设部门统计，2006年年初，在40个重点城市新上市的商品住房中，套型建筑面积在90平方米以下的住房面积所占比重为19.18%；2007年10月份，这一比重有所提高，但也只有25.77%，与现行政策规定的调控目标还有较大的差距。(2) 廉租房供给很少，政府重视不足，覆盖面小，未以开发廉租房为政策重心。同时经济适用房的供给不能满足需求，而且政府以提供经济适用房为主存在很多问题（发达国家和香港地区政府主要以提供廉租房为主)。(3) 二手房市场和租赁市场发育缓慢，二手房的供给亦不能满足需求。

（四）房地产业对金融依赖程度较高，蕴藏着较大的金融风险

我国的房地产对金融的依赖程度很高，远远超出发达国家对金融的依赖程度，积累了大量的金融风险。主要表现在以下方面：(1) 房地产信贷增长过快。2007年10月末，全国商业性房地产贷款余额达4.69万亿元，同比增长30.75%；比年初增加1.01万亿元，占同期商业银行全部新增人民币贷款的28.9%。其中，个人住房贷款余额2.6万亿元，比年初增加6192亿元，同比增长35.57%。住房公积金委托贷款10月末余额达到4502.2亿元，比年初增加960亿元，同比增长34.87%。(2) 房地产商自有资金比重低。我国房地产的开发建设，投资商多数欠缺资金，例如上海，房企的自有资金2001年仅为18.84%，2002年

为 17.53%，2003 年为 16.94%。据统计，我国 80% 左右的土地购置和房地产开发资金，是直接或者间接地来自银行贷款，而个人通过按揭贷款买房的人，占全部购房总数的比例高达 90%；同时，中国房地产开发企业的负债率远高于世界公认的 50% 举债的警戒线，多数企业达到 75.8%，个别地产超过 80%。这意味着房地产市场的绝大部分风险系在金融机构身上，使得我国的房地产金融面临着较高的金融风险。（3）商业银行过度竞争。目前，房地产贷款，尤其是个人住房贷款仍是各银行的优质资产，商业银行间的业务竞争日益激烈。为了争取更多的市场份额，部分商业银行基层行采取变通、变相或违规做法，降低贷款标准，减少审查步骤，放松真实性审核，严重影响银行资产安全。2006 年有关部门对 16 个城市的住房贷款抽样调查发现，平均 22.31% 的借款人办理贷款时未曾与银行直接见面。郑州、北京、杭州、广州等城市该比例分别高达 46.31%、35.4%、32.83% 和 32.2%。（4）住房贷款管理薄弱，"假按揭"贷款风险显现。少数银行的分支行对房地产贷款"三查"制度不落实，甚至为了规避房地产开发贷款的政策规定，与开发商和中介机构共同虚构住房按揭贷款合同，将不符合政策规定的开发贷款转换为住房消费贷款，将一些销售困难的楼盘以"假按揭"方式帮助开发商套现。

（五）房地产市场秩序混乱

我国目前的房地产市场秩序比较混乱。房地产开发、交易、中介服务和服务管理的各个环节，都不同程度地存在违法违规行为。尤其是一段时期以来，个别开发企业和中介机构误导市场预期，人为造成市场紧张，恶意哄抬房价，带来一些项目的房价短期内非正常上涨。而且随着房市的不景气和房价的下跌，一些原来被遮掩的问题开始暴露，为减少损失，一些房地产商和中介机构就加大了其机会主义行为，使得市场秩序的混乱程度在短期内可能进一步加剧。

二、政府宏观调控房地产业的税收现状

目前，我国房地产涉及的税收有 12 种，直接将房地产作为征税对象的共有 6 个税种，包括土地增值税、城镇土地使用税、耕地占用税、

房产税、契税、固定资产方向调节税（现已停征）。如果从房地产行业企业经营所缴纳的全部税种考虑，还包括6个税种，即营业税、企业所得税、个人所得税、印花税、城市维护建设税、教育费附加。我国现行的房地产税收制度基本涵盖了土地取得、房地产开发、房地产流转、房地产保有等各环节，如表1所示。

表1　　现阶段我国房地产税收种类

征税环节	税种
房地产开发环节	耕地占用税、营业税、城市维护建设税、教育费附加、印花税、固定资产投资方向调节税、契税
房地产保有环节	房产税、城镇土地使用税
房地产转让环节	营业税、城市维护建设税、教育费附加、契税、印花税、土地增值税、企业所得税、个人所得税
房地产出租环节	房产税、营业税、城市维护建设税、教育费附加、城镇土地使用税、企业所得税、个人所得税

房地产取得环节涉及的税费项目相对较少，但绝对数量较大，开发企业取得土地时支付的税金主要有契税、耕地占用税；另需支付土地开发费等相关费用，税费合计约占房价的75%；其中，契税按照最高税率5%水平计算，只占3.75%的比例，耕地占用税实行定额征收，所占比例更小。可见，在房地产开发环节，税费合计数额较大，但从税费比例看，费重税轻。

我国在房地产交易环节设置了大量的主要税种。一般而言，房地产交易环节包括房地产的转让、交换等多种情况。在房地产交易行为中，销售方涉及营业税、城市维护建设税、教育费附加、所得税、土地增值税、印花税6个税种。从税负水平看，营业税及其附加适用税率5.5%、土地增值税30%～60%、企业所得税25%，房地产交易环节总体税负水平相当于销售收入或经营收入的23%左右，名义税负水平明显偏重。

房地产保有环节包括房地产居住、租赁等多种情况。在房地产居住行为中，现行税制设计的税种非常少，主要有房产税和城镇土地使用税，名义税负水平明显偏低（房产税1.2%、城镇土地使用税0.2～10元/平方米），且免税范围极大，如对于个人所有非营业用的房产免征房产税；对于个人所有的居住房屋及院落用地免征城镇土地使用税等。在房地产租赁行为中，租赁方涉及营业税、城市维护建设税、印花税、所得税、房产税、城镇土地使用税以及教育费附加共7个相关税费，承租方涉及印花税。这一环节税收负担主要集中在出租方，且名义税负较重（营业税5%、个人所得税20%、房产税12%），税负水平占到全部租赁收入的30%~40%。

国务院发展研究中心的一项研究却表明，我国房地产税仅占全部税收收入的2.36%，占地方财政收入的比重也仅为8:12，而西方国家的房地产税或财产税占基层政府的财政收入比重相当高，甚至达将近80%。在西方，房地产税是财产税最主要的构成部分，该项税收收入往往构成地方公共财政最为重要的可自主支配的收入来源。可见，我国名目众多的房地产税并没有带来理想的财政收入效果，与西方单纯的房地产税或不动产税相比，我国的房地产税显得华而不实。

2010年，税务部门认真贯彻党中央、国务院一系列重大决策部署，积极落实结构性减税政策，努力改进纳税服务，依法加强税收征管，全国税收收入实现稳定增长，完成77390亿元（扣除出口退税后为70062亿元，不包括关税、船舶吨税、耕地占用税和契税）。其中，税务部门负责组织的税收收入完成66862亿元，增长20.8%；海关代征进口税收完成10528亿元，增长35.9%。全国共办理出口退税7328亿元，增长13%。在税种方面，国内增值税、国内消费税、营业税分别增长14.8%、27.5%、23.8%，所得税增长20.4%。在区域分布上，东、中、西三个区域税收收入分别增长21.1%、23.5%和29%。此外，地方税务机关还组织征收社保基金、教育费附加、文化事业建设费等其他收入11256亿元。

房地产税收的增长情况及原因：

（1）房地产交易环节的税收增速明显回落。除营业税外，房地产交易环节涉及的主要税收是契税和土地增值税等税种。其中，契税的税基大体相当于土地和房产的交易总金额，土地的交易额与房地产开发企业购置的土地面积密切相关，房产的交易额主要受新建住房和二手房的交易量和价格的影响。土地增值税的税基，是房地产增值收益总额。2008年，契税完成1307.18亿元，同比增长8.4%，增速比上年同期回落约31个百分点。土地增值税完成537.10亿元，同比增长33.2%，增速比上年同期回落约41个百分点。这两个税种占税收总收入的比重为

3.4%。2008年土地增值税增速持续回落的主要原因：一是受到房地产市场交易低迷的拖累。2008年全国商品房销售额同比下降19.5%，增速比上年同期回落了61.6个百分点。二是受到2007年基数较大的影响。2007年，税收征管部门普遍加强对房地产税收的征管工作，再加上当年房地产市场交易异常活跃，因此，契税、土地增值税的基数比较高，导致2008年增速明显回落。

（2）房地产保有环节的税收平稳增长。我国目前在房地产保有环节征收的税种，有城镇土地使用税和房产税（包括房产税和城市房地产税）。其中，城镇土地使用税的税基，是纳税人占用土地的面积。房产税和房产税的税基，是企业保有的自用房产原值总额和出租房屋的租金收入总额，它的增长速度是由纳税人房产的保有总量和房屋出租价格的增长速度决定的。2008年，城镇土地使用税完成816.95亿元，同比增长111.9%，比上年同期回落约6个百分点。房产税和城市房地产税完成680.40亿元，同比增长18.2%，比上年同期加快约6个百分点。上述3个税种占税收总收入的比重为2.8%。2008年，城镇土地使用税的增长速度是所有税种中最快的，全年平均保持了三位数的增速，比税收总收入增长率高93个百分点。但是，城镇土地使用税总体呈现前高后低态势，增速从年初的344.20%回落到年底的19.5%，这主要是受到2007年下半年城镇土地使用税扩大征税范围和提高税额幅度的翘尾因素影响，同时这些政策性调整因素的影响逐步衰减。房产税和城市房地产税平稳增长的主要原因是房产保有总量和出租收入保持平稳增长。

（3）耕地占用税保持快速增长。2008年，耕地占用税完成313.97亿元，同比增长69.7%，增速比上年加快约62个百分点。耕地占用税收入占税收总收入的比重为0.58%。耕地占用税的税基是实际占用的耕地面积。2008年，耕地占用税增速加快的主要原因是政策因素。新修订的《耕地占用税暂行条例》，从2008年1月1日起，耕地占用税的税额标准上下限提高了4倍左右。

三、税源分析与税基调查

税源是税收源泉，即税收收入的源泉所在。从根本上讲，税源是一个国家物质生产部门当前创造的国民收入。按照马克思劳动价值论和剩余价值论可以看出，社会主义市场经济条件下的税收来源于社会产品中包含的剩余价值。所以，税源分析就是对税收来源的分析，是通过对大量的经济税源调查资料进行综合的统计分析，掌握经济增长变化对税收的影响，以及未来的税收增长变化趋势。税源分析是在深入细致的税源调查基础上，详尽地占用调查资料，采取一定的科学方法和操作程序，对税源进行分析评估和预测，可以分地区、分行业、分纳税人类型等开展深入细致的税源分析。通过税源分析和税收能力评估，可以反映一个地区经济发展状况，为经济结构调整、提高经济运行质量等方面提供建议，丰富税收经济观的内涵。不同经济结构的地区税收负担不同，税收收入能力也有差别。在同等经济规模下，三次产业构成的差别使得税收负担率不同，各产业内部结构在高税负、低税负以及免税行业的不同分布，也对税收负担率影响较大，进而影响税收收入能力。归根结底，发展经济才是丰富税源、提高税收能力的根本途径。

房地产税基十分稳固，税源充沛。作为社会财富的重要组成部分，房地产具有为地方财政带来巨额税收收入的可能性。提高房地产税收总体税负水平，把房地产税培植为地方财税体系的主体税种，不失为明智的选择。这种选择不仅是必要的，而且是现实可行性的。首先，房地产税源具有稳定性和持续性。房地产具有使用长期性、耐久性等特性，同时随着经济的发展和城市的不断扩张，城市房地产数量将不断增加，从而保证房地产税源稳定和持续的发展。

2008 年，内蒙古自治区国税收入累计入库 550. 73 亿元，同比增收 134. 28 亿元，增长 32. 2%，完成总局计划的 111. 6%。其中：国内增值税入库 414. 17 亿元，同比增收 97. 94 亿元，增长 30. 9%；国内消费税入库 22. 32 亿元，同比增收 4. 98 亿元，增长 28. 7%；企业所得税入库 81. 78 亿元，同比增收 25. 42 亿元，增长 45. 1%；储蓄存款利息所得税入库 4. 03 亿元，同比减收 2. 43 亿元，减少 37. 6%；车辆购置税入库 28. 43 亿元，同比增收 8. 37 亿元，增长 41. 7%。另外，海关代征 111. 19 亿元，同比增收 17. 22 亿元，增长 18. 3%；出口退税 24. 39 亿元，同比增退 6. 16 亿元，增长 33. 8%。

2008 年税收收入体现出以下特点：（1）税收收入与经济发展基本保持同步协调增长，1 ~ 3 季度的税收规模与地区生产总值的弹性系数分别为 1. 12、1. 04 和 1. 14。（2）税收收入呈现前高后低阶段性特征，前三个季度收入增长快速，第四季度受全球金融危机影响增速趋缓。(3) 资源价格因素对国税收入的增减变化发挥主导作用。第四季度，受宏观经济气候影响，资源产品价格骤降，煤炭、钢材、焦炭、原油、铁矿等行业税收增速大幅回落。(4) 煤炭行业税收成为国税收入的重要支撑。全年入库税收 158.96 亿元，占全区国税收入的 28.9%。(5) 各项税收政策调整对国税收入影响显著。据初步测算，税收政策调整对全区国税收入的直接影响额达 16 亿元左右，如表 2 所示。

表 2　　2008 年税收总收入和主要税种收入　　单位：亿元，%

税种	收入额	比 2007 年增收	增长率	占税收总收入的比重	增收占税收总增收额的比重
税收总收入	54219.62	8597.65	18.8		
国内增值税（扣出口退税）	12140.21	2295.79	23.3	22.4	26.7
国内消费税（扣出口退税）	2558.59	361	16.4	4.7	4.2
营业税	7626.33	1044.16	15.9	14.1	12.1
企业所得税	11173.05	2393.8	27.3	20.6	27.8
个人所得税	3722.19	536.61	16.8	6.9	6.2
关税	1769.95	337.38	23.6	3.3	3.9
进口环节增值税和消费税	7391.07	1237.66	20.1	13.6	14.4
资源税	301.76	40.61	15.6	0.6	0.5
契税	1307.18	100.93	8.4	2.4	1.2
证券交易印花税	979.16	-1026.15	-51.2	1.8	-11.9
车辆购置税	989.75	112.85	12.9	1.8	1.3
城镇土地使用税	816.95	431.46	111.9	1.5	5.0
土地增值税	537.1	134	33.2	1.0	1.6
耕地占用税	313.97	128.93	69.7	0.6	1.5
上述税种收入合计	51627.26	8128.98	15.75	95.2	94.5

税源分析：(1) 全区经济持续快速发展，促进地方税收较快增长。2008 年，在国际金融危机不断加剧的形势下，认真研究和贯彻执行国家出台的扩大内需的政策措施。全区生产总值完成 7761.8 亿元，增长 17.2%，增速居全国第一位。规模以上工业企业预计完成增加值

3450.25 亿元，比上年同期增长 24.5%，全社会完成固定资产投资 5516.04 亿元，比上年同期增长 27.4%，经济发展和企业效益提高，成为促进地方税收较快增长的主要因素。（2）税收政策调整促进地税收入增收作用明显。2008 年土地使用税、资源税、车船税、耕地占用税、企业所得税和个人所得税税收政策均有一定调整。其中，前四个税种政策调整增加了地税收入，后两个所得税政策调整将减少 2008 年地税收入，初步测算，税收政策调整增加地税税收收入 30 亿元以上。（3）各级地税机关征管措施得力，效果明显。其一是各地坚持“依法征税、应收尽收，坚决不收过头税，坚决防止和制止越权减免税”的组织收入原则，进一步推进依法治税，建立健全高效、严格的税收征管制度，实现税收应收尽收，保证了税收收入与经济的协调增长。其二是着力创新体制机制，提高依法治税水平。其三是加强税源分析预测，及时掌握税源变化和政策调整等重大因素对收入的影响，认真搞好收入任务的分解落实工作，加强收入的分析、调度，形成了良好的组织收入工作机制，争取了组织收入工作的主动权，有针对性地采取措施和办法，促进了税收收入的增长。（4）是加强数据大集中软件规范应用和拓展应用，推广应用管理员平台、发票管理、纳税评估等软件。

截至 2007 年 5 月，内蒙古自治区地税局累计入库房地产业营业税 49474 万元，同比增加 21221 万元，增长 75.11%；土地增值税 20712 万元，同比增加 15281 万元，增长 281.37%；契税入库 30474 万元，同比增加 11057 万元，增长 56.94%。内蒙古房地产市场起步比较晚，但近年来随着工业化、城市化进程的加快，房地产市场发展比较快。2006 年，内蒙古房地产销售价格增幅排在全国前 10 位；房地产开发投资 325 亿元，增长了 100.5%；房屋施工面积 3598 万平方米，增长 69.8%；商品房销售面积 1414.3 万平方米，增长 30.7%；商品房销售额 257 亿元，增长 44.65%。2007 年以来，内蒙古房地产开发市场越发火暴，呈现商品住宅建设和销售增长较快、经济适用房建设增长迅猛的态势。其中，呼和浩特市 2006 年以来，批准了经济适用住房项目 20 个，总建筑规模 281.75 万平方米。4 月以来，内蒙古房地产行业销售和投资进入旺季，开发公司加大房地产投资力度，1～4 月，全自治区完成房地产投资 37.7 亿元，同比增长 34.9%。房地产业行业销售和投资的增加，带动了税收收入的大幅增长。前 5 个月，房地产业实现税收 8.1 亿元，同比增加 3.77 亿元，增长 87.05%。在房地产业的拉动下，内蒙古第三产业税收大幅增长。截至 5 月，第三产业完成税收 52.55 亿元，同比增加 17.37 亿元，增长 49.36%，第三产业税收增幅高于第二产业 15.88 个百分点。据悉，各级地税部门全面推行房地产税收一体化管理，也是房地产税收大增的原因之一。近年来，地税部门与房管部门进行了房地产税收管理软件的对接，做到了源泉控管。同时，地税部门加强土地增值税清算工作，并针对房地产税收偷漏现象，加大了稽查力度。

四、促进内蒙古自治区房地产业可持续发展的对策建议

（一）对房地产市场进行有效调控

房地产业是一个与老百姓切身利益密切相关的民生产业，是国民经济中的支柱产业。据有关资料测算，房地产业每增加 100 元投资，可带动与之相关的十几个部门的 170～220 元投资；每增加 100 元消费，可拉动相关部门 130～150 元消费；每就业 100 人，可拉动其他部门就业 200 人。由此可见，房地产业的稳定健康发展，事关相关产业的发展、人民生活的改善和社会的和谐稳定。各级政府必须高度重视，协调解决影响房地产业发展的重大问题，正确引导地价、房价。必要时，政府可以通过控制地价、以成本核算和限制利润空间等方法，适度间接地干预房地产价格，避免房价脱离居民的购买力水平而影响市场景气，确保房地产业尽快度过危机，保持稳定健康发展。

（二）加大金融支持力度，减少金融机构风险

协调银行支持信誉好、还贷能力强、有实力的房地产企业和有市场前景的房地产开发项目。规范土地、房屋等资产评估市场，确保对房产抵押价值的评估严格、真实、安全，避免呆坏账损失和信用膨胀，减少金融机构风险。积极发展住房公积金贷款与商业性贷款的组合贷款业务，增加对居民住房消费的有效需求，降低金融机构风险。强化政府监管和政策支持，以更好地发挥市场的作用，避免诱发金融风险。

（三）构建多层次的住房保障制度，加快解决中低收入和困难家庭住房问题

根据不同阶层、不同需求建立多层次的住房保障体系，拓展保障性住房供应的渠道，尽可能满足更多人的住房需求。一是推行配建保障性住房制度。落实住房建设中经济适用住房和廉租住房的配建比例，规定房地产商开发大型楼盘时，在其所建住宅中应含有一定比例的廉租房和经济适用房，避免保障性住房集中建设，引发“贫民窟”隐患，增加管理难度，同时还可以提高保障性住房配套设施水平。对保障性住房的建设用地，政府应给予无偿划拨，同时给予项目审批优先考虑。二是尽快出台相应的政策，采取公开招标的方式，以低于同类普通商品住房的价格收购符合条件的小户型空置房，作为拆迁安置房、限价商品房和保障性住房房源，出售给符合条件的销售对象。政府出钱购买开发商的闲置房作为保障性住房房源，一方面可以加快保障性住房建设速度；另一方面可以刺激商品房销售，同时政府从开发商手中大量购房，也可以平抑商品住宅销售价格。三是推行经济适用住房分配货币化。经济适用住房在实物分配的基础上，推行货币补贴方式，即具有经济适用住房购买资格的城市居民，在购买普通商品房时，由政府按标准给予货币补贴。

（四）政府租、购商品房

空置率的急剧上升，决定未来市场上将有一定数量房地产滞销。除了按计划建设廉租房外，政府核定根据有关标准，认定并租赁一批旧有的住房和新建滞销低价位住房，然后向符合条件的低收入居民发放住房消费券，凭券租住。低价购买一批商品房，作为人才引进周转房；暂时少建经济适用房和限价房，采取购房补贴的办法，提高职工住房补贴的比例，鼓励符合条件的居民购买低档商品房。

（五）降低房屋租赁税费

租赁市场长期以来黑市猖獗、市场混乱，主要原因就是税费过重。通过降低房屋租赁税，降低租赁双方的财务负担，规范和繁荣房屋租赁市场，可以带动住房消费；对出租廉租住房和普通住房的出租人实行个人所得税减免等政策，从供需双方鼓励住房租赁市场发展。

（六）扶持房地产衍生的服务业发展

积极扶持与房地产相关的物业服务、家政服务、社区服务、房屋装修业的发展，第一，完善房地产业态；第二，通过供给创造需求，扩大消费；第三，大规模地扩大就业，尤其是低素质从业人员的就业。

（七）促进房地产企业做大做强，提高行业的抗风险能力

鼓励房地产的大型骨干企业通过收购、兼并等方式努力做大做强，实现资源优化配置，提高行业的抗风险能力。同时要加强房地产开发企业诚信体系建设。进一步完善企业诚信的评定标准，严格评定程序，真正评选出有实力、讲诚信的开发企业，并切实落实奖励措施，树立诚信体系的权威性，营造良好的产业发展环境。

（八）推进住房公积金制度改革，提高使用效率

通过对现行住房公积金制度的改革，弥补制度缺陷，更好地发挥其住房保障作用。一是进一步扩大公积金覆盖面。针对本区的特点，因地制宜，探索建立合理的操作办法，力争把住房公积金制度覆盖范围逐步扩大到包括在城市有固定工作的农民工在内的城镇各类就业群体，支持这部分人群的住房消费能力。二是扩大住房公积金使用范围，除了通过享受住房公积金低息贷款购房以改善住房条件外，还可以把住房公积金的使用范围扩大到住房租金、物业管理费、维修、装修改造支出等相关住房消费。三是不断创新住房公积金贷款品种，在贷款条件、还款方式、贷款额度等方面放宽限制，尽可能简化手续，缩短办理时间，提高贷款效率。对于中低收入家庭首次购买以自住为主的一定面积以内的住房，实行低息、低首付、贴息政策。

（九）建立房地产开发预警监测系统，增强市场调控力度

建立全区房地产开发预警监测系统，根据居民收入水平、市场供求等经济因素，对住房的合理价格水平进行分析，采用经济合理房价、房价收入比等多种政策工具和分析指标，对房地产市场及住房价格的风险程度进行跟踪和预警，定期及时准确地发布反映房地产业运行状况的景气分析指数，使之成为经济决策系统的重要组成部分。

建设中国特色的住房建设模式和消费模式，立足解决多数居民的住房需求，始终坚持可持续发展的观点，节能、节地、节水、节材、环保型住宅，以中低价位、中小套型为主也将是今后政策的取向。

回望2010年，“涨”声一片、“控”举不断，“涨”“控”之下，物价、房价走势渐趋稳定。2011年，国家在上海、重庆试点房产税，各地陆续出台了限购令，政府的决心，政策的颁布，房地产会走上理性回归之路。

参考文献

[1] 温来成：《对我国房地产税收评估征税问题的探讨》，载《税务研究》2006年第3期。

[2] 陈多长：《房地产税收论》，中国市场出版社2005年版。

[3] 周小川：《从税改趋势看城市土地管理》，载《中国土地》2004年第1、第2期。

[4] 全文：《国家统计局公布1～10月全国房地产市场运行情况》，载《资源导刊》2010年第11期。

[5]《论中国房地产业》，载《经济观察报》，2008年10月10日。

[6] 程瑶：《房地产业税负水平实证研究》，载《财政研究》2010年第4期。

[7] 孙学力：《金融危机下的呼和浩特房地产市场分析》，载《北方经济》2009年第5期。

[8] 呼和浩特房管局《统计汇总》、《上报汇总》。

[9] 宁建华：《房地产宏观调控对不同经济发展区域的影响——基于安徽、浙江两省的分析》，载《建筑经济》2008年第4期。

第三部分 企业价值评估研究

PART 3 BUSINESS VALUATION

灰色系统理论与实物期权理论在水电企业价值评估中的应用探讨

王建辉　沃克森（北京）国际资产评估有限公司

陈祥义　经济日报集团证券日报社

【摘要】 本文首先提出在水文系统、发电机组数量、《水库调度方案》等影响水电企业未来收益的因素发生变化，导致未来的发电量与过去的发电量不具有可比性时，应从入库径流量入手预测水电企业未来的收益，首次提出了水流—电流—现金流的评估水电企业的技术思路；接着分析了由于人类活动及全球气候变化的共同影响，一些流域水循环的演变十分显著，因此，对水电企业进行评估，必须先判断水文系统是否稳定；然后作者在相关灰色系统理论的基础上，提出了判断水文系统稳定状况的灰色相对差异法，并以澜沧江流域漫湾发电厂历史上的平均入库径流量为基础，应用该方法对漫湾发电厂区域水文系统状况进行分析判断，得出该区域水文系统稳定的结论；本文最后将实物期权理论和灰色系统理论相结合，完整地提出了水电企业价值评估的新思路，将原来忽视的实物期权价值予以考量，这增加水电企业评估的科学性和合理性。

【关键词】 灰色系统理论；实物期权理论；水电企业；应用

The Application of Grey Systems Theory and Real Options Theory in Hydropower Business Valuation

WANG Jian-hui　CHEN Xiang-yi

Abstract: First, the author puts forward in this paper that future income of a hydropower enterprise shall be predicted by starting with reservoir runoff when future electricity generated is incomparable with past electricity generated due to changes of factors affecting future income of a hydropower enterprise such as hydrological system, number of generating sets and Reservoir Deployment Rules, etc; secondly, he introduces major methods for hydrological prediction and advantages of grey systems theory in hydrological prediction; then, he puts forward the opinion that stability of the hydrological system should be judged first when evaluating a hydropower enterprise due to obvious changes in water cycle of some basins as a result of joint influence of human activities and global climate changes; on the basis of relevant grey systems theory, he puts forward the method of grey relative difference, analyzes and judges condition of the hydrological system in Manwan power plant Area of Lantsang valley with this method by taking average reservoir runoff of January from 1953 to 2000 as a sequence of raw data and concludes that hydrological system in this area is stable; finally, he briefly discusses how to predict future reservoir runoff in the period of 2006 - 2011, finally, the thesis combine grey system theory with real options theory, complete proposed new ideas of Hydropower Business Valuation.

Key Words: grey systems theory; real options theory; hydropower business; application

众所周知，采用收益法评估企业价值，收益额、收益期及折现率（或资本化率）是决定企业价值的三个关键因素，限于篇幅，本文重点介绍如何运用灰色系统理论预测入库径流量（这是确定收益额的基础和关键）。传统上采用收益法评估水电企业价值，一般是根据发电量→上网电量→销售收入→总利润→净利润→现金流的思路预测其收益额，在一定的条件下，对于稳定系统而言，这种确定收益额的思路是切实可行的，且具有操作方便、计算简单、易于推广的特点。但对于非稳定系统而言，这种评估思路是不可行的。例如当水文系统、水库库容、发电机组额定功率、产业政策、《水库调度规程》及《防汛应急预案》等影响水电企业未来收益的因素发生变化，导致企业未来的发电量与过去的发电量不具有可比性，这时就应从入库径流量入手预测水电企业未来的收益，这样评估思路就变为：入库径流量→发电所用的出库径流量→发电量→上网电量→销售收入→总利润→净利润→现金流。按照这种思路进行评估，入库径流量的预测就成为整个评估过程的逻辑起点和关键点，同时也是难点。不过随着人们对地球系统四大圈层之间能量—物质平衡和相互作用、生态系统在水循环中的作用以及全球变化研究的深入，进一步深化了水文物理过程的系统研究。现代水文科学经过长期的工程实践，并在数学科学持续进步的推动下，已经取得了长足进步，积累了许多的预测方法，这为采用上述预测思路提供了数学理论的技术支撑和工程实践的经验积累。

一、主要水文预测方法综述

在统计分析处理水文数据时，分析方法的选择是非常重要的。这是因为，任何数学方法总是在某些领域内有独特的优势而在其他领域内存在一定的缺陷。下面根据水文统计理论发展的先后顺序对主要水文预测方法做扼要介绍。

（一）回归分析方法在水文中的应用①

由于水文过程受到多种因素的影响，而这些影响因素本身就是非线性变量，所以相互叠加的结果也常常是非线性关系。水文过程呈线性变化是极少数特例，而非线性变化才是水文过程的基本特征。在实际水文变量之间，它们之间的关系往往不是理想的线性关系，这就需要从非线性的角度来描述这种关系。但线性回归方法简单方便，非线性方法比较复杂，所以早期采用线性回归方法预测水文变量。

（二）多元统计分析在水文中的应用②

在回归分析中，总是假定只有一个随机变量，其他的变量都是可以精确测量的确定性变量，但在水文预测中经常需要同时研究多个随机变量，研究这些随机变量之间的相互关系、相互影响就是多元统计分析的内容。多元统计分析是处理多元数据的统计方法的统称，是进行水文数据处理的常用方法。其中因子分析、聚类分析、判别分析等在处理与解释水文数据时使用很广，因为这些分析方法可以在各种复杂而近似凌乱的数据中挖掘规律性。这样水文预测就由定态过程发展到定态函数。经典的多元分析理论是建立正态分布的假定前提的基础之上，这样的假定

① 张济世：《统计水文学》，黄河水利出版社 2006 年版，第 30 页。

② 同上，第 82、第 134 页。

具有理论分析严谨可靠的好处。

（三）随机过程分析在水文中的应用[①]

传统水文学理论认为，只要水文时间序列的时间跨度足够长，那么水文过程就是一个可以基本准确把握的确定性过程。现在人们已经认识到水文过程是一个不确定的随机过程。

随机序列是由一串随机变量 X_1，X_2，…，X_p 所构成的时间序列，对每个固定的整数 t，X_t 是一个随机变量。当 t 连续变化时就称为随机过程，记为 X(t)。自 20 世纪 80 年代以来，随机过程分析作为水文统计分析中的一种方法被广泛应用，而且至今仍然被广大水文工作者经常使用。时间序列是随机序列的一次实现。时间序列分析的基本思想是认为水文、气象要素在随时间变化的过程中，任一时刻的变化和前期要素变化有关。

（四）模糊数学在水文中的应用[②]

1965 年，美国自动控制专家 L. A. Zadeh 教授发表了“模糊集合”的论文，他首次引入了“隶属函数”的概念，成功地运用数学方法描述模糊概念，从而推动了模糊数学这一学科的迅速发展。模糊数学是用数学方法研究和处理具有“模糊性”现象的数学方法，这里所谓模糊性主要是指客观事物差异的中间过渡状态的“不分明性”。水文学中经常遇到的“大雨与暴雨”、“旱灾与大旱灾”等概念在水文指标划分上可能是明确的，但对于实际水文过程来说都存在硬性划分不合理的问题。模糊数学在水文中的具体应用，则以模糊识别、模糊聚类及模糊决策等应用为主。

（五）灰色系统理论在水文中的应用[③]

1982 年，我国学者邓聚龙教授在《Systems & Control Letters》杂志上发表了“The Control Problems of Grey Systems”的论文，同年邓教授在《华中工学院学报》上发表了“灰色控制系统”的论文，这两篇开

① 张济世：《统计水文学》，黄河水利出版社 2006 年版，第 157 ~ 158 页。

② 同上，第 255 ~ 298 页。

③ 同上，第 202 ~ 203 页。

创性论文的公开发表标志着灰色系统理论的正式诞生。水色系统理论以“部分信息已知，部分信息未知的小样本（最小可以为4个）、贫信息”不确定性系统为研究对象。主要通过对部分已知信息的生成、开发，提取有价值的信息，实现对系统运行行为、演化规律的正确描述和有效监控。灰色系统理论对观测数据没有什么特殊的要求和限制，可以是典型分布，也可以是非典型分布，应用领域十分广泛。目前灰色系统理论在水文、气象、地质及农业等许多领域得到广泛应用。

（六）分形理论在水文中的应用探讨①

在过去很长一段时期，我们试图用光滑、规则的基本数学工具来认识、模拟和拟合极其复杂多变的大自然，而混沌、分形理论的产生使我们进入了一个用大自然本身非光滑的特性来认识、模拟和拟合大自然的时代，虽然分形理论的数学基础目前仍比较薄弱。实际应用离我们对它的期望仍然相距甚远，但从方法理论上来说的确是一场革命，为我们认识大自然和解决自然科学问题提供了很有前景的发展方向。

（七）混沌理论在水文中的应用探讨②

非线性现象是自然界的普遍现象，非线性系统具有超越不同学科领域局限性的性质，这种复杂系统的相似性，并非是描述意义上的，而是对应于实际测验或理论细节上的，如孤立子、相干结构等，近年来，非线性科学取得了长足的进展，尤其是混沌理论的建立，为各个学科领域展现了新的视野。混沌学研究的是无序中的有序，许多现象即使遵循严格的确定性规则，但总体上仍是无法预测的，如大气中的湍流等，混沌事件在不同的时间标度下表现出相似的变化模式，这与分形在空间标度下表现出相似性十分相像，混沌作为一种新理论，很多专家的见解不统一，实际应用离我们对它的期望仍然相距甚远。

二、灰色系统理论在水文径流量预测中的优势分析

中长期径流量预测一直是人们关注的重大课题，在全球气候变化和

---

① 张济世：《统计水文学》，黄河水利出版社2006年版，第540～541页。

② 同上，第587～589页。

人类活动的共同影响下，水径流量的变化更加复杂，对未来的精确描述十分困难。目前径流预测方法大致可分为成因预测方法和统计预测方法两大类。前者多是基于研究大气环流、长期天气过程的演变规律和流域下垫面物理状况的确定性预测模型，是径流量预测研究的一个重要发展方向，但目前离实际应用尚有较大差距。而后者则大多基于拟合实测径流过程来建立统计预测模型。

由于水文系统没有明确的内外界限，系统本身与系统环境，系统内部与系统外部的边界若明若暗，难以分析输入对输出的影响，同一个水文变量，有的研究者视为内生变量，有的研究者视为外生变量，这是因为缺乏系统结构、系统模型及系统功能信息所致。水文系统作为一个受多种要素控制的复杂巨型系统，属于信息不明确的不完备系统，特别在长期预测和超长期预测中更是如此。“信息不完全”是灰的基本含义，“信息不完全”原理是“少”与“多”的辩证统一，是“局部”与“整体”的转化，也是灰色系统理论解决问题的根本特征。它通过对原始数据的挖掘、整理以探究其发展变化规律，这是一种就数据寻找数据之间的现实规律的途径，我们称为灰序列生成。灰色系统理论所具有的应用性和操作性强的特点特别适合目前驱动水文变化的物理机制不完全明确情况下的水文预测。也正是由于这个原因，灰色系统理论在水文预测中得到广泛应用，并获得成功。

三、灰色相对差异法及在水文系统中的应用

（一）判别水文系统是否稳定的必要性

发电机组额定功率（或数量）、《水库调度规程》、水库库容及水库调节特性等影响水电企业未来收益的因素是否发生变化是一目了然的，而水文系统是否稳定就需要经过分析计算，才能做出判断。一方面全球气候和下垫面物理状况变化在一定程度上改变了原有的气温、降水等与水循环密切相关的气候因子；另一方面，人类大规模地开发利用水土资源，影响了蒸发、入渗、产流、汇流等水文特性，水循环动力条件由原来单一的自然系统动力结构变为“自然—人工”二元水循环动力结构。近年来，随着人类对大自然干预的加强及全球气候变化的影响，一些流

域水循环的演变十分显著，未来径流量的统计特征值和过去并非一样，水文特征的时间变异性是客观存在，而且已造成了一些区域洪水威胁加大，洪水预报及防洪难度增加；同时，另一些区域水位下降、河床下切，供水取水遇到更大困难。上下游河道在同一频率的洪峰流量下，洪峰水位频率却不相同；一些河段在相同的上游来水情况下，水位明显高于或低于往年；同一断面位置同一水位值，过去和现在出现的概率可能大不相同。如徐海亮和夏军等发现珠江三角洲顺德水道上下游洪峰水位频率极不对应；何以昭等在研究西江洪水预报方案时也发现，近几年西江的梧州—高要河段水文情况发生了明显变化，致使高要段洪峰水位按照原方案预报出现较大误差，对指挥抗洪十分不利。因此，对水电企业进行价值评估，应先判断水文系统是否稳定，为建立合理的入库径流量预测模型提供依据。

（二）灰色相对差异法

灰色系统理论认为：任何随机过程都是在一定幅值范围内和一定时区范围内变化的灰色量，并把随机过程看成灰色过程。尽管客观系统表象复杂，数据离乱，但它总是有整体功能的，因此必然蕴涵着某种内在规律。

由于水文时间序列本身是一个变化的时间序列，正常变化与变异的界定是其变异性分异的基础，时间序列变异性标度就是一个十分关键的起界定作用的量，它直接定义了序列中水文特征的变化达到何等程度时才成为变异。作者提出了采用灰色相对差异法对水文系统的变异进行判断，灰色相对差异法分为三个步骤，具体如下：

1. 以 $x^{(1)}(1)$ 为初始条件的 GM(1，1) 模型①

$$Y=\begin{bmatrix} x^{(0)}(2) \\ x^{(0)}(3) \\ \vdots \\ x^{(0)}(n) \end{bmatrix},\quad B=\begin{bmatrix} -z^{(1)}(2) & 1 \\ -z^{(1)}(3) & 1 \\ \vdots & \vdots \\ -z^{(1)}(n) & 1 \end{bmatrix}$$

$$\hat{a}=\begin{bmatrix} a \\ b \end{bmatrix}=(B^TB)^{-1}B^TY$$

① 刘思峰等：《灰色系统理论及应用》，科学出版社 2004 年版，第 126 ~ 127 页。

$$x^{(1)}(k+1)=\left(x^{(0)}(1)-\frac{b}{a}\right)e^{-ak}+\frac{b}{a}$$

$$x^{(0)}(k+1)=(1-e^{a})\left[x^{(0)}(1)-\frac{b}{a}\right]e^{-ak}$$

2. 以 $x^{(1)}$ (n) 为初始条件的 GM(1, 1) 模型①

前面所述的 GM(1, 1) 模型是以时间序列 $X^{(1)}$ 的第一个分量作为初始条件，这样对新信息的利用不够充分，往往影响预测精度，为提高预测精度，我们采用以 $x^{(1)}(n)$ 为初始条件的 GM(1, 1) 模型。

$$x^{(1)}(k+1)=\left(x^{(0)}(n)-\frac{b}{a}\right)e^{-a(k+1-n)}+\frac{b}{a}$$

$$x^{(0)}(k+1)=(e^{-a}-1)\left(x^{(0)}(n)-\frac{b}{a}\right)e^{-a(k-n)}$$

3. 灰色相对差异法

根据灰色系统理论的新信息优先原理，新信息对认知的作用大于旧信息。这样以 $x^{(1)}(n)$ 为初始条件的 GM(1, 1) 模型（以下“简称新模型”）的预测误差应低于以 $x^{(1)}(1)$ 为初始条件的 GM(1, 1) 模型（以下“简称原模型”）的预测误差。也就是说，一般而言，两种模型的平均相对预测误差应存在差异。如果不存在差异，或者差异较小，就说明水文系统稳定；否则就说明水文系统不稳定。这样我们就可以利用新模型和原模型平均相对预测误差的相对差异以衡量水文系统的稳定性，其计算公式为：

$$\varepsilon=\frac{|\varepsilon^{1}-\varepsilon^{n}|}{\varepsilon^{1}}\times 100\%$$

ε^{1}、ε^{n} 分别代表原模型和新模型的平均相对预测误差，ε 代表相对差异。为防止个别年份偶然性因素影响水文系统稳定性的判断，可以根据实际情况取 3～5 对预测模型相对差异的平均数作为实际判断的标准，其计算公式为：

$$\varepsilon=\frac{|\varepsilon_1^1+\varepsilon_2^1+\cdots+\varepsilon_t^1-\varepsilon_1^n-\varepsilon_2^n-\cdots-\varepsilon_t^n|}{(\varepsilon_1^1+\varepsilon_2^1+\cdots+\varepsilon_t^1)t}\times 100\%$$

ε_t^1、ε_t^n 分别代表第 t 个对原模型和新模型的平均相对预测误差，t 代表预测模型的个数。

① 刘思峰等：《灰色系统理论及应用》，科学出版社 2004 年版，第 160～161 页。

（三）灰色相对差异法在水文系统中的实际应用

为节省篇幅，在此只扼要介绍应用灰色相对差异法判断澜沧江流域漫湾发电厂区域水文系统是否稳定的计算过程。

以澜沧江漫湾发电厂 1953～2000 年 1 月份的平均径流量为原始时间序列建立 GM(1，1) 模型，预测 2001～2005 年 1 月份的平均径流量，将 2001～2005 年 1 月份的预测值与实际值进行对比，并计算 2001～2005 年的平均相对预测误差。为消除个别年份的偶然性因素的影响，采用 5 对预测模型进行综合对比（见表 1），模型 1、模型 2、模型 3、模型 4 及模型 5 所对应的原模型的初始值分别为 1953 年 1 月份、1954 年 1 月份、1955 年 1 月份、1956 年 1 月份及 1957 年 1 月份的平均径流量。模型 1、模型 2、模型 3、模型 4 及模型 5 所对应的新模型分别以 $x^{(1)}$（48）、$x^{(1)}$（47）、$x^{(1)}$（46）、$x^{(1)}$（45）、$x^{(1)}$（44）为初始值，其平均相对预测误差的相对差异为：

$$t=5,\ \varepsilon=\frac{|\varepsilon_1^1+\varepsilon_2^1+\cdots+\varepsilon_t^1-\varepsilon_1^n-\varepsilon_2^n-\cdots-\varepsilon_t^n|}{(\varepsilon_1^1+\varepsilon_2^1+\cdots+\varepsilon_t^1)t}\times 100\%=0.000006\%$$

表 1　五对 GM(1，1) 模型 2001～2005 年平均相对预测误差比较表

项目	模型 1	模型 2	模型 3	模型 4	模型 5	合计
原模型	9.6330850%	9.6471719%	9.5302256%	9.4710636%	9.8110596%	48.0926057%
新模型	9.6330847%	9.6471717%	9.5302230%	9.4710771%	9.8110637%	48.0926203%

通过对澜沧江流域漫湾发电厂 2001～2005 年 1 月份的径流量的相对预测误差的比较分析，我们可以得出结论：澜沧江流域漫湾发电厂区域水文系统是稳定的，如表 2 所示。

表 2　漫湾发电厂入库径流量表　　单位：立方米/秒

序号	1	2	3	4	5	6
年度	1953	1954	1955	1956	1957	1958
$X^{(0)}$	690	618	802.5	769.5	723	655.5
序号	7	8	9	10	11	12
年度	1959	1960	1961	1962	1963	1964
$X^{(0)}$	517.5	541.5	520.5	559.5	690	660

续表

序号	13	14	15	16	17	18
年度	1965	1966	1967	1968	1969	1970
$X^{(0)}$	622.5	792	817.5	616.5	583.5	522
序号	19	20	21	22	23	24
年度	1971	1972	1973	1974	1975	1976
$X^{(0)}$	693	589.5	525	660	675	624
序号	19	20	21	22	23	24
年度	1971	1972	1973	1974	1975	1976
$X^{(0)}$	693	589.5	525	660	675	624
序号	31	32	33	34	35	36
年度	1983	1984	1985	1986	1987	1988
$X^{(0)}$	529.5	642	562.5	670.5	637.5	670.5
序号	37	38	39	40	41	42
年度	1989	1990	1991	1992	1993	1994
$X^{(0)}$	567	646.5	810	816	717	684
序号	43	44	45	46	47	48
年度	1995	1996	1997	1998	1999	2000
$X^{(0)}$	507	715.5	660	654	660	657
序号	49	50	51	52	53	
年度	2001	2002	2003	2004	2005	
$X^{(0)}$	748.5	799.5	598.5	621	672	

注：为保密需要，作者已对上述数据做了技术处理。

四、采用经检验的以 $x^{(1)}(n)$ 为初始条件的 GM(1，1) 模型预测入库径流量

水文系统稳定状况直接影响预测模型的选择、时间跨度长短的选择及模型的预测精度，鉴于澜沧江漫湾区域水文系统是稳定的，这样预测模型的时间跨度可以相对较长，以消除个别年份的偶然性，体现水文系统的长期稳定的特征；否则应删除已不反映目前状态的过时的水文资料，这样时间序列的时间跨度应相对较短。

$$x^{(1)}(k+1)=\left(x^{(0)}(n)-\frac{b}{a}\right)e^{-a(k+1-n)}+\frac{b}{a}$$

$$x^{(0)}(k+1)=(e^{-a}-1)\left(x^{(0)}(n)-\frac{b}{a}\right)e^{-a(k-n)}$$

对上述预测模型进行残差检验、关联度检验及后验差检验等检验均通过，这说明上述数学模型通过了相关的统计检验，可以进行实际预测。采用通过统计检验的模型预测2006～2011年漫湾发电站每年1月份的入库径流量。并以预测的入库径流量为基础，在水库库容量、《水库调度规程》等条件约束下，分析计算发电所用的出库径流量，进而计算发电量、上网电量及水电销售收入等，并最终确定水电企业的价值。

五、实物期权理论在水电企业价值评估中的应用

早在2000多年前，亚里士多德在其著作——《政治学》中就已记载了泰勒斯应用期权理论的案例，但真正作为一种比较系统的分析方法则是近代的事情，尤其是1997年罗伯特·默顿和美隆·斯克尔斯获得诺贝尔经济学奖以后，出现了许多应用金融期权分析框架探索实物投资问题的文献。实物期权是从金融期权的概念发展而来，是金融期权理论在实物领域的拓展，其标的物一般是某投资项目的价值，而实物期权赋予的权利也往往是某项投资或管理的选择权。Amram & Kulatilaka（1999）与Copeland & Antikarov（2001）分别系统地提出了实物期权分析框架和求解步骤，前者侧重于实物期权的构造和识别，后者侧重于具体的解决步骤和方法，这为实物期权理论的应用提供了简洁、实用的分析和计算框架，为实物期权理论的应用奠定了理论基础。

水电站一般具有防洪、灌溉、发电等多种功能，尤其是大型水电站更是如此，但不同的水电站其功能定位存在一定的差异。作者通过对澜沧江漫湾发电站过去几十年各月日均径流量的分析可以发现：水电站入库径流量在不同年度和不同月份均呈现出相当程度的波动性和准周期性。由于各月的入库净流量存在很大的差异，导致各月径流量在月份分布上的不均衡，使各月发电所用的出库径流量和入库径流量可能不同。在不考虑水库渗漏和蒸发的前提下，可以将每年12个月分为三类，出库径流量与入库径流量相等的月份，出库径流量大于入库径流量相等的月份，出库径流量小于入库径流量相等的月份。这样水电站的发电量不仅取决于年入库径流量，还取决于入库径流量在各月的分布是否均衡，最理想的情况是各月的入库径流量均衡。事实上，水电站蕴涵着实物期权，以前由于缺乏对实物期权理论的研究，以往的水电企业评估往往忽

略了实物期权的价值，导致低估水电企业的价值。我们可以在满足《水库调度方案》的前提下，根据最大限度多发电的目标，依据水库的调节库容量，合理蓄水，使蓄水位达到合理的水平，在一定程度上实现入库径流量和出库净流量的分离和重新调整以实现实物期权的价值。这样在评估水电企业的价值时，必须将这些期权对现金流的影响予以考虑以合理确定水电企业的价值。

这样将灰色系统理论和实物期权理论结合，水电企业的评估思路就是先采用灰色稳定性判别法判别水文系统的稳定性—分别建立每月的入库净流量灰色预测模型—分别预测每月的入库径流量—发电所用的出库径流量—发电量（依据水电转换比例）—上网电量—上网收入—总利润—净利润—现金流（可以是企业现金流，也可以是股权现金流）。这样在管理者的有效管理下，充分利用水库管理的柔性，实现其实物期权的价值。

参考文献

［1］张济世、刘立昱、程中山、陈仁升、焦军毅及康尔泗等编著：《统计水文学》，黄河水利出版社 2006 年版。

［2］刘思峰、党耀国、方志耕等著：《灰色系统理论及其应用》，科学出版社 2004 年版。

［3］邓聚龙著：《灰预测与灰决策》，华中科技大学出版社 2002 年版。

［4］邓聚龙著：《灰色系统基本方法》，华中科技大学出版社 2004 年版。

［5］肖新平、宋中民、李峰著：《灰技术基础及其应用》，科学出版社 2005 年版。

［6］陈金龙著：《实物期权定价理论与应用研究》，机械工业出版社 2007 年版。

［7］（加）约翰·赫尔著，王勇、索吾林译：《期权、期货及其他衍生产品》，机械工业出版社 2009 年版。

上市公司资产评估与交易定价相关性研究①

——基于2010年上市公司数据分析

王竞达② 首都经济贸易大学

【摘要】本文以2010年沪深两市上市公司资产评估与交易定价为研究对象，对沪深两市整体资产评估与交易定价情况进行描述性统计，并结合行业、交易类型、板块等因素分析账面价值、评估价值和交易价格之间的关系，经验研究表明，上市公司资产评估价值已经成为交易定价的重要参考依据，行业、交易类型、板块因素对账面价值和评估价值、评估价值和交易价格之间的关系存在一定影响。

【关键词】资产评估；评估价值；交易价格；账面价值；交易类型

The Relation Research of Listed Cooperation Valuation and Transaction Price

—Based on the Analysis of Listed Cooperation Data

WANG Jing-da

Abstract: Using assets valuation and transactions price of listed company in 2010 as samples, this paper describes status of asset valuation and asset transaction price in listed company, analyses the relation between BV, AV and transaction price. The empirical results shows that appraisal value has been the important basis of transaction price, industry, transaction type and stock board can influence the relation between BV, AV and transaction price.

Key Words: assets valuation; appraisal value; transaction price; book value; transaction type

---

① 本文系中国资产评估协会"资产评估对经济发展贡献的实证研究"课题的阶段性研究成果。

② 本文数据收集工作系由季玉飞、许杰、张国丽、梁博、李晴晴完成。

一、引言

近几年来，我国证券市场上市公司资产交易活动快速发展，2010年，沪深两市共发生了千笔以上各种类型的资产交易事件，与此相对应的是沪深两市也发生了近千笔资产评估业务。在公司资产交易过程中，目标资产或目标公司价值评估的准确与否很大程度上决定了交易是否能够完成，评估价值已经成为上市公司资产交易定价的重要参考依据。那么，就资产评估和资产交易而言，沪深两市在行业、交易类型和板块上体现为何种特征？交易定价和资产评估价值、账面价值之间的关系怎样？行业、交易类型、板块是否会对评估价值、账面价值和交易价格之间的关系产生影响？有鉴于此，本文针对上市公司 2010 年资产交易中涉及的资产评估和交易定价进行研究，以期能够描述上市公司资产评估和资产交易定价的现状，并对资产评估价值和交易定价之间的关系及其影响因素进行分析。

本文共分六个部分：第一部分引言；第二部分文献述评；第三部分以 2010 年沪深两市上市公司资产交易案例为样本，描述了 2010 年沪深上市公司资产评估和资产交易在行业和交易类型中的分布，统计了沪市、深市主板、中小板和创业板块的资产评估和交易情况；第四部分对评估价值和交易价格之间的关系进行描述，并分析了行业、交易类型、板块因素对评估价值和交易价格之间关系的影响；第五部分对评估价值和账面价值之间的关系进行描述，并一步分析了行业、交易类型、板块因素对评估价值和账面价值之间关系的影响；第六部分是文章的结束语。

二、资产评估与交易定价文献述评

资产评估自产生之日起，就和交易定价之间存在密切联系。国外学者对资产评估与交易定价进行了一些研究，1958 年 Modigliani 和 Miller 教授阐述的 MM 定理以及 1965 年 William Sharpe 提出的资本资产定价（CAPM）模型等为现代公司价值评估理论和方法的发展奠定了基础，以后几十年，不断有学者对资产评估和交易定价之间的关系进行实证研究。L. G. Sharp and R. G. Walker（1975）以澳大利亚 1960 ~ 1970 年间进行较大规模资产重估的公司作为样本，对资产重估和证券市场价格之间的关系进行了研究，发现资产重估与股票价格之间存在一定的联系。Standish and S. Ung（1982）对英国公司的资产重估进行了研究，他们选取英国 1964 ~ 1973 年这一时期内进行资产重估的 232 家公司作为样本，就固定资产重估这一行为与公司股票价格变动之间的关系进行了研究，得出的结论是因为资产评估可以对股票价格产生一定的影响，因而企业管理当局会选择资产重估以影响资本市场对公司期望。Henderson Scott and Jenny Goodwin（1992）对澳大利亚的资产评估进行了考察，认为资产评估会对股价产生影响。Peter Easton，Peter H. Eddey and Treyor S Harris（1993）选取了 72 家澳大利亚工业企业和 28 家矿业企业为样木，检验了资产评估与股票市价、投资收益率之间的关系，研究结果表明资产评估与股票市价之间存在相关性。David Geltner（1997）研究了资产评估对证券投资组合定价中的作用，指出资产评估对证券投资组合定价会产生一定影响。David Geltner，Bryan D. Gregor，and Gregory M. Schwann（2003）对资产评估和房地产市场之间关系进行研究，结果表明资产评估对房地产市场价格会产生一定影响。Ingolf Dittmann，Ernst Maug，Johannes Kemper（2004）对估值方法和风险投资业绩之间的关系进行了研究，研究结果表明估值方法的选择会对风险投资公司业绩产生影响。

对比而言，国内许多学者也对资产评估和交易定价进行了较为深入的研究，但从现有文献来看，大部分文献都集中在资产评估与交易定价理论方面，研究者大都认为资产评估可以促进资本市场的发展，资产评估行业在证券市场可以保护国有股股东及其他投资者的利益，为股东投资和股份转让价格的确定提供依据，也即认为资产评估价值是交易定价的重要参考依据（肖时庆，2003；朱志刚，2006；李丽、雷伟，2008等）。除此之外，还有一些文章是从实证的角度对资产评估和交易定价之间的关系进行研究。肖时庆（2001）对证券市场资产评估问题进行了研究，对 1993 ~ 1998 年上市的公司进行研究，研究了资产评估结果和股票定价、盈余管理之间的关系。严绍兵、王莉莹、仲崇敬、吕文杰（2008）对中国上市公司资产交易中评估结果与交易价格之间差异进行了研究，并对差异的具体状况及其原因进行了分析。统计分析结果表明，评估差异率基本在 20% 以内，近几年大额交易差异率有变大的趋势。上海证券交易所、中国资产评估协会联合课题组（2010）出具的《上市公司2009年度并购重组资产评估专题报告》指出资产评估对上市公司并购重组的推进发挥了积极的作用和影响，资产评估已经成为上市公司重大资产重组定价的核心环节；国有资产借助专业化的评估定价登陆资本市场，实现了保值增值，提高了资产的整体竞争力和运行效率。赵立新、刘萍（2011）对上市公司并购重组企业价值评估和定价进行了研究，详细分析了我国上市公司并购重组中企业价值评估方法的应用，并对收益法、市场法和资产基础法的应用以及企业价值评估中增值情况进行了分析，并指出2008年74例重大并购重组案例中以资产评估结果作为定价依据的有63例，2009年106例重大并购重组中有94例是以资产评估结果作为定价依据，2010年74例重大并购重组中有68例是以资产评估结果作为定价依据。

纵览中西方文献我们发现，现阶段理论界和实务界对资产评估和交易定价的理论和实务研究越来越丰富，但相对而言主要还是集中于理论研究，实证研究相对较少，尤其是较少有研究运用数据来分析交易类型、行业、板块等因素对资产评估价值和账面价值、资产评估价值和交易价格之间关系的影响。有鉴于此，本文结合2010年沪深两市上市公司资产评估与交易事件，对其所涉及的资产评估和交易定价进行研究，以期能够描述上市公司资产评估和资产交易定价的现状，并对资产评估价值和交易定价之间的关系、资产评估价值和账面价值之间的关系进行剖析，研究我国上市公司资产评估价值与交易价格、资产评估价值与账面价值之间的关系是否受到行业、交易类型、板块等因素的影响。

三、2010年我国上市公司资产评估与交易概况①

本次研究是以从上海证券交易所网站、深圳证券交易所网站、CSMAR数据库和巨潮资讯网网站上搜集的2010年沪深两市上市公司发生的1066笔资产评估和交易事件作为样本。选取样本的标准为：（1）评估报告披露日期为2010年1月1日~12月31日期间。（2）资产交易时

① 本文数据主要来源于上海证券交易所网站、深圳证券交易所网站、国泰君安CSMAR数据库，巨潮资讯网 www. cninfo. com. cn 和 http：//quotes. money. 163. com。

间为2010年1月1日~12月31日期间。（3）交易类型为股权收购、股权转让、资产转让、资产收购、增资扩股、资产置换、资产重组等经济活动。（4）已披露评估报告和相关的交易公告。本文以2010年我国上市公司资产评估和交易定价事件为样本，选取可能对资产评估和交易定价有影响的几个因素进行重点描述统计。描述的因素主要包括行业、交易类型、板块、评估价值、账面价值和交易价值之间的关系等。

根据上海证券交易所和深圳证券交易所中的上市公司公告统计，2010年沪深两市上市公司中共515家上市公司发生1066宗资产评估和资产交易活动，涉及的资产评估价值总计达6984.14亿元，涉及的资产交易总额达4224.49亿元。

本文将从行业、交易类型和板块三个方面来分析描述上市公司资产评估和交易概况，试图总结整理出行业、交易类型、板块等因素和资产评估以及资产交易之间是否存在着一定的相关性。

（一）行业和资产评估及资产交易定价

2010年发生资产评估和资产交易的上市公司行业分布情况如表1所示。

由表1可以看出，从发生资产评估业务的上市公司所属行业来看，机械设备行业、石化塑胶、金属非金属和房地产行业是2010年发生资产评估活动较为频繁的行业，发生的评估宗数为机械设备行业164宗，占总额的15.63%；石化塑胶行业95宗，占总额的9.06%，金属非金属行业89宗，占总额的8.48%，房地产行业82宗，占总额的7.82%。

从评估宗数和金额来看，机械设备行业、石化塑胶、金属非金属和房地产行业发生的评估宗数较多，但就评估金额来看，呈现出与评估宗数不同的特征。金融保险、金属非金属、水电煤气和机械设备行业的评估金额所占比例较大，金融保险业评估金额为961.19亿元，占评估总金额的13.76%，金属非金属行业评估金额为838.48亿元，占评估总金额的12.01%，水电煤气行业虽然发生的评估总数较少，但总体评估金额较大，达828.35亿元，占评估总金额的11.86%，机械设备行业的评估总金额为785.69亿元，占评估总金额的11.25%。房地产行业虽然发生的评估宗数较多，但就评估总金额来看，所占金额和比例不是很高，其金额为358.69亿元，占评估总金额的5.14%。

表 1 **2010 年上市公司资产评估和交易表**

行业	宗数	所占比例（%）	资产评估				交易			
			评估宗数	所占比例（%）	评估金额（万元）	所占比例（%）	交易宗数	所占比例（%）	交易金额（万元）	所占比例（%）
机械设备	169	15.85	164	15.63	7856945.99	11.25	159	16.39	5840937.25	13.83
石化塑胶	95	8.91	95	9.06	2671641.77	3.83	90	9.28	2289576.07	5.42
金属非金属	91	8.54	89	8.48	8384850.22	12.01	71	7.32	4999020.81	11.83
房地产	83	7.79	82	7.82	3586954.11	5.14	80	8.25	2434576.32	5.76
综合类	68	6.38	67	6.39	3302698.88	4.73	65	6.70	1631486.95	3.86
水电煤气	67	6.29	67	6.39	8283530.83	11.86	57	5.88	5091635.75	12.05
信息技术	62	5.82	62	5.91	3908421.28	5.60	57	5.88	1961623.46	4.64
批发零售	59	5.53	58	5.53	2787588.16	3.99	54	5.57	1407476.47	3.33
医药生物	56	5.25	55	5.24	1945311.73	2.79	52	5.36	1281647.42	3.03
采掘业	39	3.66	39	3.72	3674298.09	5.26	36	3.71	2815448.22	6.66
电子	39	3.66	38	3.62	1251685.72	1.79	36	3.71	617929.30	1.46
社会服务	39	3.66	39	3.72	1631721.01	2.34	33	3.40	1288793.27	3.05
运输仓储	39	3.66	39	3.72	2127897.80	3.05	37	3.81	1946992.77	4.61
食品、饮料	36	3.38	32	3.05	4481895.85	6.42	32	3.30	885023.13	2.09
纺织服装	35	3.28	35	3.34	877686.68	1.26	30	3.09	343147.16	0.81
造纸印刷	23	2.16	23	2.19	393337.92	0.56	21	2.16	244216.00	0.58
农林牧渔	17	1.59	17	1.62	467983.74	0.67	14	1.44	292348.87	0.69

续表

行业	宗数	所占比例（%）	资产评估				交易			
			评估宗数	所占比例（%）	评估金额（万元）	所占比例（%）	交易宗数	所占比例（%）	交易金额（万元）	所占比例（%）
建筑业	16	1.50	16	1.53	1793369.03	2.57	16	1.65	1771616.36	4.19
传播文化	12	1.13	12	1.14	712152.98	1.02	11	1.13	692070.29	1.64
金融保险	11	1.03	11	1.05	9611936.37	13.76	9	0.93	4345241.62	10.29
木材家具	5	0.47	4	0.38	44774.79	0.06	5	0.52	42393.34	0.10
其他制造业	3	0.28	3	0.29	44052.46	0.06	3	0.31	21060.86	0.05
化纤	2	0.19	2	0.19	672.38	0.00	2	0.21	672.38	0.00
总计	1066	100.00	1049	100.00	69841407.80	100.00	970	100.00	42244934.10	100.00

从交易宗数和金额来看，23 个发生交易的行业中，机械设备行业、石化塑胶、房地产行业和金属非金属行业发生的交易宗数较多，共发生 400 宗交易，占交易宗数的 41.24%。从交易金额来看，机械设备、水电煤气、金属非金属和金融保险业发生的交易金额比较大，四个行业合计发生的交易金额为 2027.68 亿元，占交易总金额的 48%。由此可见，资金需求量较大的机械设备、水电煤气、金属非金属和金融保险业是资本市场中资产交易的积极参与者，交易规模大、产业整合和升级力度较强。

（二）交易类型和资产评估及交易定价

根据上市公司公告中披露的交易类型进行简单分类汇总，可将上市公司资产评估目的和交易类型划分为股权收购、股权转让、资产转让、资产收购、增资扩股、资产置换、对外投资、资产重组、资产购买、股权受让、定向增发、公司组建、股权调整等类型，为便于分析起见，我们将 1066 宗交易按上述交易类型进行分类，将交易宗数发生较少的交易类型等（含拆迁补偿 2 笔，抵押贷款 3 笔，定向回购 2 笔，其他 2 笔，破产清算 2 笔，企业改制 2 笔，土地使用权出让金 1 笔，委托经营 2 笔，以资抵债 3 笔）合并划归为其他交易类型。2010 年发生资产评估和资产交易的上市公司按交易类型进行分析如表 2 所示。

从评估宗数来看，股权收购、股权转让、资产转让、资产收购和增资扩股在交易类型中所占比例居多，其中股权收购的评估宗数达 312 笔，占评估总宗数的 29.74%；涉及股权转让的评估宗数 287 笔，占评估总宗数的 27.36%；涉及资产转让的达 146 笔，占评估总宗数的 13.92%；涉及资产收购的评估宗数 97 笔，占评估总宗数的 9.25%；涉及增资扩股的 52 笔，占评估总宗数的 4.96%。从评估金额来看，占据评估金额排名前几位的是股权收购、股权转让、资产置换和资产转让。其中涉及股权收购的评估金额为 2637.72 亿元，占总金额的 37.77%；涉及股权转让的评估金额为 1550.85 亿元，占评估总金额的 22.21%；资产置换评估金额为 535.91 亿元，占评估总金额的 7.67%；涉及资产转让的评估金额为 307.72 亿元，占评估总金额的 4.41%，上述四种类型的交易涉及的评估总金额为 5032.20 亿元，占评估总金额的 72.05%。

表 2　上市公司交易类型、资产评估和交易价格

交易目的	交易宗数	所占比例（%）	资产评估				交易			
			评估宗数	所占比例（%）	评估金额（万元）	所占比例（%）	交易宗数	所占比例（%）	交易金额（万元）	所占比例（%）
股权收购	317	29. 74	312	29. 74	26377245. 31	37. 77	285	29. 38	14218940. 24	33. 66
股权转让	294	27. 58	287	27. 36	15508460. 15	22. 21	281	28. 97	7489897. 26	17. 73
资产转让	147	13. 79	146	13. 92	3077197. 91	4. 41	136	14. 02	1953183. 30	4. 62
资产收购	100	9. 38	97	9. 25	1915348. 09	2. 74	87	8. 97	1804069. 71	4. 27
增资扩股	52	4. 88	52	4. 96	2894300. 91	4. 14	44	4. 54	2536273. 04	6. 00
资产置换	50	4. 69	50	4. 77	5359066. 56	7. 67	46	4. 74	4587162. 55	10. 86
对外投资	32	3. 00	32	3. 05	1355838. 05	1. 94	32	3. 30	1394165. 42	3. 30
资产重组	21	1. 97	21	2. 00	1729007. 12	2. 48	19	1. 96	1459121. 46	3. 45
其他	20	1. 88	19	1. 81	4966800. 70	7. 11	10	1. 03	449748. 02	1. 06
资产购买	11	1. 03	11	1. 05	1783227. 87	2. 55	10	1. 03	1645059. 21	3. 89
股权受让	8	0. 75	8	0. 76	157730. 16	0. 23	8	0. 82	121419. 43	0. 29
定向增发	7	0. 66	7	0. 67	1509283. 71	2. 16	5	0. 52	1426253. 50	3. 38
公司组建	4	0. 38	4	0. 38	245995. 69	0. 35	4	0. 41	245617. 81	0. 58
股权调整	3	0. 28	3	0. 29	2961905. 59	4. 24	3	0. 31	2914023. 16	6. 90
总计	1066	100. 00	1049	100. 00	69841407. 80	100. 00	970	100. 00	42244934. 10	100. 00

从交易宗数来看，股权收购、股权转让、资产转让、资产收购和资产置换在交易类型中所占比例居多，其中股权收购的评估宗数达285笔，占交易总宗数的29.38%；涉及股权转让的评估宗数281笔，占交易总宗数的28.97%；涉及资产转让的达136笔，占交易总宗数的14.02%；涉及资产收购的评估宗数87笔，占评估总宗数的8.97%；涉及资产置换的46笔，占评估总宗数的4.74%。从交易金额来看，股权收购、股权转让、资产置换、股权调整所占比例较高。其中涉及股权收购的交易金额为1421.89亿元，占总金额的33.66%；涉及股权转让的交易金额为748.99亿元，占交易总金额的17.73%；资产置换交易金额为458.72亿元，占交易总金额的10.86%；涉及股权调整的交易金额为297.40亿元，占交易总金额的6.90%，上述四种类型的交易涉及的交易总金额为2921.00亿元，占交易总金额的69.14%。

从交易类型和资产评估及交易定价之间的关系来看，资产置换和股权调整交易值得注意，二者虽然发生的交易宗数不甚多，但涉及的评估金额和交易金额在总体金额中所占的比例较大。

（三）板块、资产评估及交易定价

按上市公司所处板块可以分为沪市、深市主板、中小板和创业板，因各个板块中的企业规模、性质和特点有所差异，故而可以分析各个板块的资产评估和交易是否有所差异。我们将2010年上市公司所处板块和资产评估、交易定价之间的关系列示如表3所示。

2010年1066宗资产评估和交易事件中，沪市501笔，所占比例最高，为47%，深市主板发生的资产评估和交易事件共378笔，占总宗数的35.46%，中小板发生的评估和交易事件共156笔，占总宗数的14.63%，创业板因其公司上市时间较晚，故而发生的宗数较少，只有31笔，且大都集中在信息技术、医药生物和机械设备行业①。创业板中31笔进行评估的案例中有29笔最终进行了资产交易，从交易类型来看，创业板公司体现的交易类型较为集中，29宗最终进行交易的创业

① 创业板中29笔最终进行交易的企业分布如下：医药生物8宗，机械设备7宗，信息技术6宗，批发零售2宗，造纸印刷2宗，传播文化1宗，电子1宗，农林牧渔1宗，石化塑胶1宗。

表 3 板块、资产评估和交易价格

板块	宗数	所占比例（%）	按评估分类				按交易分类			
			评估宗数	所占比例（%）	评估金额（万元）	所占比例（%）	交易宗数	所占比例（%）	交易金额（万元）	所占比例（%）
沪市	501.00	47.00	484	46.14	38217366.04	54.72	470	48.45	27664962.05	65.49
深圳主板	378.00	35.46	378	36.03	27186292.01	38.93	322	33.20	10785190.26	25.53
中小板	156.00	14.63	156	14.87	4157069.08	5.95	149	15.36	3591413.99	8.50
创业板	31.00	2.91	31	2.96	280680.68	0.40	29	2.99	203367.81	0.48
总计	1066.00	100.00	1049	100.00	69841407.80	100.00	970	100.00	42244934.10	100.00

板公司中，6 宗属对外投资，6 宗属股权收购，2 宗股权转让，增资扩股 6 宗，资产收购 9 宗，这一点与其他板块中的资产交易分布略有不同。

从进行资产评估乃至最终进行交易的成功概率来看，沪市的公司最终进行交易的概率较高，达 97.11%，深圳主板最终进行交易的概率较低，成交概率为 85.19%。

四、上市公司资产评估价值和资产交易定价

理论上而言，买卖交易能否顺利实现取决于许多因素，由于信息不对称会导致交易效率较低，交易成本加大，资产评估作为中介机构，对资产进行的价值评估可以在某种程度上解决买卖双方对资产价值信息存在的不对称问题，可以使交易效率提高。从某种意义上可以说，目标资产或目标公司价值评估的准确与否很大程度上决定了交易是否能够完成，评估价值是上市公司资产交易定价的重要参考依据。那么，在上市公司资产交易事件中，评估价值和交易价格之间的关系怎样？资产评估价值是否作为资产交易定价的重要参考依据？有鉴于此，我们对 2010 年上市公司发生的资产交易事件中的资产评估价值和最终的交易价格进行了比较分析。

（一）评估价格和交易价格之间关系总体分析

2010 年 1066 宗进行资产评估和资产交易的事件中，有 949 笔在上市公司公告中完整地披露了评估价值和最终的交易价格，我们将评估价值和交易价格之间的关系进行分析如表 4 所示。

表 4　上市公司资产评估价值和交易价格

一致度*	宗数	所占比例（%）
完全相符	657	69.23
基本相符	111	11.70
不相符	181	19.07
总计	949	100.00

注：* 为便于分类，我们按评估价值和价格之间的差异比例进行分组，如资产评估价值和最终的交易定价之间的差异度低于 1%，我们将其定义为完全相符；如资产评估价值和最终的交易定价之间的差异处于 1% ~5% 之间，我们将其定义为基本相符；如资产评估价值和最终的交易定价之间的差异大于 5%，我们将其定义为不相符。

从表4可以看出，949宗交易中，有657宗交易的评估价值和最终的交易价格完全相符，占总额的69.23%，111宗交易的评估价值和最终的交易价格基本相符，占总额的11.70%，也即完全相符和基本相符的总比例为80.93%，因此，在一定程度上可以说，资产评估价值已经成为上市公司资产交易中的重要定价依据，亦可以说资产评估作为一种中介机构，为交易双方提供了一种有效的价值参考和价值衡量尺度，为交易价格的确定提供了客观的价值标尺，降低了交易双方的交易成本，促进了交易效率的提高。为了进一步分析评估价值和交易价格之间的关系是否会受行业、交易类型以及板块因素的影响，下面我们按照行业、交易类型以及板块分类来进一步分析评估价值和交易价格之间的关系。

（二）行业因素对资产评估价值和交易价格之间关系的影响①

理论上而言，行业不同，其资产的性质和价值也会有所不同，行业和资产评估价值、交易价格之间的关系可以如表5和图1所示。从表5可以看出，金融保险、社会服务业、运输仓储行业的评估价值和交易价格完全相符的程度比较高，高于80%，对比而言，采掘业、医药生物行业的评估价值和交易价格完全相符的比例比较低，采掘业评估价值和交易价格完全相符的比例只有40%，医药生物行业为52.94%，其原因可能是因为采掘业进行的交易涉及的是不可再生的稀缺资源，双方讨价

表5　　行业对评估价值和交易价格影响关系

所属行业	完全相符	所占比例（%）	基本相符	所占比例（%）	不相符	所占比例（%）	总计
机械设备	103	66.45	19	12.26	33	21.29	155
石化塑胶	66	75.86	6	6.90	15	17.24	87
房地产	54	68.35	11	13.92	14	17.72	79
金属非金属	47	68.12	6	8.70	16	23.19	69
水电煤气	46	80.70	7	12.28	4	7.02	57
信息技术	46	80.70	4	7.02	7	12.28	57
综合类	45	71.43	8	12.70	10	15.87	63

① 本节分析将一些交易宗数极少的行业如木材家具、化纤和其他制造业忽略，没有将其与其他行业进行比较。

续表

所属行业	完全相符	所占比例（%）	基本相符	所占比例（%）	不相符	所占比例（%）	总计
运输仓储	31	83.78		0.00	6	16.22	37
批发零售	31	58.49	9	16.98	13	24.53	53
社会服务	28	84.85	2	6.06	3	9.09	33
医药生物	27	52.94	6	11.76	18	35.29	51
电子	24	68.57	5	14.29	6	17.14	35
食品、饮料	21	75.00	1	3.57	6	21.43	28
纺织服装	18	60.00	6	20.00	6	20.00	30
采掘业	14	40.00	13	37.14	8	22.86	35
建筑业	13	81.25		0.00	3	18.75	16
造纸印刷	11	52.38	5	23.81	5	23.81	21
农林牧渔	9	64.29		0.00	5	35.71	14
传播文化	8	72.73		0.00	3	27.27	11
金融保险	8	88.89	1	11.11		0.00	9
木材家具	3	75.00	1	25.00		0.00	4
化纤	2	100.00		0.00		0.00	2
其他制造业	2	66.67	1	33.33		0.00	3
总计	657	69.23	111	11.70	181	19.07	949

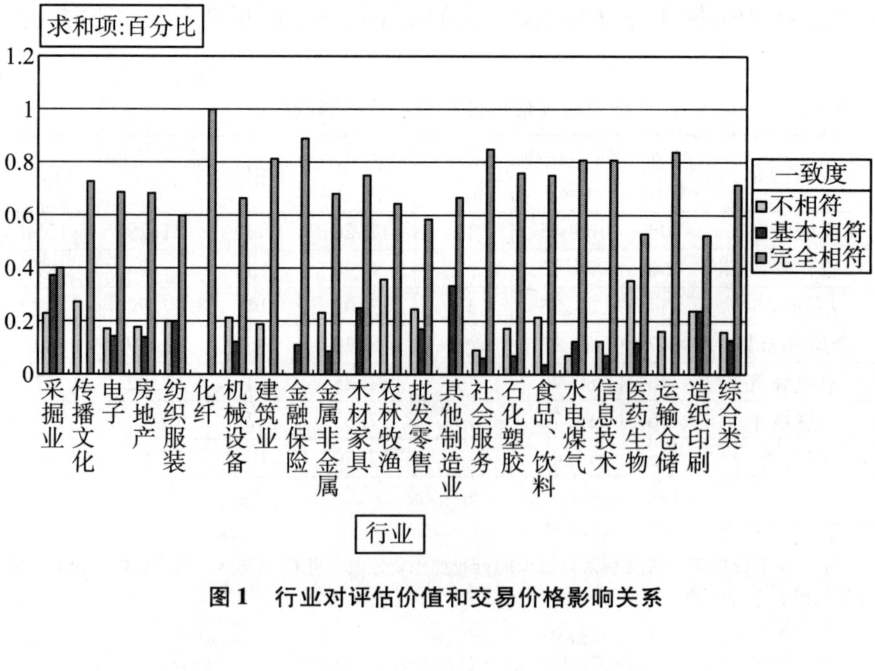

图1　行业对评估价值和交易价格影响关系

还价竞争激烈，且须考虑多种因素进行定价，因而导致评估价值和交易价值之间有所差异。医药生物行业的交易类型大都为股权收购、股权转让和资产收购，因其属于高科技行业，最终交易时需要考虑的无形资产等因素较多，因而导致评估价值和交易价格之间有所差异，且交易价格大多高于评估价值。

（三）交易类型因素对资产评估价值和交易价格之间关系的影响

交易类型和资产评估价值、交易价格之间的关系可以如表6和图2所示。从表6可以看出，就完全相符的比例来看，定向增发、股权调整、资产购买交易中的评估价值和最终的交易价格完全相符，资产置换中的资产评估价值和交易价格之间的一致度也比较高，达到89.13%，股权收购、股权转让、增资扩股交易中的评估价值和交易价格完全一致的程度比较低。从不相符的比例来看，增资扩股、股权受让、对外投资交易中评估价值和最终交易价格之间的差异度较大。如果按与股权相关的交易类型划分，股权转让交易中资产评估价值与交易价格完全相符的比例低于股权受让。按与资产相关的交易类型划分，资产购买交易中资产评估价值与交易价格完全相符，远远高于资产转让和资产收购交易中的资产评估价值与交易价格相符度。

表6　　交易类型对评估价值和交易价格影响关系

交易类型	完全相符	所占比例（%）	基本相符	所占比例（%）	不相符	所占比例（%）	总计
股权收购	191	68.21	31	11.07	58	20.71	280
股权转让	179	66.05	33	12.18	59	21.77	271
资产转让	94	70.15	25	18.66	15	11.19	134
资产收购	57	68.67	12	14.46	14	16.87	83
资产置换	41	89.13	1	2.17	4	8.70	46
增资扩股	26	59.09	4	9.09	14	31.82	44
对外投资	20	62.50	4	12.50	8	25.00	32
资产重组	15	78.95		0.00	4	21.05	19
资产购买	10	100.00		0.00		0.00	10
其他	7	70.00		0.00	3	30.00	10

续表

交易类型	完全相符	所占比例（%）	基本相符	所占比例（%）	不相符	所占比例（%）	总计
股权受让	6	75.00		0.00	2	25.00	8
定向增发	5	100.00		0.00		0.00	5
公司组建	3	75.00	1	25.00		0.00	4
股权调整	3	100.00		0.00		0.00	3
总计	657	69.23	111	11.70	181	19.07	949

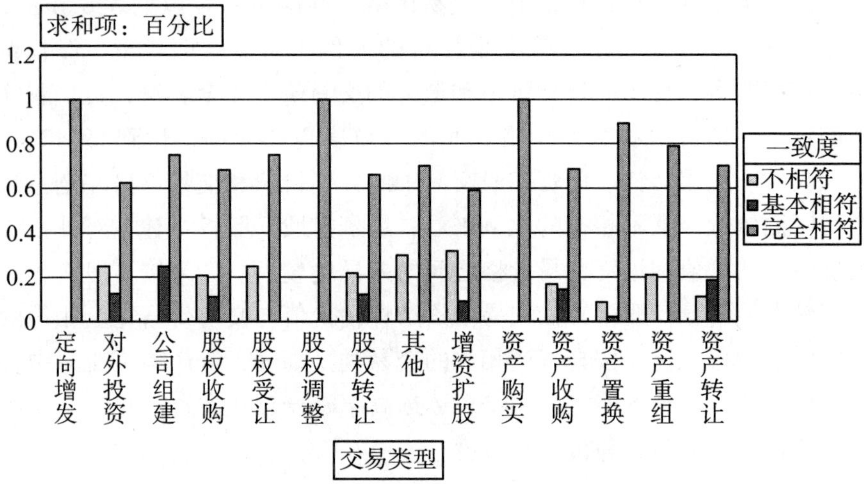

图 2　交易类型对评估价值和交易价格影响关系

（四）板块因素对资产评估价值和交易价格之间关系的影响

板块因素对资产评估价值和交易价格之间关系的影响如表 7 和图 3 所示。就完全相符的程度看，创业板公司资产评估价值和最终交易价格之间的完全相符度较低，只有 41.38%，远低于样本总体的完全相符比例 69.23%，不相符的比例高达 34.48%，其原因可能是由于创业板公司是高科技且新上市公司，在进行交易中交易双方可能需要考虑较多的无形资产等因素，所以导致评估价值和交易价格之间的差异度比较大。中小板公司评估价值和交易价格完全相符的比例低于沪市和深市主板，不相符的比例也较二者为高，按板块排名来看，板块之间资产评估价值和交易价格之间的相符程度预期相符。

表 7　　板块因素对评估价值和交易价格影响关系

板块	完全相符	基本相符	不相符	总计
沪市	319	59	72	450
	70.89%	13.11%	16.00%	100.00%
深圳主板	232	32	57	321
	72.27%	9.97%	17.76%	100.00%
中小板	94	13	42	149
	63.09%	8.72%	28.19%	100.00%
创业板	12	7	10	29
	41.38%	24.14%	34.48%	100.00%
总计	657	111	181	949
	69.23%	11.70%	19.07%	100.00%

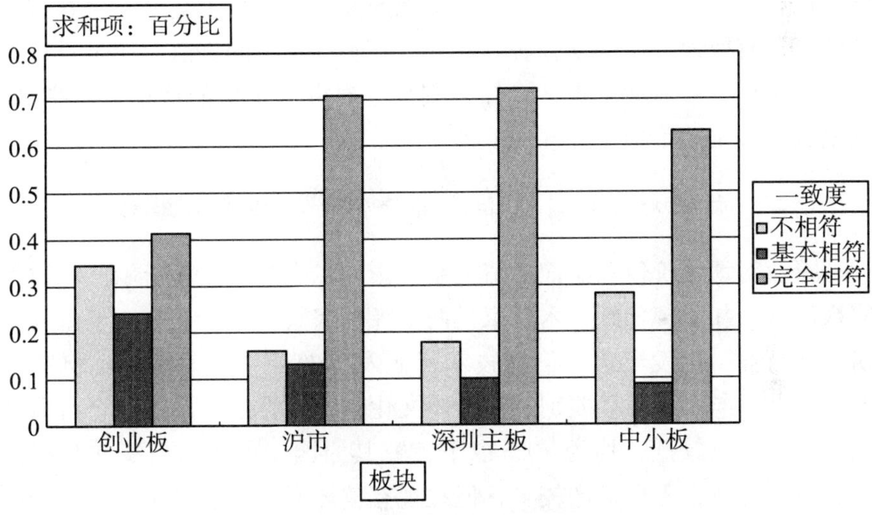

图 3　板块因素对评估价值和交易价格影响关系

五、上市公司资产评估价值和账面价值

（一）评估价值和账面价值之间关系总体分析

2011 年 1066 宗进行资产评估和资产交易的事件中，在上市公司公告中完整地披露了评估价值和账面价值的有 837 宗，我们将评估价值和账面价值之间的关系进行分析如表 8 所示。

表 8　　上市公司资产评估价值和账面价值比较

评估价值与账面价值比较	宗数	所占比例（%）
增值	736	87.93
无增减	26	3.11
减值	75	8.96
总计	837	100.00

就上市公司整体的资产评估价值和账面价值来看，837 宗同时具有评估价值和账面价值的交易宗数中，增值的宗数达到 736 宗，无增减的 26 宗，减值的 75 宗，平均增值率为 119.25%，非常明确的一点是在对资产或公司整体进行估值时，评估价值明显高于其原有的账面价值，因此可以说，资产评估作为一种价值实现的尺度，在相关交易发生并进行评估时，有效地采用科学方法重新计量和确认资产的价值。通过资产评估，市场对资产的优劣程度认知度提高，对资产价值的认识有所提高，从而进一步推动了社会资源的配置。

（二）行业对评估价值和账面价值之间关系的影响

行业对评估价值和账面价值关系的影响如表 9 和图 4 所示。就评估宗数而言，扣除掉化纤、木材家具两个评估宗数极少的行业，可以发现房地产行业、批发零售、信息技术行业发生的评估增值业务比例高达 90% 以上，与之有明显差别的是传播文化和综合类公司，这两个行业评估增值的比例较低，均为 70% 以下，究其原因，可能是由于文化行业属轻资产行业，无形资产较多，但在现有整体资产评估中对无形资产因素考虑较少或不予考虑，就其账面的有形资产而言，评估价值和账面价值之间的增值较低。且就行业平均增值率而言，房地产行业、批发零

表 9　　行业因素对评估价值和账面价值关系影响

行业	增值	所占比例（%）	无增减	所占比例（%）	减值	所占比例（%）	总计	平均增值率（%）
采掘业	25	80.65		0.00	6	19.35	31	83.15
传播文化	7	63.64		0.00	4	36.36	11	90.70
电子	26	86.67		0.00	4	13.33	30	90.46

续表

行业	增值	所占比例（%）	无增减	所占比例（%）	减值	所占比例（%）	总计	平均增值率（%）
房地产	72	96.00	1	1.33	2	2.67	75	114.63
纺织服装	22	78.57		0.00	6	21.43	28	90.89
化纤	2	100.00		0.00		0.00	2	318.14
机械设备	115	93.50	3	2.44	5	4.07	123	98.54
建筑业	12	92.31	1	7.69		0.00	13	76.12
金融保险	10	90.91		0.00	1	9.09	11	183.72
金属非金属	67	91.78	1	1.37	5	6.85	73	95.13
木材家具	2	100.00		0.00		0.00	2	405.03
农林牧渔	10	76.92		0.00	3	23.08	13	30.10
批发零售	37	97.37		0.00	1	2.63	38	178.33
其他制造业	2	100.00		0.00		0.00	2	95.53
社会服务	29	96.67		0.00	1	3.33	30	111.12
石化塑胶	64	87.67	2	2.74	7	9.59	73	124.20
食品、饮料	15	93.75		0.00	1	6.25	16	120.50
水电煤气	49	83.05	5	8.47	5	8.47	59	64.94
信息技术	47	94.00	1	2.00	2	4.00	50	177.61
医药生物	38	84.44	2	4.44	5	11.11	45	212.94
运输仓储	29	85.29		0.00	5	14.71	34	105.67
造纸印刷	14	87.50		0.00	2	12.50	16	362.44
综合类	42	67.74	10	16.13	10	16.13	62	85.46
总计	736	87.93	26	3.11	75	8.96	837	119.25

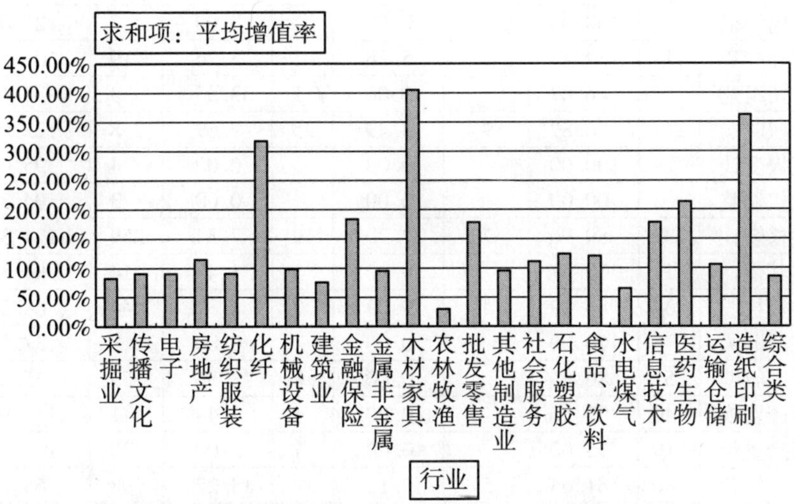

图4　行业因素对评估价值和账面价值关系影响

售、信息技术行业平均增值率较高，均高于100%，对比而言，农林牧渔、水电煤气、建筑行业的平均增值率较低，其中，作为传统产业代表的农林牧渔的增值率最低，仅为30.10%，即便是单独考虑股权收购与股权转让，其增值率也远远低于其他行业，与其他行业的增值率差异也非常显著，值得关注。可见，行业因素会对评估价值和账面价值之间的关系产生一定的影响。

（三）交易类型对评估价值和账面价值之间关系的影响

交易类型对评估价值和账面价值关系的影响如表10和图5所示。就增值的评估宗数及所占比例而言，定向增发、股权受让、股权调整和资产购买四种交易类型所对应的评估业务中全部属于评估增值，与之有明显差别的是资产转让和增资扩股业务，评估增值宗数稍低。就减值的评估宗数及所占比例来看，资产收购、资产转让、股权收购发生减值的比例较高。且就平均增值率而言，股权受让、资产收购的交易评估中的平均增值率较高，均高于100%。可见，交易类型因素会对评估价值和账面价值之间的关系产生影响。

表10 交易类型对评估价值和账面价值关系影响

交易类型	增值	所占比例（%）	无增减	所占比例（%）	减值	所占比例（%）	总计	平均增值率（%）
定向增发	7	100.00		0.00		0.00	7	127.03
对外投资	17	89.47	1	5.26	1	5.26	19	101.33
公司组建	2	66.67		0.00	1	33.33	3	3.63
股权收购	224	86.82	9	3.49	25	9.69	258	122.02
股权受让	4	100.00		0.00		0.00	4	395.01
股权调整	3	100.00		0.00		0.00	3	104.39
股权转让	233	89.96	7	2.70	19	7.34	259	124.31
其他	11	78.57		0.00	3	21.43	14	84.84
增资扩股	37	84.09	4	9.09	3	6.82	44	68.56
资产购买	8	100.00		0.00		0.00	8	137.31
资产收购	51	86.44		0.00	8	13.56	59	225.24
资产置换	40	97.56		0.00	1	2.44	41	113.92
资产重组	19	95.00		0.00	1	5.00	20	104.06
资产转让	80	81.63	5	5.10	13	13.27	98	64.22
总计	736	87.93	26	3.11	75	8.96	837	119.25

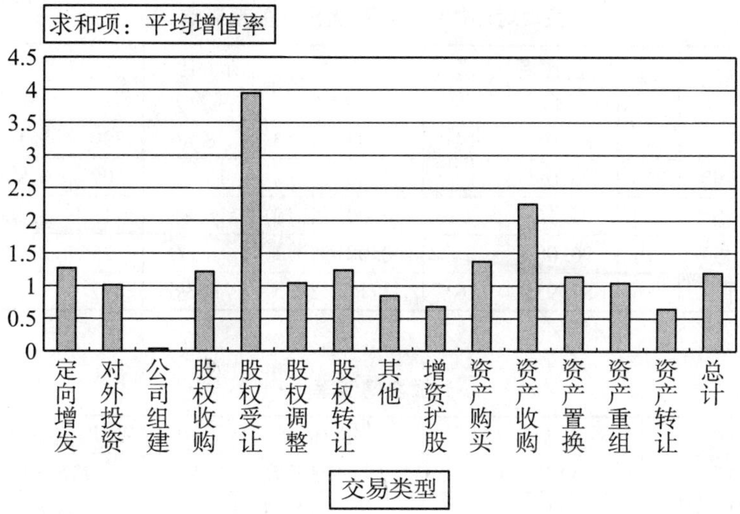

图5　交易类型因素对评估价值和账面价值关系影响

（四）板块对评估价值和账面价值之间关系的影响

从表11、表12和图6可以看出，板块对评估价值和账面价值之间的关系影响较为显著，创业板板块在评估中出现评估增值的比例最大，达到96%，且非常值得注意的一点是，就增值率而言，创业板公司评估时就评估价值与账面价值相比而言，平均增值率达到2.67倍，远远高于沪市、深市主板和中小板中的公司评估时的评估增值率，比较增值宗数和减值宗数的差异时，结论与上述一致，其原因可能是由于创业板中的处于高新技术行业中企业中的无形资产比较多，在评估中考虑到无形资产因素导致评估价值远远高于账面价值，如样本中属创业板的传播文化行业评估增值率达到5.16倍，信息技术行业评估增值率达到12.67倍，医药生物行业的评估增值率达到1.42倍，按交易类型来梳理创业板中评估增值率情况，我们发现资产收购交易的评估增值率最高，达8.89倍，其他交易类型的资产评估增值率均低于80%，由此可见资产收购的评估增值率远远高于其他类型交易中的评估增值率。因此可以说，板块因素对评估价值和账面价值之间的关系会产生一定的影响，且创业板中不同行业和不同的交易类型会对评估增值率产生较大影响。

表 11 板块对评估价值和账面价值关系影响

板块	增值	所占比例（%）	无增减	所占比例（%）	减值	所占比例（%）	总计	平均增值率（%）
沪市	343	87.95	14	3.59	33	8.46	390	1.168292
深圳主板	266	86.08	12	3.88	31	10.03	309	0.986896
中小板	103	91.15		0.00	10	8.85	113	1.50428
创业板	24	96.00		0.00	1	4.00	25	2.679436
总计	736	87.93	26	3.11	75	8.96	837	1.192488

表 12 板块增值率

板块	平均增值（%）	平均减值率（%）	平均增值率（%）
沪市	136.14	−16.75	116.83
深圳主板	111.57	32.21	98.69
中小板	167.01	−12.10	150.43
创业板	280.59	−23.03	267.94
总计	136.37	4.02	119.25

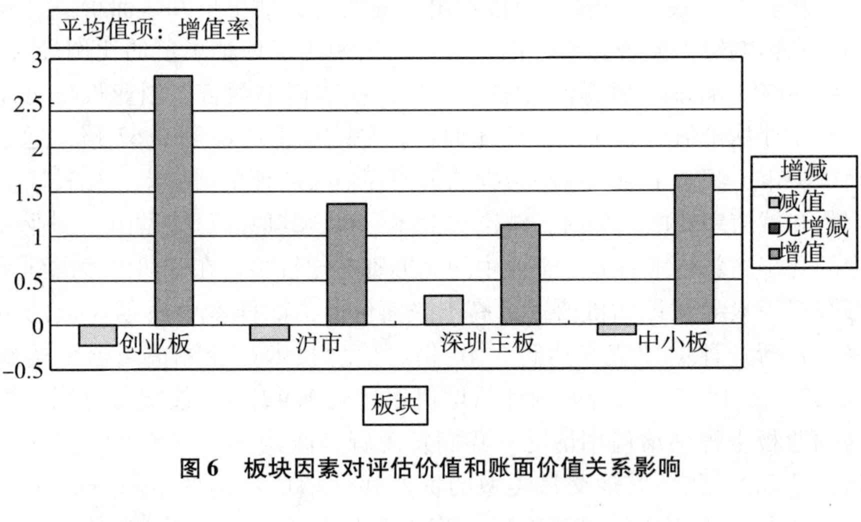

图 6 板块因素对评估价值和账面价值关系影响

六、结束语

本文以 2010 年我国上市公司资产评估和交易定价事件为样本，选取可能对资产评估和交易定价有影响的几个因素进行重点描述统计。描述的因素主要包括行业、交易类型、板块、评估价值、账面价值和交易价值之间的关系等。实证研究表明：

（1）机械设备行业、石化塑胶、金属非金属和房地产行业资产评估和资产交易活动较为频繁，但就评估金额来看，金融保险、金属非金属、水电煤气和机械设备行业的评估金额所占比例较大。从交易宗数来看，机械设备行业、石化塑胶、房地产行业和金属非金属行业发生的交易宗数较多，从交易金额来看，机械设备、水电煤气、金属非金属和金融保险业发生的交易金额比较大。资金需求量较大的机械设备、水电煤气、金属非金属和金融保险业是资本市场中资产交易的积极参与者，交易规模大、产业整合和升级力度较强。

（2）股权收购、股权转让、资产转让、资产收购和增资扩股在交易类型中所占比例居多，从评估金额来看，占据评估金额排名前几位的是股权收购、股权转让、资产置换和资产转让。从交易宗数来看，股权收购、股权转让、资产转让、资产收购和资产置换在交易类型中所占比例居多。从交易金额来看，股权收购、股权转让、资产置换、股权调整所占比例较高。

（3）资产评估价值已经成为资产交易定价的重要参考依据。949 宗进行资产评估并最终进行交易的案例中，评估价值与交易价格完全相符或基本相符的总比例为 80.93%，因此，在一定程度上可以说，资产评估价值已经成为上市公司资产交易中的重要定价依据，亦可以说资产评估作为一种中介机构，为交易双方提供了一种有效的价值参考，提供了客观的价值标尺，保障了各方的利益，降低了交易双方的交易成本，促进了交易效率的提高，促进了资产评估交易的公平和公正。行业、交易类型、板块等因素对资产评估价值和交易价格之间的关系会产生一定的影响。

（4）从资产评估价值和账面价值的比较来看，837 宗同时具有评估价值和账面价值的交易宗数中，增值的宗数达到 736 宗，无增减的 26 宗，减值的 75 宗，平均增值率为 119.25%，非常明确的一点就样本总体而言，是在对资产或公司整体进行估值时，评估价值明显高于其原有的账面价值，因此可以说，资产评估作为一种价值实现的尺度，在相关交易发生并进行评估时，有效地采用科学方法重新计量和确认资产的价值，有助于促进投资方进行理性投资和价值投资。行业、交易类型、板块等因素对资产评估价值和账面价值之间的关系会产生一定的影响。

（5）从资产评估和交易定价的整体关系来看，应该可以说，资产评估有效地保障了市场经济秩序的正常进行，市场经济中要求资产的交易必须公平和公正，交易价格应该和资产的内在价值基本相符，资产评估可以为交易双方提供公正公平的专业意见，减少交易成本，规范交易行为，保障了市场经济中交易的顺利进行。

综合以上研究结果，应该可以说，从资产评估价值和交易价格的实证研究结果来看，资产评估结果为资产交易各方当事人提供了客观有效的价值尺度，作为资产交易价格确定的重要参考依据，对于促进资产交易效率的提高，减少资产交易过程中的交易成本起到了毋庸置疑的作用。从资产评估价值和账面价值的实证研究结果来看，资产评估作为一种价值发现和评估工具，促进资产价值的重新衡量，减少国有企业乃至非国有企业的资产价值流失，加强资产的优胜劣汰，提高资产的利用效率和资源的配置效率，其作用不可替代。

参考文献

［1］马小琪、李汉铃：《国外资产评估合理性研究综述》，载《哈尔滨工业大学学报（社会科学版）》2004 年第 6 期。

［2］程凤朝、崔宏：《国有企业改组上市的资产评估问题》，载《经济论坛》1997 年第 24 期。

［3］刘玉平：《谈上市公司资产评估的几个问题》，载《中国资产评估》2004 年第 7 期。

［4］权忠光：《外商投资企业 A 股上市资产评估的作用》，载《国有资产管理》2002 年第 7 期。

［5］上海证券交易所、中国资产评估协会联合课题组：《上市公司 2009 年度并购重组资产评估专题报告》2010 年。

［6］王子林：《有效发挥资产评估在产权运营中的基准性作用》，载《国有资产管理》2002 年第 2 期。

［7］肖时庆：《证券市场资产评估问题研究》，厦门大学博士论文 2001 年。

［8］严绍兵、王莉莹、仲崇敬、吕文杰：《中国上市公司资产交易中评估结果与交易价格之间差异的研究》，载《中国资产评估》2008 年第 5 期。

［9］中国证监会首席会计师办公室：《2006 证券期货相关资产评估分析》，中国证券报 2007 年。

[10] 朱志刚:《中国资产评估对经济改革与发展的几点贡献》，载《经济研究参考》2007 年第 6 期。

[11] 赵立新、刘萍:《发挥专业价值评估作用　促进资本市场资源整合和规范发展》，载《中国资产评估》2011 年第 6 期。

[12] 赵立新、刘萍:《上市公司并购重组企业价值评估和定价研究》，中国金融出版社 2011 年版。

[13] David Geltner, Bryan D. Gregor, and Gregory M. Schwann. Appraisal Smoothing and Price Discovery in Real Estate Markets. Urban Stud Vol. 40, May 2003.

[14] David Geltner. 1997. The Use of Appraisals in Portfolio Valuation and Index Construction. Journal of property valuation & Investment. Vol. 15. 1997.

[15] Graeme, N., Rohit, K. The Accuracy of Commercial Property Valuation, working paper, School of Land Economy University of Western Sydney. 1998.

[16] Henderson Scott and Jenny Goodwin. The Case Against Asset Revaluations. Abacus (1992): 75 – 87.

[17] Matysiak, G., Wang, P. Commercial Property Market Prices and Valuations: Analyzing the Correspondence. Journal of Property Research. 1995 (12).

[18] Nikolai Trifonov. The Practice of Appraisal in Transition Economies. The appraisal journal. April, 2002.

[19] Peter Easton, Peter H. Eddey and Treyor S Harris. "An Investigation of Revaluation of Tangible Long-lived Assets", Journal of accounting research, 1993.

[20] Sharpe. I. G and R. G. Walker. "Asset Revaluations and Stock Market Prices". Journal of accounting Research (Autumn 1975): 293 – 310.

[21] Standish, P. and S. Ung. "CorPorate Signall ing, Asset Revaluations and the Stock Prices of British Companies." The Accounting Review (October 1982).

[22] Tim Koller, Marc Goedhart, David Wessels. 2005. Valuation: Measuring and Managing the Value of Companies，高建等译，电子工业出版社。

上市公司并购重组业务的定价依据及影响因素分析①

王竞达　何　晴　首都经济贸易大学

【摘要】资产评估作为重要中介服务行业，重要职能之一在于为交易提供公允价值作为定价依据，从上市公司并购重组样本的分析来看，资产评估价值为交易定价提供依据的作用显著强于账面价值，而且，账面价值和评估价值作为定价依据，所发挥作用的差异受到并购重组业务类型、交易双方是否为关联方，以及上市公司置入抑或置出资产三个因素的显著影响。

【关键词】并购重组；定价依据；影响因素

The Pricing Base and Influencing Factors in M&A of Listed Firms

WANG Jing-da　HE Qing

Abstract: One important function of assets valuation is providing fair value for transactions pricing, using merger samples of listed companies, this paper argues that appraisal value is better than book value when they are used in pricing, and the effect is affected by transaction type, influencing factors, purchase or sell.

Key Words: mergers and acquisitions; pricing base; influencing factors

一、研究目的

资产评估行业是服务于我国股份制改制、企业产权交易等经济活动

① 本文系中国资产评估协会“资产评估对经济发展贡献的实证研究”课题的阶段性研究成果。

的重要中介服务行业，其重要职能之一，就是为各相关利益方提供资产的公允市场价值，为各主体作出正确决策提供服务。但是，对于资产评估为交易提供定价依据的经验证据，在现有研究中尚属少见。本研究的目的在于，利用上市公司并购重组数据考察相比账面价值，资产评估价值是否为交易定价提供了更多依据。在此基础上，本研究还进一步探索哪些因素会影响资产评估价值发挥这一交易定价依据的作用。

二、文献述评

国内外学者对并购重组中资产评估与交易定价进行了一些研究，国外学者对资产评估和交易定价之间的关系进行了一些实证研究。L. G. Sharp and R. G. Walker（1975）以澳大利亚 1960 ~ 1970 年间进行较大规模资产重估的公司作为样本，对资产重估和证券市场价格之间的关系进行了研究，发现资产重估与股票价格之间存在一定的联系。Standish and S. Ung（1982）对英国公司的资产重估进行了研究，他们选取英国 1964 ~ 1973 年这一时期内进行资产重估的 232 家公司作为样本，就固定资产重估这一行为与公司股票价格变动之间的关系进行了研究，得出的结论是因为资产评估可以对股票价格产生一定的影响，因而企业管理当局会选择资产重估以影响资本市场对公司期望。Henderson Scott and Jenny Goodwin（1992）对澳大利亚的资产评估进行了考察，认为资产评估会对股价产生影响。Peter Easton，Peter H. Eddey and Treyor S Harris（1993）选取了 72 家澳大利亚工业企业和 28 家矿业企业为样本，检验了资产评估与股票市价、投资收益率之间的关系，研究结果表明资产评估与股票市价之间存在相关性。David Geltner（1997）研究了资产评估对证券投资组合定价中的作用，指出资产评估对证券投资组合定价会产生一定影响。David Geltner，Bryan D. Gregor，and Gregory M. Schwann（2003）对资产评估和房地产市场之间关系进行研究，结果表明资产评估对房地产市场价格会产生一定影响。对比而言，国内许多学者也对并购重组中资产评估和交易定价进行了较为深入的研究，肖时庆（2001）对证券市场资产评估问题进行了研究，对 1993 ~ 1998 年上市的公司进行研究，研究了资产评估结果和股票定价、盈余管理之间的关系。严绍兵、王莉莹、仲崇敬、吕文杰（2008）对中国上市公司资产交易中评估结果与交易价格之间差异进行了研究，并对差异的具体状况及其原因进行了分析。统计分析结果表明，评估差异率基本在20%以内，近几年大额交易差异率有变大的趋势。上海证券交易所、中国资产评估协会联合课题组（2010）出具的《上市公司2009年度并购重组资产评估专题报告》指出资产评估对上市公司并购重组的推进发挥了积极的作用和影响，资产评估已经成为上市公司重大资产重组定价的核心环节；国有资产借助专业化的评估定价登陆资本市场，实现了保值增值，提高了资产的整体竞争力和运行效率。赵立新、刘萍（2011）对上市公司并购重组企业价值评估和定价进行了研究，详细分析了我国上市公司并购重组中企业价值评估方法的应用，并对收益法、市场法和资产基础法的应用以及企业价值评估中增值情况进行了分析，并指出2008年74例重大并购重组案例中以资产评估结果作为定价依据的有63例，2009年106例重大并购重组中有94例是以资产评估结果作为定价依据，2010年74例重大并购重组中有68例是以资产评估结果作为定价依据。

纵览中西方文献我们发现，现阶段理论界和实务界对并购重组过程中的资产评估和交易定价的理论和实务研究越来越丰富，但相对而言主要还是集中于理论研究，实证研究相对较少。有鉴于此，本文结合上市公司资产评估与交易并购重组事件，对其所涉及的资产评估价值和交易定价进行研究，以期能够描述上市公司并购重组中资产评估和资产交易定价的现状，试图解析资产评估价值是否为交易定价提供了更多依据，并以此为基础，进一步探索哪些因素会影响资产评估价值发挥这一交易定价依据的作用。

三、样本选择与调整

本研究数据来源为天津大学国泰安研究服务中心提供的中国上市公司企业并购数据库。本文研究数据的主要时间范围为1998年1月1日至2010年12月31日。

本文在进行数据整理的过程中对原始数据进行了以下调整：

（1）删除数据缺失的样本。将该数据库中账面价值、评估价值、交易总价三者缺一或以上的交易剔除。

（2）删除了部分交易价格异常的样本。部分交易价格和评估值为0或接近0，这些异常情况下的样本被删除。

(3) 删除了部分特殊的交易目的和交易方式的样本。如破产清算时的资产强制出售和拍卖时的交易价格，这些交易需要在短时间内迅速完成，因此其交易价格与正常交易转让的价格可能存在很大差异。保留样本的交易目的包括资产收购、资产置换、资产剥离、股份回购、债务重组、吸收合并等业务类型。

(4) 删除评估增值率异常的样本（评估增值率 =2454156.01%）。

(5) 删除交易总额与账面价值/评估价值差异超过 10 倍的样本。

经过样本筛选，最终得到的样本量为 916 个并购重组业务。考虑到个别并购重组业务存在多个卖方或者多个买方，如果以交易方为样本，则样本包括 931 个购买方和 944 个出售方。

四、统计分析结果

（一）一般描述性统计结果

根据描述性统计结果可见，1998～2010 年间，资产评估数据齐备的 916 笔上市公司并购重组业务所涉及的交易金额合计 2159.5 亿元，平均单笔业务所涉金额 2.36 亿元；样本所涉及的账面价值和评估价值总计为 1703.2 亿元和 2061.8 亿元，平均单笔业务所涉及账面价值和评估价值为 1.86 亿元和 2.25 亿元。从图 1 中可见，从一般趋势来看，各年度的交易总额高于资产评估价值总额和账面价值总额。

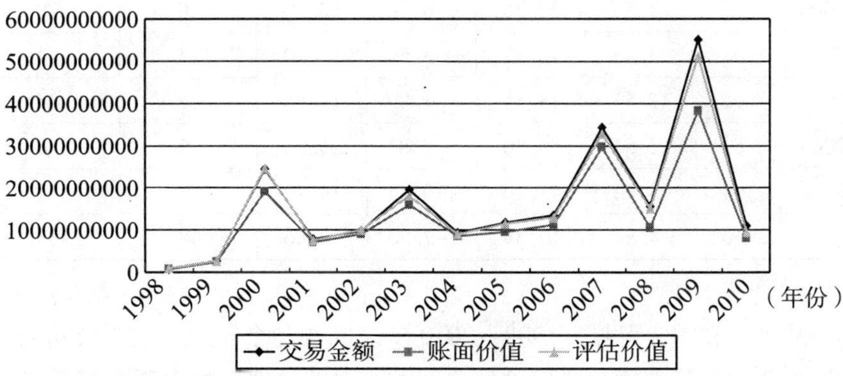

图 1　1998～2010 年上市公司并购重组业务规模状况

我们关注1998～2010年之间的各个年度，上市公司并购重组业务的账面价值和评估价值分别与交易总额之间平均差异率的情况，两者与交易总额间的平均差异率分别用一般差异率和绝对差异率两种度量方式进行计算。从表1可见，根据评估价值进行交易定价的业务样本占全部样本的48%（438/916），而交易总价等于账面价值的样本中剔除与交易总价等于评价价值样本重叠的23个样本外，仅根据账面价值进行交易定价的样本量为25个，占全部样本的2.7%。

表1　　　一般性描述统计结果：各年度并购重组业务的交易价值与账面价值/评估价值差异率

交易年度	样本数量	交易总额与账面价值平均差异率		交易总额与评估价值平均差异率		交易总价＝账面价值的样本数量	交易总价＝评估价值的样本数量
		一般差异率（%）	绝对差异率（%）	一般差异率（%）	绝对差异率（%）		
1998	8	15.07	18.15	－3.23	3.23	0	5
1999	16	8.94	20.92	1.05	2.36	0	11
2000	38	11.21	23.66	－2.49	7.20	4	22
2001	56	－4.08	37.25	－16.01	23.46	4	38
2002	55	－34.16	60.10	－23.38	30.68	4	24
2003	104	－18.66	45.50	－27.95	34.53	7	57
2004	78	13.98	44.49	－0.75	24.30	4	38
2005	146	22.67	31.17	5.80	14.09	13	64
2006	43	3.54	27.76	0.28	12.37	0	20
2007	98	3.86	40.17	－3.56	17.40	3	44
2008	91	17.53	38.55	－1.89	12.84	5	35
2009	89	－2.64	55.36	－7.83	23.28	1	36
2010	94	15.92	41.10	－10.45	19.49	3	44
合计	916	4.84	40.34	－7.20	19.86	48	438

从表1和图2可见，1998～2010年之间的各个年度，上市公司并购重组业务的交易总额与账面价值之间的绝对差异率，均大于交易总额与评估价值之间的绝对差异率。但至于两者之间是否在统计意义上存在显

著差异，需要进一步进行 t 检验分析。

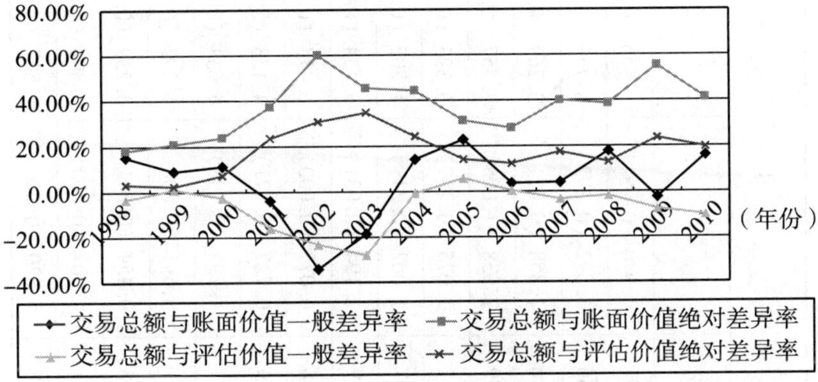

图 2　各年度交易总额与账面价值/评估价值一般/绝对平均差异率

（二）上市公司并购重组业务的定价依据：t 检验结果

根据 t 检验结果（见表 2），上市公司并购重组业务的交易总额与账面价值绝对差异率和交易总额与评估价值绝对差异率之间，除个别年份（1998、2003）之外，其余各年两者之间均存在显著差异，即前者显著高于后者。t 检验的结果证明，在上市公司进行并购重组的过程中，相比账面价值而言，资产评估的结果为交易价格的确定提供了更多的依据，这为资产评估提供定价依据提供了直接证据。

（三）上市公司并购重组业务的定价依据的影响因素分析

从样本整体情况来看，资产评估价值显然比账面价值为并购重组交易提供了更多的依据，但是，不同业务类型、关联交易和非关联交易、资产置入和资产置出交易之间是否在定价依据上存在差异？本文将重点考察业务类型、关联交易和资产的置入与置出对上市公司并购重组业务定价依据的影响。

1. 业务类型的影响

本文分析所采用的样本包括六类业务类型，分别为：资产收购、资产剥离、资产置换、债务重组、吸收合并、股份回购，样本数量如表 3 所示。

表 2　　t 检验结果：各年度交易价值与账面价值/评估价值差异率

交易年度	样本数量	交易总额与账面价值平均差异率（%）		交易总额与评估价值平均差异率（%）		差额（%）		t 检验结果	
		一般差异率(a)	绝对差异率(b)	一般差异率(c)	绝对差异率(d)	a－c	b－d	a－c	b－d
1998	8	15.07	18.15	－3.23	3.23	18.30	14.92	1.940（0.094）*	1.456（0.189）
1999	16	8.94	20.92	1.05	2.36	7.89	18.56	1.092（0.292）	3.723（0.002）***
2000	38	11.21	23.66	－2.49	7.20	13.70	16.46	1.858（0.071）*	3.269（0.002）***
2001	56	－4.08	37.25	－16.01	23.46	11.93	13.79	2.938（1.005）***	3.557（0.001）***
2002	55	－34.16	60.10	－23.38	30.68	－10.78	29.42	－1.075（0.287）	3.393（0.001）***
2003	104	－18.66	45.50	－27.95	34.53	9.29	10.97	1.002（0.319）	1.205（0.231）
2004	78	13.98	44.49	－0.75	24.30	14.73	20.19	2.194（0.031）**	3.134（0.002）***
2005	146	22.67	31.17	5.80	14.09	16.87	17.08	6.077（0.000）***	6.473（0.000）***
2006	43	3.54	27.76	0.28	12.37	3.26	15.39	0.727（0.471）	4.133（0.000）***
2007	98	3.86	40.17	－3.56	17.40	7.42	22.77	1.295（0.198）	4.634（0.000）***
2008	91	17.53	38.55	－1.89	12.84	19.42	25.71	3.691（0.000）***	6.392（0.000）***
2009	89	－2.64	55.36	－7.83	23.28	5.19	32.08	0.454（0.641）	3.239（0.002）***
2010	94	15.92	41.10	－10.45	19.49	26.37	21.61	4.007（0.000）***	3.304（0.001）***
合计	916	4.84	40.34	－7.20	19.86	12.04	20.48	5.620（0.000）***	10.537（0.000）***

表 3　　样本数量：按照业务类型

	样本数量	占全部样本比例（%）
资产收购	457	49.9
资产剥离	77	8.4
资产置换	371	40.5
债务重组	8	0.9
吸收合并	1	0.1
股份回购	2	0.2
合计	916	100.0

鉴于债务重组、吸收合并和股份回购三组样本的数量太少，因此我们只观察资产收购、资产剥离、资产置换三组样本在并购重组交易中的定价依据是否存在显著差异，方法是采用 t 检验和方差检验方法，来观察三组样本在交易总额与账面价值一般（绝对）差异率和交易总额与评估价值一般（绝对）差异率之间，是否存在显著差异。

t 检验结果显示（见表 4），无论是一般差异率还是绝对差异率，对比账面价值而言，资产收购样本组和资产置换样本组的定价依据显然都更倾向于使用评估价值。但是，在资产剥离业务组样本显现出与其他两组业务类型不同的特点。与其他两组样本不同，资产剥离组样本的交易总额与账面价值之间的平均差异率为负，说明总体上交易价格低于账面价值，这也由资产剥离业务的特点决定的。从绝对差异率上来看，虽然资产剥离组的样本交易价格要更接近评估价值，但是交易总额与账面价值/评估价值的绝对平均差异率两者之间的 t 检验结果并不显著，说明两者之间并不存在显著差异，这说明，对于资产剥离业务而言，评估价值用于交易定价的作用并不明显。这在一定程度上说明，业务类型的差异可能会影响到资产评估价值作为定价依据发挥的作用强弱。

为了印证这一观点，我们采用 anova 方差分析，观察不同业务类型组之间，交易总额与账面价值一般（绝对）差异率和交易总额与评估价值一般（绝对）差异率，以及两者之间的差额，是否存在显著差异。结果发现，三组样本虽然在交易总额和账面价值的一般差异率上没有显著差异，但是在交易总额和评估价值的一般差异率上存在显著差异，资产剥离组样本的一般差异率要显著低于其他两组。尤其在交易总额和账面价值/评估价值的绝对差异率上，这一业务类型组之间的区别更为明显。资产剥离组样本，在交易总额与账面价值和评估价值的绝对差异率

表 4　　t 检验及方差检验结果：按照业务类型

业务类型	样本数量	交易总额与账面价值平均差异率（%）		交易总额与评估价值平均差异率（%）		差额（%）		t 检验结果	
		一般差异率（a）	绝对差异率（b）	一般差异率（c）	绝对差异率（d）	a－c	b－d	a－c	b－d
资产收购	457	1.86	38.60	－10.96	20.50	12.82	18.10	5.313（0.000）***	8.314（0.000）***
资产剥离	77	－9.39	49.83	－30.50	46.36	21.11	3.47	2.084（0.041）**	0.346（0.730）
资产置换	371	11.38	41.20	1.96	13.77	9.42	27.43	2.457（0.014）***	8.183（0.000）***
方差分析结果		2.004（0.135）	0.586（0.557）***	4.647（0.010）***	4.141（0.016）**	1.079（0.340）	6.181（0.002）***		

上，都显著高于其他两组样本，而两者之间的差额（b－d），资产剥离组的样本则显著低于其余两组样本，这进一步印证，资产剥离组的资产评估价值作为定价依据的作用要显著弱于资产收购业务组和资产置换业务组，说明上市公司并购重组的业务类型是影响资产评估价值作为定价依据的重要因素。

2. 关联交易的影响

接下来，我们考察上市公司的并购重组业务是否发生在关联方之间，是否会影响到资产评估价值作为交易的定价依据[①]。首先，我们来观察各年度关联交易样本与非关联交易样本之间，在交易总额分别与账面价值和评估价值的差异率上是否存在差别。从图 3 所示，在 1998～2010 年度，除个别年份外，非关联交易样本组的样本，在交易总额和账面价值的绝对差异率上，均大于关联样本组，说明非关联样本组的样本交易价格距离原账面价值更远。但是，从图 4 中，我们可知，两组样本，在交易总额与评估价值之间绝对平均差异率上，并没有显现明显的高低趋势。接下来，我们采用配对样本 t 检验，来观察两组样本在交易总额与账面价值一般（绝对）差异率和交易总额与评估价值一般（绝对）差异率之间，是否存在显著差异。再采用独立样本 t 检验，来观察两组之间，交易总额与账面价值一般（绝对）差异率和交易总额与评估价值一般（绝对）差异率，以及两者之间的差额，是否存在显著差异。

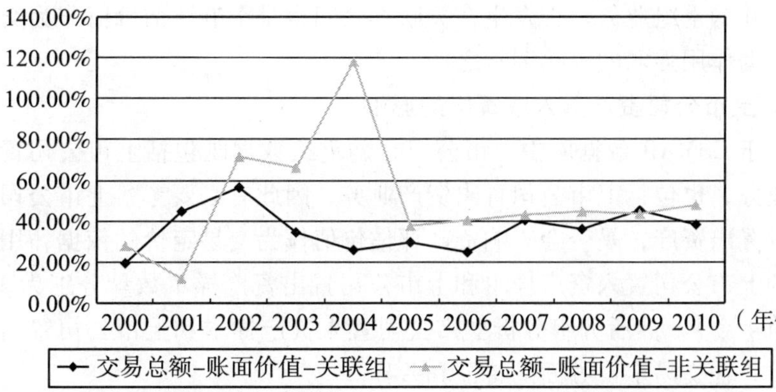

图 3　交易总额与账面价值绝对平均差异率：关联样本组与非关联样本组

① 在全部样本中，97 个样本关联交易标识变量（Idrlatrd）数据缺失，可用于分析的样本数量为 819 个。

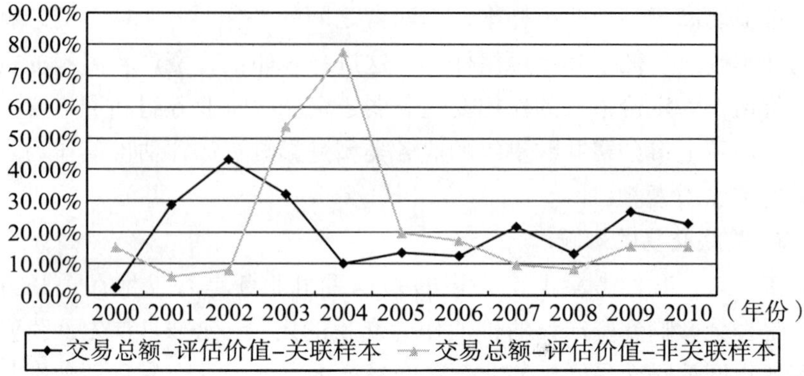

图4　交易总额与评估价值绝对平均差异率：关联样本组与非关联样本组

从表5可见，无论是关联样本组，还是非关联样本组，交易总额与评估价值之间的差异，显著的低于交易总额与账面价值的差异，这说明无论是并购重组业务是否发生在关联方之间，资产评估价值都比账面价值为交易定价提供了更多的依据。但是，交易总额与账面价值/评估价值差异率之间的差异（a－c和b－d），在关联样本组和非关联样本组之间却具有显著差异。对于一般差异率之间的差距（a－c），关联样本组显著大于非关联样本组，而绝对差异率之间的差距（b－d）则正好相反，非关联样本组大于关联样本组。这说明，从绝对值来看，非关联交易组的样本比关联交易组的样本，更依赖于评估价值进行交易定价。这说明，并购重组业务是否发生在关联方之间也是影响评估价值作为交易定价依据作用强弱的影响因素之一。

3. 上市公司资产置入或置出的影响

由于CSMAR数据库中上市公司并购重组数据既包括上市公司置入资产业务，也包括上市公司置出资产业务，因此有必要考察上市公司置入或者置出资产，是否会影响资产评估价值作为交易定价的依据，用于分析的上市公司置入资产样本和上市公司置出资产样本数量分别为375个和364个[①]，然后分组分析上市公司置入资产样本和上市公司置出资产样本，在交易定价方面的特征和差异。

① 我们首先在总样本中去除一笔交易多个买家或者多个卖家的样本和上市公司标识数据缺失的样本，剩余样本数量为888个，然后，我们从中选择上市公司向非上市公司置出资产业务样本364个，以及上市公司从非上市公司置入资产业务样本375个。

表 5　　t 检验（配对样本和独立样本）结果：按照关联交易/非关联交易

业务类型	样本数量	交易总额与账面价值平均差异率（%）		交易总额与评估价值平均差异率（%）		差额（%）		配对 t 检验结果	
		一般差异率（a）	绝对差异率（b）	一般差异率（c）	绝对差异率（d）	a－c	b－d	a－c	b－d
关联交易	602	4.56	35.26	－9.43	20.17	13.99	15.09	6.764（0.000）***	7.639（0.000）***
非关联交易	217	8.15	51.76	－2.66	22.44	10.81	29.32	2.482（0.014）**	7.986（0.000）***
独立样本 t 检验		5.850（0.016）**	1.696（0.193）	0.217（0.642）	0.170（0.681）	8.408（0.004）***	5.660（0.018）**		

从图5和图6中，我们很难看出明显的规律，整体上来看，上市公司置出资产时，交易总额与账面价值和评估价值之间的差异率的波动均较大，但2005年后，这种波动性明显降低。

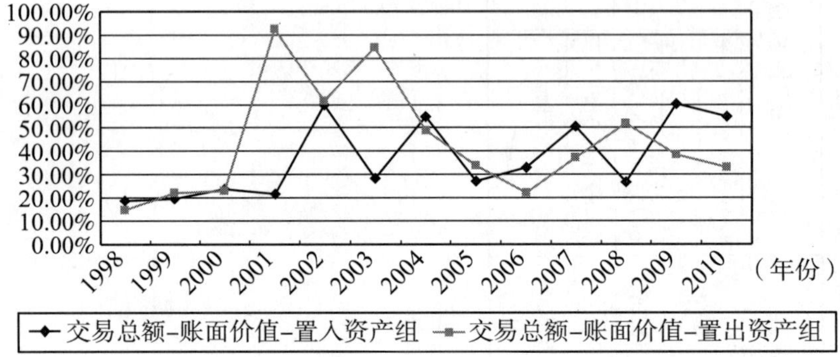

图5　交易总额与账面价值绝对平均差异率：上市公司置入组与置出组

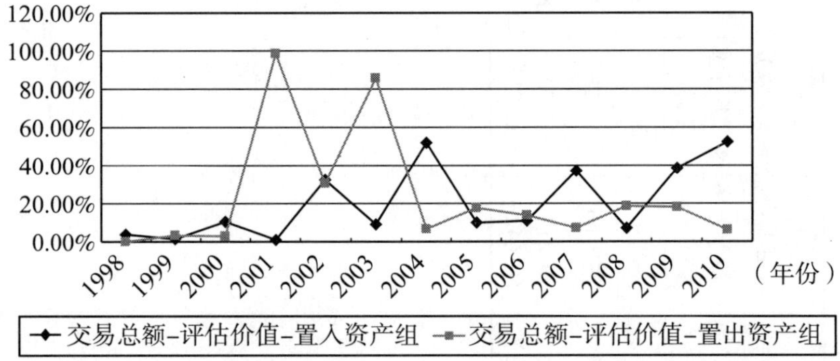

图6　交易总额与评估价值绝对平均差异率：上市公司置入组与置出组

接下来我们采用配对样本t检验，来观察两组样本在交易总额与账面价值一般（绝对）差异率和交易总额与评估价值一般（绝对）差异率之间，是否存在显著差异。再采用独立样本t检验，来观察两组之间，交易总额与账面价值一般（绝对）差异率和交易总额与评估价值一般（绝对）差异率，以及两者之间的差额，是否存在显著差异。

从检验结果来看（见表6），对于两组样本来说，交易总额与账面价值之间的差异，均显著大于交易总额与评估价值之间的差异，说明评

表 6　检验（配对样本和独立样本）结果：按照上市公司置入资产/上市公司置出资产

业务类型	样本数量	交易总额与账面价值平均差异率（%）		交易总额与评估价值平均差异率（%）		差额（%）		配对 t 检验结果	
		一般差异率（a）	绝对差异率（b）	一般差异率（c）	绝对差异率（d）	a－c	b－d	a－c	b－d
置入资产	375	2.28	37.09	－9.49	20.70	11.77	16.39	4.806（0.000）***	7.304（0.000）***
置出资产	364	6.80	45.73	－8.79	23.73	15.59	22.00	4.226（0.000）***	6.346（0.000）***
独立样本 t 检验		1.241（0.266）	2.015（0.156）	0.192（0.661）	0.113（0.737）	1.611（0.205）	4.234（0.040）**		

估价值在两组样本中均显著发挥了比账面价值更明显的定价依据作用。至于两组之间的比较，我们发现，两组之间在交易总额与账面价值之间的差异率，和交易总额与评估价值之间的差异率方面，都没有显著差异，但是，值得关注的是，两组在交易价值与账面价值/评估价值的绝对差异率之间的差距是显著的，也就是说，在上市公司置出资产业务组，评估价值的定价依据作用比上市公司置入资产组要更加显著。

五、结论

资产评估作为重要中介服务行业，重要职能之一在于为交易提供公允价值作为定价依据。从本研究的分析来看，在上市公司的并购重组交易中，资产评估价值为交易定价提供依据的作用显著强于账面价值。而且，账面价值和评估价值作为定价依据，所发挥作用的差异受到并购重组业务类型、交易双方是否为关联方，以及上市公司置入抑或置出资产三个因素的显著影响。从业务类型来看，资产剥离组的资产评估价值作为定价依据的作用要显著弱于资产收购业务组和资产置换业务组；从交易双方是否为关联方来看，非关联交易组的样本比关联交易组的样本，更依赖于评估价值进行交易定价；从上市公司交易的方向来看，在上市公司置出资产时，评估价值的定价依据作用比上市公司置入资产组要更加显著。从这个角度考虑，当我们考察资产评估提供交易定价依据的作用时，还要特别关注可能会影响资产评估价值发挥交易定价依据的影响因素，才能更准确的评价资产评估作为定价依据所发挥的作用。

参考文献

［1］上海证券交易所、中国资产评估协会联合课题组：《上市公司2009年度并购重组资产评估专题报告》2010年。

［2］王雪荣：《价值评估结果准确度的研究》，载《中国资产评估》2007年第5期。

［3］肖时庆：《证券市场资产评估问题研究》，厦门大学博士论文2001年。

［4］严绍兵、王莉莹、仲崇敬、吕文杰：《中国上市公司资产交易中评估结果与交易价格之间差异的研究》，载《中国资产评估》2008年第5期。

［5］中国证监会首席会计师办公室：《2006证券期货相关资产评估分析》，中国证券报2007年。

［6］朱志刚：《中国资产评估对经济改革与发展的几点贡献》，载《经济研究参考》2007 年第 6 期。

［7］赵立新、刘萍：《发挥专业价值评估作用，促进资本市场资源整合和规范发展》，载《中国资产评估》2011 年第 6 期。

［8］赵立新、刘萍：《上市公司并购重组企业价值评估和定价研究》，中国金融出版社 2011 年版。

目标公司并购评估增值来源研究①

于成永　南京财经大学

【摘要】《上市公司2009年度并购重组资产评估专题分析报告》是《上市公司重大资产重组管理办法》实施以来第一份，也是唯一一份权威解读我国上市公司并购评估与交易定价的报告。本文据此报告，在发现国内目标公司并购评估中存在博弈前移、成本法偏倚以及市盈率低调问题基础上，研究了它们影响评估增值的路径与机制。这一研究，理论上提供了评估增值合理性的判断依据，实践上可以为监管机构、企业在并购决策上提供相应指导。

【关键词】评估增值；博弈前移；方法偏倚；市盈率低调；并购

Target Company M&A Valuation Value-added Sources Study

YU Cheng-yong

Abstract: "A listed company merger and reorganization of assets assessment 2009 year analysis report" is first, and only an authoritative interpretation of Chinese Listed Companies M&A evaluation and transaction pricing report since the implementation of "major asset reorganization of listed companies management approach". According to reports, the paper found three phenomenons in domestic target company M & A evaluation including game advancement, cost method bias and P/E ratio low profile, to study their impact assessment value-added path and mechanism. This study theoretically provides assessment of

---

① 基金项目：本文是国家自然科学基金项目（70972141）阶段性成果，也得到了江苏高校哲学社会科学项目（09SJB630001，09SJB790018）、江苏省博士后科研资助计划（0901100C）、中国博士后科学基金面上资助项目（20090460082）和第三批博士后特别资助（201003563）的支持。

value rationality judgment basis, practice for regulatory agencies, and the enterprise in the merger and acquisition decision to provide guidance.

Key Words: assessing the value added; game advancement; method of bias; lower P/E ratio; mergers and acquisitions

一、问题提出

评估增值通常用增值率表示，是指评估值超出资产账面净值的百分比。在上市公司并购重组中，国内资产评估机构的地位确立始于中国证监会的《上市公司重大资产重组管理办法》实施；此后，资产评估成为上市公司重组定价核心（上交所、中评协，2010）。为进一步加强资产评估行业自律监管与上市公司信息披露监管，上海证券交易所与中国资产评估师协会2010年联合推出《上市公司2009年度并购重组资产评估专题分析报告》（下文简称报告）[①]。总结报告实证部分，有关目标公司评估及其增值存在以下特点：一是评估方法多样化，但评估结果偏重成本法，绝大多数交易直接以成本法结果定价；二是评估增值在行业、重组方式、产业政策导向等方面差异显著；三是并购重组中上市公司购买资产的增值率显著高于出售资产的增值率，后者无一例外采用成本法定价。

报告在此基础上认为，“目前资产交易往往是直接采用评估结果定价，扭曲了评估的价值参考作用，交易方或是为了规避定价的责任，或是将评估值作为博弈的结果。”“从实证分析看，置入资产评估后价值的市盈率处于资产正常收益率水平，远低于二级市场市盈率水平，说明资产评估的估值水平是基本合理的。”

基于上述表述，可以看出在国内目标公司并购评估实践中，存在博弈前移、成本法偏倚，以及市盈率低调现象。博弈前移是指评估环境上利益相关方有关并购交易定价的博弈由定价环节前移到评估环节，从而使得评估师成为利益博弈的“局中人”；成本法偏倚是指评估实践和定价环节中偏倚于成本评估方法及其评估结果，从而在方法选择上表现出

① 该报告全文可以从中评协网站下载，见 http://www.cas.org.cn/xyllyj/yjbg/30088.htm；另，该报告相关版本发表在《中国资产评估》2010年第6期上。

有偏性；市盈率低调是指评估实践中，基于正常收益水平作为评估增值合理性的判断标准，评估师据此对二级市场市盈率调整得到最终评估结果时，对应的市盈率或者说评估市盈率较低。本文论证，博弈前移、成本法偏倚以及市盈率低调会对评估增值产生相应影响，本文把对应的影响分别称为：博弈前移效应、成本法偏倚效应以及市盈率低调效应。

本文关注于上述三大效应的影响机制与路径研究，旨在构建目标公司并购评估增值来源理论模型。当然，评估增值来源可能是多方面的，比如资产本身质量、使用状态等等，我们的研究假定已经控制了这些来源的影响。我们设定 Pgzz 为目标公司并购评估增值，f 为函数，q 为博弈前移，p 为成本法偏倚，d 为市盈率低调，k 为控制变量时，那么，评估增值函数为：

$$Pgzz = f(q,\ p,\ d,\ k)$$

那么，博弈前移效应、成本法偏倚效应以及市盈率低调效应分别是 Pgzz 对 q，p，d 的偏导数。这一模型理论上可以为评估值合理性提供判断基础，实践上有利于监管机构、企业科学地进行并购活动管理。

二、博弈前移效应

在报告中，有四段表述联系起来可以理解博弈前移的基本特征：一是“并购重组中上市公司购买资产的增值率显著高于出售资产的增值率，后者无一例外采用成本法定价”；二是整体上看，“目标方的控股股东主体为民营性质的占 27.3%，国有性质的占 72.7%，其中央企占 36.3%，国有性质的企业比民营企业高 45.4%，表明国有资本在并购重组中扮演主要角色；主并方性质为民营、国有和央企的比例分别为 23.6%、74.6%和 14.5%，表明具有国有性质的企业向上市公司置入资产的家数所占比例远远高于民营企业”。三是“重组利益相关方往往会对评估施加影响。上市公司与相关重组方常常习惯于先行商定交易价格，然后再委托评估师进行评估，并采取给评估师施加压力或更换评估师的办法”。四是“目前资产交易往往是直接采用评估结果定价，扭曲了评估的价值参考作用，交易方或是为了规避定价的责任，或是将评估值作为博弈的结果”。

据此，博弈前移（见图 1）的特征有：一是重组利益相关方的交易环节围绕定价进行的博弈前移至评估中，评估师成为“局中人”，存在被利益相关方俘获的潜在风险，甚至是事实；二是并购交易的双方控制人基本上是国有股东；三是并购重组中上市公司购买资产的增值率显著高于出售资产的增值率，除了报告认为，由于大量优质资产置入上市公司，即优质高价劣质低价的资产质量解释外，本文认为，还有可能的相反解释是控股股东的利益输送行为使然——上市公司高价购买劣质资产，而低价卖出优质资产。

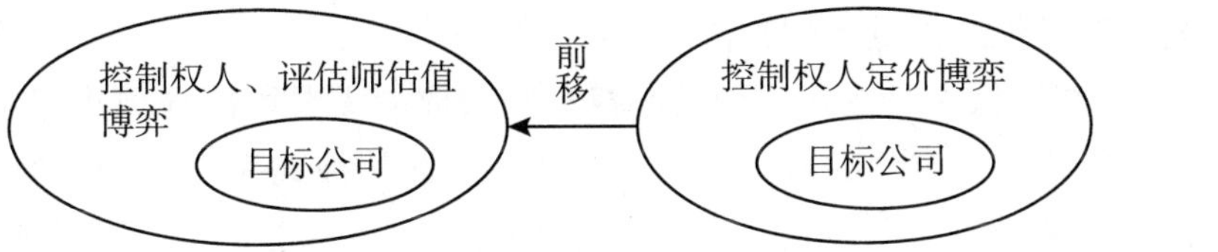

图1　并购定价中博弈前移

关于高价购买劣质资产、低价卖出优质资产的推断，一是来自于国内上市公司并购绩效研究中，发现上市公司的过度支付行为的存在。我们注意到在并购绩效研究中，针对目标公司是否上市划分，收购方是否能取得正的并购绩效，国内外研究结论并不一样。在西方成熟市场，对于上市公司收购上市公司时收购公司的绩效，学者们还没有达成一致的研究结论（Fuller et al，2002），而对于上市公司收购非上市公司时收购公司的绩效，学者们的研究则一致发现，收购公司会获得显著的正的超额收益率（Fuller et al，2002；Moeller et al，2004；Masulis et al，2007）。Fuller et al（2002）将这种正的超额收益主要解释为“流动性效应”，即上市公司收购非上市公司以后，目标公司的流动性迅速增加，导致收购公司能够获得这种流动性的价值。

国内有关国有企业的样本研究，如潘红波等（2008）以227个盈利的地方国有上市公司收购非上市公司的事件为样本，检验并购宣告时收购公司的市场反应，结果发现，并购宣告时，收购公司的超额收益率为负。这个检验结果与西方学者的理论预期和经验证据恰好相反。与此相关的另一项研究是，李增泉等（2005）区分掏空并购与支持并购基础上，选取我国资本市场1998～2001年间发生的416起上市公司收购兼并非上市公司事件为研究样本，实证考察了控股股东和地方政府的支持或掏空动机对上市公司长期绩效的影响。结果表明，当公司具有配股或避亏动机时进行的购并活动能够在短期内显著提升公司的会计业绩，而无保资格之忧时进行的并购活动目的在于掏空资产，会损害公司的价值。这些研究暗示，作为主并方的上市公司往往存在过度支付行为。

二是来自于方法偏倚。并购重组中上市公司购买资产的增值率显著高于出售资产的增值率，后者无一例外采用成本法定价。正如后文论述，倾向于成本法评估和定价，会导致评估值偏低，这显然为上市公司高买低卖资产提供了理论依据。

“高买低卖”揭示，超控制权私利获取的需要可能导致重组利益相关方围绕交易定价的博弈前移至评估中，评估师成为“局中人”。现存评估“单刀直入”问题（上交所、中评协，2010）说明，评估师有被控制权人俘获的潜在风险，或被俘获的事实，这势必影响评估师的评估方法和评估参数的选择。

这样，博弈前移的本质在于控制权人，特别是大股东控制对中小股东的利益侵害，是超控制权私利的获取方式之一，评估师的作用仅是为这种方式披上合法合理的“外衣”。控制权私利研究表明，私人收益很难被观测和直接度量，因而控制方从公司获取其私人收益也很难被识破和证明（Dyck & Zingales，2004）。表 1 列出常见的超控制权私利的类型（Olaf Ehrhardt & Eric Nowak.，2003）。

表 1　　　　超控制权私利的类型

		货币性收益（隧道行为）	非货币性收益
可转移性	高	“Self-dealing”——自利性交易 高于市场水平的薪酬资源转移 以任意价格转移资产 廉价担保或者贷款	“Amenities” 赢得特定声誉 影响公众观点 获得奢侈品牌产品 物质性指定
	低	“Dilution”——股权稀释行为 内部人交易 爬行式收购 排挤和榨取 以摊薄价格发行股票	“Reputation” 社会地位 家庭传统 对亲属的推荐、雇佣 人际关系

非货币收益很难被量化和测量，研究者更多地关注于货币性收益。在表1中，自利性交易是指控股股东为了自己的利益通过自我交易直接从所控制的公司中转移资产，包括通过直接的盗窃和欺诈的方式将公司的资金据为己有、以对控股股东有利的价格签订资产转移合同、以高于市场价格向公司出售控股股东的物业、以低于市场利率向公司借款、债务担保、过高的管理层报酬、奢华的在职消费以及把控股股东的费用转移到公司等。股权稀释行为是指控股股东通过稀释其他股东权益的方式达到增加自身利益目的的侵占行为，这种方式虽然不直接侵占、转移公司资产和利润，但对中小股东的利益损害有时比控股股东直接从公司转移资产受到的损害还要大。如发行股票稀释其他股东利益、将控制性股份出售给计划掠夺公司的人、内部交易、掠夺性的股利分配政策、为了自身利益发布虚假信息误导中小投资者等。

许文彬（2009）指出，我国上市公司超控制权私人收益有几种典型的表现形式，比如无偿占用上市公司资金，利用上市公司资信恶意融资，为上市公司高管人员（一般由控股股东指定）提供不合理的高薪和特殊津贴，“融资分红”，以及通过关联交易转移财富。因此，尽管目前有相关法规，包括会计准则，对于关联交易的披露有着严格的规范，但评估实践中，一旦买卖双方关于交易定价的博弈前移到评估环节，那么，评估师的独立性便会遭遇严重挑战。

考虑到控制权人“支持”与“掏空”行为发生的情境（李增泉，2005），有理由认为，“支持”主并方的目的在于日后“掏空”主并方。因而，从某一时期看，博弈前移效应可能是因“掏空”而为正值也可能是因“支持”而为负值，但从跨期或者较长时期看，可能是正值。当然，更为深入考察博弈前移效应的影响因素，可能需要深入到控制权竞争、股权制衡等更多的公司治理层面变量。

三、成本法偏倚效应

理论上，给定相应条件，企业价值评估中成本、市场和收益方法选择对评估结果的影响应该是无偏的；否则，就会导致实务中对评估方法选择有偏性，从而评估师的立场独立性就难以保证，其评估意见可能就是非公允的评估价值意见。

当然，三种方法有其适用的场合和所需的资料条件。报告指出（见表2），目标公司价值评估中，虽然收益法的运用占一定比重，但成本法仍据主导地位，而市场法运用则寥寥无几。正如报告所言，类似资产成交价格等可比数据的缺乏限制了企业整体价值评估时市场法的运用，而并购重组外部环境的不成熟影响了企业整体价值评估收益法的准确性。

表2　　目标方评估与交易定价方法占比*

场合＼方法	收益法	市场法	成本法	收益、成本结合	收益、成本、市场结合
评估过程	0	0	15.09%	83.01%	1.90%
评估结果	18.87%	1.90%	79.23%	0	0
交易定价	以评估结果为基础定价的交易比重占92.98%，其中以评估结果直接定价占85.96%				

注：＊目标公司既有上市公司，也有非上市公司。上市公司作为目标方，其评估方法全部为成本法。

资料来源：根据《上市公司2009年度并购重组资产评估专题分析报告》整理。

然而，如果在适用场合、评估目的以及资料等条件具备三种方法同时运用时，那么在评估过程、评估结果，还是交易定价上，偏倚成本法运用和成本法估值结果则可能对评估增值造成影响。我们认为，这种影响来自于两方面的解释：

一方面，当目标方不同资产之间存在协同效应和规模效应时，成本法相比于收益法和市场法评估增值要低。

收益法评估思路是投资者现在想购买一个有一定收益期限的企业，预示着投资者在未来的收益期限内可以源源不断地获取净收益，如果现在有一笔资金可以与未来一定期限内的净收益的现值之和等值，则这笔资金就是投资者要购买的企业的价值。

市场法是以市场上类似企业的既有交易价格为基础，对被评估企业进行价值评估。其应用前提是假设在一个完全市场上相似的资产一定会有相似的价格。市场法中常用的方法是参考企业比较法、并购案例比较法和市盈率法。

市场法将评估重点从企业本身转移至行业，完成了评估方法由内及外的转变。市场法较之于收益法以及成本法更为简便和易于理解。其本质在于寻求合适标杆进行横向比较，在目标公司属于发展潜力型同时未来收益又无法确定的情况下，市场法的应用优势凸显。

成本法也称为资产基础法、加和法，是在合理评估企业各项资产价值和负债的基础上确定企业价值的评估方法。理论基础在于任何一个理性人对某项资产的支付价格将不会高于重置或者购买相同用途替代品的价格。

成本法将被评估企业视为各种生产要素的组合体，在对各项资产清查核实的基础上，逐一对各项可确指资产进行评估，并确认企业是否存在商誉或经济性损耗，将各单项可确认资产评估值加总后再加上企业的商誉或减去经济性损耗，就可以得到企业价值的评估值。即：企业整体资产价值 = ∑单项可确指资产评估值 + 商誉（或 - 经济性损耗）。

成本法最基本的原理类似于等式“1 + 1 = 2”，认为企业价值就是各个单项资产的简单加总。因此该方法的一个重大缺陷是忽略了不同资产之间的协同效应和规模效应。也就是说在企业经营的过程中，往往是“1 + 1 > 2”，企业的整体价值是要大于单项资产评估值的加总的。因此，除非不存在“不同资产之间的协同效应和规模效应”，否则，成本法评估值会偏低。

另一方面，“成功悖论”的存在，揭示了收益法和市场法具有相对高估目标方价值的倾向。

理论上，就并购带来的增值效应而言，收益法、市场法与并购绩效研究中的会计研究法、事件研究法原理上存在共性，收益法依赖财务指标，而市场法依赖资本市场数据。会计指标研究法（accounting-based measures），通过对企业并购双方长时期地观察，从多角度来考察企业并购绩效的变化，试图识别并购创造股东财富的源泉，以确定是否真正实现并购公告期内异常收益率，主要用于并购绩效的中长期检验。该方法利用财务报表和会计数据资料，以营业净收入、净资产收益率或总资产收益率、每股收益等经营业绩指标为评判标准，对比考察并购前后经营业绩的变化，同时能最好将同行业或规模相当的非并购公司作为控制样本进行配对检验，以更好地排除宏观环境、产业冲击等外部影响，进而准确地考察发现公司并购绩效的变化（李青原，2007）。事件研究法在国际学术界已经成为企业并购绩效实证研究的主流方法，研究过程主要关注企业并购事件的宣告是否引起上市企业时序性价格的变动。运用事件研究法时，把某项企业并购交易看作单个事件，确定一个以并购公告日为中心的“窗口期”（windows），运用累计异常收益率（CARs）方法来检验该并购事件公告对股票市场的价格波动效应。

可以从表3看出，对收购方股东而言，学术界对公司并购创造股东财富与否的实证研究仍无一个较为广泛接受性的研究结论，存在收购企业积极实施并购行为与大多数未能创造股东财富甚至毁损股东财富之间的所谓并购“成功悖论”（success paradox）（Cording et al.，2002）。

表3　　收购公司、目标公司与并购绩效关系研究比较分析

公司类型	研究方法	研究结论	代表文献
收购公司	事件研究法	（弱）正向	Lyroudi et al.（1999）、Mulherin（2000）以及李善民（2002）、陈健等（2005）
		负向	Mulherin et al.（2000）、Mitchell et al.（2000）、G. DeLong（2001）、Houston et al.（2001）、Moeller et al.（2005）、张新（2003）、潘红波（2008）
	会计研究法	正向	Parrino et al.（1999，2001）、Healy et al.（1992）、J. David Cummins（2008）、James Odeck（2008）、李心丹等（2003）、李善明等（2004a）
		未变	A. Seth（1990）、A. Ghosh（2001）、Raj Kumar（2009）、Satish Kumar（2008）
		负向	Dickerson et al.（1997）、李善明（2004b）
目标公司	事件研究法	正向	Doeswijk et al.（1999）、Mulherin et al.（2000）、G. DeLong（2001）、Houston et al.（2001）、Bin Mei et al.（2008）、李善民（2002，2004a，2004b）、张新（2003）
	会计研究法	正向	J. David Cummins（2008）、Healy et al.（1992）、李心丹等（2003）

资料来源：根据相关研究资料整理。

“成功悖论”的解释至今尚未定论。可以发现，同样是在会计研究或者事件研究方法下，目标方与并购绩效关系结论基本一致，即倾向于正向影响，而收购方与并购绩效的关系结论则比较混合，并不一致。这暗示，平均而言，在股价或者财务指标上，目标方表现要优于主并方。

当然，除共性外，会计和事件研究法与收益和市场法也存在差异，至少表现为两点：一是评估师在评估基准日前评估目标方，而并购绩效研究是在并购交易发生之后；二是评估视野下目标方一般是大额交易，可能需要考虑控制权转移或控制权争夺因素，而并购绩效研究一般限定在大小股东同质性收益假设条件下。我们认为这些差异可能强化市场法和收益法选择效应，原因是评估师已知一般而言目标方股价或者财务指标上表现要优于主并方，加之存在控制权溢价因素，势必对目标公司价值的相对高估和主并方的相对低估。

深入探讨目标方股价和并购后财务指标较好的原因显然很有必要。主并方过高支付可能是目标方股价表现以及并购后财务绩效较优的基础，这也是存在并购失败或者“成功悖论”合理解释之一。相对高估目标方也可以从主并方过高支付找到理由。过高支付除了博弈前移影响之外，可能源自对协同的过高估计、市场投资者情绪过高、管理者自信（自负）以及控制权争夺激烈等如下文所论述的并购市场非理性因素影响。

那么，成本法评估目标方价值时是否受到主并方过高支付影响呢?答案是肯定的。因为在运用成本法评估企业价值中，并不排除在单项资产评估上结合运用市场法和收益法思路，比如固定资产、无形资产以及股权投资等评估。考虑到成本法相对“谨慎”，可能受到过高支付的影响并不大。当然，细致地检验成本法、收益法、市场法评估增值受到过高支付的影响程度问题需要实证研究来回答，这有待后续研究。

四、市盈率低调效应

报告指出，“从实证分析看，置入资产评估后价值的市盈率处于资产正常收益率水平，远低于二级市场市盈率水平，说明资产评估的估值水平是基本合理的。”这一论述提出两个“市盈率”：二级市场市盈率与评估市盈率。二级市场市盈率为公众熟知，它与置入资产评估后价值的市盈率（评估市盈率）区别在于，前者的分子为股票市价，后者分子为资产评估值；在对目标公司并购评估中，前者分子是与目标公司类似的公司市值，后者分子是与目标公司类似的公司评估值。正常情况下，评估与定价交易是彼此相连的两个环节，评估值与市值之间往往存在差距，两个市盈率自然存在差距。按照报告的说法，评估市盈率在正常收益率水平上，即使评估值远低于其市值或者说评估增值远低于市净率也是合理的。这个判断的前提是什么呢？

本文认为，上述判断成立的前提至少有二：一是目标公司被并购时没有获得相应协同效应份额，无须考虑协同因素；二是目标公司被并购中不存在控制权转移，因而不存在控制权溢价因素。事实上，这两个前提并不必然成立。那么，评估值合理性判断的数量标准是什么呢？

（一）非正常收益率标准

正常收益率是与超额收益率或者非正常收益率对应的一个概念；就证券收益而言，根据定义，非正常报酬率是指证券收益与建立在市场收益率与该证券和市场关系基础上的市场期望收益（正常收益率）之间的差异。超额收益率能够反映并购协同效应，而正常收益率是假定并购没有发生时实际或者预期收益率。

在经验研究中非正常报酬率的计算有三种方法：一是风险调整后的非正常报酬率，它等于某只股票在某个时期的实际报酬率减去由该股票的系统风险系数 β 所决定的正常报酬率；二是均值调整后的非正常报酬率，它等于某只股票在某个时期的实际报酬率减去该股票在此前一段时间内的实际报酬率的均值；三是市场调整后的非正常报酬率，它等于某只股票在某个时期的实际报酬率减去相应时期的市场组合的实际报酬率，该方法假定公司间的事前预期收益是相等的。三种非正常收益法计算方法的不同，源自正常收益率计算角度不同。从国内外的文献来看，采用市场模型计算风险调整后的非正常报酬率的方法比较普遍，而采用均值调整和市场调整后的非正常报酬率的算法都忽略公司收益率的风险问题。

非正常收益率是企业并购绩效事件研究法中累积超常收益率计算基础，反映了因并购而为市场投资者（主要是流通性强的中小股东）带来的财富效应。一般认为，其反映了预计的并购协同效应。协同效应是指并购后竞争力增强，导致净现金流量超过两家公司预期现金流之和，或者合并后公司业绩比两个公司独立存在时的预期业绩高。并购产生的协同效应主要包括：经营协同效应、管理协同效应和财务协同效应。取得经营协同效应不外有三种来源，分别是节约成本、强化收入、节约资本支出。而在三者中，成本节约是最为常见和考虑的来源。管理协同强调管理效率提升；财务协同则来源于资本成本下降，负债能力、内部资本市场效率改善。

Mark Sirower 认为，主并公司并购战略的价值等于协同效应与溢价之差。所谓溢价是主并购者付出的超过目标公司内在价值以外的价格，这个内在价值主要指假定没有发生并购时的理论值，这个理论值取决于正常收益率水平。如果溢价为零，则主并公司的并购价值为协同效应。如果没有协同效应，则并购溢价就是并购方送给目标公司的“礼物”。因此，对主并公司而言，并购战略最大的挑战之一是：付出的溢价是事前的和固定的，但协同效应却存在高度的不确定性。

“协同效应悖论”（synergy paradox）的存在为此提供了实证经验支持。理论上，相关并购与并购绩效的联系可以用效率理论和组织资本理论来解释。效率理论认为，并购行业的相关性越高，则越能体现并购双方的协同作用，实现规模经济效应，降低生产与经营成本；从组织资本理论看，行业相关程度高的并购更容易实现行业专属管理能力向目标公司的转移，从而提高并购绩效。

在实证研究中，大致采用了四个不同的细分标准界定并购行业的相关性：（1）混合与非混合；（2）水平、垂直与混合；（3）行业交叉水平（level of overlap）；（4）企业集中度（corporate focus）变化。学者利用这些不同的衡量标准得出了三种不同的结论：（1）相关并购优于非相关并购；（2）相关并购与非相关并购在长期绩效和股东创造价值方面无显著差异；（3）非相关并购比相关并购创造的价值更高。

可见，至今仍然存在对相关性并购比非相关性并购更能创造股东财富这个理论推断与实证检验结论相互矛盾，难以做出一致性的回答情形。在20世纪90年代以来所有的并购交易中，大约80%是购买相关业务，其中36%的目标公司是完全相关，44%是高度相关的。显然，从现实和理论来推断，相关性并购绩效应该统计显著性地优于非相关性并购的绩效，但是实证检验结果并非如此，这种理论推断与实证检验结果之间的悖论就构成了所谓的“协同效应悖论”（Cording et al.，2002）。

这样，虽然主并方预计的并购协同效应可能并不会实现，但是对目标公司而言，被并购的战略价值是可以提前获得由主并公司支付的其可以分享的协同效应份额。因此，对目标公司并购评估增值应该考虑这一因素。

（二）大宗股权转让价格的收益率标准

考虑到并购往往会发生控制权转移，因而在大宗股权交易中，不可忽视的因素是控制权转移中控制权溢价水平。正如上述，主并方支付给目标方的溢价中，可能除了目标方应享有的协同效应份额外，如果存在让渡控制权因素，还可以获得让渡控制权而得到的控制权溢价。

到目前为止，国内外有四种基本方法用来估算控制权溢价，分别为：大宗股权溢价法、投票权溢价法、控制权和小额股权的交易价差法和 ST 公司累计超常收益法（见表 4）。控制权溢价测量总体思路是含控制权的股权转让价格相对于不含控制权（中小股东）股份价格增值，也就是相对于二级市场股票价格的增值。

表 4　　控制权溢价的主要度量方法

度量方法	代表文献	基本思想	适用特点
大宗股权溢价法	Barelay & Holderness（1989）	用大宗股权转让价格与转让公告宣告后的股票市价的差额作为控制权溢价的近似估计	适用范围较广，只要有控制权转移的大宗股权交易发生即可
投票权溢价法	Lease，McConnell & Mikkelson（1983，1984）	用具有不同投票权股份的价格差额作为控制权溢价的近似估计	只适用于具有发行不同层级股票的上市公司
交易价差法	Hanouna，Sarin & Shapiro（2002）	以控制权交易价格和小额股权交易价格的差额作为控制权溢价的近似估计	要求公司在同一时期同时发生控制权交易和小额股权交易事件
ST 累积超常收益法	Bai，Liu & Song（2002）	将目标公司被宣布 ST 前后的累积超常收益率作为控制权溢价的近似估计	仅对 ST 公司有效，且要求上市资格的价值与公司控制权私利水平一致

资料来源：根据相关文献整理。

至此，可以认为评估增值合理性判断标准可以视以下情况而定：一是基于考虑控制权溢价、协同效应的提前获取，目标公司被并购的收益率事实上是拥有相应控制权水平的大宗股权转让价格对应的收益率水平；二是仅存在协同效应提前获取，无控制权转移情形，目标公司被并购的收益率事实上是非正常收益率与正常收益率之和；三是不存在协同效应、控制权溢价提前获取，目标公司被并购的收益率事实上是正常收益率水平。因此，以正常收益率为评估增值合理性判断标准势必对二级市场市盈率进行调低。

基于评估价值类型要求，市场条件在并购与非并购情境下可能会不同，因而需要对非正常收益率或者大宗股权转让价格对应的收益率水平进行调整。那么，是调低还是调高相应的收益率？这视具体情形，方向并不明确。

在资产评估中，价值类型是指资产评估结果的价值属性及其表现形式。不同价值类型从不同角度反映资产评估价值的属性和特征。不同的价值类型所代表的资产评估价值不仅在性质上是不同的，在数量上往往也存在着较大差异。

国际评估准则中价值类型分类有市场价值和非市场价值，目标公司并购评估应遵循非市场价值中的投资价值。从价值属性的角度定义，市场价值是指企业在评估基准日公开市场上正常使用状态下最有可能实现的交换价值的估计值。而投资价值是指企业对于具有明确投资目标的特定投资者或某一类投资者所具有的价值。目标公司并购评估遵循投资价值时，应区分是少量资产或者股权转让的中小投资者交易还是大宗股权或重大资产处置的控制转移情形，也应区分不同的投资目标（目的）。并购绩效与控制权溢价相关研究表明，无论是并购市场绩效（累积非正常报酬率），还是控制权溢价水平，与行业类别、行业机会以及交易类型都存在关联性；这一点即使是在倾向于以正常收益率为评估增值合理性判断标准下，对二级市场市盈率进行调整后同样得到体现（见表5）。

表5　　行业、交易类型与目的评估增值率分布情况

行业平均增值率		并购重组类型平均增值率		交易目的平均增值率	
电力行业	37.05%	定向增发	46.51%	行业整合	42.59%
房地产	133.02%	定向增发、资产置换	108.22%	产业升级	246.01%
钢铁行业	85.36%	资产置换	82.16%	挽救危机	74.57%
煤炭行业	44.88%	吸收合并	226.94%	国企重组	94.72%
航空航天	33.32%	定向增发、吸收合并	94.72%		
医药行业	83.63%				
合计	—		55.87%		55.87%

资料来源：根据《上市公司2009年度并购重组资产评估专题分析报告》整理。

因此，遵循投资价值，必然选择特定类型投资者非正常收益率加正常收益率之和或者特定类型大股东控制权转让价格对应的收益率作为评估增值合理性判断标准，而遵循市场价值类型，必然选择正常收益率作为评估增值合理性判断标准。

考虑到并购与非并购情境下目标公司面临的市场条件变化，目标公司并购评估遵循投资价值类型，在充分认识到目标方可以获得部分协同效应和转移控制权溢价基础上，也尊重了市场可能存在非理性。国内证券市场上除了存在操纵市场行为，即个人或机构背离市场自由竞争和供求关系原则，人为地操纵证券价格，以引诱他人参与证券交易，为自己牟取私利的行为外，整体上存在非理性反应。游家兴（2010）在研究2001～2008年中国股市IPO时发现以下非理性反应：一是中国股市具有短期反应过度和长期反应不足的双重特征，市场反应过度甚于反应不足，个人投资者的非理性反应甚于机构投资者；二是在投资者情绪高涨（或低落）阶段，市场更容易反应过度（或反应不足）；三是个人投资者和机构投资者分别决定了市场在短期和长期的表现：尽管在短期（1～12周），机构投资者对信息的反应相对理性，但市场仍表现出过度反应，这与个体投资者更为强烈的反应过度分不开；而在长期，个人投资者逐渐走向理性，此时机构投资者主导了市场，使得市场表现出反应不足。

从并购理论上看，Roll（1986）认为，过度自信的管理者往往会高估并购收益，而且相信并购能带来协同效应，从而会使得本身不具有价值的并购活动得以发生。相对于理性的管理者而言，过度自信的管理者所发起的并购会引起市场更强烈的负反应。这表明，管理者的过度自信确实会影响企业的并购行为，造成大量损毁价值的并购行为发生，为企业带来损失（Malmendier，et al.，2008）。Ben等（2007）发现过度自信的管理者发起的并购会带来负的市场回报。

这些研究表明，非正常收益率（对应二级市场市盈率）以及控制权溢价（对应大宗股权转让价格）中一般包含有市场非理性成分。评估师在调整市盈率时，需要从时间长短和市场不同参与者两个维度来分辨各自的反应特征对目标公司市价所带来的正向或者负向影响，结合特定的投资者，给出目标公司相应的评估值。这表明，评估市盈率不一定低于二级市场市盈率。在低调二级市场市盈率，以获取较低的评估市盈率时，评估师应充分考虑上述因素作用，否则将会使得目标公司评估值偏低。

五、结论与讨论

（一）基本结论

本文研究旨在寻找判断评估增值合理性的理论依据。针对国内有关并购重组资产评估中存在的博弈前移、成本法偏倚以及市盈率低调问题，本文研究了它们影响评估增值的机制和路径，基本推断如表 6 所示。

表 6　　本文基本推断归纳

关注领域	因素	可能的情境	增值效应方向
评估环境	博弈前移	支持主并方	–
		掏空主并方	+
评估方法	成本法偏倚	支持主并方	–
评估观念	市盈率低调	支持主并方	–

从评估环境上看，博弈前移在于评估师被俘获进并购交易定价环节中，或者说定价上的博弈前移到评估环节，评估师的评估意见受制于交易双方博弈上占优方：当占优方支持主并公司，则会出现置入资产低评；反之，出现置入资产高评。从评估方法上看，成本法偏倚一方面可能源自于博弈占优方支持主并公司而使得评估师做出有偏选择；另一方面，除了资料限制外，成本法偏倚源自于成本法本身的“谨慎”，甚至于趋于保守：成本法会丢掉“资产之间的协同效应和规模效应”，收益法、市场法尊重目标方并购时市场表现和并购后的财务表现相比于主并方较优外，也尊重了市场参与者以及市场本身的非理性。从评估观念上看，市盈率低调可能源自于博弈占优方支持主并公司而使得评估师对评估增值低调处理；另一方面，源自于评估观念上市场价值类型“独尊理念”：基于完全公开市场条件，交易双方能够获取正常收益率的评估值是公允的；然而，在并购情境下，评估师应遵循投资价值类型评估，因

而应关注控制权转移、协同因素以及市场非理性成分存在的稳定性。

本文主要观点有：（1）博弈前移的本质在于控制权人，特别是大股东控制对中小股东的利益侵害，是超控制权私利的获取方式之一，评估师的作用仅是为这种方式披上合法合理的“外衣”。（2）博弈前移可能导致成本法偏倚和市盈率低调。（3）成本法具有丢掉“不同资产之间的协同效应和规模效应”的特性，而收益法、市场法能够包容主并方的“过多支付”，从而偏倚成本法会相对低估资产，偏倚收益法、市场法会相对高估资产。（4）目标公司并购评估增值合理性的收益率判断标准应视并购交易是否存在协同效应、控制权转移因素而定，可能是正常收益率，也可能是大宗股权转让对应的收益率或者中小股东除正常收益率之外，获得的非正常收益率水平。

（二）讨论

就本文研究而言，作为进一步讨论，三个方面值得提及：

（1）塑造良好的评估环境。评估师独立性主要受到并购交易利益相关方的影响，如评估机构屈从于客户，将不能保证独立性及执业质量。因此，应对随意更换评估师的行为予以更加严格的监管，这种监管既包括对“接下家”的评估机构的监管，也包括对委托方的监管。这些监管可能来自于上市公司监管部门，也来自于评估行业管理协会。此外，完善并购交易双方公司治理，加强评估机构内部质量控制也不失为有效之策。

（2）完善资产评估相关规章制度。根据评估准则要求，评估师在资产评估中，应使用两种或两种以上评估方法。事实上，成本法、收益法和市场法是评估基本方法或者思路，评估具体方法是个体系，几乎每一基本方法都含有许多具体方法。这样，评估师在评估实践上，是使用两种或两种以上具体方法还是基本方法？显然，仅使用两种或以上具体方法，极有可能偏倚于某一基本方法，这显然并不违反现有准则要求，但是这可能会出现不公允的价值意见。

（3）强化评估理论研究。本文涉及几个后续研究的理论问题：一是在考虑并购协同、控制权溢价等因素时，如何运用成本法？二是市场法、收益法包容市场整体非理性、不同投资者异质性程度，不同目标公司这方面是否存在差异？三是除了本文对价值类型与收益率关系研究外，评估增值合理性判断标准还有哪些？评估业发展中，其理论研究远远落后于会计、财务管理学科，而企业价值评估在资产评估研究领域又处于落后状态下，相信推进这些问题研究有利于行业更好地为社会服务。

参考文献

［1］冯根福、吴林江：《我国上市公司并购绩效的实证研究》，载《经济研究》2001 年第 1 期。

［2］李青原：《公司并购悖论的研究回顾与评述》，载《证券市场导报》2007 年第 1 期。

［3］李善明等：《中国上市公司资产重组绩效研究》，载《管理世界》2003 年第 11 期。

［4］李善明等：《中国上市公司资产重组长期绩效研究》，载《管理世界》2004 年第 9 期。

［5］李善明等：《收购公司与目标公司配对组合绩效的实证研究》，载《经济研究》2004 年第 6 期。

［6］李增泉等：《掏空、支持与并购重组——来自我国上市公司的经验证据》，载《经济研究》2005 年第 1 期。

［7］李心丹等：《基于 DNA 的上市公司并购效率研究》，载《经济研究》2003 年第 10 期。

［8］刘峰等：《换股合并与资本市场效率——新潮实业与新牟股份换股合并的案例分析》，载《管理世界》2002 年第 4 期。

［9］潘红波等：《政府干预、政治关联与地方国有企业并购》，载《经济研究》2008 年第 4 期。

［10］许文彬：《我国上市公司控制权私利的实证研究》，载《中国工业经济》2009 年第 2 期。

［11］游家兴：《投资者情绪、异质性与市场非理性反应》，载《经济管理》2010 年第 4 期。

［12］上海证券交易所、中国资产评估师协会：《上市公司 2009 年度并购重组资产评估专题分析报告》，载《中国资产评估》2010 年第 6 期。

［13］张新：《并购重组是否创造价值？——中国证券市场的理论与实证研究》，载《经济研究》2003 年第 6 期。

［14］BaiChong-En，QiaoLiu and Frank M. Song. The Value of Private Benefits：Evidence From an Emerging Market for Corporate Control. University of HK，2002 working Paper.

[15] Barelay, M. J. and Holderness C. G. Private Benefits from Control of Public Corporation. Journal of Financial Economies, 1989, (25): 271-395.

[16] Bin Mei, et al. Event Analysis of the Impact of Mergers and Acquisitions on the Financial Performance of the U. S. forest products industry. Forest Policy and Economics, 2008 (10): 286-294.

[17] Carmine Ornaghi. Mergers and Innovation in Big Pharma. International Journal of Industrial Organization, 2009 (27): 70-79.

[18] Capron, L. The Long-term Performance of Horizontal Acquisitions. Strategic Management Journal, 1999 (20): 987-1018.

[19] Fuller, K. J. Netter, and M. Stegemoller. What Do Returns to Acquiring Firms Tell Us? Evidence from Firms That Make Many Acquisitions. Journal of Finance, 2002 (57): 1763-1793.

[20] Ghosh. A. Does Operating Performance Really Improve Following Corporate Acquisitions? Journal of Corporate Finance 2001 (7): 151-178.

[21] Haleblian, J. & Finkelstein, S., The Influence of Organizational Acquisition Experience on Acquisition Performance: A Behavioral Perspective. Administrative Science Quarterly, 1999 (44): 29-56.

[22] Hayward, M. L. A. & Hambrick, D. C., Explaining the Premium Paid for Large Acquisitions: Evidence of CEO Hubris. Administrative Science Quarterly, 1997 (42): 103-127.

[23] Hanouna Paul, Atulya Sarin and Alan C. Shapiro. Value of Corporate Control: Some International Evidence. University of Southern California, 2002 Working paper 01-4.

[24] Lease R., J. MeConnell, W. Mikkelson. The Market Value of Differential Voting Rights in Closely Held Corporation. Journal of Business, 1984, (57): 443-467.

[25] J. David Cummins, Mergers and Acquisitions in the US Property-liability Insurance Industry: Productivity and Efficiency Effects. Journal of Banking & Finance, 2008 (32): 30-55.

[26] James Odeck, The Effect of Mergers on Efficiency and Productivity of Public Transport Services. Transportation Research Part A, 2008 (42): 696-708.

[27] King, David. The State of Postacquisition Performance Literature: Where to Go From There? Indiana University Working Paper, 2002.

[28] Keith D. Brouthers, Paul van Hastenburg and Joran van den Ven. If Most Mergers Fail Why Are They so Popular? Long Range Planning 1998 (13): 337-346.

[29] Kyung Joo Lee, et al, The Effect Of The Firm's Monopoly Power On The Earn-

ings Response Coefficient. Academy of Accounting and Financial Studies Journal, 2007 (1): 35 - 50.

[30] Malmendier U. and G. Tate. Who Makes Acquisitions? CEO Overconfidence and the Market's Reaction. Journal of Finance Economics, 2008, (89): 20 - 43.

[31] Margaret Cording, Petra Christmann, L. J. Bourgeois, III. A Focus on Resources in M&A Success: A Literature Review and Research Agenda to Resolve Two Paradoxes, University of Virginia, working paper, 2002.

[32] Masulis, R. W., C. Wang, and F. Xie, Corporate Governance and Acquirer Returns. Journal of Finance, 2007 (62): 1851 - 1889.

[33] Megginson, W. L., Morgan, A., Nail, L., The Determinants of Positive Longterm Performance in Strategic Mergers: Corporate Focus and Cash. Journal of Banking &Finance 2004 (28): 523 - 552.

[34] Moeller, S., F. Schlingemann, and R. Stulz, Firm Size and the Gains from Acquisition. Journal of Financial Economics, 2004 (73): 201 - 228.

[35] Olaf Ehrhardt and Eric Nowak. Private Benefits and Minority Shareholder Expropriation [R]. Working paper of Humboldt University and University of Southern Switzerland Lugano, 2003.

[36] Raj Kumar, Post-merger Corporate Performance: an Indian Perspective. Management Research News, 2009 (2): 145 - 157.

[37] Robert F. Bruner. Does M&A Pay? A Survey of Evidence for the Decision-Maker. Journal of Applied Finance, 2002 (11): 48 - 69.

[38] Satish Kumar, et al, The Impact of Mergers and Acquisitions on Corporate Performance in India. Management Decision, 2008 (10): 1531 - 1543.

[39] Sotaro Shibayama, Effect of Mergers and Acquisitions on Drug Discovery: Perspective from a Case Study of a Japanese Pharmaceutical Company. Drug Discovery Today, 2008, 13 (1/2): 86 - 93.

[40] Timothy A. Kruse, et al, Long-term Performance Following Mergers of Japanese companies: The Effect of Diversification and Affiliation. Pacific-Basin Finance Journal, 2007 (15): 154 - 172.

中国的产业资本如何锚定上市企业的价值

张晓慧　首都经济贸易大学　中央财经大学

【摘要】中国的上市企业是经济发展中最活跃，最具有影响力的元素，探究上市企业价值评估具有非常重要的意义。决定中国上市企业价值的因素有很多，其中产业资产是其中具有决定性作用的因素。本文从五个方面探讨了产业资本对企业价值主导性的影响：企业 IPO 定价、上市企业的经营、二级市场上产业资本的增减持、上市企业收购非上市企业资产以及产业资本大宗交易。

【关键词】产业资本；上市企业；估值

How Does Industrial Capital Influence the Value of Listed Firms

ZHANG Xiao-hui

Abstract: Valuation for listed firms has an important significance because Listed firms are the most active and influential elements for the development of Chinese economy. A number of factors are determining the value of listed firms in China, among which, industrial capital is playing a decisive role. This paper will look into the five routes through which industrial capital influence the value of listed firms. They are IPO pricing, operations of the firms, trading in secondary market, acquisitions of assets of non-listed firms as well as block trading.

Key Words: industrial capital; listed firm; valuation

如何正确评估企业的价值一直是理论界和实务界讨论的热点问题。由于我国证券市场的快速发展，我国的上市企业成为我国经济发展中最活跃，最具有影响力的元素，探究其价值的决定具有非常重要的意义。通常来说，我们可以采用市场法对上市企业进行评估，即根据其市场价格即股票价格来确定其价值，在我国证券市场上决定上市企业的市场价格的因素有很多，其中一个至关重要的因素就是中国的产业资本。本文将对中国的产业资本对上市企业价值的决定性作用进行探讨。

深入探究产业资本与企业价值关系的核心理论首推 Tobin's Q 理论。这一理论是由经济学家詹姆斯·托宾于 1969 年提出来的，托宾将 Q 值定义为企业股票市值即市场价值与股票所代表的资产重置成本的比值，企业的市场价值包括公司股票的市值和债务资本的市场价值。重置成本是指今天要用多少钱才能买下所有上市公司的资产。它的经济含义是将作为经济主体的企业的市场价值与给企业带来收益的资本的成本做比较，来进行企业的经济决策。这一比值兼有理论和实践意义，将中国的产业资本与金融资本做出关联。如果 Q 值大于 1，说明企业的市场价值高于其资产的重置成本，企业将会购置资产；如果 Q 值小于 1，说明企业的市场价值低于其资产的重置成本，那么在企业需要资本的时候，他们将会购买其他企业而不会购买新的资产，因为这样的成本更低。

在中国，产业资本对企业价值的决定作用是逐步发展而来的。在股权分置改革以前，中国的证券市场是一个割裂的市场，普通流通股与不流通的国家股和法人股的长期法定分割，各类股份的定价不同、同股不同权导致上市企业在收入分配问题上面临大股东与小股东之间明显且长期的利益冲突。同时，2005 年股权分置改革以后，不流通的国家股和法人股通过对流通股股东进行补偿即通过支付对价的方式获得上市的权利。解决股权分置问题，是中国证券市场自成立以来影响最为深远的改革举措，同时也使产业资本和上市企业价值之间的关系更加直观。股权分置改革促使中国的产业资本更加熟悉资本市场，也促使产业资本在很大程度上对于上市企业的价值的决定起到主导作用，本文将从以下五个方面探讨中国的产业资本如何影响上市企业的价值。

一、产业资本对企业进行 IPO 定价方面起着主导作用

随着资本市场的不断发展和完善，在金融资本的帮助下，中国的产业资本逐步走向金融市场，在企业 IPO 进程中起着举足轻重的作用。企

业的发行价格，是指获准发行股票上市的公司与其承销商共同确定的将股票公开发售给特定或非特定投资者的价格。IPO 定价是金融世界中公认的难题。通常来说，在 IPO 定价程序中，影响价格形成的因素有很多。例如：企业的账面价值、证券市场价格波动情况、企业的发展前景、以前的经营状况、发行总股数，等等。但同海外成熟证券市场上的 IPO 定价不同的是，产业资本在我国对企业 IPO 定价起着主导作用。因为海外成熟的证券市场上，企业上市采用的是核准制方式，拟上市企业只要符合相关证券交易所的上市标准并在交易所履行了相关手续便可发行上市。一般来说，投资银行为企业准备发行上市的周期相对较短，一个基本符合条件的公司从提交上市申请到挂牌只需要几个月的时间。与海外证券市场不同，我国 A 股市场的准入门槛非常高，企业股票发行上市难度大、时间周期长。发行股票的数量和进程都受到严格的行政控制。除了需要达到证券法规的相关标准之外，拟上市企业还必须通过证监会发行审核委员会的审核。由于我国证券监管部门要同时考虑国家产业政策、地区经济发展、资本市场稳定甚至保护国有资产及资源的配置，对于企业发行上市的行政许可过程相当复杂。一般而言，企业所在地区地方政府、企业所在行业管理机构和公司发行保荐机构都需要反复权衡协调，因而投资银行为企业准备发行上市的周期相对较长，因此我国上市企业的席位是相当稀缺的资源。目前在中国有 106 家证券公司，拥有超过 1500 名的保荐人，而上市企业的席位是众多证券公司和保荐人争夺的对象。在这种激烈竞争的态势中，产业资本具有举足轻重的地位。在保荐机构与融资金额都确定的情况下，由于激励机制的作用，产业资本具有更大的话语权，因此对企业的 IPO 定价具有主导作用。

二、产业资本可以影响上市公司的经营从而改变上市公司的价值

产业资本可以决定公司的发展战略、投资方向、生产模式、销售模式、利润分配、人员调整等涉及公司自身发展的各个方面。由于历史原因，我国产业资本往往为绝对控股股东或相对控股股东，在股东大会和董事会中具有更大的话语权，对企业经营有主导影响。在资本市场上，股东是公司所有者，因此所有股东都关心公司的收益。但是相对来说，

大股东投入较多资本，相对其他股东有更强的动机来保护自己的利益，更关心公司经营状况和回报。无论是绝对控股，还是相对控股，产业资本在股东大会上对公司的重大决策及在选举董事上都拥有绝对的控制权，进而影响企业的价值。这种影响在很多情况下都是正面的，产业资本为了获得企业更多的回报，通过掌握的多种企业内部和外部信息，对企业未来的经营提供正确的指引，凭借其股权地位采取行动增长企业的价值，对企业对自身及所有股东都有利。但我们需要注意的是，由于产业资本对企业的控制权能够给产业资本带来丰厚的私有利益，往往会利用其垄断性的控制地位谋取自身利益而损害了其他股东的利益和企业价值。因此在上市企业的估值过程中，要综合分析产业资本的控制权对企业价值造成的影响。

在股权分置改革以后，由于产业资本支付了对价获得了流通的权利，可以在市场上进行减持。有人认为产业资本减持后会导致产业资本控制权降低，进而对企业价值的影响减弱。笔者认为减持股份并不一定代表对上市企业的控制权降低，需要看大股东与其他股东的持股比例。如果股东间持股比例相差很大，大股东可能由减持前的绝对控股变成减持后的相对控股，依然不会影响其控制权。依然会对企业的价值造成很大的影响。

三、产业资本在上市企业收购非上市企业资产过程中对上市企业价值的影响

产业资本如果想提升或降低上市企业的价值，可以采用上市企业收购非上市企业资产的方法来进行。新资产注入的时间、方式和定价方法将直接影响上市企业的定价。当产业资本想提升上市企业的价值时，可以在非上市资产的定价中压低非上市资产的价格；反之，产业资本如果想降低上市企业的价值，可以通过在上市企业收购资产过程中抬高非上市资产的价格。另外，如果产业资本认为二级市场上市企业估值较高时，可以采用少出资或以实物资产出资，从而降低持股比例，间接达到套现的目的；反之，如果产业资本认为二级市场上市企业估值较低，在资产注入时更多会采用现金出资，且保持甚至提高对上市公司的持股比例，间接达到增持的目的。事实上，产业资本的这些行为对市场上的各

类投资者都会产生影响，他们通过对收购资产或增资方案的分析来了解产业资本的判断，进而相应调整自身的策略，这就会使产业资本的价值取向更快地传递到上市企业的价值中。

四、二级资本市场企业股份的增减持变化使产业资本对上市企业价值具有重要影响

在股权分置改革以前，由于企业大部分股份都是不流通的，产业资本对于企业价值变化的影响相对有限。但是在2005年股权分置改革以后，产业资本通过支付对价的方式获得了流通的机会，虽然流通方式受到一定的限制，但是流通已经成为可能，那么产业资本的减持必然会影响到上市企业的价值。而且由于期初产业资本股份的成本很低，觉得市场价格高就可以减持，产业资本数量都比较大，减持的结果必然会对上市企业的股价即市场价值产生重大影响，会降低企业市场价值。

除了减持以外，产业资本增持也会对上市企业价值产生很大影响。当一家企业的股票下跌过多，其市值甚至会低于重建这家公司所花费的价值，这时就会吸引企业自身、企业的母公司或同行业企业的增持，当一家企业的股价跌至远离其价值时，以上企业的增持就称之为产业资本增持。从历史的经验来看，产业资本增持往往具有稳定市场和提升市场的作用。例如2008年9月，我国A股市场非常低迷，上证指数从2008年年初的5000点跌至2000点，一些上市企业的跌幅高达90%，一些企业股票开始被产业资本大规模增持，例如中国神华、建设银行、中国石油，等等。在产业资本增持的环境下，市场在2008年11月止跌，随后上扬。2011年9月以来，在市场低迷的环境之下，产业资本增持的序幕再一次拉开。长江电力、海螺水泥、宝钢集团等企业的控股股东增持了企业的股份，且均承诺在未来半年至一年内将继续单向增持。据统计，2011年9月的前两个星期，已经有28家上市公司的大股东和高管进行了增持。预期将会对证券市场的价格起到稳定和提升的作用。因此，在企业估值的过程中，一定要考虑产业资本在二级市场股份增减持的变化对企业价值的影响。

五、产业资本在大宗交易市场的交易也会影响上市企业的价值

2008 年 4 月 20 日，中国证监会网站正式对外公布了《上市公司解除限售存量股份转让指导意见》。根据《意见》，证监会对上市公司股东解禁限售存量股进行了明确规定，即股改后限售股票（大小非）股东未来一个月内抛售解禁股份数量超过公司股份总数百分之一的，应当通过证券交易所大宗交易系统转让所持股份。大宗交易又称为大宗买卖，一般是指交易规模，包括交易的数量和金额都非常大，远远超过市场的平均交易规模。买卖双方达成一致后，并由证券交易所确认后方可成交。目前大宗交易市场已经成为产业资本减持上市公司股权的重要通道，从企业估值的角度来说，二级市场上的价格和大宗交易的价格具有一定的比价关系，因此大宗交易市场上的价格对二级市场上的企业价值也会有较大影响，通常会拉低二级市场上的价格。

综上所述，虽然影响上市企业价值的因素有很多，但是中国的产业资本对上市企业的价值具有锚定作用。这种对企业价值主导性的影响主要体现在企业 IPO 定价、上市企业的经营、二级市场上产业资本的增减持、上市企业收购非上市企业资产以及产业资本大宗交易方面。随着我国证券市场的不断完善，企业治理结构的日趋合理，产业资本对上市企业价值的影响会相对弱化，但是在相当长的一段时间里，产业资本对于上市企业价值仍然具有举足轻重的影响力。

参考文献

［1］宋志刚：《企业估值应该正确对待“股本”因素》，上海证券报 2010 年 5 月 21 日。

［2］科勒著，高建译，《价值评估——公司价值的衡量与管理》（第 4 版），电子工业出版社 2007 年版。

［3］诸葛立早：《关注产业资本与金融资本的博弈》，上海证券报 2008 年 4 月 15 日。

［4］陈力农：《公司分析与价值评估》，上海财经大学出版社 2008 年版。

价值评估在公司并购重组应用中的问题及对策

秦宝宏　首都经济贸易大学

【摘要】世界经济正处在经济危机将要触底复苏之际，公司面临着众多并购的机遇，如政府主导的汽车行业整合以及钢铁行业通过重组淘汰落后产能等。但是由于我国的价值评估业发展的时间不长，还存在着诸多的不合理现象，如监管不严、方法单一且缺乏合理性，同时价值评估在实际应用中还面临诸多困难，这些都制约了价值评估在公司并购重组中的应用。本文旨在通过对评估实践中所遇到的问题进行分析从而得出问题的解决方法。

【关键词】价值评估；现象；解答

The Application of Business Valuation in M&A and Recapitalizations

QIN Bao-hong

Abstract: With the period of world's economy about to touch the bottom and begin to recovery, there are lots of mergers and acquisitions, recapitalizations opportunities for the corporations. For example, the integration of automobile industry lead by the government, mergers of steel industry tend to obsolete the yield ability which has fallen behind. However there are also many irrational facts because valuation has not entirely developed in China, for instance, poor supervision, simplex method and lack of rationality. Meanwhile, there are many difficulties in practice. All of above constrain the practices of business valuation. This paper aims to find the solutions from analysis of the questions revealed in valuation practice. It has two sides, macroscopic and microscopic.

Key Words: valuation; phenomena; solutions

一、价值评估在公司并购重组中的作用

我国价值评估业伴随着资本市场的发展而成长，经历了从零到规范国有资产进而规范不同所有权性质的企业的发展历程。价值评估对于完善我国资本市场资源配置功能，促进公司并购重组的健康发展发挥着日益重要的作用。

价值评估在公司并购重组中的主要作用首先表现为合理定价，其含义的重点在于公允性和科学性，换句话说，通过价值评估定出的价格能够得到并购双方所认可；其次是稳定市场，由于有了科学合理的评估价，市场就会极大地减少无据定价所产生的纠纷，有助于市场稳定健康的发展；最后就是促进交易，即价值评估为并购方在广泛的目标企业选择中提供了极大的便捷性，使得市场的交易量大幅增加。除此之外利用价值评估，可以省去并购重组活动中逐个与各潜在目标公司谈判的时间。

二、我国公司并购重组与价值评估的基本问题分析

1. 企业价值评估的方法缺乏综合性使用，评估结果难以真实地反映企业整体资产的内在价值，评估结果的公允性难以保证

我国现有的价值评估方法主要包括收益现值法、重置成本法、现行市价法和清算价格法。一般来说，后两种方法只适用于单项资产的评估，收益现值法虽然可用于企业整体资产价值的评估，但由于资产的预期收益率以及其所承担的风险难以预测，实际操作难度大，因此在我国价值评估方法选择中便以使用重置成本法为主。重置成本法在对单项资产的评估中起到了积极的作用，但对于企业整体价值评估，在评估中长期混淆了评估企业整体资产的内在价值还是评估企业单项资产的价值加总，缺乏对收益现值法与现行市价法的研究使用，与国际惯例普遍采用收益现值法的评估方法相背离。

2. 存在为满足客户要求而违背价值评估的公允性原则，价值评估的随意性较大

在评估实践中，有些评估机构评估操作时有很大的随意性，甚至

在利益驱使下，出现评估工作是在给客户要求的评估结果从专业的角度找出“恰当”的理由的现象。还有些公司在资产重组中，出于保壳、增发股权的目的，要求评估机构把劣质资产评估成优质资产，某些资产评估机构为了自身利益不惜违背资产评估客观公允性的基本原则来满足客户的要求。这样的评估结果必然影响到公司并购重组的质量。

3. 持续经营期间对NCF（营业净现金流量）估计的不确定性估计不足

目前并购中采用收益现值法评估目标企业价值时，多数是从目标企业的角度出发，对目标企业做持续经营假设，根据目标企业过去以往的经营业绩，来预测目标企业未来持续经营期内各年的营业净现金流量。以这种方法计算的现金流量具有很大的片面性，因为在并购过程中，目标企业的法人地位将消失，并购后并购方一般都会对被并购企业进行资产重组，并把被并购方重新整合到自身的体系中去，所以评估目标公司未来收益的角度具有片面性。

4. 对于协同效用的有效评估存在一定问题，缺乏科学依据

目前我国公司并购重组中存在协同效用无效的情况。有许多公司通过并购进军其他行业，从评估角度讲这将完全不存在协同效用，因为合并并没有使得并购所投入资本的收益率超过了资本成本或者帮助公司在该领域超越了其竞争对手；由于管理、文化，产品渠道等问题所产生的协同效用无效甚至反效应。

5. 股价的波动没有与并购的价值评估相结合

在并购发生后，收购或者被收购公司的股价往往会有大幅的飙升，这大部分是源于概念的炒作，或者说是投资者对未来投机的预期，并购所产生的资本成本以及联合体未来的收益率增长水平，对目标公司支付的数额大于或者小于评估值都会左右股价的变化。这在评估中并没有通过专业角度对投资者做一个专业的解释交代。

6. 特殊时期、特殊情况评估的方法问题

金融危机和通货膨胀出现以后，货币的紧缩政策使得广大的企业陷入了经营困难和财务困境，针对这样企业的评估收购价值，能否采取普通的办法呢？这是很多公司在并购重组中所面临的困难。

三、价值评估在公司并购重组中合理应用的几点建议

1. 在宏观政策面，政府要加强立法和监管

评估行业中所发生的舞弊、造假行为与立法和监管的缺失有着极大的关系。首先应从立法角度，明确评估机构资质的认定和权利义务范围，以及违规所承受的处罚。其次，明确企业在委托评估机构时的权利和义务。最后应明确评估机构和评估师以及评估双方的责任。这样就可以极大地约束评估双方，加大违法所承担的风险。

2. 充分发挥行业协会作用，建立健全行业发展业务规范

注册资产评估师行业协会要从业务上规范行业准则，制定业务执行标准，从行业内部约束注册评估师的行为。目前评估行业所存在的诸多问题的原因很大一部分是因为评估师队伍水平不高，缺乏专业的技术、理念，行业协会还应不断加强对评估师的全面培训和交流。

3. 不断学习和修订新的准则条款，吸收国外先进的评估方法和经验

在评估目的上，我国公司并购重组的目的大都比较传统，远不及国际上先进的理念，也就是说我国公司并购重组的目光还比较短浅。在评估方法上也有所欠缺，表现为方法传统单一。这些都不利于我国并购投资活动的发展，所以只有不断学习先进的理念和借鉴成功的经验，才可以帮助我国公司更加适应复杂多变的国际化。

4. 持续经营假设期间，对于 NCF 的估计应在不同情况下区别对待

首先是针对周期性公司。大多数的折现现金流量模型，都是以所在年份为基准年，并设定一个增长率来预计将来的收益和现金流量，增长率一般为稳定时期的增长率。那么此时由于处在经济低谷期并且预计增长率低，会严重低估公司价值。因此在对其价值评估时应考虑以下三点：第一，调整预期增长率以反映经济周期的变化。虽然经济处于衰退期，但是预期恢复后有望高增长，那么就采用近几年来的较高增长率。第二，将收益标准化并以此为基准年收益。如果处于衰退期的上市公司收益波动较大，那么就应该使用时间跨度长达一个经济周期的 EPS 取平均值为基准，这就是标准化的 EPS。第三，全面估算过渡阶段的现金流量。因为收益的周期性波动比销售收入要大得多，所以可以从销售收入开始，详尽地评估从周期性波动过渡到稳定阶段的现金流量。

其次是针对陷入财务困境的公司。陷入财务困境的公司通常表现为收益或现金流量为负，不派发股息，几乎不具备偿债能力，负债权益比很高。公司在这种情况下很难采用普通的折现模型来评估。因此在对其价值评估时也应考虑以下三点：第一，评估公司整体而不是股权的价值，这就避免了直接使用权益法对公司进行价值评估的局限性。第二，将收益标准化。第三，评估过渡阶段的现金流量的变化，即公司由财务困境向健康状态转变的阶段。

参考文献

［1］王景升：《企业价值评估的理论与方法研究》，载《理论界》2005 年第 12 期。

［2］贾敏：《浅谈企业价值评估方法》，载《治维》2005 年第 7 期。

［3］陈洪、秦喜杰：《企业并购中目标企业的价值评估研究》，载《求索》2005 年第 2 期。

［4］谭旋、姚华：《浅谈企业并购中目标企业价值评估的方法》，载《上海管理科学》2005 年第 5 期。

［5］王丙华：《浅议企业价值评估方法的创新》，载《经济师》2005 年第 8 期。

［6］梅良勇：《经济增加值（EVA）股价模型在企业并购价值评估中的应用》，载《统计与决策》2005 年第 6 期。

［7］康秀梅：《企业并购重组中资产评估方法的选择》，载《内蒙古科技与经济》2006 年第 2 期。

［8］杨华：《资产评估与上市公司并购重组》，载《中国资产评估》2004 年第 4 期。

［9］Aswath Damodaran. 《DAMODARAN ON VALUATION-Security Analysis for Investment and Corporate Finance》. John Wiley & Sons，2006.

我国 IPO 抑价实证分析（1997~2010）

葛念念　上海大学经济学院

【摘要】文章首先对我国 IPO 市场的历史以及现状进行简要的分析，并且说明我国 IPO 市场确实存在初始超额收益的问题，而此问题的产生在一级市场上则源于发行价格的抑价。通过理论阐述，以及实证分析，证明我国 IPO 市场上确实存在抑价现象，并且文中所选取的变量的影响均比较显著，符合相关理论的研究。但是模型的整体拟合优度不高，原因可能在于选取的变量类别不够充分，以及在我国的二级市场存在明显的 IPO 溢价现象。本文的研究时间范围较长，且数据充足，更能体现 IPO 抑价当前的趋势，并且将发行制度这一关键因素独立出来进行分析。

【关键词】IPO；抑价；发行价格

Empirical Analysis of IPO Underpricing in China（1997－2010）

GE Nian-nian

Abstract: The paper first describes the history and Status quo of China's IPO market, shows the initial excess return really exists in China's IPO market, and problems arise in primary market is derived from underpricing. By theoretical explanations and empirical analysis, prove the existence of IPO underpricing and the selected variables in the paper are more significant, in line with related research. But the model's overall goodness of fit is not high, probably due to the variable type is selected insufficient, or the secondary market in our country exists an obvious phenomenon of IPO premium. A longer time frame and sufficient data are the characters of this paper, and this better reflect current trends in IPO underpricing. At the same time, the key factor, distribution system has been made an independent analysis.

Key Words: IPO; underpricing; issue price

一、选题背景及研究意义

IPO初始超额收益，指的是股票首次公开发行并上市交易时，其上市交易第一天的收盘价格远远高于发行价格的现象。1991～2004年间（蒋顺才、蒋永明，2005），我国A股IPO平均收益率为145.87%，欧美等成熟市场的IPO幅度在10%～20%，新兴市场（如泰国、马来西亚、巴西等）的幅度通常在50%左右。从数据中可以看出，中国A股市场IPO超额收益率远远高于国外成熟市场平均水平，也大大高于其他新兴市场的IPO初始收益水平。

在目前的学术研究中，对于IPO的初始超额收益问题的解释主要有两种理论，分别是一级市场的抑价理论以及二级市场的溢价理论，二者之间既有区别又有联系。IPO的抑价，是指由于信息不对称等原因，首次公开发行的股票其发行价格远低于其内在价值，发行当日，在二级市场上向其真实价值回归的现象；而IPO的溢价理论认为，股票一级市场的发行价格与其内在价值差距不大，但在发行之后，在二级市场上噪声交易等原因的作用下，致使首日价格出现大幅度上涨。从理论上来看，对于超额收益的两种解释截然不同，但是在实证当中，两种作用的大小难以准确量化的原因如下：（1）一只股票的真实价值到底是多少是一个复杂的问题，难以准确计量；（2）许多影响IPO初始超额收益的因素对于溢价以及抑价都是有影响的，因此很难区分。

过高的IPO初始收益率对于我国证券市场以及经济的发展具有很多不利的影响：（1）新股发行不存在风险，一级市场的资源配置功能丧失殆尽，上市公司的整体质量出现下滑；（2）由于“打新”可以获得近乎无风险的超高收益，吸引大量资金流入证券市场，投机泡沫形成，不利于经济长期健康发展；（3）大量资金的短期套利行为为故事的大起大落推波助澜，严重损害中小投资者的基本利益。本文主要研究我国股票市场中一级市场的抑价对于IPO初始超额收益的影响。

二、基于抑价理论的一些解释

1. 赢者诅咒假说（Capen Clapp Campbell：1971）

赢者诅咒假说认为，市场并非完全有效，存在着信息不对称。在这样的前提下，市场中的投资者就被分成了两类，即掌握信息的投资者和未掌握信息的投资者。掌握信息的投资者能够通过信息分析以及其他途径获得比较好的投资标的，在证券市场上体现为质量较高的股票，而未掌握信息的投资者只能根据其他主体的行为来进行判断，最终购买的会是那些被拥有信息的投资者规避的，质量较差的公司股票。当未掌握信息的投资者意识到这一规律之后，便会退出市场，如果没有相关主体去打破此时的这一平衡，质量相对较差的股票将无人问津，无法成功发行。因此，此类公司之后在发行价格上进行折扣，来吸引为掌握信息的投资者，进而成功发行股票来打破平衡，以上就是赢者诅咒假说的主要内容。

2. 投资银行垄断假说（Baron：1982）

投资银行垄断假说认为，投资银行在证券发行市场上的垄断地位主要基于两点，一是投资银行的信息优势，二是投资银行在一级市场上不可替代的中介地位。这两点优势可以使投资银行充分行使其垄断优势，把股票发行价格压低。将股票抑价发行对投资银行来说主要有以下好处：（1）较高的抑价幅度可以降低投资银行的承销风险，免于股票发不出去，自己善后的情况，对于包销的投资银行来说更是如此；（2）较高的抑价幅度使客户，即投资者获得一个较好的收益率，促进投资银行与投资者之间的关系。

3. 与股权结构有关的发行抑价假说

与股权结构有关的发行抑价理论有很多种，在这里只对最具代表性的两种理论进行简要说明。

（1）一种理论认为，公司的抑价与寻找最优股权结构有关。一方面，公司在 IPO 的过程中努力寻找具有潜在控股权的外部股东，以对管理层的经营管理进行监督，进而提高公司价值，增加股东财富，IPO 抑价就是为了吸引这一部分股东而进行的价格折扣；另一方面，由于外部大股东的进入会分享控股权的收益，因而在出售这一部分股份时，又应当相应地提高价格，从而降低溢价水平。因此，抑价程度的多少是由这两方面原因制衡形成的。

（2）另一种理论具有不同的观点，认为发行的抑价是为了减少控股权。该理论认为，在抑价发行的情况下，可以形成一级市场上的供不应求局面，股票被超额申购，这样公司的管理层就可以自由决定股票在不同投资者之间如何分配，进而减少控股权被攫取的可能性。

通过以上分析可以看出，新股发行的定价是否符合其价值可能并不是发行单位极力要达到的目标，其中多种因素共同决定了股票的抑价程度。

4. 发行制度对于抑价的影响

对于新股抑价率的另一个重要影响是发行制度。在世界范围内，根据立法的理念来分，股票发行制度可以分为两类，注册制（registration）与核准制（merit standard）。其中注册制以美国（《证券法》）和日本（《证券交易法》）为代表，也可称为登记制或申报制；而核准制以欧洲大陆的国家为代表，包括瑞典、瑞士、新西兰等国。

注册制是指在发行股票前，发行人必须按照法律的要求向证券监管机构提出并申请注册的制度。在此制度下，要求发行人需提供与证券发行有关的一切可参考资料，发行人不仅要保证这些资料所涉及范围的广泛性，不得有重大遗漏，还要对其真实性、完整性、可靠性承担法律责任。在这样的前提下，只要在发行人注册申报后的规定时间内未被监管机构拒绝注册，即可发行证券。

核准制是指证券发行人在真实信息充分公开的前提下，还必须符合证券监管机构的若干硬性规定，才能发行证券，即实质监管原则。

从以上的分析中可以看出，注册制为上市公司的股票发行提供了更为宽松的环境，更有利于一些规模不大但资质良好的公司上市，但是这种制度存在的前提是比较成熟的金融市场，因为只有这样的市场才能有效抑制宽松环境中存在的巨大风险。因此，核准制则主要存在于以英美为代表的成熟资本市场，是股票发行制度未来的发展方向。

从我国的情况来看，发行制度经历了三个时期，分别是 1999 年 4 月之前的审批制，此后到 2001 年 6 月的过渡阶段，以及到现在仍在执行的核准制。我国股票市场经历了 20 年的历程，随着发行制度的不断完善，IPO 的抑价程度也在逐渐降低，在实证当中，也将把这部分因素列入了分析范围之内。

三、模型的构造以及变量选取

首先要考虑的是把超额初始收益率量化，从以往的研究来看，有两种方法，一种是未经调整的初始收益率，如公式（1）：

$$YIELD = (P1 - P0)/P0; \quad (1)$$

而另一种是经过调整的初始收益率，如公式（2）：

$$YIELDadjusted = (P1 - P0)/P0 - (M1 - M0)/M0; \quad (2)$$

（P1 代表上市首日收盘价；P0 代表发行价格；M1 代表上市当天指数收盘点位；M0 代表上市当天指数开盘点位）其中后者的成立有一个条件，那就是新股面临的风险与市场整体风险相一致，但许多研究结果表明这种假设不符合实际，新股的风险大于市场整体风险。因此为了简便起见，本文采用未经调整的初始收益率。

由于在“赢者诅咒”假设中，曾经提到过质量较差的公司可能为了吸引掌握信息的投资者而给予一定的抑价，而体现公司质量较好的两个指标分别是每股净资产以及平均净资产收益率，抑价水平很可能与公司的以上两个因素存在一定的对应关系，因此，我们选取 NAP 和 ROE 作为从赢者诅咒假说中的对应变量。由于主要考查的是公司上市前的经营状况，因此选取公司发行前一个报告年度的每股净资产（NAP）和平均净资产收益率（ROE）作为解释变量。

与股权结构有关的假说当中涉及的因素比较复杂，在这里我们选取两个指标进行简单衡量，即表示股权集中度的“前十大股东持股比例合计”和“流通股占总股本比例”，分别用（OC10）和（TSP）表示。虽然我们的主要意图是衡量股票 IPO 前的股权集中度情况，但由于此数据难以获取，再加上股票发行首年大股东的持股比例变化不大，因此，这里我们采用股票 IPO 当年报告期的“前十大股东持股比例合计”以及“流通股占总股本比例”数据，特此说明。

最后要考虑的就是发行制度对于 IPO 超额收益率的影响了，由于不同的发行制度最主要的区别主要在与其所适用的时间段上，而询价制度属于一个政策变量，很难在回归分析中给予量化，因此在本文中，主要使用描述性分析的方法来说明不同发行制度对 IPO 首日超额初始收益的影响。

文章中所使用的数据来源于锐思数据库（RESSET）中收录的 1997 年 1 月至 2010 年 12 月在上海和深圳两个证券交易所上市发行的股票（从中选取 801 只）。

四、实证分析

首先将发行制度以及时间对于IPO初始收益的影响程度进行描述性量化分析。需要明确的是，发行制度对于IPO的影响几乎都是在一级市场上起作用的，因此其可以归结为抑价因素，但由于股票的真实价值难以确定，因此，直接把不同发行制度所在时间段的初始收益率的变动看做发行制度的影响。

把所选取的数据分为四个不同的时间段，分别为1997年1月至1999年4月的审批制阶段；1999年5月至2001年6月的过渡阶段；2001年7月至2008年8月的核准制第一阶段；2009年8月至2011年8月的核准制第二阶段（其中核准制的两个不同阶段其时间分界点在于其中的IPO暂停时间段）。通过统计不同阶段的IPO初始收益率数据，并计算其平均值，结果如表1所示。

表1　不同阶段初始收益率平均值

	审批制阶段	过渡阶段	核准制第一阶段	核准制第二阶段
初始收益率平均值（%）	180.88	153.78	114.97	37.13

注：数据来源于RESSET数据库。

从表1的结果可以看出，随着时间的推移以及发行制度的演变，我国股票IPO市场的初始超额收益率平均值在逐渐降低。

下面将其他因素对抑价程度的影响做回归分析，经过分析，构造如公式（3）的简单的回归模型：

$$YIELD = \beta 0 + \beta 1 \times NAP + \beta 2 \times OC10 + \beta 3 \times TSP + \beta 4 \times ROE + \beta 5 \times ROE2 + u \quad (3)$$

回归结果如表2所示，从中可以看出各解释变量均在1%的水平下显著，说明变量的解释效果较好，其中发行前每股净资产（NAP）、前十大股东持股比例（OC10）、流通股比例（TSP）以及发行前一年度净资产收益率（ROE）都与抑价水平负相关，而ROE2与抑价水平负相关；标准差（Std. Error）各项的值均较小，说明估计中的统计干扰较小；“Durbin-Watson stat = 1.692302”说明存在正的序列相关，但不明显。

表 2　　最小二乘法回归结果数据

	Coefficient	Std. Error	t-Statistic	Prob
β0	3.307131	0.343182	9.636680	0.0000
β1	*** −0.121420	0.045828	−2.649484	0.0082
β2	*** −1.125250	0.435947	−2.581160	0.0100
β3	*** −0.09219	0.001468	−6.281639	0.0000
β4	*** −0.034250	0.009470	−3.616597	0.0003
β5	*** 0.000325	0.000117	2.765906	0.0058
	R^2 = 0.134970　Adjusted − R^2 = 0.129172　Durbin-Watson stat = 1.692302			

注：*** 表示在 1% 水平下显著；回归结果通过 Eviews5.0 软件分析得出。

五、结论

从第四部分实证分析中的描述性分析和回归分析大致可以得出如下几个结论：

（1）发行制度的改进以及我国股权分置改革的进程对于 IPO 抑价程度有较明显的影响。

如表 1 的数据显示，IPO 抑价率随着发行制度的改进“审批制—过渡阶段—核准制”逐渐降低，并且也随着股权分置改革的进行而逐渐降低，这一点可以通过核准制第二阶段较第一阶段的 IPO 首日收益率明显下降来说明。这也给我国股票发行制度以及股权分置改革的推进提供了很好的动力。

（2）IPO 发行前一年平均净资产收益率的平方（ROE2），与抑价水平呈显著的正相关关系，而 ROE 和 NAP 与抑价水平呈显著的负相关关系。

ROE 和 NAP 与抑价水平呈显著的负相关关系很好理解，因为高的 NAP 和 ROE 代表了公司的高质量，这用“赢者诅咒”中的内容可以解释，但是（ROE2）与抑价率的关系似乎与“赢者诅咒”假说中的相关理论相悖。在研究领域中也存在与“赢者诅咒”理论观点不同的理论，称之为“信号理论”。该种理论认为，公司的融资是一个持续的过程，IPO 并不是其唯一股权融资活动，随着时间的推移以及经营规模的扩大，公司还需要在证券市场上大量增发。在这样的前提下，质量较高的公司为了显示其实力，以在未来的增发过程中获取较好的价格，会发出信号，在 IPO 时给予投资者较高的抑价，以将自己区分开来。以上的分析说明关于公司质量对抑价水平的影响是具有两面性的，两种理论都有实证的支持，但从本文的实证来看 ROE2 显著性水平不如 ROE，因此，在我国市场，还是“赢者诅咒”理论更有说服力。

（3）前十大股东持股比例以及流通股比例与抑价水平呈负相关关系。

流通股比例越大，股权结构越分散，公司受到外界股东的限制就会越多，这就要求公司有较为完整、透明的信息披露制度，而充分的信息披露将有利于降低溢价水平。流通股比例的实证结果与以上理论分析一致，但是前十大股东持股比例的实证结果却与理论相悖，具体原因有待研究。

（4）模型的整体拟合优度不高。

模型拟合优度不高可能有两点原因：一是影响抑价水平的因素还有很多，这里并未全部分析，因此拟合优度有限；二是 IPO 初始超额收益的抑价理论在我国的股票市场并不十分适用，与此相反，溢价理论可能对我国的 IPO 初始超额收益提供更有利的解释。

参考文献

［1］张小成、孟卫东、周孝华：《询价下异质预期对 IPO 抑价的影响》，载《中国管理科学》2008 年第 12 期。

［2］董鹏、王小霞：《IPO 抑价理论与实证研究综述》，载《当代经济》2007 年第 5 期。

［3］高敏：《核准制下承销商声誉与 IPO 抑价研究》，载《财会研究》2006 年第 11 期。

［4］陈光远、郑春东：《IPO 发售机制之利弊分析及其改革》，载《现代财经》2003 年第 1 期。

［5］宋逢明、梁洪昀：《发行市盈率放开后的 A 股市场初始回报研究》，载《金融研究》2001 年第 2 期。

［6］朱南、卓贤：《对我国股票首次公开发行抑价的实证研究》，载《财经科学》2004 年第 2 期。

［7］李翔、阴永晟：《发行管制变迁下的中国股市 IPO 首日回报率研究》，载《财经科学》2004 年第 2 期。

［8］吴世农：《上海股票市场效率的分析与评论》，载《投资研究》1994 年第

8 期。

［9］吴佩、姚世伟：《我国 A 股市场 IPO 抑价多因素影响的实证分析》，载《当代经济》2008 年第 2 期。

［10］王庆华：《IPO 抑价影响因素的信息经济学解释》，载《当代管理科学》2006 年第 8 期。

［11］曹凤岐、董秀良：《我国 IPO 定价合理性的实证分析》，载《财经研究》2006 年第 6 期。

［12］陈工孟、高宁：《中国股票一级市场发行抑价的程度与原因》，载《金融研究》2000 年第 8 期。

［13］Ritter，Jay R，and Ivo Welch. A Review of IPO Activity，Price and Allocations，Journal of Finance，2002.

［14］O'Hara，Maureen. Liquidity and Price Discovery. Working Paper，New York：Cornell University，2003.

［15］Keloharju M. The Winner's Curse，Legal Liability，and the Long Term Price Performance of Initial Public Offerings in Finland.（Journal of Financial Economic），1993.

企业价值评估中的 DCF 模型实证研究

——以百货零售业企业为例

白姗姗　首都经济贸易大学

【摘要】在我国资产评估的实务界，成本法仍然处于主流地位。西方国家流行应用的 DCF 模型在我国市场的有效性仍有待考察。以整个市场为总体、不分行业抽样的多样本实证研究，内在价值与市场价值拟合程度往往较差。本研究选择了零售行业中更为具体的百货业作为实证研究的对象，试图验证在百货零售业中运用 DCF 模型进行企业价值评估的适用性。在深入分析了宏观经济和行业发展的基础上，抽取 10 家业绩平稳的百货行业上市公司作为样本，构造估值模型，计算所需参数，进而评估出样本公司股权的内在价值。通过 Eviews5. 0 软件对流通股评估价值和市场价值进行回归分析，检验了运用 DCF 模型评估我国百货行业企业价值的适用性。

【关键词】DCF；企业价值评估；零售；百货

The Empirical Studies of DCF Model in Business Valuation

—A Case Study of the Department Store Company

BAI Shan-shan

Abstract: In the practice field of valuation in China, cost approach is still dominant. The applicability of DCF model in Chinese capital market remains controversial. As the sampled population is the whole stock market, with sampling by no industry classification, multi-sampled empirical studies always got the result of low degree of fitting between the estimated intrinsic value and real market price. Therefore, I choose the department store in retail market as the object of study, attempting to test if it is applicable to assess the department store company with DCF model. After the thorough analysis of macro economy and prospect of department store, I sampled 10 department store companies, built the DCF model, and calculated the required parameters and then estimated the intrinsic value of sampled companies. With the Eviews 5.0 linear regression between assessed value and market price, we can draw the conclusion that DCF model is applicable for business valuation of department store companies.

Key Words: DCF; business valuation; retail; department store

一、行业背景

（一）中国百货业步入成熟期

长期以来，百货商店是我国零售行业中最主要的业态，但这种优势自1996年以来已呈明显下跌趋势。多业态之间的竞争和外国大型零售集团纷纷涌入，形成百货行业市场饱和的局面。中国的百货商店已经进入成熟时期，这是百货业态最重要的发展现状。

（二）百货业的“黄金新起点”

2005年开始，大中城市中超市、便利店零售额增长速度缓慢，与此同时百货店逐步复苏。这意味着大众层级的消费已经基本满足，消费升级的时代已经到来，而百货店是最容易向个性化和品牌化转移和提升的零售业态。我们有理由相信，零售业态的发展轮回又将落回到百货商店上，中国百货业踏上了自己的黄金新起点。

（三）百货业卷入并购狂潮

近年来，百货业并购活动活跃。一方面，外资并购内资，打入中国市场。并购扩张成为零售业更为普遍的发展方式；另一方面，内资并购整合，建立战略联盟。商务部在2010年年初强调，支持大型流通企业跨区域兼并重组、做大做强。

二、数据来源

样本企业的股价和上证指数主要来源于金融界网站（www.jrj.

com. cn）和新浪财经（http：//finance. sina. com. cn/stock/）。资产负债表和现金流量表来源于网易股票（http：//money. 163. com/stock/）。板块分类、经营比例、主营业务收入、流通股比例等数据来源于同花顺证券分析软件。国库券利率数据的来源为中国债券信息网（www. chinabond. com. cn）。

三、样本选取和模型选择

（一）样本选取的标准

（1）鉴于在沪、深两交易所股票走势趋同，本文选择了上海证券交易所中的零售板块的样本企业作为代表。其中百货类企业定义为主营业务收入90%以上来自零售业，80%以上来自百货业态的企业。

（2）样本研究期限定为2000年12月31日到2010年12月31日之间。所以目标样本锁定在2000年12月31日之前上市的公司A股公司，剔除同时发B股、H股的公司和未完成股权分置改革的上市公司。

（3）根据现金流量折算法的假设条件，样本股票均为业绩比较稳定、发展比较成熟、战略变化小的A股股票，剔除代表经营上陷入困顿的ST、PT股票。

（4）在预测自由现金流量时，我们采用2005～2010年6年的历史股权自由现金流量的平均值作为预测的基数。因此去掉平均现金流量为负以及财务数据不全的公司。

根据以上标准，最后有10家上市百货公司入选。

（二）模型选择

现金流贴现模型主要分为红利增长模型、股权自由现金流量折现模型（FCFE模型）和公司自由现金流量折现模型（FCFF模型）。大多数中国上市企业很少发放甚至根本不发放股利，红利增长模型并不适用。由于我们需要把股权内在价值与实际股价相比较，运用FCFF模型估值的过程较为烦琐，故选择运用股权自由现金流量折现模型对10个样本分别进行股权估值。

我国百货行业已经进入成熟期，本文选取的样本均为上市历史超过

10年、业绩较稳定、发展较成熟、战略变化小的百货企业。各上市公司已经历较长的高速增长时期，如今基本处于稳定发展状态，在预测期内具有持续经营能力并产生相对稳定的现金流，因此我们采用自由现金流量恒值增长公式。

其基本公式如下：

$$V = \frac{FCFE_1}{r - g_n}$$

其中，V：股权价值；FCFE：下一年股权自由现金流量；

r：股权资本成本；g：股权自由现金流量的稳定增长率。

四、价值评估的基本假设

（一）研究假设

本文选择各企业市场价值作为评估价值的参考价值，其中：市场价值=流通股股数×每股市价。由于市价与流通股数都是在不断变动的，考虑到可操作性，本文以2010年12月31日为评估基准期，计算市场价值时用到的流通股股数与每股市价均以评估基准日为准，以便对样本做有效比较。

根据Fama提出的“有效市场假说”，我国资本市场仍属于弱势有效市场，市价受资本市场上众多干扰因素的影响，资产的内在价值不可能完全等于资产的市场价值，因此，如果二者存在较大的关联性，通常就认为模型很好地评估了企业的价值。根据统计学原理，我们通常把希望推翻的结论设置为原假设 H_0，希望得到的结论设置为备择假设 H_1，由此我们做出以下假设：

H_0：在评估基准日，研究样本的评估价值与市场价值无显著相关。

H_1：在评估基准日，研究样本的评估价值与市场价值显著相关。

（二）模型假设

现金流预测是企业价值估值的基础，对企业未来现金流预测建立在下列条件下：

（1）本文的价值评估基准日为2010年12月31日；

（2）针对估值基准日时资产的实际状况，公司的资产在2010年后不改变用途，仍继续使用；

（3）假设公司在现有的运作方式和管理水平的基础上，将保持持续性经营，并在经营范围、方式上与现时方向保持一致；

（4）假设有关信贷利率、汇率、赋税基准及税率，政策性征收费用等不发生重大变化；

（5）产成品与服务社会需求将保持一定幅度增长。

五、参数选定

（一）折现率的确定

采用股权自由现金流，就要计算股权资本成本，最终得出股权价值。本文选用简单实用的资本资产定价模型（CAPM模型）来计算股权资本成本。

资本资产定价模型认为股本成本等于无风险利率，加上企业无法避免的风险（β值）乘以市场风险溢价［$E(R_m)-R_f$］。其模型可以表示为：

$$E(R_i)=R_f+\beta_i[E(R_m)-R_f]$$

其中：

R_f 为无风险利率；

$E(R_m)$ 为市场的平均收益率；

$E(R_i)$ 为某股票的期望收益率；

β_i 为该估计对象的风险水平。

1. β系数的确定

本文采用回归线法计算β系数，基本思路是在假设每个股票收益率与市场收益率存在一种线性关系的假设前提下，将CAPM模型转换成可检验的形式，即著名的“单一指数模型”：

$$R_{it}=\alpha_i+\beta_i R_{mt}+\varepsilon_{it}$$

其中：

R_{it}为股票i在时间t的收益率；

R_{mt}为时间t的市场收益率，一般用股票指数收益率代替；

α_i 和 β_i 为模型参数；

ε_{it}为随机项。

在运用该回归方程时，本文选择的样本观测期为 2001 ~ 2010 年。在试算中，以月或日为单位计算的市场收益率平均值过小，与市场真实情况相差较大，此处 β 系数的计算以年为收益率的单位。市场收益率为上证指数当年开市最后一天相比上年开市最后一天的变动率。同理可求出每个样本股票的年收益率。此外，如果当年开市最后一天的股价为零，为避免该日前一天或后一天股票忽高忽低的偶然性，本文采用前后最近五个“不为零股价”的平均数来弥补当日股价的空白。

根据以上方法，利用 Eviews5.0 统计软件对 10 只样本股票分别进行回归计算，β 估计结果如表 1 所示。

表 1　　β 系数回归估计值

股票简称	β 估计值	相关系数	判定系数	P 值
王府井	1.589	0.8940	0.7993	0.00048
西单商场	1.385	0.7786	0.6062	0.00797
百联股份	0.989	0.9500	0.9025	0.00003
百大集团	0.955	0.8564	0.7335	0.00156
杭州解百	0.680	0.8123	0.6598	0.00430
南京新百	0.932	0.8451	0.7142	0.00208
东百集团	1.274	0.9256	0.8567	0.00012
兰州民百	1.272	0.8061	0.6497	0.00486
南宁百货	0.861	0.8804	0.7750	0.00077
新华百货	1.008	0.7699	0.5927	0.00920

通过 Eviews5.0 软件，我们不仅得到了 β 系数的回归估计值，还得到了证明回归有效性的相关统计量。

（1）相关系数（Multiple R）的平均值为 0.8518，最小值为 0.7699，经验统计学中将相关系数超过 0.8 的情况定义为高度相关。样本股票中有 8 只都在高度相关的范围。

（2）十只样本股票的平均 P 值为 0.003，最大 P 值为 0.009，远远小于 P 值 =0.05 的分界值。这说明在置信度为 95% 的条件下，该市场组合的收益率（Y）与 10 家企业股票收益率（X）的回归方程全部通过了 F 检验，具有显著的线性相关。

（3）判定系数（R-Squared）同样有力证明了线性回归的有效性。一般情况下，统计理论认为：只有当 R^2 大于 0.50 时，模型对研究对象进行的线性拟合才被认为是有效的。上述计算结果中判定系数的平均值为 0.7290，最小值为 0.5927，证明了 10 次线性拟合全部有效。

综合以上三个统计量的分析，我们有理由相信样本股票的 β 估计值均属于有效数据。

2. 无风险收益率的确定

无风险利率通常用政府债券来代替。在我国由于市场化的利率尚未形成，中长期国债利率作为无风险利率更为适宜。本研究以 7 年期记账式国债利率为基础，先将当年所有 7 年期记账式国债利率简单算术平均处理，再加以修正。国债利率是用单利表示的，我们要对国债利率进行复利转换，以修正后的利率为无风险报酬率。其计算公式为：

$$R_f = \sqrt[n]{1 + nr} - 1$$

R_f：无风险报酬率

n：国债期限

r：当时 n 年期国债的利率

3. 风险溢价计算

市场风险溢价衡量了投资者从无风险投资转移到市场平均风险投资时，所要求的额外补偿。把 2001～2010 年发行的 7 年期长期国债的利率作为无风险报酬率，上证指数收益率作为市场收益率。通过计算，得到风险溢价如表 2 所示。我们将各年的风险溢价简单平均得到 $R_m - R_f$ 的值为 14.65%。

4. 股权资本成本计算结果

通过前面的分析计算，我们已经求出 10 个样本股票各自的 β 值，以及 2001～2010 年的无风险利率和市场溢价。FCFE 模型得出的企业价值是企业未来股权自由现金流的贴现值，其中运用折现率应当是未来股权资本成本的估计值，而不是 2010 年评估基准日时的股权资本成本。我们把 2001～2010 年的无风险利率和市场风险溢价做简单平均处理，作为未来无风险利率和市场风险溢价的预期值，再根据 CAMP 公式，求出样本企业的预期股权资本成本。计算结果如表 3 所示。

表2　市场风险溢价计算

年度	2001	2002	2003	2004	2005	2006	2007	2008	2009	2010
上证综指	1645.97	1357.63	1497.04	1266.5	1161.06	2675.47	5261.56	1820.81	3277.14	2808.08
上证收益率（%）	-20.62	-17.52	10.27	-15.40	-8.33	130.43	96.66	-65.39	79.98	-14.31
无风险利率（%）	2.95	2.18	2.65	4.02	2.82	2.53	3.37	3.37	2.80	2.59
风险溢价（%）	-23.57	-19.70	7.62	-19.42	-11.15	127.90	93.29	-68.76	77.18	-16.90

表3　　股权资本成本计算表

股票代码	股票简称	β估计值	无风险利率（%）	市场风险溢价（%）	股权资本成本（%）
600859	王府井	1.589	2.93	14.65	26.20
600723	西单商场	1.385	2.93	14.65	23.22
600631	百联股份	0.989	2.93	14.65	17.42
600865	百大集团	0.955	2.93	14.65	16.92
600814	杭州解百	0.680	2.93	14.65	12.89
600682	南京新百	0.932	2.93	14.65	16.58
600693	东百集团	1.274	2.93	14.65	21.59
600738	兰州民百	1.272	2.93	14.65	21.56
600712	南宁百货	0.861	2.93	14.65	15.54
600785	新华百货	1.008	2.93	14.65	17.69

（二）增长率的确定

本文主要采用历史增长率来预测未来FCFE的增长率。对于本文研究的百货类企业，销售增长是企业最根本的增长动力，其快慢主要受到由企业内部经营效率和财务政策所形成的可持续增长率的制约。在预测FCFE增长率时，本文主要参考了企业的可持续增长率和销售增长率两个指标。预测方法如下：

（1）根据以下公式，计算出2005~2010年10个企业的可持续增长率，简单平均后作为各企业可持续增长率的参考值。

$$股权现金流量可持续增长率=\frac{权益净利率\times利润留存率}{1-权益净利率\times利润留存率}$$

（2）通过Eviews5.0软件，对2005~2010年各企业的主营业务收入增长率进行一次指数平滑，得到其2011年的预测值，作为各企业销售增长率的参考值。

（3）由于销售增长是企业最根本的增长动力，本文对可持续增长率和销售增长率分别赋予30%和70%的权数，以加权平均后的数值为FCFE的预期增长率。其中，东百集团、新华百货和南京新百除外。

（4）考虑到南京新百的销售增长率为负值，东百集团和新华百货的可持续增长率参考值超过10%，已处于较高水平；本文认为，可持续增长率应是影响这三家企业未来FCFE增长率的主要因素。因此，对这三家企业的可持续增长率和销售增长率分别赋予 90% 和 10% 的权数，以加权平均后的数值作为 FCFE 的预期增长率。计算结果如表 4 所示。

表 4　　预期增长率 g_n 计算表

股票简称	可持续增长率参考值（%）	权数 1（%）	销售增长率参考值（%）	权数 2（%）	FCFE 增长率预测值（%）
王府井	7.95	30	21.49	70	17.43
西单商场	1.22	30	17.33	70	12.50
百联股份	4.60	30	15.32	70	12.10
百大集团	7.08	30	1.28	70	3.02
杭州解百	8.77	30	9.26	70	9.11
南京新百	4.89	90	-9.40	10	3.46
东百集团	13.33	90	26.69	10	14.66
兰州民百	7.14	30	11.04	70	9.87
南宁百货	10.38	30	12.45	70	11.83
新华百货	11.88	90	16.60	10	12.35

（三）未来自由现金流量的确定

运用股权自由现金流恒值增长模型，需要预测下一期即 2011 年样本企业的股权自由现金流。百货公司处于成熟期行业，2005 年以后百货行业全国范围内复苏，所选样本企业自身发展又较为稳定，其 2005 年以后的历史自由现金流对当前估值有较大的参考价值。因此采用 2005～2010 年历史股权自由现金流的平均值为基数，乘以"1 + 预期增长率"作为各上市公司下一期现金流预测值。假设现金来源和运用完全相等，通过各企业历年的现金流量表，我们可以通过如下公式计算出某一企业各年股权自由现金流量：

股权自由现金流量 = 经营净现金流量 + 投资活动现金流入
+ 筹资活动现金流入 − 资本性支出
− 偿还债务所有支出[①]

其中：资本性支出 = 购建固定资产、无形资产和其他长期资产支付

① 公式来源：王建中、李海英：《企业价值评估的 DCF 模型实证研究》，载《中国资产评估》2004 年第 7 期。

的现金－处置固定资产、无形资产和其他长期资产收回的现金净额

计算中我们发现，新华百货2010年的投资活动现金流入是2009年的10倍，属于非正常现金流变动。根据其投资活动现金流入近5年变化趋势，我们将其调整为2009年的2倍。

根据以上计算方法，得出各企业股权自由现金流预测值，如表5所示。

表5　　各企业下一期（2011年）股权自由现金流计算表

股票名称	2005～2010年平均FCFE	增长率（%）	预期FCFE
王府井	819128800. 29	17. 43	961890033. 28
西单商场	66420122. 54	12. 50	74720410. 64
百联股份	1176224990. 20	12. 10	1318581602. 95
百大集团	481108745. 42	3. 02	495643465. 99
杭州解百	165157630. 09	9. 11	180210289. 04
南京新百	166149741. 43	4. 89	174271293. 82
东百集团	227865118. 49	13. 33	258236673. 58
兰州民百	84194472. 34	9. 87	92505409. 37
南宁百货	50251339. 17	11. 83	56195983. 66
新华百货	285675462. 92	11. 88	319601242. 50

六、公司价值的确定

大部分多样本实证研究都采用自由现金流量恒值增长公式来估算公司价值。在拟订一系列模型假设和挑选样本公司后，本研究满足运用此公式估值的条件。在前面的讨论中，我们已经计算出所需要的参数的估计值，将预期现金流FCFE1、预期增长率 g_n 和股权资本成本r，估算出公司股权价值，计算结果如表6所示。

表6　　样本公司股权价值计算

股票代码	股票简称	预期FCFE	β估计值	股权成本（%）	增长率g（%）	公司股权价值
600859	王府井	961890033. 28	1. 59	26. 20	17. 43	10969060845
600723	西单商场	74720410. 64	1. 38	23. 22	12. 50	697104496
600631	百联股份	1318581602. 95	0. 99	17. 42	12. 10	24794290502

续表

股票代码	股票简称	预期 FCFE	β估计值	股权成本（%）	增长率g（%）	公司股权价值
600865	百大集团	495643465.99	0.96	16.92	3.02	3566651945
600814	杭州解百	180210289.04	0.68	12.89	9.11	4775592818
600682	南京新百	174271293.82	0.93	16.58	4.89	1490756153
600693	东百集团	258236673.58	1.27	21.59	13.33	3125345336
600738	兰州民百	92505409.37	1.27	21.56	9.87	791562196
600712	南宁百货	56195983.66	0.86	15.54	11.83	1516088742
600785	新华百货	319601242.50	1.01	17.69	11.88	5496190800

为了验证研究假设的正确性，我们需要将流通A股的每股内在价值与评估基准日的现实股价作比较分析。流通股每股内在价值=公司股权价值×流通A股比例/流通A股数，计算结果如表7所示。

表7　　流通股每股评估价值计算

股票简称	公司股权价值	总股本（万股）	流通A股（万股）	流通股比例（%）	流通股价值（元）	每股评估价值	现实股价2010年12月31日
王府井	10969060845	41764	41764	100.00	10971181038	26.27	36.89
西单商场	697104496	40972	31788	77.58	541031754	1.70	10.87
百联股份	24794290502	110103	110103	100.00	24780435532	22.51	18.02
百大集团	3566651945	37624	26361	70.06	2498728347	9.48	10.20
杭州解百	4775592818	31038	31038	100.00	4770208830	15.37	8.46
南京新百	1490756153	35832	30064	83.90	1251010943	4.16	11.30
东百集团	3125345336	34322	29846	86.96	2718206671	9.11	11.65
兰州民百	791562196	26278	22107	84.13	665850175	3.01	9.30
南宁百货	1516088742	26041	22099	84.86	1286651732	5.82	9.13
新华百货	5496190800	20743	20743	100.00	5500532714	26.52	28.39

七、估值结果分析

（一）对模型评估价值与市场价值进行统计分析

根据股权自由现金流模型得到流通股评估价值以后，我们通过回归分析验证假设：

H_0：在评估基准日，研究样本的评估价值与市场价值无显著相关。

H_1：在评估基准日，研究样本的评估价值与市场价值显著相关。

将每股评估价值作为自变量 X，每股现实股价作为因变量 Y，并通过 Eviews5.0 软件对 10 组数据进行回归分析，得到回归结果如图 1 所示。

Dependent Variable：Y
Method：Least Squares
Date：05/10/11　Time：14：00
Sample：1 10
Included observations：10

Variable	Coefficient	Std. Error	t-Statistic	Prob.
X	0.832156	0.197787	4.207329	0.0030
C	5.106426	3.046406	1.676213	0.1322

R-squared	0.688736	Mean dependent var	15.42100
Adjusted R-squared	0.649828	S. D. dependent var	9.664023
S. E. of regression	5.718722	Akaike info criterion	6.502224
Sum squared resid	261.6302	Schwarz criterion	6.562741
Log likelihood	−30.51112	F-statistic	17.70162
Durbin-Watson stat	1.405905	Prob（F-statistic）	0.002967

图 1　评估价值与现实股价的 Eviews 统计分析

用 Eviews 5.0 和 Excel 2010 软件进行回归实验，我们得到回归方程 $Y = 0.832X + 5.106$。下面对有关统计量进行分析：

（1）T 统计量和 F 统计量。t-Statistic 为 $t = 4.207 > t(9) = 2.2622$，F-statistic 为 $F = 17.702 > F(1, 8) = 5.3177$。因此，在显著性水平 $\alpha = 5\%$ 的情况下，回归方程通过了 t 检验和 F 检验，证明显著的线性相关性。

（2）P 值 $= 0.003 < 0.05$ 的分界值。这说明在置信度为 95% 的条件下，只有不到 0.3% 的可能性"原假设 H_0 为真，而我们拒绝了原假设"，即在评估基准日，研究样本的评估价值与市场价值无显著相关性。

（3）相关系数。用 Excel 2010 得相关系数 $r = 0.8300 > 0.8$，贴现价值和市场价值高度线性相关。

（4）判定系数（R-squared），也称为拟合优度。$R^2 = 0.6880 >$

0.50，这说明了市场股价的变动有 68.80% 可以通过评估的理论价值来解释。模型对研究对象的线性拟合较好。

综上分析，我们有充分的理由拒绝原假设，接受备择假设，得出在评估基准日，样本股票的评估价值和现实价值具有显著线性相关的结论，如图 2 所示。

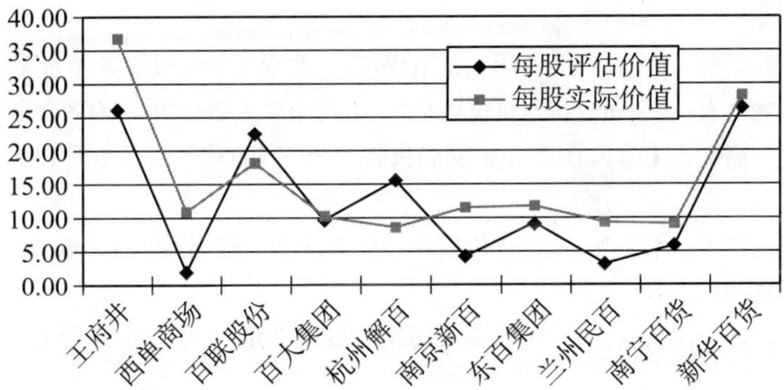

图 2　样本企业评估价值与市场价值线

（二）对模型评估价值与市场价值进行差异原因分析

由图 2 可以清楚地看出，用 DCF 模型评估出的股票内在价值和股票实际价格走势基本一致。下面我们从估值方法和中国市场特殊性两个角度来分析两者的差异。

从估值方法上分析，我们的估值假设可能过于理想，与市场现实有一定差距；由于经验不足，参数的确定并不十分准确。尤其是增长率的微小变动，对估值结果产生很大影响，增长率确定方法仍应斟酌。

从中国市场的特殊性上分析，按照国际资本市场的标准，我国股票市场的价格长期高于国际成熟市场的平均水平。从图 2 中我们也可以发现，大部分样本公司每股评估价值低于其市场价值，股票市场泡沫长期存在。这并非是样本企业所属百货行业特有的情况。

八、结论

通过将评估出的企业内在价值和现实市场价值进行回归分析，我们拒绝了原假设，接受了备择假设：在研究的时点，研究样本的评估价值与市场价值在统计上显著正相关，并且二者具有高度的关联系数。因此，根据统计抽样的原理，我们可以得到这样的结论：在满足自由现金流量折现模型基本假定的前提下，按照本文所述的参数确定方法，DCF模型可以有效地评估出我国的百货零售业的企业价值。

参考文献

［1］阿沃斯·达莫达让：《深入价值评估》，北京大学出版社 2005 年版。

［2］陈力农：《公司分析与价值评估》，上海财经大学出版社 2008 年版。

［3］王燕平：《中国百货行业发展报告 1999～2008》，经济管理出版社 2009 年版。

［4］王建中、李海英：《企业价值评估的 DCF 模型实证研究》，载《中国资产评估》2004 年第 7 期。

［5］廖理、汪毅慧：《中国股票市场风险溢价研究》，载《金融研究》2003 年第 4 期。

［6］刘敏：《现金流折现模型中预期增长率计算方法的探讨》，载《经济师》2010 年第 5 期。

［7］肖彬：《基于 DCF 的上市公司投资价值实证分析》，湖南大学 2009 年。

［8］刘婧：《基于 DCF 模型的中石化投资价值分析及比较研究》，大连理工大学 2004 年。

［9］Alan Gregory and Emma Jeanes. Accounting Firm Reputation and Company Valuation Practices：The UK Evidence. Working Paper，2000.

DCF 和 EVA 估价法的企业价值评估比较分析

——以时代出版为例

许　杰　首都经济贸易大学

【摘要】本文以文化产业中的典型企业时代出版为例，对目前企业价值评估中主流的方法进行了对比研究，以检验现金流折现模型和 EVA 估值模型两种估值方法的适用性。研究结果表明：样本企业在采用现金流折现模型时的评估价值和采用 EVA 估值模型时的评估价值具有高度的一致性，从而论证了公司自由现金流折现模型和 EVA 估值模型在评估我国文化产业上市公司价值的可行性。

【关键词】价值评估；折现现金流模型；EVA 模型；文化企业

The Comparison between DCF and EVA in Business Valuation

—A Case Study of Time Publishing

XU Jie

Abstract: Taking the typical enterprise in cultural industry as an example, this paper carries on a study of the popular evaluation method to test the applicability of these valuations method. The result shows that: business valuation of the sample enterprise is highly consistent no matter which method is used. Therefore, DCF model and EVA valuation model are both suit for the assessment of listed companies in cultural industry.

Key Words: Business Valuation; DCF; EVA; cultural industry

一、引言

文化产业是我国“十二五”规划重点扶持的产业之一，在 2011 年 10 月 15～18 日召开的十七届六中全会上，中央对推进文化改革发展作出部署，提出加快发展文化产业，推动文化产业成为国民经济支柱性产业。近年来，文化产业对国民经济增长贡献率不断上升，2010 年我国文化产业增加值突破 1.1 万亿元，比上年增长了 25.8%，占 GDP 的比重达到 2.75%[①]。伴随着国家对文化产业支持力度的增大，文化企业和文化产业将能够充分利用资本市场来做大做强，文化类上市公司进行并购重组热潮不断，据统计，近两年来，境内上市文化企业被披露了不下 20 起并购重组事件；而新兴文化业态的并购现象也十分抢眼，从 2008 年 11 月至 2009 年 11 月，中国互联网行业共披露并购事件 20 起，涉及金额 4.66 亿美元，其中包括联合网视收购百度影视等重大并购事件[②]。在上市文化企业兼并重组中，2009 年年末的时代出版以 2572 万元现金对安徽人民出版社 100% 股权的收购引起了业界的广泛关注。并购完成后，时代出版成为出版主营业务净资产收益率最高、极具成长潜力和投资价值的文化传媒类上市公司。

在企业并购重组中，交易能否实现的核心前提就是企业价值的评估，对企业价值的合理评估不仅是企业价值最大化目标的衡量标准与运行基础，而且可以为广大投资者提供有利的投资信息。目前较为成熟的评估方法主要有折现现金流法、相对比较法和资产基础法。在日益提倡股东价值最大化的今天，基于传统利润指标的企业价值评估模型已凸显弊端，于是基于 EVA（经济增加值）指标的企业价值评估模型应运而生。那么，DCF 和 EVA 在评估文化企业价值时究竟哪种方法更加适用，更能体现出公司的内在价值呢？为此，本文选取我国新闻出版主业真正意义上整体上市的“第一家”——时代出版传媒股份有限公司进行评估分析，以期比较 DCF 和 EVA 估价模型的适用性，同时，在股市委靡不振的局面下为投资者作出合理的投资决策提供了一定依据。

二、时代出版基本情况分析

（一）时代出版经营状况分析

2008 年 9 月 18 日，经中国证监会正式批复核准，安徽出版集团以

① 数据来源：http：//baike. baidu. com/view/40273. htm。

② http：//www. anhuinews. com/zhuyeguanli/system/2010/06/23/003174481. shtml.

其所持有的出版、印刷等文化传媒类资产，认购科大创新定向发行股份，成为上市公司第一大股东，在全国率先以出版业务整体上市。上市公司更名为“时代出版传媒股份有限公司”，成为出版主营业务净资产收益率最高、极具成长潜力和投资价值的文化传媒类上市公司。

时代出版传媒股份有限公司主要从事出版传媒、印刷复制、高科技研发与成果转化三大主业。2005年以来，公司连续3年实现销售收入、利润、主业收益年均增幅30%以上，居全国同行业前列，入围“首届全国文化企业30强”，强力入围有中国书业“百花奖”之称的中国书业2011实力版图，并被评为“2009~2010年国家文化出口重点企业”。

（二）时代出版发展情况分析

首先，近年来文化产业受到前所未有的政策支持。2009年国务院常务会议通过的《文化产业振兴规划》将文化产业提升到国家发展战略的高度；党的十七届六中全会上明确提出要推动文化大发展大繁荣、提升国家文化软实力，推进文化创新，深化文化体制改革，增强文化发展活力，繁荣发展文化事业和文化产业，推动文化产业成为国民经济支柱性产业；“十二五”规划又明确提出了“新闻出版行业总产出2.94万亿元、增加值0.844万亿元”的经济总量目标以及“出版物总印数达到81.6亿册、人均拥有图书5.9册、期刊2.8册”的规模目标①。毫无疑问，政策的大力扶持将使出版业迎来黄金发展期。

其次，随着新闻出版体制改革的逐步深入，出版业跨媒体、跨地区、跨行业、跨所有制的战略重组不断涌现，这些为出版业的发展带来了更多的机遇。比如，社会主义新农村的建设要求加强农村文化建设，而“农家书屋工程”规模的不断扩大，将有利于开拓、培育农村出版物市场，扩大出版物消费需求。

最后，生活方式的转变和技术的进步也将为出版行业的转型带来活力与机遇。技术进步使得出版业不仅可以通过应用信息系统提高企业管理效率，还可以利用互联网、移动互联网、三网融合等新技术实现出版业务板块之间的跨平台合作，进行业务模式和产品模式的创新。目前，跨媒介经营和数字出版正在成为出版企业产业升级和做大做强的重要

① 数据来源：时代出版2010年年报。

路径。

但是，受到互联网替代影响，行业未来趋势并不乐观，时代出版未来几年内收入增长将放缓，但若公司依托现有教材教辅垄断优势，积极寻找新的业务增长点，未来 5 年公司利润增长依然有望保持在 10% 以上。

（三）时代出版历史财务状况分析

由于时代出版是一个上市公司，本文对其进行 DCF 和 EVA 估价时，采用数据的都是从上海证券交易所下载的公司历年的年报中所得，主要利用的是资产负债表和利润表，由于新会计准则的实施，2007 年的财务报表有所调整，为了保证其连续可比性，本文对将以时代出版 2007～2010 年历史四年的资产负债表、利润表中的数据为基础，采用历史财务趋势分析法来分析公司历史财务数据，如表 1、表 2 所示。

表 1　　时代出版 2007～2010 年资产负债表摘录　　单位：元

年份	2007	2008	2009	2010
资产				
货币资金	442349072.21	391051597.73	560874282.09	1061785536.06
交易性金融资产		21810.00		
应收票据	2186184.98	10381637.26	135511789.59	126068022.70
应收账款	368117088.71	373350161.03	432216623.39	453538784.94
其他应收款	72971864.04	36105652.91	42132016.42	44366993.37
预付账款	57420925.35	63439803.83	41908439.42	212752767.96
应收股利				3614059.38
存货	494061022.89	600318389.30	528694650.10	627691779.35
长期待摊费用	15303759.96	17085479.48	17606581.37	17227261.46
一年内到期的长期债券投资			100000.00	
其他流动资产	17691089.01	721122.01	296627.39	30893.29
可供出售金融资产	24209267.14	7345563.78	14489666.95	37766192.96
持有至到期投资	420000.00	100000.00		
长期投资	46028394.05	57051425.70	63858393.11	121949062.95
投资性房地产			124499520.04	141753127.02
固定资产净值	506354931.11	658063097.87	586536193.70	627350274.91

续表

年份	2007	2008	2009	2010
在建工程净值	273257.00	11117969.95	42468504.90	11783768.23
工程物资		2053434.89		
无形资产及其他资产	42918624.40	78753920.10	105603945.15	108206585.17
递延税项借方余额		2146752.78	3941997.64	4679615.57
资产总计	2090305480.85	2309107818.62	2700739231.26	3600564725.32
负债				
短期借款	37500000.00	15000000.00	23000000.00	
应付票据	97466118.09	32061786.11	137108696.15	245805698.21
应付账款	212655316.25	174680248.30	219281420.64	296713625.68
预收账款	74958519.36	55539633.53	57309034.28	85370203.36
应付工资	22977895.00	16314882.40	16529558.30	18235819.71
应付利息			78637.50	95967.12
应付股利	3827303.92	3375678.92	3689078.92	3171078.92
应交税金	46473298.96	50508154.05	45981439.56	40784436.90
其他应付款	49564434.88	86543080.88	109249781.99	94024506.21
一年内到期的长期负债				1170107.35
其他流动负债	2668587.15	433686.31	452736.43	311592.93
长期负债	68226729.47	15980195.52	38903144.35	43813018.63
负债合计	616318203.08	450437346.02	651583528.12	829496055.02
股东权益合计	1473987277.77	1858670472.60	2049155703.14	2771068670.30
负债及股东权益合计	2090305480.85	2309107818.62	2700739231.26	3600564725.32

资料来源：根据时代出版历史资产负债表整理。

表2　　时代出版2007~2010年利润表摘录　　单位：元

年份	2007	2008	2009	2010
主营业务收入	1204756388.62	1465537450.87	1752350901.86	1833403036.00
减：主营业务成本	854669196.34	1045087014.53	1263114359.89	1329401244.71
主营业务税金及附加	5803944.81	13566411.74	11594962.37	12233303.93
销售费用	41873940.03	60750265.22	91065276.09	80964001.47
管理费用	130685428.27	136939791.65	149073489.64	175172545.22

续表

年份	2007	2008	2009	2010
财务费用	-5265484.77	-3023103.93	-4415025.00	-5812980.19
资产减值损失	18621955.70	26299789.70	36015846.59	35163948.87
加：公允价值变动损益				
投资收益	10199844.06	3439718.30	5713353.37	8167085.07
营业利润	168567252.30	189357000.26	211615345.65	214448057.06
加：营业外收入	34522126.00	40363862.73	28355059.95	44961890.75
减：营业外支出	2134977.96	2627764.65	5457417.68	3439628.92
利润总额	200954400.34	227093098.34	234512987.92	255970318.89
减：所得税	2176437.92	1060990.74	3277983.04	4137520.10
净利润	198777962.42	226032107.60	231235004.88	251832798.79

资料来源：根据时代出版历史利润表整理。

1. 利润表历史数据分析

首先对时代出版的历史损益表进行分析，由表3数据和图1可以看到，时代出版的营业总收入是一直稳步上升的，显示出公司规模是稳定发展的态势，公司净利润整体上也是以上升为主。2008年时代出版主营业务收入出现大幅提高，其收入增长率达到21.65%，并在2009年维持在19.57%。这主要是因为，2008年8~11月，该公司进行了一次资产重组。重组后，公司名称由科大创新股份有限公司变更为时代出版传

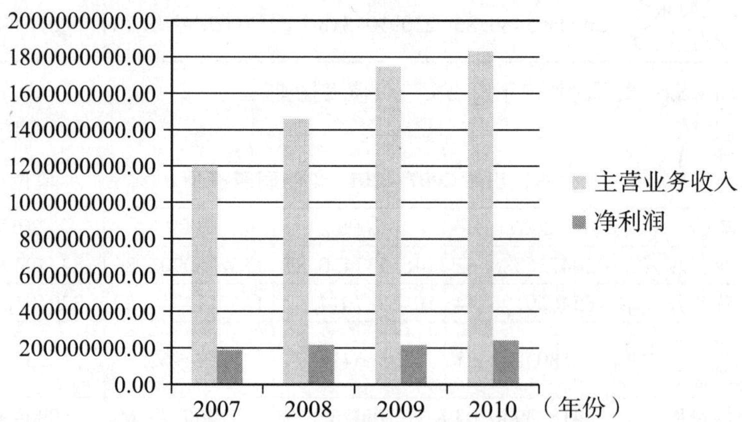

图1　时代出版净利润趋势

表 3　　时代出版主营业务增长率分析　　单位：%

年份	2007	2008	2009	2010
主营业务收入增长率	6.68	21.65	19.57	4.63
主营业务成本/主营业务收入	70.94	71.31	72.08	72.51
主营业务税金及附加	0.48	0.93	0.66	0.67
营业费用/主营业务收入	3.48	4.15	5.20	4.42
管理费用/主营业务收入	10.85	9.34	8.51	9.55
财务费用/主营业务收入	-0.44	-0.21	-0.25	-0.32
资产减值损失/主营业务收入	1.55	1.79	2.06	1.92
投资收益	0.85	0.23	0.33	0.45

资料来源：作者编制。

媒股份有限公司；注册资本由 7500 万元变更为 19530.3040 万元；主营业务由电子和信息、光电一体化、化工（不含危险品）、新材料、生物工程等业务，转变为出版传媒、印刷复制以及与其密切相关的高新科技研发与成果转化。即，公司主要从事教材教辅、图书、期刊以及数字出版、新媒体业务等的开发、策划、出版、印刷复制、发行等业务。业务的转型带来了主营业务收入的大幅增长。

2. 资产负债表历史数据分析

再分析时代出版的资产和所有者权益，所有者权益又叫净资产，是由资产减去负债而得，可以看出，从 2007 年开始，时代出版的资产规模开始逐年稳步扩张，且扩张速度同所有者权益的扩展速度基本一致，说明这一时期公司资产扩张更多的是通过发行新股的方式进行。2010 年增幅有所上涨，主要是因为公司于 2010 年 6 月非公开发行人民币普通股 30915000 股所致，如图 2 所示。

（四）未来财务报表预测

未来财务预测主要采取历史比例预测的方法。销售收入是整个财务预测的基础，其他项目则基于其与销售收入的比率关系来进行预测，而这些比率一般相对稳定。

根据 2011 年 10 月 8 日《经济日报》的报道，2004 年以来，我国文化产业发展一直快于整个经济发展。2004 ~ 2008 年间，文化产业增加值年均增长 23.3%，比同期 GDP 的年均增长速度高近 5 个百分点；

2008 ~2010 年间，文化产业增加值年均增长 24.2%，比同期 GDP 的年均增长速度高了近 1 倍。但是，我国文化产业的增加值占 GDP 的比重却不高，根据报道，2010 年我国文化产业增加值仅为 GDP 的 2.75%。这个比重远低于美国的 25%，日本的 20%，欧洲的 10% ~15% 平均水平以及韩国的 15%。可见，未来我国文化消费的市场空间依然巨大。

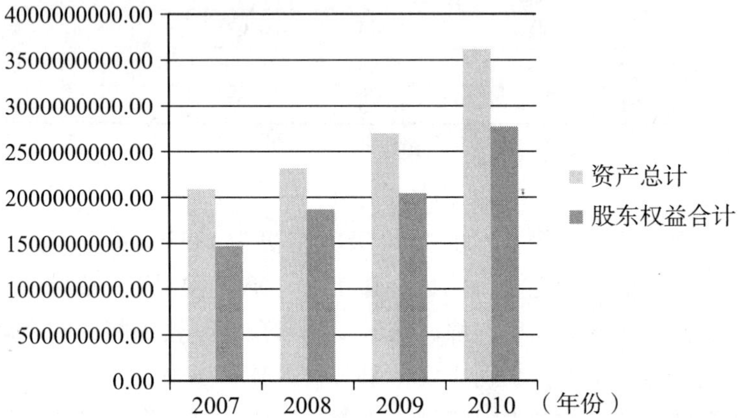

图 2　时代出版资产和所有者权益趋势

资料来源：作者编制。

时代出版在过去四年的平均营业收入增长率达到 13.13%，且时代出版的销售增长因业务逐步趋向稳定，但因为国家对文化企业的鼎力支持以及时代出版的行业地位较为靠前，所以对销售作成长性预测：顺应行业发展，取得较快增长。本文采用两阶段来预测时代出版的销售收入：2011 ~2015 年为增长期，我们预测公司未来几年将以 10% ~20% 的增长率增长；2015 年以后，经过长时间的高速增长进入稳定增长期，再加上出版业市场的日益完善、新媒体的影响和国外企业的进驻，其收入增长速度必定会降低，简单地假定其可保持稳定的增长率 5%，如表 4 所示。

与营业收入存在比例关系的会计科目有：货币资金等，本文对其采取占以前各年度营业收入比例的平均值作为预测值。各年度为零或者各年度只有个别数据的会计科目有：应收股利等，本文假设其预测值仍然为零。

表 4　　未来关键财务指标预测　　单位：%

年份	2011	2012	2013	2014	2015
主营业务收入	16	13	10	7	5
主营业务成本	72	72	72	72	72
营业税金及附加	0.68	0.68	0.68	0.68	0.68
销售费用	4.30	4.30	4.30	4.30	4.30
管理费用	9.56	9.56	9.56	9.56	9.56
财务费用	-0.03	-0.03	-0.03	-0.03	-0.03
投资收益	4	4	4	4	4
货币资金	35	35	35	35	35
应收款项	33.57	33.57	33.57	33.57	33.57
预付款项	3.83	3.83	3.83	3.83	3.83
存货	37	37	37	37	37
长期股权投资	6	6	6	6	6
可供出售金融资产	2	2	2	2	2
投资性房地产	7	7	7	7	7
固定资产	38.66	38.66	38.66	38.66	38.66
无形资产	5.22	5.22	5.22	5.22	5.22
在建工程	0.96	0.96	0.96	0.96	0.96
递延所得税资产	0.16	0.16	0.16	0.16	0.16
短期借款	1.36	1.36	1.36	1.36	1.36
应付票据	7.88	7.88	7.88	7.88	7.88
应付账款	14.57	14.57	14.57	14.57	14.57
预收账款	4.48	4.48	4.48	4.48	4.48
应付工资	1.24	1.24	1.24	1.24	1.24
应付股利	0.23	0.23	0.23	0.23	0.23
应交税金	3.04	3.04	3.04	3.04	3.04
其他应付款	5.35	5.35	5.35	5.35	5.35
其他流动负债	0.07	0.07	0.07	0.07	0.07
长期负债	2.84	2.84	2.84	2.84	2.84
坏账准备	4.77	4.77	4.77	4.77	4.77
存货跌价准备	3.45	3.45	3.45	3.45	3.45
短期投资跌价准备	0.00	0.00	0.00	0.00	0.00
长期投资减值准备	0.00	0.00	0.00	0.00	0.00
固定资产减值准备	0.61	0.61	0.61	0.61	0.61
无形资产减值准备	0.05	0.05	0.05	0.05	0.05
递延税款贷方余额	0.32	0.32	0.32	0.32	0.32
递延税款借方余额	0.16	0.16	0.16	0.16	0.16
累计商誉摊销	0.00	0.00	0.00	0.00	0.00

三、DCF 模型下的时代出版企业价值评估

（一）公司自由现金流预测

公司自由现金流就是公司权利要求者包括股权资本投资者、优先股股东和债权投资者的现金流的总和。一般来说，公司自由现金流就是企业支付了经营费用和所得税之后，向公司权利要求者支付之前的全部现金流。麦肯锡资深领导人之一的汤姆·科普兰教授于 1990 年阐述了自由现金流量的概念并给出了具体的计算方法，即自由现金流量等于企业的税后净经营利润（即将公司不包括利息费用的经营利润总额扣除实付所得税税金之后的数额）加上折旧及摊销等非现金支出，再减去营运资本的追加和物业厂房设备及其他资产方面的投资。

具体公式为：

FCFF = EBIT ×（1 − 税率）+ 折旧 − 资本性支出 − 营运资本的追加额

其中：

营运资本 = 流动资产 − 流动负债

资本性支出 = 固定资产净值的增加额 + 折旧费用，根据公司的历史数据可知，时代出版的资本性支出占主营业务收入的比重大致在 17% ~20%。

根据上文对财务比率的预测，我们可以编制时代出版未来 5 年的预测资产负债表、利润表以及公司自由现金流，如表 5、表 6 和表 7 所示。

表 5　　利润表预测　　单位：元

年份	2011	2012	2013	2014	2015
主营业务收入	2126747521.76	2403224699.59	2643547169.55	2828595471.42	2970025244.99
减：主营业务成本	1531258215.67	1730321783.70	1903353962.07	2036588739.42	2138418176.39
主营业务税金及附加	14461883.15	16341927.96	17976120.75	19234449.21	20196171.67
销售费用	91450143.44	103338662.08	113672528.29	121629605.27	127711085.53
管理费用	203317063.08	229748281.28	252723109.41	270413727.07	283934413.42
财务费用	−638024.26	−720967.41	−793064.15	−848578.64	−891007.57

续表

年份	2011	2012	2013	2014	2015
资产减值损失	38919479.65	43979012.00	48376913.20	51763297.13	54351461.98
加：公允价值变动损益					
投资收益	85069900.87	96128987.98	105741886.78	113143818.86	118801009.80
营业利润	333048661.91	376344987.96	413979486.75	442958050.82	465105953.36
加：营业外收入	51467290.03	58158037.73	63973841.50	68452010.41	71874610.93
减：营业外支出	4466169.80	5046771.87	5551449.06	5940050.49	6237053.01
利润总额	380049782.14	429456253.82	472401879.20	505470010.74	530743511.28
减：所得税	57007467.32	64418438.07	70860281.88	75820501.61	79611526.69
净利润	323042314.82	365037815.74	401541597.32	429649509.13	451131984.59

资料来源：作者编制。

表6　时代出版资产负债表预测　单位：元

年份	2011	2012	2013	2014	2015
资产					
货币资金	744361632.62	841128644.86	925241509.34	990008415.00	1039508835.75
应收款项	713949143.05	806762531.65	887438784.82	949559499.75	997037474.74
预付账款	81454430.08	92043505.99	101247856.59	108335206.56	113751966.88
存货	786896583.05	889193138.85	978112452.73	1046580324.42	1098909340.65
可供出售金融资产	42534950.44	48064493.99	52870943.39	56571909.43	59400504.90
长期投资	127604851.31	144193481.98	158612830.17	169715728.28	178201514.70
投资性房地产	148872326.52	168225728.97	185048301.87	198001683.00	207901767.15
固定资产净值	808164058.27	841128644.86	845935094.26	820292686.71	772206563.70
在建工程净值	20456927.00	23116327.50	25427960.25	27207917.47	28568313.35
无形资产及其他资产	110933931.38	125355342.46	137890876.71	147543238.08	154920399.98
递延税项借方余额	3331970.83	3765127.04	4141639.74	4431554.52	4653132.25
资产总计	3588560804.55	3982976968.15	4301968249.88	4518248163.23	4655059814.04
负债					
短期借款	28970024.53	32736127.72	36009740.50	38530422.33	40456943.45
应付票据	167530127.56	189309044.15	208239948.56	222816744.96	233957582.21

续表

年份	2011	2012	2013	2014	2015
应付账款	309802392.55	350076703.58	385084373.93	412040280.11	432642294.12
预收账款	95376018.01	107774900.35	118552390.38	126851057.71	133193610.59
应付工资	26363282.23	29790508.91	32769559.81	35063428.99	36816600.44
应付股利	4952679.99	5596528.39	6156181.23	6587113.92	6916469.61
应交税金	64612627.67	73012269.27	80313496.20	85935440.93	90232212.98
其他应付款	113686128.32	128465325.01	141311857.51	151203687.53	158763871.91
其他流动负债	1562775.96	1765936.84	1942530.52	2078507.66	2182433.04
长期负债	60417053.37	68271270.31	75098397.34	80355285.16	84373049.42
负债合计	873273110.20	986798614.53	1085478475.98	1161461969.30	1219535067.77
股东权益合计	2715287694.34	2996178353.62	3216489773.90	3356786193.93	3435524746.27
负债及股东权益合计	3588560804.55	3982976968.15	4301968249.88	4518248163.23	4655059814.04

表 7　　　　时代出版企业自由现金流计算表　　　　单位：元

年份	2011	2012	2013	2014	2015
净利润	323042314.82	365037815.74	401541597.32	429649509.13	451131984.59
加：税后利息费用	-542320.62	-612822.30	-674104.53	-721291.85	-757356.44
加：折旧摊销	347723219.81	392927238.38	432219962.22	462475359.58	485599127.56
减：营运资本增加	-226715116.01	196794745.16	171060047.71	131716236.74	100668838.08
减：资本支出	434919868.20	432580445.93	449403018.82	480861230.14	504904291.65
企业自由现金流	462018461.82	127977040.75	212624388.47	278826109.98	330400625.98

（二）时代出版加权平均资本成本预测

本文采用时代出版的加权平均资本成本作为公司自由现金流折现模型和 EVA 估价模型的折现率。

其计算公式为：

$$WACC = \frac{D}{D+E}(1+t)K_D + \frac{E}{D+E}K_E$$

其中：WACC—公司的加权平权平均资本成本；

D——公司债务价值；

E——公司股权价值；

K_D——债务资本成本；

K_E——股权资本成本；

t——公司所得税率。

根据公式可知，计算公司加权平均资本成本需要计算公司资本结构、债务资本成本和股权资本成本。

1. 债务资本成本

债务资本成本是企业借用长期或者短期资金而需对债权人偿付的一种资本成本。但是在当前的状况下，我国公司债发行数量少，公司债市场并不发达，同时国家限制非金融企业间的借贷，因此公司债务成本主要表现为银行的贷款利率。因此，可采用中国人民银行公布的 5 年期贷款基准利率 6. 22% 作为税前债务资本成本，在此基础上再按公司 25% 的税率扣除所得税的影响计算其税后债务成本。本文假设未来几年银行一年期贷款利率不变，2011 ~2015 年债务资本成本的计算如表 8 所示。

表 8　　时代出版 2011 ~2015 年债务资本成本计算表　　单位：%

年份	2011	2012	2013	2014	2015
一年期贷款利率	6. 22	6. 22	6. 22	6. 22	6. 22
所得税率	25. 00	25. 00	25. 00	25. 00	25. 00
实际债务资本成本	4. 67	4. 67	4. 67	4. 67	4. 67

资料来源：上市公司年报。

2. 股权资本成本

股权资本成本根据资本资产定价模型（CAPM）计算：

$$K_E = R_f + \beta \times (R_m - R_f)$$

第一，无风险利率又称无风险报酬率，是指没有任何风险和没有通货膨胀情况下的平均利率，或者是指没有任何违约风险的证券投资组合的回报率，一般情况下，通常以政府发行的中长期国库券的收益率来表示。我国政府发行的在上海证券交易所和深圳证券交易所上市交易的 10 年期的国债，在 2010 年 8 月 30 日，已发行但尚未到期的债券共计 15 种，根据当天的收盘价，显示的债券平均收益率为 2. 51% 。据此，在我国市场上，无风险收益率恰当取值在当前市场条件下为2.51%。

第二，所谓风险溢价是指市场（组合）的预期回报率与无风险利率的差额。它反映了整个证券市场对于超过无风险收益率的平均风险而要求的额外收益。市场风险补偿率的估算值等于一种代表市场的指数收益率，与无风险资产的收益率之间的平均差别。在对我国市场平均收益率的选择上，一般从上证综合指数和深圳成分指数来考察市场收益率。上证综合指数从1992年开盘293.74点，至2010年收盘2808.08点，年均增长率为12.62%。深圳成分指数则从1992年开盘指数966.22点，至2010年收盘12458.55点，年均增长率为14.40%。

$$R_m=\sqrt[19]{\frac{2010\text{年}12\text{月}31\text{日上证指数收盘价}}{1992\text{年}12\text{月}31\text{日上证指数开盘价}}}-1$$

$$=\sqrt[19]{2808.08/293.74}-1$$

$$=12.62\%$$

$$R_m=\sqrt[19]{\frac{2010\text{年}12\text{月}31\text{日深证指数收盘价}}{1992\text{年}12\text{月}31\text{日深证指数开盘价}}}-1$$

$$=\sqrt[19]{12458.55/966.22}-1$$

$$=14.40\%$$

从两市的成交量来看，深证证券交易所在19年间的累积成交量为2218151.686亿元，上海证券交易所19年间的累积成交量为8234881.43亿元，依据成交量的权数，计算两市的加权平均的市场平均收益率为13.00%（=0.79×12.62%+0.21×14.40%），所以，市场的风险溢价为10.49%（13.00%−2.51%）。

第三，资本资产定价模型（CAPM）中的风险系数β是衡量股票收益率对市场组合收益率变动的反应程度，它反映了股票收益率与证券市场收益率之间的相关关系。准确地讲，β系数就是证券收益率与市场组合收益率之间的回归系数，反映了股票收益率对整个证券市场变动的敏感度。本文选取了时代出版传媒股份有限公司自上市以来的交易数据，这样测算的β系数可以较好地反映公司上市以来的系统风险，收益率时间间隔的设置上我们使用每月月底收益率来计算。市场收益率我们采用公司所在股票交易市场的市场指数变动率。

通过计算，求解β系数。

$$\beta = \frac{n\sum_{i=1}^{n} X_i Y_i - \sum_{i=1}^{n} X_i \sum_{i=1}^{n} Y_i}{n\sum_{i=1}^{n} X_i^2 - \left(\sum_{i=1}^{n} X_i\right)^2}$$

$$= (98 \times 5754.78 - 99.24 \times 111.24)/(98 \times 8263.65 - 99.24^2)$$

$$= 0.69117$$

第四，根据资本资产定价模型（CAPM）计算出时代出版的股权资本成本 $K_E = R_f + \beta \times (R_m - R_f) = 2.51\% + 0.69117 \times 10.49\% = 9.76\%$。

3. 加权平均资本成本 Kw

表 9 计算的加权平均资本成本 Kw 代表了公司在未来几年的必要报酬率，在公司经营、财务决策等影响企业业绩的重要因素不发生重大变化的情况下，我们使用 Kw = 9.28% 作为下文中公司持续期实体现金流量的折现率。

表 9　　DCF 模型下资本结构预测　　单位：%

年份	2011	2012	2013	2014	2015
债务资本比重	24.33	24.78	25.23	25.71	26.20
权益资本比重	75.67	75.22	74.77	74.29	73.80
债务资本成本	4.18	4.18	4.18	4.18	4.18
权益资本成本	9.76	9.76	9.76	9.76	9.76
加权平均资本成本	8.40	8.38	8.35	8.33	8.30

（三）时代出版在 2010 年 12 月 31 日的企业价值

通过对时代出版高速增长期和稳定期的预测，运用公司自由现金流两阶段模型和 EVA 估值两阶段模型，即可对时代出版进行价值评估。

FCFF 两阶段增长模型如下：

$$公司的价值 = \sum FCFF_t/(1+WACC)^t + [FCFF_{n+1}/(WACC_n - g_n)]/(1+WACC)^n$$

其中：t 从 1 至无穷大

$WACC_n$ = 稳定增长阶段的资本加权平均成本

经过计算，我们得出结论：运用 DCF 模型评估的时代出版企业价值为 4390680272.81 元，时代出版 2010 年年底流通 A 股数量 150000000.00 股，则可推算出其每股市值为 29.27 元，如表 10 所示。

表 10　　DCF 模型下企业价值评估　　单位：元

年份	2011	2012	2013	2014	2015
企业自由现金流	462018461.82	127977040.75	212624388.47	278826109.98	330400625.98
折现率（%）	8.40	8.38	8.35	8.33	8.30
折现系数	0.92	0.85	0.79	0.73	0.67
现金流折现值	426216293.19	108951639.60	167157678.34	202459643.22	221767846.04
预测期企业价值	1126553100.39				
永续增长率（%）	5				
持续期企业价值	4727687263.35	债务价值	企业价值		
测算企业价值	5854240363.74	1463560090.94	4390680272.81		
2010 年 12 月 31 日时代出版流通 A 股数量					150000000.00
2010 年 12 月 31 日时代出版评估市值					29.27

四、EVA 模型下的时代出版企业价值评估

（一）公司未来 EVA 预测

经济增加值 EVA（Economic Value Added）是由思腾思特咨询公司首先提出的，该估值模型认为公司价值等于税后净营业利润减去资本（债务和股本）成本。“天下没有免费的午餐”是西方经济学对经济社会最精练的概括，EVA 估值法正是将这一原理加以运用，将传统利润指标计算方法没有考虑进来的股东权益资本的成本也算在内，从而能够真正体现企业价值的创造能力，全面衡量企业的整体竞争力。

经济增加值（EVA）的计算公式如下：

$$EVA = NOPLAT - IC \times WACC$$

其中：NOPAT——经过调整后的税后净营业利润；

IC——经过调整的期初资本投入总额；

WACC——加权平均资本成本。

1. 资本总额预测

资本总额包括权益资本和债务资本，它是所有者投入企业经营活动的全部资金的账面价值。其中权益资本包括普通股权益、少数股东权益①；债务资本，即金融负债（有息负债）部分，包括短期借款、一年内到期的长期借款和长期借款，不包括经营负债（无息负债），比如应付职工薪酬和应付票据、应付账款、其他应付款等信用负债。同时，在计算资本总额时也需要调整一些财务报表项目的会计处理方法，以真实地反映企业投入资本总额。一般是对财务报表中资产负债表的负债和权益进行会计调整，负债指有息负债，不包括商业信用无息负债、应付职工薪酬等。同时计算资本投入额时往往采用期初资本总额，以真实反映企业投入经营的真实成本。

资本总额 = 债务资本 + 权益资本 + 调整项目

其中，权益资本 = 普通股权益 + 少数股东权益

债务资本 = 短期借款 + 一年内到期的长期借款 + 长期借款

调整项目 = 各种减值准备金 + 研发费用的费用化金额

－在建工程净额 + 递延所得税

贷方余额（借方余额则为负值）+ 累计商誉摊销

在新会计准则中，企业对合并过程中形成的商誉，要求至少在每年年度终了进行减值测试。所以，在计算 EVA 的过程中涉及商誉的调整时，不需要再考虑当年的摊销额和累计商誉摊销额，只需将计提的商誉减值准备加回税后净营业利润和资本总额中。因公司往年商誉都为 0，故假定未来年份也为 0。

资本成本预测结果如表 11 所示。

① 在原会计准则下，少数股东权益在合并资产负债表中所有者权益类项目之前单列，而在新会计准则下，合并资产负债表中的少数股东权益在所有者权益类项目中列示，少数股东权益不再单列而是直接并入净资产中。因此，以下调整资本成本时的股东权益即为普通股权益和少数股东权益的合计。

表 11　　时代出版 2010～2015 年资本总额　　单位：元

年份	2010	2011	2012	2013	2014	2015
短期借款	0	28970024. 53	32736127. 72	36009740. 50	38530422. 33	40456943. 45
一年内到期的长期借款	1170107. 35	1276048. 51	1441934. 82	1586128. 30	1697157. 28	1782015. 15
长期借款	0	0	0	0	0	0
应付债券	0	0	0	0	0	0
应付利息	95967. 12	1488723. 27	1682257. 29	1850483. 02	1980016. 83	2079017. 67
债务资本合计	1266074. 47	31734796. 31	35860319. 83	39446351. 82	42207596. 44	44317976. 26
股东权益	2771068670. 30	2715287694. 34	2996178353. 62	3216489773. 90	3356786193. 93	3435524746. 27
坏账准备	95533457. 02	101404211. 44	114586758. 92	126045434. 81	134868615. 25	141612046. 01
存货跌价准备	81935913. 64	73393740. 13	82934926. 35	91228418. 99	97614408. 31	102495128. 73
短期投资跌价准备	0	0	0	0	0	0
长期投资减值准备	0	0	0	0	0	0
固定资产减值准备*	9260777. 08	9230388. 54	9230388. 54	9230388. 54	9230388. 54	9230388. 54
无形资产减值准备	839166. 89	840875. 08	840875. 08	840875. 08	840875. 08	840875. 08
递延税款贷方余额	10174981. 90	10515899. 97	10515899. 97	10515899. 97	10515899. 97	10515899. 97
减：递延税款借方余额	4679615. 57	3331970. 83	3765127. 04	4141639. 74	4431554. 52	4653132. 25
累计商誉摊销	0	0	0	0	0	0
研发费用的资本化金额	0	0	0	0	0	0
减：在建工程净值	11783768. 23	20456927. 00	23116327. 50	25427960. 25	27207917. 47	28568313. 35
权益资本合计	2952349583. 03	2886883911. 67	3187405747. 93	3424781191. 28	3578216909. 08	3666997639. 00
资本总额	2953615657. 50	2918618707. 98	3223266067. 76	3464227543. 10	3620424505. 52	3711315615. 27
债务资本比重（%）	0. 04	1. 09	1. 11	1. 14	1. 17	1. 19
权益资本比重（%）	99. 96	98. 91	98. 89	98. 86	98. 83	98. 81

注：*鉴于公司过去 4 年的固定资产减值准备和无形资产减值准备数额均较为稳定，故简单假定为过去 4 年的平均值。

2. 税后净利润预测

税后净营业利润，实际上是在不涉及资本结构的情况下企业经营所获得的税后利润，反映了企业资产的盈利能力，等于税后净利润（不扣除少数股东权益）加上利息支出部分。税后净利润的调整公式如下所示：

NOPAT =（净利润 + 利息 + 所得税）×（1 – 税率）+ 少数股东损益 + 本年商誉摊销 + 递延税项贷方余额的增加（ – 递延税款借方余额的增加）+ 各种准备金余额的增加 + 资本化研发费用 – 资本化研发费用在本年的摊销（利息支出应采用会计报表附注中的“利息支出”一项），如表 12 所示。

表 12　　时代出版 2011 ~ 2015 年税后净营业利润　　单位：元

年份	2011	2012	2013	2014	2015
净利润	323042314. 82	365037815. 74	401541597. 32	429649509. 13	451131984. 59
加：利息	3190121. 28	3604837. 05	3965320. 75	4242893. 21	4455037. 87
所得税	57007467. 32	64418438. 07	70860281. 88	75820501. 61	79611526. 69
等于：息税前利润	383239903. 42	433061090. 87	476367199. 95	509712903. 95	535198549. 15
乘以：（1 – 税率）	0. 85	0. 85	0. 85	0. 85	0. 85
等于：息前税后利润	325753917. 91	368101927. 24	404912119. 96	433255968. 36	454918766. 77
加：本年商誉摊销	0	0	0	0	0
坏账准备的增加	5870754. 42	13182547. 49	11458675. 89	8823180. 44	6743430. 76
准备存货变动损失准备的增加	– 8542173. 51	9541186. 22	8293492. 64	6385989. 33	4880720. 42
长期投资减值准备的增加	0	0	0	0	0
资本化研发费用	0	0	0	0	0
递延税项贷方余额的增加	340918. 06	0	0	0	0

续表

年份	2011	2012	2013	2014	2015
减：递延税款借方余额的增加	424578.48	663545.23	576773.93	444115.92	339431.46
资本化研发费用在本年的摊销	0	0	0	0	0
等于：税后净营业利润	322998838.40	390162115.71	424087514.56	448021022.20	466203486.50

3. EVA 的预测

将上文中求得的各参数值代入公式“EVA = NOPAT - IC × WACC”即可求得未来五年增长期的 EVA，具体过程及结果如表 13 所示。

表 13　　时代出版 2011 ~ 2015 年的 EVA　　单位：元

年份	2011	2012	2013	2014	2015
税后净营业利润	322998838.40	390162115.71	424087514.56	448021022.20	466203486.50
期初资本总额	2953615657.50	2918618707.98	3223266067.76	3464227543.10	3620424505.52
加权平均资本成本（%）	9.68	9.68	9.68	9.68	9.68
EVA	36977383.15	107581146.76	112069424.55	112743127.18	115880022.47

（二）时代出版加权平均资本成本预测

EVA 模型中的加权资平均资本成本的计算公式如上文所示，但是在 DCF 模型中计算债务成本比重时的负债包含了所有的应付项目，而在 EVA 模型中的债务资本，不包括经营负债（无息负债），比如应付职工薪酬和应付票据、应付账款、其他应付款等信用负债。所以，利用 EVA 模型时计算出的债务成本和权益成本的比重会与 DCF 模型中的比重有所不同，如表 14 所示。

表 14　　EVA 模型下资本结构预测　　单位：%

债务资本比重	1.37	1.40	1.43	1.46	1.50
权益资本比重	98.63	98.60	98.57	98.54	98.50
债务资本成本	4.18	4.18	4.18	4.18	4.18
权益资本成本	9.76	9.76	9.76	9.76	9.76
WACC	9.68	9.68	9.68	9.68	9.68

（三）时代出版在 2010 年 12 月 31 日的企业价值

EVA 两阶段增长模型如下：

$$公司价值 = IC_0 + \sum EVA_t/(1 + WACC)^t + [EVA_{n+1}/(WACC_n - g_n)]/(1 + WACC)^n$$

其中：t 从 1 至无穷大

$WACC_n$ = 稳定增长阶段的资本加权平均成本

经过计算，我们得出结论：运用 EVA 模型评估的时代出版企业价值为 4344554524.59 元。时代出版 2010 年年底流通 A 股数量 150000000.00 股，则可推算出其每股市值为 28.96 元，同 DCF 模型中评估出的结果相比较，每股市价相差 0.31 元，如表 15 所示。

表 15　　EVA 模型下企业价值评估　　单位：元

年份	2011	2012	2013	2014	2015
EVA	36977383.15	107581146.76	112069424.55	112743127.18	115880022.47
折现率（%）	9.68	9.68	9.68	9.68	9.68
折现系数	0.91	0.83	0.76	0.69	0.63
EVA 折现值	33712719.68	89429599.48	84938544.88	77907686.80	73008153.04
预测期企业价值	358996703.88				
永续增长率（%）	5.00				
持续期企业价值	1031942163.21	期初资本成本	企业价值		
测算企业价值	1390938867.09	2953615657.50	4344554524.59		

续表

年份	2011	2012	2013	2014	2015
2010年12月31日时代出版流通A股数量					150000000.00
2010年12月31日时代出版每股市价					16.70
2010年12月31日时代出版评估市值					28.96

五、时代出版价值评估结果的分析与评价

时代出版2010年12月31日在深市收盘价为16.7元/股，2010年年底流通A股数量150000000.00股，可推算出DCF企业价值评估模型预测的价值为29.27元/每股；EVA估价模型预测价值则为28.96元/每股。很明显我们可以清楚地看到，两种方法的估值结果有着高度的一致性。经济增加值法将对公司的绩效评估与公司估值结合起来，能够很好地识别值得投资的对象。尽管如此，经济增加值法在实务中的应用并不广泛。因此，在广泛使用的自由现金流折现法中，如果在计算自由现金流量时能够引入与计算经济增加值有关的方法，就能够较好地实现通过公司价值评估活动来实现价值管理和价值投资的目标。

同时，我们也可以看到，时代出版的股票价值在2010年年底被低估了。回顾2010年，纵观全年表现，沪指从年初的3277点，到12月31日的2808点，经过了大跌大涨的洗礼之后，A股市场2010年惨淡收场，沪指2010年以来下跌14.31%，在全球股票指数涨幅排名中列倒数第三，仅略强于身陷欧洲主权债务危机中的希腊和西班牙。① 在这样的形势下，时代出版也无法独善其身，持续地保持在其内在价值以下的范围。但是我们从图3中可以看出公司股票一度在2009年涨到33.89元/股。这些都印证了我国证券市场的不完善，中国股民投资的不理性。

① 资料来源：http：//stock.hexun.com/2010-12-31/126530452.html。

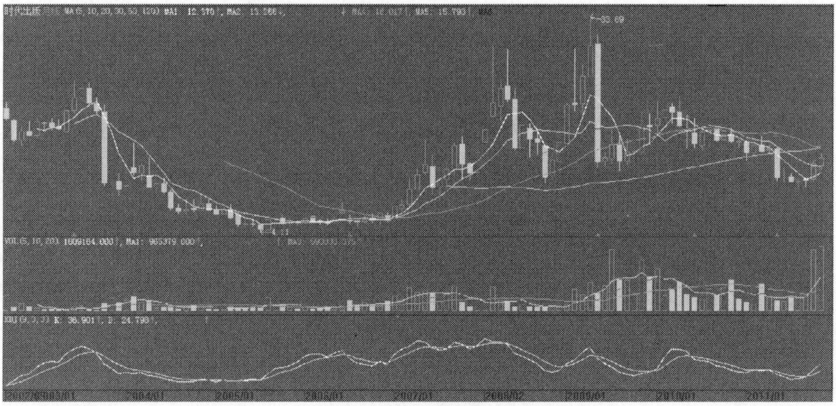

图 3　时代出版月 K 线图

由于对公司未来 EVA 和公司未来自由现金流量的预测都是很复杂的工作，这一点要求分析师不仅要具有丰富的预测经历，还需要很高的操作水平。笔者由于经验有限，对时代出版的分析和其未来 EVA 的预测都做得比较粗略，而一个公司的市场价值处于不断变化之中，表现为公司股票的涨跌不断，因而运用 EVA 估计模型和 DCF 模型计算出来的价值与其市场价值之间存在一些差距也是十分正常的。

参考文献

［1］［美］蒂姆·科勒、马克·戈德哈特、戴维·威赛尔斯著，高建、魏平、朱晓龙等译：《价值评估：公司价值的衡量与管理（第 4 版）》，电子工业出版社 2007 年版。

［2］戴书松主编：《公司价值评估》，清华大学出版社。

［3］戴维·弗里克曼、雅各布·托勒瑞得著：《公司价值评估》，中国人民大学出版社。

［4］倪梅林：《EVA 企业价值评估研究》，中国优秀硕士论文库 2009 年。

［5］孙德梅、徐涵蕾：《DCF 法和 EVA 法对企业价值评估的应用比较》，载《商业研究》2005 年第 16 期。

［6］周永华、高琼洁：《EVA 估价模型在企业价值评估中的应用》，载《财会通讯》2009 年第 2 期。

［7］曹萍、靳长巍：《EVA 模型与企业价值评估研究》，载《商业经济》2010 年第 3 期。

第四部分 知识产权评估研究

PART 4 VALUATION OF INTELLECTUAL PROPERTY RIGHTS

已实施专利价值评估新探

刘运华　胡卓娟　厦门大学

【摘要】专利是权利人的重要资产，合理地评估专利的价值不仅能帮助权利人正确决策获得潜在收益，也能够促进我国专利的实施和产业化。基于影响专利价值的因素和资产评估的稳健原则，对已实施专利采用权利金节省法可计算出公允价值。

【关键词】权利金节省法；影响因素；专利

A New Probe for Implemented Patent Valuation

LIU Yun-hua　HU Zhuo-juan

Abstract: Patent is an important property of the holder, and reasonably evaluated the value of the patent, holder can not only help the correct decisions for the potential revenue, also can promote the implementation of the patent in China and industrialization. Based on the influence factors and the patent value of the asset valuation of the prudence principle, the implementation of the patent royalties to already save method can calculate the fair value.

Key Words: royalties save method; the influence factors; patent

2011 年 6 月，我国每万人口专利拥有量（不含港澳台）达到 2 件。从专利授予量来看，我国是知识产权大国；但就专利质量而言，远远不是知识产权强国。我国有 95% 的企业没有自己的专利，拥有核心技术专利的企业仅为中国企业总数的万分之三。由于缺乏核心技术，我国企业不得不将每部国产手机售价的 20%、计算机售价的 30%、数控机床售价的 20% ~40% 支付给外国专利拥有者。知识产权制度在中国没有充分发挥促进知识创新、推动社会进步的功能，吴汉东教授认为其原因主要有两点：一是制度外力强加而造成的“水土不服”，二是制度运作经验不足而导致的“受制于人”。对此，国际知识产权协会主席、美国斯坦福大学教授John Barton指出，发展中国家与发达国家在知识产权方面的差距，不在于制度本身，而在于运用制度的经验。

我国专利转化实施与产业化的比例一直较低，根据世界银行的统计只有25%；国内陈海秋、宋志琼和杨敏研究发现，我国发明专利第8年的存活率平均只有34%，而外国同期为76%。专利价值评估是促进专利实施和产业化的重要一环，发挥着价值公平尺度的作用，可促进专利战略的实施。在下列情况下，需要进行专利价值评估：一是企业间进行兼并、收购、合作、合资、担保、信托、保险、证券化、建立联盟或企业间就专利技术进行交易、转让、许可等；二是企业内部按照税法和财务法规的有关规定（如许可或转让产生的税收），进行审计、资产清算、财务报告、项目管理等。

一、影响专利价值的因素

（一）技术因素

专利价值的大小根本上取决于专利的技术水平，技术因素是专利价值性的基石。对专利技术的评价可以通过分析评估对象的“三性”、说明书和权利要求书的撰写情况、替代技术情况、技术趋势等一系列因素来判断。另外，专利权人是否继续从事本技术的后续研发对专利的价值也有一定的影响。

技术的新颖性对专利价值的影响，Reitzig通过对127个半导体方面的专利一一研究发现，决定半导体专利价值的最主要因素是新颖性，而围绕专利可创新程度的影响则很有限。这表明对这一领域而言，其专利竞争非常激烈，而新颖性从一定程度上避免了竞争的激烈性。

技术的创造性程度和专利价值有密切联系。① 根据创造性程度的不

① 专利法对发明的创造性要求是具有突出的实质性特点和显著的进步，而对实用新型的创造性要求是具有实质性特点和进步，两者有显著的不同，反映在专利价值上即是发明专利的价值一般大于实用新型专利。

同，可以将发明分为以下三种类型：一是首创发明，这种发明的技术含量是最高的，也是发明人的核心技术，属于外延发明，是发明的基础、核心，原始发明源自个人大脑中独特的构思，分布在各行各业领域。现代原始发明基本上是在实验室里产生，时间长，难以计划、预测，具有发散性和高风险。因为别人的专利难以绕开、无可替代该发明，所以其价值极高，比如光纤技术、高通公司的 CDMA 技术，比如微软的操作系统，等等。二是组合发明，也就是通常所说的集成创新，就是将已有的技术组合在一起形成一种新的发明，组合发明要求组合所产生的效果不是各组合工具本身所固有效果之总和，需要产生新的技术效果，并具有非显而易见性，如 20 世纪初英国人斯文顿发明的坦克 = 履带车 + 装甲 + 火炮，就均属于组合发明。三是改进发明，借鉴人家的技术，加上自己的贡献，形成一个新的东西。改进发明属于内涵发明，是原始发明的发展、延伸，改进发明一般以市场上销售的专利产品或已实施的工序发明为对象，是从专利中选择已获得巨大成功的核心专利进行再创新，风险小，例如，爱迪生对白炽灯的发明是首创发明，通用电气公司给其充惰性气体的方法对爱迪生的白炽灯进行了改进，从而大大改善了白炽灯的质量和使用寿命，通用电气公司的发明就属于改进发明。一般而言，首创发明的价值明显大于组合发明、改进发明。

专利的实用性也是影响专利价值的一个重要因素，因为技术的实施难度直接影响其应用，主要反映在专利资产实施必需的技术条件上。必需的技术条件越高，实施的难度越大，应用范围就相应狭窄。对一项技术而言，可应用的范围越广，它的价值也就越大；反之，则价值较低。

专利技术被替代可能性，通常需要考虑技术的创新程度、技术规避的难易程度、存在的替代解决方式、替代技术的可行性等。专利引证的次数作为评价专利技术质量的重要指标，具体又可分为专利引文数量和专利被引次数，其中专利被引次数可较为准确地反映专利在本领域的技术基础地位，专利被引次数越多，说明其对本领域的技术贡献越大，杨中楷等在《美国专利商标局 10 个高被引专利的计量分析》一文中，通过分析专利的被引次数不仅可以得到一项专利技术的技术基础地位，也可进一步预示技术未来的发展趋势。而通过对专利引文数量的分析，不仅可以反映评估对象的科学关联度，而且也可以反映该专利相对于被引文献其创造性如何，进而可间接反映专利技术的替代情况。但比较遗憾的是关于专利的引证数据目前只能在美国的专利商标局的专利文献中获得。我国目前国家知识产权局公布的专利文献中尚不能查到专利引证数据。

（二）法律因素

专利的产权状态包括发明人身份、专利申请权和署名权、专利权归属（特别在委托发明的情况下），以及专利申请权转让、专利权转让、专利实施许可、专利质押的记录、进出口贸易中提请海关备案的专利权登记和专利年费的缴纳等。[①] 这些因素在专利价值评估初期应由委托方充分披露，作为专利价值评估的重要前提条件。

专利实施许可作为专利实施的重要方式之一，对专利价值有很大影响，一般而言已发放实施许可的专利比未发放实施许可的专利价值要大，因为只有当一件专利有经济价值，作为“理性经济人”的被许可方才会寻求或者接受许可，支付许可费。这里还涉及实施许可的类型，实施许可在我国具体可分为独占实施许可、排他实施许可、普通实施许可、交叉实施许可、分许可等等，不同的实施许可类型在一定程度上也可反映专利价值，比如独占实施许可的许可费一般高于排他许可的许可费，作为“理性经济人”的市场主体只有在认为待许可专利具有较大经济价值时才会寻求独占实施许可，当然这也不绝对，市场竞争情况和市场主体的市场策略也会影响实施许可的选择。

有价值的专利容易被牵扯到异议、无效和侵权纠纷中，随着专利授予量的大量爆发式增长，专利纠纷也出现了急剧增长的趋势，然而，根据相关的调查，绝大多数专利诉讼都没有走到最终通过法院做出判决的阶段。数据表明，美国 1.5% 的专利曾经被提起过诉讼，只有 0.1% 坚持到法庭判决阶段，绝大多数诉讼通过庭外和解的方式解决了纠纷，而最终通过法庭解决的专利诉讼，有将近 50% 的专利被认为无效。所以，如果专利经过了异议，无效及侵权纠纷，则其法律权属更稳定。

专利的价值随着专利有效期的推移而单调增长，但是与此同时边际

---

① 对实用新型和外观设计，因国家知识产权局对其授权采用的是初审登记制，未经实质审查，故对其进行价值评估时，应要求专利权人另行提供国家知识产权局的检索报告。

效益以指数级递减。专利的经济寿命与专利的法定寿命不等同,[①] 专利的经济寿命在不同领域差异较大，比如电子信息行业专利的经济寿命远低于食品行业和医药行业专利的经济寿命，陈海秋、宋志琼和杨敏的研究表明：中国大陆地区发明专利的平均寿命为7.12年（同期外国平均寿命为11.11年），其中企业发明专利的平均寿命最长为10.17年，大专院校发明专利的平均寿命最短为6.14年。

对基于第一专利的改进而获得授权的改进专利，如果第一专利仍在法律保护期内，则未经第一专利授权而实施其专利也将构成侵权。有些领域，如电子信息领域专利的密集程度非常高，甚至达到了所谓“专利灌丛”的程度，在这样的领域，后续技术常依赖在先技术，此时由企业的专利工程师分析出技术的依赖程度，再由专利代理人根据技术交底书和检索到的对比文件分析与此相关的技术有多少，技术优势如何，与以往存在的技术相比优势和有无侵权可能性等等，专利代理人根据技术的创造性程度选择恰当的申请策略就显得尤为突出。

国外研究表明，专利授权率对专利的价值也有一定的影响。如Pakes在1986年调查了英国、法国和德国17年的数据，描述了随着时间的变化专利价值分别的变化，研究发现专利的平均价值并不大，但在英国和法国专利平均价值是7000美元，而在在德国其平均值为17000美元（说明在这一时期，英国和法国的专利授予率是83%和93%，而德国仅为35%）。近年来，专利申请数量的迅速膨胀，使得专利局审查员不堪重负，专利审查质量管理不严格，授权公布了大量有问题的专利，导致专利法律效力的不确定性大大增加，以至于影响了专利权属的稳定性，影响了专利的价值。

司法保护力度对专利的价值也有很大影响，这也是为什么同样一件专利在不同国家，其评估或交易价值可能很大的原因，司法保护力度可以从以下几方面判断：司法程序透明度、司法机关独立性、司法执行力度及有无对故意侵权的惩罚性赔偿制度，等等。

需要说明的是，法律因素的稳定性只是影响专利价值的一个因素，

① 需要说明的是专利的法定寿命不等于专利的保护期限，以发明为例，专利法规定发明的保护期限为20年，自申请日起计算，但在国家知识产权局的授权公告之前，权利人并不享有专利权，一般自申请之日起要三年或更长时间才能被公告授权，故其实际的法定寿命一般为十六七年或更短。

因为，实践中毕竟大多数专利从来没有被许可或者转让或者诉讼，说明只有极少部分专利可以被商业化。如果仅用商业化的价值来衡量，那么只有这部分专利具有价值，然而如果用法律规定的授权条件和稳定性来衡量，很多没有实施的专利价值也是比较高的。

（三）专利的保护范围

专利的保护范围以权利要求书为准，说明书及其附图可以用于解释权利要求书。[①] 在该评估过程中，评估人员通过阅读相应的专利说明书和权利要求书，以确定专利的保护范围，这就需要和专利代理人交流和沟通以便在专利文献的检索和分析的基础上找出与专利价值相关的因素。

权利要求书的结构如何，权利要求的项数，限定技术特征的细化程度，说明书是否引用了合理数量的现有技术包括专利文献和非专利文献，权利要求是否较多地采用上位概念以为申请人谋求更大的保护范围，这些直接决定了专利的保护范围。专利技术的保护范围越大，他人绕开的可能性越小，专利的价值也就越高。

许多学者利用计量经济的方法来评估专利的价值，其中均涉及一个很重要的变量即权利要求的项数，在权利要求书中权利要求可分为主权利要求和从属权利要求，在单一主题的权利要求书中，一般形式是一个主权项下面按一定的层次排列几个从权，从属权利要求的主要作用是在本申请面临不得不缩小独立权利要求保护范围的情况时（复审、无效）具有充分的修改余地，也就是主要起递进保护的作用，且从属权利要求限定的技术特征要得到主权利要求的支持，否则即不符合《专利法》第26条第3款的规定导致从属权利要求限定的技术方案不清楚，而被提起复审或无效。而对于确定专利权保护范围的主权利要求而言，其限定技术特征越多，保护范围越小，限定技术特征具体，保护范围越小。[②] 这样就出现了一个问题，如前文所述，用计量经济的方法计算专

① 外观设计专利没有权利要求书，其保护范围以表示在图片或照片中的该外观设计专利产品为准。

② 当然我们也不能一味为扩大保护范围，而盲目选择上位概念、减少必要技术特征，因为这样可能导致权利要求书得不到说明书的支持而被复审，或使得本申请缺乏新颖性和创造性而不予授权。

利价值时，普遍认为专利价值和权利要求的项数成正比例关系，即是权利要求的项数越多，专利的价值越大，当然这里指的是从属权利要求的项数，因为在单一主题的权利要求书中主权利要求的项数只能有一个，而根据刚才的分析，从属权利要求越多，一定程度上意味着主权利要求的限定技术特征越多，否则从属权利要求得不到主权利要求的支持，而主权利的限定技术特征越多，专利的保护范围越小。本文认为，我们如果利用权利要求书来判断专利保护的范围，在专利不涉及无效程序时，仅从主权利要求分析即可，不必过多考虑从属权利要求，更不能将从属权利要求和主权利要求简单相加。

实证研究表明，美国生物技术公司的专利价值随着专利涉及范围的扩大而增加。专利的 IPC 国际分类号是专利涉及领域的反映，所以在进行专利价值评估时可以采用国际分类号来量化专利的保护范围。

（四）权利人的专利战略

企业是否已经充分运用了专利策略来有效保护专利也和专利价值有密切关系。其中有的企业采取地毯式的专利申请策略，即不仅申请专利保护核心技术而且将相关的外围技术均全部申请专利；有的企业认为专利可以用来向它的投资者表明企业的技术能力，从而具有价值信号，能够吸引外来的投资；另外有些企业则认为单个专利不具有价值，应该把相关的专利积聚起来形成专利组合，从而能阻止诉讼，并能够在专利授权谈判中占据优势，最近苹果和谷歌近似疯狂的手机专利收购便是例证；还有的企业采用篱笆策略、专利包围策略和网络策略，等等。

企业有否进行国际专利申请（PCT 申请），在不同国家间进行专利布局，对专利价值也有重要的影响，研究表明，单个专利的价值依赖于所属专利族的规模，也依赖于其在专利族中的作用大小，专利或专利族在交叉许可中的筹码能力从一个侧面反映了专利或专利族的价值。

同时，进行 PCT 国际申请，将专利至于更多国家的专利审查程序，如 PCT 国际申请指定国越多，获得授权的国家越多，则说明其可专利性越强，日后因创造性等因素被提起无效的可能性越小，这在一定程度上反映为专利权属状态的稳定性。但企业在进行 PCT 申请时也要考虑成本—收益因素，不能一味为专利族的大小而在一些没有必要的小国申请专利，具体在哪些国家申请、申请什么类型的专利，要结合专利产品的市场情况、专利的创造性程度具体分析，因为PCT国际申请成本还是比较大的，如果专利产品在一个国家没有市场则完全没有必要在这个国家申请专利。

（五）市场因素

市场性不是技术性和法律性的统一，它是单独的一支，表示该技术跟市场之间的关系；但是，市场性是无法预测的，我们不知道什么时候，什么技术能兴起和普及，它的背后是市场那只无形的手在操控。

专利的经济价值与市场环境有很大关系，专利经济价值的实现尚需要有组织、人才、策略、步骤、系统及商业模式等各项配套措施和经营技能的作用，仅凭一个技术先进的专利不一定能获得高额经济收入。

未来专利产品销售额及利润额的大小，决定了专利的现有评估价值。因此对专利产品的市场研究是评估专利价值的基础。影响产品市场需求的因素有很多，包括国家和行业的宏观经济形势及市场结构，替代产品的生产和供应，企业的营销战略，产品的售后服务，需求的收入弹性和价格弹性等因素。

市场容量的大小也直接关系到专利价值的大小，市场容量的大小同时也决定了生产专利产品的平均成本和产品的销路，对于已实施的专利，专利产品的盈利能力和专利对专利产品的贡献率和专利价值也有较大的影响。

市场上与专利互补技术的发展对专利技术因素的发挥也有重要影响，进而影响专利价值。例如，1947年发明的半导体扩散成结工艺，直到十多年后出现了一种高纯单晶硅时才得到工业应用；手机QQ专利是在2001年申请的，但是这一专利是随着近年来手机的普及，特别是手机上网的普及，才得以广泛使用，从而体现了竞争力。

市场通常具有买方的利益特性，这可能带来市场价值的扭曲，以专利转让为例，专利价值与受让人及其市场、愿景、现实的市场环境有直接关系。此外，交易双方的规模、信用情况和参与价值谈判的双方当事人的实力也对专利价值产生一定的影响。

具体可以从双方企业的技术开发实力、企业相关知识产权行为（企业主观上是否积极保护知识产权），企业的知识产权管理综合情况（企业防御、侵权、获利的意图）和企业管理能力（专利权人通常会选择利益最大的合作伙伴进行专利转让或许可）等方面进行分析。

二、已实施专利价值评估模型的选取

影响专利评估方法选择的因素有：评估的目的、评估基准日、评估前提和限定条件，所以评估前需要对这些影响因素进行明确的分析和说明；例如不同的评估目的（投资、转让目的的专利价值评估，质押目的的专利价值评估及破产清算目的的专利价值评估）采用不同的评估方法，而通常不同的评估方法是基于不同的评估假设或者评估模型。

因为授予专利权的前提条件是该专利需具有新颖性、创造性等要求，这使得专利权缺乏可比较的对象，所以，对专利进行价值评估较少考虑成本法和市场法。收益法和实物期权法均基于未来收益计算专利的价值，均适合用作已实施阶段专利价值的评估。对已实施的专利，其生产出来的专利产品已经得到市场的认可，与未实施的专利相比影响专利价值的不确定因素大幅减少，且专利产品能够带来未来稳定的现金流，故对已实施的专利既可以使用收益法也可以使用期权法进行价值评估。但实物期权法是20世纪90年代才开始用于专利价值评估的理论中，我国实务界很少采用这种方法，而采用收益法在我国评估实践中有较长的历史；故本文根据稳健原则选用收益法对已实施的专利进行评估。

Reilly将收益法分为两种形式，一种是以未来现金流折现为基础，一种以权利金节省为基础，其中权利金节省法（亦称为许可费节省法）由Labrum & Frank提出，许可费节省法认为专利权的价值是由未来年度因拥有该专利权所能节省的许可费折现总和，或对该专利权发放许可证可获得的许可收入折现值总和。专利许可作为专利实施的最重要的方式之一，用权利金节省法来计算已实施专利的价值更符合稳健原则。

权利金节省法的运算公式如下：

$$V=\sum_{i=1}^{n}\frac{RC_i}{(1+r)^i}$$

V：专利价值　　RC_i：第i期可节省权利金

r：折现率　　n：可节省权利金年限

折现率是将资产的未来预期收益折算成现值的比率。在具体的专利价值评估中，选用的收益额有不同口径，折现率的选定必须与收益额的口径相一致。折现率一般采用无风险报酬率+通货膨胀率+风险报酬率，其中无风险报酬率可以参考政府发行的中长期国债的利率或同期银行存款利率确定；[1] 通货膨胀率是对将来通货膨胀的预期水平，不是过去的通货膨胀率；风险报酬率的确定较为复杂，简单地说，风险报酬率是行业风险报酬率、经营风险报酬率和财务风险报酬率的加总。

可节省权利金年限：可节省权利金年限是确定专利权收益期限的依据。可节省权利金年限和专利的剩余保护期限有关，表现为剩余保护期限专利权可节省权利金年限的最长期限；除此之外，还与技术创新和技术进步、专利产品周期、市场需求等因素密切相关，同时可节省权利金年限还具有较强的产业依附性，实务中可以参照以下期限确定：（1）法定有效期；（2）合同有效期；（3）统计分析的有效期；（4）经与同类资产比较确定。

另外，权利金比率也是影响评价对象的重要参数之一。权利金比率一般依据可比较性或可类比的相似资产实际的交易案例作为参照，经调整与评价后，作为评价对象的权利金比率。这需要了解评价标的的背景资料与特性，包含评价对象的应用广度、独特性、法律状态、保护情形等，以便后续搜寻标杆或可比较的交易资料作为权利金比率指标，越近期的交易案例越佳；决定权利金的计算基础，例如以净销售额、单位生产量、客户数或支付权利金之前的营运利润，以此作为计算基础；分析评价标的经济年限（而非法定年限）；依产业标准或产品特性来决定权利金比率，再视实际获利能力、授权范围（专属/非专属授权）、销售地区差异等因素进行调整。

三、案例介绍[2]

××医学科技公司（以下简称甲公司）为一家成立多年，以数位体温量测系统、数位血压测量控制器、各类医疗器材等产品的研发、制造、加工、买卖及进出口为主要业务的医药公司。评估前委托方明确的评估对象的基本情况如下。

---

① 注意，因国债利率和银行存款利率是单利表示，折现率是复利形式，故需要对其进行修正。

② 说明，鉴于已知数据不能准确反映各专利贡献率大小，本案例拟对甲公司的专利权做整体评估。

（一）甲公司专利权的基本状况

1. 技术因素

甲公司具有技术上的优势，拥有强大的研发团队（具有持续不断的研发工作），公司对 R&D 投入高度重视，不断投资，因此其技术竞争力在同业中名列前茅。根据甲公司的披露，其 2006 年 12 月 31 日的市场成长率为 12%，营业收入 2.5 亿元人民币以上。

2. 法律因素

甲公司在评估基准日（2006.12.31）拥有的有效专利，中国有 7 件、在美国有 5 件专利、欧洲有 5 件，未涉及专利无效纠纷，专利权属稳定，专利经济年限为 15 年。

3. 市场相关因素

供应商可调高售价或降低质量对产业成员施展议价能力，甲公司不受特殊原料的掌控，其经营关键在于设计及新技术的取得及采用，所以供应商的议价能力目前对其无关键影响。

购买者对抗产业竞争的方式，总是设法压低价格，争取更高品质、更多服务，甲公司因具有差异化产品加上购买者的资讯不充足，可避免购买者有较强的议价能力。

4. 甲公司披露的基本财务数据（见表 1、表 2）

表 1　　甲公司过去 3 年的资产损益表　　单位：元

年份	2004	2005	2006
销货收入	171356993	213171380	239261087
		24%	12%
销货成本	106288353	129820965	143316252
		22%	10%
销货毛利	65144557	83350415	95944835
	38%	39%	40%
费用			
销售及管理费用	27863605	33037262	39254760
研究与发展费用	14044410	18649965	21408237
利息费用	449092	20489328	19208745
折旧及摊销费用	39555786	44820405	48093006

续表

年份	2004	2005	2006
小计	992224166	1227822980	1431691794
		24%	17%
税前净利	472961988	646836702	72623. 848
所得税	118240497	161709175	181558212
税后净利	354721491	485127526	544674636
		37%	12%
净利率（税后）	9%	10%	10%

表 2 **损益表的财务指标** 单位：%

年份	2004	2005	2006
收入成长率		24	12
营业边际利益	26	26	27
费用（损）比率	88	87	87
边际毛利	38	39	40
税前边际利润	12	13	13
边际净利	9	10	10

（二）折现率的计算

根据甲公司披露的财务数据得知，甲公司的行业风险报酬率为 16. 60%，经营风险报酬率为 3. 62%，财务风险报酬率为 4. 44%，根据前文所述，甲公司的风险报酬率为 24. 66%。5 年国债的利率为 3. 81%，通货膨胀率为 3. 20%，根据折现率一般采用无风险报酬率 + 通货膨胀率 + 风险报酬率，甲公司的折现率为 31. 67%。

（三）权利金比率的确定

运用“权利金节省法”，为取得权利金比率资料，经付费搜索国外知名资料库 Royalty Stat LLC 后，得到与甲公司专利权性质内容相似的可比较的授权交易共 30 件。经加总平均 30 件权利金比率，得到权利金比率为 8. 65%。

（四）计算专利价值

通过专家评分对影响专利的法律因素、技术因素及市场相关因素进行评分，得到：

强弱势评估因素	评分	
法律因素	55	4.50%
技术因素	35	6.50%
市场相关因素	35	6.50%
		17.5%

如前文所述，5 年国债利率为 3.81%，加上专家评分的结果 17.5%，计算得到甲公司专利权的收益率为 21.31%。

2006 年 12 月 31 日甲公司预计净销售收入 86350351 元，根据前文得到的权利金比率计算得出其每年可免除权利金金额为 7469264 元，结合前文计算得出的专利收益率，计算甲公司专利权的价值为 35050511 元，约为 35000000 元。

说明，专利价值评估涉及很多定性化的影响因素，仅仅用数学公式量化全部定性化的因素基本是不可能的，也许正如朱雪忠教授所讲，最好是采用定性和定量结合的方法，将定性判断程序化、数量化得到一个比较接近真实的数据。

参考文献

［1］国家知识产权局：http：//www. sipo. gov. cn/ghfzs/zltj/tjyb/tjyb2011/201109/t20110916_620460. html。

［2］吴汉东：《知识产权制度运作：他国经验分析与中国路径探索》，载《中国版权》2007 年第 2 期。

［3］王丽萍：《专利交易让沉睡的专利醒过来》，载《中国知识产权报》2006 年 11 月 29 日；陈海秋、宋志琼、杨敏：《中国大学专利实施现状的原因分析与初步研究》，载《研究与发展管理》2007 年第 4 期。

［4］刘伍堂：《专利资产评估指导意见》。

［5］杨中楷、梁永霞、刘则渊：《美国专利商标局 10 个高被引专利的计量分析》，载《科学学与科学技术管理》2008 年第 11 期。

［6］王会良、和金生：《专利模糊性：一种新型专利价值视角》，载《电子知识产权》2007 年第 9 期。

［7］郑成思：《知识产权价值评估中的法律问题》，法律出版社 1999 年版。

［8］朱雪忠、万小丽：《竞争力视角下的专利质量界定》，载《知识产权》，2009 年第 7 期。

［9］赵晨：《专利价值评估的方法与实务》，载《电子知识产权》2006 年第 11 期。

［10］林秀芹：《促进技术创新的法律机制研究》，高等教育出版社 2010 年版。

［11］康琪佩：《谈权利金节省法》，http：//www. credit. com. tw/creditonline/.

［12］万小丽、朱雪忠：《专利价值的评估指标体系及模糊综合评价》，载《科研管理》2008 年第 3 期。

［13］Carl Shapiro. Navigating the Patent Thicket：Cross Licenses，Patent Pools，and Standard-setting. Innovation Policy and the Economy，2001：119 – 150.

［14］Markus Reitzig. What Determines Patent Value? Insights from the Semiconductor Industry Research Policy. Amsterdam：Jan2003. Vol. 32，Iss. 1：13 – 26.

［15］Thdodore Hagelin. Method for Valuing Intellectual Property US 7493262.

［16］Pakes. Patent As Options：Some Estimates of the Value of Holding European Patent stocks. Econometrica（1986 – 1998）；Jul 1986；54，4：755 – 784.

［17］Matutes，C.，P. Regibeau and K. Rocket. Optimal Patent Design and the Diffusion of Innovation. Rand Journal of Economics. 1996，27（1）：60 – 83.

基于收益自相关判别的知识产权期权估值及应用研究

张志红　黄　玮　山东财经大学（筹）会计学院

【摘要】知识产权已经成为创造企业竞争力的战略资产。国内外研究已经表明对知识产权的价值存在低估和管理欠缺，评估技术有待提升。针对知识产权的特点发现知识产权的收益就有自相关和偶然跳跃性特征，这种收益自相关特征是企业内部对知识产权的管理导致的，这一自相关性为识别企业内部的管理效应提供了量化途径。故知识产权的价值构成应该包括获利价值、战略价值和经营管理价值。基于此，在分析知识产权的实物期权特性以及自相关期权定价模型的适应性基础上，将自相关期权定价模型引入到知识产权估值中，给出了七个参数的确定方法，并利用 D－W 统计量来计算历史影响系数。利用实例分析了知识产权的收益具有一阶自相关性，其历史影响系数体现了企业内部管理效应，并与收益法、B－S 期权定价模型进行比较，结果表明自相关期权定价模型能够充分体现知识产权的三种价值，有效避免了价值低估，是最为理想的评估途径。

【关键词】知识产权；收益自相关；一阶移动平均过程；期权定价；管理效应

Intellectual Property Option Evaluation and Application Research

—Based on Determination of Return Autocorrelation

ZHANG Zhi-hong　HUANG Wei

Abstract: Intellectual property has become an strategy asset for creating enterprise competition. Review of abroad and home studies indicated that the value of intellectual property was underestimated and undermanaged. There is some room for improvement of valuation technology. The return of intellectual property has the characteristics of autocorrelation and jump by accident. This kind of autocorrelation characteristic is resulted from the enterprise' management on intellectual property which it provides quantity route to identify the management effect of enterprise. Earned value, strategy value and operating management value should be included in the intellectual property value. The real option characteristics of intellectual property and adaptation of autocorrelation option evaluation model on valuation of intellectual property were analyzed. Then autocorrelation option model was introduced into intellectual property valuation. And the methods of determining seven parameters of autocorrelation option model were put forward. The history influence coefficient was calculated by D – W statistic. The autocorrelation of order one of intellectual property return was validated by the example and the operating management effect was represented by history influence coefficient. The comparison between income capitalization approach, B – S option pricing model and autocorrelation option model was made with the example. The results showed that the autocorrelation option model can evaluate the three values. The autocorrelation option model is the ideal appraisal approach which can effectively avoid undervaluation.

Key Words: intellectual property; autocorrelation of return; moving average process of order one; option pricing; management effect

一、引言

知识产权在西方作为单独研究对象正式进行研究是从20世纪50年代开始的。我国的知识产权评估起步较晚，开始于20世纪80年代。

在知识产权的价值影响方面，Weinstein Roy和Huang Shane（1999）在对半导体工业中的知识产权估价进行研究时发现，重视知识产权管理的公司能够给股东带来更多的收益；Michael J. Mard（2001）认为在未来经济中知识产权将是基础的推动力量，公司会更加依赖其知识产权，最终可能带来大量许可协议的出现，并影响着公司的战略决策。Robin Jarvis（2004）从英国中小企业管理中发现，重视知识产权对于解决企业融资问题至关重要，如果企业的管理者忽视了对于知识产权的估价，将会错失好的发展机会；Daryl Martin和David C. Drews（2005）认为由于知识产权存在价值积累复杂性以及易变性的特征，因此，在所有影响知识产权估价的因素中，环境因素至关重要，一旦评估的环境得以确定，那么知识产权组合也就可以准确辨认，从而得到准确的估价；于磊、王淑珍、刘志国（2010）采用实证研究发现知识产权与公司盈利能力呈正相关关系；Jan Friese、Udo Jung（2006）也指出对知识产权的价值存在低估现象而且其管理水平也没有达到平均水平。

对于收益的相关性问题，Hamao、Masulis 和 Ng（1990）通过实证研究发现很多金融资产收益存在自相关，并且通过一阶移动平均过程从资产收益的一阶矩中分离出了自相关。Lo 和 Wang（1995）发现相较于几何布朗运动和均值—回复过程，移动平均过程更加适合描述金融资产预期收益。Szu-Lang Liao 和 Chao-Chun Chen（2006）通过引入连续时间的一阶移动平均过程，使用鞅定价方法构建了欧式期权估价模型。鞅理论在微观金融分析中的应用开始于 20 世纪 70 年代末期，Harrison J. M、Kreps D. M 和 Pliska S. R（1979）发现，当且仅当金融市场实现无套利均衡的时候，所有金融资产的无风险利率贴现价格都是一个鞅。目前研究比较多的主要是针对股票市场，未查找到关于知识产权收益的相关性的研究。

在评估方法中，Pakes（1986）对期权理论在专利评估中运用了早期的探讨，提出了专利期权的概念；Dorit Samuel（2007）资本资产定价模型和布莱克斯科尔斯模型可以用于法律案件中的版权侵害评估；Ernst（2010）等利用蒙特卡洛模拟方法并结合实物期权理论分析了 R&D 项目申请专利保护的价值影响；王淑珍（2010）认为在技术类知识产权评估中应用实物期权法确实具有一定的优势，但基本模型应做出相应的调整；于少伟、李修海（2010）在丁四波（2008）提出在实物期权定价模型中引入云模型能够很好地表达收益波动率的随机性的基础上总结了其存在的不足之处；窦娟（2010）利用二项式模型针对信息技术领域的专利估值。

目前国内外还没有从收益相关性角度研究知识产权的价值，并使得价值评估与企业内部管理具有定量的关联性。在使用能够对知识产权未来的机会价值识别的实物期权法进行估价时又受到实物期权法本身的严格假设条件的限制而难以应用。因此，构建出一种符合知识产权自身特征和收益特点的估值技术，对于完善知识产权市场和促进知识产权战略发展意义重大。

二、知识产权的价值构成和收益特点

（一）知识产权的收益特点

知识产权是一种财产权，是权利主体对自己智力劳动成果的要求权，具有排他性和独占性的特点，因此知识产权在一定时期内便形成了知识垄断和市场壁垒。而垄断同时又与超额垄断价值密不可分，从而能够为企业带来超额利润，这是构成知识产权定价的重要基础。知识产权这一战略性资产的特性和价值的环境决定观使其收益具有自相关性和偶然跳跃性。

1. 自相关性

自相关性是指知识产权的前期收益能够对后期收益产生影响，从而使整个存续期收益的呈现规律并非是杂乱无章的，而是有前后联系的。自相关性通常有正面自相关效应和负面自相关效应两种表现。正面自相关效应是由于知识产权具有创新性，在管理应用的前期往往存在管理经验不足，对预期生产考虑不充分的情况，价值并没有被充分挖掘出来，因此收益相对较低。

2. 偶然跳跃性

知识产权自身的技术升级会使知识产权使用价值增加，从而收益有一个明显的增长，而外部技术进步带来的替代品冲击则会使知识产权收益出现明显的下降。技术进步等因素导致知识产权收益会出现偶然跳跃之外，可以看出在每次跳跃之间，知识产权收益几乎是平稳的，这是由于知识产权的使用价值一经确定几乎不会发生较大波动，呈现阶段稳定性的特点。

（二）知识产权的价值构成

无形资产评估理论基础是经济学价值理论。对于价值的解释通常有三种理论：劳动价值理论、生产费用理论和效用价值理论。效用价值论能够很好地解释知识产权评估的价值，知识产权的价值源泉就是知识产权在与不同使用环境要素的协作中，对主体的满足程度。该价值具有主观性，也就决定了知识产权的不确定性和垄断性。因此，知识产权评估的实质就是在一定的评估环境内，确定知识产权的公允效用价值，该价值以知识产权的使用价值为基础，但又具有主观性的特点。

知识产权的获利价值首先是由拥有及使用该知识产权给企业带来的正常利润和垄断利润之和。在估值时，这部分价值的确定可以使用收益法，即通过直接对未来存续期内预期收益的折现得到。

根据知识产权环境决定性，市场需求的不确定性、技术研发及商业化成功的不确定性及知识的不可储存性和创新效益的共益性，使得风险几乎存在于知识产权的每一个阶段，从而带来了知识产权产品的未来收益具有不确定性。在这种环境下，开发或者放弃开发，购入或放弃购入直接决定企业在未来不确定环境下能否拥有一定时间内进行某项经济活动的权利，此时，知识产权的价值更是一种权利机会的价值。在评估时，战略价值的确定可以通过实物期权评估方法来得到，该模型能够很好地估计出包含战略价值的知识产权估值。

值得注意的是，目前研究仅对获利价值及战略价值进行了关注，却忽视了知识产权的内部管理价值。知识产权的价值协同性决定了知识产权价值未来存在很大不确定性，体现在实际管理工作中的就是管理者可以根据知识产权前期管理的得失调整后期的管理，这种管理柔性持续在知识产权的整个存续期内，对知识产权价值的影响则通过预期收益的相关性表现出来。

综上，知识产权的价值体现在开发到采用决策再到日常管理的三个阶段，应该由三部分构成：获利价值、战略价值和内在管理价值，其中，获利价值由知识产权本身决定，战略价值由知识产权所处外部环境决定，内在管理价值由知识产权所处内部环境决定。

（三）知识产权收益自相关检验方法确定

在自相关检验方法中，一般有残差图示和回归分析、D－W 检验以及高级自回归检验。D－W 检验通过对预期收益进行一阶自回归，得到 D－W 统计量，计算过程清晰，计算结果可靠，并且在该检验过程中可以再次进行统计显著性检验，因此可以在绘制散点图初步确定存在自相关的基础上，使用该方法进一步判断自相关性。在使用回归检验法进行检验时，需要建立多个辅助回归方程，通过对模型进行显著性检验来确定是否存在相关性，检验过程十分复杂，同时该方法与高阶自相关检验法一样，主要适用于二阶以上自相关性的检验，而自相关期权模型假设收益存在一阶自相关，因此放弃使用这两种方法。确定选用图示检验法和 D－W 检验法对知识产权的预期收益自相关性进行检验。

三、知识产权自相关期权估值模型

（一）知识产权的实物期权特性分析及评估方法概述

知识产权由于具有垄断性的特征能够给企业带来超额收益，但同时由于其具有价值协同性的特点，使得预期收益具有很大的不确定性，而这种不确定性同时带来了机会的价值。拥有一项知识产权就相当于控制了未来获得超额现金流的机会权利，可以视为看涨期权进行估价，其买入价就是期权的价格，而使知识产权投入运营的投资总额就是该期权的执行价格，销售所产生的收益现值就是该期权标的资产的市场价格，因此，知识产权可以应用实物期权的思路对其进行估值。

早期对知识产权评估的方法主要有收益法、成本法和市场法，根据知识产权的状况和性质来决定适用哪种方法。董晓峰、李小英（2005）通过对我国知识产权评估方法进行实证研究得出，收益法的使用频率较高，其次是重置成本法，最后是市场法。传统的知识产权评估方法虽然考虑了预期收益能力、开发和维护成本、市场价格等因素，但不可忽视的是它们都没有充分考虑知识产权价值的不确定性和知识产权管理所创造的附加价值。而期权定价理论很好地克服了这些缺陷，为知识产权评估提供了新的思路。

既然知识产权的收益具有自相关特点，那么就需要利用满足自相关的估价模型来估值。目前国内外尚未发现有利用自相关期权估价模型来评估知识产权价值的研究。

（二）自相关期权估值模型

1. 模型简介

一个随机变量的时间序列如果没有表现出任何的趋势性就可以称为鞅，其实质就是一种未来的变化完全无法预测的随机过程。通过将不符合随机过程的其他过程进行等价鞅测度变换之后，便可以套用布莱克－

斯科尔斯定价模型为该类资产的衍生工具定价。假设基础资产是一只股票，其包含股息的基础股价为 S。当前时间设为 t_0，期权到期时间为 T，则期权存续时间 $\tau = T - t_0$，并且 $\tau > 0$。假设该股票价格的自相关来自于预期价格遵循一阶移动平均过程。

基于一阶移动平均过程的期权价值 C_{t_0} 为①：

$$C_{t_0} = S_{t_0} N(d_1') - Ke^{-r_f(T-t_0)} N(d_2') \tag{1}$$

其中，N(•) 是标准正态分布的密度函数，并且：

$$d_1' = \frac{\ln(S_{t_0}/K) + r_f(T - t_0) + \frac{1}{2}\sigma^2[(1+\beta)^2(T - t_0 - h) + h]}{\sigma\sqrt{(1+\beta)^2(T - h - t_0) + h}} \tag{2}$$

$$d_2' = \frac{\ln(S_{t_0}/K) + r_f(T - t_0) - \frac{1}{2}\sigma^2[(1+\beta)^2(T - t_0 - h) + h]}{\sigma\sqrt{(1+\beta)^2(T - h - t_0) + h}} \tag{3}$$

$\sigma > 0$ 是股票价格的恒定波动率；$dt > 0$ 是一段极小的时间间隔；t_0 是期初时点；$h > 0$ 是预先设定的任意小的常数；系数 β 代表了前期对后期的影响，并且要求 $|\beta| < 1$ 以满足一阶移动平均过程的基本假设；S_{t_0} 是股票的当前价格；K 为期权的履约价格。

2. 自相关期权估价模型的适用性分析

自相关期权估值模型考虑到基础资产的收益会产生自相关的情况，应用金融数学中的鞅定价方法进行推导，突出历史因素对资产未来收益的影响，使其在实物期权估值领域中的适用性更强。

自相关期权估价方法最初是用于股票期权的估价，而本文是首次提出将该模型应用于知识产权评估，因此首先需要考虑该模型适用性。一般认为，知识产权必须具备较强的实物期权特性才能使用期权模型进行评估，同时考虑到自相关期权估价模型的特征，提出以下应用前提。

（1）知识产权预期收益满足自相关；

（2）知识产权的应用决策是灵活的，可调整的，不受法律等其他因素的限制；

（3）能够明确划分并准确测算出知识产权投入使用后给企业带来收益；

① 具体推导参看：Szu-Lang Liao，Chao-Chun Chen. The Valuation of European Options When Asset Returns Are Autocorrelated [J]. The Journal of Futures Markets，2006 (1)：85-102.

（4）能够明确划分并准确测算出为了将知识产权投入使用企业所必须支付的投资成本；

（5）有明确的收益期权（特殊情况下也可为无穷，例如商标权）；

（6）可以根据历史数据或预测数据比较可靠地确定出知识产权未来收益的波动率（王黎霞，2006）。

在应用该模型之前，首先应当对每一种知识产权按照应用条件进行分析，判断其适用性强弱，对于适用性较强的知识产权可以直接运用自相关期权估价模型进行评估，而对于适用性较弱的知识产权则可以考虑应用其他方法评估。

3. 自相关期权估价模型参数的确定

使用自相关期权估价模型，需要确定七大参数，模型参数的确定方法也要根据所评估的知识产权进行相应的调整，在这一过程中，要特别注意各参数在用到实物期权估值后意义的变化。

（1）知识产权预期收益现值 S。要得到某类知识产权的收益现值，如果该类知识产权能够在市场中找到已经应用了的类似的知识产权生产出的产品，那么就可以据其收益情况用收益法估算自身产品的收益，并通过分析整个行业和该类知识产权的风险确定恰当的折现率，对收益进行折现得到预期收益现值。如果知识产权是独创的，不能找到类似产品，可以根据专家预测产品未来市场情况，得到模拟的收益现值。

（2）知识产权的执行价格 K。知识产权的执行价格即知识产权开发应用商业化成本的现值，主要包括研发设备投入、人力成本以及维护成本等。这些数据，需要根据现有的会计数据及其未来的发展趋势做出估计。当预计技术未来会发生变化时，成本也会发生变化，此时如果能够构建出恰当的成本变化函数，可以使执行价格的估计更加的准确。

（3）知识产权的期限 T。知识产权的期限也就是知识产权拥有竞争优势的存续期，一般取决于知识产权本身的属性。在确定该期权时，一般主要从知识产权给所有者带来竞争优势的年限，如果该年限无法确定，则使用知识产权的法律保护年限确定。

（4）知识产权收益波动率 σ。在实物期权估价模型的各个变量中，知识产权收益波动率是最难以估计的一个变量。由于很多知识产权具有新颖性和创新性，并且大多都是首次投入到市场中，确定该参数一般通过寻找拥有相同或类似知识产权的上市公司的历史数据，得出其股票价值的近似标准差。如果无法找到拥有相同或类似知识产权的上市公司数据，也可以先确定影响该类知识产权收益波动率的各种因素，通过综合考虑影响因素的变化，间接地估算出该知识产权的收益波动率。

（5）无风险利率 r_f。无风险利率是指投资者将资金投资于国债等几乎无风险的债权时所能获得的收益率。严格来说，在实物期权模型中要求该利率应该是与期权存续期相同的该类债券的收益率作为无风险利率。在我国，由于政府对利率的严格调控，也可以使用同期的银行利率进行计算。

（6）历史影响系数 β。该系数是自相关期权定价模型的重要特征，它体现了资产前期表现对后期的影响，反映了资产收益自相关的程度。通过对自相关检验的各种方法进行对比，可以发现 D－W 检验能够很容易地得出该系数。并且由于该检验随机项的产生机制是一阶自回归，与自相关期权估价模型相一致，D－W 统计量中的 ρ 即是历史影响系数（β），因此该系数可以通过 D－W 统计量来计算得到。

$$DW = \frac{\sum_{t=2}^{n}(e_t - e_{t-1})^2}{\sum_{t=1}^{n} e_t^2} \approx 2(1-\beta)$$

其中，e_t 是原数列应用普通最小二乘法进行参数估计的残差。ρ 为一阶自回归系数。

（7）极小常数值 h。h＞0 是预先设定的任意小的常数。h 在模型推导过程中的主要作用是帮助模型体现自相关过程，因为自相关需要从连续时间上表示出前期和后期。同时，由于自相关期权估值模型是连续时间模型，要体现连续时间的前后期就要求 h 要尽可能小，几乎可以趋近于零，并且其取值大小对估值影响不大，虽然原则上 h＞0，但在实际应用过程中仍可以简单假设 h＝0，而这并不影响估值的准确性。

4. 案例比较分析

某项知识产权经过评定估算，于评估基准日 2007 年 6 月 30 日的评估价值为 34532.25 万元。已知预期收益如表 1 所示。

表1 预期收益的时间序列表

年份 t	2008	2009	2010	2011	2012
预期收益 r	12942.47	24652.37	24652.37	27488.19	29217.34
年份 t	2013	2014	2015	2016	2017
预期收益 r	29217.34	29217.34	29217.34	29217.34	30063.92
年份 t	2018	2019	2020	2021	2022
预期收益 r	28936.53	27960.09	27210.06	27416.63	20805.06
年份 t	2023	2024	2025	2026	
预期收益 r	13612.89	13612.89	13612.89	16639.89	

（1）B－S 评估。

利用 B－S 期权模型进行评估，首先必须确定其五个参数。

①未来现金流量现值。在收益法评估结果的基础上加上基建期初始投资成本，从而直接得到该项知识产权的未来现金流量现值：S＝36325.41＋34532.25＝70857.66 万元。

②执行成本现值。在评估基准日时，基建期的投入成本与未来的现金流量现值是公司做出是否进行投资决策的关键要素。如果投入成本过大，公司可以延时或者放弃，此时，投入成本与期权模型中的执行价格的含义一致，因此将基建期的成本投入作为执行成本，可得到：K＝36325.41 万元。

③存续期。通过前期的技术分析可知，该项知识产权的可利用年限为 18.9 年，为方便计算，取 T＝19 年。

④预期收益波动率。根据技术人员的经验，预计预期收益波动率为 30%。

⑤无风险利率。我国政府发布的记账式国债期限最长期限为 15 年，从而无法直接得到与期权存续期相等的国债利率，但是根据表 2，通过

表2 记账式国债年利率比较表

序号	国债代码	国债名称	期限（月）	年利率（%）
1	080003	08 国债 03	120	4.07
2	0700008	07 特别国债 08	120	4.41
3	0700006	07 特别国债 06	180	4.69
4	0700002	07 特别国债 02	180	4.68

资料来源：http：//www.icbc.com.cn/ICBC/。

比较10年期国债和15年期国债的利率走势，可以预估20年期债券利率大约在5%左右，因此可得到：r=5%。

通过分析，各参数取值如表3所示。

表3　模型参数取值表

参数	S	K	T	σ	r_f
取值	70857.66	36325.41	19	30%	5%

将上述参数带入B-S模型，得到使用布莱克斯科尔斯期权模型评估值为：C=58793.29万元。

（2）自相关期权模型评估。

①模型可行性分析——收益相关性检验。首先通过图示检验法初步判断预期收益是否存在自相关性，再通过D-W检验法得到确切的统计量值，并可以通过统计显著性对模型合理性再次进行检验。将表1中的数据做残差散点图。大部分散点落在一、三象限，说明序列残差存在正相关，同时也表明序列r，即该知识产权的未来收益存在正相关。

②一阶自回归的判断。由于该自相关期权定价模型要求收益是一个一阶移动平均过程，因此首先要对其进行检验。对数列预期收益r及提前一期预期收益r（-1）数列应用普通最小二乘法进行参数估计，得到一阶自回归的统计分析表，如表4所示。

表4　一阶自回归统计分析结果

<table>
<tr><td colspan="5">因变量：r</td></tr>
<tr><td colspan="5">方法：最小二乘法</td></tr>
<tr><td colspan="5">调整后的样本：2009~2026</td></tr>
<tr><td colspan="5">观察值：18（调整后）</td></tr>
<tr><td>变量</td><td>系数</td><td>标准误差</td><td>t检验</td><td>p值</td></tr>
<tr><td>常数项</td><td>5897.179</td><td>3504.201</td><td>1.682888</td><td>0.1118</td></tr>
<tr><td>AR（1）</td><td>0.766653</td><td>0.139178</td><td>5.508433</td><td>0.0000</td></tr>
<tr><td>决定系数 R^2</td><td>0.654747</td><td>D-W统计量</td><td colspan="2">0.851109</td></tr>
</table>

通过表4可以看出，D-W统计量的值是0.85，比较接近于0，显示出序列r存在正自相关。同时，回归的统计显著性检验也显示通过证

明结果是可以接受的。进一步检验是否存在二阶自回归，如表 5 所示，D－W 近似等于 2，且二阶滑动平均过程是不显著的，因此说明收益满足一阶自回归滑动平均过程，符合模型假设。

表 5　　二阶自回归统计分析结果

变量	系数	标准误差	t 检验	p 值
C	23939.43	3613.970	6.624134	0.0000
AR（1）	0.667231	0.151130	4.414934	0.0006
MA（1）	1.075167	0.148233	7.253206	0.0000
MA（2）	0.077691	0.083376	0.931812	0.3672
决定系数 R^2	0.873551	D－W 统计量	2.029065	

通过检验与一阶和二阶自回归分析，证明了知识产权的收益存在自相关性，一方面说明在以往的评估方法中，不对知识产权的收益进行相关性分析是不合理的，另一方面，使得自相关期权估价模型的应用具有了实践基础。

③参数确定。对该知识产权的未来现金流量现值、执行成本现值、存续期、预期收益波动率和无风险利率的选取在两个期权估价模型中的内涵一致，因此沿用表 3 的数据。除了上述五个参数之外，应用自相关期权估价模型还需要确定另外的两个参数：历史影响系数 β 和极小常数值 h。其中，h 值的意义在于辅助模型的推导，并且要求尽可能小，因此可以简单假设其值为 0。同时根据式（4）和表 4 可以得到：$DW \approx 2(1-\beta)=0.85$，从而，$\beta=0.575$。

由此，可得到自相关期权估价模型的七大基本参数取值如表 6 所示。

表 6　　参数取值表

参数	S	K	T	σ	r_f	β	h
取值	70857.66	36325.41	19	30%	5%	0.575	0

④评估结果。根据式（2）可得到，$d_1'=1.8155$；根据式（3）可得到，$d_2'=-0.2441$；根据式（3）可得到根据自相关期权估价模型评估得到该知识产权的价值为，C＝62727.46 万元。

（3）评估结果比较与分析。

通过对该知识产权三种估值方法进行评估，得到估值结果对比情况如表 7 所示。

表 7　　估值结果比较（以收益法为比较基础）　　单位：万元，%

方法	评估值	增加额	增长率
收益法	34533. 25	0	0
布莱克 – 斯科尔斯法	58793. 29	24260. 04	70. 25
自相关期权估价法	62727. 46	27730. 18	81. 64

从表 7 可看出，三种评估方法得到的评估价值还是存在很大差异的。首先，使用收益法评估的评估价值是该知识产权的获利价值。使用布莱克 – 斯科尔斯模型评估出的价值比收益法评估的结果高了约 70%，高出部分价值是战略价值，这是因为实物期权估值模型更全面地考虑到了未来存在的一些机会的价值，能够有效避免知识产权价值的低估问题。使用自相关期权估价发现评估出的价值比收益法的结果高了约 81. 64%，比布莱克 – 斯科尔斯期权估价法的结果高了约 6. 7%①，这是知识产权的内部管理价值，这说明自相关期权估价模型更好地评估出了管理柔性的价值。由于可以根据该知识产权的前期的利用状况来调整后期的管理策略，避免前期存在的问题，维持正确的管理措施，其预期收益之间势必有着密切的联系，因此使用自相关期权估价模型评估知识产权得到的价值应该是最全面的。

（三）基于收益自相关判别来识别管理效应

由于 D – W 检验和历史影响系数之间存在着一个近似的定量关系，因此可以从 D – W 统计检验结果入手，来分析这一历史影响系数，从而在估值之前进行管理效应的识别，为企业提供有价值的参考意见。

已知 $DW \approx 2(1-\beta)$，由这一关系知②，DW 的取值范围在［0，4］之间，当 DW 接近 2 时，数据不具有相关性。这个接近程度根据数据特

① (62727. 46 – 58793. 29)/58793. 29 = 6. 7%

② $\beta=-1$，DW = 4；$\beta=0$，DW = 2；$\beta=1$，DW = 2。

点而不同，会有一个约束上限 u 和下限 l(u<l)。

当 $0 \leqslant DW \leqslant u$，$0 \leqslant u \leqslant 2$ 时 $\left(\frac{2-u}{2} \leqslant \beta \leqslant 1\right)$，说明收益之间存在正相关性，管理是正效应的；当 $l \leqslant DW \leqslant 4$，$2 < l \leqslant 4$ 时 $\left(-1 \leqslant \beta \leqslant \frac{2-l}{2}\right)$，说明收益之间存在负相关性，管理是负效应的；当 $u < DW < l$，$DW \neq 2$ 时 $\left(\frac{2-l}{2} < \beta < \frac{2-u}{2}\right)$，收益之间的相关性不明显，管理无改进；当 $DW = 2$ 时（$\beta = 0$），说明知识产权的收益是独立的经济变量，每年的收入不可预测是一个随机变量，这说明没有对知识产权进行有效的利用。

同时对于知识产权而言，其期限一般较长，像商标等甚至具有无限期的性质，因此，分析该系数对估值结果的影响可以帮助企业管理者认识到其影响程度，并根据此影响程度进行决策调整，改进企业价值。令 β 从［-1，1］之间以 5% 的比率变化条件下计算评估值。当收益负相关和不相关时，β 对自相关期权估值的影响甚小，可忽略不计，这恰好说明在没有管理效应时，知识产权的历史影响不是主要因素；当收益正相关时，这种影响使得评估值在 2% ~3% 之间增长，随着相关程度的增强而加大。

任何经济收益，只要是具有获利性质，则其收益的一定是具有时间相关性的，以往在估值模型中假设收益是独立随机变量是不现实的，也是不符合经济规律的。但是现实中收益的大小又受到内外部环境的影响，有可能体现不出这种相关性，因此就有必要在估值之前判定这种收益的关系，如果没有，说明企业的管理存在问题，就应该对企业管理层提出警示，尤其是呈现管理负效应时，促使管理层提出改进策略，为建立合理的收益预测提供基础。在改进的管理水平上，再进行评估，才是有意义的，因为在评估中首先是假设企业处于持续经营或者至少在平均管理水平上。只有收益呈现正相关时才能使得这一假设成立。

不仅如此，可以根据表 3 所示的一阶移动平均过程的回归方程形式来预测收益，如果遇到收益的跳跃，则以该跳跃点为重新预测的起点。

对于知识产权来说，很多评估目的是为了评估新技术购买的交易价值，或者为知识产权开发与否决策做出价值判断，因此，该系数的准确性对评估价值至关重要。

四、结论

知识产权对企业价值、股东收益、战略决策和公司未来发展能力都有重要影响，评估环境决定着知识产权组合的确认，但目前在估值领域却存在着知识产权价值低估现象。引起这一现象一是由于在评估中没有对知识产权的收益予以研究，更没有进行收益管理。其二是以收益法为基础的评估占据了主要地位，并且着重强调收益率的估计。但是知识产权已经成为企业投资、筹资和战略竞争的多样化资产，其价值的作用以及内涵成为企业乃至国家的核心竞争力，故基于收益管理建立知识产权估值技术具有重要意义。

知识产权因其垄断超额收益的特点以及内外部环境的影响，使得其收益如金融资产一样具有自相关性，同时还具有偶然跳跃性的特点。收益的偶然跳跃性是可以根据技术发展和知识产权相关要素来确定，而收益的自相关性却提供了为企业评价管理效应的方法。通过对收益这种相关性的统计判断，就可以识别出企业的内部经营管理质量。再利用自相关定价模型评估中出这种管理效应的价值，就为企业提升自身管理水平、提高企业价值建立了定量分析途径。

知识产权的价值应该是在一定环境条件下的公允的效用价值，这一效用体现为其权利机会的价值。从收益管理的角度来看，知识产权的价值应该包括三个方面：获利价值、战略价值以及企业内部经营管理价值。获利价值是由于其垄断性带来的，可利用收益法来评估；战略价值是评估企业未来发展机会部分，可利用实物期权模型来评估；而经营管理价值是体现企业在知识产权存续期内的管理柔性的，根据其前期管理经验来调整后期的管理策略，这一管理使得其收益出现自相关性，因此可利用自相关期权估价模型来评估。

本文首次提出在评估知识产权时要对其收益进行自相关检验，提出了具体的检验方法，并以自相关期权估价模型的历史影响系数为指标来量化收益的管理效应，从而为企业提升其自身价值提供了途径。同时，本文首次将自相关期权估价模型应用于知识产权的价值估计，并提出了其七个参数的确定方法。通过对知识产权的实物期权特性分析以及自相关期权估价模型在评估知识产权中的适用性分析，发现自相关期权估价模型为知识产权评估提供了更为合理的评估途径，实例分析证明了这一点。

经营管理价值的实现方式主要是通过对知识产权进行收益管理而不断积累的，这部分价值由于分散性和模糊性导致目前并未得到有效重视。对收益管理过程进行分析可以看出，日常管理创造的价值是在对前期管理经验总结的基础上，针对出现的问题及时调整管理思路，使知识产权应用的前后期顺利衔接，从而挖掘出潜在价值。而这一过程正是知识产权收益呈现自相关特征的原因。

通过对自相关期权估价模型、B－S 模型以及收益法评估结果的比较发现，在知识产权评估中，首先必须分析该知识产权是否具有战略价值以及收益是否具有自相关性，这是决定采用何种评估技术的基础。自相关期权估价模型能够充分体现知识产权的三种价值，是最为理想的评估方法。自相关期权估价模型假设标的资产预期收益存在自相关，从而与知识产权收益特征相适应，能够准确评估出经营管理价值，从而得到知识产权的完整价值构成，有效地避免了价值低估，具有重大的现实意义。

参考文献

［1］丁四波、黄卫来、张子刚：《基于正态云的实物期权定价方法》，载《系统工程》2008 年第 26 期。

［2］董晓峰、李小英：《对我国知识产权评估方法的调查分析》，载《经济问题探索》2005 年第 5 期。

［3］窦娟：《基于实物期权理论的信息技术领域专利价值评估》，北京交通大学 2010 年。

［4］苏平：《美国知识产权资产评估方法选择及其启示——以我国上市公司的知识产权资产评估为视角》，载《知识产权》2010 年第 20 期。

［5］于磊、王淑珍：《论技术类知识产权资产评估中实物期权法的适用性》，载《财会月刊》2010 年第 6 期。

［6］于少伟、李修海、刘庆玲：《基于区间分析和云模型的实物期权定价研究》，载《山东大学学报（理学版）》2010 年第 45 期。

［7］王黎霞：《基于期权定价理论的无形资产评估》，昆明理工大学 2006 年。

［8］Hamao，Y.，Masulis，R. W.，& Ng，V.，Correlations in Price Changes and Volatility Across International Stock Markets，The Review of Financial Studies，1990，

Vol. 3, No. 2, pp. 281 – 307.

[9] Jan Friese, Udo Jung, Thomas Röhm, Ralf Spettmann, Intellectual Property: An Underestimated and Undermanaged Asset?, Journal of Business Chemistry, 2006, Vol. 3, No. 1, pp. 42 – 48.

[10] Jarvis Robin. Seeing the invisible (2004), Accountancy, March A Question of Definition (2003) Accountancy, November. Accounting standards for SMEs (2004), Accounting and Business, April.

[11] Mard, Michael J. Financial Factors, Licensing Journal, 2000, Vol. 20, No. 9, pp. 25 – 27.

[12] Pakes A.. Patents as Options: Some Estimates of the Value of Holding European Patents Stocks. Econometrica, 1986, No. 54, pp. 755 – 784.

[13] Jose Garcia Blandon, Return Autocorrelation Anomalies in Two European Stock Markets, Revista de Analisis Economico, 2007, Vol, 22, No. 1, pp. 59 – 70.

[14] Lo, A. W., & Wang, J., Implementing Option Pricing Models When Asset Returns Are Predictable, Journal of Finance, 1995, No. 50, pp. 87 – 129.

[15] Martin Daryl, Drews David C., Intellectual Property Valuation: Context is Critical. Secured Lender, 2005, Vol. 61, No. 5, pp. 22 – 96.

[16] Samuel Dorit. Intellectual Property Valuation: A Finance Perspective. Albany Law Review, 2007, Vol. 70, No. 4, pp. 1207 – 1225.

[17] Szu-Lang Liao, Chao-Chun Chen., The Valuation of European Options When Asset Returns Are Autocorrelated. The Journal of Futures Markets, 2006, No. 1, pp. 85 – 102.

[18] Weinstein Roy, Huang Shane, Valuing Patents and Intangible Assets in the Semiconductor Industry. Licensing Journal, 99, Vol. 19, No. 2, pp. 8 – 14.

[19] Harrison, J. M. & Pliska, S. R., Martingales and Stochastic Integrals in the Theory of Continuous Trading, Stochastic Processes and their Applications, 1981, No. 11, pp. 215 – 260.

知识产权评估人员执业能力框架的界定

王军辉　北京中锋资产评估有限公司

【摘要】 国务院发布了《国家知识产权战略纲要》之后，随着我国经济转型的实施，知识产权在经济活动中的重要性日益显著。经济活动中涉及知识产权不可避免地需要对知识产权的价值进行估算，基于知识产权资产的特殊性，对知识产权评估人员提出了特殊的要求，本文就知识产权评估人员需要具备的执业能力内容进行探讨，以期为促进知识产权评估工作提供帮助。

【关键词】 知识产权；知识产权评估；执业能力

Intellectual Property Assessment of Staff Competence Framework

WANG Jun-hui

Abstract: The State Council issued the "outline of the national intellectual property strategy", along with the transition of our country economy is implemented, the intellectual property in economic activity is more important. Involving intellectual property inevitably need to estimate for intellectual property value, based on the intellectual property asset specificity, on intellectual property assessment personnel raised special requirement. In this paper, intellectual property assessment personnel needs to have the ability to practice content are discussed, in order to promote intellectual property evaluates the job to offer help.

Key Words: intellectual property; intellectual property assessment; practice ability

随着我国知识产权战略的进一步深化，经济实体对知识产权越发重视，经济发展对知识产权价值界定的需求逐渐增多，知识产权评估作为对知识产权价值出具专业咨询意见的行为将越来越多。知识产权评估行为需要资产评估从业人员按照专业标准进行，为了保证资产评估人员客观、公正地出具合理的知识产权价值意见，资产评估从业人员需要具备与知识产权评估相应的执业能力。

一、知识产权评估人员执业能力概念界定

《辞海》中对能力的解释为：能力通常指完成一定活动的本领，包括完成一定活动的具体方式以及顺利完成一定活动所必需的心理特征。

美国注册会计师协会（AICPA）：“职业能力是一种以能干的、有效率的和恰当的态度履行高标准工作的才能。”

《中国注册会计师胜任能力指南》中对中国注册会计师应具备的胜任能力定义为，“注册会计师能够在实务工作环境中按照设定的标准完成工作任务。胜任能力是以注册会计师的专业素质为基础的。专业素质，是指注册会计师为实现胜任能力而应当具有的专业知识、职业技能、职业价值观、道德与态度。对处于不同职业阶段的注册会计师，其专业素质的水平存在差异，且需要通过终身学习加以培养、保持和提高”。

姜楠教授界定了注册资产评估师的执业能力：能够以恰当的方式完成高质量特定评估领域工作所具有的知识、技能、态度、执行力、可造就性及行为的综合。

参照以上定义，笔者将知识产权评估人员应具备的执业能力定义为：为了能够按照国家法律法规和资产评估执业标准对知识产权出具合理的价值意见，资产评估人员需要具备的专业素质，具体包括职业道德素质、专业评估技术能力、知识产权相关知识能力等。

通过以上对知识产权评估人员执业能力内涵的界定，执业能力内容包括两个方面：一方面是知识产权评估人员应具备的职业道德素质，包括遵守国家法律法规、行业操作标准的要求，独立、客观、公正地出具评估意见，不断提高学习使自己的执业能力适应知识产权评估能力要求，对执业过程中的获知的客户信息保密等；另一方面是知识产权评估人员应具备的专业技术素质，包括知识产权涉及的专业知识、经济行为及价值要求，知识产权服务对象相关要求，知识产权评估相关技术要求等。

二、知识产权评估人员执业能力内容

（一）知识产权评估职业道德相关要求

知识产权资产评估人员应具备的职业道德素质包括独立客观、守法遵规、执业胜任、保密尽责、职业态度、身心素质。

（1）独立客观：是指知识产权评估人员在对知识产权价值出具咨询意见的过程中，一方面评估人员要客观、公正地出具评估结果意见，另一方面评估人员要取得可靠、详尽的资料作为基础对评估对象价值出具意见。

（2）守法遵规：是指知识产权评估人员在出具知识产权价值的评估过程中要遵守我国的法律法规以及资产评估相关的主管部门文件和行业执业标准。

（3）执业胜任：一方面指资产评估机构承接知识产权评估业务应具备相应的执业能力，进行业务安排时要充分考虑资产评估人员是否具备相应的胜任能力；另一方面，资产评估人员应保持学习的态度，提高自己的执业水平。

（4）保密尽责：是指资产评估机构和评估人员在评估过程中，涉及客户知识产权评估相关的经济行为和知识产权技术等方面的商业秘密，不得向外部机构和人员及公司其他未参与项目员工泄露，但在执业过程中，对于评估结果有重大影响的事项不得因客户推说属于公司机密而放弃追问或对相关资料的索取。

（5）职业态度：是指知识产权评估人员对工作专业的认可程度、在评估实践活动中的敬业精神和在评估专业方面对成就的渴望。

（6）身心素质：是指知识产权评估人员应该具备良好的身体素质和心理素质。

（二）知识产权相关技术、交易、价值要求

基于知识产权具备的鲜明特性，不同类型的知识产权特性不同，每一行业的同一类知识产权特点不同，同一行业同种类的不同企业持有的知识产权也具有其独特的性质，因此知识产权评估人员对知识产权的价

值进行评估，资产评估人员需要熟悉作为评估对象的知识产权的自身特点.，具体包括知识产权相关的技术特点、知识产权相关的交易特点、知识产权相关的价值特点。

（1）知识产权相关的技术特点：是指具体作为评估对象的某项知识产权或者知识产权组合的技术应用状况、技术先进性、技术可替代性等方面的内容，对于不同类型的知识产权技术的内涵可能不同，但知识产权技术特点的基本点就是作为评估对象的知识产权的核心独特性。

（2）知识产权相关的交易特点：是指具体进行的知识产权评估涉及的经济行为的特点，知识产权评估涉及的经济行为主要包括抵押融资、出资、转让、知识产权诉讼纠纷、财务报告目的、风险投资等，知识产权评估人员需要掌握评估涉及的经济行为的交易特点，如出资行为知识产权评估国家法律法规的具体规定对评估的影响、抵押融资知识产权评估的地方政策对评估的影响、财务报告目的知识产权评估会计政策对评估的影响等。

（3）知识产权相关的价值特点：是指知识产权评估涉及的经济行为对资产评估出具评估对象价值意见的内涵的不同，最常见的价值用途有现有使用价值、市场价值、清算价值。现有使用价值是指在现有市场、经营和财务战略下对于知识产权所有权的价值，用途主要包括许可合同、财务报告目的、诉讼等；市场价值是指公开市场上，公平条件下买方和卖方都可以接受的价值，用途主要包括合并/并购、转让等；清算价值是指假设无形资产不作为继续经营的一部分并且资产是在强制情况下售出，用途主要包括拍卖、借款担保等。

（三）知识产权服务对象相关要求

作为评估对象的知识产权都具有权属性，其或者为法人实体所拥有或者为自然人所拥有，而作为对评估对象出具价值意见的资产评估人员需要熟悉作为评估对象拥有者——知识产权服务对象的相关内容，主要包括知识产权服务对象拥有知识产权的基本概况、知识产权服务对象运营相关知识、跨国并购相关知识等。

（1）知识产权服务对象拥有知识产权基本概况：是指知识产权服务对象所拥有的作为评估对象的知识产权的基本内容、原理、构造等方面的内容，如某企业拟转让某项专利技术，评估人员需要了解和熟悉作为评估对象的该项专利技术的基本内容、技术原理等方面，如果对于特别专业的知识产权无法对其专利技术内容进行判定，资产评估人员应聘请相关领域的专家出具专业意见，资产评估人员借助专家意见对其内容进行判断。

（2）知识产权服务对象运营相关知识：是指知识产权服务对象企业经营相关的知识，包括企业经营对知识产权的依赖程度、企业所处行业的发展情况、企业在行业中的经营地位、作为评估对象的知识产权在企业所处行业中的状况、企业的财务状况等方面的内容。

（3）跨国并购相关知识：是指知识产权服务对象委托进行的评估行为如果涉及国际事务，资产评估人员需要具备跨国并购相关的知识，如并购方或被并购方所在国的知识产权政策、税收政策、产业政策等。

（四）知识产权评估相关技术要求

知识产权评估人员对委托评估的知识产权的价值进行评估，需要运用适当的资产评估技术、遵守相关的资产评估程序、取得相关的资料支持，按照资产评估相关要求出具知识产权评估结果。知识产权评估人员对知识产权价值进行评估需要具备的技术知识主要包括价值评估知识、战略管理知识、财务管理知识、统计分析知识等。

（1）价值评估知识：是指资产评估人员所具备的价值评估的方法，从方法途径来说具体包括成本法、市场法、经济评估法等，成本法是以成本为依据的评估方法，包括历史成本法和重置成本法，市场法是以市场为依据的评估方法，包括可比市场价值法和可比使用费率法，经济评估法有两方面的因素影响：一方面是由知识产权产生的现金流量，另一方面是现金流量的资本化；从方法的复杂性来说具体包括行业标准法、评级/排名法、经验法则、现金流量贴现法、蒙特卡洛估价法、实物期权法等。对于知识产权价值的评估不一定复杂的评估方法估算得出的价值结论比简单方法更合理，知识产权评估人员需要根据知识产权的具体情况选择最适当的评估方法，因此评估人员需要掌握知识产权评估的方法内涵、应用条件、估算方法等。

（2）战略管理知识：是指知识产权评估人员需要掌握关于行业发展分析、企业战略等方面的知识，为判断知识产权拥有者未来的发展提供帮助，进而为估算知识产权的价值提供专业判断。

（3）财务管理知识：是指知识产权评估人员应该掌握财务分析、投融资等相关知识，对于资产评估人员如果采用特定的方法对知识产权价值进行估算时需要对知识产权服务对象的财务状况进行分析，以估算知识产权拥有者的未来收益状况。

（4）统计分析知识：是指知识产权评估人员运用特定分析方法时需要具备的统计分析相关知识，如许可评估中蒙特卡洛方法的运用等，资产评估人员需要完成统计分析的相关知识的学习，并在知识产权评估实务操作中熟练使用。

三、知识产权评估人员执业能力分级

对知识产权进行评估，不同层次的评估人员需要具备执业能力内容的标准不同，笔者将其分为甲级、乙级、丙级。

甲级能力是指知识产权评估人员精通执业能力知识，能够高质量、高效率地从事与知识产权评估业务相关的各种工作；乙级能力是指知识产权评估人员经过知识产权评估工作经验的逐渐积累，执业能力得到较大的提高，并将其有效地运用到评估实践当中去，对知识产权评估业务的处理达到相应的水平；丙级能力是指知识产权评估人员执业具备的最基本的执业能力。具体内容含义如下表所示。

执业能力		能力级别		
一级	二级	甲级	乙级	丙级
职业道德	独立客观	通过在评估过程中一贯的独立、客观的执业，成为其他人学习的榜样。	在评估过程中一贯坚持独立、客观的执业习惯，并获得其他人的认可，能够在评估过程中提出建设性意见。	在所有评估业务中能够体现独立、客观的执业态度，能够得到他人的认可。
	守法遵规	在执业过程中严格遵守国家相关法律法规和评估标准，能够在评估过程中为客户提出建设性意见，执业质量优质。	在执业中严格遵守国家法律法规和评估标准，能够为其他人提供相关帮助。	在执业过程中能够严格遵守国家法律法规和评估标准，得到他人的认可。

续表

执业能力		能力级别		
一级	二级	甲级	乙级	丙级
职业道德	执业胜任	具备从事知识产权评估的胜任能力，并在执业过程中和业余时间学习提高自己的能力，能够根据知识产权的具体情况调整自己。	具备从事知识产权评估的胜任能力，并通过他人帮助和自己的学习具备独立操作的能力。	具备一般的知识产权评估胜任能力，通过学习能够使自己得到提高。
	保密尽责	能够严格为客户保守知晓的商业秘密，并提醒其他人保守客户的商业秘密。	能够严格为客户保守知晓的商业秘密。	能够为客户保守知晓的商业秘密。
	职业态度	将知识产权评估作为一项神圣的工作来经营，积极调整提高自己，努力实现自己的职业理想。	不仅仅满足自己的本职工作，还寻求自己的发展机会，提高自己的业务能力。	热爱知识产权评估工作，认真做好本职工作。
	身心素质	在处理突发事件或紧急事项时能够保持清醒的头脑，运用合理的方式处理好问题。	面对工作中的各种压力，调整自己的心态，较好地处理矛盾，顺利完成工作。	在正常情况下，有较充沛的体力和精力完成本职工作，遇到困难时能够在别人的帮助下顺利完成工作。
知识产权技术、交易、价值要求		在评估执业过程中能够熟练掌握知识产权的技术特点、交易特点、价值要求，并能够熟练地区分不同情况下的具体应用。	在评估执业过程中能够掌握知识产权的技术特点、交易特点、价值要求，并能够根据不同的情况作出正确的基本判断。	在评估执业过程中能够熟悉知识产权的技术特点、交易特点、价值要求，基本理解各种关系的内涵。
知识产权服务对象相关要求		在评估执业过程中能够独立掌握知识服务对象相关的知识产权基本概况、运营知识以及需要的跨国并购知识，并在评估过程中合理地运用。	在评估执业过程中能够在专家的协助下掌握知识服务对象相关的知识产权基本概况、运营知识以及需要的跨国并购知识，并在评估过程中合理地运用。	在评估执业过程中能够基本掌握知识服务对象相关的知识产权基本概况、运营知识以及需要的跨国并购知识，并在一般项目中进行运用。
知识产权相关技术要求		在评估执业过程中能够熟练掌握各种价值估算方法以及其他知识，并在评估过程中合理运用，出具合理的评估结论。	在评估执业过程中能够熟练掌握一般价值估算方法以及其他知识，并在评估过程中合理运用，出具合理的评估结论。	在评估执业过程中能够掌握一般价值估算方法以及其他知识，并在评估过程中合理运用，出具合理的评估结论。

参考文献

［1］中国资产评估协会、中央财经大学资产评估研究所：《知识产权战略与资产评估》，经济科学出版社 2008 年版。

［2］［美］理查德·瑞兹盖提斯：《企业知识产权估价与定价》，知识产权出版社 2008 年版。

［3］《中国注册会计师胜任能力指南》。

［4］尼克·伯特洛蒂：《知识产权的评估方法》，载《中国资产评估》1997 年第 1 期。

［5］丛森、支芬和：《高素质技能型人才培养研究与实践》，中国经济出版社 2010 年版。

［6］岳公侠：《加强专业能力建设　提高知识产权评估的服务水平》，载《中国资产评估》2011 年第 1 期。

专利技术评估中主要参数的确定方法

刘玉平　王奇超　中央财经大学

【摘要】本文从专利技术剩余使用年限、专利技术对收益的贡献以及专利技术折现率等角度出发，分析了影响专利资产最终评估结果的主要参数，并就如何客观、公正地确定这些主要参数进行了探讨。

【关键词】专利技术；剩余使用年限；收益贡献；分成率；折现率

Methods of Confirming Main Parameters When Evaluate Patent

LIU Yu-ping　WANG Qi-chao

Abstract: This paper focuses on the research for confirming the main parameters which influence the final evaluation result of patent. To gain objective and impartial insight in this regard, this paper develops the evaluation model from three main aspects, i. e. the remaining useful life of patent, the patent's contribution to earnings and the patent discount rate.

Key Words: patent; remaining useful life; contribution to earnings; royalty rate; discount rate

随着近年来专利资产经济行为的不断增多，市场上对专利资产评估的需求也日益增加。收益法是评估专利资产常用的方法，而影响收益法评估专利资产结果的主要参数包括专利技术剩余使用年限、专利技术对收益的贡献以及专利技术折现率，因此如何确定这些参数就成为收益法评估专利资产中的重要工作。

一、专利技术剩余使用年限的确定

影响专利技术收益年限的主要因素包括专利技术的法定使用年限、

技术的先进程度、保密性、更新周期以及市场竞争程度等。以下方法从不同角度出发来确定专利资产的收益年限。

（一）依据专利资产的法定剩余使用年限或合同剩余使用年限确定

如果专利资产只有法定剩余使用年限，则法定剩余使用年限即为专利资产的剩余使用年限；如果专利资产同时具有法定剩余使用年限和合同剩余使用年限，则两者中的较小值即可作为专利资产的剩余使用年限。

（二）根据专利资产的更新周期确定

这种方法适用于在公开市场上能找到同类或相似技术，并且交易案例数据比较充分的专利资产。对于这类专利资产，一般应结合专利资产的实际使用状况、技术更新周期、产品更新周期和市场竞争因素等对其剩余经济使用年限进行预测。采用该方法时，通常要比较同类技术的历史经验数据来预测未来市场的更新趋势，如果数据足够充分的话还可运用计量经济模型加以分析。

（三）直接确定专利资产的剩余经济寿命

该方法类似于专家打分法的形式，可根据市场竞争状况、技术进步和更新趋势等因素，通过专家讨论评议的方式确定专利资产的剩余经济寿命；也可通过建立模糊矩阵的方式，对专家评议结果进行一致性检验，如果评议结果通过检验，则可据此确定专利资产的剩余经济寿命。

上述方法分别从不同角度确定了专利资产的剩余收益年限，如果评估范围内的专利资产只有一项，则其剩余收益年限可取上述3种方法中结果的最小值。对于专利资产组而言，可在选取资产组中最为重要的专利技术作为代表后进行测算，也可分别测算专利资产组中各个专利技术的剩余收益年限而取其中的最小值作为整个专利资产组的剩余收益年限。

二、专利技术对收益贡献的确定

专利技术作为一种无形资产，其收益的获取需要依附于有形资产，通过专利产品的销售来实现其价值。专利技术对企业生产经营的贡献主要有专利产品的超额收益和生产成本节约两种形式。在运用评估技术手段测算专利技术对收益的贡献时，通常是采用收益分成的方法将专利资产与所依附的有形资产区分开来，即从专利技术分成率角度来测算专利资产为企业创造的收益现值。

国内外对于专利技术分成率的研究有很多，目前主要集中于利润分成率和销售收入分成率两种。按照利润分成是将专利使用方的利润与许可方的收益相结合而进行考虑。在企业生产经营中，无论宏观经济因素还是企业自身的原因，都可能导致企业经营亏损，此时，按照利润分成的方法将使专利技术许可方无任何许可收益，显然这种方法很难被专利技术许可方接受，实践中也很少有这种许可方式。另外，评估师在对专利资产评估时，对于未来期间专利产品的销量及单价通常比较容易预测，但对企业的生产成本、期间费用和其他各项税费等一般较难把握。因此评估时通常是在预测专利产品未来年度销售收入的基础上，通过测算专利技术销售收入分成率来计算专利技术对收益的贡献。

（一）专利产品未来年度销售收入的预测

在估计专利产品未来年度销售收入时，可以采用自下而上（从客户角度）或自上而下（从市场总量角度）的预测方法。应用专利技术的企业一般分两种，一种是具有较为雄厚的经济基础，每年固定支出大额研发资金的企业，这类企业的生产经营情况一般比较稳定，历史财务数据比较齐全，部分企业还有详细的未来发展规划。另一类则是正处于成长阶段的企业，这类企业成立时间较短，一般是掌握最新技术的新成立企业或是市场新兴行业，这类企业基本没有可供借鉴的历史财务数据，虽然其未来成长性较好，但其不确定性和风险性也较为明显。对这两类不同的企业，自下而上和自上而下的预测方法有不同的适用范围。

自下而上的预测方法是针对企业自身经营情况的预测，其主要依靠对客户偏好、产品销量和产品单价的预测来确定未来期间的收入，也是目前收益法评估专利资产常用的预测方法。这种方法对于稳定经营的企业比较适用，而对处于上升阶段的高成长性企业来说，由于可供借鉴的资料很少，其预测基础往往不够充分，并且这种带有主观成分的预测容易造成预测结果偏离真实情况。另外，自下而上的预测方法通常是将企业作为独立经营的个体，而并未将企业融入到整个行业和宏观经济大环境中进行考虑。例如，当预测企业未来年度的成长性优于整个行业的发展时，其隐含的假设前提是同行业中部分其他企业的增长滞后于整个行业的发展，显然这种假设是未经调研、不能被认可的。因此，相对于自下而上角度的收益预测，自上而下的预测方法才是较为合理的预测企业未来年度收益的方法。

自上而下的预测方法是从市场总量角度入手来预测企业产品的渗透度、价格变化和市场份额。自上而下的预测方法可以应用于任何类型的企业。对于那些处于稳定经营期的企业，评估师可以依据权威部门或专业机构对市场总量的专业预测，集中精力于研究企业与竞争对手的市场份额。并且稳定经营的公司通常有较为详细的市场占有率统计资料和企业发展战略规划，因此，这类公司的预测数据就比较充足，预测结果就相对精确。而对处于上升阶段的高成长性企业来说，这类企业通常没有很多自身的历史资料可供借鉴，因此自上而下的预测方法就显得更为有效。从另一方面来看，这类高成长性的企业之间竞争非常激烈，市场占有率是其生存和发展的基础，所以我们应该尽可能地通过各种途径和方法把这类企业与整个行业的收益预测结合在一起。

如果公开市场上有比较权威的行业预测数据，例如权威部门出具的行业发展规划报告等，就可以将这些权威预测数据作为我们对行业预测的参照，然后根据行业发展、同业之间的竞争以及企业的发展战略规划来判断企业预测期间每年度大概的市场占有份额。如果公开市场上没有权威的宏观预测数据，我们还可通过其他方法，例如根据已知的历史数据，运用数学、统计学和经济学的知识，建立计量经济模型，根据国家对宏观经济的战略发展规划（如十二五发展规划等），运用已建立的计量经济模型，自己推算行业未来的市场总量，然后结合对企业市场占有份额的判断，也可得出较为客观的未来年度收入预测。

如果专利产品应用的全部专利技术与评估范围一致的话，就可以通过自上而下的预测方法进行收益预测。如果专利产品应用的专利技术范围大于评估范围，或者说评估范围内的专利技术仅是专利资产组中的一部分的话，评估时还要通过其他方法将被评估专利资产对收益的贡献从专利资产组对收益的贡献中分离出来，比较适用的方法是通过建立模糊矩阵求取贡献率。评估人员可通过调查问卷形式取得各方面专业人员的协助，根据不同层次的一系列指标体系对分属于各个专利技术的不同因素的贡献值进行打分，如果打分值通过模糊矩阵的一致性检验，我们就可将全部打分值中各个影响因素对整体的贡献度测算出来，然后根据各个影响因素所归属的不同专利技术，就可计算出被评估专利资产对收益的贡献占专利资产组对收益贡献的比重，再结合自上而下的预测方法，就可测算出评估范围内的专利资产对企业未来收益的贡献程度。模糊矩阵法常用的测算专利资产贡献因素的指标如表1所示。

表1　　专利资产贡献因素指标

专利研发方面	专利成本	专利技术贡献	专利复杂程度	专利使用范围	专利可替代性
专利申请方面	异议程序问题	专利依赖性	专利保护范围	专利许可情况	专利性质
专利交易方面	专利资产转让方式、转证次数、转让内容、价格支付方式	专利市场化能力	专利资产市场供求状况	专利产品竞争力	专利收益实现风险
专利使用方面	专利获利能力	利润分成率	技术垄断情况	专利剩余法定有效期、剩余经济寿命	专利诉讼
投产应用方面	产品新颖性、创造性	专利保护范围	产品垄断情况	产品形状、构造及组合	产品外观

（二）专利技术分成率的确定

在运用收益现值法对专利技术进行评估时，需要通过收益分成的方法将专利技术对收益的贡献从全部专利产品对收益的贡献中分离出来。在专利资产评估中，专利技术分成率是比较难确定的一个因素，并且专利技术分成率对最终结果影响很大，因此，评估时需要选择一个有理论基础支撑并在实务操作中比较实用的方法。技术分成率法的理论基础是专利资产对总收益的贡献程度，即专利资产的价值取决于它对总收益的贡献程度。经济学家已根据柯布－道格拉斯生产函数（$Y = A(t)L^{\alpha}K^{1-\alpha}\mu$）的基本原理，结合数学模型成功地测算出了科学技术对社会生产力发展的贡献程度。柯布－道格拉斯生产函数经过一系列的数学变型后，可以证明经济的长期发展与技术进步（A）密切相关，这就为运用技术分成率法测算专利资产的价值奠定了重要的理论基础。

联合国贸易和发展组织对各国专利技术合同的分成率做了大量的调查统计工作，调查结果显示，专利技术分成率一般为产品净售价的0.5%～10%，并且行业特征十分明显，如表2所示。

表2　国外各行业专利技术分成率参考　单位：%

（国外）各行业	技术分成率下限	技术分成率上限	（国外）各行业	技术分成率下限	技术分成率上限
化学工业	2.00	3.50	精密仪器工业	4.00	5.50
机械制造业	1.50	3.00	汽车工业	4.60	5.00
电器工业	3.00	4.50	光学产品业	7.00	10.00
日用消费品工业	1.00	2.50	制药业	2.50	4.00
石油化工业	0.50	2.00	电子产品业	7.00	10.00

国内有研究表明，我国对专利技术的统计和调查中，以净售价为分成基础，分成率一般不超过5%，如表3所示。

表3　我国各行业专利技术分成率参考　单位：%

（中国）各行业	技术分成率下限	技术分成率上限	（中国）各行业	技术分成率下限	技术分成率上限
全民所有制工业	0.47	1.42	化学工业	0.51	1.54
全民与集体合营工业	0.60	1.79	电力、蒸汽、热水生产和供应业	0.99	2.97
集体所有制工业	0.51	1.52	医药业	0.99	2.98
黑色金属矿采选业	1.17	3.50	橡胶制品业	0.47	1.42
家具制造业	0.40	1.20	黑色金属冶炼及压延加工业	0.67	2.01
木材加工及草编制品业	0.24	0.71	金属制品业	0.56	1.67
印刷业	0.99	2.98	通用设备制造业	0.83	2.48
造纸业	0.40	1.20	铸炼毛坯制造业	0.56	1.67
工艺美术品制造业	0.45	1.34	农、林、牧、副、渔机械制造业	0.45	1.34
文教体育用品制造业	0.64	1.92	电器器材制造业	0.56	1.67
石油加工业	0.50	1.50	重工业	0.60	1.80

续表

（中国）各行业	技术分成率下限	技术分成率上限	（中国）各行业	技术分成率下限	技术分成率上限
轻工业	0.37	1.12	饲料工业	0.28	0.84
有色金属矿采选业	1.12	3.37	皮革皮毛及其制品业	0.26	0.79
建筑材料及其他非金属矿采选业	0.97	2.90	缝纫业	0.44	1.32
采盐业	1.42	4.27	建筑材料及其他非金属矿物制品业	0.79	2.36
其他矿采选业	1.31	3.92	有色金属冶炼及压延加工业	0.61	1.84
木材及竹材采运业	1.71	5.21	机械工业	0.65	1.94
自来水生产和供应业	1.66	4.97	通用零部件制造业	0.79	2.38
食品制造业	0.16	0.47	工业专业设备制造业	0.77	2.32
饮料制造业	0.51	1.53	交通运输设备制造业	0.83	2.49
纺织业	0.49	0.58	电子及通信设备制造业	0.53	1.59

从国内外各行业之间的比较可以看出，不同行业间专利技术销售收入分成率的差异很大。对技术依赖程度较高的光学、电子、金属采选、专业设备制造以及精密仪器制造等行业的技术分成率也相对较高；对技术依赖程度较低的日用消费品、纺织、食品制造以及木材加工等行业的技术分成率也相对较低。另外，从国内外之间的对比可以看出，国外各行业专利技术分成率普遍高于国内同行业的数值。表3中的数据是对国内外应用专利技术的企业历史专利技术销售收入分成率的统计，由于专利技术的不同以及专利许可方和使用方情况的差异，同行业间的分成率上下限也存在较大的差距。由于专利技术具有唯一性的特点，因此历史的分成率数据仅可作为被评估专利技术的参照，评估时还需运用一定技术手段测算出适合被评估专利技术的分成率。

一般认为，专利分成率应与专利的技术复杂程度、产品销售量、剩余收益年限和企业规模等因素有直接联系。一般情况下，技术越先进、产销量或销售额越大，分成率就越高，反之就越低。实践中，早期普遍接受的测算分成率的方法为“三分法”和“四分法”。随着评估技术的不断创新，“三分法”、“四分法”以及后来出现的边际分析法和约当投资分成法，因为精确度不高以及参数选取困难等原因，评估时已经基本不予采用。目前常用的方法是在寻找销售收入分成率案例的基础上，按照被评估企业和案例企业的财务指标和其他重要影响数据对案例分成率进行修正。常用的财务指标包括：净资产收益率、总资产报酬率、销售毛利率、销售净利率、流动比率和速动比率等，这种方法的优点主要是简便易行。如果在公开市场能够获取类似专利技术交易案例的话，其技术分成率的测算过程就相对比较简单。同时，交易案例中的专利技术分成率是经市场认可的，因此用交易案例修正后得到的结果也应接近市场对被评估专利技术的认可结果。这种方法的难点在于如何寻找可比案例，因为专利技术具有唯一性的特点，评估时无法保证总能找到与被评估专利技术在技术、产品和销售方面相似度很高的可比案例。

近年来，Black-Scholes 期权定价模型被越来越多地应用到金融衍生产品和估值定价模型中，在测算专利技术分成率时，同样可以借鉴 BS 期权定价模型。BS 模型的基本公式为：

$$C = S \times N(D1) - L \times E - \gamma T \times N(D2)$$

根据期权定价模型的原理，专利资产为企业带来的现金流现值，应等于其在公开市场的交易价格。在股票交易市场中，专利资产的经济行为理论上应该能够通过公司股价的变动予以体现。但在现实经济环境中，信息不对称导致专利技术转让方通常比受让方更能了解专利技术潜在的盈利能力，即专利技术受让方需通过种种外部信息加以分析判断专利技术的受让价值，由此便产生了专利技术受让方对专利技术未来价格的“看涨”或“看跌”期权。而根据 BS 期权定价模型中对“看涨”和“看跌”期权价值内涵的定义，可以推导和延伸出测算专利资产分成率的公式如下：

$$RR = PR \times \frac{N(\sigma\sqrt{T}/2) - N(-\sigma\sqrt{T}/2)}{erT + [N(\sigma\sqrt{T}/2) - N(-\sigma\sqrt{T}/2)]}$$

式中，RR——行业平均专利资产分成率；

PR——专利资产所属行业平均毛利率；

N(　) ——标准正态分布；

σ——专利资产所属行业 Beta 标准差平均值；

T——被评估专利资产剩余经济寿命；

R——市场无风险利率。

例如，某被评估专利技术属于建筑材料及其他非金属矿物制品业，根据 Wind 咨询选取建筑材料及其他非金属矿物制品业指标上市公司评估基准日年报数据可知，评估基准日年度，建筑材料及其他非金属矿物制品业平均毛利率为24.34%，行业平均 Beta 标准差为0.1031，市场无风险利率为4.05%，被评估专利技术剩余经济寿命为10 年，根据上述公式可得专利资产所属行业平均分成率为：

$$RR = 24.34\% \times \frac{N\left(0.1031 \times \frac{\sqrt{10}}{2}\right) - N\left(-0.1031 \times \frac{\sqrt{10}}{2}\right)}{e^{0.0405 \times 10} + N\left(0.1031 \times \frac{\sqrt{10}}{2}\right) - N\left(-0.1031 \times \frac{\sqrt{10}}{2}\right)}$$

$RR \approx 1.93\%$

根据表3 数据，可得出建筑材料及其他非金属矿物制品业专利技术分成率上下限分别为0.79%和2.36%，通过期权定价模型测算出的结果在调研数据上下限范围之内。然后可根据被评估企业和其所对应行业的财务指标和其他重要数据对专利资产分成率进行修正，修正后可得出适用于被评估专利技术的数值，如果被评估企业的财务指标和其他数据优于行业平均水平，则被评估专利技术的销售收入分成率大于1.93%，反之则小于1.93%。

利用期权定价模型的基本原理来测算专利资产销售收入分成率的方法，其优势就在于只要被评估企业的行业定位准确，并且行业中有上市公司的公开年报数据作为参考，就能得出被评估专利资产的分成率。另外，这种将被评估专利资产放入整个行业中进行比较、修正的方法，也与自上而下角度预测未来收益的基本思路相符。

在确定了专利技术剩余使用年限、未来年度专利产品的销售收入以及专利技术销售收入分成率后，就可得出剩余使用年限内专利技术每年对专利产品销售的贡献值，要测算专利资产的最终评估值，还需将未来年度专利资产对专利产品销售收入的贡献折现取现值。

三、专利技术折现率的确定

评估师在测算专利技术折现率时，通常是在测算企业加权平均资本成本（WACC）的基础上考虑一定的风险因素，其风险因素主要包括：

技术风险、管理风险、财务风险、市场风险和通货膨胀风险等。这种通用方法已被业内普遍认可，其优势在于模型中所需的数据容易从公开市场获取并且计算过程有比较统一的模式。但这种方法的缺陷是对风险因素的判断往往比较主观且难以量化。因此，在财务数据比较充分的情况下，加权平均资产收益率 WARA（Weighted Average Return on Assets）法是较为适用的测算专利资产折现率的方法。

WARA 法的基本思路是在测算企业全部资产的加权平均资产回报率和除无形资产以外各单项资产的税前期望回报率后，由企业全部资产的加权平均资产回报率剔除各单项资产的税前期望回报率而倒推出企业无形资产折现率。其基本公式如下：

$$R_{IA}=\frac{WACCBT-R_{MA}\dfrac{MA}{V_L}-R_{TFA}\dfrac{TFA}{V_L}-R_{PVTS}\dfrac{PVTS}{V_L}}{\dfrac{IA}{V_L}}$$

式中，R_{IA}——无形资产（含商誉）税前期望回报率（折现率）；

WACCBT——企业税前加权平均资本成本；

R_e——税前股权回报率（由税前资本定价模型 CAPM 确定）；

R_d——债务资本成本；

R_{MA}——投资营运资金期望回报率（税前）；

R_{TFA}——投资固定资产期望回报率（税前）；

R_{PVTS}——税盾期望回报率；

V_L——企业整体价值；

PVTS——税盾现值；

MA——流动资产价值（估算时可用企业的营运资金）；

TFA——固定资产价值；

IA——无形资产价值。

该方法的特点是将专利技术作为企业全部资产中的一项，把专利资产的收益与风险结合到企业整体资产的收益与风险中。该方法通过把企业全部资产的加权平均资产回报率剔除各单项资产的税前期望回报率后倒推出专利资产的折现率，与专利资产的销售收入分成率将专利技术对企业收益的贡献从全部专利产品对企业收益的贡献中分离出来的思路相一致。

参考文献

［1］马维野、刘玉平：《知识产权价值评估能力建设研究》，知识产权出版社2011年版。

［2］［美］韦斯顿·安森：《知识产权价值评估基础》，知识产权出版社2009年版。

［3］岳贤平：《专利交易中专利资产评估研究》，科学出版社2009年版。

［4］王奇超：《运用加权平均资产收益率WARA法测算企业无形资产折现率》，载《中国资产评估》2011年第2期。

文化创意产业的知识产权价值评估问题探讨

张静静　中央财经大学

【摘要】文化创意产业的知识产权与传统产业的知识产权相比，具有一些明显的特征，如高增值性、高风险性、强衍生性、权利之间的复杂性等，这些特征给知识产权价值评估带来了一些新的问题和难题。本文将针对这些特征进行具体分析，进而思考在其价值评估方法的应用过程中可能遇到的问题和相应的解决思路。

【关键词】价值评估；文化创意产业；知识产权

Valuation of Intellectual Property in Creative Industries

ZHANG Jing-jing

Abstract: Compared to traditional industries, intellectual property in creative industries has some distinctive features, such as high value-added, high-risk, high derivatives, complexity between different rights, and so on, which bring new issues and problems to the valuation of intellectual property. This paper will analyze the specific characteristics of intellectual property in creative industries, and then think about the problems we may encounter in the valuation process and corresponding solution ideas.

Key Words: valuation; creative industries; intellectual property

文化创意产业兴起于20世纪末，是在知识经济背景下发展起来的强调创新和文化艺术对经济的支持和推动的新兴产业。在文化创意产业中，知识产权是核心资产，是保护和传递文化创意价值的重要保证。除了保护和排他性使用外，知识产权在企业资产转让和许可、企业并购、质押融资等活动中还可以主动为企业创造收入和增加价值，其价值内涵得到较大程度的丰富和拓展，探讨其价值评估问题也就十分重要和必要。

一、文化创意产业的知识产权价值特征分析

（一）文化创意产业的知识产权主要以著作权为主

按照知识产权的类别划分，文化创意产业的知识产权包括著作权、商标、专利、商业秘密等。和工业产业及科技产业以专利为主的知识产权结构不同，在文化创意产业中，著作权（包括计算机软件著作权）占有比较重要的地位，和文化创意产业关系也最为紧密。世界知识产权组织对于文化创意产业认定的标准就是依据产业中知识产权的著作权和创意行为的关系。依据著作权资源的使用程度，文化创意产业被分为四类：核心著作权产业、交叉著作权产业、部分著作权产业和边缘支撑产业①，其中，核心著作权产业是最重要的部分，主要指文化艺术类服务业，根据 2006 年世界文化创意产业的组成情况，核心著作权产业在文化创意产业总产值中所占比例超过一半以上，如图 1 所示。

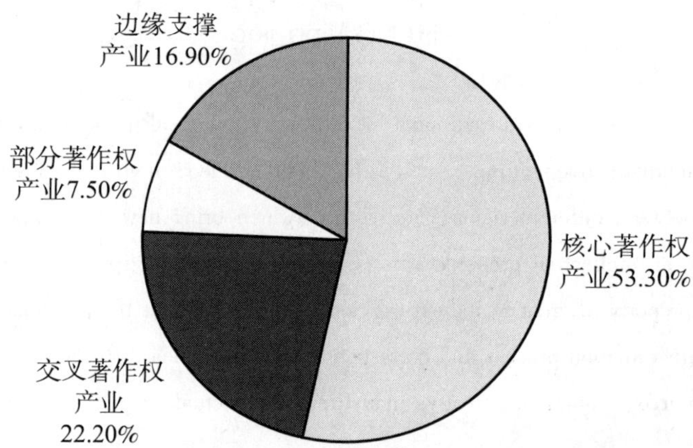

图 1　四类著作权产业在总文化创意产业中的贡献

资料来源：WIPO："National Studies on Assessing the Economic Contribution of the Copyright-Based Industries"，2006。

① WIPO："Creative economy report 2008" Chapter6：The role of intellectual property in the creative economy，2008，167 – 168.

著作权的价值和其受到的法律保护密切相关。著作权法保护的权利直接体现为著作权的价值。和专利商标相比，著作权在新颖性和原创性的要求上相对要低，作品受到保护不一定要是新颖的或是富有艺术价值，但是必须是独立智力劳动的结果，因此，即使作品新颖度不高，只要表达形式上没有重复，著作权即可受到保护。这是因为著作权保护的是作品的表达形式而非创意本身，从而著作权的经济价值比较不确定。当然，如果作品的原创性较高，其创意较难复制，受到的法律保护也就更强，价值也就更能得到保证。

（二）文化创意产业的知识产权具有新颖独特性

文化创意产业的知识产权主要源于文化创意元素的表达，是基于消费者个性体验的需求。文化属性、科技属性等创意元素赋予了知识产权新颖独特的特征，也是其获得超额收益的核心价值来源。很多文化创意企业凭借其拥有的独一无二的创意设计和知识产权，可以瞬间把握住市场需求，快速从市场中获得超额收益，为企业创造价值。由于文化创意产业的知识产权具有新颖独特性，也使得相关知识产权进行价值评估时，缺乏可比交易参照物，这也是导致市场途径在知识产权价值评估中使用较少的原因之一。

（三）文化创意产业的知识产权具有高增值性

在文化创意产业价值链中，科技、创意和文化要素是企业价值的主要来源，通过对这些要素价值的挖掘，形成企业的智力资本，包括智力资产和知识产权（受到法律保护的知识资产）。企业通过开发以知识产权为主的智力资产，将文化创意的核心价值传递到企业生产制造、市场销售等环节，逐步传递、实现和放大价值（见图 2），在这个过程中，知识产权通过对文化创意产品最终收益的合理分成，逐步实现了其价值的高增值。

文化创意产业的知识产权之所以具有高增值性，主要源于高品质的文化创意可以赋予产品较高的附加值。从消费者角度分析，文化创意产品提供给消费者的价值中，不仅包括基本的功能价值，其中还拥有较大比例的观念价值（厉无畏，2008），包括体验价值和文化价值，体验价值为消费者提供触觉、视觉等主观上的感受，一般体现为快乐的价值，文化价值则体现为消费者通过商品对于自我身份和情感寄托的认知。因此，消费者愿意支付更高的价格。

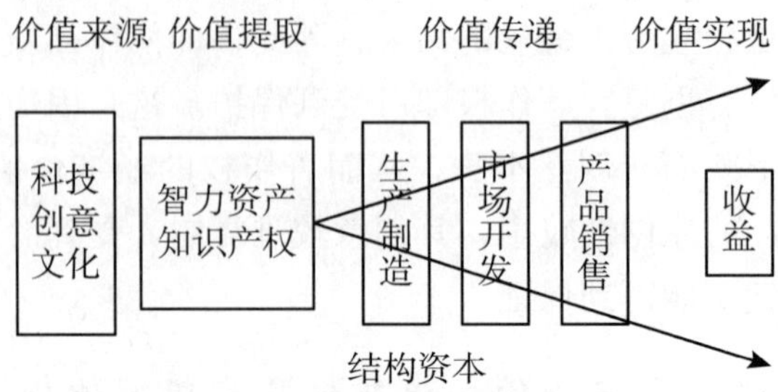

图2　文化创意产业价值链

（四）文化创意产业的知识产权具有强衍生性

与一般产业和科技产业存在差异的是，文化创意产业的知识产权具有相对广泛应用的特点，原因在于文化创意元素的辐射力和影响力使得文化创意产品及其知识产权可以在不同产品的不同环节实现多层次强衍生的价值增值渠道。如，迪士尼公司在全世界范围内展开各种卡通形象的知识产权交易，包括图书、杂志、玩具、礼品、家具、文具等，从批发和零售商品的销售定价中提取固定比例的使用费。据统计，迪士尼的营业收入主要包括动画制作、主题公园和衍生品授权，其中，衍生品层次的收入大致占其总营业收入的40%①。

（五）文化创意产业的知识产权具有高风险性

首先，知识产权保护风险。文化创意产业的知识产权是基于某种精神消费的创意而生成，其中知识产权类型也多偏重于保护文学、艺术、科学等相关作品的著作权，著作权是在作者的作品创作完成之后，依法自动产生。但是著作权保护的是思想的表达，而不保护思想本身。因此，相关作品的创意很容易通过演绎和改变，被他人窃取和利用，如盗版、山寨现象，从而侵害到权利人的利益，涉及侵权诉讼时，对于侵权责任的认定比一般知识产权更为复杂。

① 数据来自WIPO网站。

其次，文化创意产业风险。文化创意产业生产的创意产品多是满足消费者精神需要的艺术、文化和娱乐的产品，消费者对此类产品的需求和效用受到文化差异、时尚潮流、时机选择、宣传炒作、社会背景等多种不确定性因素的影响，市场需求具有多层次性和不确定性。文化创意产品在信息时代传播和辐射速度非常快，也使得文化经济的创新性带有一种强烈的空间模式色彩和短时性逻辑（厉无畏，2008），导致投资者在进行文化创意产业的知识产权投资时也面临很高的风险。

（六）文化创意产业知识产权权利之间关系的复杂性

由于文化市场的特殊性，知识产权权利之间的关系比较复杂，各种不同权利之间的价值关联度被进一步放大。以电视剧著作权为例，由于著作权可以同时或先后转让其不同部分的权利，这些权利之间可能会互相影响，从而在价值实现路径上发生关联。如电视剧《马大帅2》首播权曾在2005年被央视买断，但是由于该剧的音像著作权先于首播权卖出，导致央视刚播2集，该电视剧的DVD产品就已上市，并且很多地方台开始盗播该剧，给央视造成了很大损失，首播权的价值大打折扣①。

（七）文化创意产业的知识产权价值在企业价值中的比重较高

相对于传统产业的企业而言，知识产权在企业总资产中的价值比重更大。Smith和Parr（2000）根据市场价值和账面价值的对比关系，研究了1998年美国一些大型跨国企业的资产价值组成情况。从统计分析结果中可见，相对其他企业而言，文化创意企业中知识产权和无形资产价值比重更高，一般都在70%以上，有形资产价值不超过20%，其中雅虎公司的价值构成比例中，有形资产为0，无形资产达到98.9%，几乎体现了全部企业价值（见表1）。

① 新浪网：http：//ent. sina. com. cn/v/m/2005－03－03/1041667772. html。

表 1 **1998 年美国相关企业价值组成情况**

公司名称	行业	知识产权和无形资产	有形资产	货币性资产	其他资产
Walt Disney	娱乐	70.9%	20.7%	3.0%	5.4%
3M Company	计算机软件	71.8%	16.1%	5.6%	6.6%
Nike	服装	76.0%	8.5%	13.5%	2.0%
Procter、Gamble	消费者	88.5%	9.5%	1.0%	0.9%
Yahoo!	因特网	98.9%	0.0%	0.8%	0.2%

资料来源：Smith、Parr："Valuation of Intellectual Property and Intangible assets", John Wiley & Sons, Inc, 2000。

本文分别以文化创意公司迪士尼公司和雅虎公司为例，根据 2010 年的相关财务数据①，计算其无形资产和知识产权②的价值在企业总价值中的比例。结果分别如表 2 和表 3 所示。

表 2 **2010 年迪士尼公司的企业价值构成** 单位：百万美元，%

迪士尼	价值	价值构成
投入资本	47649	100
净营运资本	1225	2.6
固定资产	17806	37.3
其他资产	7481	15.7
知识产权和无形资产	21137	44.4

表 3 **2010 年雅虎公司的企业价值构成** 单位：百万美元，%

雅虎	价值	价值构成
投入资本	12216	100
净营运资本	2749	22.5
固定资产	1549	12.7
其他资产	225	1.8
知识产权和无形资产	7693	63.0

① http://finance.yahoo.com/.

② 知识产权本身也是无形资产的组成部分，本文知识产权和无形资产并列的表达是把知识产权的无形资产与其他无形资产区别开来是方便核算的需要。

以上分析结果显示，对于迪士尼和雅虎这样典型的大型文化创意公司而言，知识产权和无形资产在企业资产价值中占据很大的比例，但是从企业资产负债表中我们并不能看出。企业在会计上不重视知识产权的价值计量，并不是说他们顽固，而是因为没有找到合适的计量这些知识资产的方式。相对而言，从资产评估角度分析，知识产权价值的计量已经具备了一些方法，虽然这些方法通常也只是基于知识产权授权期限内的已知和特定的收入，但是相比会计计量方式，我们能够更为接近合理地体现企业中的知识资产的真正价值。

二、文化创意产业的知识产权价值评估的方法应用分析

文化创意产业的知识产权评估方法中，收益法仍然是比较常用的方法。在使用收益法过程中，受到以上诸多价值特征的影响，相关评估参数的估算和确定可能会遇到一些新的问题和难题，下文将就此展开分析。

（一）收益额的预测

1. 相关文化创意产品生命周期特征分析

预测文化创意产业知识产权的收益，需要结合相关产品的生命周期变化特征进行具体分析。根据雷蒙德·弗农（1966）的产品生命周期理论：产品和人的生命一样，也要经历形成、成长、成熟、衰退这样的周期。一般来说，文化创意产品的生命周期相对传统产品要短，其销售和利润具有更大的不确定性，产品的销售收入随着时间的推进可能呈现出典型的S形曲线特征，但更多时候可能呈现出一些特殊的产品生命周期特征，如风格型产品，其产品销售收入会随着消费者的兴趣发生循环变化，时而流行，时而不流行。再如时髦热潮型产品，其生命周期一般呈现出快速成长又快速衰退的特点，因为它只是满足消费者一时的好奇心和需求；又如扇贝形产品，其生命周期会不断地延伸，这往往是因为产品创新或发现新的用途。

以图书著作权产品为例，很多畅销书属于时髦热潮型产品，出版后一两年内出现销售顶峰，随后逐渐下降，渐渐退出市场，而经典系列的著作权产品可能属于风格型产品，产品销售收入保持稳定的循环变动趋势，如《哈利·波特》丛书，作为一种受到广泛认可的时尚风潮，其

图书的销售量不断延续，并且随着每一部《哈利·波特》图书的出版和电影的上映，图书销售量屡次打破销售纪录，给出版商和版权所有者带来丰厚收入。

因此，在预测文化创意产品的未来收益时，需要结合产品的内在特征分析其生命周期规律，从而合理预测产品在不同阶段的销售收入。

2. 收益范围的界定

在预测文化创意产业知识产权收益额的过程中，需要注意收益范围的界定，著作权的权利内容十分广泛，评估对象可能是著作权全部权利的价值，也可能是部分权利的价值，在预测其收益时，需要根据具体的评估目的尽可能地将知识产权的收益因素考虑得完整合理。以电视剧著作权为例，目前，其收益渠道主要包括电视台的购买和网络播放。但就播出权而言，可以转让给国内多家电视台，还可以在海外发行著作权，同时还可以将网络著作权转让给视频网站，这些交易主体通过购买著作权，各自通过不同的营销渠道，包括发布会、首映礼、专题节目等进行广告招商，吸引各种冠名广告、植入广告等，从中取得衍生收益。以电视剧新版《红楼梦》为例①，2010 年 9 月，该剧首播权以合计 60 万元/集的价格转让给北京卫视和安徽卫视，网络版权以 20 万元/集的价格转让给盛世骄阳文化传播有限公司，如此一来，仅凭首轮卫视上星、地面台和网络播出权，该剧著作权收入已经就达到 6500 万元。

3. 预测方法的选取

由于文化创意产业的知识产权收益的影响因素较为复杂，而这些因素又处于变化中，这样对于知识产权收入的预测难免会出现偏差和失误。因此，文章建议结合蒙特卡洛模拟方法进行收益预测，其分析从数理统计的角度出发，在每次仿真分析中构建一个情景，在此情景中改变收入、产品销售成本、所得税率、贴现率等变量，所有的仿真变量按照各自的概率分布同时进行调整，仿真分析的结果就是这些结果的一个总体分布。

4. 收益分成率的确定

在确定知识产权的利润分成率时，以往的常见方法如国际惯例法、经验法等，只是泛泛地对某种知识产权在某类行业中的平均利润分成率

① 北京商报：新版《红楼梦》的生意经：版权方总收益可超亿元，2010 年 9 月 27 日。

给出了一些经验值或平均值，对于很多新兴产业并没有涉及，加上文化创意产业的知识产权本身的复杂因素以及和企业其他知识产权的关联度，使得其利润分成率的确定更为抽象和复杂。简单套用传统的三分法、四分法或是25%准则等可能并不能客观真实地反映知识产权的价值贡献。事实上，对于文化创意产业的知识产权而言，其价值贡献率通常远大于这些经验数值。因此，利润分成率的确定还需要针对具体的评估对象和评估背景，结合一些专业技术预测方法如投资报酬率分析、层次分析法、专家打分法等进行估算。

（二）收益期限的预测

知识产权不同于无形资产的一个特征是其具有确定的法律寿命，知识产权的收益期限也就存在上限。但是在评估中，文化创意产业的知识产权经济寿命和法律寿命的关系比较复杂。

一方面，高品质的独特文化创意可能使得其知识产权的经济寿命相当长。很多娱乐公司的经典卡通形象经久不衰，甚至超出了法律保护期限。美国的《著作权法》曾多次延长著作权保护期限，最近一次是在1998年将所有尚处在著作权保护期限内以及1998年以后完成的作品保护期限延长了20年，据称原因在于受到迪士尼（“Mickey Mouse”的著作权即将过期）等几家大型娱乐公司的压力。

另一方面，由于文化创意产业具有高风险性和短时性逻辑，处在高速变化中的文化市场和消费者难以捉摸的个性消费需求也可能使得相关知识产权出现快速的文化贬值和创意贬值。因此，对于更多文化创意产业的知识产权而言，其经济寿命远不及法律寿命的长度，以著作权为例，我国的著作权法规定作品的法律寿命为50年，而大多数的图书系列，一般会在出版后几年内达到销售顶峰，随后逐渐消退，退出市场。

在对知识产权经济寿命的预测中，除了凭借评估经验以外，有时还可以借助一些专业的技术方法进行预测，如生存曲线分析、资产周转率分析、费雪·普瑞预测模型等（赖利等，2006）。在预测文化创意产业的知识产权的经济寿命时，不同类型知识产权考虑的因素有所差异，文化艺术类著作权更加关注其文化内涵和深度，计算机软件著作权则更关注其技术含量和先进程度，商业秘密比较关注其保密性能等，这些都要和前面的特征分析密切联系。

（三）折现率的估算

文化创意产业的知识产权的一个重要特征是高风险性，在确定文化创意产业的知识产权的折现率时，需要对相关风险因素进行定性和定量分析。除了考虑市场风险外，还需要特别注意知识产权本身的风险以及文化创意产业特殊行业的风险。在估算过程中，可以使用的方法有资本资产定价模型、加权平均资本成本模型及累加法等，还可以使用伊博森企业推出的修正累加法，即在累加法公式基础上，加上行业特有的风险溢价和知识产权的风险溢价。评估重点和难点在于行业特有的风险溢价和知识产权的风险溢价估算。在决定知识产权风险溢价时，需要考虑的因素有：知识产权的类型、所处阶段，是否具有功用多样性、相关产品的销售前景、前期投资需求、后期追加投资需求以及其他因素。比如，处在开发前期的知识产权比已被市场普遍接受的知识产权风险要大，具有多重功能的知识产权相对风险较小等。关于行业风险溢价，伊博森合伙企业曾计算出一系列基于 SIC 分类的行业风险溢价①，可以用来作为分析不同行业的风险溢价的依据和基础。但是对于文化创意产业中的一些新兴行业，尚且缺乏相关的数据，这也是突破知识产权评估难题进一步研究的方向。

综上分析，使用收益途径评估文化创意产业的知识产权价值，可以很好地体现知识产权的收益特性和相关因素对价值的影响，合理使用该方法可以客观真实地体现知识产权的价值。但是由于文化创意产业的知识产权的属性特征，在使用收益途径评估知识产权价值时，我们可能会面临一些问题，如评估信息资料缺乏、工作量大、预测分析难度高、参数确定困难等。这些问题给知识产权价值评估工作提出了更高的要求，除了需要具备专业的评估水平和丰富的评估经验外，同时还需要具备综合的知识水平，对新兴市场具有敏锐的洞察力和分析力，对知识产权的法律和技术要素具备学习和分析的能力。因此，在理论学习和实务操作中我们应该注意广泛吸收经济、管理、法律等知识，紧密把握市场动态，增加对新兴行业的关注和了解，将评估工作和文化创意产业的市场行情和知识产权的法律、技术属性紧密结合，避免造成理论研究、实务

① Ibbotson Associates：“Ibboston SBBI Valuation Yearbook”，2009.

操作和产业化、市场化的脱节。

参考文献

［1］厉无畏：《创意产业新论》，东方出版中心 2008 年版。

［2］高志英、王淑珍：《文化创意产业知识产权评估相关问题的研究》，载《中国资产评估》2009 年第 5 期。

［3］约翰·霍金斯著，洪庆福等译：《创意经济——如何点石成金》，上海三联书店 2006 年版。

［4］Patrick H. Sullivan. Value-Driven Intellectual Capital：How to Convert Intangible Assets into Market Value. New York：John Wiley & Sons，Inc，2000.

［5］Gordon V. Smith，Russell L. Parr. Intellectual Property：Valuation，Exploitation and Infringement Damages. New York：John Wiley & Sons，Inc，2005.

商业广告价值评估方法探讨

李雪城[①] 首都经济贸易大学

【摘要】资产评估作为我国社会经济活动中一个重要的中介服务行业，已经成为社会主义市场经济不可或缺的组成部分。目前我国广告交易价格一般直接由交易双方协商决定，将资产评估引入广告交易过程，能够有效地提升交易价格的公允性。本文分析了资产评估三种基本途径评估商业广告价值的适用性，对广告价值评估的收益法和成本法做了初步研究。

【关键词】商业广告；价值评估；收益法；成本法

Discussion on the Approaches and Methods of Commercial Advertisement Appraisal

LI Xue-cheng

Abstract: As an important intermediary industry of the business activities, appraisal has become an indispensable part of China's socialist market economy. Currently the transaction price of advertisement is decided by the negotiations between dealers, if appraisal can be brought into advertisement transaction, the fairness of the transaction price will be remarkably promoted. This paper analyzes the three basic approaches' applicability on commercial advertisement appraisal, and draws a preliminary conclusion on the income approach and the cost approach.

Key Words: commercial advertisement; appraisal; income approach; cost approach

起源于19世纪中期的资产评估行业已经有100多年的历史，在世

① 感谢王竞达老师和陈蕾老师在本文创作过程中的协助。

界经济发展中发挥着重要的作用。但是广告的公允市场价值的评估方法一直鲜有研究。要对广告价值进行评估，首先需要进行广告的资产类型界定。

一、广告的资产类型界定

根据广告学中对广告的定义和分类，广告是为了某种特定的需要，通过一定形式的媒体，公开而广泛地向公众传递信息的宣传手段。广告有广义和狭义之分，广义广告包括非经济广告和经济广告。非经济广告指不以营利为目的的广告，又称效应广告，如政府行政部门、社会事业单位乃至个人的各种公告、启事、声明等，主要目的是推广。狭义广告仅指经济广告，又称商业广告，是指以营利为目的的广告，通常是商品生产者、经营者和消费者之间沟通信息的重要手段，或企业占领市场、推销产品、提供劳务的重要形式，主要目的是扩大经济效益。

本文重点探讨的是商业广告的价值。①

首先，需要对广告价值和广告费用两个概念进行区分。有许多学者反映，在会计中，广告费用一般计入管理费用；如果是一次性支付多年的广告费，则作为长期待摊费用，分期进行摊销，因此广告应当视为一种费用。本文所述的广告价值是指广告的内在价值，而不是广告的制作费用、传播费用等。利用资产评估学对无形资产的判别方式对广告本身进行分析，可以看到广告满足无形资产非实体性、控制性和效益型三大基本特点，因此广告可以视为一种可辨认无形资产进行资本化处理。

在资产评估行业中，广告的价值是指：由权利人所拥有的，能持续发挥作用且能带来经济利益的广告权益的价值。

二、影响广告价值的因素及评估方法的选择

与其他无形资产类似，影响广告价值的因素主要有：（1）自身属性；（2）机会成本；（3）预期超额收益；（4）有效期限；（5）广告的成本；（6）同行业同类产品广告的价值。

① 为了方便阐述，下文内容将商业广告缩写为广告。

其中，广告的自身属性是广告价值最重要的内在因素，对其能够创造的价值有着最基本的影响。机会成本是进行广告投放决策的基础，如果企业将做广告的资金投资于新的厂房设备能够获得更多的收益，就不会进行广告投放。预期超额收益和有效期限是收益法的基础，广告的成本和有效期限是成本法的基础，同行业同类产品广告的价值是市场法的基础。

在使用市场法进行广告价值评估时，主要是基于替代原则。对企业来说，评估对象广告的最大价值就是目前构建一个同等功能的广告所需要的价格，因为投放广告所需要支付的价格不能高于市场上具有同等功能的替代品广告的现行市价。由于目前广告交易信息披露程度较低，获得广告交易价格的困难非常大，因此，目前利用市场法进行广告价值评估，无法获得一个有效、实用的结果。

在使用收益法进行评估时，主要是基于预期收益原则。企业所愿意支付或投资的货币金额不会高于评估对象广告在未来能给企业带来的超额收益现值。广告给企业带来的超额收益、折现率和收益期限可以根据企业历史销售状况、市场情况等进行合理预测分析。因此，利用收益法评估广告价值，具有较好的可行性。

用成本法进行广告价值评估的切入点就是广告价值 = 构建一个新的同等功能广告的成本 + 广告增值收益。如果评估对象广告并非全新资产，还应当减去贬值额。值得注意的是，利用成本法得出的广告价值并不是广告的外在价值，即体现为价格的那部分，而是广告的内在价值，即一个广告在其余下的寿命之中可以产生的收益的折现值，与收益法计算获得的价值具有一致性，其关键在于对广告增值收益进行合理的定量，因为广告的成本、费用等数据是很容易获得的。另外，在广告价值评估的成本法中，实体性贬值、功能性贬值和经济型贬值都无法合理测算，因为涉及的因素过于烦杂，本文将另辟蹊径，寻找测算广告贬值的方法。

本文重点对广告价值评估的收益法、成本法进行分析，由于收益法所需要寻找的参数可以通过企业的历史财务报告进行合理预测，在此先讨论收益法。

三、收益法评估广告价值的思路

一个公认的事实是，优秀的广告能够给企业带来超额收益。但是如何确定哪些超额收益是由广告带来的，是一个非常复杂的过程。根据笔者深入的研究，广告给企业带来的影响是多方面的，主要体现在：

第一，收入增加，包括产品需求增加、销量增加和产品单价上升；

第二，单位成本下降，包括单位生产成本下降、单位运输费用下降、单位销售费用下降；

第三，其他费用增加，如管理费用增加、职工工资增加、财务费用增加等；

第四，企业形象提升，包括商标、品牌价值增加、商誉提升、企业知名度提升、上市公司股票价格上涨；

第五，融资能力增强，提高企业扩大再生产能力；

第六，产品关注度增加，导致危机公关成本和菜单成本增加；

第七，税费的变化。

在广告带来的诸多效果中，可以发现很多部分是相互作用、环环相扣的。在此，主要列举以下几个对企业收益具有直接影响的方面。

（一）收入增加

广告效果带来的产品需求增加、销量增加和产品单价上升三方面效果共同构成收入增加效果。为了更加直观地展示这几种效果，下面利用经济学的方法对广告带来的收入增加效果进行分析。我们知道，优秀的广告能够有效地提升消费者偏好，增加消费者对商品的需求，如图 1 所示。

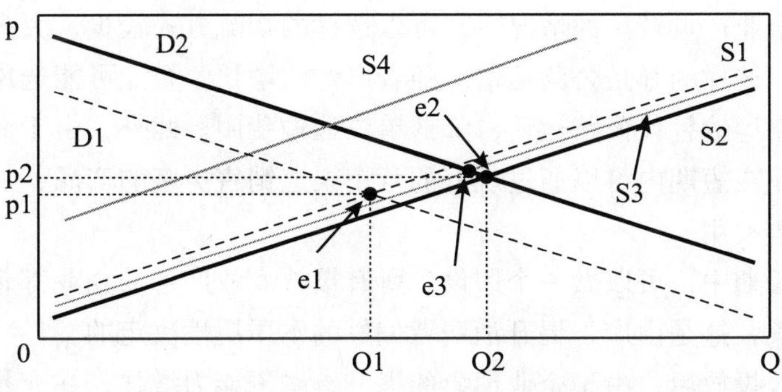

图 1　用供求曲线解释广告效果带来的收入增加效果

如图 1 所示：广告投放前，需求曲线为 D1，供给曲线为 S1，广告投放后，在短期中，由于消费者偏好的提升，产品的需求会有显著的增加，于是，需求曲线由 D1 移动到 D2。企业为了满足市场需求，获得更多的销售收入，会在短期内扩大产量，因此市场中的供给增加，供给曲线由 S1 移动到 S2。由于在短期内，产量的提高程度受限于厂房规模、资本规模、机器数量等，产量增长空间有一定的限制，因此供给的增加远远赶不上需求的增加，根据供求理论，产品单价会上升，均衡价格由 p1 升至 p2。

在长期中，企业可以合理地对厂房规模、资本规模、机器数量进行调整，进一步提升供给，导致供给曲线由 S2 上移至 S3，最终实现新的市场均衡 e3。可以看到，产品需求、销量和单价都要高于 e1 点。作为一个理性的经济人，企业不会继续扩大供给至 S4，减少自身的收入。

值得一提的是，由于不同企业存在着不同的市场战略，有的企业可能为了扩大市场占有率采取低价策略，导致收入可能低于广告投放前的水平。本文仅对西方经济学中理性的经济人会采取的销售策略进行分析，此特殊情况不进行探讨。

（二）单位成本下降

在短期中，企业的可变成本会随着产量的变化而变化。企业为改变产量可以调整投入，如劳动力和原材料。随着产量的增大，单位产品的可变成本呈下降趋势，而单位产品的固定成本不变，因此单位生产成本下降。

在企业产量较小的情况下，可以选择的物流方式较少，大多数小型生产企业选择的都是公路运输。随着产量的增长，企业可能选用费率较低的铁路运输替代公路运输，降低单位运输费用。此外，由于需求的增加，企业在短期内可以通过现有的营销渠道销售更多的产品，从而降低单位销售费用。

在长期中，可以做一个假设：所有投放商业广告的企业都希望产品销量增长，这是由广告提升消费者偏好的本质属性决定的。

广告投放后，由于企业形象的提升，融资能力增强。在充足的资本供应下，企业能够在长期内科学地扩大生产规模，从而形成规模经济，降低单位成本。

（三）其他费用增加

广告的投放会促进企业生产的扩大，带来的一个直接效果就是购买更多的劳动力，从而增加管理费用、职工工资、财务费用等。而税费一般会随着企业收入的增加而增加。

比较难以确定的一点是广告投放后库存费用的变化。如果企业在广告投放前销售能力较差，那么广告投放后能显著提升存货的流通性，促进存货的周转从而降低库存费用。如果企业在广告投放前销售能力一直比较稳定，广告对存货周转率产生的影响较小，可能就会因为产量的增长导致库存费用增加。

（四）危机公关成本和菜单成本

企业危机公关是指企业为避免或者减轻危机所带来的严重损害和威胁，从而有组织、有计划地学习、制定和实施一系列管理措施和应对策略，包括危机的规避、控制、解决以及危机解决后的复兴等不断学习和适应的动态过程。

菜单成本指零售商对价格调整时所产生的成本负担。厂商改变价格，需要重新印刷产品价格表，向客户通报改变价格的信息和理由；所有这一切都会引起一笔开支和费用。虽然菜单成本的数值并不大，但是，如果菜单价目表变动的次数很多，那也会给厂商带来一些不利之处，如使顾客感觉不快和麻烦等。

企业受关注度会随着企业形象的提升而增加，在当今信息时代，企业会因为受关注度的提升成倍地放大经营风险。一旦企业经营中出现产品质量缺陷、管理不当等失误，就要承担一笔危机公关成本。此外，客户对产品关注度增加会使消费者对价格变化更加敏感，从而提高企业的菜单成本。

（五）几种效果的相互作用

一个优秀的广告给企业带来的影响是全面而复杂的。广告本身作为一种无形资产，同时也能对其他资产产生协同效应。除了能对企业的收入、成本、费用等造成直接影响外，还能有效地提升商标、品牌的价值、企业的形象和企业的融资能力等，这些效果之间也是相互作用的。

在此可以简单地列举以下几个方面进行说明：

（1）很多企业本身注册名不为人所知，但是其产品的商标、品牌却家喻户晓。之所以大量企业热衷于对其商标、品牌进行宣传，是因为其价值的提升对企业形象也有着显著的作用，特别是对商誉的影响是非常明显的。

（2）企业形象提升能有效地提升企业的知名度，提高企业的融资能力。对所有企业来说，企业形象的提高能形成积极、良好的社会效应，提高投资者的信心，显著提升其融资能力。对上市企业来说，还能吸引更多的投资者购买其股票，从而提升股价。

（3）融资能力增强能使企业聚集更多的资本，使其在长期中更加有效地进行战略规划。融资能力对企业的意义是相当重大的，影响着经营、投资等诸多方面，在此不再赘述。

（六）收益法总结

由于广告给企业带来的影响全面而复杂，在用收益法对广告价值进行评估时，必须有针对地筛选一些可以控制或预测的变量，排除一些无法控制、无法预测的因素。

在众多的影响因素中，广告对企业带来的可以进行直观预测的影响是：产品销量增加、单位成本下降、产品单价上升和其他费用增加。其中，产品的单位成本可以从企业的财务报告中获得，产品单价可以在市场中收集到，产品销量即企业的销售收入除以产品单价。危机公关成本和菜单成本可以通过企业之前的广告经验进行合理预测。而企业形象提升，融资能力增强等效果无法进行预测，并且由于商誉等因素的作用，无法通过广告前后企业整体价值相减获得。

在资产评估实务中，商标的价值与广告价值类似，都能带来企业形象提升，融资能力增强等效果，而商标价值评估中，由于测算困难，也对企业形象提升，融资能力增强等效果带来的价值进行了舍弃。因此，广告价值评估的收益法也有针对性地排除这些效果对广告价值的影响。

（七）收益法的结论

综上所述，用收益法评估广告价值，选取的主要影响因素为：产品的单位成本、产品单价、产品销量、其他费用、危机公关成本和菜单成本。由于时间、价格歧视、地区消费水平等因素的影响，很多产品在不同地区、不同时点的价格略有差异，需要分开进行统计汇总。

此外，非常重要的一点是税法规定中包含企业广告费和业务宣传费支出进行扣除和结转的内容。因此广告费和业务宣传费不能简单地计入其他费用，应当进行单独列支。由于税法对不同性质的企业广告费和业务宣传费支出进行扣除和结转的相关规定不同，计税时可扣除的广告费用还应当根据企业自身情况进行具体分析。

用收益法计算广告价值的公式为：

$$R = \sum_{j=1}^{n} \sum_{i=1}^{n} \left\{ \left[\frac{(Q_{ij} - Q_{0j}) \times [(P_{ij} - P_{0j}) - (C_{ij} - C_{0j})]}{(1+r)^{i}} - F_{i} \right] + K \right\} \times (1 - T)$$

Q_{ij}：第 i 个月，j 地区销量；

Q_{0j}：j 地区初始销量；

P_{ij}：第 i 个月，j 地区产品单价；

P_{0j}：j 地区初始产品单价；

C_{ij}：第 i 个月，j 地区单位成本；

C_{0j}：j 地区初始单位成本；

F_{i}：第 i 个月的其他费用、危机公关成本和菜单成本的变化；

K：计税时可扣除的广告费用；

r：适合的月折现率；

T：税率。

其中关于折现率的口径问题，笔者倾向于选取投资资本回报率（Return on Invested Capital）作为折现率，投资资本回报率 = 税后营运收入/（总财产 - 过剩现金 - 无息流动负债）。

四、成本法评估广告价值的思路

目前评估行业中还没有广告价值正式的评估报告，广告价值评估的相关文献也很少，成本法相关数据的收集异常困难。由于成本法的计算方法尚未得到广泛验证和使用，下文部分参数将借用收益法的结果进行分析。

（一）评估对象的选取

利用成本法进行评估时，不同媒体类型的广告，如电视广告、报纸广告、杂志广告、电影广告、网络广告、包装广告、户外广告等，在具体参数的选取上有着明显的区别。

根据《中国广告年鉴》的相关数据，电视广告的经营额在近年呈现稳中有升的发展趋势，在四大传统媒体经营额比重中独占鳌头。同时，在谈到广告时，大多数人的第一印象就是电视广告。因此，成本法的评估对象选取最具有代表性的电视广告①，如图 2 所示。

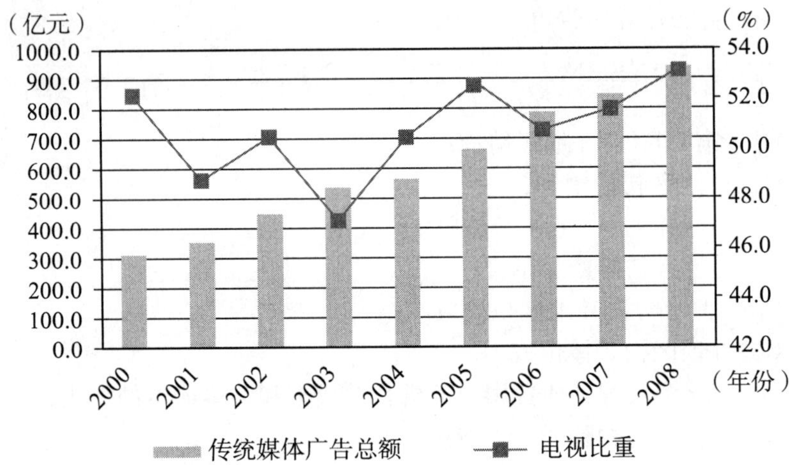

图 2 2000～2008 年电视广告经营额占四大传统媒体总额比重的变化

资料来源：《中国广告年鉴》。

（二）成本法的基本思路

广告作为一种无形资产，其成本具有不完整性、弱对应性和虚拟性的特点，广告的重置成本≠制作成本＋传播费用。但是三者之间具有内在的联系，如何通过广告的制作成本和传播费用求出广告的重置成本，是成本法一个关键的步骤。

广告的制作成本和传播费用都可以通过企业财务数据、广告投放合同等方式获得，因此重置成本的确定关键在于求取一个参数，将制作成本和传播费用进行转化。

首先介绍笔者研究得出的参数——成本费用增值率。成本费用增值

① 为了方便阐述，下文内容将电视广告缩写为广告。

率 = (制作成本 + 传播费用 + 合理利润)/(制作成本 + 传播费用)。根据无形资产重置成本的核算法，无形资产的重置成本 = 成本 + 合理利润 + 期间费用，略加变形，可以得出：广告的重置成本 = (制作成本 + 传播费用) × (成本费用增值率)。

成本费用增值率是成本法计算重置成本的重要参数，其大小会受到多种因素的影响。通过对广告本身属性进行反复研究，可以确定的影响因素主要有：广告质量、消费者偏好系数、有效受众人次、广告综合效果等。以下将对这几项参数进行具体分析。

（三）广告质量 Q

广告质量对企业销售能力的提升有着极其重要的影响。由于目前市场上没有公允的广告质量评分体系，评估师可以选取影响广告质量的几种基本因素，通过德尔菲法进行预测。笔者日前做的调查报告结果如表1所示。

表1　　影响广告质量的各因素评分

预测者编号	影响广告质量的各因素评分								
	剧情	画质	色彩	台词	语言	配乐	演员	着装	创意
1	8.00	8.00	8.26	8.50	7.00	7.25	7.50	7.75	8.00
2	6.00	8.20	8.25	8.60	8.30	8.40	8.50	9.40	8.72
3	5.00	7.80	9.30	8.40	8.50	8.63	8.75	8.88	9.00
4	6.00	6.68	7.20	8.38	8.00	8.60	8.70	8.80	9.00
5	6.00	9.25	6.50	9.35	7.50	8.00	8.25	8.50	9.80
6	6.50	6.80	6.50	8.10	8.90	9.13	9.35	9.58	9.80
7	8.00	6.25	8.25	6.75	8.80	9.00	9.30	9.40	9.60
8	7.80	6.40	7.50	7.00	8.80	9.00	9.20	9.40	9.60
9	7.20	6.70	8.45	8.00	8.50	8.63	8.75	9.33	10.00
10	8.00	8.13	6.00	8.38	8.60	8.80	9.20	9.60	10.00
11	6.00	5.50	8.20	6.50	9.40	9.45	9.50	9.70	9.80
12	9.20	8.23	8.40	8.68	8.80	9.00	9.10	9.30	9.50
平均数	6.98	7.33	7.73	8.05	8.43	8.66	8.84	9.14	9.40
累计概率	1.0%	12.5%	25.0%	37.5%	50.0%	62.5%	75.0%	87.5%	99.0%

通过对广告质量评分的平均数进行点预测，可以得出图3。

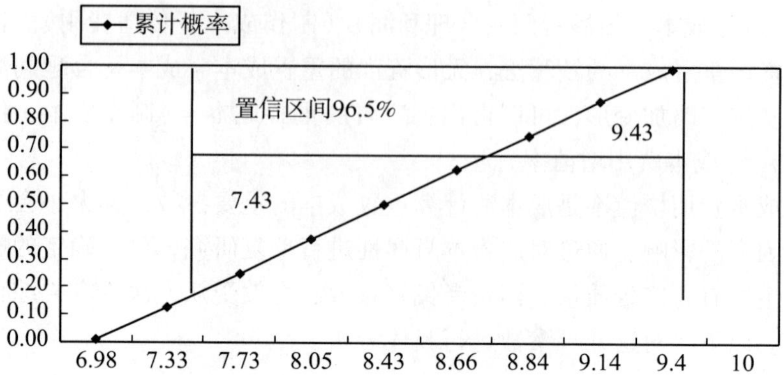

图3　广告质量评分的点预测

这个广告质量评分取值8.43，与真实结果是非常接近的。

（四）消费者偏好

作为消费者偏好最直观的反映，市场份额可以用来定量分析消费者偏好程度。市场份额MS（Market Shares），或称市场占有率，是指一个企业的销售量（或销售额）在市场同类产品中所占的比重，直接反映企业所提供的商品和劳务对消费者和用户的满足程度，表明企业的商品在市场上所处的地位。市场份额是企业的产品在市场上所占份额，也就是企业对市场的控制能力。市场份额越高，表明企业经营、竞争能力越强。企业市场份额的不断扩大，可以使企业获得某种形式的垄断，这种垄断既能带来垄断利润又能保持一定的竞争优势。

为了对广告质量进行修正，得出广告实际效果，需要在消费者偏好进行修正。根据笔者研究，不同市场份额的产品，由于消费者偏好不同，通过广告能够带来的实际销售效果有着一定的差异，如图4所示。

市场份额区间可以分为新上市产品（0～3%），市场份额较低（3%～8%），市场份额较高（8%～20%），垄断或寡头市场产品（20%～100%）。

对于新近上市产品，投放一个有效的广告可以大幅提升消费者偏好；对于市场占有率较低的产品，导致市场占有率低的两种主要原因可能是产品区分度低（LD）或者宣传不足（LP）；对于市场占有率较高的产品，投放广告对消费者偏好的提升较为平滑。

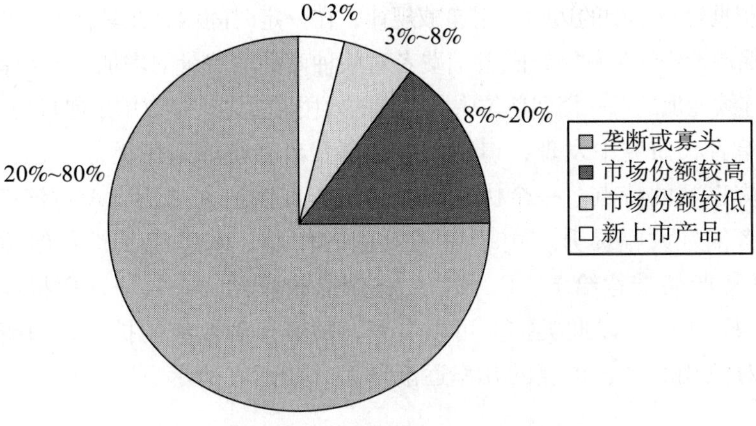

图4　不同市场份额产品的实际销售效果示意图

通过值域区间对消费者偏好程度进行定量建模后，得出消费者偏好系数公式：

$$\text{消费者偏好系数}\ \delta=[(\sqrt{0.03\times MS}/(0.03),\ \text{IFMS}<3\%);$$
$$(\sqrt{0.03\times MS}/(0.03+0.08),\ \text{IF}\ 3\%\leqslant MS<8\%\ \text{AND. LD});$$
$$(\sqrt{0.08\times MS}/(0.03+0.08),\ \text{IF}\ 3\%\leqslant MS<8\%\ \text{AND. LP});$$
$$(\sqrt{0.08\times MS}/(0.08+0.20),\ \text{IF}\ 8\%\leqslant MS<20\%)]。$$

（五）有效受众人次 M

有效受众人次是指成功接受广告信息并导致购买行为的人次。

对于往期广告，有效受众人次可以通过下式进行分离：有效受众人次 M =（销售量增加 − 产品本身价格（Price）P 变化对产品销售量的影响 − 消费者收入（Income）I 对产品销售量的影响 − 替代品价格变化对产品销售量的影响 P^* − 消费者对商品价格的预期（Anticipation）A 对产品销售量的影响）/消费者平均购买数量（Number）N = 消费者偏好的变化对产品销售量的影响/消费者平均购买数量。

但是，广告价值评估最广泛的应用范围是广告初期投放过程，因此，首先要寻求一个合理有效的方法对有效受众人次进行预测。首先介绍一个概念：口碑效应。

口碑效应（Word-of-Mouth Effect）是指，由于消费者在消费过程获得的满足感、荣誉感而形成对外逐步递增的口头宣传效应。

根据经济学中的边际效用递减规律，在一定时间内，在其他商品的消费数量保持不变的条件下，随着消费者对某种商品消费量的增加，消费者从该商品连续增加的每一消费单位中所得到的效用增量即边际效用是递减的。

笔者在研究中发现，口碑效应和消费者获得的效用类似，也具有边际效应递减的特点。一个优秀的产品广告传播到 A 之后，A 对该产品的消费者偏好大幅提升。由于口碑效应的作用，A 将产品推荐给 B、C、D，B 将产品推荐给 E、F、G，C 将产品推荐给 H、I、F，D 将产推荐给 J、E、K……以此类推。可以看到，随着口碑效应的扩大，口碑效应传播对象相交叉、重复的几率逐渐增大，如图 5 所示。

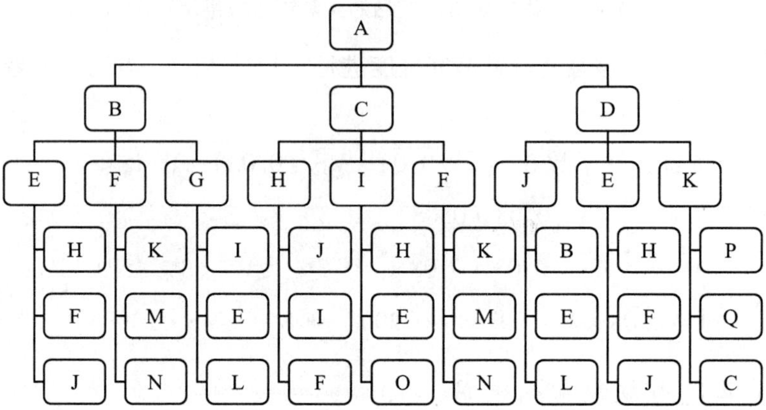

图 5　口碑传递效果

因此，可以得出一个非常重要的规律：口碑效应递减规律是指，在一定时间内，在其他条件保持不变的条件下，随着口碑传播者的增加，口碑效应从每一传播单位中获得的效应增量是递减的，如图 6、图 7 所示。

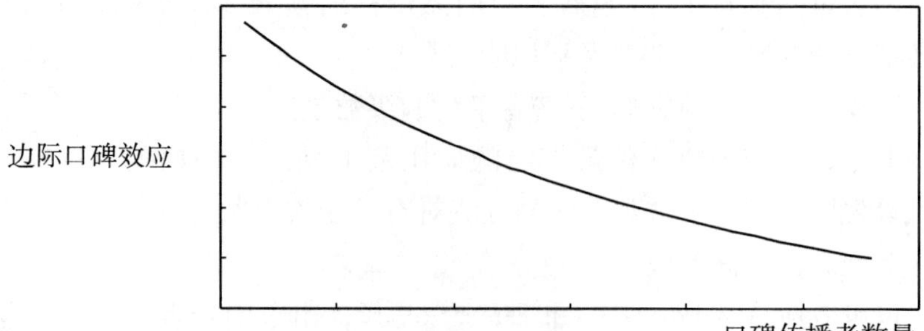

图 6　边际口碑效应

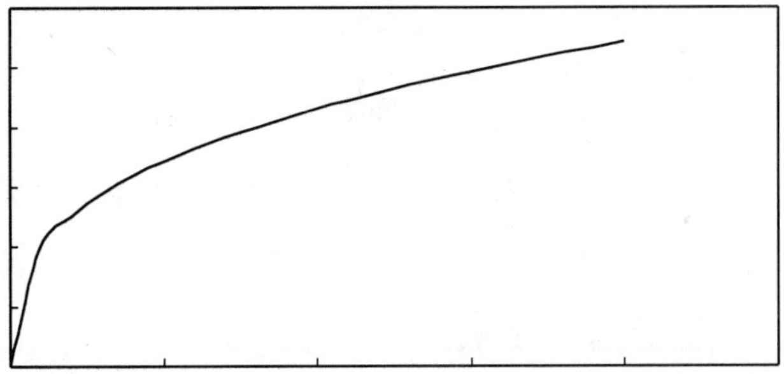

图 7 总口碑效应

为了选取一个适当的函数来衡量、解释口碑效应的递减规律，通过对不同函数图形的观察，可以看出，公式 $y=\sqrt[\beta]{x}$，$\beta>1$ 与总口碑效应的图形最相似。

总口碑效应的曲线，受限于传播人数的有限，有一条水平渐近线 $y=n$。而公式 $y=\sqrt[\beta]{x}$，$\beta>1$，假如 x 可以无限增加，y 取值可以趋近无限。但实际上，由于人口数量是有限的，通过接触广告人次进行合理稀释，就能得出一个比较合理的公式：广告有效受众人次 $M=\sqrt[\beta]{Z}$，Z 为接触广告人次。β 值受到广告质量和消费者偏好系数等参数的影响。

现在，最大的问题就是 β 取值的确定，因为接触广告人数可以通过电视台的历史统计数据获得。根据前面提到的公式，有效受众人次 M =（销售量增加 - 产品本身价格（Price）P 变化对产品销售量的影响 - 消费者收入（Income）I 对产品销售量的影响 - 替代品价格变化对产品销售量的影响 P^* - 消费者对商品价格的预期（Anticipation）A 对产品销售量的影响）/消费者平均购买数量（Number）N = 消费者偏好的变化对产品销售量的影响/消费者平均购买数量，通过往期广告的相关参数对 P、I、P^*、A、N 与 M 做回归分析可以得出线性回归方程，再根据电视台测算的接触广告人次 Z 测算出往期广告的 β 值。由于广告质量的差异，不同广告 β 值也会有一些区别，通过广告质量差异进行修正，可以得到下式：

$$\frac{\beta}{\beta^0}=\left(\frac{Q}{Q^0}\right)^x\text{，即 }\beta=\beta^0\left(\frac{Q}{Q^0}\right)^x$$

式中，β——评估对象广告的 β 值；

Q——评估对象广告的质量；

β^0——参照物广告的 β 值；

Q^0——参照物广告的质量。

其中，x 为广告质量指数，是一个经验指数，可以通过与往期广告参数之间的对比获得。

（六）广告综合效果 E

根据以上几个参数，可以建立以下公式计算广告的综合效果：

$$E=\int_0^M \frac{Q^\delta Z}{M}dm=\int_0^M \frac{Q^\delta M^\beta}{M}dm=\int_0^M Q^\delta M^{\beta-1}dm$$

$$=Q^\delta\int_0^M M^{\beta-1}dm=Q^\delta\left[\frac{M^\beta}{\beta}\right]_0^M=\frac{Q^\delta(M^\beta-1)}{\beta}$$

其中，Q 为广告质量，通过消费者偏好系数 δ 进行修正，可得广告质量修正值 Q^δ，再乘以接触广告人次 Z 得出的 $Q^\delta Z$ 是广告原始效果，$\frac{Q^\delta Z}{M}$是单位有效受众效果。

在上式中，通过 N = f(M)，N 为连续函数在积分中进行换元，可以算出积分结果，从而得出广告的综合效果。

（七）成本费用增值率 R

由于目前寻找资料难度较大，本节内容借用了收益法的评估结果进行分析。在成本法运用更加普遍、数据收集更加便捷之后，可以略去本节部分内容。

目前，获得成本费用增值率的参数的途径可以分为以下几步：

（1）利用收益法对往期广告的价值进行评估。

（2）通过企业财务数据获得往期广告的重置成本。

（3）利用第五节提到的公式 $\beta=\beta^0\left(\frac{Q}{Q^0}\right)^x$，把其中参数进行替换，可以得出公式

$$V^1=V^2\left(\frac{C^1}{C^2}\right)^y$$

式中：V^1——参照物广告 1 的价值；

C^1——参照物广告 1 的重置成本；

V^2——参照物广告 2 的价值；

C^2——参照物广告 2 的重置成本。

其中，y 为成本费用增值率指数，可以通过往期广告参数之间的对比获得。

通过上式可以得出参照物广告 1 成本费用增值率 $R_1=\frac{V^1}{C^1}=\frac{V^2(C^1)^{y-1}}{(C^2)^y}$，以及参照物广告 2 的成本费用增值率 $R_2=\frac{V^2}{C^2}=\frac{V^1(C^2)^{y-1}}{(C^1)^y}$，以此类推，可以得出参照物广告的成本费用增值率参数。

（4）通过此步骤得出成本费用增值率，看似即可直接用于评估对象广告的评估。但是参数 y 选取时可能产生的误差较大，因此，还需要进行进一步的检验。将广告综合效果 E 与成本费用增值率 R 做统计检验，可以得出两者之间的相互关系。由于 Q 值较大，E 的值会相当大，可以将 ln E 与 R 做回归分析，得出 $R=a\ln E+b$。笔者之前曾模拟一个回归分析表，得出 ln E 与 R 相关系数达到 0.8356，说明两者间的联系非常紧密。① 通过此步骤得出 ln E 与 R 的相互关系之后，就可以确定广告的重置成本了。

（八）广告的价值

对于全新广告来说，由于不存在各种贬值，可以认为，广告价值 = 广告的重置成本。

对于往期广告来说，成本法的各项参数与各项贬值之间的关系测算比较复杂。但根据之前得出的公式 $R=a\ln E+b$，成本费用增值率与广告效果之间存在着正相关的关系。在本节，我们借用原子核半衰期的公式，可以得出广告效果半衰期公式：$e=E\left(\frac{1}{2}\right)^{t/T}$，其中 E 为初始广告效果，e 为终期广告效果，t 为广告已投放时间，T 为半衰期。并可以推导出 $T=\frac{t}{\log_{1/2}(e/E)}$。测算往期广告价值的步骤如下：

（1）利用公式 $T=\frac{t}{\log_{1/2}(e/E)}$，通过成本法测算广告投放 1 个月后

① 因为工作条件所限，无法收集到精确的数据。更多系统的数据收集工作将在日后开展。

的效果，可以算出该广告的半衰期。

（2）利用公式 $e=E\left(\frac{1}{2}\right)^{t/T}$，通过评估对象广告的已投放时间得出当前的广告效果 e_x。

（3）得出评估对象的成本费用增值率 $R_x=a\ln e_x+b$，重置成本 $=R_x\times$（制作成本 + 传播费用）。由于广告的贬值已经在当前的广告效果 e_x 计算中得到体现，评估对象广告的价值 = 重置成本 $=R_x\times$（制作成本 + 传播费用）。

（九）成本法总结

利用成本法进行广告价值评估的步骤可以总结如下：

（1）通过几项参数获得广告综合效果 $E=\frac{Q^{\delta}(M^{\beta}-1)}{\beta}$。

（2）成本费用增值率 $R=a\ln E+b$。

（3）全新广告的重置成本 =（制作成本 + 传播费用）×（成本费用增值率）。

（4）往期广告可以通过半衰期测算得出评估基准日下的广告效果 e_x，成本费用增值率 $R_x=a\ln e_x+b$，广告价值 = 重置成本 $=R_x\times$（制作成本 + 传播费用）。

成本法最终目的是研究出一个行之有效的评估计算方法，为将来能够实现广告的批量评估而服务。广告价值的批量评估是指，在给定时间，使用标准方法，采用符合标准的数据，并考虑统计检验的对一系列广告进行评估的过程。

利用成本法进行广告价值评估，关键在于参数的选取和相关系数的检验。其中，有部分内容借用了收益法的结果，是因为目前市场可获得数据极少，从长远来看，如果能够为成本法相关参数建立一个专业的数据库，使数据的选取更加精确，那么利用成本法对广告价值进行批量评估指日可待。

五、总结

将资产评估应用在广告行业，为广告交易提供公允价值作为定价依据是资产评估的一个重要的潜在市场。本文主要进行收益法和成本法两部分的研究，目的在于为广告交易提供公允价值的测算方法，推进公平交易。由于时间紧迫，作者能力有限等原因，本文有不尽合理之处，还希望资产评估界的专家、前辈们批评指正。

参考文献

Shannon P. Pratt，Alina V. Niculita. Valuing Business（Fifth Edition）. The McGraw-Hill Companies，2008.

我国商业银行商誉估值的实证研究

刘旭　李翔　首都经济贸易大学

【摘要】目前关于我国商业银行商誉估值的理论和实证研究较少，本文将影响商业银行商誉的因素归结为：银行信誉、人力资源、客户资源、控制风险能力、抵御风险能力、盈利能力、制度资源，并以此为依据选取样本银行的贷款市场份额、非利息收入占营业收入比例、不良贷款率、资本充足率以及净资产回报率这五个指标，根据以前的研究成果建立回归模型。研究发现商业银行商誉的价值与不良贷款率、资本化率、净资产收益率之间的相关性显著。

【关键词】商誉；商誉评估；银行商誉；无形资产评估

The Empirical Analysis of Commercial Bank's Goodwill Valuation

LIU Xu　LI Xiang

Abstract: At present, there is little authoritative theory and quantitative research on the valuation of commercial banks' goodwill in China. The discussion of the constituent of commercial bank's goodwill is not sufficient as well. This article starts with the definition of goodwill, attributes the commercial bank's goodwill to seven aspects: bank's credit, human resources, customer resources, the capability in controlling risk, the capability in withstanding the risk, the profitability, mechanism resources. After sifting the index, we choose the proportion of scale of loan to the loan market, the non-performing loan ratio, capital adequacy ratio, return on equity, and the proportion of non-interest income to the operating income. Based on the consideration of the previous research achievements and economic meaning of indexes, we establish regression model to analysis the quantitative relation between goodwill of commercial bank and the five indexes. we conclude the quantitative relation between goodwill and three indexes.

Key Words: goodwill; goodwill valuation; goodwill of commercial bank; intangible asset valuation

一、引言

2008 年 5 月，招商银行宣布以 193 亿港元的现金作价向香港永隆银行大股东伍氏家族收购其所持有的 53.12% 股份，招行此次收购行为引起了人们对银行这一重要的金融企业无形资产价值的关注。2009 年 4 月，招行公布的年报显示购买永隆银行时，其入账商誉为 101.77 亿元，同时计提减值 5.79 亿元，外购商誉净入账价值为 95.98 亿元。此次收购中商誉数额巨大，且在总体作价中占据较大比例，充分体现了商誉对银行整体价值具有非常显著的影响。

根据 2011 年公布的上市银行的半年报显示，五大国有银行和十一家全国股份制商业银行的股票市值总额分别扣除各银行的账面净资产后所得的差额（可理解为商誉）占账面净资产的比例最小为 26.62%，最高达 129.08%，平均值为 54.09%。由此可以看出，银行的商誉在银行的资产中占据较大比重，因此在对银行整体价值或其部分股权价值进行评估时，需要特别重视银行商誉的价值。

在国外，商誉概念的提出由来已久。亨迪肯（Hendriken）曾指出，对商誉概念的理解通常有三种最主要的观点：（1）认为商誉是人们对企业具有好感的无形价值；（2）认为商誉是预期的未来收益超过不包括商誉在内的总投资正常报酬的贴现值；（3）认为商誉反映了企业总价值超过各项有形资产和无形资产的净额，即是一个总的计价账户。根据亨迪肯的观点，商誉被认为是一项无形资产，这种无形资产可以为企业带来超额收益。

在会计计量上，根据最新《〈企业会计准则第 20 号——企业合并〉应用指南》及《〈企业会计准则第 6 号——无形资产〉应用指南》，商誉是企业合并成本大于合并时取得被购买方的各项可辨认资产、负债公允价值份额的差额，其存在无法与企业自身分离，不具有可辨认性，不属于无形资产准则所规范的无形资产。由此，可以看出，会计上商誉一般是在企业合并时产生，且考虑的一般为正的商誉，是一种有别于一般无形资产的资产。企业合并所形成的商誉，至少应当在每年年度终了时进行减值测试。

在资产评估中，商誉是指企业由于各种有利条件，或历史悠久积累了从事本企业的丰富经验，或产品质量优异，或组织得当、服务周到以及生产经验效率较高等综合性因素，使企业在同行业中处于较为优越的地位，因而在客户中享有良好的信誉，从而具有获得超额收益的能力。这种能力的价值便是商誉的价值。可见，资产评估研究的商誉并不强调在企业合并中产生，它是企业长期积累起来的一项价值。并且，我们把它归结为多种因素形成的、能产生超额收益的、不可确指的无形资产。

二、商业银行商誉估值文献述评

我国资产评估业虽然刚刚起步，但是已有一些学者对商业银行商誉评估提出了一些方法。

阮渝生（2003）认为企业商誉由三类指标体现，企业成长度、内部自信度和外部置信度。其指标体系中包括企业的盈利指标的增长率，市场占有的扩张率，人员、财务、组织管理等方面的水平状况，公众形象和社会责任等。他试图在构筑一个企业整体竞争力的评价体系，放大了商誉内涵的边界，把许多无形资产的价值包含入内。

朱锡庆、黄权国（2004）在他们的研究中认为商誉的价值来源虽难以确认，但是具体到某一行业，企业商誉的价值来源是可以确认的。他们认为银行商誉的影响因素有客户资源、制度资源、银行信誉，并在此基础上建立了银行商誉评估的计量经济模型，但是并没有进行回归检验。他们的研究强调了银行的经营特性，但狭义了商誉内涵的边界，没有充分体现银行商誉内涵的丰富性。

钟锦（2006）从商誉的定义出发，分析了商业银行商誉组成成分，同样认为影响银行商誉的因素包括银行信誉、银行客户资源和银行制度资源，并以定量指标来表示有关商业银行商誉变量，建立计量经济模型，选取了在美国纽约证券交易所（NYSE）上市的104家银行作为样本数据进行实证检验，并列出研究结果。

$$\hat{G} = A_i \exp\{-4.406 + 0.128\ w_i + 7.630\ r_i - 77.542\ s_i\}$$

式中：$\hat{G}$—— 银行I商誉的估计值；

A_i——银行I的账面净资产；

w_i——银行I的存贷款余额之和与账面净资产之比；

r_i——银行I除存贷款业务外的其他业务收入占总收入的比重；

s_i——银行I的不良贷款率；

钟锦建立的计量模型虽然回归结果较好，但是由于该模型的数据来自美国上市银行，相对于我国资本市场，美国资本市场非常成熟，且金融企业产权交易活跃，历史悠久，而我国银行股份制改革多诞生于改革开放以后，历史较短，我国产权交易也并不活跃，所以该计量模型所选取的指标和回归结果不一定适用于我国银行商誉的估算，且采用我国银行数据和该模型选取的指标进行回归，最后结果是拟合优度不高且不能通过检验。

王诤诤（2009）探讨了商誉的本质和计量、银行商誉的本质和银行商誉的计量模型三个问题，提出应将模糊综合评估法、割差法、行业横向对比评价法综合来评定商誉的价值。王铮铮建立的评价指标较为完整和系统，但也存在着基本指标过于细化，指标之间存在重复和难以量化的问题。

应该说，银行的商誉不仅仅从银行内部的经营、运营等指标反映，外部的制度资源、市场信誉也起着重大的影响。因我国尚不存在一套完整的银行商誉指标评价体系，并且我国上市银行案例较少，五大行和全国股份制银行以及城市商业银行在规模、信贷等方面也存在重大差异，使得对商誉估值也不存在统一权威的方法和结论。那么，银行商誉的组成要素有哪些？究竟哪些因素会对银行商誉的价值产生显著影响？有鉴于此，本文将银行商誉的组成分为银行信誉、人力资源、客户资源、控制风险能力、抵御风险能力、银行盈利能力、制度因素，并运用数据进行回归分析和检验，得出银行商誉价值与这七方面因素的相关关系，以期获得银行商誉价值的影响因素，为以后银行的商誉估值研究提供参考。

三、影响商业银行商誉的因素分析

根据上文分析，商誉可以定义为企业由于各种有利条件，或历史悠久积累了从事本企业的丰富经验，或产品质量优异，或组织得当、服务周到以及生产经验效率较高等综合性因素，使企业在同行业中处于较为优越的地位，因而在客户中享有良好的信誉，从而具有获得超额收益的能力。商业银行也是一种企业，因此，良好银行的信誉、广阔的客户资源以及优质高效的服务在日常经营过程中就会使银行在同行业中取得优势地位。另外，银行是一种特殊的金融机构，每天经营着大量的货币资金，面对各种风险，能否有效控制风险、风险发生后能在多大程度上抵御风险，都会影响到银行的信誉和自身获取收益能力。除此之外，银行能否获得超额收益还在于是否具有未来发展潜力，创新能力，发展新业务的能力，我们把这些归结为制度因素。本文把影响商业信函的因素归结为银行信誉、人力资源、客户资源、控制风险能力、抵御风险能力、银行盈利能力、制度因素七个方面。

1. 银行信誉

商业银行生存发展的先决条件就是维持较高的信誉，它不仅仅包括银行与客户往来中诚信守诺，还包括银行良好的服务质量与社会形象等，统称为“银行信誉”。在我国商业银行的设立有着很高的门槛，商业银行一般资产较为雄厚，信誉也较好。而且，现在银行的信誉不仅仅反映在基本业务上的服务上，更多地体现在了其雄厚的资产、银行网点的覆盖和营业厅地段的繁华程度，等等。

2. 人力资源

银行的人力资源也是一个非常重要的因素，银行的一切日常经营管理、业务创新都需要一支高水平的员工队伍。银行作为金融服务业的核心，在日常经营存贷款业务、中间业务、新合约的设计、金融衍生品交易、风险管理等方面都处在激烈的竞争中，而这些业务能否高质量地完成，取决于银行从高管到普通员工的高效工作。所以银行的人力资源同银行商誉有着密切联系。

3. 客户资源

商业银行的客户资源反映了其信息生产的产量和质量。客户数量越多，银行获取的信息也就越丰富，而且每一客户又可能带来其他潜在客户，使银行与社会的接触面更广，从而能获得更多的信息。商业银行与企业客户之间的业务联系可以有多种形式，其中企业在银行存款与贷款是两种主要形式。除此之外，企业还可以委托商业银行进行现金管理、信托投资、代理融通、资金结算及咨询服务等。在这些业务联系中，商业银行可以获得关于企业经营状况、财务风险、发展前景等多方面的信息。银行在长期经营中，积累了大量的有关企业的数据资料并不断更新，形成庞大的数据库。这样的数据库系统实质上是银行的信息仓库，是商业银行的生产成果。因此，银行的客户资源对银行商誉将会产生重大影响。由于银行客户资源与其贷款余额成正比，本文选取样本银行贷款余额占样本银行贷款余额总和为衡量指标。该指标衡量了银行贷款的规模在同行业中的水平，也反映了银行的客户资源水平。

4. 控制风险能力

金融机构不良贷款率是评价金融机构信贷资产安全状况的重要指标之一，不良贷款率高，说明金融机构收回贷款的风险大；不良贷款率低，说明金融机构收回贷款的风险小。不良贷款的形成原因多种多样，主要是来自于银行外部的原发性因素和银行内部管理的内生性因素。银行外部原发性因素包括：（1）借款人的因素；（2）政策因素；（3）行政干预因素。银行内部管理的内生性因素包括：（1）决策失误；（2）信贷人员素质；（3）贷款结构不合理；（4）道德因素。不良贷款率越高也同时说明银行控制风险能力不强，我们认为可以采用银行的不良贷款率作为衡量银行控制风险能力的指标。

不良贷款率指金融机构不良贷款占总贷款余额的比重。不良贷款是指在评估银行贷款质量时，把贷款按风险基础分为正常、关注、次级、可疑和损失五类，其中后三类合称为不良贷款。它的计算公式为：

$$不良贷款率 = (次级类贷款 + 可疑类贷款 + 损失类贷款)/各项贷款 \times 100\%$$

我国商业银行不良贷款率如图 1 所示。

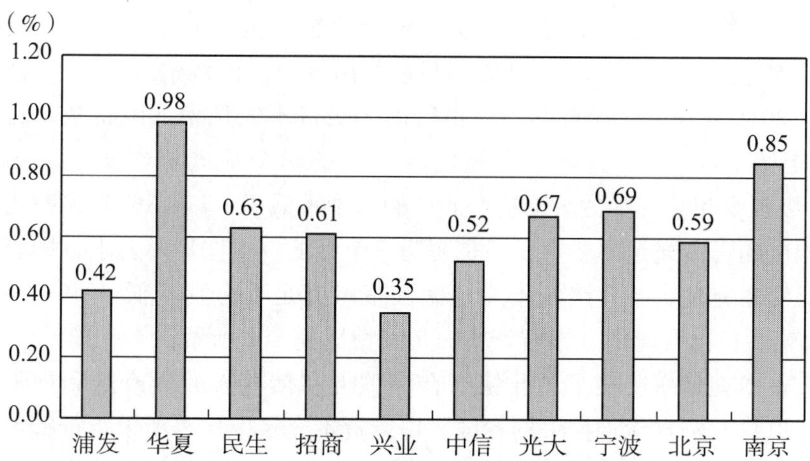

图 1　我国商业银行不良贷款率

商业银行的不良贷款率，反映了银行控制风险的能力。如果银行为了盈利，过度放贷，不注重贷款质量，不能严格执行贷款5级分类制度，并对贷款中的抵质押品进行评估，定期检测抵质押品价值，将会面临非常严重的贷款违约风险，给银行带来巨额损失，进而影响银行的正常运转。因此，不良贷款率所衡量的银行风险控制能力是影响银行商誉的重要指标。

5. 抵御风险能力

银行资本充足率（Capital Adequacy Ratio，CAR），往往反映一个银行抵御风险的能力。它的计算公式为：

资本充足率 = 资本/风险加权资产

其中，资本包括核心资本和附属资本。即资本 = 核心资本 + 附属资本。核心资本包括实收资本或普通股股本、资本公积、盈余公积、未分配利润和少数股权。附属资本包括重估储备、一般储备、优先股、可转换债券和长期次级债务。对于风险加权资产的计算，将商业银行资产负债表内的资产项目根据风险程度的大小具体划分为六级权数，即0、10%、20%、50%、70%和100%。按照风险权数计算出的资产称为加权风险资产。表外资产项目是指不反映在资产负债表上，但有可能随时转换为表内项目的资产。将表外资产项目的本金数额乘以信用转换系数，乘出的数额根据表内同等性质的项目进行加权，从而获得相应的风险权重资产数额，信用转换系数分成四级，即0、20%、50%和100%。

1988年巴塞尔银行业委员会规定商业银行资本充足率及核心资本充足率分别不得低于8%和4%。目前新出台的《巴塞尔协议Ⅲ》规定，截至2015年1月，全球各商业银行的一级资本充足率下限将从现行的4%上调至6%。我国银监会规定将现行的两个最低资本充足率要求（一级资本和总资本占风险资产的比例分别不低于4%和8%）调整为三个层次的资本充足率要求：一是明确三个最低资本充足率要求，即核心一级资本充足率、一级资本充足率和资本充足率分别不低于5%、6%和8%。目前我国商业银行资本充足率情况如图2所示。

资本充足率反映了商业银行在存款人和债权人的资产遭到损失之前，以自有资本承担损失的程度。银行资本充足率代表了银行抵御风险的能力，抵御风险的能力高，也就意味着在风险来临的时候能够最大化保证存款人及债权人的利益，避免由于自有资金不足而导致的挤兑或者破产清算风险，从而保证了银行的正常经营运转。因此，银行的资本充足率对银行商誉有着重要影响。

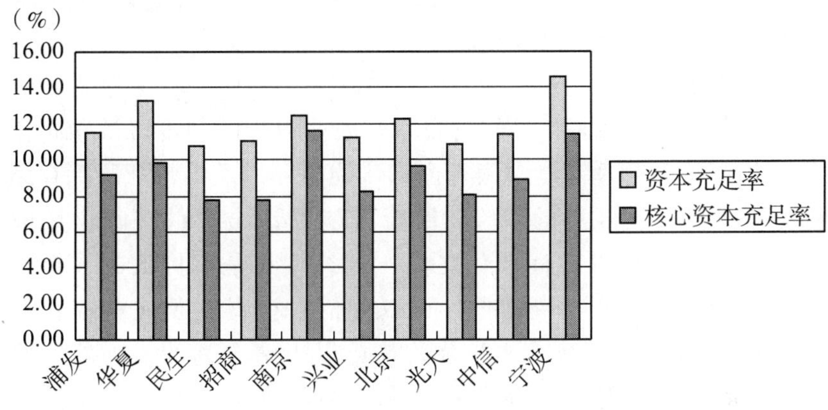

图 2　我国商业银行资本充足率情况

6. 银行盈利能力

本文采用净资产收益率（ROE）来衡量银行盈利能力。ROE 即净资产收益率的英文简称，净资产收益率又称股东权益收益率，是净利润与股东权益的百分比。该指标反映股东权益的收益水平，用以衡量公司运用自有资本的效率。指标值越高，说明投资带来的收益越高。截至 2011 年第 3 季度，我国商业银行净资产收益率如图 3 所示。

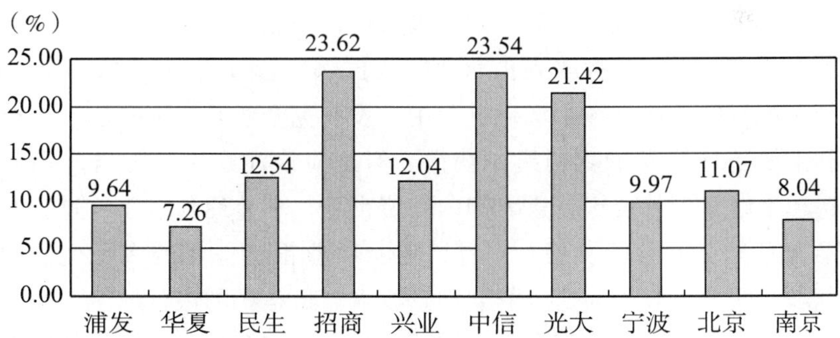

图 3　我国商业银行净资产收益率

根据计算公式，净资产收益率（ROE）是净利润与股东权益的百分比，是一个盈利能力指标。根据商誉的定义，商业银行相对于同行业的超额收益是评价商誉大小的重要因素，因此，净资产收益率（ROE）是影响银行商誉的重要因素。同时，反映银行盈利能力的因素还有总资产收益率，净利润增长率等，这些指标在公式上相似，根据反复测试，选择净资产收益率一个指标即可。

7. 制度资源

制度资源实际上是一种知识资本。商业银行的制度资源包括企业文化（如：银行管理制度、银行内部传统等）以及银行开展除存款信贷业务以外的其他业务的经验。银行可能设计出具有广阔应用前景的新合约，在它还没有标准化之前，合约本身是有价值的，银行在该合约的应用上处于垄断地位，可以凭借它获得竞争优势或获取巨额的垄断利润。事实上，这些合约是可以申请专利的，国外一些大商业银行每年都会申报金融创新专利，但国内银行在这方面尚处于起步阶段。

商业银行开展的其他业务越多，时间越长，其经验也就越丰富，从而进行合约设计的能力就越高。所以，商业银行的创新能力主要取决于它的制度资源。另外，制度资源不仅仅影响银行的创新能力，还对银行的其他方面，如提高经营效率、降低经营成本等有着巨大的影响。制度资源是决定银行竞争力的主要因素。

本文选择非利息收入占营业收入比例这个指标作为衡量制度资源的指标（见图4）。虽然在当前我国银行业发展阶段，利差收入虽然还是主要收入，但是通过对比欧美发达国家银行的收入结构，可以发现表外业务，特别是中间业务收入占营业收入比例要远远高于我国银行水平。这是因为我国还在利率市场化进程中，没有完全放开利率管制，银行业盈利主要还是从存贷款利差中获得。但是应该注意到，随着政策的放开，越来越多的外资银行进入国内信贷市场，利差逐渐缩小，这一收入已不能完全支撑银行发展。而且，随着商业银行业务的多元化、国际化，以中间业务收入为代表的非利息收入，将是我国银行的主要收入来源。因此，本文选用非利息收入占营业收入比例衡量一个银行的制度资源，并且这一指标对银行未来是否能够具有持续盈利能力甚至获得超额利润也具有重要影响。

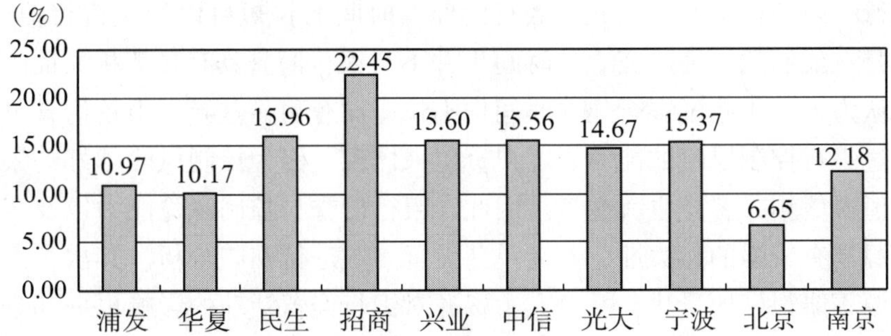

图4　非利息收入占营业收入比例

四、模型建立及变量确定

从定义出发，银行商誉等于银行市场价值减去净资产市值，本文以“G”表示。以前的研究均是把资本市场上银行股票的价值作为银行市场价值，银行账面净资产的价值作为其净资产公允价值。本文考虑到我国资本市场还不完善，影响银行股票的价格波动因素较多，这样可能会导致在一段较短的时间内银行股票市值变化较大，从而计算得到的商誉也变化较大，这与事实不相符合；同时银行账面的价值也不可能很准确地反映当时市场上银行净资产的公允价值。

但是在我国对于银行这类较为特殊的金融行业资本市场上样本数量有限，大多数银行上市时间也不长，这就造成银行市场价值计算的难度；同时银行的资产大多是金融类资产，固定资产占比例较少，这样造成银行的净资产账面价值与净资产公允价值差距不是很大。

本文选取①朱锡庆和黄权国银行商誉的处理方式，以 2011 年 6 月 30 日股票市场上银行股票价格来计算市场价值，以账面净资产代替净资产公允价值，即：

$$银行商誉 = 银行市场价值 - 银行账面净资产公允价值$$

其中：

$$银行市场价值 = 股票价格 \times 股份总数$$

同时在对影响因素的定量分析时，本文也进行了取舍。首先，根据朱锡庆、黄权国的研究：信誉是在长期经营中积累起来的，历史悠久的

① 朱锡庆、黄权国：《银行商誉评估的计量经济模型》，2004 年。

银行一般信誉更好。因此，银行的经营时间的长短可以衡量银行信誉，但是在他们的实证研究中，时间 T 并不与银行商誉具有显著相关性。本文认为，由于我国银行建立时间均不长，没有明显差异，银行信誉可以通过银行控制风险的能力、客户资源来体现，因为控制风险越好的银行越值得信赖，客户也就越多。因此，银行信誉与控制风险能力以及客户资源具有较强的相关性，不需单独设置参数进行回归分析。其次，人力资源不能很好地量化，并且人力资源对银行经营活动的影响也一部分已经体现在了银行控制风险能力、盈利能力以及制度资源中，因此本文也没有单独计量。

因此，本文采用贷款余额占贷款总额比例衡量客户资源，采用资本充足率来衡量商业银行抵御风险能力，采用不良贷款率衡量银行的控制风险能力，采用净资产收益率衡量商业银行盈利能力，采用非利息净收入占营业收入比例衡量制度资源。

本文选取的样本为已在 A 股市场上市交易的银行类股票，共有 16 只，以此研究他们商誉同这五个指标的关系。

本文以 G 代表商誉作为被解释变量，以“f”代表不良贷款率，以“s”代表资本充足率，以“r”代表净资产收益率（ROE），以“v”代表非利息收入占营业收入比例，以“w”银行贷款余额占样本总贷款余额的比例，这五个指标为解释变量建立模型。设[①] A 为银行净资产，G/A 与 f、s、r、v、w 成指数关系，则经济计量模型如下：

$$G/A = k * \exp(a * f + b * s + c * r + d * v + e * w + ui)$$

式中：f——银行的不良贷款率；

s——银行的资本充足率；

r——银行净资本收益率（ROE）；

v——银行的非利息收入占总收入的比重；

w——银行的贷款余额占样本总贷款余额的比例；

A——银行净资产；

k、a、b、c、d、e——待估参数；

ui——随机误差项。

---

① 根据钟锦在《商业银行商誉评估的实证分析》中选取两种结构的模型对银行商誉进行回归分析，本文选取了回归效果较好的一种。

为了方便估计，我们将模型化为线性形式，对上式两边取对数得到：

$$\ln(G/A) = \ln k + a*f + b*s + c*r + d*v + e*w + ui$$

令 $\ln k = \beta$，得：

$$\ln(G/A) = \beta + a*f + b*s + c*r + d*v + e*w + ui$$

提出假说：①银行商誉与不良贷款率成反比；

②银行商誉与资本充足率成正比；

③银行商誉与资本收益率成正比；

④银行商誉与非利息收入占总收入比重成正比；

⑤银行商誉与贷款余额占总贷款余额比例呈正比。

五、描述性统计和回归分析

（一）描述性统计

本文选取了在我国 A 股市场上市的 16 家商业银行，通过分析统计 2011 年半年报，取得银行资本充足率、核心资本充足率、拨备覆盖率、不良贷款率、非利息收入占利息收入比例、资本回报率数据，如表 1 所示。

表 1　我国商业银行数据统计　单位：%

银行代码	名称	ln 商誉/净资产	资本充足率	核心资本充足率	不良贷款率	拨备覆盖率	非利息净收入占营业收入百分比	ROE
600000	浦发银行	-0.97582	11.50	9.16	0.42	452.85	10.97	9.64
600015	华夏银行	-1.32347	13.32	9.80	0.98	271.23	10.17	7.26
600016	民生银行	-1.11703	10.73	7.75	0.63	334.30	23.96	12.07
600036	招商银行	-0.63099	11.05	7.81	0.61	348.41	22.45	26.62
601009	南京银行	-1.05432	12.43	11.63	0.85	270.03	12.18	8.04
601166	兴业银行	-0.83637	11.22	8.24	0.35	379.96	15.60	12.04
601169	北京银行	-1.05312	12.27	9.68	0.59	334.24	6.65	11.07
601818	光大银行	-0.57939	10.82	8.06	0.67	358.61	17.67	21.42
601998	中信银行	-0.52466	11.40	8.87	0.62	238.23	15.56	23.54
002142	宁波银行	-0.16284	14.62	11.46	0.69	210.11	15.37	9.97

通过表 1 我们发现上市银行间净资产回报率（ROE）、ln 商誉/净资产、资本充足率都存在较大差异，并且 ln 商誉/净资产数值较大的银行具有较高的净资产回报率。在不良贷款率方面银行间差距较小，且 ln 商誉/净资产数值较大的银行的不良贷款率较低。在非利息净收入占营业收入百分比方面，ln 商誉/净资产数值较大的银行的非利息收入占比较高。如图 5 所示，除宁波银行外，商誉/净资产与净资产回报率，非利息收入占营业收入比例波动方向相近，具有正相关关系。由于不良贷款率数值较小不便于在图中观察，我们将不良贷款率乘以 10，通过图表显示，银行商誉/净资产与不良贷款率具有负相关关系。

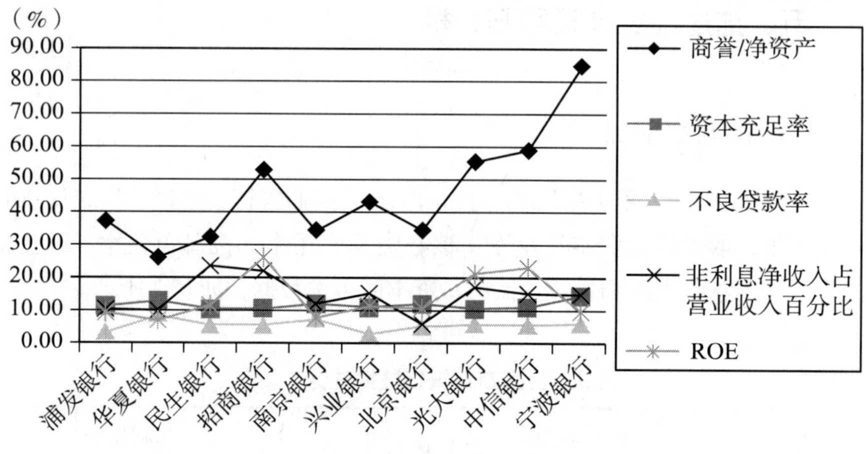

图 5　我国商业银行 ROE、商誉/净资产、资本充足率、不良贷款率、非利息净收入占营业收入百分比相互关系

（二）回归分析

首先选取五大行和十一家股份制商业银行作为样本，以 2011 年 6 月 30 日为时点，参考这 16 家银行的半年报收集样本数据。由于本文是基于我国银行业商誉的实证研究，且我国银行兼并重组案例非常少，数据不足以进行回归分析。因此，根据朱锡庆、黄权国（2004）的研究，我们采用割差法计算银行商誉，以这些银行股票市值减账面净资产得到商誉，并把商誉与账面净资产的商作为因变量，在控制风险、抵御风险、盈利能力和制度资源、客户资源五大方面选取相关指标进行模拟回归，对 16 家银行进行回归分析，结果如表 2 所示。

表 2　　对全体样本进行回归分析

变量	相关系数	标准误差	t 值	p 值
C	－1. 659429	1. 820841	－0. 911353	0. 3836
f	－41. 56654	46. 06023	－0. 902439	0. 3880
s	6. 908845	14. 24304	0. 485068	0. 6381
r	4. 168967	2. 639240	1. 579609	0. 1453
v	－1. 208912	2. 903575	－0. 416353	0. 6859
w	－0. 229901	2. 878716	－0. 079862	0. 9379
R^2	0. 237578	平均方差		－0. 707882
调整后 R^2	－0. 143633	标准方差		0. 430384
回归标准差	0. 460256	Akaike 信息准则		1. 565926
残值平方和	2. 118351	Schwarz 准则		1. 855647
对数似然值	－6. 527411	f 值		0. 623219
德宾－沃森统计	1. 108506	F 检验概率值		0. 686187

即：$Y = -1.659429186 - 41.56654488 * X1 + 6.908844806 * X2 + 4.168967227 * X3 - 1.20891191 * X4 - 0.2299009207 * X5$

std =（1. 8208）　（46. 0602）　（14. 2430）　（2. 6392）　（2. 9036）　（2. 8787）

t =　（－0. 9113）（－0. 9024）　（0. 4851）　（1. 5796）　（－0. 4164）（－0. 0799）

p =　（0. 3836）　（0. 3880）　（0. 6381）　（0. 1453）　（0. 6859）　（0. 9379）

$R^2 = 0.2376$

从以上的结果我们可以看出，该种模型的回归效果不理想。不仅拟合优度仅有 23. 76%，且 X4、X5 的系数符号与我们预期的不相符。经过对这些数据又进行相互的比较和分析，我们认为：五大行由于得天独厚的政策性资源，政策支持力度大，影响范围大。比如，中国银行长期作为国家外汇专业银行，成为国家对外开放的重要窗口和对外筹资的主要渠道。虽然随着国家开发银行、农业发展银行、中国进出口银行三家政策性银行的建立，各种政策性业务逐渐从五大行剥离，但是由于国有商业银行在金融体系中的重要性较高，在接受金融监管，执行国家货币政策，维护金融稳定方面都与一般股份制银行有明显不同，五大行也首批被列为系统重要性银行。因此，我们认为五大行的商誉影响因素更为复杂，决定剔除；同时深圳发展银行是中国第一家面向社会公众公开发行股票并上市的商业银行，并且在 2010 年 9 月 2 日被中国平安收购，股价波动较大，我们也予以剔除。在剩下的十家全国股份制商业银行中，进行新的模拟。按照之前的思路，同样在控制风险、抵御风险、盈利能力和制度资源、客户资源这五大方面选取相关指标进行重新模拟，得出新的结果，如表3所示。

表3　　剔除五大行和深发展之后的回归分析

变量	相关系数	标准误差	t 值	p 值
C	-3.626516	1.026230	-3.533825	0.0241
f	-119.7197	39.25483	-3.049808	0.0380
s	23.55157	7.615265	3.092679	0.0365
r	4.725135	1.223191	3.862956	0.0181
v	2.256211	1.402865	1.608288	0.1831
w	-9.970179	6.892478	-1.446530	0.2216
R^2	0.884362	平均方差		-0.825800
调整后的 R^2	0.739815	标准方差		0.347671
回归标准差	0.177341	Akaike 信息准则		-0.337775
残值平方和	0.125799	Schwarz 准则		-0.156224
对数似然值	7.688874	F 值		6.118153
德宾-沃森统计	1.855483	F 检验概率值		0.051887

即：$Y = -3.626516389 - 119.719677 * X1 + 23.5515676 * X2 + 4.725134835 * X3 + 2.256210696 * X4 - 9.970179045 * X5$

std = (1.0262)　(39.2548)　(7.6153)　(1.2232)　(1.4029)　(6.8925)

t = (-3.5338)　(-3.0498)　(3.0927)　(3.8630)　(1.6083)　(-1.4465)

p = (0.0241)　(0.0380)　(0.0365)　(0.0181)　(0.1831)　(0.2216)

$R^2 = 0.8844$

表3反映拟合优度已达88.44%，已比较理想。对于参数的估计值，常数C、X1、X2、X3的参数均在95%的置信区间之外，可以（以95%的置信度）确认它们不为零。但是，v（非利息收入占营业收入）、w（贷款市场占有率）这两个指标参数虽然已经很好，但是系数较小、w的系数符号仍与预期不符，并且通过不了95%的置信区间检验。

我们对此再次进行分析，上述结论已说明非利息收入占营业收入的比重可以影响银行商誉，但是关系并不十分显著。该指标我们定义为银行的制度资源，这可能反映了在我国的市场中银行的主营业务仍然是贷款，主要收入也是来源于净利息差，因此，如果我们反过来看，这个指标也可以反映银行主营业务发展水平，那么这个结果说明，市场对于非利息收入占营业收入比例的看法有分歧，比例越大，代表非主营业务发展得好，有潜力；比例小代表主营业务发展得好，鉴于这个指数存在市场分歧，我们决定对此系数给予剔除。我们用贷款余额占样本贷款市场总额比例来反映客户资源，但系数为负，不符合我们的预期，我们分析认为，在现有条件下，虽然这个指标可以反映客户数量，以及银行的贷款规模，但是无法反映贷款质量，规模虽大，但是如果不能有效控制风险，反而会变成不良贷款，而客户资源这个指标，其实是可以通过不良贷款率来反映，我们评价贷款不能只看规模，更重要的是质量。因此我们对于这个指标也予以剔除，如表 4 所示。

表 4　　剔除 X4、X5 的分析

变量	相关系数	标准误差	t 值	p 值
C	-4.006192	0.899119	-4.455688	0.0043
f	-98.68091	43.12352	-2.288331	0.0621
s	26.48261	7.401163	3.578168	0.0117
r	4.602051	1.174749	3.917477	0.0078
R^2	0.769749	平均方差		-0.825800
调整后 R^2	0.654623	标准方差		0.347671
回归标准差	0.204322	Akaike 信息准则		-0.049067
残值平方和	0.250484	Schwarz 准则		0.071967
对数似然值	4.245337	F 值		6.686170
德宾 - 沃森统计	2.743398	F 检验概率值		0.024279

即：$Y = -4.006192062 - 98.68090745 * X1 + 26.4826064 * X2 + 4.602051247 * X3$

std =（0.8991）　（43.1235）　（7.4012）　（1.1747）

t =（-4.4557）　（-2.2883）　（3.5782）　（3.9175）

p =（0.0043）　（0.0621）　（0.0117）　（0.0078）

$R^2 = 0.7697$

表 4 以反映该模型回归的拟合度达 76.97%，对于参数的系数均通过了 95% 置信区间的检验，表明银行商誉与不良贷款率、资本化率、净资产收益率有着显著的联系，且通过参数的符号看出与不良贷款率负相关，资本化率、净资产收益率成正相关，这也与我们的预期相符。

六、结论

由于我国上市银行数量较少，导致本文可选样本有限，同时数据来源于上市银行 2011 年半年报中的真实数据。此外，我国银行业受政策影响较大，这些因素导致最后回归结果的拟合优度不是很高，并且一些指标的置信区间过大。

从模型的实证结果可以看出：银行商誉与银行不良贷款率负相关，不良资产率越低，银行商誉越大。银行商誉同资本充足率正相关，银行资本充足率越高，商誉越大。银行商誉与净资产收益率正相关，净资产收益率越高，商誉越大。从影响程度看，不良贷款率变动对商誉影响程度最大，其次是资本充足率，最后是净资本回报率（ROE）。模型的结论和我们对银行商誉的直观估计比较吻合，这同时也说明了要提升银行的价值，银行必须提高资产质量，降低不良贷款率，以减少违约资产；减少风险加权资产，并适当补充核心资本及附属资本，以提高资本充足率；加快业务创新，大力发展中间业务，避免由于利差下降带来的利润下降，提高净资产回报率。

本文用不良贷款率、资本充足率、资本收益率、非利息收入占总收入比重和贷款余额占总贷款余额的比重作为影响银行商誉的因素并建立计量经济模型进行验证，同时，银行业与其他行业相比，有一定的特殊性。传统的商誉评估方法如“预期收益法”、“割差法”和“超额收益资本化法”等未必适合银行商誉的评估。而且评估者需要预测银行未来一定期限内的收益流，并且需要确定超额收益的折现率。不同的评估者得出的结果可能相差很大。而计量模型的优点在于，样本确定后，整个评估过程中不需要评估者的主观干预，因而结果也就更客观。根据我国现在金融体系，以后的城市商业银行会不断地发展壮大，离上市也许就是时间问题。以后涉及银行股份变动甚至收购的案例也会不断出现，如何确定银行商誉的价值将成为评估商业银行价值的关键问题，本文研究将为以后商业银行价值的评估提供良好的参考意见，且可为我国相关金融行业商誉的评估提供参考。由于我国特殊的金融体系，银行、保险、证券存在一定的相似处，通过对银行商誉的研究可以为以后保险业及证券公司的商誉提供思路和借鉴。

参考文献

［1］朱锡庆、黄权：《银行商誉评估的计量经济模型》，载《求索》2004 年第 6 期。

［2］钟锦：《商业银行商誉评估的实证分析》，2006 年。

［3］全国注册资产评估师考试用书编写组：《资产评估》，经济科学出版社 2011 年版。

［4］王诤诤：《商业银行商誉价值评估的理论研究》，载《价值工程》2009 年第 10 期。

［5］《中国人民银行货币政策执行报告号》，2011 年第二季度。

［6］王诤诤：《商业银行商誉价值评估的计量研究》，载《价值工程》2009 年第 11 期。

［7］王健康、周艳：《银行商誉的剩余收益法实证检验》，载《税务与经济》2007 年第 2 期。

［8］刘晓波：《从招商银行并购案看商誉及其核算》，载《财经界》2009 年第 5 期。

［9］陈华东、王诤诤：《基于模糊综合评判法的银行商誉评价体系的探讨》，载《金融改革》2009 年。

［10］张涛：《商誉价值评估研究》，载《现代商贸工业》2011 年第 6 期。

下册

第一届资产评估新发展国际论坛
The First International Forum on New Development of Valuation
论文集

第一届资产评估新发展国际论坛论文集 · 第一届资产评估新发展国际论坛论文集 · 第一届资产评估新发展国际论坛论文集 · 第一
The First International Forum on New Development of Valuation · The First International Forum on New Development of Valuation · The Firs

主编 赵 仑 王竞达

经济科学出版社
Economic Science Press

第一届资产评估新发展国际论坛

The First International Forum on New Development in Valuation

论文集

（下册）

经济科学出版社
Economic Science Press

目录

第二部分
税基评估研究

第三部分
企业价值评估研究

第四部分
知识产权评估研究

第五部分
抵质押品评估研究

第六部分
资产评估学科建设与人才培养研究

第七部分
其他资产评估前沿问题研究

目　录

CONTENTS

PART 1
VALUATION FOR THE PURPOSE OF FINANCIAL REPORTING (VFR)

PART 2
TAX BASE VALUATION

CONTENTS

PART 4
VALUATION OF INTELLECTUAL PROPERTY RIGHTS

CONTENTS

CONTENTS

CONTENTS

第五部分 抵质押品评估研究

PART 5 ASSET VALUATIONS FOR MORTGAGE AND PLEDGING

抵押评估价值类型新探

——基于抵押品流动性水平的分析

纪益成　郭　珂　厦门大学

【摘要】 抵押是《巴塞尔协议Ⅱ》中规定的信用风险缓释工具之一，而抵押品价值的正确估计是使抵押能够真正发挥风险缓释功能的充分条件。在评估中，抵押品的价值类型确定直接影响着抵押品价值的确定，但评估界对抵押品究竟该采取何种价值类型尚未得到一致的意见。本文在归纳总结美国、德国和国内的抵押评估的价值类型和应用情况，分析市场价值、抵押价值和清算价值三种价值类型各自的优缺点的基础上，对抵押品流动性水平和价值类型的影响进行了分析，提出抵押品价值类型的确定应先对其流动性水平评价后再来选择和确定，对抵押评估价值类型进行了新的探讨，并对由流动性水平评价后再确定价值类型的抵押评估和管理提出一些建议和意见。

【关键词】 抵押评估；价值类型；流动性水平

A New Research on Bases of Value of Collateral

——on Analysis of the Liquidity of Collateral

JI Yi-cheng　GUO Ke

Abstract: Collateral is recognized as one of the risk management vehicles in Basel II. An accurate valuation of collateral could guarantee the mortgage lending will reduce collateral risk, while a proper base of value is necessary for the accurate valuation of collateral. However, people argue about which bases of value-market value, mortgage lending value or liquidation value-should be the proper one. In this paper, we state how appraisers deal with bases of value of collateral valuation in America, Germany and China. Then we find out that the proper base of value of specific collateral should depend on its liquidity rather than an exclusive one, by comparing advantages and disadvantages of these three bases of value and analyzing the relationship between the liquidity of collateral and the bases of value. Based on this conclusion, several new realms of bases of value of collateral valuation have been opened up. Finally, valuable suggestions are put forward on how to valuate collateral in this way as well as how to supervise collateral valuation in practice.

Key Words: collateral valuation; base of value; liquidity

一、引言

金融机构贷款的安全是确保经济正常运行的条件之一。《巴塞尔协议Ⅱ》中说明，抵押是信用风险缓释技术的重要手段之一。抵押贷款可以降低贷款的违约率，提高其安全性。当然，抵押风险缓释功能的实现与抵押品价值确定的准确程度密切相关。据中国人民银行金融数据统计报告显示，2011 年 8 月人民币贷款增加了 5485 亿元，其中仅住户贷款[①]就增加了 1888 亿元，超过贷款增加总额的 30%。与此同时，英国以不动产做抵押的贷款数额在 2011 年 8 月末则达到 11.7 万亿英镑，比前六个月的平均水平增加 0.4 万亿英镑[②]。美联储的统计数据显示，美国仅商业银行的抵押贷款债券（MBS）在 2011 年第二季度就达到 1.18 万亿美元[③]。

由于在国内外的抵押贷款业务中普遍都需要借助价值评估技术对抵押品价值进行评估，因此，抵押贷款评估也成为国内外评估领域的“主营业务”之一，“抵押评估不仅是金融机构的事、评估业的事，也不仅是政府的事、企业的事，应当是全社会共同关心的大事”[④]（于晨曦，2009）。在评估抵押品价值时，价值类型的确定对抵押品评估价值的确定有着直接的影响，采用不同的价值类型会导致评估结果相差很大，这不仅关系到评估结果的科学性和合理性，也会关系到金融业的创新和商业银行的风险管理。然而，在抵押品评估领域，对其价值类型的选择在学术界则是百家争鸣，莫衷一是。在实务界，抵押有关各方（贷款方、

① 住户贷款一般都是以房产做抵押的贷款，是一种重要的抵押贷款类型。

② 数据来源：Bank of England. Lending to individuals. August 2011.

③ 数据来源：Bank of Governors of the Federal Reserve System. Research Data. Mortgage Debt Outstanding. September. 2011

④ 《抵、质押品评估：仅有市场价值是不够的》，中国会计报 2009 年 12 月 4 日。

放贷方、金融监管方、评估中介等）对其关注的角度也各有不同，各有各的主张，一直未能达成共识。因此，对抵押评估价值类型和抵押评估有关问题的继续研究仍然很有必要。

二、国内外抵押评估的价值类型及其应用的状况

有关文献和抵押评估的实践表明，抵押评估的价值类型主要包括："市场价值"、"抵押价值"、"清算价值"和"在用价值"等具体的类型。从世界的范围看，自从有了抵押贷款评估制度以来，不同国家采用的抵押评估的具体价值类型便各有不同，即使在同一个国家的经济发展的不同时期，对应该采用那种抵押评估的具体价值类型的态度和主张也经常会随着经济的繁荣或衰退而发生变化。

市场价值的采用为美国所推崇，有着显著的影响力，在金融次贷危机发生之前，它一直是美国抵押评估中主流的价值类型。在 2007 年的《美国评估准则》（USPAP）中，不动产抵押业务被区分为不动产评估和不动产估价两种，并指出凡是在业务中需要对不动产提供价值意见的，均属于不动产评估，那么根据 USPAP 的规定，首先应考虑市场价值。而不动产估价尽管可以不受 USPAP 的约束，但是也建议在估计时同样采用市场价值。Kostas Tsatsaronis，Haibin Zhu（2004）在其论文①选取的 17 个国家中，只有丹麦、德国和瑞士采用抵押价值，其他 14 个国家均采用市场价值类型。然而，次贷危机发生以来，对抵押评估采用市场价值的做法在美国②和一些采用这种价值类型的国家中也开始产生变化。2010 年的《国际评估准则》（征求意见稿）中尽管说明在委托方未做要求时评估师应采用市场价值，但同时突出强调抵押贷款评估的谨慎性，提出了特殊情况下采用其他价值类型的可能性。

以德国为代表的欧洲金融机构针对抵押贷款对评估的要求，先提出了抵押贷款价值的概念，并在欧洲市场上逐步得到认同和应用，目前，抵押贷款价值已完全纳入《欧洲评估准则》（EVS）。EVS 中明确规定，

---

① What drives housing price dynamics: cross-country evidence. BIS Quarterly Review，2004（3）.

② 《美国房市面临新障碍 评估价低》（源自：美国中文网 2011－08－24）一文指出评估界对市场价值的过度推崇并未解决房地产抵押贷款评估面临的问题。

抵押品价值评估应采取的价值类型为抵押价值，是指评估全面考虑资产长期维护情况、一般的和当地的市场行情、资产的正当用途和其他可能的用途等，通过谨慎地评价资产未来的市场销路，从而决定的市场价值。因此，抵押价值应是抵押品能否确保贷款安全的基础。新《巴塞尔协议》（Basel Ⅱ，2004）也特别强调了抵押贷款价值的运用，对抵押品评估采用抵押价值的标准，侧重对抵押品价值下限的估计而非当时的市场价值。但是，理论界对抵押价值的争论不绝于耳。Neil Crosby，Nick French，Melanie Oughton（2000）在抵押价值类型提出并对其将市场价值进行了比较分析，认为 EVS 提出的抵押价值类型不可行，因为其在理论上无法实现其所定义的“长期合理”的价值，并且缺乏市场价值所具有的客观性。但是市场价值明显不能为抵押贷款的安全性提供保障。因此，不存在一个单一的适用于所有抵押评估的价值类型，应根据不同的抵押品进行不同的选择。而 Sven Bienert，Wolfgang Brunauer（2007）则认为抵押评估中，抵押价值的选用是适当的，但是必须在现有定义上进行改进。他们依据抵押品风险大小程度引入了“风险价值”的概念，提出应对抵押品的可能遭受的最大价值损失进行估计。

中国评估业内对抵押品评估采用何种价值类型也未取得一致的认识。路金勤（1997）从房地产抵押价格的本质出发，认为房地产抵押价格本质是房地产的迫售清算价格在抵押时的折现值，因此评估房地产抵押贷款时应采用清算价值。刘桂良、招平（2004）也认为：“从贷款方的角度考虑，抵押资产价值的特殊性，决定了其评估的价值类型只能用清算价值。”张文锋、张志军（2008）则对商业银行抵押品价值类型进行了较为系统的分析，同意从抵押贷款本身的目的出发，清算价值是最为适合的价值类型，但是因为其可操作性差，很难在实践中施行，而市场价值对应的方法体系成熟，易于操作，因此可以采用考虑市场价值，同时引入折现因子的方法替代。这种思路在实践中也得到了认可。1999 年建设部发布的《房地产估价规范》等均对抵押品的价值类型做出了市场价值的规定。抵押价值的支持者则认为抵押评估应提供银行最终贷款金额的参考意见，因此抵押价值类型不同于市场价值和清算价值。唐璐、曲卫东（2006）通过对抵押贷款价值和市场价值进行比较，认为抵押贷款价值具有安全性、保守性和持续性的特点，据此提出不动产抵押评估中应采用抵押贷款价值。崔宏（2007）则较为系统地介绍了抵押贷款价值的概念，从基本原理到行为规范，以四个层次尝试建立基于银行贷款安全目的的抵押品评估的方法框架。2007 年中国资产评估协会发布的《资产评估价值类型指导意见》中规定：注册资产评估师执行以抵（质）押为目的的资产评估业务，应当根据担保法等相关法律、法规及金融监管机关的规定选择评估结论的价值类型；相关法律、法规及金融监管机关没有规定的，可以根据实际情况选择市场价值或者市场价值以外的价值类型作为抵（质）押物评估结论的价值类型。

此外，近年来也有提出抵押评估宜选用在用价值的观点。杨毅（2009）提出抵押物评估的根本目的是提供借款人的违约成本，即抵押物在持续使用前提下对于借款人的效用和价值，其主体是特定的而非全部市场主体，使用用途为现有方式而非最佳用途。因此，采用在用价值进行抵押物评估，能够控制借款人的主观违约风险，同时最大化地利用银行资产。

综上所述，尽管市场价值的观点在现有的抵押评估中仍然占据主流，但是其在抵押评估中的适用性也不断遭到质疑，特别在商业银行的不良资产形成时或金融危机发生时。清算价值类型的采用过于强调贷款安全，对信用等级较高的债务人而言并不公平，也无法充分利用银行资产。抵押价值尽管在理论上进一步接近抵押品价值评估的本质，但是其定义过于笼统，理论上涵盖了所有类型抵押品的评估，实践中却无法适用于所有抵押品价值评估，导致其在某种程度上已经等同于市场价值减去法定优先受偿权，其价值类型的定义流于形式。至于在用价值，资产评估价值类型指导意见对其定义是："在用价值是指将评估对象作为企业组成部分或者要素资产按其正在使用方式和程度及其对所属企业的贡献的价值估计数额"①。抵押品设置的根本目的是确保贷款的安全，在债务者违约时作为还款资金来源，其抵押权的设置与价值的实现方式（抵押品变现）是在先后两个不同的时点，因而抵押品价值的实现与抵押品的现有用途之间的关联关系并不太明显。而且"在评估的实务中，对某些资产来说，其在用价值有时会与市场价值、重置价值在数值上相等或接近"（杨毅，2009）。因此，采用在用价值为抵押品评估的价值类型能否对抵押贷款起到风险缓释的作用仍需再进一步讨论。鉴于此，本文主要对抵押评估的市场价值、抵押价值和清算价值三种价值类型的

① 中国资产评估协会：《资产评估价值类型指导意见》第八条，2007 年。

优缺点和相关问题进行分析。

三、抵押评估三种价值类型的特征和主要优缺点分析

市场价值是指自愿买方与自愿卖方在评估基准日进行正常的市场营销之后，所达成的公平交易中某项资产应当进行交易的价值的估计数额，当事人双方应当各自精明、谨慎行事，不受任何压迫强制。市场价值是资产在评估基准日公开市场上最佳使用状态下最有可能实现的交换价值的估计值。抵押评估中，市场价值本身的定义并无太大争议。争议的焦点在于市场价值是否适合抵押评估。市场价值的显著优点是方法体系成熟，受主观因素影响较少，评估结果具有直观性，但是缺陷也是明显的。市场价值的应用有严格的限制条件，包括：①交易双方是自愿地进行交易的；②交易双方进行交易的目的是追求各自利益的最大化；③交易双方具有必要的专业知识并了解交易对象；④交易双方掌握必要的市场信息；⑤交易双方有较充裕的时间进行交易；⑥不存在买者因特殊兴趣而给予附加出价。在符合这六项市场假设前提下，抵押品的市场价值确实反映了其内在价值，然而抵押品本身受到的限制使得其价值的实现完全符合市场假设前提是极为困难的。一般来说，采用市场价值评估出的是抵押品变现时的最高价值，但是抵押品变现时受到的限制使得抵押品多大程度上能够实现市场价值是不容忽视的问题。美国评估业倾向于由银行内部自行评估这种可能性，但是这样的处理会削弱资产评估在抵押贷款中应有的风险控制作用。

抵押价值在上文中已提及，是指全面考虑资产长期维护情况、一般的和当地的市场行情、资产的正当用途和其他可能的用途等，通过谨慎地评价资产未来的市场销路，从而决定的市场价值。同时，在评价抵押贷款时不应考虑投机因素。抵押贷款的提出已经开始考虑抵押品市场所受到的限制，进一步接近了抵押品评估的本质。但是，现有的抵押价值标准有两种：一种是长期市场价值标准；另一种是变现价值标准。长期市场价值标准是指抵押品的价值是长期稳定的，对市场变化不敏感，与市场价值相比，具有安全性、谨慎性、持续有效性和替代性的特点[1]。

① 于晨曦、许继来：《从美国次贷危机反思我国抵押品价值评估》。

这样的抵押品价值是理想的抵押品价值，但是因为其过于理想而被质疑是否存在这样一个稳定的价值。同时，其持续性的要求与评估时点的假设相背离。评估是时点的评估，这已经在评估界得到公认，抵押价值如果要实现其长期稳定，即持续性的要求，那么就应该对从抵押品评估的时点，到抵押品价值实现之前所有时点进行评估，显然这样的评估是不可能的，也是不必要的。事实上，实现抵押品设置的目的并不需要，也不太可能评估这样一个长期稳定的值，因为经济总是在不断的波动中成长。抵押品的价值在未来变现时点是稳定的就能够满足抵押品设置的目的。也就是说，现有的抵押价值应被理解为抵押品最终最可能实现的价值，并不需要满足长期稳定的要求。因此，抵押价值应采用变现价值标准，即抵押品未来最有可能变现价值的折现值，这符合抵押品设置的根本目的：按照抵押品最可能的变现价值发放贷款，当债务人违约时银行受到的损失是会比较小。但是在未来抵押品需要变现时，当出现经济繁荣或经济衰退的不同经济状况，抵押品的最终最可能实现的价值实际上就是其市场价值（经济繁荣）或者清算价值（经济衰退），此时若仍然采用抵押价值的概念，会造成一定程度的混乱。

清算价值是快速变现时资产的价值。采用清算价值时，抵押品的评估价值一般来说远低于其正常变现的价值。资产在短期内快速变现时需采用清算价值，这是因为资产快速变现时无法形成一个充分流动和开放的市场，资产无法实现其内在价值。但是，抵押品的变现并不一定全部都是快速变现。尽管抵押品的变现有时间要求，但是其时间要求并不是非常严格，并不一定会使得抵押品只能实现清算价值。因此，清算价值的采用过于严格地设定了抵押品市场所受到的限制，评估结果过于谨慎保守。如果抵押评估全部采用清算价值，银行抵押贷的安全性是最高的，但是同时其抵押放贷的金额也是最小的，这在信贷资金充足、而且借贷人信用好的情况下，放贷人的利息收入也会相应减少。从债务人的角度出发，这会损害债务人的利益，因为债务人的资产因采用过分谨慎的价值类型而被严重低估，其能获取的贷款金额就会明显减少。从银行的角度来说，清算价值的实现是抵押品可以得到的最低价值，因此银行也会倾向于避免清算价值的实现，而尽可能地实现抵押品的市场价值或者抵押价值，这可以通过增加抵押品变现的时间等方法来达到。因此，无论是债务人还是银行，都会尽量避免抵押品变现所受到的限制使其只能实现清算价值。

四、抵押品价值实现的影响因素及抵押品的流动性分析与度量

从前文的分析可以看出，在对抵押品进行评估时，如果不加分析的全部采用一类价值类型，容易引起评估结果失真。从抵押担保本身的目的出发，抵押品的价值评估的目的是为银行提供抵押品最可能的回收金额，其回收金额与抵押品的变现方式密切相关。因此其价值类型的选择也应考虑其最可能的变现方式。抵押品的变现方式受到诸多因素的影响，相应的抵押品的价值也受到多种因素影响。

（一）抵押品价值实现的影响因素

抵押品最可能的回收金额是抵押品在受到一定限制的条件下实现的，抵押评估中价值类型难以确定的关键在于不同观点对附加在抵押品上的这些限制认识不同。附加在抵押品上的限制分为三大类：法律限制、市场限制和交易方式限制。

法律限制是指抵押品的法律属性，具体表现为其权利属性是否完善。如《房地产估价指导意见》中规定，依法不得抵押的房地产，没有抵押价值。如果存在其他优于银行抵押权的法定权利，在评估时需要减去相应的法定优先受偿权。法律限制上的争议并不很大，除一些与历史遗留和没有严格按抵押制度违规操作进行的抵押外，抵押品一般情况下只影响抵押价值的评估结果，不会直接影响抵押品的价值类型。但是，法律属性在特定情况下显著影响抵押品的流动性，如 2011 年限购令的出台降低了房地产市场的流动性，在这个意义上法律属性对抵押品的价值类型选择有一定的影响。

市场限制是影响抵押评估价值类型的重要因素。市场限制指的是债务人在不能履行到期债务时，抵押品变现时对其流动性的限制。抵押品变现时的市场限制包括两个方面：一是抵押品本身所在市场的流动性；二是抵押品自身所在市场上具有的流动性。影响抵押品本身所在市场的流动性包括市场平台的成熟度、市场投资环境的变化等宏观因素。一般情况下，市场流动性的程度可以从之前市场上交易的商品的价值体现出

来，并不需要对整个市场的流动性进行估计和发表意见。抵押品自身所在市场上具有的流动性决定了其变现方式，因而应在决定抵押品价值类型时进行重点考虑。

交易方式限制是指银行抵押品变现方式与正常市场交易方式不同。一般情况下，银行抵押品的变现方式基本上是通过作价抵债、法院拍卖、迫售等强制性限期交易。在拍卖机制下所获得的价格鲜少能够与正常市场价格相同，尤其是非正常商业活动的拍卖活动。一般情况下拍卖机制下获得的价格都会低于市场价格，除非抵押品的价值对特定投资者有额外的经济利益①。

由上面的分析可以看出，在抵押品价值实现所受到的限制中，交易方式限制和抵押品所在市场的流动性程度一般情况下只影响抵押品的评估价值，不会对抵押品价值类型的决定有决定性的影响。法律限制尽管可以影响抵押品价值类型的选择，但也是通过对抵押品流动性水平的限制间接地影响抵押品价值类型的选择。因此，抵押品的流动性水平对抵押品的价值类型决定有至关重要的影响。

（二）抵押品的现时流动性分析及其度量

抵押品流动性水平的评估应包括两个方面：一是流动性水平；二是流动性风险。流动性水平是指能够快速低价地变现抵押品的能力，即传统意义上的变现能力；流动性风险是指流动性变化时抵押品价值变化的程度②。流动性风险的估计复杂，需要大量历史数据建立复杂的模型进行定量分析，外部评估人员一般较难于接触到这类数据和信息，但其可以由银行内部自行评估来解决。因此，本文主要分析流动性水平这方面。

抵押品自身的流动性可以分为现时流动性与未来流动性两个维度③。现时流动性是指抵押品立即变现所能获取的流动性。现时流动性

① 2010 年《国际评估准则》（征求意见稿）中认为在对抵押品评估时不应考虑特定投资者或者特定用途所带来的价值增值。

② Xiaoxia Lu and Ronnie Sadka 在 Liquidity Level or Liquidity Risk? Evidence from the Financial Crisis 一文中对流动性水平做了如此的分解，并进行了美国市场的实证研究。

③ David Golereich, Bernd Hanke and Purnendu Nath 在 The Price of Future Liquidity 中对流动性进行了如此区分，并在美国市场中做了实证研究。结论是资产的价格极大程度上受现时流动性影响。

较容易估计，并且在市场上找到相似案例的可能性也较大。当然，现时流动性一般只能作为抵押权设置时评价抵押品流动性的依据，不能直接作为抵押品价值实现时评价抵押品流动性的依据。因为抵押权设置的时点是在现在，而抵押品的价值实现是在未来的某个日期，若需要对抵押品的价值实现时的流动性进行评估，所评的流动性就应是评其未来的流动性。但是，现时流动性与未来流动性两者之间也存在一定的相关性，因为未来某个时点资产的流动性是之前各时点资产流动性连续影响的结果。限于本文主要是讨论抵押权设置时的抵押评估和篇幅，故仅对抵押品的现时流动性的影响因素进行具体分析。

1. 现时流动性评价因素

影响现时流动性的因素众多，具体可以分为两类：外部因素和内部因素。其分类如表 1 所示。从表中可以看出，外部因素包括市场流动性和抵押品变现所要求时间长短。抵押品所在市场流动性越高，其变现能力越强，如债券的变现能力强于房地产的变现能力。抵押品变现所要求的时间越短，抵押品正常变现的可能性越小，其变现能力相应较弱。2010 年《国际评估准则》（征求意见稿）中也指出如果银行对抵押品的变现时间有所要求，那么评估师应考虑采用市场价值以外的价值。市场流动性和抵押品变现所要求是时间长短是相互依存的。如果市场流动性很高，那么即使要求抵押品变现时间很短，抵押品也有可能按照或接近市场价值变现。

表 1

<table>
<tr><td rowspan="5">抵押品流动性决定因素</td><td>外部因素</td><td>内部因素</td></tr>
<tr><td rowspan="2">市场流动性</td><td>抵押品通用性</td></tr>
<tr><td>抵押品可分割转让性</td></tr>
<tr><td rowspan="2">抵押品变现所要求时间长短</td><td>抵押品的法律限制</td></tr>
<tr><td>抵押品数量</td></tr>
</table>

注：朱晓强在《银行押品变现能力分析》中对抵押品变现能力决定因素进行了初步探讨，并按照抵押品类型对各类抵押品变现能力的强弱做出了定性分析。

内部因素指的是抵押品自身性质，具体包括抵押品的通用性，抵押品的可分割转让性，抵押品法律属性以及抵押品的数量。抵押品的通用性越强，则其所面对的交易者越多，相应流动性越强；其可分割转让性越强，流动性越强。因为如果抵押品整体交易需要大量的资金，潜在买者可能需要融资才可以负担，融资成本增加了抵押品的交易成本，降低了其流动性。如果抵押品可以分割转让，那么单个买者并不需要太多的资金便可取得抵押品的一部分，降低了交易成本，提高了其流动性。抵押品法律限制越少，符合条件的潜在买者越多，流动性越强。抵押品数量越少，变现的速度越快，流动性也相应的较强。

2. 现时流动性的评价方法

在确定了影响抵押品流动性的因素后，应对抵押品流动性程度有一个量化的分析以确定抵押品的流动性程度。估计抵押品流动性程度可以参照的方法有指标权重法和多元回归分析法等方法。

（1）指标权重法应用简述。

以充分流动性的抵押品作为标准，将其流动性定为100，再将抵押品的各个决定因素与标准抵押品的各个因素进行比较，得出大小关系，给出相应分数，并赋予每个指标以一定的权重，由若干个专业人士按照权重法计算估计出抵押品的现时流动性。

指标权重法的优点是易于计算，不需要大量的数据分析，如果行业内建立起公认的指标体系和指标权重，那么其准确性也能得到一定的保证。缺点是过于依据专业人士的主观评价，为了防止人为操纵影响评估结果，在评估时，至少应有三个独立的专业人士对该资产的流动性分析评价发表意见，其误差也应限定在一定的范围之内。

（2）多元回归分析法应用简述。

在存在大量相似抵押品的条件下，可以采用统计回归的分析方法，将各个决定因素选用相应的指标量化，如市场的流动性可以用抵押品所在市场的日交易量衡量，抵押品的通用性可以用其可能的用途数量来衡量，而抵押品的可分割转让性可以用哑变量衡量。将抵押品交易价格与这些量化指标进行回归分析，由此得出抵押品现时流动性的估计。

多元回归分析法所确定的抵押品流动性客观精确，人为干扰较少，但是抵押品市场中相似案例的数量不容易达到统计分析所要求的样本量，而且分析评价人员需要掌握多元回归分析法的技术。

（三）基于流动性分析评价的抵押品价值类型选择

在限制条件下，如果抵押品流动性水平与同类商品正常市场条件下相似，便认为抵押品具有完全的流动性，此时其最可能实现的价值便为市场价值，最适当的价值类型为采用市场价值。与正常市场条件下相比，流动性程度急剧降低，即抵押品完全严重缺乏流动性，其作为资产整体在市场上按正常价格进行交易的可能性极小，需要大打折扣才能变现，此时应采用清算价值类型，估算其清算变卖时的价值。如果抵押物的流动性水平介于充分流动和严重缺乏流动性之间，那么其最可能实现的价值既不是市场价值，也并非清算价值，此时采用欧盟所定义的抵押价值是最适合的价值类型，即考虑流动性折扣后再确定的抵押品价值类型。价值类型与抵押品流动性的关系如图 1 所示，只要抵押品的流动性处在一定的范围内，抵押价值类型是最适当的价值类型；抵押品的流动性处于两个极端时，则应分别采用市场价值和清算价值。

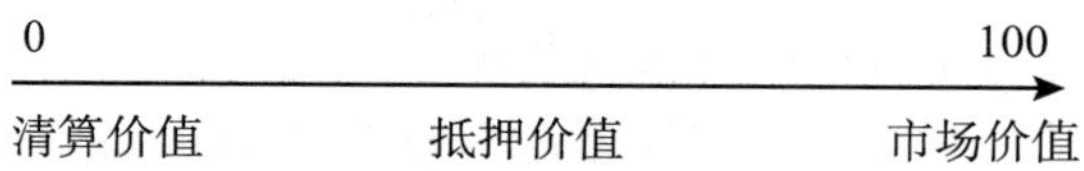

图 1　抵押品流动性

五、结论和建议

抵押品设置的目的是确保银行资金的安全，抵押权设立和抵押品价值实现的两种经济行为又分别是在先、后的两个不同时期（点），抵押贷款的这两种不同的经济行为在客观上决定了对同一抵押品的价值的判断标准不同而使其产生差异，特别是当这两个不同时期（点）的经济运行状态不同时，同一抵押品价值的这种差异还会明显扩大。从商业银行资金的安全角度看，抵押品的清算价值最能够为银行提供最可能回收金额，但是其放贷的规模也是最小，银行的利息收入也是最小。从商业银行的风险价值管理的角度看，当信贷资金充足而且客户信用度高的情况下，抵押品的市场价值不仅可以满足贷款人充分利用银行资金，也同时增加银行的利息收入。而抵押品的抵押价值是介于其清算价值和市场价值之间。所以，在抵押评估时，应根据抵押权设立和抵押品价值实现，以及相应时期（点）的经济运行状态好坏来选择适用的价值类型非常重要。在抵押评估的价值类型确定前，可以先对抵押品流动性水平进行分析评价，再确定不同抵押品评估对应的价值类型，从而采用相应的评估方法来得出较为科学合理的评估结果。银行则根据自身对风险的承受度，尽量在相应的回收金额范围内提供贷款，便能保证违约率控制在一定的范围内，防范系统风险，使抵押真正起到风险缓释的作用。

在抵押品的流动性水平分析评价的基础上进行价值类型选择的抵押评估思路，对原有的抵押品的外部评估和内部评估都可能会提出新的要求，对此，本文提出以下建议。

1. 评估中介机构在提供抵押评估时应加强对抵押品的流动性水平的分析

抵押品的外部评估即指评估中介机构对抵押品的评估。评估中介机构在对抵押品进行评估时，应加强对抵押品流动性水平的分析评价能力，选择适当的价值类型，提供更准确的抵押品评估价值。对抵押品流动性水平的分析评价不仅会提高价值类型选择的适用性，也在一定程度上会使评估方法的应用更为有效。在三种基本评估途径方法中，2010年《国际评估准则》（征求意见稿）中建议对抵押品进行评估首选的方法是收益法。对抵押品流动性水平的详尽分析和评估可以为收益法提供更准确的参数，如可以根据抵押品的流动性折扣更精确的调整利率。同时，2010年《国际评估准则》（征求意见稿）中也建议成本法不应单独用来对银行抵押品进行评估，只应作为一种辅助方法，因为只能用成本法确定价值的抵押品风险过大，不适合作为抵押品[①]。若在采用成本法对银行抵押品进行评估时，恰当地结合对抵押品进行流动性水平分析评价，就有可能在一定程度上降低单独采用成本法评估确定抵押品价值的风险。

当然，在抵押评估价值类型选择前，先对抵押品流动性水平进行分析评价的做法也会产生一些新的问题。抵押品流动性评估所需要的信息繁多，评估中介机构除了较难获取抵押品流动性相关的必要数据和信息外，由评估中介机构单独对抵押品流动性分析评价也会提高评估技术难

① IVSC exposure draft. Valuations of Property Interests for Secured Lending. Valuation Approaches. June 2010.

度，还会增加抵押评估的成本。但这些新的问题有些是可以通过以下的实现逐步得以解决。

2. 建立和完善商业银行抵押品的未来流动性的和流动性风险内部评估制度

从减少抵押风险需要的角度看，对抵押品的未来流动性和流动性风险评估可以由商业银行内部进行。商业银行应建立抵押品的未来流动性和流动性风险评估的内部评估制度，着重对抵押品的未来的流动性和流动性风险进行分析评价和评估，及时修正抵押品外部评估的结果，确定和调整相应的抵押贷款金额，科学地进行风险价值管理可使商业银行抵押贷款的收益增加，有效地控制抵押贷款的风险可使其损失减少。

3. 金融监管机构构建包括数据库、信息库等与抵押评估管理有关的公共平台

从监管需要的角度看，金融监管机构应构建包括数据库、信息库等与抵押评估管理有关的公共平台，及时提供与抵押品流动性相关的数据，发布与抵押贷款风险相关信息等。外部评估机构和商业银行的内部评估便可以在此基础上利用相关信息逐步完善抵押评估流动性分析和流动性风险评估的方法体系。

此外，对抵押品评估管理的规章制度和行业准则也应进一步完善和规范。

当前中国评估界对于抵押评估管理的规章制度、行业规则散落在各个不同专业领域的文件中，《房地产估价规范》对房地产抵押价值评估有做出一些规定，《贷款风险分类指导原则》规定了商业银行对抵押品进行内部评估应遵循的原则，《关于规范与银行信贷业务相关的房地产抵押估价管理有关问题的通知》及其附件《房地产抵押估价指导意见》对房地产抵押估价也做了较详细的规定。但是这些规章制度、行业规则的相关规定仍缺乏内在的统一性，大部分的规定也较为笼统，而且大多只是对房地产的抵押评估的规定①，对抵押评估的价值类型也基本没有统一和严格的定义，使得评估师在进行抵押评估时对价值类型的应用普

① 随着《担保法》、《物权法》等相关法律的出台和抵押借贷事业的发展，抵押品也已从原来的以不动产为主的情形逐步拓展到包括各种普通的机器设备和专用生产设施等财产。目前财产抵押品已达到数百种。

遍认为不太容易把握。因此，中国应在现有的抵押评估规章制度和行业规范相关规定的基础上，制定出包括房地产、机器设备和其他抵押品在内的抵押评估新的规定或准则规范，并对抵押评估价值类型给出更具体的、更具有可操作性的指导性意见，以便进一步规范抵押评估的行为。

参考文献

［1］《美国房市面临新障碍——评估价低》，美国中文网，2011 年 8 月 24 日，http：//www. sinovision. net/index. php？ module = news&act = details&news_id = 182833.

［2］崔宏：《基于银行贷款安全目的的抵押资产评估理论与方法创新：一个初步框架》，载《金融论坛》2007 年第 1 期。

［3］纪益成：《抵押质押情况下资产评估标准及方法》，载《国有资产管理》1996 年第 8 期。

［4］刘桂良、招平：《抵押资产价值评估方法的创新》，载《系统工程》2004 年第 9 期。

［5］路金勤：《房地产抵押价格的本质及其价格研究》，载《武汉冶金大学科技大学学报》1997 年。

［6］唐璐、曲卫东：《从国际评估准则和新巴塞尔补充协议文件看不动产抵押贷款价值评估的发展趋势》，载《中国房地产估价师》2005 年第 4 期。

［7］杨毅：《抵押评估宜选用在用价值类型》，载《中国资产评估》2009 年第 11 期。

［8］于晨曦：《抵、质押品评估：仅有市场价值是不够的》，中国会计报，2009 年 12 月 4 日，http：//finance. ifeng. com/stock/roll/20091204/1542956. html.

［9］于晨曦、许继来：《从美国次贷危机反思我国银行抵押品价值评估》，载《当代金融家》2008 年第 11 期。

［10］张文锋、张志军：《商业银行不动产抵押价值类型选择研究》，载《金融理论与实践》2008 年第 8 期。

［11］中国人民银行：《金融数据统计报告》2011 年 8 月。

［12］朱晓强：《银行押品变现能力分析》，载《中国资产评估》2008 年第 7 期。

［13］Bank of England. Lending to individuals. August 2011.

［14］Bank of Governors of the Federal Reserve System. Research Data. Mortgage Debt Outstanding. September. 2011.

［15］Basel Committee on Banking Supervision. Basel II. 2004.

［16］David Goldreich，Bernd Hanke and Purnendu Nath，The Price of Future Liquidity：Time-Varying Liquidity in the U. S. Treasury Market，Review of Finance，2005

(9)：1 -32.

[17] IVSC. Exposure Draft-Valuations of Property Interests for Secured Lending, June 2010.

[18] Kostas Tsatsaronis, Haibin Zhu. What Drives Housing Price Dynamics：Cross-country evidence. BIS Quarterly Review, 2004 (3)：pp. 65 -78.

[19] Markus K. Brunnermeier, Lasse Heje Pedersen, Market, Liquidity and Funding Liquidity, The Review of Financial Studies, 2009 (6)：pp. 2201 -2238.

[20] Neil Crosby, Nick French, Melanie Oughton. Bank Lending Valuations on Commercial Property-Does European Mortgage Lending Value Add Anything to the Process? Journal of Property Investment & Finance, 2000 (18)：pp. 66 -83.

[21] Sven Bienert, Wolfgang Brunauer. The Mortgage Lending Value：Prospects for Development Within Europe. Journal of Property Investment & Finance, 2007 (25) pp. 542 -578.

[22] Xiaoxia Lou, Ronnie Sadka, Liquidity Level or Liquidity Risk? Evidence from the Financial Crisis, Financial Analysts Journal, 2011 (3)：pp. 51 -62.

建设可持续发展的金融评估体制

王诚军　中天衡平国际资产评估有限公司

【摘要】区别于一般的评估业务，金融评估是帮助金融机构防范金融风险的重要工具之一，它往往也会对金融秩序以及社会稳定带来更为深远的影响。特别是在当前金融环境动荡的背景下，我们迫切需要采取更多、更有力的措施以维持金融评估体制的良好运行和可持续发展。本文以中国为例剖析了当前金融评估中存在的问题，并对美国的金融评估体制作了详细的分析和比较研究，同时反映了金融评估体制的复杂性和重要性，并为建设可持续发展的金融评估体制提出了建议。

【关键词】金融评估；美国金融评估体制；抵押评估

Establishing Sustainably Developed Financial Valuation System

WANG Cheng-jun

Abstract: Being different from the other general valuation business, financial valuation is one of the most important instruments to help the financial institutions guard against financial risks. It often brings far-reaching influence on the financial order and social stability. Especially in the current financial environment, there is an urgent need to take more powerful measures to maintain sustainable development of the financial valuation system. This article analyzes the current problems existing in the financial valuation with the example of China. At the same time, the author has made a detailed analysis and a comparative study on the system of financial valuation in the United States, showing the complexity and importance of the financial valuation system. Finally, the construction of sustainable development of financial valuation system has been put forward.

Key Words: financial valuation; the system of financial valuation in the United States; mortgage valuation

金融评估①在当今金融界和评估界的重要性日益突出，在席卷全球的金融动荡背景下，如何建立良好的金融评估体制并维持其可持续发展是各国金融界和评估界的共同课题。可持续发展的金融评估体制意味着金融评估领域的发展进入一个良性循环的轨道，该体制下各相关主体包括金融机构、金融监管部门、评估师和评估行业等均各负其责，相互支持，相互受益，并且能够持续相互依赖。从评估行业角度来说，评估历来与金融危机有着千丝万缕的联系。在2008年开始的本轮金融危机中，由于此次危机的复杂性，评估并没有被指责为主要祸首，但在20世纪80年代美国储蓄和贷款危机中评估却是不折不扣地被视为引发金融危机的主要原因，由此开始了美国对金融评估的管制时代。本文拟分析金融评估中存在的问题，回顾并评价美国金融评估体制的建立背景、主要内容，对各国特别是以中国为代表的发展中国家金融评估体制建设提出建议。

一、金融评估之定义

尽管金融评估这个概念在各国得到普遍使用，但实际上这是一个极为广泛的概念，广义上与金融机构有关的评估机构都有可能被称之为金融评估。由于缺乏统一、严格的定义，该术语在不同国家和不同领域中的内涵和外延有着很大的不同，相对应的评估主体、监管主体、遵守的规则及价值类型和定义等都有较大不同。为避免不必要的概念歧义，在本文之初对金融评估概念予以讨论和定义。

尽管具体的措词有所不同，在评估行业中对金融评估的理解从评估目的的角度出发不外乎三大类型，即广义的金融评估分为以下三大类：

（一）以产权交易、变动为目的的评估

该种评估业务实质是企业价值评估在金融领域的应用，即对金融企业全部股东权益或部分股东权益进行分析、估算并发表专业意见的服务。例如对金融机构股权交易转让前进行的评估，再如中国金融机构IPO之前所进行的评估等。在此类金融评估业务中，多数由独立评估师根据评估准则和相关规则对银行等金融机构股权或部分股权的市场价值进行评估。

① 金融评估的定义见本书第一部分。

（二）以财务报告为目的的评估

该类评估是根据国际财务报告准则、美国通用会计准则及中国等国会计准则的要求，对持续经营的金融机构某些资产、负债进行分析、估算并发表专业意见的服务。例如对金融机构所持有的金融产品、金融衍生品及相关负债公允价值进行的评估，以及金融机构发生并购后根据企业并购会计准则进行的合并成本分摊的评估。在此类金融评估业务中，可以由独立的专业评估师，也可以由金融机构内部专业人员进行评估，不仅要依据相关的评估准则，更要符合相关会计准则的要求，所评估的价值类型多为公允价值。

（三）以控制金融机构经营风险为目的的评估

该类评估是金融机构在日常经营过程中，为控制金融风险、提高金融资产质量，对用于抵质押的资产价值进行分析估算并发表专业意见的服务，既包括金融机构在放贷前所进行的事前评估，也包括在贷款持续期间对抵质押物进行跟踪分析的事中评估，还包括在出现不良资产后为处置不良资产评估而进行的事后评估。此类评估业务多由独立的专业评估师提供，也可能是银行内部的评估人员进行评估，需要遵守相应评估准则及金融监管的规则，评估的价值类型以市场价值为主，在一定情况下也可以采用评估抵押贷款价值、清算价值等经过严格定义的价值类型。

三种金融评估业务对比，如表 1 所示。

表 1　　三种金融评估业务对比

评估目的	涉及的金融机构内部主体	评估主体	监管主体（以中国为例）	遵守规则（以中国为例）	价值类型和定义
产权交易、变动	资产管理部门	独立评估师	财政部	国资评估管理办法与评估准则	市场价值
财务报告	财会部门	独立与内部评估师	财政部、证监会	会计准则、评估准则	公允价值
经营风险控制	授信、信贷、押品管理部门	独立与内部评估师	银监会 人行 财政部	评估准则 金融评估管理规则 新巴塞尔协议	市场价值 抵押贷款价值 清算价值等

上述三种金融评估业务在各国有着不同程度的发展，其中以产权交易和变动为目的的评估在中国发展较为充分；以财务报告为目的的评估在2005年欧盟等全面采用国际财务报告准则后有了长足的发展；以经营风险控制为目的的评估特别是抵押评估业务是各国评估界发展最早也是业务量最大的评估业务之一，因此狭义上的金融评估业务仅指此类业务。

本文研究金融评估体制的目的是充分、有效地发挥评估在防范金融机构经营风险中的作用，因此所讨论的金融评估业务是指狭义的金融评估概念，即仅指以抵押为目的的评估业务，不包括以产权、变动为目的的评估以及以财务报告为目的的评估。

二、金融评估的特殊性

评估从其本质上说是一种促进相关资产交易的专业服务。一般的评估业务是委托人与评估师之间建立在所签订委托合同基础之上的民事行为，一旦对评估产生争议或评估服务给委托人带来损失，受损害的一方（合同当事人、委托人等）可以通过民事诉讼解决争端（见图1）。如果合同当事人能够证明评估师有过错，评估师就需要赔偿其损失。在这种情况下，可以通过对利益受损方的补偿、赔偿以及对评估师的处罚（主要是经济处罚）实现评估服务的可持续发展，评估服务对委托人以外的第三人或社会利益一般不会造成危害。因此除评估师和客户之外，一般不需要将其他主体如政府部门等纳入到评估体制中来。这就构成了许多国家长期对评估行业实行自律管理、政府不干预的理论基础。在相当数量的国家中，政府并不过多介入评估行业的管理，对评估行业也不实行严厉的特别管控措施（如行业准入、标准统一等）。

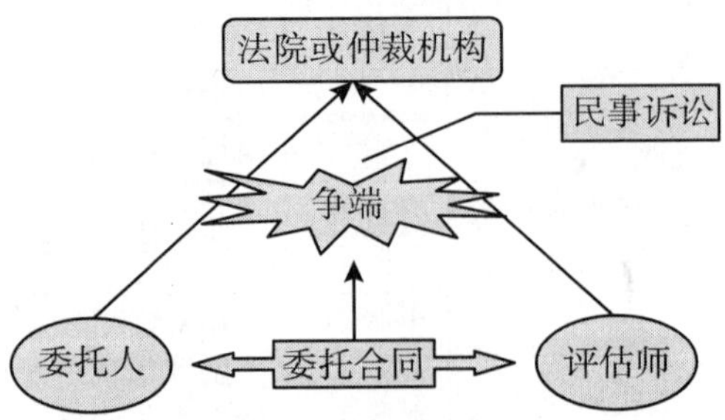

图1　一般评估行为

与一般评估业务相比，金融评估有着本质的不同。评估与金融业有着不可分割的密切联系，以抵押保证为目的的评估业务是各国传统的评估业务领域之一。而抵押资产评估与一般的评估行为在影响力、后果等方面有着根本不同。“评估在贷款审查程序中的主要作用是，证明资产的抵押价值足以避免借入者无法偿还贷款时的贷款损失。”① 因此抵押资产评估在维护金融资产安全、防范金融风险方面具有双刃剑的作用：客观操作且合理披露的不动产抵押评估业务将有助于金融机构识别潜在风险、充分保障金融机构的利益；而不当操作且不合理披露的抵押评估则会在很大程度上放大风险、给金融机构带来重大损失。如果评估不当，一旦出现还款违约行为，银行等金融机构作为放款人就可能无法从抵押品的变卖中得到足够的风险保证。从表面上看，这与一般评估业务并无区别：不当评估损害的是评估业务一方当事人——金融机构的利益，似乎也可以通过一般的民事诉讼予以解决。然而由于银行等金融机构的特殊性，一旦经营失败或遭遇重大风险，对金融秩序以及社会可能带来的危害性要大得多。20 世纪 80 年代美国的“储蓄和贷款”危机充分体现了金融评估的特殊性，并彻底改变了人们对评估行业特别是金融评估的看法。由于美国实行了储蓄存款保险制度，相关储蓄机构按照法律规定向联邦储蓄保险公司（FDIC）交纳保费，一旦储蓄机构经营失败，出现无力偿付存款的情形，就由联邦储蓄保险公司赔付。如果无力偿付的储蓄机构出现较多、联邦储蓄保险公司也无力赔付后，则需动用联邦储备基金依法补偿。运用联邦储备基金就意味着用纳税人的钱来为金融机构的经营失败“埋单”，因此这就涉及公共利益和全体纳税人的意义。而在中国，虽然还未实行存款保险制度，但金融机构的风险很大程度上仍是由国家财政承担，金融机构的风险在很大程度上会转化为财政风险。雷曼兄弟公司破产之后，美国政府采取了一系列救市措施，都是动用纳税人的钱为那些“太大以至于不能破产”（too big to die.）的金融机构经营失败真实窟窿。这一切都表明了金融机构的特殊性，因此金融评估与一般的评估服务的本质区别在于：金融评估中不当行为的危害并不局限于一方当事人，而可能会对整个金融秩序、社会秩序和全体

---

① 《监管计划——加强不动产评估业监管的机会》，经济科学出版社 2004 年版，第 12 页。

纳税人的利益带来危害。有鉴于此，纳入金融评估体制的主体就不能仅限于评估师和金融机构，包括借款申请人、政府监管部门以及纳税人等。因此金融评估体制远较一般评估行为的管理体制复杂，需要采取更多、更有力的措施以维持金融评估体制的良好运行，美国评估行为如图 2 所示。

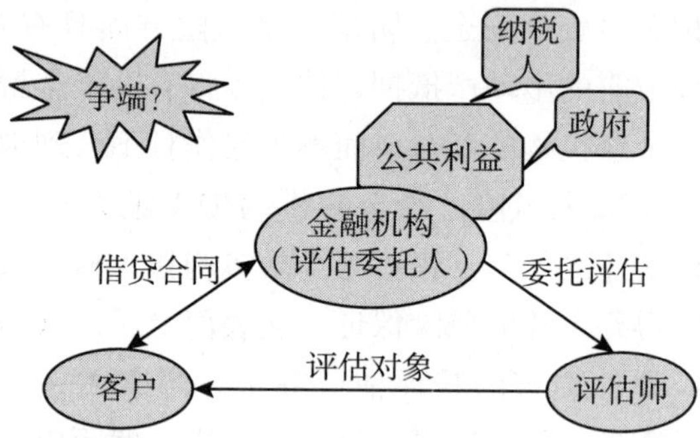

图 2　金融评估行为

由于人们对金融评估特殊性的认识长期混杂在对一般评估的认识之中，在金融秩序良好的时期是很难认清金融评估特殊性的。直到美国 20 世纪 80 年代的“储蓄和贷款”危机，在金融行业和评估行业都出现了严重问题之后，有关各方才对此次金融危机中的评估作用进行了“痛定思痛”的全面评价，因此加强了以金融为目的的评估监管，构建了具有特色的美国金融评估体制。以中国为代表的发展中国家在金融业迅猛改过的过程中，虽然也大量采用抵押贷款等手段防范风险，但由于各种原因并未形成完善的金融评估体制。因此需要在学习和借鉴美国 80 年代储蓄和贷款危机经验的基础上，充分认识金融评估与一般评估业务的区别，并予以必要的监管。

三、当前金融评估存在的问题（以中国为例）

评估行业在中国等发展中国家中仍属于年轻的中介行业。这些国家评估师与评估行业均未经历过类似于发达国家所经历的金融危机的冲击，而过去二十多年发展的不动产市场和评估行业恰好掩盖了金融评估体制中存在的问题。这一点不得不引起中国及相关国家评估行业的重视。

中国评估行业的发展已经有近20年的历史，对抵押物进行评估也已成为一种惯例，据不完全统计，排名靠前的几大商业银行年贷款额度均在一万亿至两万亿，其中大部分借款都涉及抵押物及抵押评估。然而各级政府、金融机构，以及评估行业管理部门对金融评估特殊性的认识仍有待提高。人们对于评估的认识，大都还局限于对国有资产评估和以交易为目的的评估领域，对评估在金融领域的特殊作用还认识不清，特别是对抵押评估既可能是防范金融风险的利器，也可能是放大金融风险的工具的“双刃剑”作用缺乏足够的警惕。中国金融行业经历了二十多年的快速增长，总体上未经历类似于美国80年代金融危机的冲击。十多年来我国房地产市场的持续发展，特别是房地产价格的持续上涨，掩盖了金融评估领域的许多问题。一旦不动产市场价格出现拐点，势必会给金融机构带来较大冲击，影响金融秩序和金融安全，也将会严重影响评估行业的健康发展，并将评估行业置于社会各界的质疑和抨击之下。

总体上中国金融评估领域存在以下主要问题，在一定程度上与相关国家相有较大相似性。

（一）政府对金融评估的认识和监管的有效性有待提高

虽然中国金融监管部门十分重视抵押贷款中评估的问题，并为此制定、发布了相关规定，但总体上金融监管者（如财政部、银监会、中国人民银行）并未制定统一全面的金融评估制度，也未全面涵盖金融评估的相关要素，如对所管辖金融机构在什么情况下需要（必须）进行评估、由谁评估、由谁来聘请评估师、如何评估、评估什么（价值）、如何复核与使用评估及如何对金融机构所开展的金融评估工作进行监督做出明确规定。

（二）金融机构内部对金融评估重要性及相应评估规范的认识有待提高

各大金融机构之间、同一机构不同分行、支行之间在评估制度、理解程度和执行程度方面存在较大差异，客观上为不良和不当评估行业提供了可乘之机。金融机构内部对评估报告和结果的复核、使用缺乏明确的规范，随意性较大；金融机构内部评估审核人员接受的专业培训和指导远远不够，部分金融机构不合理使用评估报告或在使用评估结论时过于随意。

（三）评估行业对金融评估领域的管理还不能满足需求

评估行业监管部门及评估行业协会对金融评估方法、准则等较为重视，近年来投入较大精力，但仍现有的评估操作规范仍不能适应金融评估的需求。评估师和评估机构对评估方法、程序、价值类型及披露方式等理解不一，部分评估人员存在违反职业道德的执业行为。

四、美国金融评估体制之剖析

（一）美国评估业长期实行自律管理

长期以来，美国评估业与律师业、会计师业等被视为自由职业，评估师属于传统意义上的专业人士和自由职业者，政府对包括金融评估在内的评估业几乎不进行任何干预，主要是通过评估协会等非政府性质的评估行业专业组织进行自律性管理。在长期的评估业发展过程中，根据不同目的和不同领域的要求，美国评估界自发形成了为数不少的评估专业协会，这些协会中有综合性较强的协会，其涵盖的专业范围跨越多个评估领域；也有侧重于某一特定资产领域或某一特定评估目的单一协会；其中影响较大的有美国评估师协会（American Society of Appraisal）、评估学会（Appraisal Institution）、国际估税官协会（International Association of Assessing Officers）、美国农场管理人和农业评估师协会（American Society of Farm Managers & Rural Appraisers）、独立收费评估师联合会（National Association of Independent Fee Appraisers）等。这些专业评估协会在其各自发展的过程中，根据所侧重领域分别制定了职业道德守则和评估执业准则，对所属会员具有约束力，并制定了各自的专业人员资格标准，规定具备什么样的专业知识和从业经验才能获得专业称号。评估人员在执业中往往是通过展示其在所属协会中获得的专业称号来表示专业能力，取得客户信任。在这种以纯行业自律为管理体制的背景下，美国评估业没有统一的评估执业准则，也没有统一的评估师资格标准。

（二）储蓄和贷款危机的冲击

20 世纪 80 年代初，里根政府执政以后奉行自由经济政策，积极推进后来被称之为“去监管化”的改革措施。在金融领域，美国政府放松了对金融机构的监管，许多过去不允许从事抵押放款业务的储蓄机构也开始从事抵押贷款业务。大量金融机构在没有建立必要审核监督机制、不具备相关评估审核人员的情况下，盲目开展抵押贷款业务。由于当时评估业缺乏统一的评估准则和评估师资质标准，评估行业在职业道德、人员素质、执业水平等方面出现了一些问题，相当多的评估师对作为抵押物的不动产进行了不恰当的评估（往往是乐观性的高估），导致金融机构过高估计抵押不动产的价值及其对金融机构贷款的保障，在出现无法还款处置抵押不动产的情况时，抵押物价值远远达不到评估值，造成银行等金融机构贷款呆账、坏账大幅度增加，引发了一大批金融机构倒闭，从 80 年代中期开始爆发了由房地产泡沫诱发的金融危机。由于美国实行了储蓄存款保险制度，相关储蓄机构在无力偿付存款后由联邦储蓄保险公司（FDIC）赔付，联邦储蓄保险公司无力赔付后需动用联邦储备基金依法补偿。这场被称为“储蓄与贷款”危机的金融危机导致 400 余家储蓄金融机构破产，给联邦储备基金最终造成 1000 多亿美元的损失。

用联邦储备基金赔付相当于让纳税人为金融危机承担责任，为此有关这场金融危机的争论演化为一场政治博弈，美国国会专门就这场金融危机的原因、各方所起的作用进行调查。众议院政府工作委员会（House Committee on Government Operations）于 1986 年 9 月形成了题为《评估问题对不动产抵押贷款、抵押保险和二级市场投资的影响》的调查报告①。该报告在分析了金融监管部门和金融机构存在问题的同时，对评估行业存在的问题予以严厉抨击，包括缺乏统一的执业人员资格标准，缺乏统一的评估标准，并认为不当评估和欺诈评估是促成金融危机并导致联邦政府遭受损失的主要诱因之一②。这场金融危机不仅对金融领域和经济领域带来了强大冲击，也给美国评估行业以沉重打击，因此

① H. Rep. 99 - 891 at 4 - 6（1986 年 9 月 25 日），HCGO，第 99 届国会第二次会议。

② 《监管计划——加强不动产评估业监管的机会》，经济科学出版社 2004 年版，第 12 页。

提高和维护社会公众对评估行业的信心，制定统一评估准则和评估师资质标准，就成为当时美国评估业改革的主要方向。

在综合分析金融业存在问题的基础上，美国国会于1989年制定了《金融机构改革、复原和实施法》（FIRREA），对金融行业进行全面整顿。鉴于金融评估领域存在的问题，该法第十一章对美国金融评估管理进行了重大改革，引进了联邦政府监督、州政府注册管理、评估行业协会制定准则、金融监管部门建立相应评估规则等内容，从而建立了独具特色的美国金融评估体系，也在很大程度上改变了美国评估行业自律管理的局面。

（三）美国金融评估体系

1. 概述

根据FIRREA第十一章，美国金融评估管理体系由民间、州和地方政府、联邦政府等构成，这三个层级分别从民间行业自律管理、联邦和各州监管以及联邦金融机构监管部门的角度对评估业进行职能管理，形成一个有机的不动产[①]评估和评估师管理体制：

• 民间组织评估促进会设评估准则委员会和评估师资格委员会，为不动产评估的实施和报告制定最低标准，为注册评估师设立最低资格要求；

• 各州负责对评估师进行注册和许可，包括制定教育和经验要求（这些要求至少应当符合评估师资格委员会对注册评估师的资格要求），监督评估师遵守评估准则。

• 联邦储备体系（Federal Reserve System）、联邦存款保险公司（Federal Deposit Insurance Corporation）、货币监理署（Office of the Comptroller of the Currency）、储蓄管理局（Office of Thrift Supervision）和国家信贷管理局（National Credit Union Administration）（以下统称为“联邦金融机构监管部门”）为所辖金融机构制定评估要求，并监督金融机构遵守这些评估要求。

• 评估分会主要负责监督和审查各民间、州和联邦组织与第十一章

① 本文中所说的不动产评估，都是指与金融目的有关的不动产评估业务，不包括一般以交易、纳税等为目的的不动产评估业务。

有关的工作，监督和协调参与管理评估和评估师的有关各方的职能。

美国金融评估管理体系中各相关主体结构如图3所示。

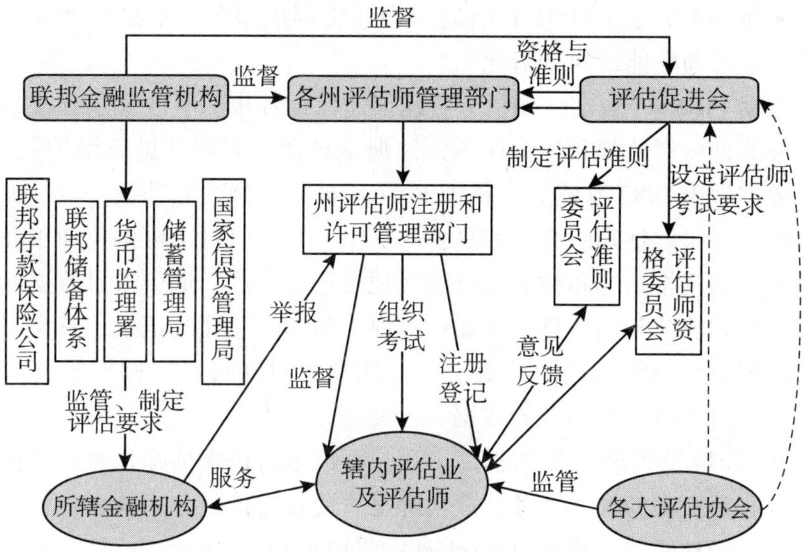

图3 美国金融管理体系

2. 美国金融评估管理体制中各方主体及其职责

（1）评估分会。为适应金融评估管理需要，FIRREA法在联邦金融机构检查委员会（Federal Financial Institutions Examination Council）下设立"评估分会"（Appraisal Subcommittee），作为主要的联邦部门，对不动产评估业监督体制中的其他组织进行监督。评估分会有6位理事会成员和7位工作人员，理事会成员由组成联邦金融机构检查委员会的5大联邦金融机构监管部门负责人和住房和城市发展部的负责人委任。

评估分会其主要职责包括：

- 监督各州制定的有关注册评估师和许可评估师资格的条件，包括有关专业责任规范；
- 监督联邦金融监管部门在其各自管辖范围内制定的涉及联邦交易的评估准则，并确定必须由注册评估师和许可评估师从事的涉及联邦交易评估业务的范围；
- 为获得各州注册或许可、有资格在涉及联邦的交易中提供评估服务的评估师建立全国性注册库；

• 监督并审查评估促进会的业务、程序、活动和组织结构。向评估促进会提供适当金额的资助，用于支付其从事的与第十一章相关的工作费用；

• 每年不迟于 1 月 31 日前向国会递交年度报告，汇报在上一年度评估分会各项职能的执行情况①。

根据 FIRREA 规定，评估分会建议需保存各州从事涉及联邦交易评估业务的许可评估师和注册评估师注册登记簿，并对其进行维护②。该注册数据库于 1992 年建立，并于 1997 年进行了修改和升级。该数据库可以提供各州评估师的姓名和具备的资格，并可以对不再执业和正在执业的评估师资格情况和种类以及惩罚记录进行统计。这个注册数据库包括公开的和非公开的信息，例如针对评估师的受惩罚的记录，只允许经授权的州评估监管部门的代表查阅。用户可以通过互联网登陆此数据库，并免费下载全部的公开数据。

通过国家评估师注册数据库，用户可以了解该评估师是否有资格从事涉及联邦交易的评估业务，评估师是否受过纪律处分，其评估资格证书是否已经被暂停、撤销（revoked）或被放弃（surrendered）。各州还可以通过该数据库了解到评估师的评估资格状况，并且帮助州管理部门管理评估师队伍，从而为各州之间的临时互惠提供帮助。除此之外，各金融机构还可以通过互联网从该数据库获得有关评估资格撤销、暂停、放弃或者作废的相关情况。

数据库的信息由各州提供。各州定期（绝大多数以 1 个月为限）将相关的文件提交评估分会，评估分会将数据录入数据库。数据库对四类评估师进行统计，即许可评估师、注册综合评估师、注册住宅评估师和过渡性许可评估师。

根据 2002 年 10 月 31 日的统计，评估分会全国评估师注册数据库中有许可评估师 21003 名，注册综合评估师 32684 名，注册住宅评估师 34885 名，总计 88572 名③；从各州分布情况来看，最少的北马里兰州有 10 名，而最多的加利福尼亚州拥有近 9500 名；从纪律处分情况来

① 12U. S. C. . §3333（a）（2000）.

② 12U. S. C. . §3332（a）（3）.

③ 有的评估师同时具备一种以上的执业资格，或新获得一类资格而放弃以前的资格，但仍在各相应资格类别中显示，因此统计数据中有人员重复现象。

看，受到警告处分的有395人次，再教育处分的462人次，罚款处分的788人次，禁入处分的263人次，降级处分的33人次，暂停处分的398人次，撤销处分的644人次，自愿放弃的212人次，官方谴责的77人次，其他处分的1088人次，总计4360人次。①

（2）联邦金融机构监管部门。联邦金融机构监管部门负责保证在联邦机构投保的储蓄机构遵守第十一章的要求，保证涉及联邦交易中的不动产评估符合评估准则委员会制定的《专业评估执业统一准则》（USPAP）的要求②。其主要工作如下：

• 联邦金融机构监管部门要求涉及联邦交易中的所有评估业务都必须至少符合USPAP的要求，评估结论以书面形式表示，且应当包含充分的信息和分析过程，以支持金融机构的交易决策。

• 各联邦金融监管部门或执行机构如果为适当履行其法定职责已做出增加额外评估准则的书面决定，可以要求评估师开展业务遵守这些额外评估准则。

• 联邦金融机构监管部门规定必须进行评估的"最低门槛要求"，即规定在什么情况下，受监管的金融机构可以不聘请注册评估师或许可评估师进行评估，改为通过其他人士或手段（如银行内部人员、自动评估模型等）进行"估价"（evaluation）。

目前5个金融机构监管部门都把最低限设在25万美元③，即对于低于25万美元的不动产抵押物，金融机构可以选择进行评估，也可以选择对资产价值进行其他方式的估价，所谓估价工作可以由注册评估师和许可评估师以外的人士进行，且无需遵守USPAP；高于25万美元的不动产抵押物必须由注册评估师或许可评估师进行评估，且评估工作需要遵守USPAP的规定。联邦金融机构监管部门也对估价的内容和报告提出了相应要求。

• 颁布规定和政策，对受监管的金融机构应当聘请注册评估师或许

① 《监管计划——加强不动产评估业监管的机会》，经济科学出版社2004年版，第85页。

② 12 U. S. C. §3339（2000）.

③ 各管理部门制定的规定中都包含最低限额，用于确定哪些情况下需要州注册评估师或许可评估师的评估。见12 C. F. R. §34. 43（2002）（OCC），12 C. F. R. §225. 63（2002）（FRS），12 C. F. R. §323. 3（2002）（FDIC），12 C. F. R. §564. 3（2002）（OTS），和12 C. F. R. §722. 3（2002）（NCUA）。

可评估师进行评估的交易进行明确，即对涉及联邦的交易进行分类，确定哪些交易应当由州注册评估师进行评估，哪些交易应当由州许可评估师进行评估。根据目前的规定，在涉及联邦的交易中，当商用不动产交易额大于25万美元，住宅不动产交易额大于100万美元时[①]，应当聘请州注册评估师。其他涉及联邦的交易，除非第十一章中有特别规定，可以聘请州许可评估师[②]。

• 要求在涉及联邦利益的评估中，评估师必须由金融机构（放款人）聘用，而不得由贷款申请人聘用。

• 制定检查程序，以保证受监管的金融机构遵守第十一章的要求。在检查经营风险管理政策和实务、进行专项检查（如不动产交易和实务）以及检查贷款业务时，监管部门通常会检查金融机构对评估规定的遵守情况。当管理部门发现违反规定的情况或缺陷时，如果他们认为这些情况或缺陷会影响金融机构的安全和有效运营，他们会采取处罚措施或通过与金融机构的管理当局进行讨论，促使其采取正确措施。监管部门可以采取正式或非正式的惩戒措施包括：谅解备忘录、限制执业、禁止执业、暂停和终止资格，以及对违反评估规定的金融机构进行民事处罚等。这些措施可以适用于外聘（付费）评估师，也可适用于金融机构的评估师雇员和金融机构的合作方。此外，根据1991年的“联邦存款保险公司改善法”，联邦金融机构监管部门可以对金融机构的合作方，如评估师，采取惩戒措施[③]。

• 委派代表参加评估分会。

（3）州和地方政府。为管理各州评估师注册和许可事宜以及监督注册评估师和许可评估师执业，各州和地区都建立了相应制度对评估行业进行管理和监督，并建立了州评估师注册和许可管理部门。州评估师注册和许可管理部门负责本州管辖范围内的评估行业管理工作，主要职能有：

• 制定本州注册评估师和许可评估师资格要求和有关考试工作，相

---

① 100万美元的最低限不适用于单元房和独立住宅的评估，除非交易规模和复杂性要求州注册评估师进行评估。而且，根据第十一章，联邦金融机构监管部门负责确定哪些类型的交易需要由注册评估师进行评估。见12 U. S. C. §3342（2000）。

② 虽然各州负责制定和管理许可资格，但第十一章也授权联邦金融机构监管部门制定附加的资格要求。

③ 12U. S. C.. §1813（q）（2000）.

关评估师资格标准需符合评估促进会下属的评估师资格委员会（AQB）的标准。

- 对注册评估师和许可评估师进行登记并收取注册登记费，对违规评估师进行必要的处罚。
- 监督评估师对 USPAP 的遵守情况。

州评估师注册和许可管理部门在开展工作中接受评估分会的监督，每年须向评估分会上报州注册登记表，列明获得注册评估师和许可评估师资格的人员。

（4）评估促进会。评估促进会是美国 8 个最具影响力的评估职业组织为促进评估职业化而于 1987 年组建的非营利性教育组织，为评估准则委员会和评估师资格委员会履行他们与第十一章相关的义务提供了组织保障。评估促进会下设评估准则委员会（Appraisal Standards Board）和评估师资格委员会（Appraiser Qualifications Board），分别制定不动产评估实施和报告方面的统一准则和注册不动产评估师的最低资格标准。

负责制定评估准则的评估准则委员会由评估促进会管理委员会指定的 6 位任期均为 3 年的评估师组成。评估准则委员会的最低准则包含在 USPAP 中。根据第十一章，这些最低准则适用于所有涉及联邦的交易。这些准则涵盖了评估实施过程中评估师应当执行的步骤和评估报告中应当包含的信息。

评估师资格委员会由评估促进会管理委员会指定的 5 位任期均为 3 年的评估师组成，负责为在各州注册的不动产评估师设定最低的教育、经验和考试要求。此外，评估师资格委员会还承担了不动产评估师和动产评估师资格方面的其他职责。评估师资格委员会的标准中包括四类评估师（注册综合评估师、注册住宅评估师、许可评估师和见习评估师），每一类都有特定的教育、经验、考试和继续教育要求。第十一章并不要求各州对许可评估师和见习评估师采用评估师资格委员会的标准。

评估促进会与联邦、州政府及金融机构监管部门在评估准则、评估师标准制定、执行、监督方面的权限划分如表 2 所示。[①]

---

① 美国审计总署编，中国资产评估协会组织翻译：《监管计划——加强不动产评估业监管的机会》，经济科学出版社 2004 年版。

表 2　　美国金融评估管理体制中各方主体的权限划分

民间组织		州政府	联邦政府	
评估准则委员会	评估师资格委员会	评估师管理部门	联邦金融机构监管部门	评估分会
评估准则				
准则制定				
为实施不动产评估制定准则			发布评估规定，为在联邦部门投保的储蓄机构制定评估准则，这些准则与评估准则委员会的准则一致，或比评估准则委员会的准则严格	
实施监督				
		促使评估师遵守评估准则和相关要求	监督并促使在联邦部门投保的储蓄机构遵守评估规定	监督和审查评估促进会的业务、程序、活动和组织结构。 监督各州的政策、业务和程序，判断是否符合第十一章的要求。 监督联邦金融机构管理部门制定的评估要求。 向评估促进会提供资助，用于支付评估准则委员会从事的与第十一章相关的工作费用
评估师资格				
标准制定				
	为注册不动产评估师制定最低资格要求	制定注册时的资格要求（这些要求应当符合评估师资格委员会的要求，或比评估师资格委员会的要求严格），对评估师进行许可	制定履行其法定义务所必需的适当的附加资格要求	

续表

评估师资格				
实施监督				
		向评估分会提供已许可或已注册的评估师的备案表。 代收评估师年度注册费 $25，并转交给评估分会。 促使评估师遵守第十一章规定的准则、要求和程序	对涉及联邦的交易进行分类，确定哪些交易应当由州注册评估师进行评估，哪些交易既可由州注册评估师进行评估，也可由州许可评估师进行评估 监督并促使在联邦部门投保的储蓄机构遵守评估规定	监督各州为有资格在涉及联邦的交易中提供评估服务的个人进行注册和许可时设定的资格要求。 为经各州注册或许可的，有资格在涉及联邦的交易中提供评估服务的评估师建立全国性注册库。 监督和审查评估促进会的业务、程序、活动和组织结构。 向评估促进会提供资助，用于支付评估准则委员会从事的与第十一章相关的工作费用

（5）其他部门。除 FIRREA 第十一章《金融机构改革、复原和实施法》提到的组织外，还有其他一些联邦组织和政府发起的组织承担着监管不动产评估行业的责任。这些组织中，在评估监管方面最重要的是住房和城市发展部的联邦住房管理局（Federal Housing Administration）和在二级市场上购买住宅贷款的两大政府发起企业房地美、房利美（联邦国民按揭协会和联邦住房贷款按揭公司）。

联邦住房管理局根据评估结论确定一项资产是否适合抵押保险，并估计抵押保证目的下的资产价值。为联邦住房管理局的贷款提供评估服务的注册评估师和许可评估师首先应当入选联邦住房管理局的评估师备案表，入选该备案表需要评估师通过联邦住房管理局的评估方法考试并满足其他资格要求。

房地美、房利美都把资产价值的评估或估价作为对所购贷款进行风险分析的重要环节。对于房地美、房利美要求进行评估的贷款，放款人应当根据第十一章的要求聘请在某一州注册或许可的评估师[①]。房地

① 房地美和房利美根据自己的自动贷款审查系统确认为低风险的贷款，他们都允许贷出者以调查和评价取代传统评估。

美、房利美很大程度上承担了贷出者在选择评估师和对评估进行质量控制方面的责任。因此，虽然 FIRREA 法并未将房地美、房利美列为金融评估管理体系中的主体，实质上是将其视为监管评估行业的半官方机构。但房地美、房利美对此一直持不同观点，认为他们只是抵押贷款的投资者，而不是半官方机构。但由于两家公司在美国抵押和金融体系中占有特殊的重要地位，两家公司从各金融机构手中购买的住房抵押份额占美国全部抵押市场的60%，实质上是美国评估行业最大的客户，又具有政府支持的背景，因此房地美、房利美不是评估行业半官方监管机构的观点得不到支持。2008 年 3 月，美国纽约州总检察长安德鲁·库莫与两房就抵押评估达成的和解协议中，两房被迫承诺设立 2400 万美元的基金，以维护抵押评估中评估师的独立性，并仅从遵守评估规定的银行手中购买抵押产品。这也再次证明，房利美、房地美在评估行业中负有的不可推卸的责任。

3. 注册评估师和许可评估师制度

注册评估师和许可评估师制度是在对涉及联邦交易的评估业务进行特殊管理后建立的管理制度，是美国金融评估体系的重要内容。该制度以国会立法为依据，不再认可各大评估专业协会的会员资格，转而要求从事涉及联邦交易评估业务的评估师必须在各州进行注册登记，这表明在金融评估领域建立了评估师强制注册制度，从而打破了美国评估行业完全实行自律管理的局面。

为保证涉及联邦交易评估业务的质量和客观公正，根据业务重要性的不同以及评估师专业能力的不同，该制度将评估师分为注册评估师和许可评估师两大类，对注册评估师的资格要求要高于许可评估师，对两类评估师提出不同的专业能力和资格要求，并明确规定不同等级评估师可以从事的评估业务的范围。

注册评估师和许可评估师的资格标准由各州评估师注册和许可管理部门制定，各州之间可能存在一定的差异，但各州或地区注册评估师的资格标准必须符合评估师资格委员会颁布的现行有效最低注册标准。注册评估师必须符合其所在州或地区的注册评估师的注册标准，任何人未通过其所在州或地区组织的相应考试不得成为注册评估师，各州的考试难易程度可能有一定差异，但必须相当于由评估促进会下属评估师资格委员会颁布的州注册评估师统一考试的水平。许可评估师则须符合所在州或地区有关许可评估师方面的要求。比如加利福尼亚州关于注册评估师和许可评估师从业经验和培训时间的要求为，注册评估师的从业经验不得低于2000小时，培训时间不得低于165小时，而许可评估师资格条件为从业经验不低于2000小时，培训时间不低于120小时。

对应于两类评估师资格要求条件的不同，注册评估师的执业范围大于许可评估师的执业范围。但在两类资格评估师的执业范围规定方面，没有做"一刀切"，而是将确定权交给各联邦金融机构监管部门，由联邦金融机构监管部门根据有关评估业务在本系统内的相对重要性确定评估师的各自执业范围，采取了总体原则划分、明确特定范围的方法。即在总的方面，各联邦金融机构可根据涉及联邦交易对美国金融或公共政策的重要性，确定哪些评估业务必须由注册评估师或许可评估师进行，但还有两项明确性规定：（1）所有超过100万美元的涉及联邦交易须由州注册评估师进行评估。（2）1～4个单元的单户家庭住宅评估可由州许可评估师进行，除非其规模和复杂性要求必须由注册评估师进行评估。所有没有明确规定必须由州注册评估师进行评估的涉及联邦交易业务既可以由州许可评估师进行评估，也可由注册评估师进行评估。

评估分会对州评估师注册和许可管理部门加以监督，以确定州管理部门的政策、行为及程序是否符合相关法令。如果某州或地区评估政策、行为程序等不符合规定，在该州或地区获得资格的注册评估师和许可评估师将不会被相关管理部门、执行机构承认。但评估分会的权力仅限于监督，不得代各州评估师注册和许可管理部门制定评估师资格的能力或经验要求，包括最低标准，评估分会在这方面的建议对各州也是无效的。

联邦金融机构、管理部门、房地美、房利美承认由州评估师注册和许可管理部门颁发的注册评估师和许可评估师资格。

4. USPAP的制定和执行

美国金融评估管理体制在明确各方主体职责、建立评估师注册和许可制度之外，另一项重要措施就是认可评估促进会制定的USPAP为最低评估准则，并要求所有涉及联邦交易的评估业务需遵守USPAP的相关规定。

5. 美国金融评估体系的作用及其评价

FIRREA法所创建的金融评估管理体系从金融机构监管和评估行业

监管等角度进行了综合性改革，收到了良好的效果，极大地稳定了美国金融市场，遏制了金融评估领域原先存在的不规范做法，并在很大程度上恢复了评估行业的声誉。

2003 年 5 月，应美国参议院萨班斯议员的要求，美国审计总署（GAO）提交一份题为《监管计划——加强不动产评估业监管的机会》[①]的报告，对 FIREEA 所建立的金融评估管理体系进行全面评价。该报告在结论部分中指出："第十一章带来了不动产评估行业的重大变化。联邦金融机构监管部门有关人员称，自第十一章颁布实施以来，不动产评估业就再也没有成为在联邦机构投保的金融机构经营失败的主要因素。"[②] 由此可见，美国政府对 FIRREA 所建立的金融评估管理体系予以了高度评价，同时也指出："现行管理制度的有效性仍存在改进的空间，以更好地确保涉及联邦的交易能够建立在对贷款抵押物价值的准确评估基础之上。" 2008 年美国金融危机爆发以来，社会各界对会计准则、信用评级体制、金融监管体制等作为引发金融危机的原因进行了强烈抨击，但基本上未将矛头指向金融评估，这也从一个侧面反映了金融评估体系具有其成功之处。

当然，美国金融评估体制也存在不少问题。在《监管计划——加强不动产评估业监管的机会》中，美国审计总署也指出美国评估体制存在下列问题：参与管理的联邦金融管理机构过多、过于复杂，评估分会缺乏实质性的执行权、州政府监管效率不高、评估准则过于频繁修订等。

五、可持续发展金融评估体制探讨

对金融评估存在的问题以及美国金融评估体制的分析表明了金融评估体制的复杂性和重要性。可持续发展的金融评估体系的目标是在促进金融机构良好发展的同时能够实现评估行业的健康发展。为此需要下面回答下列问题：

- When——什么时候、什么情况下进行评估以及什么时候、什么

① GAO Report to Congressional Requesters: Regulatory program—Opportunities to Enhance Oversight of the Real Estate Appraisal Industry。该报告已全文译成中文，由经济科学出版社于 2004 年出版。

② 《监管计划——加强不动产评估业监管的机会》，经济科学出版社 2004 年版。

情况可以不评估

● Who——谁来评估，谁来监督评估，谁来聘请评估师，谁来审核和使用评估

● What——评估什么样的价值类型，遵守什么样的准则

● How——如何评估，如何审核和使用评估

因此，构建可持续发展的金融评估体制是一个系统性过程，需要所涉及各相关主体的投入和努力，各司其职，各尽其职。

（1）金融监管部门应当代表政府制定与金融评估有关的法律、制度；制定对金融评估的最低要求，包括需要评估的情形、评估主体、评估监督主体、评估方法和程序、价值类型以及审核及使用评估报告；监管所辖金融机构执行金融评估政策；与评估监管部门保持沟通，并参与相关评估准则的制定起草工作。

（2）金融机构需要从自身角度出发，根据金融监管部门的相关法律、制度建立详尽的金融评估内部要求和规则；保持所辖分支机构在金融评估政策、执行尺度方面的一致性；按照恰当及符合职业操守的方式选聘评估师和评估机构；培养合格内部评估师及合格的评估审核人员；合理审核外部评估师提供的评估报告；合理使用评估报告和评估结论；向评估监管部门和评估行业协会举报违法和违反职业道德的评估师及评估机构。

（3）评估监管部门需要推进评估行业相关法律、制度的建设工作；指导评估行业协会，监督执行业评估师；对评估争议进行调查，根据法律、制度惩处违法评估师和评估机构；起草、发布相关评估准则，并与金融监管部门保持沟通。

（4）评估行业协会需要制定指导金融评估的准则或指南；根据章程、规则对评估师进行监管；根据章程和规则对有不当行为的评估师和评估机构进行处罚；为评估师提供合格的专业培训和资格认证；与金融监管部门及金融机构保持沟通。

（5）评估师与评估机构应当在评估执业中遵守相关评估准则和指南；保持与金融评估相适应的专业胜任能力；以合理且符合职业操守的方式为金融机构提供金融评估服务，包括选择恰当的价值类型和定义；与金融机构及各相关监管部门保持沟通。

上述各相关主体的职能和互动关系如图4所示。

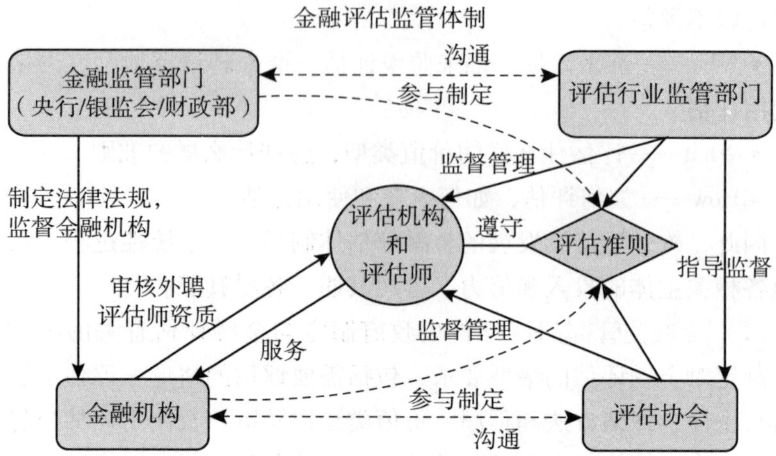

图 4　美国金融评估管理体制中各相关主体职能和互动关系

以上是从金融评估体制各主体的角度进行了讨论。在当前中国及相关发展中国家讨论金融评估体制建设中，价值类型和定义的合理确定是一项不可忽略的工作。由于这项工作几乎涉及所有的主体，并且由于在中国及发展中国家中对于价值类型的讨论和引进并不很充分，因此全面认识并恰当规范价值类型的选取，不仅会影响到金融评估服务的质量，也对于金融机构合理理解和使用评估报告具有重要意义。

如前所述，在金融评估中市场价值（MV）与抵押贷款价值（MLV）都有可能适用。但不论是作为金融评估服务提供者的评估师还是使用评估报告的金融机构对这两个价值定义的选取和使用需要警惕，避免误用和误导。

国际评估准则（IVS）对市场价值与抵押贷款价值都有论述。从国际范围来看，市场价值在多数国家抵押评估业务中得以普遍应用。《国际评估准则》将市场价值定义如下："市场价值是自愿买方与自愿卖方在评估基准日进行正常的市场营销之后所达成的公平交易中，某项资产应当进行交易的价值估计数额，当事人双方应各自理性、谨慎行事，不受任何强迫压制。"

抵押贷款价值也称长期可持续价值，反映了对金融机构具有特别意义的长期、有保证的、可持续的资产价值，因此在抵押贷款评估领域中有一定的应用，欧洲有近半数的国家认可这一概念。

市场价值与抵押贷款价值的关系，如图 5 所示。

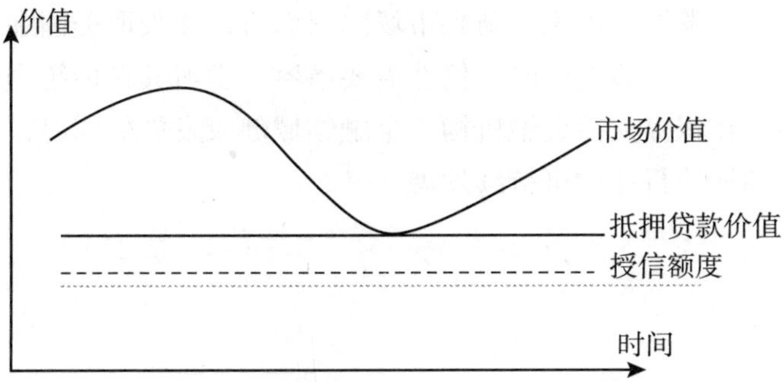

图 5　市场价值与抵押贷款价值的关系

抵押贷款价值作为一个有益的概念在被引入中国后，得到了评估界和金融界的高度重视和欢迎。但值得关注的是在评估和使用抵押贷款价值是需要特别注意，由于评估该价值类型时需要结合金融机构大量的内部参数、信息和导向，对外部评估师来说获取这些信息是较为困难的。抵押贷款评估价值通常是由银行内部评估人员基于内部的相关信息予以评估，对于多数外部、独立评估师而言，选择评估相关资产的市场价值可能是一种明智的选择。更为重要的是，一旦选择了抵押贷款价值类型，由于资产相关的风险已经在评估过程中予以了考虑，在使用评估结论并用于信贷决策时需要采用与市场价值体系下不同的放款比率，而不能沿用传统市场价值体系下金融机构放款的决策思路和标准。这再次说明了金融评估体系中各相关主体、评估过程和使用过程的相关性和互动性。

六、结束语

本文中的观点建立在中国评估体制与美国评估体制的比较研究基础之上，相关观点和建议也同样适用于与中国相类似的国家和地区。2008 年由美国引发的金融危机仍在影响着全球经济，美国金融体制的相关问题也受到广泛的诟责。但这并不能否定其建立在贷款储蓄危机基础之上的金融评估体制及其对其他国家的参照意义。世界各国的金融发展水平仍处于不同的阶段，对多数国家而言金融行业的创新水平和复杂程度还远达不到美国等发达国家的程度，其主要职责仍是维持一个均衡、安全的金融体制。抵押评估仍是帮助金融机构防范金融风险的重要工具之一。对中国等发展中国家、新兴市场国家而言，在吸取美国在本轮金融危机中的教训、经验的同时，仍然需要借鉴、学习其在传统金融评估领域的经验，在积极支持金融机构、金融领域健康发展的同时，实现金融评估领域和评估行业的可持续发展。

第六部分 资产评估学科建设与人才培养研究

PART 6 SUBJECT CONSTRUCTION AND TALENT CULTIVATION OF VALUATION

资产评估专业学科知识结构的思考[①]

汪海粟　中南财经政法大学　余炳文　江西财经大学

【摘要】理清资产评估学科属性和学科知识结构是人才培养的基础，本文通过对学科属性文献的梳理，研究发现资产评估本质上是交叉性的学科，并在此基础上提出了资产评估学科知识的结构。从价值计量的视角看，资产评估的知识由一般的基础知识、专业领域知识和资产评估知识构成；从学科门类的视角看，资产评估的知识由经济学、管理学、法学、技术学、伦理学、哲学六部分构成。交叉学科的背景和不同的知识结构对人才的培养提出了既要注重多学科知识背景的融合，又要突出方向性。

【关键词】资产评估；学科；知识结构

The Thinking about Subject Knowledge Structure of Assets Appraisal Profession

WANG Hai-su　YU Bing-wen

Abstract: It is the basis for personnel training to clarify the subject property and subject knowledge structure of assets appraisal, by combing the literature on the subject property, the paper found assets appraisal is a cross-discipline in essence. From the value perspective, the asset evaluation knowledge is consist of the general knowledge, specialized subject knowledge and asset evaluation knowledge, from disciplines perspective, that is based on the knowledge of economics, management, law, technology, science, ethics and philosophy. Because of cross-disciplinary background and knowledge of the different structure, the professional training should be focus on the integration of multi-disciplinary

---

① 本文系中国资产评估协会“资产评估理论框架与学科体系研究”课题的阶段性研究成果。

background and Professional direction.

Key Words：assets appraisal；discipline；knowledge structure

一、引言

随着资产评估行业的快速发展，新的资产类型、新的市场细分对资产评估人才的培养提出了新的要求，人才需求已经逐步趋向高端化，理论基础扎实、专业特征明显、知识背景综合的资产评估高级人才将是未来专业人才的培养目标。同时，继 2004 年重新开设资产评估本科专业后，2010 年又增设了资产评估硕士专业，目前全国有 15 所高校设置了资产评估本科专业，68 所高校设置了资产评估硕士专业。人才培养层次的逐步高级化，一方面满足了市场的发展要求，另一方面对资产评估专业的理论提出了新的要求。

对资产评估专业学科定位的研究，一些学者从不同的角度进行了探讨，取得了一些进展，但尚未达成一致的意见。而对资产评估专业知识结构的研究，过去一直被淡化，这可能源于市场经济发展有待完善，对资产评估专业理论知识的需求没有现在迫切。随着资产评估专业硕士培养计划的实施，从理论上探讨资产评估的学科属性和学科知识结构，将有助于研究生的培养和未来研究方向的选择。因此有必要对资产评估专业的学科归属进行梳理，理清学科知识结构。本文根据资产评估实务的要求，拟从专业学科属性和学科知识结构两个方面，阐释资产评估的学科定位和专业人才需要掌握的知识构成，探寻学科知识对资产评估专业方向设置的影响。

二、资产评估专业的学科定位

资产评估专业的学科属性，目前并没有形成统一的认识，很多学者是以“倾向性”的观点阐述资产评估的专业属性。根据对文献的梳理，目前至少存在三种不同的看法。

（一）倾向于管理学科

持这种观点的学者认为资产评估发轫于国有资产管理，与会计学、财务管理有较长的渊源关系，理应归属管理学科（李光洲，2007；邓九生，2008；唐振达，2009），在以管理（会计）学为基础的同时，还兼顾了经济、文学和理学（王开田、胡晓明，2002；张艳，2009），此观点偏向于管理学。教育部2004年在少数财经院校恢复资产评估专业设置时，将该专业归属于管理学科。从2010年15所具有资产评估本科招生院校的专业设置看，属于会计学院的有浙江财经学院、上海立信会计学院、湖北经济学院、南京财经大学、山东经济学院、山东工商学院、广西财经学院和重庆工商大学融智学院；属于商学院的有上海师范大学和浙江大学城市学院；属于金融管理学院的有上海对外贸易学院，共有11所，占总数的73%，因此相对于持经济学观点而言，持倾向于管理学的观点占了大多数。

（二）倾向于经济学科

对资产进行价值评估的目的是为经济活动服务，如果资产评估的方法误用，评估结果的理解存在偏差，则只能从经济学进行解释（陈鹏，1998）。同时资产评估的理论主要依附于经济学的基本理论，如信息不对称理论、市场供求理论、预期理论等，分析资产价值采用的方法也是典型的经济学分析方法（张俊平，2008），因此，资产评估更倾向于经济学学科。在全国15所资产评估本科院校中，将资产评估设置于财政（税务）学院的有内蒙古财经学院、首都经济贸易大学、广东商学院和河北经贸大学，共4所，占总数的27%。因此，倾向于经济学观点也符合资产评估的特征。

（三）倾向于交叉学科

交叉学科是指既包含有管理学、又有经济学，还有工学、法学等学科。张欣（2006）直接提出了资产评估是一门高度综合的边缘性复合学科，涉及的知识面宽，需要的专业技能高，且与多种其他行业相关。从对学科基础课程设置的研究中也可以发现资产评估学科的交叉性。在对学科基础课程设置中，王淑珍、尉京红、马慧景（2002）认为，应该设置会计方向课程、经济与管理方向课程、金融与证券方向课程、税收、统计方向课程；常丽（2007）认为学科基础课将主要包括法律法规方向课程、财务会计方向或建筑工程方向课程与机械制造方向课程、金融与统计方向课程等。学科基础课就应体现不同性质高校的学科结构特点，财经类院校难以开展不动产评估和动产评估等学科基础课程。李春杰，柳娜（2010）认为学科基础课程可包括：经济学原理、管理学原理、会计学基础、统计学、经济法（税法）、市场营销学和信息管理系统。从注册资产评估师考试的科目看，包含有《财务会计》、《经济法》、《机器设备评估基础》、《建筑工程评估基础》、《资产评估》五门课程，这些课程处于同等重要位置，涉及到了管理学、法学、经济学、理学、工学等方面的知识。因此，较多学者认为资产评估是多学科交叉融合的学科较为合理。

可以看出，不同的学者对资产评估的学科定位存在不同的看法，但有一点可以达成共识，那就是资产评估需要多学科的知识背景，单一的学科知识无法涵盖资产评估的全部知识领域。从评估实务上看，资产评估需要良好的专业胜任能力和职业道德素养。由于资产的多样性和复杂性，导致评估需要不同的学科知识。从资产属性和技术角度看，评估某一项资产时需要掌握资产的权属关系、状况、技术特点、管理流程、收益成本关系等，涉及的学科知识包含了法学、管理学、经济学、技术学等方面的知识，缺少哪一方面的知识都无法正确评估出资产的价值。而职业道德是保证评估师正确履行自己职责，客观、公正、合理评估出资产价值的前提，伦理学的知识也是不可或缺的重要组成部分。因此，资产评估是多学科知识的交叉与融合。这种多学科知识融合的特点给资产评估专业硕士的培养带来了一定的难度，也对资产评估学科的知识结构产生重要的影响。

三、资产评估学科的知识结构

资产评估的多学科融合特点，决定了资产评估师需要具有多学科的知识背景。关于资产评估学科的知识结构，这里从评估师需要具备的能力、资产价值计量和学科门类的角度进行探讨，并尝试构建不同视角的资产评估知识结构关系。

（一）资产评估师需要具备的专业能力

掌握资产评估专业知识，最终还是要应用于实践。从评估师实务操作层面上看，可以将评估师需要掌握的知识分为三个层级：第一层级是对知识的理解能力；第二个层级是运用知识的能力；第三层级是分析、解决实际问题的能力。

第一层级是进行资产评估的基础。资产评估多学科融合的特点决定了评估师需要具备基本的理解能力和判断能力，只有对学科知识有正确的理解，才能将知识运用于实践；第二层级是对资产正确评估的前提。知识掌握后不一定能够运用，这就要求评估师能够恰当运用所掌握的知识，特别是多学科知识的理解和运用；第三层级是评估师创造性解决问题的关键。该层级要求评估师具有分析、解决实际问题的能力，当在评估过程中遇到实际问题时，可以灵活、创造性地运用所掌握的知识解决实际问题。

三者之间是递进的关系，第一层级是第二层级的基础，第二层级又是第三层级的基础，第三层级属于最高层级，也是注册评估师在资产评估时需要具备的能力。三者之间的关系如图 1 所示。

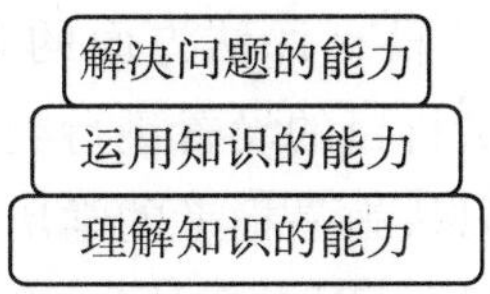

图 1　评估师需要具备的知识能力

（二）不同视角下的资产评估专业知识结构

1. 资产评估专业知识结构——价值计量视角

资产评估的目的是发现资产价值并进行测算确定价值量大小，以便更好地管理、利用资产，发挥资产的最大效用。当对一项资产进行价值分析时，通常需要具备三个方面的知识：一是与资产本身有关的专业领域知识。与资产有关的专业知识主要是指与资产本身相关的属性、特点、状态、功能、利用方式等方面的知识，资产的属性、特点、状态、功能、利用方式等决定了资产发挥作用大小和价值量大小。如在对房地产进行评估时，需要具备房地产的权属状况、保养情况、实物状态等专业知识。对专利评估时，需要具备专利的技术特点、权属状况、技术先进性、成熟度、保护程度等专业知识。对机器设备评估时，需要具备机器设备的保养情况、功能状况、权属状态、技术特点等专业知识。二是一般的基础知识。这类知识是通识性的知识，评估师在对资产的价值进行计量时，需要基本的道德素养、逻辑分析、推理演算以及供求关系、风险分析、价值判断等知识。如在对企业价值评估时，需要一般的企业经营管理知识，能够对企业经营状况有一个基本判断，包括企业的行业属性、经营成果、企业战略、产品销售等。三是资产评估特有知识。判断资产价值量大小，需要有资产评估特有的专业知识，如评估程序、评估目的、评估方法、价值类型、估价时点、评估对象范围与界定等，这些知识可以使评估师规范的操作程序，采用专业技术手段测算资产价值。因此，可以将资产评估所需的知识分为专业领域知识、一般的基础知识和资产评估知识，这三类知识缺一不可，共同构成了资产价值发现和计量的知识体系。

在三类知识结构中，一般的基础知识是基础性和常识性的知识，为资产价值分析做准备；专业领域知识阐释资产的特点、状况和技术特征，没有专业知识也就无法完成对资产全面的认识和了解；资产评估知识是价值发现和计量基础，没有评估方面的知识，价值分析也不能进行。将注册资产评估师考试科目的设置进行类比，也可以发现他们之间的关系，一般基础知识可以认为是报考的学历条件，专业领域知识可以认为是考试的四门专业科目：《财务会计》、《经济法》、《机器设备评估基础》、《建筑工程评估基础》，而资产评估知识可以认为是《资产评估》考试科目以及后续教育，因此资产评估的教育考试体系也体现出了资产评估需要的知识关系。

在具体的评估实务中，并不是三类知识全部用到，常常是根据资产的特点，采用各类知识的某一部分，这三类知识相互交叉的部分，才是资产评估时实际需要的知识。三者之间的关系如图 2 所示。

2. 资产评估专业知识结构——交叉学科的视角

资产评估是多学科的综合，构建资产评估的学科体系，需要将资产评估的学科知识进行梳理。通过对各高校资产评估专业课程研究发现，资产评估专业知识主要涉及六个学科：管理学、经济学、法学、伦理学、技术学、哲学，各学科知识在资产评估中发挥了不同的作用。

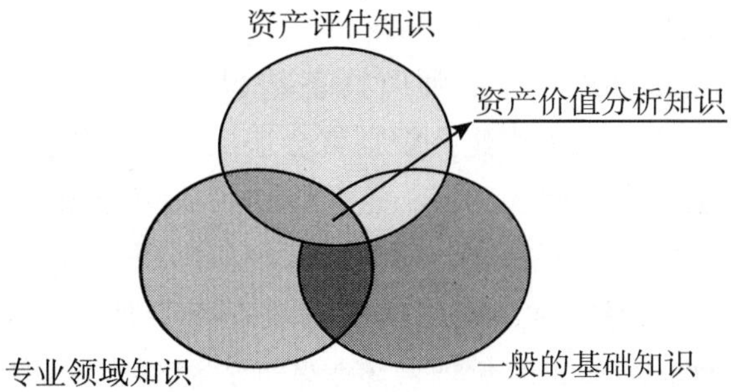

图2　资产评估知识结构

（1）管理学方面知识。资产评估是对资产价值的发现和计量，资产价值的发现和计量过程，也是对资产如何进行管理和使用的过程，价值量的大小，反映出了资产管理的好坏和使用的状况。如在企业价值评估中涉及企业资产的生产管理、销售管理、战略管理、风险管理、财务管理等方面的知识；机器设备的管理也可以反映出价值的大小，如果管理规范，意味着机器设备保养好、磨损小，其价值就大，反之其价值就小；商标的管理体现在注册、使用、许可、展期、防止侵权等方面，如果商标及时注册和展期，就可以有效防止侵权行为，降低商标被非法使用的风险。

（2）经济学方面知识。从经济学上讲，资产需要评估是由于信息的不对称，无论什么评估目的，都是由于对资产的状态、权属关系、风险、市场供求状况、价格等信息的不充分了解，使需要了解资产价值一方不能确定资产价值量的大小，从而催生了资产评估的需求。同时，在资产评估过程中，常用到市场法、成本法和收益法。市场法需要考虑市场的供求关系，主要运用的是供求理论，成本法以成本的现时价格为基础，运用到了生产费用理论，而收益法需要考虑资产未来的获利能力，运用到了预期理论，还有考虑资产运营风险的风险理论等。这些经济学知识构成了资产评估重要的学科基础。

（3）伦理学方面知识。资产评估师作为独立的第三方，对资产的价值发表专业意见，需要秉承独立、客观、公正原则，这就要求评估师具有良好的执业道德和专业素养。评估准则规定，当评估的资产或者行为与评估师有利益关系时，应当回避；同时，资产评估机构在承接业务时，应遵循诚实守信、公平竞争、规范执业等基本规范，而这些都与理论学方面的知识有关。

（4）法学方面知识。评估师应具备基本的法律知识和常识，在执业过程中遵守法律、规范执业，否则就会违反法律法规。同时，评估对象往往会涉及法律的限制和约束，这时评估师应该知晓评估对象的有关法律规定，避免出现误评、漏评甚至错评现象出现。如业主委托对违法占地的房地产进行评估时，评估机构一般不得受理，不得出具评估报告，即使出具评估报告，其价值应该是零。这就要求评估机构和人员熟知相关的法律条文。

（5）哲学方面知识。对资产价值的发现、判断和计量，需要认识论和方法论的指导。评估师对资产的价值可以进行大致的判断，但不能精确知道资产的价值，这囿于一定时期内人们认识的有限性。按照认识论的一般原理，认识总是从易到难，从简单到复杂，是螺旋式上升的过程，这就决定了对资产价值的计量只能是不断地接近，不能做到十分精确；方法论是人们用什么样的方式、方法来观察事物和处理问题。对资产的价值计量可以采用不同的方式、方法，如资产的价值从不同的角度看，有由历史成本形成的价值、有市场交易形成的价值、还有未来收益折现形成的价值等，形成了资产价值不同的认识路径。因此，哲学知识是指导如何对资产价值发现、判断和计量的一般性的知识。

（6）技术学方面知识。技术方面的知识是具体知识的运用，是评估师采用什么样的知识来测算资产价值量大小的技术手段。如无形资产价值分割的 AHP 法、蒙特卡洛法模拟法、期权定价法等。随着技术进步和发展，越来越多的技术知识将会运用到资产评估中，从而形成丰富多彩的适用于不同资产的评估方法。

六类学科知识是资产评估必备的知识，各类学科知识之间不存在相互包含的关系，只是存在一定的联系，各学科是独立的围绕资产评估所需要的知识展开的。因此依据以上的分析，认为资产评估是以六类学科知识为基础，以资产评估需要的知识为中心组成的知识结构，为此本文构建出资产评估学科的“六力”知识模型，如图 3 所示。

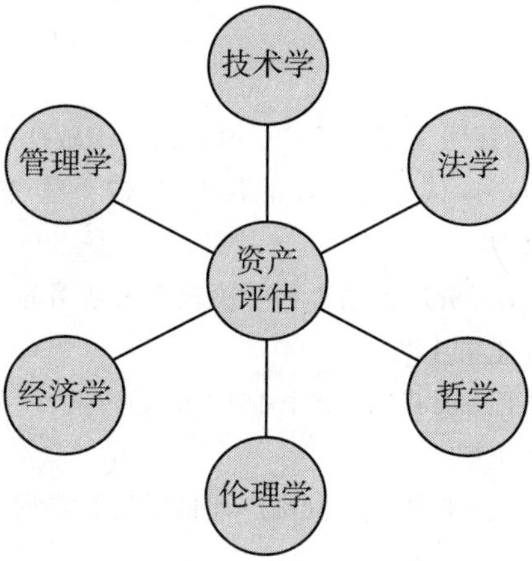

图 3　资产评估学科的“六力”知识结构模型

这六个学科方面的有关知识在资产评估中的作用不同，通过组合共同构成了资产评估的学科知识结构模型。

四、结论

资产评估交叉学科的定位和多学科知识的融合，使资产评估专业人才的培养呈现出学科背景丰富、专业方向明显的特征。基于以上分析，可以得出以下结论：

一是资产评估属于交叉性学科，单一的学科知识并不能涵盖资产评估的全部内容。资产评估多学科交叉性的特点决定了资产评估需要多方面的知识，人才的培养应注重知识的结构和背景。

二是资产评估学科知识可以按照不同的视角进行划分。按照价值计量要求可以分为一般基础知识、专业领域知识和资产评估知识；按照学科门类可以分为管理学、经济学、法学、伦理学、技术学、哲学方面的知识，两种知识结构形式从不同的侧面阐释了资产评估要求掌握知识的宽泛性和复杂性。

三是基于以上两点分析，资产评估人才培养既要注重多学科知识背景的融合，又要突出方向性，方向性体现在熟知某一资产领域的专业知识，这样才能做好该资产领域的评估业务。

参考文献

[1] 汪海粟：《资产评估（第二版）》，高等教育出版社 2007 年版。

[2] 李志刚：《资产评估专业建设的若干思考》，载《内蒙古财经学院学报（综合版）》2008 年第 1 期。

[3] 姜楠、于金龙：《资产评估本科学历教育人才培养目标的思考》，载《东北财经大学学报》2008 年第 4 期。

[4] 李光洲：《关于当前我国资产评估学历教育中几个问题的探讨》，载《中国资产评估》2007 年第 1 期。

[5] 常丽：《基于职业胜任能力的资产评估学历教育课程体系设计》，载《中国资产评估》2007 年第 5 期。

[6] 张艳：《应用型资产评估与管理专业课程体系研究》，载《西安邮电学院学报》2009 年第 5 期。

[7] 王淑珍等：《建设资产评估专业高等教育的整合平台课群》，载《河北农业大学学报》2002 年第 3 期。

[8] 李春杰、柳娜：《资产评估专业工学一体化实践教学的研究》，载《北方经济》2010 年第 12 期。

[9] 王开田、胡晓明：《资产评估专业课程体系构建初探》，载《会计之友》2002 年第 2 期。

[10] 张欣：《浅谈高等院校资产评估专业教育的发展趋势》，载《吉林财税高等专科学校学报》2006 年第 3 期。

[11] 胡晓明：《资产评估学科归属问题探析》，载《财会学习》2010 年第 8 期。

试论资产评估的学科依据[①]

陈蕾 首都经济贸易大学 汪海粟 中南财经政法大学

【摘要】资产评估的学科依据问题，即资产评估究竟是不是一门独立的学科，直接关系到资产评估学科的理论框架、体系构建与发展方向，因此一直是资产评估理论界普遍关注和争论的焦点问题。文章围绕独立学科的界定标准，对资产评估的学科依据进行论证，并认为：资产评估具备了独立学科形成所需要的前提条件，其作为一门独立学科的存在，是完全成立的，也是非常有必要的。

【关键词】资产评估；学科；学科依据

Discussion on the Subject Basis of Assets Appraisal

CHEN Lei WANG Hai-su

Abstract: The question whether assets appraisal can be seen as an independent subject, which is decisive to the theoretical frame, system architecture and development orientation, has always been widely concerned and controversial. This article centers on the definition of an independent subject, testifies the basis of assets appraisal subject and concludes that assets appraisal fulfils the preconditions of becoming an independent subject, thus its existence as an independent subject is valid and essential.

Key Words: assets appraisal; subject; subject basis

资产评估学是一门利用经济学等基本原理，以提供交易资产价值尺度和价值信息为核心，通过一系列分析方法手段和执业标准对资产价值进行专业判断并发表专业价值意见的，从而为特定交易提供价格决策参

---

① 本文系中国资产评估协会“资产评估理论框架与学科体系研究”课题的阶段性研究成果。

考依据的应用型学科。资产评估的学科依据问题，即资产评估究竟是不是一门独立的学科，直接关系到资产评估学科的理论框架、体系构建与发展方向，因此一直是资产评估理论界普遍关注和争论的焦点问题。本文重点围绕独立学科的界定标准，对资产评估的学科依据进行论证。

一、独立学科的界定标准

对于独立学科的界定标准问题，学者们进行了较多的理论探讨。例如，张敏（2000）指出：一门独立学科的形成，其标志是发现自己特有的研究对象，形成明确的学科目的和独到的研究方法。吴国盛（2002）认为："一个学科之所以成为学科，就在于它有自己独特的范式"，此种范式有观念层面和社会建制或社会运作层面两种，其中社会建制方面的范式建构，"其目的在于形成一个学术共同体，它包含学者的职业化、固定教席和培养计划的设置、学会组织和学术会议的制度的建立、专业期刊的创办等。"张永和（2005）提出：一门独立的学科，首先应该有自己的纯粹性或学术根据地。只有学科的纯粹性存在，它才可能有别于其他学科。准确把握自己的研究范围，是学科存在的前提。辰目（2006）认为：一门独立的学科，应具有独立的研究对象，具有自己独特的知识体系和知识构成，具有完善的课程体系，具有培养目标明确的专业方向。陈江波（2007）认为，一门独立学科的形成需要如下几个要素：一是研究的对象或研究的领域，即这门学科具有独特的、不可替代的研究对象，具有特殊的规律。二是理论体系，即形成特有的概念、原理、命题、规律，构成严密的逻辑系统。三是研究方法。而保证学科的发展要求有良好的学术梯队、优秀的学术带头人、现代化的实验室与研究基地、科研项目、立足学科前沿的科学研究方向、规范有序的学科管理制度等。郭翠菊（2010）提出：学科独立的标志往往就是作为一门科学诞生的开始，任何一门科学都有它产生的标志性著作，这本身就是一门科学之所以成为一门科学的宣言，如同婴儿的第一声啼哭宣告其降生一样。

综合上述学者观点，不难看出，一门独立学科的形成须具备的前提条件可能涉及几个方面，即一门独立的学科需要具有独特的：①研究对象；②研究范围；③研究方法；④学科目标；⑤理论体系；⑥教育体系；⑦课程体系；⑧培养计划；⑨专业方向；⑩学会组织；⑪专业期刊；⑫标志性著作等。其中，独特的研究对象、研究范围和研究方法是获得最普遍认同的前提条件，可视为一门独立学科形成的基本前提；而独特的学科目标、理论体系、教育体系、课程体系、培养计划、专业方向、学会组织、专业期刊、标志性著作等是学者们从不同角度提及的前提条件，可视为一门独立学科形成的一般前提。

二、资产评估的学科依据之基本前提

（一）资产评估学科的研究对象

资产评估的最终目的是在分析资产运营环境与资产本身特征的基础上，对特定时点及约束条件下的资产价值进行估算，为交易方提供一个基础价格尺度和价值咨询意见。因此，资产评估作为价格发现机制的补充，为市场经济的顺利运行提供支持，是市场经济体制中不可或缺的中介服务业；而且随着市场经济的不断发展，资产评估的重要性愈发突出。可见，资产评估主要回答的就是资产价值“是什么”的问题。而资产评估学科作为应用经济学科中的年轻学科，正是一门研究经济活动中的资产估价活动及其内在规律的学科，在市场经济建设中发挥着重要作用。其研究对象涉及资产估价活动及其内在规律的方方面面，小至资产评估的定义、特征、功能与作用、评估对象、评估目的、价值类型、评估依据、评估假设、评估原则、评估方法、评估程序等基本理论知识，大至资产评估的实务操作、风险管理、法律责任、职业道德、人才培养与行业管理。这些独立的、确定的研究对象是其他相关学科无法替代的。

（二）资产评估学科的研究范围

客观事物是极其复杂的，某一现象领域的事物，有时为几门学科所共同研究；这些不同的学科，从不同的角度去研究该事物矛盾的不同方面。资产评估作为一门应用型很强的学科，与会计、审计、统计、金融等应用经济学科就存在部分研究范围的重叠交叉，但它们又有各自不同的理论体系和操作方法。与此同时，在资产评估学科的特定范围之内，还可以划分成若干个分支。首先，根据研究内容的地位和作用，可分为资产评估理论研究、实务研究、管理研究等。其次，根据资产类型和交易类型，可分为机器设备评估、房地产评估、流动资产评估、长期投资评估、无形资产评估、资源性资产评估、企业价值评估等资产类评估领域；还可以分为以财务报告为目的的评估、税基评估等交易类评估领域。最后，根据资产评估服务的领域，可分为服务于产权市场的资产评估、服务于资本市场的资产评估、服务于会计核算领域的资产评估等。

（三）资产评估学科的研究方法

资产评估学科的研究方法是在资产评估学科研究中发现新现象、新事物，或提出新理论、新观点，揭示资产估价活动及其内在规律的工具和手段。按照研究手段的不同，可以分为定性研究方法和定量研究方法。资产评估学科的定性研究方法是对资产估价活动及其内在规律进行“质”的方面的分析。具体来讲是运用归纳和演绎、分析与综合以及抽象与概括等方法，对获得的各种材料进行思维加工，从而能去粗取精、去伪存真、由此及彼、由表及里，达到认识资产评估本质、揭示资产评估内在规律。现行资产评估基本原理中有关资产评估的定义、特征、功能与作用、评估对象、评估目的、价值类型、评估依据、评估假设、评估原则、评估程序、风险管理、法律责任等内容都是通过定性方法研究所得。资产评估学科的定量研究方法是在会计、统计、工程技术等学科中的技术方法的基础上，按照资产评估运作的内在要求，用资产评估的技术思路加以重组，进而形成的一整套技术方法体系。通过定量研究，能够使人们对资产评估的认识进一步精确化，以便更加科学地揭示规律、把握本质、理清关系、预测趋势。因此，资产评估学科的定量研究方法，既是实现评定估算资产价值的技术手段，又是资产评估学科实务理论的核心内容。除常见的调查法、观察法、个案研究法、数理统计方法外，目前国内外相对主流并具有代表性的资产评估定量研究方法还包括市场法、成本法和收益法。

三、资产评估的学科依据之一般前提

（一）资产评估的学科目标

一方面，资产评估的学科目标和任务，是尽可能准确、全面地把资产评估的内在规律揭示出来，以更好地指导和应用于评估实践，使其能够正确合理地进行价值估算。若实践落后，可以依资产评估学科理论加以改进；若学科理论落后，则资产评估实践必有实质的缺陷。另一方面，资产评估的学科目标还意味着要在对学科深入分析和了解的基础上，考虑学科发展与社会进步对人才的客观、合理的要求，同时结合国情和办学实体的条件，培养资产评估学科发展所需的理论人才以及能够适应资产评估行业发展的实践人才。

（二）资产评估学科的理论体系

作为一门应用性、实践性学科，资产评估学科的理论体系可分为三个部分：资产评估技术规范理论、资产评估实务操作理论和资产评估行为主体理论。

资产评估技术规范理论主要研究资产评估技术规范制定的有关理论问题，直接指导资产评估技术规范的制定。主要包括评估目的和评估依据。其中，评估目的是导致资产评估活动的资产交易业务本身的经济行为的，如资产重组、股份制改造、企业并购重组等。评估依据是法律依据、评估准则等在资产评估活动中对被估资产定价的依据。目前国外的资产评估准则大体上可以分为两大类：一类是国际性的评估组织制定的评估准则，如《国际评估准则》（IVS）；另一类是国家或地区内的评估组织制定的评估准则，如美国的《专业评估执业统一准则》（USPAP）、英国的《评估指南》（红皮书）、澳大利亚的《专业评估守则》等。我国的资产评估准则体系虽形成较晚，但也日趋完善，对指导规范资产评估执业行为具有重要作用。为促使行业执业规范，中国资产评估协会积极推进准则研究制定工作，在财政部指导支持下，截至 2010 年年底，共发布准则 22 项，一套比较完整的评估准则和规范体系已初步形成。

资产评估实务操作理论主要说明如何从事资产评估工作，直接指导资产评估实务，是资产评估基础理论和资产评估概念结构的具体化，内容相当广泛。主要包括评估基础理论和评估方法。其中，评估基础理论是评估实务操作理论的重要理论支柱，评估基础理论和概念为资产评估实务的开展直接提供思维基础。评估方法，如前所述，是实现评定估算资产价值的技术手段，是在会计、统计、工程技术等其他学科的技术方法的基础上，结合资产评估自身特点形成的一整套方法体系。该体系由多种具体资产评估方法构成，这些方法按分析原理和技术路线不同可以归纳为三种基本类型，即市场法、收益法、成本法。

资产评估行为主体理论以资产评估行为主体作为研究对象，研究如何优化资产评估行为主体，从而提高资产评估实践活动的效率和质量。主要包括评估主体理论和评估对象理论。其中，评估主体即为资产评估活动的实际承担者，也就是从事资产评估活动的专业机构和人员。他们是资产评估活动主导者，是资产评估活动得以顺利进行的保证。据统计，截至2010年年底，我国已有2800多家资产评估机构，3万多注册资产评估师，8万多从业人员。评估对象又称评估客体，是资产评估的具体对象，即被评估的资产。具体来讲，被评估的资产包括两方面的含义：第一层含义是指经济主体拥有或控制的，能以货币计量的并能够给经济主体带来经济利益的经济资源；第二层含义是指资产的权利特征及不同权能的排列组合。

（三）资产评估学科的教育体系

高等院校的资产评估学科建设是开展资产评估科学研究、推动资产评估理论发展和提高资产评估专业水平的重要途径；而高等院校的资产评估学历教育是培养和储备资产评估专门人才的重要途径。以我国为例：总体看来，我国的资产评估学科建设与资产评估学历教育是产生于资产评估行业出现以后。如今，经过十年左右的发展，我国高校的资产评估学科建设水平与学历教育水平都得到了很大提高，并已形成了资产评估相关专业建设、资产评估专业方向建设和资产评估专业建设并存的局面。截至2010年年初，全国已有南京财经大学、内蒙古财经学院、上海师范大学、首都经济贸易大学和湖北经济学院等15所大学设立资产评估本科专业；上海财经大学、中央财经大学、中南财经政法大学和中国人民大学等14所大学设立了资产评估方向教育；全国设立资产评估硕士、博士方向的院校也有10余所。此外，截至2010年，全国已有68所院校取得了2011年资产评估硕士专业学位举办资格。而在英国、美国和澳大利亚等其他国家，资产评估学科的教育体系也处于日渐完善的领先地位：不仅学历教育占据非常重要的位置，而且执业教育与学历教育的互通认证已经出现，各学会与高校等教育机构的合作在逐步加强。

（四）资产评估学科的课程体系

通常认为，资产评估学科的课程体系是在结合国际经验的基础上，以经济学、财务管理学等理论课程和实践性课程为主导的课程体系。该课程体系应涵盖以下四个方面内容：一是基础课程体系。该体系属于一般教育的范畴，其目的是为了让学生了解一般规律和一般技能，重在向其提供基本的理论认识和基础的操作技能以及职业素养。因此，基础课程体系一般应包括以下课程：经济学原理（经济学、产业经济学）、管理学原理、会计学基础、财务管理、审计学、统计学、金融学、投资学、工程学基础、计量经济学、经济法等。二是核心课程体系。该体系是资产评估学科的核心部分，能够提供成为一名专业评估人员必备的专业知识，从而使资产评估学区别于其他学科。因此，核心课程体系一般包括资产评估学、建筑工程评估、机电设备评估、无形资产评估、企业价值评估、评估准则体系、评估专业外语、思想道德修养等。三是辅助课程体系。该体系旨在拓展学生和评估人员的知识面，从而使其对市场的适应性更强。因此，辅助课程体系一般包括金融学、社会行为学、国际贸易、信息学、土地经济学、机械与工程识图、工程经济学、规划设计、营销学原理、经济数学等。四是实践课程体系。该体系重在培养学生的评估实践能力，使其尽可能多的参加实际中的各种评估行为，有助于将理论教学内容同业务实践联系起来，实现有效衔接。因此，实践课程体系一般包括社会调查与期中实习、毕业实习、毕业论文等。其中，毕业实习包括两种方式：一是将应届毕业生直接派往实习单位参与资产评估的实际工作；二是在校内实验室进行模拟操作，以资产评估实验教材为基础，在主讲教师的指导下利用实验软件系统地进行综合性模拟实验。

（五）资产评估学科的培养计划

人才是资产评估行业的第一资源，人才建设是资产评估行业发展的根本保障。在我国，资产评估学科的培养计划，既体现在资产评估学科自身的学历教育上，又体现于中国资产评估协会的准入教育和继续教育上。首先，资产评估学科从本科到研究生层面的多层次教育体系，为资产评估学科的人才培养提供了有力保障。其次，中国资产评估协会与资产评估高等院校通力合作，制定了行业人才培养总体规划，明确了行业人才建设的指导思想和总体思路。通过明确目标、健全制度、积极工作，现已逐步建立并形成了“学历教育、准入教育、继续教育”三个阶段，“高端人才、管理人员、执业人员”三支队伍，以及“中评协、地方协会和评估机构”三个层次的教育培训体系，行业培训资源得到有效整合，行业各层级的人才培养工作协调推进，为行业的优、强、大提供人才保障。以2010年为例，中国资产评估协会以培养高素质行业人才队伍为目标，以高端人才培养为重点，切实落实分类、分层次培训，全面提升行业队伍的整体素质，行业培训工作取得了显著成效。一是做好高端人才的培养工作，于2010年11月先后举办税基评估国际研修班和第四期资产评估高级研修班；二是突出行业管理人员的培训，分别于2010年4月和10月举办了两期管理人员培训班；三是结合行业发展现状，举办了四期远程网络视频培训班。这四期培训班分别以无形资产评估、企业价值评估、森林资源资产评估、以财务报告为目的的评估为专题，针对无形资产评估、企业价值评估实务中的热点、难点问题，森林资源资产评估和以财务报告为目的的评估新业务领域的专业知识等，进行了系统培训；四是为支持西部注册资产评估师后续教育，分别于2010年8月和12月在陕西、云南举办了两期支持西部培训班，为促进西部资产评估行业的发展提供了有力的支持与保障。

（六）资产评估学科的专业方向

资产评估学科从整体上可分为若干个研究方向，包括资产评估理论研究方向、资产评估实务研究方向和资产评估制度研究方向等。其中，每个研究方向又可细分为不同的专业方向，如企业价值（无形资产）评估、不动产评估、动产评估、税基评估、以财务报告为目的的评估等专业方向①。

（七）资产评估学科的学会组织

在我国，当前资产评估学科的学会组织的职能主要在中国资产评估协会的具体工作中得到体现。中国资产评估协会成立于1993年12月，是资产评估行业的全国性自律组织，依法接受财政部和民政部的指导、

① 上述专业方向的相关介绍前已述及，此处不再赘述。

监督。中国资产评估协会的宗旨是：加强行业自律管理，指导、监督会员规范执业；维护会员合法权益和社会公众利益，服务于会员、服务于行业、服务于市场经济；帮助会员提高专业技能和职业道德素养，提高行业的社会公信力；协调行业内外关系，扩大行业国内外影响力；全面促进行业持续健康发展。随着我国资产评估行业的发展以及影响的不断扩大，1995 年，经外交部批准，中国资产评估协会代表中国资产评估行业加入了国际评估准则委员会；1999 年，中国资产评估协会当选为国际评估准则委员会常务理事，并成为其专业技术委员会的委员。2005 年，经外交部批准，中国资产评估协会加入世界评估组织联合会并成为其常务理事。近年来，在资产评估学科建设方面，中国资产评估协会除致力于行业人才培养外，还先后建立了 10 所“资产评估学科建设基地”，促进全国 15 所高校先后设立了资产评估本科专业，确定了中联、中企华等 6 家评估机构为首批“全国资产评估教学实践基地”，实现了资产评估领域理论与实践、学校与企业、学生就业与企业招聘之间的三个跨越。在资产评估理论与实务研究方面，中国资产评估协会一方面正式组建了由行业首席专家和特约研究员组成的研究队伍开展行业研究；另一方面，为引导和鼓励广大科研院校、评估机构积极参与评估理论研究及实践，中国资产评估协会制定了《中国资产评估协会研究课题管理办法》，每年根据行业发展需要，发布资产评估行业研究课题指导目录，提出年度课题研究计划，编制研究课题成果目录，在中评协网站、杂志等媒体公布，并采取招投标、委托和申请三种方式组织课题承接工作，以此推动资产评估战略、理论、方法及其应用的深入研究。

在英国，英国皇家特许测量师协会（简称 RICS）成立于 1868 年，是目前世界上影响最大的评估行业专业组织之一。作为全球广泛、一致认可的专业性学会，其专业领域涵盖了土地、物业、建造、项目管理及环境等 17 个不同的行业。迄今为止，英国皇家特许测量师学会（RICS）已经有 139 年的历史，目前有 14 万多会员分布在全球 146 个国家；拥有 500 个 RICS 认可的相关大学学位专业课程，每年发表超过 500 多份研究及公共政策评论报告，向会员提供覆盖 17 个专业领域和相关行业的最新发展趋势；英国皇家特许测量师学会（RICS）得到了全球 50 多个地方性协会及联合团体的大力支持。

在美国，美国评估促进会（Appraisal Foundation）成立于 1989 年，

多年来致力于促进评估业的发展，是目前美国评估行业最重要的非营利性自律组织。根据相关法律的授权，评估促进会具有制定公认评估准则和评估师资格标准的职能，目前其制定的评估师资格标准已成为美国各州注册评估师和许可评估师最低资格标准，制定的专业评估执业统一准则（USPAP）也在近十年来成为美国、加拿大以及部分中美洲和亚洲国家评估师执业的准则。该会由 16 家协会会员单位组成，发起人分为评估单位（Appraisal Sponsors）、相关的团体单位（Affiliate Sponsors）和国际评估单位（International Appraisal Sponsors），他们都是非营利性的组织，其中评估单位有 9 家协会（学会），相关团体单位有 5 家，国际评估单位有 2 家。所制定的标准为会员单位的最低标准。评估促进会由三个独立的委员会组成：评估实践委员会（the Appraisal Practices Board，APB），评估资格委员会（the Appraiser Qualifications Board，AQB）和评估准则委员会（the Appraisal Standards Board，ASB）。其中资格委员会负责评估的教育、考试、培训及注册管理等工作。

在澳大利亚，澳大利亚房地产学会（Australian Property Institute）成立于 1926 年，初期是英联邦估价师学会的一个组成部分，后来独立成为澳大利亚房地产价值评估方面的行业自律专门机构，全澳分布有七个办公室。由于澳大利亚实行联邦制，各州有权制定各自的法令，因此评估师资格的认定也由各州政府决定。澳大利亚联邦及各州均设有总评估师办公室，负责国有资产的评估与管理。API 成员包括住宅、商业、厂房及机器估值、物业顾问、地产分析师和基金经理、物业律师、学者和研究人员。其主要职能是：制定和选择资产评估准则；对申请参加评估协会的会员进行严格考核；对评估会员进行定期培训，提高其评估水平；定期参加国际评估协会和太平洋地区的评估例会；承担资产评估争议的仲裁。目前全世界有 8600 多名会员，并与加拿大、中国香港、新西兰、英国、新加坡的评估协会（学会）建立了互惠认证制度。房地产学会对会员提供注册认证，只有助理会员以上级别的才能注册，认证的领域主要是物业管理人员、物业经理、基金经理、资产管理者、估价师（厂房及机器设备估价师、企业价值评估师）等。

（八）资产评估学科的专业期刊

在我国，《中国资产评估》杂志是由中华人民共和国财政部主管、中国资产评估协会主办的国内外公开发行刊物，也是资产评估行业唯一公开出版发行的专业刊物。其作为行业会刊，是一份为我国经济改革与发展提供服务和智力支持的刊物，兼有行业政策指导、行业建设发展、机构内部管理、专业技术交流、理论研究、国内外行业交流等多项任务，对行业的宣传、舆论导向等负有十分重要的责任。其创刊于 1994 年 9 月，连年被选入《中文社会科学引文索引》来源期刊行列，并先后加入了清华大学的“中国期刊网”、龙源电子商务公司的“龙源期刊网”以及中国科技信息研究所的“万方数据网”。

一方面，《中国资产评估》专业版的主要编辑任务是：组织关于企业价值评估的文章，宣传客观、公正评估企业价值的方法技术；组织关于金融改革、维护金融安全的资产评估文章，宣传客观、公正评估金融资产的评估方法技术；组织关于不动产赋税改革中不动产价值评估的文章，宣传客观、公平、高效的群体不动产评估数理模型及其具体方法；组织关于以会计报告为目的的公允价值评估的文章，宣传资产评估在会议报表公示中的重要性；组织行政事业单位资产评估以及行政事业单位资产评估特点的文章，宣传行政事业单位清产核资与资产处置中资产评估的重要作用；组织破产企业中资产评估的文章，宣传在破产企业财产处置中公正合理的资产评估方法与程序。另一方面，《中国资产评估》综合版的编辑理念是本着既宣传专业，又宣传行业的思路，使之逐步向社会打开中国资产评估行业这一窗口，让社会了解正在发展中的中国资产评估行业而设立的，其设立有效加强了《中国资产评估》杂志的社会性、可读性和文化性。

（九）资产评估学科的标志性著作

资产评估在世界范围内有着悠久的历史，它是商品经济发展到一定阶段的产物。在此期间，先后出现了许多对资产评估理论体系具有重大影响性的著作，但目前国内外尚未展开专门针对资产评估学科标志性著作的认定与讨论。经分析认为，美国评估学会 1996 年出版的《不动产评估》（the Appraisal of Real Estate）、Mertzke 于 1927 年出版的《不动产评估》、国际评估准则委员会（International Valuation Standards Committee，IVSC）1997 年出版的《国际评估准则》、罗伯特·瑞丽和罗伯特·谢瓦尔 2000 年出版的《无形资产评估》、金德浩等 1991 年出版的

《资产评估学》、王子林1992年出版的《资产评估原理、实务、管理》、张燕敏2001年出版的《我国资产评估理论及准则体系》、张文珠和刘萍2006年出版的在《资产评估行业在中国的创立》等著作分别在不同时间、从不同层面揭示了资产评估的理论起源、经济学基础与行业发展，都具有一定的理论性和较大的国际影响力，后被相关著作普遍引用。

四、结论

综上所述，无论是对于研究对象、研究范围和研究方法等基本前提，还是对于学科目标、理论体系、教育体系、课程体系、培养计划、专业方向、学会组织、专业期刊、标志性著作等一般前提，资产评估都具备了独立学科形成所需要的独特的前提条件。据此，我们认为，资产评估学科作为一门独立学科的存在，是完全成立的，也是非常有必要的。

参考文献

[1] 张敏：《比较文学的学科依据——试论克罗齐世纪初对比较文学的诘难》，载《文艺研究》2000年第3期。

[2] 吴国盛：《学科制度的内在建设》，载《中国社会科学》2002年第3期。

[3] 张永和：《法人类学作为独立学科的诞生及其他》，载《现代法学》2005年第1期。

[4] 辰目：《出版学是一门独立的学科》，载《出版发行研究》2006年第12期。

[5] 陈江波：《高等学校“学科—专业”一体化建设的研究》，广西大学硕士学位论文，2007年。

[6] 郭翠菊：《对教育学独立学科标志问题的再思考》，载《青海民族大学学报（教育科学版）》2010年第1期。

[7] 江平：《评估资产评估》，法制日报2004年。

[8] 胡晓明：《资产评估学科归属问题探析》，载《财会学习》2010年第8期。

[9] 中国资产评估协会：《国际评估准则（97版）》，中国财政经济出版社1999年版。

[10] 罗伯特·F·赖利：《无形资产评估》，中国大百科全书出版社2000年版。

[11] 王子林：《资产评估原理、实务、管理》，中国财政经济出版社1992年版。

[12] 张燕敏：《我国资产评估理论及准则体系》，经济管理出版社2001年版。

[13] 张文珠、刘萍：《资产评估行业在中国的创立》，中国资产评估协会（内

部印刷)，2006 年。

［14］王诚军：《资产评估行业起源和发展的经济学分析》，中南财经政法大学博士学位论文，2007 年。

［15］汪海粟：《资产评估》，高等教育出版社 2007 年版。

［16］李光洲：《关于当前我国资产评估学历教育中几个问题的探讨》，载《中国资产评估》，2007 年。

［17］《发展中的中国资产评估行业》，http：//finance. sina. com. cn/roll/20100916/08393456986. shtml，2010 -9 -16.

［18］《中国资产评估协会介绍》，http：//www. cas. org. cn/xhjs/xhzc/15629. htm，2007 -2 -7.

［19］《百度百科》，http：//baike. baidu. com/view/5921024. htm，2011 -8 -18.

［20］中国资产评估协会网站：http：//www. cas. org. cn/gjjl/kcbg/16142. htm，2011 -8 -18.

［21］《中国资产评估》，http：//baike. soso. com/v8750684. htm，2011 -4 -30.

［22］http：//www. priceonline. gov. cn/news/news. jsp? doc_id =83434，2011 -8 -18.

［23］The Real Property Appraiser Qualification Criteria and Interpretations of the Criteria，The Appraisal Foundation，2011 -2.

［24］Appraisal Institute，The Appraisal of Real Estate，12th Edition，2001：651 -664.

美国评估师执业过程中的教育研究[①]

余炳文　江西财经大学　陈　蕾　首都经济贸易大学

【摘要】美国评估师的管理隶属于非营利性的组织，对评估师的教育实行执业继续教育、大学等价课程教育与学历教育融合。评估师即使没有接受正式的学历教育，也可以通过大学等价课程的学习获得执业所需的理论知识和水平；评估师的继续教育也大多通过大学等价课程学习完成。本文借鉴美国资产评估促进会在评估师执业过程中受教育的经验，提出改进我国资产评估师教育的政策建议。

【关键词】资产评估；执业；教育

The Education Study of American Appraisals in the Process of Practice

YU Bing-wen　CHEN Lei

Abstract: The United States appraisers are under the management of non-profit organization, the education of practicing appraisers is Integrated between continuing education, university equivalent courses education and academic education, even if the appraiser did not receive formal academic education, they can learn the necessary theoretical knowledge by the University equivalent courses and the appraiser's continuing education is mostly done by the University equivalent course. This paper refers to American appraisers' educational experiences and puts forward our CPV education policy recommendations.

Key Words: assets appraisals; practice; education

---

① 本文系中国资产评估协会"资产评估理论框架与学科体系研究"课题的阶段性研究成果。

一、美国资产评估促进会介绍

美国评估促进会成立于1989年，是美国评估界影响最大的非营利性评估组织。该会由16家协会会员单位组成，发起人分为评估单位、相关的团体单位和国际评估单位。其中评估单位有9家，相关团体单位有5家，国际评估单位有2家。所制定的标准为会员单位的最低标准。评估促进会由三个独立的委员会组成：评估实践委员会（the Appraisal Practices Board），评估资格委员会（the Appraiser Qualifications Board）和评估准则委员会（the Appraisal Standards Board）。其中资格委员会负责评估的教育、考试、培训及注册管理等工作。

资格委员会至少包括5名执业评估师，任期为3年，由促进会董事会（the Foundation's Board of Trustees）委任。根据1989年美国《金融机构改革、整顿和强制执行法令》（FIRREA）的规定，美国评估师的教育、考试由资格委员会统一负责，如考试大纲的修订、评估师的考试要求、通过的标准等。

不动产评估是美国评估促进会最主要、最完善的评估类型，制定了较为完善的不动产评估师认证体系。资格委员会对不动产评估的考试、注册和教育等事项不定期公开征求社会意见，修改相关条款，经过1991年、1993年、1994年、1999年、2004年、2008年6次较大的修改，资格管理和教育体系日趋成熟。本文将以不动产评估为例，说明评估师在执业过程中的继续教育、大学等价课程教育与学历教育的关系。

二、不同层级评估师的学历教育要求及执业范围

美国不动产评估师分为见习评估师、许可评估师、注册不动产评估师和注册通用评估师四个层级，每一层级评估师的工作范围、受教育程度等都有较为严格的限制。

资格委员会规定了不同层级评估师受教育的要求，评估师的层级越高，对受教育的要求就越高。见习评估师和许可评估师没有教育程度的限制，但需要接受继续教育，并有实际从业经验，如见习评估师需要接受州注册评估师的培养、指导和管理，州注册评估师负责监督见习评估

师遵守通用评估准则（USPAP）的情况，并检查见习评估师出具的评估报告，见习评估师无权单独出具评估报告；而许可评估师可以独立完成报告，评估的不动产类型也仅限于对1～4个单元、交易价值低于100万美元的非复杂的住宅交易做出评估（复杂的1～4住宅单元意味着评估的权属关系、市场条件是非典型的），并且可以对1～4住宅单元交易价值低于25万美元的复杂住宅交易做出评估。

注册不动产评估师和注册通用评估师对受教育程度有一定的要求。注册不动产评估师应具有大学两年课程的肄业证书，或者能够证明完成了大学等价课程教育[①]，等价课程教育至少要修满21个学分，其课程主要有：英语写作、微观经济学原理、宏观经济学原理、金融、代数、几何或者高等数学、统计学、计算机科学、经济法、不动产法等。注册不动产评估师可以对所有1～4个单元的不动产进行评估。注册通用评估师应具有学士以上的学位，特殊情况下，可以提供证明完成了大学等价课程的学习，等价课程至少要修满30个学分，其课程主要包括：英语写作、微观经济学、宏观经济学、金融、几何、高等数学、统计学、计算机科学、经济法、不动产法、会计、地理、农业经济、企业管理或者不动产的选修课等。注册通用评估可以对所有类型的不动产进行评估。

三、不同层级评估师执业继续教育、大学等价课程教育与学历教育的融合

（一）执业继续教育与大学等价课程教育的对接

评估师在执业过程中需要接受继续教育，每一层级的评估师都有相应的继续教育内容，当向更高一层级的评估师晋升时，又会接受要求更高的继续教育。评估师的继续教育与学历教育无关，继续教育的重点是专业领域的知识，而不像学历教育需要基础知识、专业知识和相关知识等系统性的学习。

---

① 大学等价课程教育是指只参加大学某一门或者几门课程的学习，其课程设置、考试形式、授课方法等与学历教育相同，与学历教育相比，只是课程数量较少。

继续教育的课程与大学课程相比具有相似性，继续教育往往借助于大学的学历教育来完成。由于继续教育需要掌握的知识与大学课程所讲授的知识是类似的，将继续教育内容与大学课程对接，依托大学的课程教育来实施继续教育，收到了较好的效果。一般情况下，评估师根据需要选择一门或者多门大学等价课程学习，在保证学习时间的情况下，参加并通过考试即视为通过该课程的学习，如果完成资格委员会规定的全部课程，则视为完成继续教育。

大学等价课程由资格委员会选定，分为核心课程和选修课程，资格委员会在时间和课程内容上作出了详细规定。根据资格委员会要求，许可评估师必须接受150小时的教育（其中核心课程75小时：房地产市场分析与最高最佳使用15小时，不动产区位价值与成本法15小时，不动产营销及收益法30小时，不动产评估报告撰写及案例分析15小时），包括15小时全国通用评估准则的学习。注册不动产评估师必须接受200小时的教育（核心课程除许可不动产评估师应达到的要求外，还包括统计、模型与财务15小时，高级不动产应用15小时，评估选修课程20小时），包括15小时全国通用评估准则的学习。

注册通用评估师必须接受300小时的教育（核心课程除满足注册不动产评估师的要求外，还应有通用的市场分析和最高最佳利用15小时，通用的销售比较法15小时，通用的成本法15小时，通用的收入法45小时，通用的报告写作及案例分析10小时），包括15小时全国通用评估准则的学习。

大学等价课程教育具有几个特点：一是学校的认定。可以提供等价课程教育的院校主要有大专或者大学、社区学院或者专科学院（开设两年制课程的高等院校）以及州或者联邦政府机构、评估促进会认定的高等学校。提供网络远程教育的高校也包括在内，只是教学应采取口头和书面的交互方式。二是学时的确定。一般60分钟为1学时，如果给学生讲授知识的时间超过50分钟以上也可以记为1学时。一门课程的授课时间最短为15小时，需要在一个学期内完成，考试一般采取闭卷的方式。三是授课内容的限定。授课内容由资格委员会指定，课程主要是培养学生解决实际问题的技能，一般要求采用案例分析的教学方法。同时，所有入会评估师必须完成15小时的促进会准则课程学习。

（二）执业继续教育与学历教育的结合

在不动产评估师的四个层级中，见习评估师和许可评估师没有教育要求，但是注册不动产评估师和注册通用评估师有接受学历教育的要求（或者接受资格委员会认定的大学等价课程教育）。当见习评估师和许可评估师要晋升为注册评估师时，需要满足一定的学历教育要求，对于不具备学历教育要求的评估师，可以到资格委员会认可的大学接受等价课程学习。一方面大学等价课程的学习可以满足评估师继续教育的要求，完成大学等价课程学习视同完成了继续教育，具备该层级评估师所要求的教育条件；另一方面评估师也可以依托大学等价课程学习，继续在学历教育上深造，如果评估师通过了学历教育课程的全部学习并通过考试，满足颁发学位的条件，可以颁发学历学位证书，这样反过来可以促进评估学历学位的提升。

因此，评估师可以通过大学等价课程的学习，完成继续教育要求，同时也可以通过大学等价课程学习，获得相应的学分，减少为获得学历学位而参加相同课程的学习。评估师在通过继续教育的同时，只需要参加学校规定的与继续教育不同的课程学习，就可以获得相应的学历学位。继续教育实际上也为评估师的晋升积累了学历教育基础。

（三）评估师层级晋升的教育要求

评估师晋升实行逐级晋升，也可以跳级晋升，跳级晋升需要完成本该属于所跳层级规定的继续教育。对于在大学进行等价课程教育的评估师，其等价课程须得到资格委员会认可，并且从 2010 年 1 月起等价课程教育不再包含远程教育。

评估师层级晋升的具体要求和课程如下：见习评估师申请注册通用评估师要增加 225 小时的大学等价课程教育。具体课程和时间分布为：通用的市场分析与最高最佳利用 30 小时；统计、模型与金融 15 小时；通用的市场比较法 30 小时；通用的区位价值与成本法 30 小时；通用的收益法 60 小时；通用的报告撰写与案例分析 30 小时；选修课程 30 小时。

许可评估师申请注册通用评估师要增加 150 小时的大学等价课程教育。具体课程和时间分布为：通用的市场分析与最高最佳利用 15 小时；统计、模型与金融 15 小时；通用的市场比较法 15 小时；通用的区位价值与成本法15小时；通用的收益法45小时；通用的报告撰写与案例分析15小时；选修课程30小时。

注册不动产评估师申请注册通用评估师要增加100小时的大学等价课程教育。具体课程和时间分布为：通用的市场分析与最高最佳利用15小时；通用的市场比较法15小时；通用的区位价值与成本法15小时；通用的收益法45小时；通用的报告撰写与案例分析10小时。

通用评估师的要求最高，一般情况下，仅有等价的大学等价课程教育并不能完全满足要求，晋升成注册通用评估师还应具有学士学位。

（四）大学等价课程的设置及具体内容

见习评估师、许可评估师及注册评估师的等价课程具有阶梯形，许可评估师是在见习评估师基础上增加课程，注册不动产评估师则是在许可评估师的基础上增加课程，而注册通用评估师的课程与前三者有较大的不同，如表1所示。

表1　　不同层级评估师的大学等价课程及时间要求

见习评估师	许可评估师	注册不动产评估师	注册通用评估师
评估基本原理（30）	评估基本原理（30）	评估基本原理（30）	评估基本原理（30）
评估基本程序（30）	评估基本程序（30）	评估基本程序（30）	评估基本程序（30）
USPAP课程（15）	USPAP课程（15）	USPAP课程（15）	USPAP课程（15）
	不动产市场分析及最高最佳利用（15）	不动产市场分析及最高最佳利用（15）	通用的评估市场分析与最高最佳利用（30）
	不动产区位价值与成本法（15）	不动产区位价值与成本法（15）	通用的区位价值与成本法（30）
	不动产市场比较和收益法（30）	不动产市场比较和收益法（30）	通用的收益法（60）
	不动产报告撰写与案例分析（15）	不动产报告撰写与案例分析（15）	通用的报告撰写与案例分析（30）
		统计、模型与金融（15）	统计、模型与金融（15）
		高档住宅评估与案例分析（15）	通用的市场比较法（30）
		评估选修课程（20）	评估选修课程（30）

注：括号内的数字表示时间，单位小时。

资格委员会对等价课程内容作出了详细的规定，课程主要是以模块为单位构成，由于各高校的课程名称不完全一致，但所讲授的内容可能相同，如房地产金融可能涵盖在金融学中，也可能涵盖在货币银行学中，甚至涵盖在不动产金融与投资中，因此资格委员会要求课程名称可以不一致，但内容必须类似。同时所有课程的学习必须连续在一个学期内完成。这里以评估基本原理模块为例说明。

评估基本原理模块的内容有不动产概念和特征、不动产法律、不动产价值影响因素、价值类型、经济原理、不动产市场概述、职业道德七个子模块，每一子模块又可以分为若干内容，其中不动产概念和特征包含的内容有不动产基本概念、不动产基本特征和不动产法律；不动产法律包括产权形式、产权控制、不动产合同和租赁；价值影响因素主要有政策、经济、社会、环境和地理位置；价值类型有市场价值类型和其他价值类型；经济原理主要有古典经济学原理、经济学原理应用；不动产市场概述主要有市场基本面、市场特征、市场定义、供求分析和市场分析应用；职业规范主要有职业道德和实践约束。资产评估基本原理模块的具体内容如表 2 所示。

表 2　　　　评估基本原理课程内容

课程	子模块	内容
评估基本原理	不动产概念和特征	基本概念、基本特征、法律描述
	法律	产权形式、产权控制、不动产合同、租赁
	价值影响因素	政策、经济、社会、环境、地理位置
	价值类型	市场价值、其他价值
	经济原理	古典经济学原理、经济学原理的应用和说明
	市场概述	市场基本面、特征、定义、供求分析、市场分析应用
	职业规范	职业道德、实践约束

为了保证课程设置的科学性和合理性，资格委员会还会邀请各州的评估管理机构参与到对各大学等价课程的筛选、确认上。

四、启示及政策建议

（一）启示

美国评估师注重学历教育，但更注重执业过程中的继续教育，而继续教育的完成大多依赖于有合作关系的大学，大学等价课程的学习是评估师继续教育与学历教育重要的途径和方式。通过以上的分析，可以从美国评估促进会关于不动产评估师在执业过程中的教育得到以下启示：

（1）大学等价课程教育在评估师的执业教育中占据十分重要的位置。美国评估促进会对评估师的继续教育提出了明确的要求。而继续教育的完成依赖于大学等价课程的学习，评估师可以通过完成大学等价课程的学习来完成继续教育，并为学历教育的提升打下良好基础。同时，如果学历学位得到提升，也会有助于评估师的晋升。

（2）促进会充分依托大学的教育资源推进评估师的继续教育。促进会通过对高校课程设置、专业特色、培养目标、师资水平的考察，认可一些高校在评估师教育中的作用，只有通过这些高校相关课程的考试并获得学分，才能通过继续教育，说明高校的学历教育资源对评估师的继续教育构成了有力的支撑。

（3）大学等价课程教育以模块为单位进行，有助于评估师对教育内容的认识。评估师可以根据模块和子模块内容，了解需要掌握的知识要点，进一步深化专业技能，避免盲目、大而统、大而全的学习。

（二）政策建议

我国资产评估师的教育是以学历教育为基础，通过资格考试后才有继续教育的机会，也没有设置大学等价课程培养机制；同时我国的评估师没有设置层级关系，使许多评估师缺乏进一步接受教育的动力。为此借鉴美国评估师的做法，提出以下建议：

一是改变单一的考试过关为逐步培养的模式。这里可以将评估师设置为若干层级，对不同层级的评估师设置不同的执业范围和标准，同时对不同层级评估师的学历教育和从业经历可设置不同的要求，较低层级评估师需要的教育背景较低，执业时间较短，随着经验丰富和业务水平的提升，当需要较高层级资格时，就设置相应的大学等价教育要求。这样可以将短期的一次考试过关变为一种长期的受教育过程。

二是建立协会认可大学的课程学习机制。协会可以认定一批教学经验丰富、师资雄厚、专业特征明显的高校，将这些高校的某些专业课程列为继续教育内容，只要资产评估师接受这些高校的某些专业课程学习并通过考试，就视为通过协会规定的继续教育要求，这样评估师在接受执业教育、满足晋升层级要求的同时，还将获得高校的学历学位，达到资产评估的执业继续教育与学历教育的融合。

三是大学等价课程设置应与评估师层级匹配，并体现知识的逐步提高过程。对较低层级的评估师，大学等价课程的要求相应降低，当评估师需要由较低层级晋升到较高层级时，这些课程的要求应提高，以体现知识的衔接性、递增型和教育过程的逐步提高，使评估师的理论水平渐次深化。

参考文献

［1］美国评估促进会评估准则委员会著，王诚军译：《美国评估准则》，中国人民大学出版社 2009 年版。

［2］国际评估准则委员会著，中国资产评估协会译：《国际评估准则 2007》（第八版），中国财政经济出版社 2010 年版。

第七部分 其他资产评估前沿问题研究

PART 7 OTHER CURRENT ISSUES IN VALUATION

财政专项资金绩效评估研究

——以促进就业专项资金绩效评估为例

曹　中　上海立信会计学院

【摘要】绩效预算是市场经济及社会发展到一定程度，加强公共资源管理和有效配置的客观选择。在政府公共支出管理中引入绩效预算和绩效评估机制，不仅可以健全和强化政府的管理功能，而且还可以通过绩效评估的结果来监督和反馈政府工作信息，提高政府的管理能力。本文试图创新财政专项资金绩效评估方法，建立有效的绩效评估体系，并以促进就业专项资金绩效评估为例，在绩效评估实施过程中得出相关的政策建议。

【关键词】绩效评估；促进就业；“3E”评价法；标杆管理法；平衡计分卡法

Study on Performance Evaluation of Financial Special Funds

—A Case of Performance Evaluation of Employment Special Funds

CAO Zhong

Abstract: With the development of market economy and society, performance budgeting is an objective choice to strengthen the management of public resources and effective configuration. Performance budgeting and evaluation not only can improve the management of government functions, but also monitoring and feedback government information. This paper tries to innovative financial performance evaluation method of special funds and establishes an effective performance evaluation system with a case study of employment special funds.

Key Words: performance evaluation; promoting employment; “3E” evaluation method; benchmarking methods; balanced scorecard method

一、引言

1950年美国《预算与会计程序法》提出绩效预算（PB），但由于种种原因没有具体落实。1993年美国联邦议会通过《政府绩效与成果法案》并成立了以弋尔为首的国家绩效评价委员会。2000年，世界上有50多个国家进行了绩效改革。自20世纪80年代后，在西方国家，绩效管理迅速发展，更加注重市场价值和竞争意识的重新回归、注重政府组织的“企业化”改造、注重绩效管理工具创新；通过变革组织目标、责任机制、权力结构和组织文化等方面来大幅度提高公共组织的效率、效益、适应性以及创新能力；通过放松管制，代之以实施明确的绩效目标控制和加强对公共部门的绩效评估。

财政部于2011年4月2日发布了重新修订的《财政支出绩效评价管理暂行办法》，我国政府正积极推进预算绩效管理工作，规范财政支出绩效评价行为，建立科学、合理的绩效评价管理体系，提高财政资金使用效益和效率。

当前我国就业形势非常复杂严峻，既有长期积累的内生性原因，也受到国际金融危机的强烈冲击。作为民生之本，就业已成为我国经济社会发展面临的首要任务之一，做好促进就业工作是关系人民群众切身利益和和谐社会建设的大事情。近年来，各级政府积极响应国务院的号召，通过加大援助力度、建立职业培训基地、建设劳动保障平台、鼓励自主创业等多种形式，创造了促进就业的良好环境。

二、促进就业专项资金绩效评估应遵循的原则

促进就业专项资金绩效评估应采用完成结果评价，指在预算完成后对项目总体执行情况进行的考核与评估。其评估过程遵循以下原则：

1. 公正、客观原则

公正、客观地进行绩效评估是最基本的要求，是保证项目决策的科学性和绩效评价结果的真实性的基础。

2. 针对性原则

政府专项资金预算绩效评估（Government Expenditure Performance

Evaluation）是政府和财政部门根据“花钱买效果”的预算观和规范的程序，对财政资金的使用效果进行评议和估价的制度。由于评估的课题为具体事项，因而无论是从评估的过程还是从评估的结果来看，都是本着为“促进创业、带动就业”服务的理念对特定项目所做的工作，具有很强的针对性。

3. 协调性原则

即在长期指标与短期指标之间、财务指标与非财务指标之间、先导指标（Leading Indicator）与滞后指标（Lagging Indicator）之间、定性指标与定量指标之间进行协调。

4. 可操作性原则

用指标进行评估时，要易量化，或者进行判断时要有标准可作为依据，尽量避免主观武断。

5. 绩效相关原则

绩效评价应当针对具体支出及其产出绩效进行，评价结果应当清晰反映支出和产出绩效之间的紧密对应关系。

三、促进就业专项资金绩效评估方法创新

西方发达国家具有代表性的绩效评价方法主要有三种：“3E”评估法、标杆管理法和平衡计分卡法。“3E”（即经济性、效率性和效益性）评价法的价值取向是力求降低成本，将经济性放在了首位，该方法应用于政府绩效评估的主要目的在于加强政府成本控制，所以有一定的局限性，但是在当时的政府财政支出评价中起到了很大作用，使得政府财政支出更加合理和有序。标杆管理法与“3E”评价法相比更加完善和全面，它先确定标杆，作为为之而奋斗的目标，在每一个实施阶段结束后都将结果与所确定的标杆进行比较，然后做出阶段性总结，对下一阶段的方法做出调整，直至最后达到标杆水平，再确定更高的标杆。标杆管理法将比较和评价完全融为一体，通过比较实现评价，深入评价以促进更高水平的比较，使评价系统持续改进、不断完善和优化。平衡计分卡的最大特点是把“战略”而不是把“控制”放在绩效管理的中心地位。起初它作为一种绩效管理模式，后来在实践中扩展为一种战略绩效管理工具。在平衡计分卡法的指标体系模型中，根据公司的战略目标设计测

评指标，从多个维度进行度量和考核。既强调绩效管理和整体战略之间的紧密关系，又讲究具体指标框架体系中的平衡关系。每个维度都设置了不同的重要战略目标和进行绩效评估的指标体系，涵盖了管理流程的各个方面以及内在关系。而且所设置的绩效评估指标既可以评价目标的实现程度，又可以评估实现目标的过程，实现了结果管理和过程管理的统一。

以“3E”为评估原则，将标杆管理法和平衡计分卡法结合起来设计促进就业专项经费绩效评估指标体系，使评价工作更具有可操作性。促进就业专项经费绩效评估采用“3E”评估法注重的是项目成本节约；采用标杆管理法注重的是项目效率和效能的提高；采用平衡计分卡法注重的是项目的战略把握。平衡计分卡法强调指标体系必须同时包括财务指标和非财务指标。它不是不看重财务性的指标，而是使财务性的指标更有针对性。指标体系不是财务指标与非财务指标的简单拼凑，而是基于因果分析的有机整体。财务性指标一般是结果性指标，具有滞后性。非财务性指标一般是决定结果性指标的驱动指标，具有领先性。指标体系只有结果指标而没有驱动指标，则无法说明达到这些结果的路径，而结果指标不能显示项目计划是否正在成功的实施。指标体系只有驱动指标而没有结果指标，项目或许可以获得短期的改进，但无法显示这些改进是否已转化为对项目整体带来好处，并最终转化为财务业绩和社会效率的提高。笔者认为如把标杆管理法和平衡计分卡法结合起来，平衡计分卡法为标杆指标的确定提供了依据，同时标杆管理法也为平衡计分卡法中的指标确定提供了依据。将两者结合起来可以使平衡计分卡下的战略绩效系统更加完善，也可以使标杆管理更加科学和有效。根据科学的平衡计分卡管理原理，从目标情况、产出与效果、预算执行与财务管理、过程与长效管理等维度来设计促进就业专项经费绩效评估指标体系，具体步骤如下：

（1）明确项目的使命、战略和重要的绩效维度；

（2）确定各维度的目标即标杆指标；

（3）分解目标并根据目标设置具体绩效指标；

（4）对绩效进行跟踪评估并进行修正完善。

按此思路促进就业专项经费的绩效评估指标体系分为三个层次：

第一层次：包括四个主要维度，目标情况、产出与效果、预算执行与财务管理、过程与长效；

第二层次：为第一层次每个维度所包括的标杆；

第三层次：每一维度内，每一标杆所对应的具体的、可量化的测评指标。

在评价体系的四个维度中，“目标情况”、“产出与效果”、“预算执行与财务管理”注重的是项目的现状。而“过程与长效管理”、“发展潜力”关注项目的长远发展，这两个方面是项目发展与成功的内在动力，只有这两个方面保证了，才能保证项目最终完成，从而通过平衡计分卡法的思想把项目承担者的眼前利益与长远责任结合起来。促进就业专项经费绩效评估指标的平衡关系如图 1、表 1 所示。

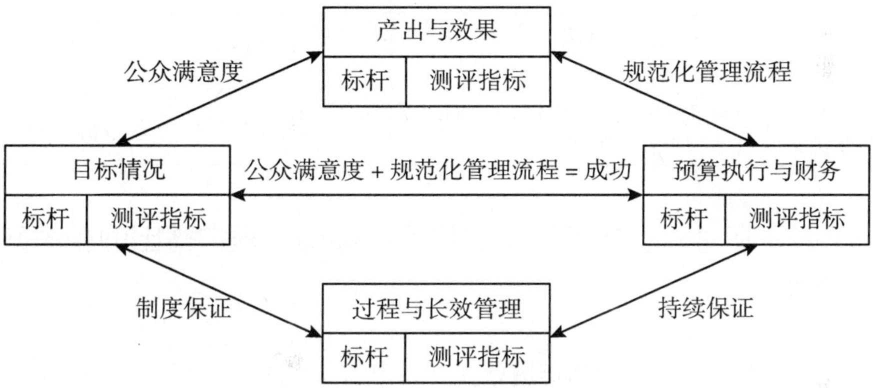

图 1　促进就业专项资金绩效评估指标的平衡关系

表 1　促进就业专项经费绩效评估指标体系（标杆—平衡计分卡法）框架

产出与效果维度		目标情况维度	
标杆	KPI（关键绩效指标）	标杆	KPI（关键绩效指标）
就业援助	双困人员就业安置率、职介成功率、长期失业人员比率	目标设定情况	依据的充分性、目标的明确度及分解情况
职业培训	培训人员职业资格获得率、职业见习效果、职业技能鉴定站所提升、失业人员培训比率、园区内的企业或劳动组织的稳定经营程度	目标完成情况	新增就业岗位完成率、新增农村劳动力非农就业岗位率、城镇登记失业人数控制、职业培训完成率

续表

产出与效果维度		目标情况维度	
标杆	KPI（关键绩效指标）	标杆	KPI（关键绩效指标）
创业	享受开业贷款贴息比率、自主型非正规就业的劳动组织转制、自主创业增加率、园区的空置程度、园区内企业或劳动组织的非亏损率		
预算执行与财务管理维度		过程与长效管理维度	
标杆	KPI（关键绩效指标）	标杆	KPI（关键绩效指标）
资金的到位	资金的到位及时程度	过程管理	创业园区建设和管理、千人、百人就业项目管理、万人就业项目管理、就业托底安置基地管理
资金的使用情况	资金发放的及时性、预算调整的合理性	人员组织状况	人员配备、培训机构的选择
财务管理状况	制度设置、资金使用的合理性、财务内控制度	项目的后续能力	项目的可持续发展能力

四、促进就业专项资金绩效评估实施过程中得出的相关政策建议

为了客观公正地评估促进就业工作的效果，进一步规范和加强促进就业专项资金管理，提高专项资金的使用效益和管理水平，在前期研究的基础上，笔者对某地促进就业专项资金进行了绩效评估。弄清了该地区促进就业工作的“家底”，总结了经验和教训，为新经济形势下开展促进就业工作起到良好的借鉴和导向作用，为政府决策提供依据，并从稳定就业、扩大就业、鼓励创业等方面着手，指出了该地区促进就业工作中存在的问题，并提出了改进措施和相关政策建议如下：

1. 为有志于创业并有能力创业的劳动者提供更加专业化的创业服务

从行业类型和注册地限制方面降低自主创业的门槛和转制的限制；为非正规组织转制为小企业提供政策支持和优惠，鼓励非正规企业走出去，加快小企业在开发园区的孵化过程，达到创业资金的优化配置；自主创业小额贷款扶持力度应加大，提高信用担保额度，扩大贷款范围，完善信贷回收机制，实施贷款跟踪管理和信用备案，加强街道和劳动部

门的沟通，构建信贷制度的良性循环。

2. 建立一个实用而广泛的劳动力培训市场、完善职业技能培训制度

针对参加职业技能培训的人员种类和劳动力市场需求，完善职业技能培训制度。对于有需求并有能力参加更高级别培训的人员，可以提供高级技能培训；对于市场前景广阔，需求数量大和企业急需的培训种类，根据其培训需求增加投入；对于大龄失业人员，尽可能的拓宽培训种类和范围，为其提供适合的技能培训；加大创业培训的力度，针对2030人员的增多现象，促进青年和大学毕业生的创业能力，将职业技能培训和鼓励创业有机结合，有效提高不同层次人员的就业技能，提升就业稳定性，从根本上解决就业问题。

完善培训机构的选拔，加强培训机构的考核机制，可以实行以绩效考评为导向的培训机构监督制度。

建立街道社区和培训结构、见习基地的联动机制，创新职业技能培训内容和形式，提高就业安置的质量，逐步实现由就业培训向职业培训的转变。

3. 完善信息传递机制，进一步加强促进就业工作的配合程度

强化由公益性职介所、镇劳动保障事务所、村（居）委会就业援助员组成的三级就业服务体系，充分发挥公益性就业服务机构的主渠道作用，减少政策传达在时间上的滞后，实现信息“由上到下”和“由下到上”的双向流通。在新政策的出台之时，充分考虑新旧政策的衔接问题，及时制定操作细则，并给予指导，从而稳定就业局势，减轻下岗人员再就业压力。

4. 加大政府购买公益岗位的力度，提升就业困难人员补贴的经济效益和社会效益

积极开发保洁、保绿、保安、社区食堂、幼儿接送、老人陪护、垃圾分类和公共设施养护等公益性岗位，并做到统筹协调。在就业困难人员的补贴上注意年龄界定的合理划分和补贴类型的科学划分，适当扩大大龄失业人员的范围。制定制裁政策和执行规范，从制度上做到奖勤惩懒，专款专用，并形成长效机制，提升专项资金的使用效益。例如：对于就业困难家庭，特别是零就业家庭、农村家庭的高校毕业大学生，在公益性岗位安置方面应优先考虑，并按规定落实社会保障补贴、公益性岗位补贴等就业援助政策。对登记失业的高校毕业生应纳入当地失业人员扶持政策体系，抓好政策落实，如政府提供免费就业培训、给予求职补贴、通过“三支一扶”落实就业等，给予贷款代偿或者财政奖励。政府还可以通过财政补贴的方式，鼓励企业招用符合就业困难条件的大学毕业生。

5. 完善就业见习制度，通过财政补贴政策鼓励企业录用见习大学生，鼓励大学生创业

缺少工作实际经验是制约大学生就业的一个重要的因素，通过财政投入支持对大学生提供就业培训是十分有必要的，可借鉴英、美、德等国家的经验，将大学生就业见习培训向前延伸，确保大学生在就业前都参加过系统的就业培训，能够有 6 ~ 12 个月的实践经验。通过财政补贴，支持建立完善大学生创业园区、大学生见习基地、大学生实训基地、大学生创业社区等形式，完善系统性的见习制度，在见习期间探索实行非全日制的工作方式，除了给予大学生基本生活补贴外，应鼓励见习单位录用见习大学生。如果见习单位与见习大学生签订了劳动合同，可给予见习单位一定的财政补贴。劳动部门应提高对见习基地的要求和监控，防止廉价使用劳动力的情况出现。

自主创业是大学生就业的重要增长点，一个大学生创业平均可以带动 3 ~4 个大学生就业。据有关调查，目前应届毕业大学生自主创业的比例仅为 0. 3%，创业成功率只有 4%，创业难度很大，但潜力也很大。大学生创业关键在于起步难，建议由财政牵头出资建立大学生创业引导基金，对自主创业大学生给予资助和奖励。

参考文献

［1］曹中、陶爱元：《中国高等教育绩效评估指标体系设计探析》，载《统计与决策》2006 年第 6 期。

［2］安秀梅、邵世才：《政府绩效评价方法的国际比较与我国评价方法的选择》，载《中国财经信息资料》2005 年第 17 期。

股票期权估值技术研究

王妍　北京中同华资产评估有限公司

【摘要】从2005年年底起，国务院国资委、证监会、财政部、国税总局、外汇管理局先后出台了一系列政策完善鼓励股权激励计划的推广。国内各上市公司纷纷建立起酝酿已久的股权激励机制。根据我国财政部颁布的《企业会计准则第11号——股份支付》准则，股份支付业务的会计处理应遵循以公允价值为基础。由于公允价值的特殊性，以及财务报告所需要的合理性、客观性、相关性的要求，注定必须由外部的、独立的、专业的资产评估机构提供会计计量中的公允价值。这为“以财务报告为目的的评估”提出了新的机遇与挑战。本文借鉴国际会计准则理事会和美国财务会计准则委员会广泛采用的期权估值技术，计算我国上市公司股份支付涉及到的公允价值。

【关键词】股票期权；B－S模型；二项式估值模型

Stock Option Valuation Approach Research

WANG Yan

Abstract: From the end of 2005, the SASAC, CSRC, the Ministry of Finance, State Administration of Taxation and SAFE have issued a series of policies to encourage equity incentive plan promotion. Many domestic listed companies have established the long-awaited equity incentive plans. According to “share-based payment guideline” issued by the Ministry of Finance, share-based payment accounting treatment for domestic listed companies should be followed on fair value. Take the specification of fair value into consideration, it is more objective, rational, credible that the fair value is calculated by external, independent and professional assets assessment company. New finance guideline brings new opportunities and challenges to valuation for financial report. Stock option valuation approach for domestic listed companies is given learning from IASB and FASB.

Key Words：stock option，B – S model，binomial model

2006 年，我国颁布《企业会计准则第 11 号——股份支付》，股票期权等股权激励方案终于有了规范化的会计处理准则。于是国内各上市公司纷纷建立起酝酿已久的股权激励机制，股权激励估值已成为当下中国评估界的热点问题。

按照《上市公司股权激励办法》，我国国内上市公司可以采用限制性股票激励和股票期权激励两种主要的股份支付方式。根据 Wind 资讯提供的资料，截至 2011 年 9 月 28 日，已有 342 例 A 股上市企业股权激励方案。其中，已获股东大会通过或正在实施的股票期权激励方案 169 家，占总激励方案数的 49%。股权激励实践案例主要涉及的区域有广东、北京、四川、上海、辽宁、浙江等地，行业分布主要集中在机械、设备、仪表，信息技术业、电子、医药生物、房地产、化工等行业。上市企业股权激励行业分布如图 1 所示。

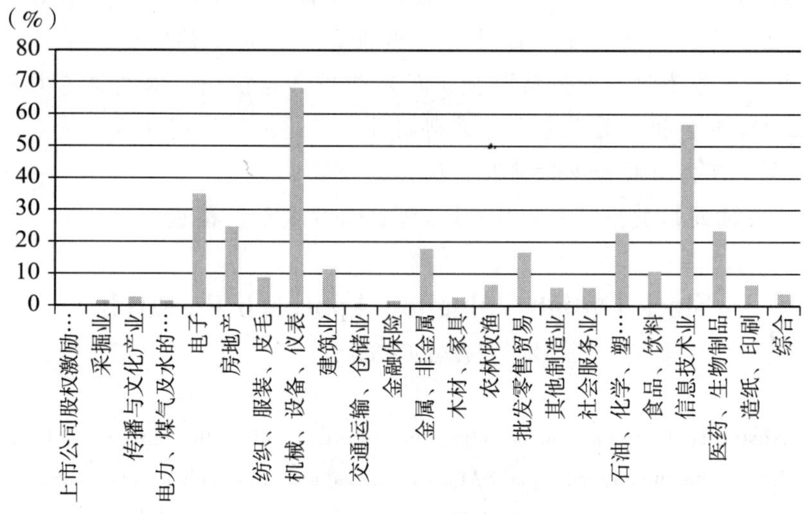

图 1　上市企业股权激励行业分布

2005 年以前限于法律、法规体系中对股权激励没有任何规范性条款，我国上市公司股权激励制度的发展严重滞后。我国原《公司法》禁止公司回购本公司股票，阻断了上市公司实施股权激励的股票来源；同时原《公司法》、《证券法》不允许高管转让其所持有的本公司股票，也导致激励收益不能变现的问题。

从 2005 年年底至 2010 年，国务院国资委、证监会、财政部、国税总局、外汇管理局先后出台了一系列政策完善鼓励股权激励计划的推广。这些政策包括：《上市公司股权激励管理办法（试行）》、《国有控股上市公司（境内）实施股权激励试行办法》、《企业会计准则第11号——股份支付》等。从公司治理要求、激励对象范围、激励股票来源、授予行权和解锁条件、激励力度、等待期、有效期、行权期时间等多方面对上市企业股权激励行为进行了安排。2005年12月31日，中国证监会颁布的《上市公司股权激励管理办法（试行）》，是对公司治理的核心议题股权激励的破题，提供了明确的政策引导和实务操作规范，将我国上市公司正式引入了成熟规范的股权激励制度。同时新的《证券法》和《公司法》也相应作出调整，允许上市公司回购本公司的股票奖励给员工且无需注销，这样就解决了激励股票的来源问题；允许公司董事、监事和高管在任职期内有限度地转让其股份，从而解决了激励收益变现的问题。法律障碍得以消除，政策上的完善很大程度上促进了上市企业股权激励的实践。从2006年至2011年9月28日，获得股东大会通过的股权激励方案从16家增长到163家。

2005年12月31日，中国证监会颁布的《上市公司股权激励管理办法（试行）》中，着重对股票期权和限制性股票这两种发展较为成熟的工具予以规定，但未排斥其他股权激励模式。从目前已经实施的股权激励（股东大会通过）的169个方案来看，113个采取了股票期权。一般情况下，股票增值权是企业外籍高管股权激励的主要模式，统计范围内仅有6例，如图2所示。

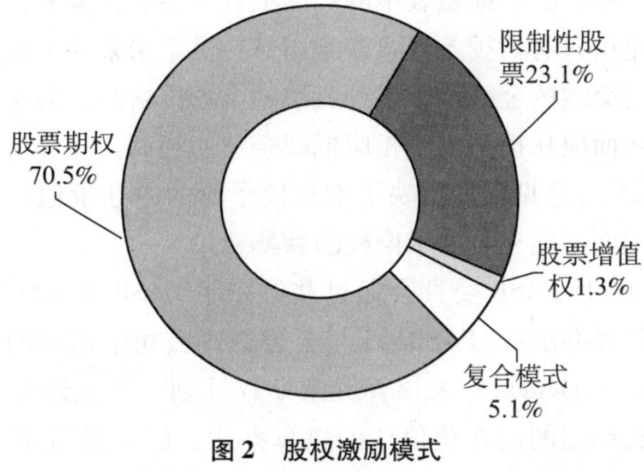

图2 股权激励模式

注：复合模式即为股票期权、限制性股票以及股票增值权中任意两类的组合。

限制性股票是指公司为了实现某一特定目标，无偿将一定数量的股票赠与或者以较低的价格售予激励对象，但股票抛售受到限制，只有当对象完成预定目标后（例如股票价格达到一定水平），激励对象才可将限制性股票抛售并从中获利，预定目标没有实现时，公司有权将免费赠与的限制性股票收回或者以激励对象购买价格回购。《管理办法》第十七条规定，上市公司授予激励对象限制性股票，应当在股权激励计划中规定激励对象获授股票的业绩条件、禁售期限。也就是说，我国当前实施的限制性股票必须在业绩考核的基础上予以实施，本质上应该属于业绩股票。

股票期权是期权持有人可以在规定的时间（称为期权的等待期）后按照既定的价格（称为期权的行权价格）购买企业股票，获得股票市场价格与行权价格之间的差价收益。当股票市场价格大于行权价格时，称期权处于实值状态，当股票市场价格小于行权价格时，称期权处于虚值状态。对于企业发放给员工的股票期权，目前国际上普遍认为应该作为企业的人工成本，计入企业的利润表。但是，将发放的股票期权记入企业会计账表的困难之处就在于其价值评估问题。

股票期权估值的首要问题是确定价值类型。美国会计界对此问题的研究可以追溯到 APB 第 25 号意见书到 FASB123 号公告的演变。

APB 第 25 号意见书大致的精神为：公司按照“内在价值方法”计算薪酬费用。这种薪酬费用的计算办法规定在授予各种股票薪酬的当日，如果员工未来向企业交纳的金额等于公司股票的市场价格，则公司的薪酬费用为零，公司损益表中的利润项目不会因为未来公司股价的变化而有所变化；只有当授予股票薪酬当日，员工未来为了获得该部分股票而要向公司交纳的金额低于该种股票的市场价格时，公司的薪酬费用才为正值，从而应从损益表中相应抵减企业的利润。

APB 第 25 号意见书只反映了期权授予时的内在价值，没有反映出时间价值，因而不能充分揭示期权的薪酬费用。

1995 年 10 月 FASB 委员会通过并颁布了 FASB 第 123 号公告“股票薪酬会计处理办法”。FASB123 号公告鼓励公司采用新的公允价值法（fair value based method）来核算股票期权计划，并允许公司继续沿用 APB25 号意见确定的内在价值法的核算办法，但如果沿用 APB25 号意见书进行会计处理，公司应当在财务报告的会计附录中提供扩充的注释。2004 年 12 月，FASB 委员会通过并公布了修订后的 FASB 第 123 号（FASB123（R）），要求对员工股票期权必须予以费用化。

2004 年年初国际会计准则理事会（International Accounting Standards Board，IASB）公布了国际财务报告准则 2 号，规定了财务报告实体有义务在财务报告中确认以股份为基础的支付。股权激励需要在企业获得商品或者服务的时候确认，获得的商品或者服务根据不同情形确认为资产或者费用，同时确认一笔权益（如果是支付权益）或者负债（如果是支付现金）。以股份为基础的权益支付交易根据企业获得的商品或者服务的公允价值进行计量。如果商品或者服务的公允价值不能可靠地估计，则采用所支付权益工具的公允价值。要可靠地估计员工的工作和类似的服务为实体带来的额外利益的公允价值是很困难的，因此采用支付日权益工具的公允价值。

2006 年 2 月 15 日，我国财政部颁布了 38 项新会计准则，其中《企业会计准则第 11 号——股份支付》准则，规定了国内公司股权激励的具体会计处理方法。对于以权益结算的股份支付，该准则除未涉及市场条件和非市场条件的不同会计处理与权益工具授予的修改，以及有现金结算选择权的股份支付外，与国际财务报告准则 2 号（IFRS2）和 FASB123（R）大致类似，因此确定了中国企业会计股份支付业务的会计处理应遵循以公允价值为基础，股份支付交易费用化的确认计量原则。但是，一些不同意或保留同意公允价值的学者表达了对公允价值计量可靠性的担忧，认为公允价值的估计存在固有的不确定性，因为在期权授予日是不可能预知最后的行权收益的。但是根据定义公允价值并不试图准确描述股票期权的未来收益，而是估计另一方为获得参与未来预期收益的权利而愿意为股票期权支付的价格。因此，无论股票期权行权后的收益为多少抑或期权持有人放弃行权，其结果与公允价值的估价没有直接联系。也就是说，即使期权最后的收益与估价大相径庭，也并不意味着当初估计的公允价值是不可靠的。毕竟会计本身就是一个估计的过程，股票期权公允价值的估计如同坏账准备的估计一样，是会计估计现象中的一种。因此在财务报告中记入一个用公允价值估计的期权价值是可以让人接受的。由于股票期权一般没有形成活跃的市场，无法取得并可靠计量其公允价值，一般多用估值模型来估算。由于公允价值的特殊性，以及财务报告所需要的合理性、客观性、相关性的要求，注定必须以外部的、独立的、专业的资产评估提供会计计量中的公允价值，不能用内部会计和内部审计来替代独立评估，更不可能用独立审计来替代独立评估。

常用的股票期权公允价值估值模型包括 B－S 估值模型、二项式估值模型。目前常用的标准期权价值评估方法是 Black-Scholes 模型，它是布莱克和斯科尔斯在 20 世纪 70 年代推导出来的欧式看涨期权和看跌期权的定价微分方程。

员工股票期权属于看涨期权，根据布莱克－斯科尔斯定价模型，欧式看涨期权（European Option）10 的价值计算公式为：

$$C = SN(d_1) - Ee^{-rT}N(d_2)$$

其中：C——看涨期权的价值；

S——当前股票价格；

E——期权的行权价格；

T——到期时间；

r——预期无风险利率；

N(dx)——标准对数正态分布。

当变量权值小于 dx 时的概率，可查表求得，其中：

$$d_1 = \frac{\ln\left(\frac{S}{E}\right) + \left(r + \frac{\sigma^2}{2}\right)T}{\sigma\sqrt{T}}$$

$$d_2 = \frac{\ln\left(\frac{S}{E}\right) + \left(r - \frac{\sigma^2}{2}\right)T}{\sigma\sqrt{T}} = d_1 - \sigma\sqrt{T}$$

B－S 模型考虑了影响股票期权定价的六个重要因素。其中，前两个因素决定股票期权的内在价值（期权内在价值 = 现行股价 － 期权的行权价格），后四个因素决定股票期权的时间价值。

（1）现行股价：授予日股价越高，股票期权的内在价值越大。

（2）期权的行权价格：行权价格越高，股票期权的内在价值越小。

（3）股票价格的波动：股票价格波动越大，股票期权的价值越大。因为股票期权所有者可以从股价上涨中获利却不会因为股价下跌而发生损失。

（4）期权有效期内预期的股利：预期股利越高，股票期权价值越小。

$$最小价值 = 股份的现行价格 - \frac{期权期内股份预计}{股利的现值} - 行权价格的现值$$

（5）无风险利率：无风险利率越高，股票期权价值越大。

（6）期权的有效期：期权的有效期越长，股票期权的价值越大。

股票期权的基本参数代入标准 Black-Scholes 模型，可以计算出期权价值为 20.47 元，如表 1 所示。

表 1　　一个股权激励计划的基本情况

股票期权的基本参数	数值
期权的到期年限	10 年
等待期	3 年
授予日股票价格	50 元
行权价格	50 美元
无风险利率	7.5%
期望股票价格波动率	30%

当然，由于 B－S 等期权定价模型都是建立在一系列假设基础之上的，现实往往不能严格符合这些假设。而且模型中的许多参数也依赖于人为的估计，所以通过这些模型得出的期权公允价值可能会存在一定的误差。但相对内在价值法和最小价值法严重低估期权价值的情况，这些误差只会是部分高估或低估，也就是说运用 B－S 模型对股票期权的公允价值进行估价是具备一定可靠性的。

当然 B－S 模型也有其局限性，股票期权设定条款中有一些特点，比如：股票期权有等待期，在等待期内期权不能被执行；股票期权本身无法进行交易出售，管理层只有行权并出售股票才能获得期权的收益，因此，相比相同到期日的一般股票买入期权，从实践经验上看，职工股票期权在行权时间上更早一些；参数在封闭的模型中无法随时间波动而调整等。

FASB 在最近的第 123 号准则修改征求意见稿中认为二叉树期权定价模型可能更适合用于员工股票期权的计量。由于二项式模型对行权方式没有限制，所以它对欧式期权和美式期权都适用。二叉树期权定价模型的名字源于该模型中的主要假设，即假定股票价格的变动呈二项分布，在单一时间单位里，股票价格变动只存在两种可能的结果，或者上升一定幅度，或者下降一定幅度，同时，股价上升或下降的概率呈二项分布。这种股票价格运动特征的假设实际上是对真实股票价格变动模式的一种极为简化的近似，和现实的情况有一定的差距，但该模型的意义并不因此降低。一方面该模型原理简单，另一方面它也清楚地反映了期权定价中最主要的因素，因此成为期权定价模型中比较基础的一种。在上市企业信息披露的测算方法中，主要使用的仍然是 B－S 模型。二叉树模型由于需要专业编程计算，数据量较大，而未被广泛采用。但相信随着计算机建模技术的普及和推广，二叉树模型的估值优势会逐渐显现出来。

《企业会计准则第 11 号——股份支付》准则实施增加了企业会计业务对资产评估的专业支持需求。截至目前，A 股市场有过股权激励的企业有 200 余家，超过 90% 的企业评估方法为 B－S 模型，波动率、分红率、行权期等参数选取上存在诸多不规范的现象，比如无风险收益率的选择没有考虑单利和复利的影响、波动率的测算时间段选择较为随意、行权价的设定简单地认定为期权授予价格、期权寿命期简单地认定为期权的规定有效期等，这些都会影响准则的实施质量。评估机构在金融资产估值上有较为丰富的经验，相信通过独立、专业的资产评估机构参与期权估值会更加提高会计报告的质量，帮助投资者和企业建立更加可信全面的信息沟通平台。

参考文献

［1］段亚林：《股票期权会计制度研究》，深圳证券交易所。

［2］李旸、李曜、张铃：《一种基于二叉树修正算法的经理股票期权估价模型》，中国科技论文在线。

［3］姚津、张维宾：《股票期权公允价值的估值方法探究》，载《会计之友》2008 年第 10 期。

［4］美国财务会计准则委员会第 123 号准则。

期权法在资产评估中的应用问题研究

王雪荣　南京财经大学会计学院

【摘要】在价值评估中使用期权法是目前国内外理论与实务界探讨的热点与难点问题，本文从分析期权的固有特征和理论基础入手，进一步分析评估对象中所对应的期权特征与评估中应用领域的界定，同时分析研究适用于评估的期权法模型基本假设、限制条件与信息需求，并研究不完全市场和没有连续交易情况下使用期权法的基本假设与评估模型选择与确立问题，使得期权法评估在我国经济市场环境下，真正具有实用价值。

【关键词】资产评估；期权法；特征分析；模型假设

Research on Options in the Application of Assets Evaluation

WANG Xue-rong

Abstract: This is a hot and toxic problem about using option method in the valuation at home and abroad at present. This paper starts with analysis the intrinsic features and theory basis of option, further to study option features in the target of evaluation and define the application fields in evaluation. Simultaneity, analysis fundamental assumptions, limited conditions and information needs of option method models, which used in evaluation, then research the basic hypothesis of option method and how to select and establish the models in the imperfect market and no continuous trading conditions, which makes option method assessment is of practical value in the country's economic market environment.

Key Words: asset Assessment; option method; feature analysis; model hypothesizes

一、引言

在当今新经济的市场环境下，以信息技术和信息产业为龙头的高新技术和产业迅猛发展，显著提高了整个社会的劳动生产率，导致经济结构和产业增长模式发生许多改变，在这样的经济和技术环境下，技术发展和应用的市场前景都十分不确定，未来存在大量的投资机会和增长机会，这些增长机会对企业价值有很大的影响，决策者经常需要在非常不确定的环境下做出一些重要的战略投资决策，而社会经济环境发生的这种重大变化导致资产评估对象的内涵和外延也发生了许多变化，这直接影响评估方法的应用和发展。

期权是指持有者拥有的在某一到期日或到期日之前的任何时间以固定的价格购进或售出一定资产的权利。期权的标的资产有着广泛的范围，可以是单项资产，也可以是企业整体资产，还可以是各种有价证券及其组合。由于期权持有人可以在原生资产的价格变化对自己有利的情况下执行期权而获利，在原生资产价格变化对自己不利时放弃执行期权而保证零收益，所以期权本身包含着价值。期权法适合于评价所有具有不确定性的投资项目或经济活动，它具有广泛的研究价值。期权法作为一种资产评估工具，被运用于专利、商标、品牌、技术资产、智力资产、资源评估、证券价值评估、研发项目评估、企业并购评估等评估领域的学术研究，主要是由于企业中的无形资产通常具有某些实物期权的特点，特别是一些高科技企业的资产主要包括了未来可能给投资者带来超额利润的专有技术和专利权等无形资产。

学者们已意识到利用期权法作为评估工具能够避免传统评估方法使用的假设条件不贴近现实评估环境的需求，如传统方法无法考虑：①不确定性的影响。收入与成本的不确定性（收益法中的假设其是确定的）、技术的不确定性、市场的不确定性等对企业价值的影响。②可逆性的影响。不可逆性同样是在 NPV 方法应用中无法避免的一个难题，它的存在使传统 NPV 方法高估了投资项目的价值，进而从定价方法上导致项目失败风险的增加，而实物期权方法则克服了这一问题。③等待价值与管理弹性的价值的影响。这些影响在使用传统方法评估时往往都属于价值遗漏。因此，当期权法一经引入评估业后，就成为研究的热点问题，人们渐渐体会到由于它的本质特点，运用它更贴近于现实的无形资产评估环境。但是，也由于它自身源于金融证券市场（我国证券市场相对不完善）、模型复杂、参数获取较难，也存在许多假设与限制条件与现实不符，而成为评估领域研究中的棘手问题。

二、期权法的固有特征分析

（一）期权的含义

期权（option；option contract）又称为选择权，是在期货的基础上产生的一种衍生性金融工具，它是以约定价格在约定时期内买入或卖出某种标的资产的权利。从其本质上讲，期权实质上是在金融领域中将权利和义务分开进行定价，使得权利的受让人在规定时间内对于是否进行交易行使其权利，而义务方必须履行。其核心思想：期权是一种或有决策；期权是有价值的；期权思维方式可以用来设计和管理战略投资。

期权受以下因素的制约：（1）约定价格，也叫执行价格；（2）期权到期日，即是指期权合约所规定的；（3）期权所赋予投资者的权利的市场价值，也叫期权价格或期权费。

（二）期权定价法的理论基础

期权按标的资产的不同，可以分为金融期权和实物期权。金融期权（financial option），是以期权为基础的金融衍生产品。金融期权是指以金融商品或金融期货合约为标的物的期权交易。金融期权是赋予其购买者在规定期限内按双方约定的价格［简称协议价格（Striking Price）］或执行价格（Exercise Price）购买或出售一定数量某种金融资产（称为潜含金融资产（Underlying Financial Assets），或标的资产，如股票、外币、短期和长期国库券以及外币期货合约、股票指数期货合约等）的权利的合约。金融理论的逻辑起点是一般均衡，即投资者在追求个人福利最大化的过程中通过市场相互作用从而实现的平衡状态。实物期权方法，认为在资本投资决策中将项目蕴涵的增长机会成本看成一种期权，利用期权思维方式重新审视项目投资决策。一个投资项目所产生的现金流所创造的利润应来自于目前所拥有资产的使用，再加上一个对未来投资机会（增长机会）的选择。这种增长机会可以被看作是实物资产的看涨期权，这一期权的执行价格是获得这项资产的未来投资。到期时期权的价值依靠于资产未来价值也依赖于投资者是否执行这一期权。也就是说投资者拥有一种权利，即在未来以一定的价格取得或出售一项实物资产的权利，同时又因为其标的物为实物资产，相对于金融期权而言将此类期权称为实物期权（real option）。

期权定价法的基本理论基础：

（1）无套利均衡原理：是莫迪利亚尼（Modigliani）和米勒（Miller）首先提出的。Stephen 和 Ross 将套利界定为："保证在某些偶然情况下无须净投资即可获取正报酬而没有负报酬的可能性"。从定义上看，套利强调两点：第一，获得无风险收益，第二，采用"自融资策略"，即无须自有资本，完全通过贷款融资。无套利均衡是从单个经济行为者追求利益最大化的假定推导得出的。在无套利均衡状态下，金融资产的价格等于其价值。也就是说，一个有效的均衡市场中不存在无风险的套利机会。

（2）风险中性定理：是指假设投资者对待风险的态度是中性的，所有证券的预期收益率都等于无风险利率，将期望值用无风险利率折现，即可求得期权的价格。这是考克斯（Cox，J. C.）和罗斯（Ross）于 1976 年推导期权定价公式时建立的。由于这种定价原理与投资者的风险制度无关，从而推广到对任何衍生证券都适用，所以在以后的衍生证券的定价推导中，都接受了这样的前提条件，就是所有投资者都是风险中性的，或者是在一个风险中性的经济环境中决定价格，并且这个价格的决定，也适用于任何一种风险制度的投资者。

（3）市场完全性与有效性的假设：市场是完全的意味着每一种不确定性因素都存在对应市场，所有的不确定因素都可以在市场上交易。完全市场存在唯一的均衡点，金融市场如果是完全的，金融资产可以根据风险中性定价原理获得唯一的价值。市场是有效的意味着资本市场确定的资本价格充分反映了标的资产的全部信息。如果金融资产的价格不能充分反映所有信息，市场上就会出现套利行为，那么金融资产的基本价值与市场价格之间就会有差别。套利行为使得金融资产的价格与其基本价值相一致，达到无套利均衡状态，即有效市场状态。

（三）期权的价值特征

期权买卖双方的风险和收益结构是明显不对等的，对于买方而言，最大损失是期权费，收益则是无限的（理论上），而卖方的情况恰恰相反，可能的损失是无限的，收益最多不过是有限的期权费。由于期权时间价值的存在，期权的价格与基础证券的价格关系表现出非线性的特征。一般而言，期权的价值由两个部分组成，一部分是期权的内在价值；另一部分是期权的时间价值，因为在期权到期前，总有可能出现有利于期权持有人的基础证券价格变动机会，因而产生时间价值，期权的时间价值随着期权到期日的临近而逐步下降。期权是一种衍生产品，其价值是以标的资产的价格为基础的。金融期权的标的资产是金融资产，如股票、债券、货币等。实物期权的标的资产是各种实物资产，如土地、设备、石油等。

金融资产仅仅代表对实物资产的要求权，本身并不创造财富。金融资产具有流动性、可逆性、收益性和风险性的特征，因此金融资产容易标准化，便于形成市场性、规模化的连续交易。实物资产是创造财富的资产，具有不完全可逆性、不确定性，时间维度对实物资产影响重大，选择投资时机具有较大灵活性等特征。

三、评估对应的期权特征分析与应用领域界定

传统评估资产的方法有成本法、市场法和收益法，由于传统的方法是从静态考虑资产的价值，不能反映资产的潜在价值，期权法正好从动态方面进行分析，可以弥补传统方法的不足，但是期权法是否可以应用于资产评估，就需要被评估资产具有齐全的特性。下面我们对被评估资产所对应的期权价值影响因素进行分析。

1. 不确定性影响分析

期权观点认为，第一，一项具有期权特征的资产（或投资）的价值具有不确定性，决策者很关注期权行权过程中的实际情况变化，他们不但决定是否行权（投资），而且要对投资后的项目进行经营管理，根据环境的变化采取不同的措施。第二，期权观点还认为这种不确定性是有价值的，且不确定性程度越大，其投资机会的价值就越高，即投资项目总价值包括了期权的价值。第三，考虑了管理柔性和灵活性。项目实施过程中，决策者处于主动的地位，可以选择适当时机进行投资，并且还可以根据不断变化的市场条件，调整运营计划，当市场条件不利时可以暂停甚至终止项目的实施（放弃期权），以避免更大的损失。这种灵活性包括等待、放弃、扩张、转换，关注的是项目发展过程中动态管

理、监测并实施最有利于项目所有者的方案。第四，整个经济环境的变化会严重影响市场对该决策者的投资项目需求，这种潜在的可能性无法准确估计，很难确定现在市场对决策者项目需求的增加是否是由总体经济环境造成的，即使这种区别可以做到，把握其程度也是相当困难的。

2. 不可逆性影响分析

期权具有不可逆性，投资初始成本部分或全部是沉没成本，当改变投资方向时，该部分成本不能收回，特别在企业做出重大或战略性投资决策时，这种不可逆成本是相当大的。期权法还认为，在大多数情况下，虽然投资是不可逆，但是可以推迟的，即投资具有可推迟性，许多环境方面的不确定性会随时间的推延而最终得以消除。因此，选择投资的时机不同，决策时得到的信息支持就不同，项目的收益与风险也就会发生改变。因此，投资的可推迟性，有利于企业管理者最有效地利用获利机会，即实现投资项目价值最大化。

通过以上的分析，我们可以看到，实物资产与金融资产都具有期权的特征，故可以用期权法对其进行评估，从而从动态方面评估其价值。

3. 评估客体中期权特征与应用领域分析

作为金融学的重要理论之一，期权及期权定价理论自从 20 世纪 70 年代出现以来，被有效地应用到无形资产、企业价值评估等其他各个领域。本文主要从金融资产评估、实物资产评估、无形资产评估、企业价值、研发投入（R&D）项目领域、抵押担保等六个领域来分析期权法在资产评估中的应用。

（1）金融资产评估领域。在金融市场上期权是金融工程中最主要的使用部件，也是投资者保值和投机的主要工具。期权定价理论被运用到金融市场上的避险和获利方面，对包括期权和债券的公司资产交易的核心技术是对所交易的金融工具（或称有价证券）进行正确的估值和定价，因为几乎所有的公司证券都可以看作期权的组合，而且现实经济生活中还存在许多隐蔽的期权。

（2）实物资产评估领域。实物资产和金融资产都具有有价值、需要进一步投资及价格变动的不确定性等共同的特性，所以一些学者在实物资产的投资定价中借鉴了金融期权理论的定价思想。特别是在传统的现金流贴现方法不适用的情况下，期权定价技术尤为重要。实物资产的投资可以应用类似评估一般期权的方式来进行评估，同时又因为其标的物为实物资产，故将此性质的期权称为实物期权。实物期权定价理论对具有高风险、不确定性环境下的项目投资决策提供了一种切实可行的评价工具。实物期权法在国外主要应用于自然资源领域，后来拓展到房地产、企业价值评估、研究开发、海外投资以及人力资本投资等领域，现在更多领域在应用实物期权方法建立分析框架和模型。国内学者关注重点则是自然资源领域、高科技风险投资以及房地产领域。

（3）无形资产评估领域。许多无形资产，如专利权与实物期权有类似的性质，产品专利本质上是一个美式期权，投资者拥有在专利有效期内任一时刻进行投资的权利。但是专利权有其特有的延时性，在期权中存在延迟成本。矿业权也是一种美式看涨实物期权，鉴于矿业权给矿业权人提供了未来投资开发矿山的权利，并且矿业权可以依法转让或出租，这与股票期权是相同的。根据采矿或探矿许可证（矿业权资格）的发放规定，矿业权属美式买权。矿业权还给矿业权人提供了与他人合作开发的机会。矿业权的价值就应该是矿业权买进期权的价格，因为这个价格使矿业公司有选择开发矿业的权利。无形资产和智力资本是有形资产的期权，从这个角度，不确定性和风险以及机会给评估价值带来的影响是评估时需要着重考虑的因素。任何投资的净现值应该包括：在积极管理假设下的净现值加上期权的价值。我们对无形资产和智力资本以及有形资产和财务资本的期权叫做期权资本，在评估无形资产的时候把期权资本作为模型的延伸，它和有形资产以及金融资产相关，并且和无形资产的三个重要组成部分：人力资本、结构和外部资本有关。

（4）企业价值评估领域。高科技企业和创业型企业价值中通常具有典型的实物期权特征。该类企业的主要资产包括了未来可能给投资者带来超额利润的专有技术和专利权等无形资产，其潜在价值大，评估难度也很大。而运用期权定价模型对无形资产进行评估让管理者可以根据具体的市场环境做出灵活决策，该类企业的管理者根据来自技术、市场、管理、资金等方面风险的评价以及竞争中投资项目收益流的变化，灵活选择投资的时机。而且大多数企业的价值实际上是一组该企业所拥有的各种选择权的价值，因此高科技企业的投资采用实物期权方法将比较接近企业的真实价值。

（5）研发投入（R&D）项目领域。R&D 项目评价的传统方法有评分法、现金流折现法和成本效益分析法，但是这些方法往往不考虑企业进一步投资的选择以及不能适应 R&D 项目中的高不确定性、高风险性，显示出低灵活性，而实物期权方法比较适合该类资产的价值评估。目前，实物期权法已成为 R&D 项目评价的一个重要方法，在 R&D 项目的生命周期过程中，很少只进行一次决策，确切地说，R&D 项目更是一个多阶段复合期权。R&D 项目实物期权是一个复合期权，但并不是单一期权的简单叠加。学者们认为在把期权法运用于 R&D 项目评价时要判断即将进行的投资是“执行期权的投资”还是“创造期权的投资”。若项目的整个生命周期内进行 n 次投资，则会形成 n 段实物期权的价值包络曲线，所以 R&D 项目多阶段实物期权模型采用的是二项式模型。

（6）抵押担保领域。对于某些寻求担保的企业，可以向担保公司提供一定股份的期权，担保周期结束后，若失败，企业没有收益，担保公司虽有期权在手，但不必行权，并无负担；如成功，企业价值增长，担保公司可择机行权进入企业，分享收益，将来再伺机退出、上市、兼并、收购、重组等，以补充风险损失，保证担保实力，支持更多的中小企业发展。同时，因为期权本身就有价值，有时可以不必真正行权进入企业就可以直接转让期权获利并与各地技术交易中心合作。况且，即使担保失败，企业未必彻底失败，在未来的资本运作如并购中仍有可能出现获利机会，担保公司拥有的期权亦可能获利。如此一来，企业可以获得信用提升的好处，担保公司也可以仿效风险投资公司，通过“信用投资”和期权的运用来分享企业收益，补充风险损失。对于担保公司来说，正确判断企业未来成长性，科学合理地确定并与被担保企业协商行权时期和行权价格，完备期权计划有关法律条款，正确选择行权退出时机，是保证期权担保顺利实施的必要条件。期权担保使企业与担保机构在长期合作中形成优势互补，双方相互协商，共同预期未来。

四、期权法模型基本假设、限制条件与信息需求

（一）适合资产评估的期权法模型基本假设

通过对期权特征以及资产的期权特性的分析，我们得到期权法在资产评估中的应用领域。实物期权定价的关键是在资本市场上寻找一个与所要评价的实际资产或项目有相同风险特征的可交易证券，称为“孪生

证券”，并用该孪生证券与无风险债券的组合复制出相应的实物期权的收益特征，就可以按照建立 B－S 模型和二叉树模型思路，利用孪生证券的有关资料作为实物资产价格及其波动率等信息的替代。其解题步骤是：首先建立起实物资产价格的随机走动模型；其次推导出实物期权价值运动所遵循的偏微分方程；最后进行求解，得到实物期权的定价模型。期权定价有很多方法，每一种方法都有其适用范围和条件，只有当资产的特点和所处的环境与期权定价模型相符合时，我们才能用该模型对资产进行评估，否则会造成价值漏损。由于现实环境的不确定性和多变性，我们需要认真分析每一种期权定价模型的限制条件，进而为每一种资产找到最合理的估价模型。目前关于期权定价方法研究的主要有：传统期权定价方法；Black-Scholes 期权定价方法；二叉树期权定价方法；有限差分方法；蒙特卡罗模拟方法；确定性套利方法；ε－套利定价方法；区间定价方法。

1. 传统期权定价方法

其基本假设是：股票价格过程是一个没有漂移和每单位时间具有方差 σ^2 的纯标准布朗运动。巴舍利耶期权定价模型的主要缺陷是绝对布朗运动允许股票价格为负和平均预期价格变化为零的假设。斯普里克尔（Sprekle，1961）假设了一个股票价格服从具有固定平均值和方差的对数分布，且该分布允许股票价格有正向漂移，他得到的看涨期权价值公式。

2. Black-Scholes 期权定价方法

Balck-Scholes 的期权定价理论假设条件如下：（1）标的资产价格变动比例遵循一般化的维纳过程，该假定等价于标的资产价格服从对数正态分布；（2）允许使用全部所得卖空衍生资产；（3）没有交易费用和税收；（4）不存在无风险套利机会；（5）无风险利率 r 为常数且对所有到期日都相同。

3. 二叉树方法（二项式定价模型）

二叉树方法是由 Cox，Ross 和 Robinstein 在 1979 年提出的，其基本思想是：把期权的有效期分为若干个足够小的时间间隔，在每一个非常小的时间间隔内假定标的资产的价格从开始的 X_0 运动到两个新值，运动到比现价高的值 Xu 的概率为 p，运动到比现价低的值 Xd 的概率为 1－p。在风险中性假设的基础上二项式定价模型假设标的资产的价格运动是时间离散的，通过复制投资组合的方法对实物期权进行定量分析。由于标的资产价格的变动率服从正态分布，运用风险中性定价原理，可以求得。二叉树期权定价模型基本假设条件为：（1）市场投资不计交易成本；（2）投资者是价格的接受者，允许完全使用卖空所有款项；（3）允许以无风险利率借入和借出款项；（4）未来标的资产价格将是两种价格可能值的一种。

4. 蒙特卡罗模拟方法

蒙特卡罗模拟方法是一种对欧式衍生资产估值的方法，其基本思想是：假设已知标的资产价格的分布函数，然后把期权的有效期限分为若干个小的时间间隔，借助计算机的帮助，可以从分布的样本中随机抽样来模拟每个时间间隔股价的变动和股价一个可能的运行路径，这样就可以计算出期权的最终价值。这一结果可以被看作是全部可能终值集合中的一个随机样本，用该变量的另一条路径可以获得另一个随机样本，更多的样本路径可以得出更多的随机样本．如此重复几千次，得到 T 时刻期权价格的集合，对几千个随机样本进行简单的算术平均，就可求出 T 时刻期权的预期收益，根据无套利定价原则，把未来 T 时刻期权的预期收益 XT 用无风险利率折现就可以得到当前时刻期权的价格。

5. 有限差分方法

有限差分方法主要包括内含有限差分方法和外推有限差分方法，其基本思想是通过数值方法求解衍生资产所满足的微分方程来为衍生资产估值，将微分方程转化为一系列差分方程之后，再通过迭代法求解这些差分方程。

6. 确定性套利方法

确定性套利的期权定价方法是在金融市场是广义完全的假设下提出来的，广义完全的金融市场是指在金融市场中对于任意衍生资产 v，总存在 v 的强复制策略。

7. ε－套利定价方法

在非完全市场不存在完全复制策略的情况下，传统期权定价方法、Black-Scholes 期权定价方法、二叉树期权定价方法和有限差分方法就不适用了，ε－套利定价方法的基本思想是：一方面期权的卖方要构造一个 ε－策略来对他的潜在负债进行套期保值，因此期权的卖方要求期权价格与它的套期保值成本的差不能大于 ε；另一方面，由于期权的买方一般要求期权价格不给卖方带来超过 ε 利润的套利机会，否则他宁愿自己利用这一套利机会，而不会放弃它。

8. 区间定价方法

区间定价方法与确定性套利定价方法和 ε－套利定价方法一样既适用于完全的金融市场，又适用于非完全的金融市场，它的基本思想是仍然采用无套利定价原理，但由于在非完全的金融市场不存在完全的复制策略，因此期权价格不是一个确定的值，而是一个区间，只不过用了买方无套利和卖方无套利确定区间的两个端点。

（二）期权法的限制条件和信息需求

根据现代金融期权理论，影响期权价值的因素主要包括：标的资产的价格、执行价、标的资产价格的波动、无风险利率、距到期日时间的长短、是否分红派息等。实物期权的应用中要求：完善的市场竞争环境、发达的金融市场以及完善的金融市场信息服务、科学的决策机制、较高深的金融数学知识以及对灵活性和未来成长机会的价值的认可程度，这些都是运用实物期权法的限制条件。在理论界和实务界至今尚未形成适合我国实际情况的通用的实物期权定价模型，简单套用 Black-Scholes 模型会使某些无形资产价值偏离实际，其困难主要来自标的资产折现价值 S、无风险收益率 R，和资产价值波动率的确定。这些因素都是由金融市场信息决定的，目前我国金融市场信息反映不准确，信息严重不足。因此，以上参数的确定不够准确，实物期权评估的准确性就会受到影响。

针对金融期权和实物期权，我们分别需要获取一下参数信息：金融期权价值：当前股票价格、期权执行价格、股票波动率、期权到期期限、无风险利率。实物期权价值：项目现金流收益现值、项目投资成本、项目价值波动率、项目投资权利终结期限、无风险利率。

五、评估中期权定价模型的确立

在理论上 B－S 公式与二叉树定价模型的前提假设都是完全而充分的市场及无套利机会，而且投资者的风险是中性的。如果是完全市场，金融资产可以根据风险中性定价原理获得唯一的价值。如果是有效市场，资本市场确定的资本价格就可以充分反映全部信息。如果金融资产的价格不能充分反映所有信息，那么金融资产的基本价值与市场价格之间会出现差别，这意味着市场上出现套利机会。B-S 模型是基于市场是完全的这个假设前提，由于市场信息的不完全性以及市场的不完善，特别是金融市场波动性大，现实情况和完全市场这一假设有很大差距，在非完全市场上，直接套用模型是不合适的，还需要对模型进行修正，或者用其他的模型对期权进行定价。

（一）非完全市场情况下，期权模型的确立

1. ε-套利定价方法模型

在非完全市场情况下，传统期权定价方法、Black-Scholes 期权定价方法、二叉树期权定价方法、有限差分方法和蒙特卡罗模拟方法都不适用，衍生资产价格不是一个确定的值，而是一个区间，ε-套利定价方法所得到的结果位于运用区间定价方法所得到的区间内。在完全金融市场情况下，这个区间就退化为一个点，这时衍生资产区间定价方法与二叉树定价方法和 ε-套利定价方法得到的结果是一致的。

ε-套利定价方法的基本思想是：对于任意期权 v，如果对于给定 ε，能够构造一个资产组合 θ 满足 $\| D^T\theta - v \| \leq \varepsilon$，则称 θ 是一个 ε-不完全复制策略，那么 ε-不完全复制策略 θ 与标的资产期初价格向量 q 的内积就是期权的价格，记期权 v 的 ε-复制策略构成的集合为 $H_\varepsilon(v) = \{\theta \| D^T\theta - v \| \leq \varepsilon\}$，则有期权的定价公式 $p^*(v) = \{q^T\theta \min\limits_{\theta \in H_\varepsilon(v)} \| D^T\theta - v \| \}$。

其中，v 为期权，$p^*(v)$ 为期权价格，$q = [q_1, q_2, \cdots, q_n]^T \in R^n$ 为标的资产期初价格向量，D 表示风险资产在不确定状态下的价格矩阵，$\theta = [\theta_1, \theta_2, \cdots, \theta_n]^T \in R^n$ 表示风险资产组合向量。

2. 区间定价方法模型

区间定价方法与确定性套利定价方法和 ε-套利定价方法一样既适用于完全的金融市场，又适用于非完全的金融市场。它的基本思想是仍然采用无套利定价原理，但由于在非完全的金融市场不存在完全的复制策略，因此期权价格不是一个确定的值，而是一个区间，只不过用了买方无套利和卖方无套利确定区间的两个端点。

若记衍生资产 v 的买方强复制策略构成的集合 $H(v)=\{\theta v-D^T\theta\geqslant 0\}$，

记衍生资产 v 的卖方强复制策略构成的集合 $G(v)=\{\theta D^T\theta-v\geqslant 0\}$，

定义 $a=\max_{\theta\in H(v)} q^T\theta$，$b=\min_{\theta\in G(v)} q^T\theta$

衍生资产的卖方通过构造的强复制策略来对他的潜在负债进行套期保值所确定的衍生资产的价格就是衍生资产的买方的无套利价格，衍生资产的买方通过构造的强复制策略对他的潜在负债进行套期保值所确定的衍生资产的价格就是衍生资产的卖方的无套利价格。

非完全市场衍生资产价格区间为 $[a,b]=[\max_{\theta\in H(v)} q^T\theta,\ \min_{\theta\in G(v)} q^T\theta]$

（二）不可交易资产期权定价模型

期权定价方法最初是针对金融市场上可交易金融资产建立起来的，对于可交易或交易程度高的标的资产，可直接利用 B－S 公式的推导思路，这时资产将获得无风险收益。对于不可交易（交易程度低）的标的资产，由于并不在市场上交易，因此就无法如金融期权定价那样通过构造复制资产组合为其定价，即不满足风险中性定价的假设条件，其价值将取决于资产未来收益的现金流量现值，并在一定程度上依赖于投资人对标的资产的期望收益，此时不能直接运用 B－S 公式。可通过引入投资者的期望收益率，对 B－S 公式做必要的调整为：

$$f=Se^{(a_s-a_c)}N(d_1)-Xe^{-a_cT}N(d_2)$$

式中，a_c 为期权投资的贴现率，S 表示正股价格，X 表示行权价格，T 表示权证的剩余期限，r 表示无风险利率，其中 a_s 与 a_c 是需投资者估算的两个外生 a_s 变量。当 a_s 与 a_c 均取 r 时，即市场上无法获得超额利润，各投资者对标的资产的收益预期（包括收益率与收益方差）也基本趋同，此时式与 B－S 公式完全一致。

六、结束语

期权定价法虽然具备各种优点，但它并不是当前主要的资产价值评估方法，这主要是因为：（1）其理论尚不成熟存在着一些有待解决的问题，期权定价模型还需要完善，如在利用期权定价法之前需要几个重要的假设，而这些假设的情况在实际中大多不成立。简单地说期权定价模型所描述的是一种特殊的情况。只有将其一般化后才能被广泛的接受和采用。（2）金融市场不完善，各种投机和套利行为严重影响到数据的真实性。特别是在我国，由于金融市场发展较晚，各方面的经验不足，这使得金融市场数据的参考价值有限。这对于以金融市场数据作为基础的期权定价法所得到的评估结果的参考价值减少。（3）企业信息披露的速度和真假也会影响评估结果。刚才讲到期权定价法主要是以大多数投资者的意见作为标准进行评估，而投资者之所以认为企业具备投资的价值是因为其通过各种信息所了解到的企业拥有的潜在价值的大小。所以说企业的发展信息决定了企业的投资价值。但企业的大部分重要信息如无形资产、人力资源等因素却很难被投资者准确的掌握。大部分投资者只能根据没有被证实的信息为投资作决策。这就有可能出现投资价值的高估和低估等情况，从而影响到评估的结果。

本文基于2010年中国资产评估协会的中标课题，研究基于解决这些评估界在使用该方法时所面临的实际问题与困境，针对评估界对期权法所需，理清其引入评估界后对应的概念、定义、模型与修正；深入研究其在评估界的应用领域、使用的限制条件、参数的界定与选择；在不完全市场和没有连续交易情况下使用期权法的基本假设与评估模型的选择与确立；以及期权法实际运用中的难点问题、期权法应用的规范化标准、参数选择与利用标准、期权法实施过程中的信息管理等关键问题，才能真正实现期权法为我所用，对其进行针对性的深入研究具有理论价值、政策依据与实践指导意义。

参考文献

［1］陈俊丽：《基于期权定价模型的无形资产评估方法初探》，载《经济研究导航》2009年第26期。

［2］陈宋生、崔宏等译："Robert Tompkins，Options Explained"，经济管理出版社2004年版。

［3］胡日东：《关于亚式股票期权及其定价方法的研究》，载《数量经济技术经济研究》1998年第2期。

［4］扈文秀、刘相芳、尹海员：《不可交易标的资产的实物期权定价方法》，载《系统工程》2005年第23期。

［5］李夏玮：《R&D项目中的管理柔性价值——实物期权在R&D项目价值评估中的应用》，中国优秀硕士论文库，2009年。

［6］唐海仕：《基于实物期权的高新技术企业价值评估研究》，中国优秀硕士论文库，2007 年。

［7］夏建明、陈元志：《实物期权理论评述》，载《上海金融学院学报》2005 年第 1 期。

［8］向文彬、向开理：《蒙特卡罗模拟方法在期权定价中的应用》，载《西南金融》2008 年第 5 期。

［9］谢亚衡：《实物期权定价方法在矿业投资评价中的应用》，载《经济研究》2009 年第 18 期。

［10］Cox J. C. , Ross S. A. , Rubinstein M. Option Pricing: A simplified Approach. Journal of Financial Economics, 1979, 9 (7): 229 – 263.

［11］Cox J. , Ross S. The Valuation of Options for Alternation Stochastic Processes. Journal of Financial Economics, 1976, 3 (3): 145 – 166.

［12］Modigliani F. , M. H. Miller. The Cost of Capital, Corporation Finance, and the Theory of Investment. American Economic Review, 1958 – 06.

［13］Myers S. C. , Determinants of Corporate Borrowing. Journal of Financial Economics. 1977, 5, pp. 147 – 176.

［14］Sprenkle C. M. Warrant Prices as Indicators of Expectations and Preferences. Yale Economic Essays, 1961, 1 (2): 178 – 231.

［15］Stephen A. Ross, J. C. Coi. The Valuation of Options for Alterative Stochastic Processes Boston: J of Financial Econ. 1976, 3: 145 – 166.

基于实物期权理论的医药研发项目价值评估

嵇尚洲　上海对外贸易学院

【摘要】医药研发是医药企业价值评估必须要考虑的重要因素，根据美国市场的数据分析，医药上市公司的股票价格有一半左右是研发价值的贡献。但医药研发又是一个高度不确定的投资项目，如何确定研发项目的价值，本文从国外专家有关使用实物期权方法评估研发项目的文献中提炼出医药研发项目使用实物期权方法的基本路径和有待解决的问题。

【关键词】医药研发；实物期权

The Real Option Value of R&D Projects in Pharmaceutical Companies

JI Shang-zhou

Abstract: It is very important to consider the value of R&D project when we measuring the valuation of pharmaceutical companies. According to data of the listed pharmaceutical companies from America almost half of the value of these companies comes from the R&D projects. But the R&D projects are very uncertain among pharmacy. How to valuate these projects? We sought through the papers from foreign experts which focusing on the use of real option method in the R&D projects and found the method of using real option. We also discuss other related questions about this issue.

Key Words: R&D projects; real option

一、医药行业 R&D 投入与估值水平

医药产业具有高科技、高投入、高效益、集约化的特点。世界医药

企业前10强企业的核心竞争力主要体现在创新能力上。世界前10强企业的利润主要来自一些“重磅炸弹”——专利药，例如1998年上市的万艾可，给研发该产品的辉瑞公司带来了惊人的巨额回报。2006年全球十大销售量最大的药物销售总额高达602亿美元，占全球医药总产值的近10%，都是创新专利药品，利润率往往可达30%以上。为了能够持续的开发新的药物，国际医药企业必须投入巨额的研发费用以保持在未来继续产出“重磅炸弹”，国际大型制药企业平均研发费用占销售额的比例高达12%左右，在全球各行业中仅次于软件和IT企业排名第二。

但是随着研发费用的快速上升，发明的新分子实体的数量却呈快速下降的趋势（见图1），2002年美国的药品研发费用是1996年的近1倍，但新分子实体数量却只有1996年的一半，这充分说明研发项目的高不确定性，虽然这种不确定性使得中国的大部分企业放弃新药研发，但药品研发至少使得企业拥有未来可能获得新分子实体的权利，增加了未来价值增值的潜力，因此西方的跨国医药集团仍在不断追加投入。

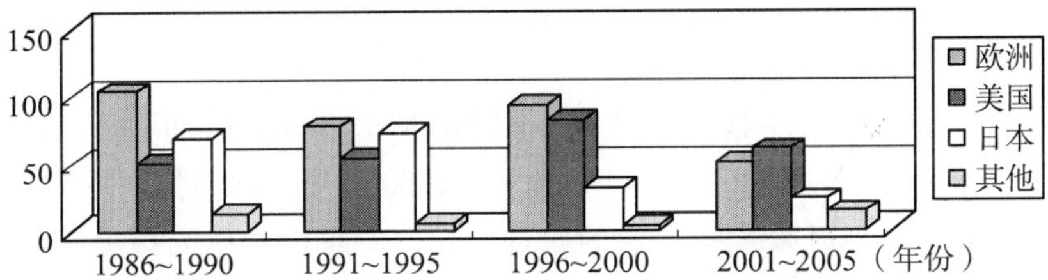

图1　主要国家新分子实体的发明数量对比

资料来源：EFPIA。

医药行业由于企业持续进行研发投入，有发明出创新药品的可能，因此估值有特殊性，全球除美国和英国外，对医药企业普遍给予了较高的水平，尤其是印度医药行业的PE远高于其他行业，各国医药行业的估值水平比较如图2所示。

随着对药品研发投入的不断加大，获得专利的创新药品数量却在不断下降，人们对于如何评估药品研发项目的价值感到困惑，对药品研发项目进行估值研究的关键是对于药品的市场前景进行合理判断，看研发的药品能否将其研发成本赚回，但实际上这里风险极大，从10000个研究的化学分子中只能找到一个处方药，只有30%的药品能覆盖成本。

由于药品研发的风险极大，我们难以判断药品未来的销售增长，因此在给研发阶段的药品进行现金流分析时，通常只能得到负的NPV。

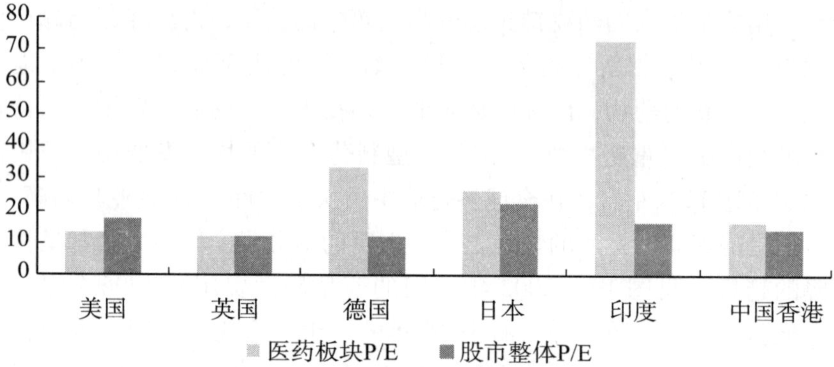

图2　各国医药行业的估值水平比较

资料来源：根据截至2009年12月10日的摩根士丹利医药板块指数计算。

二、医药研发项目价值评估的理论述评

从20世纪90年代起，学者们（Taudes，1998；Kulatilaka，1993；Perlitz；Peske and Schrank，1999；Boer，2000）开始将实物期权应用于评估医药、石油开采业等产业的研发项目，专家们的研究指出DCF法难以正确评估研发项目中隐含的期权价值，Boer（2000）从科技股异常的支付溢价的现象观察得出传统的评估方法是无效的结论。Dixit and Pindyck（1995）指出DCF只适合短期确定的项目，不适合长期不确定的项目。传统的NPV法在市场和技术的不确定性接近于零时会得出与实物期权法相同的结果。Nichols（1994）发现默克公司曾使用实物期权的方法来测算研发投资的规模和对并购项目价值进行评估。Kellogg和Charnes（2000）试图利用二叉树法对Agouron Pharmaceuticals的抗艾新分子进行定价，Perlitz，Peske and Schrank（1999）使用Geske Model（复合期权模型）来评价医药企业的研发项目。

Brealay和Myers（1991）对R&D项目使用实物期权方法的思想进行了总结，R&D投资近似于投资于一项看涨期权，它给公司权力去决定，在未来的某个时候，是否执行R&D投资；在R&D的最后阶段，研

发的不确定性基本消失，可以估计其产出，如果其产出大有可为，就可通过商业阶段执行它。如果它看起来没有前途，公司就可以让 R&D 期权作废，而损失只局限于沉没成本——初始 R&D 投资。

BS 公式：

$$C = S \times N(d_1) - K \times e^{-r_f t} \times N(d_2)$$

$$d_1 = \frac{\ln(S/K) + \left(r_f + \frac{\sigma^2}{2}\right)t}{\sigma\sqrt{t}}$$

$$d_2 = d_1 - \sigma\sqrt{t}$$

三、医药研发项目实物期权法应用

研发项目类似于看涨期权，因而可以用期权定价理论评估其价值，期权定价有两种路径，其一是二叉树模型；其二是 BS 公式。二叉树模型适合非连续价格波动，而 BS 公式适合连续价格波动。对于医药研发项目来说，其预期未来现金流的现值可以类比同类的小型研发类上市公司的股票价格，因此我们可以采用 BS 模型解决医药研发项目的价值评估。医药研发项目的各项指标与股票期权的对应关系，如表 1、表 2 所示。

表 1　　医药研发项目的各项指标与股票期权的对应关系

变　量	股票期权	实物期权
标的资产（S）	现在的股票价格	预期现金流的现值
执行价格（K）	未来购买股票的固定价格	投资成本的现值
到期时间（t）	购买股票时间	研发机会消失的时间
波动性	股票价格的波动性	研发项目价值的波动性
利率	到期时的无风险收益	到期时的无风险收益
便利收益（D）	股东的红利收益	等待投资过程中损失的支付

1. 标的资产

在期权定价理论中标的资产必须是可交易资产，从而可以进行无套利估价，如果标的资产无法交易就不能够复制一个组合计算期权价值，就研发项目而言，项目投资是无法交易的，因而无法决定其市场价值，多数专家（Kellogg and Charnes，2000，Perlitz，Peske and Schrank，1999）使用研发项目的未来现金流作为标的资产价格的代替，然而研发项目的现金流取决于药品是否获得成功，药品的成功既包含实验成功找到有效的化学分子实体，同时还包括未来上市以后能否有效占领市场，药品实验成功并不等于市场成功，Myers and Howe（1997）将市场分为五个类别：瘦狗、低于平均水平、平均水平、超出平均水平、突破，每一种类型的收入分布都是偏斜的，方差接近95%，因此对于研发药品的潜在资产价值评估非常困难。

表2

研发阶段	时　间
1. 发现分子	1年
2. 启动专利申请	4~5年
3. 临床前实验	4~15年
4. 临床实验	6~8年
第一阶段	1~2年
第二阶段	2~3年
第三阶段	3年
5. 市场登记	1~4年
总时间	12~28年

资料来源：Kellog and Charnes，2000。

2. 执行价格

研发药品的执行价格并不总是知道的，现在所有的药品都必须要做三期临床，研发成本的现值成为沉没成本，临床实验后的市场开发投资成为期权的执行价格。

3. 到期时间

到期时间可能是已知的，或是未知的，竞争可能会推动早期投资，但管制会推迟成熟时间，通常股票期权到期时间很短，但实物期权到期时间较长，对于要获得FDA认证的药品来说，一般专利保护期有20年，临床实验需要6~8年，因此到期时间就需要6~8年。或者可以说一个产品的商业开发的专利有效保护时间是14年左右。

4. 波动性

测量研发药品的波动性比较难，因为很难获得波动的历史数据，默克公司使用的是纳斯达克市场上市公司中相关生物制药的指数，一些传统的对波动性的估计是取值40%～60%（Nichols，1994）、26%（Kellogg and Charnes，2000），以及25%（Perlitz，Peske and Schrank，1999）。

5. 便利收益

对于可交易的潜在资产，便利收益指的是股票的红利等。但对于研发项目来讲便利收益很难估计，研发项目未来的现金流难以确定时间、频率、金额（Perlitz，Peske and Schrank，1999）。对于医药企业便利收益指的是在专利登记后不能进行商业开发失去的净收益，一般认为药品的剩余收益只存在于药品的专利期内，专利到期后竞争将消除所有的剩余收益，因此Damodaran（2000）认为任何对药品商业开发的耽搁将会导致获得剩余收益时间的减少，一个简单的评估耽搁成本的方法就是取到期剩余时间的倒数，第一年1/20，第二年1/19等。这里假设专利药品的现金流是均匀分布的，实际情况并非如此，我们现在用企业的营业现金利润率与专利药品上市后的营业现金利润率比较，两者之差就是专利到期后我们将减少的剩余回报，这就是耽搁成本。

美国医药企业研发成本相对其他地区高昂的原因在于：失败的成本也包含在成本的化合物的研发成本中，例如，如果公司1年花费10亿美元，开发两个有医疗效果的化学分子，每个分子的研发成本接近5亿美元；即使其他国家把研发的机会成本包含在估计中，因为没有公司会像美国公司那样长期进行研发投资，因此估算其他国家的研发投资就较为困难，一般考虑取20%～30%的美国公司的成本作为其他国家的研发成本。

6. 利率

无风险收益率可以取6～8年的政府国债收益率，与期权的到期时间一致。药品的市场份额可以假定在评估期间保持不变。药品研发的实物期权价值不会像一般期权随着距离到期时间的久远而价值不断增长，由于专利有保护时间限制，药品商业开发时间的延迟将会缩短药品未来可能获得的收益，因此药品研发项目的价值会随着到期时间的减少而价值增长。

四、关于实物期权方法的其他讨论

Myers、Howe（1997）和Kellogg以及Charnes（2000）认为投资项目每一阶段成功的概率可以估计，因而企业可以决定是继续投资还是放弃项目，他们还认为不同阶段的资本成本应是不一样的，在药品开发阶段的投资应该以较低的折现率折现。如果药品已经完成临床试验，研发成本就成为沉没成本，在临床阶段的研发成本可以认为是均匀分布的。决策树方法可以描述每个阶段拥有放弃的权利，但是这个方法的缺点就是离散化，难以估算上市后的药品的价值。

参考文献

[1] Boer, Peter F. (2000). "Valuation of Technology Using Real Options," Research. Technology Management, July-August, pp. 26 – 30.

[2] Copeland, T.; Koller, T. and Murrin, J. (1996). Valuation: Measuring and Managing the Value of Companies, 2nd edition, John Wiley & Sons Inc.

[3] Damodaran, A. (2000). "The Promise of Real Options," Journal of Applied Corporate Finance, Vol. 13, No. 2, pp. 29 – 43.

[4] Dixit, A. K. and Pindyck, R. S. (1995). "The Options Approach to Capital Investment," Harvard Business Review, May-June, pp. 105 – 115.

[5] Geske, R. (1979). "The Valuation of Compound Options," Journal of Financial Economics, Vol. 7, No. 1, pp. 63 – 81.

[6] Geske, R. and Shastri, K. (1985). "Valuation by Approximation: A Comparison of Alternative Option Valuation Techniques," Journal of Financial and Quantitative Analysis, Vol. 20, No. 1, March, pp. 45 – 71.

[7] Kellogg, D. and Charnes, J. M. (2000). "Real Options Valuation for a Biotechnology Company," Financial Analysts Journal, May-June, pp. 76 – 84.

[8] Kulatilaka, N. (1993). "The Value of Flexibility: The Case of a Dual-Fuel Industrial Steam Boiler," Financial Management, Autumn, pp. 271 – 280.

[9] Lev, B. (1999). "R&D and Capital Markets," Journal of Applied Corporate Finance, Vol. 11, No. 4, Winter.

[10] Myers, S. and Howe, C. (1997). "A Life-cycle Financial Model of Pharmaceutical R&D," Working Paper, Program on the Pharmaceutical Industry, Sloan Management School, MIT.

[11] Nichols, N. A. (1994). "Scientific Management at Merck: An Interview with CFO Judy Lewant," Jan-Feb, Harvard Business Review, pp. 89 – 97.

[12] Perlitz, M.; Peske, T. and Schrank, R. (1999). "Real Options Valuation: The New Frontier in R&D Project Evaluation?" R&D Management, Vol. 29, No. 3, pp. 255 – 269.

基于宗地分值的基准地价快速评估法的应用与创新

杨金元　张春利　杜乃强　陈绍飞　北京博林不动产评估有限公司

【摘要】 信息技术的应用是提高工作效率，提升管理水平的重要途径，信息技术已经深入到各行各业，国土管理工作亦不例外，它已成为反映国土管理工作水平的重要标志。地籍数据库的建设和土地市场动态监测与监管系统的应用为更新基准地价成果提供了精准的底图与翔实的交易案例，使基准地价成果更加科学、准确。新形势下如何快速、批量、科学的评估，已成为制约基准地价系数修正法广泛应用的难题。本文从基准地价更新中新技术、新方法的应用出发，提出了基于宗地分值的基准地价快速评估法的应用与创新。

【关键词】 宗地分值；基准地价系数修正法；批量评估；快速评估

Application and Innovation of Fast Appraisal Based on the Land Score

YANG Jin-yuan　ZHANG Chun-li　DU Nai-qiang　CHEN Shao-fei

Abstract: The application of information technology is the important way to improve work efficiency and to promote the management level, the information technology has been further to all walks of life, not excepting the walk of land management, which has been become the important symbol in the work of land management. The construction of cadastral database and the application of land market dynamic monitoring and supervision system has been provided the accurate base map and detailed deal for renewing the basic land price results, making the basic land price results more scientific and accurate. Under the new situation, how to evaluate fast, in batch, and scientifically has been become a difficulty for the method of base price of land coefficient modification. This article starts from the application of new technologies and new methods from the basic land price notation, and puts forward the application and innovation of rapid assessment of basic land price based on the land score.

Key Words: the land score; the base price of land coefficient modification; the mass appraisal; the fast appraisal

批量快速评估是为适应城市管理需要，在短时间内使用标准的方法，采用共同的数据，并考虑统计检验对一系列财产所进行的评估过程。随着我国土地市场的蓬勃发展和招拍挂出让制度的改革，土地市场交易案例增大、土地用途细分，基准地价系数修正法作为地价评估参考依据的重要程度有所下降，在短时间内对大批量的宗地进行评估时尤为明显。以市场比较法、成本逼近法为基础的云估价、房地产批量评估系统更将基准地价系数修正法推向了尴尬的地位。但是，基准地价作为体现政府意志的土地价格标准，在引导土地市场健康发展中的作用不可替代。信息技术在土地定级及基准地价评定工作中的应用，不但节省人力物力，提升工作效率，提高定级估价结果的准确性和现势性，而且能够增强基准地价的生命力，提高国土部门在宏观经济调控中的作用。以下介绍我们在青岛土地定级估价工作中，应用新技术、新方法及基于宗地分值的基准地价快速评估法的应用案例。

一、基于手机信号的两步移动法

我们基于收集的估价时点移动基站话务量构建泰森多边形，并用定级单元图切割，确定定级单元人口密度（见图1）。青岛移动电话用户占青岛市总人口的比例已达到77%，采用手机信号不仅可以代表具有活力的人口动态密度，还可避免以行政区或街道办事处为单元收集的造成大范围的均质化、无差异的人口密度。在因素因子扩散过程中，对医院、学校、商场超市等与人口存在供求关系的因素（因子）创新采用“两步移动法”进行分值扩散（见图2），替代原规程中的指数衰减。其中，“两步移动法”是分别以供给地和需求地为基础，移动搜索两次，计算供需比，确定可达性。目前已被国外广泛应用于医疗服务的空间可达性研究，划定医疗服务短缺地区。

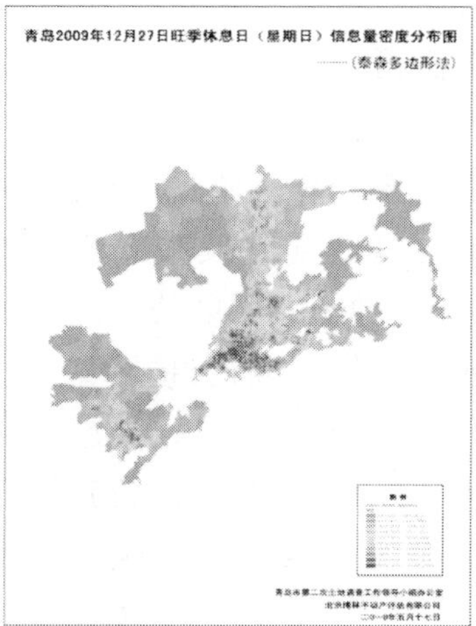

图1　人口密度分布图

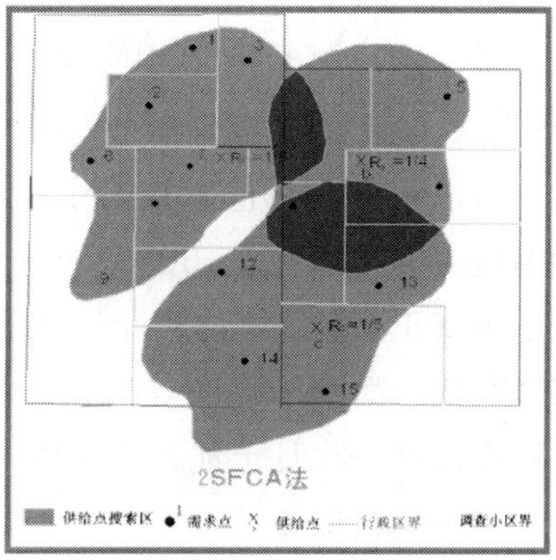

图2　两步移动法原理示意图

二、采用出租车GPS轨迹点校核道路类型

道路通达度是土地定级的主要因素之一，是反映土地交通区位的指数。道路类型的划分一般根据道路的宽度、车道数、车流量、交通管制及其在城市交通中的地位和作用进行确定。我们在划分道路类型后利用收集的出租车GPS数据生成轨迹点分布图（见图3）后，再利用线密度法计算出道路交通流量分级图（见图4），根据道路车流量和道路拥挤度校核道路类型。

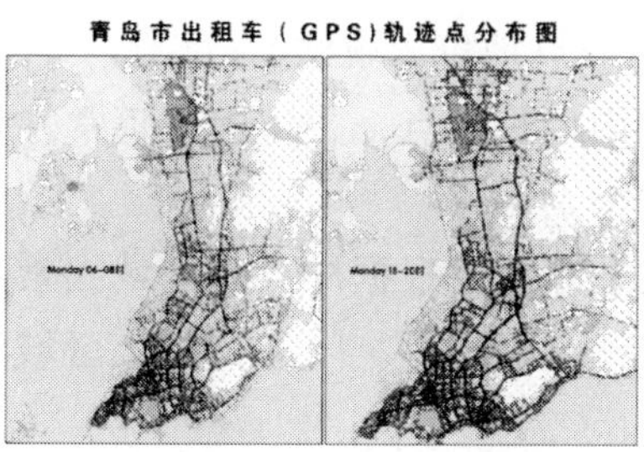

图3　出租车轨迹点分布图

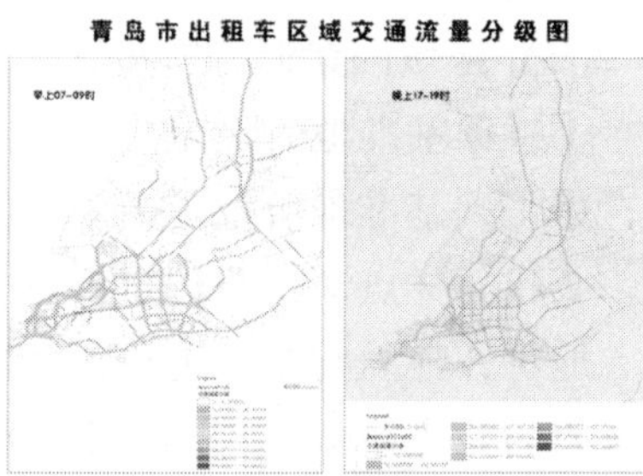

图4　区域交通流量分级图

三、基于宗地分值的基准地价快速评估法

基准地价系数修正法使用时的复杂性在于计算区域因素修正系数。GIS 技术与地籍、规划数据结合应用于城镇土地定级及基准地价评定中，可以将定级分值直接赋予宗地。在应用基准地价系数修正法评估宗地地价时，可根据公布的宗地分值和区域因素修正方程直接计算区域因素地价修正系数，辅之以个别因素（包括用途，容积率、剩余使用年限、宗地形状、面积、朝向等）修正即可得到宗地价格，避免估价师随意设定修正标准，扰乱土地评估市场，这不仅提高了基准地价系数修正法工作的效率，而且保障了该方法计算结果的准确性。具体修正方法如下：

$$\text{基于宗地分值的基准地价系数修正法评估的宗地地价} = \frac{\text{宗地所在级别}}{\text{基准地价}} \times K1 \times (1 + K4 + K5) \times K2 \times K3 + M$$

式中：K1——估价期日修正系数；

K2——容积率修正系数；

K3——使用年限修正系数；

K4——区域因素修正系数；

K5——个别因素修正系数；

M——开发程度修正值。

（1）分值区间划分，档次划定。按照宗地分值结果，依据分值突变点划分级别。级别内宗地分值最高值和最低值确定分值区间。并按优、较优、一般、较劣、劣分为五个档次。

（2）区域因素修正幅度确定（采用样点地价求解法）。

①根据基准地价设定用途遴选级别内地价样点，并将进行正常性检验，修正到基准地价设定内涵，不考虑个别因素。

②建立样点地价与待定修正幅度的关系式。根据样点的区域因素分值、地价，建立与基准地价之间的方程：基准地价×[1+该样点区域因素分值的修正系数]=样点宗地地价。

③在得到所选样点的方程后，求出不同区域因素分值对应的修正幅度。

以下以青岛市一级商务金融用地为例说明，如表 1 所示。

表 1　分值区间划分及对应条件、修正幅度具体结果表

一级商务金融用地					
修正标准	优	较优	一般	较劣	劣
分值区间	≤65. 3464 ~ ≥60. 2518	<60. 2518 ~ ≥55. 1572	<55. 1572 ~ ≥50. 0627	<50. 0627 ~ ≥44. 9681	<44. 9681 ~ ≥39. 8735
修正系数区间	≤0. 1326 ~ ≥0. 0909	<0. 0909 ~ ≥0. 0492	<0. 0492 ~ ≥0. 0075	<0. 0075 ~ ≥ -0. 0342	< -0. 0342 ~ ≥ -0. 0758

（3）根据上一步得出的修正幅度，建立级别内区域因素分值与修正幅度的修正方程，如表 2 所示。

表 2　按照级别用途确定修正幅度的计算方程表（部分）

级别	土地用途	修正方程
一级	商务金融	$Y = -1.636 + 0.421 \times LN(X)$

（4）根据估价对象所在级别和用途选择相应的修正方程，计算区域因素修正幅度。

（5）代入公式，进行容积率等其他因素修正，得出宗地地价。

四、结论

信息时代要求数据和技术更新更加快速，城市化的发展和土地市场的繁荣也迫切需要刚性化、批量化的评估技术及数据来源。传统的评估方法在市场巨大需求下无法完成有效供给，导致土地咨询评估行业出现低质量的假繁荣。而基于宗地分值的基准地价快速评估法可以实现土地的快速评估和批量评估。在城市多宗土地的拆迁补偿、税费征收中可广泛应用。它的局限性在于依靠翔实地籍数据以及宗地分值的短周期更新，在土地工作数字化系统逐步建立的时下，各种数据的更新周期将越来越短，宗地分值基准地价评估的快速、批量等优势也将越来越明显，取代传统技术的趋势必将大大增强。

参考文献

[1] 王法辉著，姜世国、滕俊华译：《基于 GIS 的数量方法与应用》，商务印书馆 2009 年版。

[2] 李倢：《人口密度分布对地价影响的实证研究》，载《国外城市规划》2006 年第 4 期。

[3] 赵仑主编：《资产评估学教程》，首都经济贸易大学出版社 2006 年版。

[4] 美国估价学会著，不动产估价翻译委员会译：《不动产估价第 11 版》，地质出版社 2001 年版。

物权价值与资产评估

敬志勇　沈品发　初志坤　上海师范大学商学院

【摘要】 资产作为能够带来未来经济利益的经济资源，在交易过程中通常作为评估对象范畴。评估对象的本质是《物权法》赋予经济个体对经济资源享有的各项物权，包括所有权、用益物权和担保物权。资产负债表中各项资产通常以各项资产的所有权价值列示，而评估师可以单独对各项资产物权价值进行专业评估，而不是仅对资产的所有权进行评估。

【关键词】 物权价值；资产；评估对象

Real Right Value and Asset Appraisal

JING Zhi-yong　SHEN Pin-fa　CHU Zhi-kun

Abstract: Asset is a kind of economic resource with future benefit and often need to be evaluated. The key to asset appraisal is set scope to evaluate. Property rights by law are the natural scope of asset appraisal. Property rights include ownership, usufructuary right and real rights for security. All kinds of assets in asset sheet usually list on ownership. Appraisal should evaluate all kinds of real rights, not only ownership.

Key Words: value of real right; asset; scope of appraisal

一、引言

在经济市场化程度越来越高的背景下，各项资产的交易频率从资源配置效率的总体来看呈现出活跃的态势，并通过资产交易发现更有价值的用途，优化资源的配置效率。但是，当被交易的资产市场不活跃、竞争性不足、存在流动性障碍时，资产交易有可能扭曲市场对资源配置的效率。对于没有活跃市场的待交易资产往往需要借助于专业力量完成对资产内在价值的评估，已形成卖方或买方出价的基础。合理界定交易各方对于资产价值的量，对于提高市场交易效率和保证资产价值的真实性具有重要意义。各项资产交易的价格不仅影响着资源配置的效果，更影响到交易双方或多方的利益分配。资产评估就是市场经济条件下作为独立第三方的资产评估师对待交易的资产在某一时刻的价值进行评估的专业活动。专业评估机构提供的高质量评估顾问服务成为交易各方的增值服务，可以大大降低资产价值估计的随意性，缩小在高置信度水平上资产价值预期的置信区间。因此评估师依赖自身的专业能力对于资产价值的评估目标就在于为委托人提供在某一特定条件下资产均衡价格的某个点估计或区间估计。

而对于所要做出价值估计的资产应当如何界定，在相关教材和理论研究中提及很少，仅将资产评估对象的范围做简单交代。当评估对象不能确切界定而具有相当随意性时，评估师的职责范围就有可能因评估对象不确定而使其知识结构和专业技能的要求发生显著变化，同样会具有很强的随意性。准确界定资产评估对象是一个重要的理论问题。

从资产评估准则和大多数研究文献来看，都明确或隐含地将资产范围作为资产评估的对象。只要是会计核算中认定的资产，评估师总有办法给出相应资产的评估价值。这种依托于没有经过认真检验的评估假设前提下的评估结论已经严重影响到评估师专业判断的可信度和评估结论本身的经济价值。本文认为，评估对象的准确界定是形成合理评估价值的前提条件，没有准确的评估对象界定将难以形成与评估理论指向所要求的评估结论。资产价值评估的本质是对资产相应物权价值的评估，而非总是资产的所有权价值评估。《物权法》对经济主体赋予的物权通常都具有一定的价值，因此未来的资产很可能应当将相应的具有经济价值的物权纳入资产管理范畴，纳入主要财务信息的范畴，不应仅在补充性会计报表附注中加以说明。最资产的这种理解将有助于提高会计信息的相关性和客观性。本文立足于《物权法》，围绕物权法赋予经济个体的物权来解释资产的价值内涵，不仅有助于深化对评估对象的理解，更有助于未来资产负债表包容的资产项目的演变提供有价值的思路。

二、资产的定义

自1907年会计学家Sprague讨论资产定义以来，对资产从不同角度进行了深入分析和界定，出现了许多富有创新意义而不失实践价值的定义，并在会计实践中得到广泛应用。而理论界最具影响力的资产定义大体可以概括为四大类别。

（一）资产的成本观

Paton和Littleton指出资产是未消耗的收入借项，是已发生的、但尚未赚取收入的成本，是尚未转化为费用的成本集合，资产就是历史成本。资产成本观从数量上对资产进行具体量化，保证计量的统一性，有利于规范会计核算、防止会计舞弊，在会计实践中具有广泛影响。

（二）资产的未来经济利益观

FASB指出资产是由过去的交易和事项发生的，由企业控制或拥有的、可能的未来经济利益。FASB既继承财务会计传统特征，把主要的要素立足于过去的交易和事项所发生的结果，但更关注在该要素中未来经济利益的流动（控制、持有、流出的未来义务和现在的流入与流出），强调未来的经济利益是资产的本质，资产定义的要点主要在某一主体所拥有的未来经济利益（葛家澍，2004），成为最具影响力的资产观念和计量方式。

（三）资产的经济资源观

国际会计准则委员会IASC认为一项资产是会计主体控制的一项资源，是过去事项的结果，从所控制的资源中预期有未来经济利益流入。因而IASC特别强调资产是一种可带来未来经济利益的经济资源。仅把经济资源而非全部企业资源视为资产，某项资源只要能够被用来交换或被用于获取收益，那么它就具有经济价值；其价值量由因交换而流入的货币量决定，或者由预期将产生的收益的现值决定。

（四）资产的权利观

1999 年 12 月英国 ASB 将资产定义为由于过去交易或事项的结果而使一个主体能够控制的未来经济利益的权利或其他权利。ASB 明确表示资产的本质是未来经济利益，但资产不等于未来经济利益，也不等于含有未来经济利益的资源，而是具有未来经济利益的权利或其他利益增长，权利一般是法定权利，如主体对拥有资产未来经济利益的所有权、使用权、流通权、处置权、租赁权，等等。而其他经济利益的增长一般指非法定的使用权，如对未注册专利的使用权等，未来的经济利益最终表现为现金流入，但也可表现在投资、债权和其他对现金流入产生要求权的其他事物上（葛家澍，2004）。资产是资本的外在表现形态即"物"的一面，而资本则是资产的抽象内在实质即非物质的"价值"一面。权利则是资产和资本中共同蕴涵的社会属性。从会计是客观反映的角度看，会计更强调研究资产的自然属性而不是社会属性，因此权利观无法反映资产自然属性即"物"的一面，也无法反映资本"价值"的一面（成小云、任咏川，2011）。

由于各种资产定义所具有的合理性和会计核算的可行性，从而使基于不同资产定义所出具的资产核算信息存在理解上的差异。为了实现资产核算统一，使不同国家的资产核算信息具有一致性理解，2004 年 10 月，IASB 与 FASB 联合提出了资产定义：资产是会计主体对其拥有排他的权利或其他权益的现时经济资源。这一定义特别强调"现时"，"经济资源"，以及"拥有排他的权利或其他权益"（成小云、任咏川，2011）。其中，"现时"意味着在财务报表日，经济资源和对经济资源的排他的权利或者其他权益必须同时存在；"经济资源"是指稀缺性，能够直接或者间接、单独或者与其他经济资源一起，产生现金流入或者减少现金流出，它由合同或者具有约束力的协议予以保证，是无条件的承诺或者其他保障条款规定的能力，这种无条件承诺和其他能力是没有风险的；"拥有排他的权利或者其他权益"，排除或限制了其他人使用该经济资源，保证了主体对它的使用权利，而且这种仅仅归属于主体的权利或者其他权益，是由法律或同等方式强制赋予的。

从资产定义的发展趋势来看，资产定义强调资产是能够带来未来经济利益的经济资源，主体必须依法拥有资产的排他性权利。资产的演变必将引起资产核算范围的改变，资产核算的价值计量也将随之发生改变。这种变化尽管可能加大了资产核算的难度，但对于提高会计信息的质量具有积极意义。

三、资产权利与资产价值的关系

（一）资产权利

根据我国现行《物权法》的规定，权利人依法对特定的物享有直接支配和排他的权利，包括所有权、用益物权和担保物权。所有权人对自己的不动产或者动产，依法享有占有、使用、收益和处分的权利。所有权人有权在自己的不动产或者动产上设立用益物权和担保物权。用益物权人、担保物权人行使权利，不得损害所有权人的权益。用益物权人对他人所有的不动产或者动产，依法享有占有、使用和收益的权利。债权人在借贷、买卖等民事活动中，为保障实现其债权，需要担保的，可以依照本法和其他法律的规定设立担保物权。因此，主体拥有资产三项物权中的任何一项均具有排他性特征。从主体拥有的资产权利的内容来看，三种物权包含的基本权利要素如表 1 所示。

表 1　　三项物权的内涵

	占有权	使用权	收益权	处分权	资产实例
所有权	√	√	√	√	现金，银行存款，各类债权
用益物权	√	√	√	×	融资租赁资产，土地使用权
担保物权	×/条件拥有	×/条件拥有	×/条件拥有	×/条件拥有	接受的抵押物或质押物

注：√表示被评估资产具备该项权利，×表示不具备该项权利。

由于主体拥有资产三项物权中的任何一项均具有排他性特征，在同一时间一个主体只能拥有资产权利中某一种，而不可能同时拥有三种权利。当一个主体拥有一项资产的某种权利时，其他任何主体必然不会拥有相同的资产权利。也正因为资产的三项权利在具体一个时刻只能归属于一个主体，只要该项权利具有经济价值，其他主体要想获得该项资产权利，就必须通过合法的方式获得。而作为拥有该项资产权利的主体，也应当将其作为一项有价值的经济资源来处理，准确地讲，该项权利就应当纳入资产负债表中。

（二）资产价值的来源

只要一项经济资源能够产生未来经济利益，与该项经济资源有关的各项排他性物权就必然具有稀缺性，以物权为核心的资产就应当具有价值。会计主体依法获得的物权对与资产相关各项物权根据上一部分的分析发现，资产要成为买卖双方认可的对自己有价值的经济资源，该项资产必定会从法律所赋予的权利来界定资产本身所具有的未来现金流量进行必要的分割。如果将经济人假设应用到企业和个人等经济主体，则任何与资产物权有关的法律权利的行使都与一定的经济利益相关，都是实现股东财富最大化或个人财富最大化为目标。尽管在具体一次权利行使中可能可能产生某种水平的利益，也可能不产生任何利益，甚至还可能带来损失，但从权利行使者的初衷来看，行使权利是追求经济利益而采取的理性行为。因此，以资产为载体的物权主体在法律许可的范围内行使某种权利的主要动机在于实现经济利益。

资产能够产生的预期经济利益与资产的各项权利一一对应。每种权利对应的予以经济利益存在一定差异，例如，在外部环境条件稳定条件下同一项资产所有权与用益物权的预期经济利益应当存在差异，在外部环境条件极其不稳定的条件下同一项资产的两种权利所对应的经济利益有可能存在较大差异，这在机电设备类资产和无形资产中表现尤为明显。资产主体享有的某项权利一旦丧失，与资产权利相关的未来经济利益也随之丧失。由于资产权利与资产权利相关的未来经济利益具有对应关系，因此两种权利的权属关系如果发生变动，让与资产权利的一方将获得接受资产权利一方支付的对价，这就是资产权利的价格。如果转让的资产权利是所有权，则转让方获得的就是该项资产的价格，如果转让的资产权利是用益物权，则转让方获得的价格就是资产用益物权的租金。由此可见，资产的价值因委托人所获得权利不同而具有不同的未来经济利益，从而形成了不同的资产价格。对于评估师而言，在实际的评估过程中，应当对委托人提供待评估资产的权利来评估资产的价格，而是否拥有完整的资产所有权不一定接受委托与否的先决条件。值得强调的是，评估师必须在接受委托时确定所要评估的是待估资产的所有权还是用益物权，而没有其他可能的权利类别。

（三）资产与物权的关系

根据第一部分对资产的概念分析后得知，资产在不同会计概念框架中具有不同的界定方式，但资产对于特定会计主体所具有的经济利益和排他性权利在资产定义的趋势中似乎成为较为一致的看法。从会计应当具有的客观性特性来看，在具体某一日期资产应当真实地反映了会计主体对所拥有的各项资产的权利。以企业为例，根据我国现行财务会计准则的规定，企业所拥有的资产及权利类别如表 2 所示。

表 2　　企业资产及其权利

流动资产	物权类别	非流动资产	物权类别
货币资金	所有权	可供出售金融资产	所有权/担保物权
交易性金融资产	所有权	持有至到期投资	所有权/担保物权
应收票据	所有权/担保物权	长期应收款	所有权/担保物权
应收账款	所有权/担保物权	长期股权投资	所有权
预付款项	所有权	投资性房地产	所有权/用益物权
应收利息	所有权	固定资产	所有权/用益物权
应收股利	所有权	在建工程	所有权
其他应收款	所有权/担保物权	工程物资	所有权
存货	所有权	固定资产清理	所有权/用益物权
一年内到期的非流动资产	所有权/担保物权	生产性生物资产	所有权
其他流动资产	所有权/担保物权	油气资产	所有权/用益物权
		无形资产	所有权/用益物权
		开发支出	所有权
		商誉	所有权
		长期待摊费用	所有权/用益物权
		递延所得税资产	所有权
		其他非流动资产	所有权

通过表 2 可以看出，当一项资产能够在企业资产负债表中作为一项资产而列示时，就说明企业要么对该项资产拥有所有权，要么对该项资

产拥有用益物权。企业拥有这些资产的权利具有了合法获得对资产权利相应的未来经济利益。也正是因为这些资产权利存在未来经济利益，才能够成为企业资产负债表中的重要经济资源。凡是不能产生未来经济利益的资产权利将不再具有经济价值，该项资产不再成为企业的经济资源，应当排除出资产负债表。可见，物质实体与权利尽管是一项经济资源的两个重要特征，相比较而言，权利应当是该项经济资源成为企业资产的更重要的特征。

对于自然人拥有的各项物权及其未来经济利益，应当完全比照企业拥有的物权进行分析和评价，而对于其他非营利性机构拥有的物权，因其用途特殊而产生的未来经济利益较少公益利益较多的情况，在实际价值分析中应当采取不同企业和个人物权的方式进行评价。

四、物权价值评估

经济的市场化程度随着我国市场经济的日渐成熟而深化，资产权利中的所有权和用益物权的交易需求的交易活动日渐频繁，对于那些不具有很高流动性而无法直接获取价格的资产权利应当是资产评估师面对的价值评估对象。

（一）资产所有权

所有权是经济主体拥有一项资产最重要也是最常见的权利，因而在资产评估中也是评估时最常遇到的权利类别。只要该项资产在持续使用假设前提下能够出现预期的未来经济利益，拥有该项资产所有权的企业或个人就能够获得转让该项资产所有权的价格。当委托人能够提供对一项有价值的经济资源的所有权利的有效证明时，评估师的任务就是对该项具有完整所有权的资产进行价值评估，其立足点在于该项资产在持续使用的前提下单独或与其他资产共同产生的未来经济利益进行评价。

（二）用益物权

用益物权作为一种资产权利，是剔除处分权后所有权各要素的一个有效组合。用益物权通常具有一定的法定期限或合同期限，资产占有者在有效期限内按照约定使用该项资产并拥有对该项资产未来经济利益的权利，当然要承担相应的义务。用益物权的有效期限可能很长，也可能很短。如果将特定资产纳入资产负债表处理时，用益物权的有效期限往往接近资产的经济寿命，此时评估师将该项资产的未来经济利益采取合适方式计算其价值，同时确认相应的负债。如果不将该项权利纳入资产负债表处理，则评估师应当为该项用益物权估计一个合适的价格，即按照持续使用假设条件下的合理租金。

（三）担保物权

担保物权必须立足于债权而存在。当一份债权债务合同中明确规定担保条款时，债权人就可能拥有对一项资产的担保物权。担保物权的设立，是为了保证主债债务的履行，使得债权人对于担保财产享有优先受偿权，所以它是对主债权效力的加强和补充。担保物权具有条件概率特征，只有当债务人不能按期履行债务偿还要求时，债权人才可能拥有担保物权，担保物权对于债权人才有价值，担保物权价值主要取决于债务人违约的程度以及担保物本身的公允价值，两者中较小值是担保物权的价值。例如，债权的金额为 100 万元，而设定担保物的当前价值为 100 万元，当债务人违约时，实际偿还的金额为 60 万元，而到期清算时担保物的公允价值为 80 万元，则担保物权的价值 = min（100 - 60，80）= 40 万元；如果到期清算时担保物的公允价值为 30 万元，则担保物权的价值 = min（100 - 60，30）= 30 万元。因此担保物权的价值不仅取决于债务人违约的概率和违约的程度，还取决于担保物到期时的公允价值。

如果债务人以一项资产对多项债务建立担保关系时，各债权人对于担保物均具有相应的担保物权。此时各债权人对基于同一项资产而产生的担保物权存在排他性和优先效力关系，使相关各债权人优先支配担保物的交换价值，于债权届期未获清偿时可将标的物折价、变价或拍卖并就其价金优先受偿，各担保物权人按照设立相应权利的先后确定足额受偿次序。担保物权的优先次序直接影响到相应的价值。例如，债务人将一项不动产按照次序向债权人 A、B 提供债务担保，那么债权人 A 的债权在债权到期发生违约的情况下优先获得该项不动产的担保物权，该项不动产公允价值扣除债权人 A 的担保物权价值后作为债权人 B 的担保物权。即使债权人 B 的债权先于债权人 A 的债权到期，且债务人发生违约的情况下，债权人 A 的担保物权必须得到优先保证。

基于如上的分析，可以发现评估师尽管是对资产进行价值评估，但本质是在对资产所具有的各项物权价值进行评估。基于资产所具有物权的未来经济利益是评估的核心。

参考文献

［1］葛家澍：《财务会计概念框架研究的比较与综评》，载《会计研究》2004年第6期。

［2］成小云、任咏川：《IASB/FASB概念框架联合项目中的资产概念研究述评》，载《会计研究》2010年第5期。

资产评估损失函数

——基于分位数回归的分析和证明

李晓冬 厦门大学

【摘要】资产评估为资产的可能交易价格提供参考意见，即在实际市场交易价格发生之前对其进行估计，从而估计值和实际值之间的差值形成资产评估的价值损失。论文在此基础上说明提出资产评估损失函数的重要意义，应用测度理论并基于分位数回归方法构建资产评估非对称形式分位数损失函数，度量资产评估价值的效率损失。

【关键词】资产评估；分位数回归；效率损失；损失函数

Loss Function for Asset Valuation

—Analysis and Argument Based on Quantile Regression

LI Xiao-dong

Abstract: Asset valuation studies the change and measurement of value and provides advices for probable future trade price. For asset valuation always happened before trade, the difference of valuation value and trade price generates value loss of asset valuation. Based on the new asset valuation definition, article emphasizes the importance for providing the loss function for asset valuation; based on the transition probability of asset valuation value, applying measure theory and quantile regression, article founds quantile loss function, measuring the efficiency loss of asset valuation value.

Key Words: asset valuation; quantile regression; efficiency loss; loss function

一、引言

资产评估作为市场媒介，为交易价格提供公正、可靠和准确的价值意见，尽可能促使交易公平公正和降低交易损失。若交易发生，则资产评估行为发生在实际交易之前，显然，对资产评估价值意见的公平性、公正性、准确性和可靠性，即其效率的评判基础，无疑应是实际发生的交易价格，因资产评估的价值意见是对交易价格的估计，若二者存在较大偏差，则资产评估价值的效率存在较大损失。

国际评估准则 2007（2010）给出资产评估研究的价值为："价值是一个经济概念，是指特定买方和卖方对可供交易的特定商品或服务最有可能达成的成交价格。价值的经济学意义反映了在评估基准日，市场对行为主体拥有某项商品或接受某项服务而可获得利益的判断"。显然，资产评估出具的价值意见是对可得利益的判断，是对可能交易价格的估计。既然是估计，就必然要规定对该估计的约束标准，否则该估计必定失去存在的基础：没有度量该估计准确程度的基准，该基准构成估计的理论规定性。

从而，本文在充分借鉴损失函数和分位数回归的相关研究文献，提出资产评估损失函数，度量资产评估行为的社会价值，也即是资产评估价值意见的可靠性和准确性。资产评估价值和实际交易价格越接近，可靠性和准确性越高，则其效率就越高，为媒介交易并使之顺利进行所作的贡献也越大，其社会价值就越大。

资产评估损失函数是资产评估重要的理论基础和实务内容。

二、文献综述

到目前为止，尚未有关于资产评估损失函数的研究。由于分位数回归应用和研究文献较多，此处主要综述有关损失函数的相关文献。

宋立新和王德辉（1998）研究了在熵损失函数下，刻度参数的可容许估计的不变性及 Bayes 估计的不变性，证明在熵损失函数下，刻度参数所有依赖于充分统计量的非随机化判决构成一个本质完全类。其定义的熵损失函数对部分参数非凸，但在非随机化判决下仍然构成本质完全类。

李杨和吴会江（2000）研究在统计判决理论中对损失函数的精度估计，给出正态分布在方差已知情况下均值参数的估计的损失函数和风险函数的不同 Bayes 估计，并得到在无信息先验分布和其共轭先验分布也为正态分布时，风险函数和损失函数的 Bayes 估计的性质。

王德辉和牛晓宁（2001）基于产品的可靠性测试需要，定义熵损失函数为似然比对数的数学期望，并讨论了在熵损失函数下巴斯卡分布可靠度的 Bayes 估计及其可容许性，并且给出 Bayes 置信下限以及多层 Bayes 估计的表达式，论文构造的损失函数对判决空间的点估计参数是严格的，具有较好的数学性质，同时证明指出，在熵损失函数下对先验分布参数的 Bayes 估计与平方损失函数有相似的结论。

戴晓凤和史敬（2005）讨论了损失函数在 VaR 模型回测技术中的应用并对其进行了评价。论文研究了基于异常值、基于密度预测和基于损失函数的回测技术，指出损失函数回测技术虽然克服了前二者的片面和单一指标的缺陷，但是缺乏统计学基础。论文引用 Lopez 的观点指出损失函数评价标准是：最小的损失函数值代表了相对最精确的 VaR 估计值。最后评价指出应当结合损失函数和统计技术以评判效率损失。

泽尔纳（Zellner，1986）研究了在非对称损失函数条件下的估计和预测。Zellner 应用 LINEX 损失函数（Varian，1975），讨论了标量参数和单变量预测问题，及多变量预测问题，最后说明要慎用对称损失函数，指出问题的要点也许是对损失函数的性状非常敏感，如是否对称，从而应将更多的精力和时间放在对损失函数的仔细构造上而不是盲目选用平方损失函数。

C. -Y. Chou，H. -R. Liu，C. -H. Chen 和 X. -R. Huang（2002）研究了当应用控制图监控生产过程时，有三个参数必须被定下来：样本大小、相邻取样的间隔时长和控制极值或者控制图的临界区间。在论文中，作者们发展了一种应用质量损失函数进行多变量控制的经济—统计方法以同时监控过程的均值向量和方差—协方差矩阵，从而可以更经济的取得上述三个参数的最优值同时又可以满足对参数的统计约束（如包括对第一类概率错误和统计势的要求）。论文构造检验统计量，基于由 Montgomery 和 Klatt 给出的成本函数构造成本模型，多变量质量损失函数则由 Kapur 和 Cho 给出。在此基础上，论文将二者相结合给出了目标函数以控制过程。

Sudipta Basu 和 Stanimir Markov（2004）研究了在理性预期条件下分析金融收益预期时损失函数的设定，指出，以往的经验研究认为金融分析人员不能有效利用公共信息以获得收益预测，基于 OLS 的检验也暗含金融分析人员面临的是二次损失函数。然而，作者认为金融分析人员实际面临的是线性损失函数，并详细对比了线性损失函数和二次损失函数，认为线性形式可以更好地拟合真实损失。

Peter Christoffersen 和 Kris Jacobs（2004）研究了期权评估时损失函数的重要性。依据以往经验研究，各种形式的损失函数都被提出并被采用，没有一个标准的形式。但是文中强调指出损失函数选择的一致性至关重要。首先，对于任意给定的模型，参数估计和模型评估时的损失函数选择要一致，否则会得到参数的次优估计。其次，在比较不同的模型时应选用相同的损失函数，否则将得出不准确的比较结论。在此基础上，文中给出二次形式的相对和绝对损失函数，并进行了理论分析和模拟对比，验证作者的上述观点。

Joshua Aizenman，Michael Hutchison 和 Ilan Noy（2008）研究了新兴市场国家的通胀锚定（IT）和实际利率问题，在开放经济条件下，若假设实际利率和汇率均会影响潜在产出和通货膨胀，则通胀锚定规则意味最小化事前设定的福利损失函数，该函数是实际通胀与潜在通胀之差和实际产出与潜在产出之差的函数，且采取加权平均形式。该函数反映了新兴市场国家执行通胀锚定和利率政策对福利损失的影响。

Michael Woodford（2010）详细讨论了在寻求最优稳定货币政策时，政策目标函数是最大化期望效用及损失函数是任意设定的二次形式情况下的福利损失。

John B. Taylor 和 John C. Williams（2010）研究了应对货币政策的简单和稳健规则，为满足和执行相应的货币政策，央行仍然是最小化事前设定的损失函数，文中给出二次形式的加权平均损失函数，是实际通货膨胀和潜在通货膨胀之差的平方，实际产出的平方，实际利率和潜在利率之差的平方，三部分的加权平均。

W. Jurek 和 Erik Stafford（2011）研究了存在金融中介并且市场存在冲击和要求附属抵押担保贷款时，论文给出了一个静态模型用以描述在要求附属抵押担保的金融市场上融资者特征，并构造状态依存的损失函数，以反映融资者的可能收益损失。

Frank Schorfheide（2011）讨论了 DSGE 模型的发展历史、取得的进展和面临的问题，重点讨论了 DSGE 模型在新凯恩斯主义条件下的进展，同时指出其存在的五个问题，并构造福利损失函数度量在发生外生冲击时 DSGE 表现出的福利损失。

Athanasios Orphanides and John Williams（2011）应用最优控制方法研究了货币政策错误和通货膨胀演进，指出，若要获得满意的效果，最优控制方法本质上要求在满足央行所面临约束的条件下最小化事前设定的央行损失函数，在一定的假设条件下，设定了加权平均的损失函数，该函数是通货膨胀率的无条件方差、失业率和自然失业率之差的无条件方差及联邦基金利率一阶差分的无条件方差的加权平均。

三、命题及证明

一般的，假设在事实发生前即需对该事实结果进行估计。

资产评估行为准确符合上述假定。

资产评估出具价值意见后，若有实际交易行为发生，则事实结果为实际交易价格；若无实际交易行为发生，则事实结果为事前选取的检验变量的取值，该取值必须在资产评估后由于事实发生而给出，否则损失函数失去意义。

（一）建立事实结果测度空间（Ω，Γ，P）

资产评估出具价值意见后，可将事实结果分为两种情况：

若有实际交易行为发生，则事实结果为实际交易价格；若无实际交易行为发生，则事实结果为事前选取的检验变量的取值。

不论何种情况发生，事实结果均为可测空间（Ω，Γ）一点，其分布由 P 给出，所有可能的事实结果生成该可测空间，则基于事实结果取值的测度空间为（Ω，Γ，P）。

其中，

Ω 是由资产评估价值生成的价值集合。

Γ 是由 Ω 的子集生成的域，满足如下条件：

（1）ϕ，$\Omega\subset\Gamma$，即空集和全集是该域的子集。该性质说明，若无事实结果，则事实结果集合为空；同时，所有可能事实结果生成的集合当然应该属于该域，使得全集为可测集。

（2）若 $A\subset\Gamma$，则，$A^c\subset\Gamma$，即若某个可测集属于该域，则该可测集的补集也应于该域。

该性质说明，若事实结果集合为属于该域的可测集，则所有不属于该可测集的事实结果所生成的集合也应当属于该域。事实上，事实结果集合以外的取值也应当视为是对事实结果的补充。

(3) 若 $(A_i)_{i=1}^{I}\subset\Gamma$，则 $\cup(A_i)_{i=1}^{I}\subset\Gamma\cap(A_i)_{i=1}^{I}\subset\Gamma$ 和应同时成立，即若存在有限可测集序列属于该域，则该序列的有限交集合和有限并集合也应属于该域。

该性质说明，在一定条件下，若事实结果集合有多个且均为该域中的可测集，则这些集合的所有可能部分和所有共同部分也应当为该域的可测集。

（二）构建分位数损失函数

若估计值为 e，事实结果为 Λ，则对估计值 e 的判定准则是使 $E(\Lambda-e)^2$ 尽可能小，其中 $\Lambda\in L^2(\Omega,\ \Gamma,\ P)$：

$$\min_{e\in R}E(\Lambda-e)^2 \tag{1}$$

求解上式，有

$$\begin{aligned}E(\Lambda-e)^2 &=E[(\Lambda-E\Lambda)+(E\Lambda-e)]^2\\&=E(\Lambda-E\Lambda)^2+E(\Lambda-E\Lambda)(E\Lambda-e)+E(E\Lambda-e)^2\\&=E(\Lambda-E\Lambda)^2+(E\Lambda-E\Lambda)(E\Lambda-e)+E(E\Lambda-e)^2\\&=E(\Lambda-E\Lambda)^2+E(E\Lambda-e)^2\end{aligned}$$

显然，若要使 $E(\Lambda-e)^2$ 最小，则 e 应取值 $e^*=E\Lambda$，此时，最小值为 $E(\Lambda-E\Lambda)^2$。

定义 1　定义函数

$$l(\Lambda,\ e)=(\Lambda-e)^2 \tag{2}$$

为损失函数。则期望损失为 $El(\Lambda,\ e)=E(\Lambda-e)^2$

定义 2　若 F 为累积分布函数，且 $F(e)=\alpha$，则 e 为 F 的 α 分位数。

定义 3　$l^+=\max\{l,\ 0\}$，$l^-=-\min\{l,\ 0\}$

定义 4　若 $l: R\to R$ 为可测函数，则 l 为勒贝格可测，如果 l^+ 和 l^- 可积，且定义可测函数 l 的勒贝格积分为 $\int l d\lambda=\int l^+ d\lambda-\int l^- d\lambda$。

命题　假设 $\Lambda\in L^2(\Omega,\ \Gamma,\ P)$，且有连续可微累积分布函数 $F(\Lambda)=P(\Lambda\leqslant\lambda)$，则对某些 α，分位数损失函数为：$l_\alpha(\Lambda,\ e)=\alpha(\lambda-e)$ 若 $e\leqslant\lambda$；$l_\alpha(\Lambda,\ e)=(1-\alpha)(e-\lambda)$ 若 $e\geqslant\lambda$。任何满足 $F(e)=\alpha$ 的 e 均是

$\min_{e\in R}El(\Lambda, e)$ 的解。

（三）证明

证明：由于 $\Lambda\in L^2(\Omega, \Gamma, P)$ 具有连续可微累积分布函数，故可令 $f(\Lambda)=F'(\Lambda)$，则

$$El_\alpha(\Lambda, e) = \int l_\alpha(\lambda, e)f(\lambda)d\lambda \tag{3}$$

此处要求满足定义 4 的条件，即 l 为勒贝格可积。

显然，若要求当 e 取某值时上式存在最小值，则需要说明上式关于 e 为凸函数。

实际上，对任给 λ，有

$l_\alpha[\lambda, \delta e+(1-\delta)e']f(\lambda)\leqslant\delta l_\alpha(\lambda, e)f(\lambda)+(1-\delta)l_\alpha(\lambda, e')f(\lambda)$，因为 $f(\lambda)\geqslant 0$。

说明期望损失函数关于 e 为凸函数，则具备求最小值的充分条件。

依据损失函数的定义，重写期望效用函数有

$$El_\alpha(\Lambda, e) = \int_{-\infty}^{e}(1-\alpha)(e-\lambda)f(\lambda)d\lambda+\int_{e}^{\infty}\alpha(\lambda-e)f(\lambda)d\lambda \tag{4}$$

则由一阶条件：

$$\frac{d[El_\alpha(\Lambda, e)]}{de} = \frac{d}{de}\Big[\int_{-\infty}^{e}(1-\alpha)(\lambda-e)f(\lambda)d\lambda\Big]+\frac{d}{de}\Big[\int_{e}^{\infty}\alpha(e-\lambda)f(\lambda)d\lambda\Big]$$

$$=(1-\alpha)(e-e)f(e)+\int_{-\infty}^{e}-(1-\alpha)f(\lambda)-\alpha(e-e)f(e)$$

$$+\int_{e}^{\infty}\alpha f(\lambda)d\lambda$$

由累积分布函数的定义，有

$$\int_{-\infty}^{e}-(1-\alpha)f(\lambda) = -(1-\alpha)F(e)$$

$$\int_{e}^{\infty}\alpha f(\lambda)d\lambda = \alpha[1-F(e)]$$

则

$$\frac{d[El_\alpha(\Lambda, e)]}{de} = -(1-\alpha)F(e)+\alpha[1-F(e)]$$

显然，只有当 $F(e)=\alpha$ 时，上式为零，即 $\frac{d[El_\alpha(\Lambda,\ e)]}{de}=0$，此时满足一阶条件，期望损失函数取得最小值。

证毕。

（四）分位数损失函数的意义及应用

基于上述证明，可将分位数损失函数表述如下

$$quantl_\alpha(\Lambda,\ e)=\begin{cases} l_\alpha(\Lambda,\ e)=\alpha(\lambda-e) & \text{若 } e\leqslant\lambda \\ l_\alpha(\Lambda,\ e)=(1-\alpha)(e-\lambda) & \text{若 } e\geqslant\lambda \end{cases} \tag{5}$$

其中，$e\in R$ 为估计值，即资产评估价值，或资产评估出具的价值意见；λ 为 Λ 的取值，$\Lambda\in L^2(\Omega,\ \Gamma,\ P)$ 为检验变量，即事实结果。

分位数损失函数度量资产评估价值和事实结果的偏离程度，即资产评估的效率，偏离程度越高，则效率越低，资产评估作为市场媒介的市场价值的损失就越大。

若设 $\zeta=|\lambda-e|$，即估计值与检验变量取值的偏离程度。

若 $e\leqslant\lambda$，即估计值下偏，则效率损失为 $\alpha\zeta$；若 $e\geqslant\lambda$，即估计值上偏，则效率损失为 $(1-\alpha)\zeta$。

显然，该损失函数为非对称，估计值上偏或下偏引致的效率损失取决于事前选定的权重。但应强调指出，应当在事实发生之前依据经验研究选择权重，权重选定后，不能任意更改，尤其在事实发生后。否则，通过更改权重，总可将效率损失控制在任意合意水平上。同时，在同一损失评估的过程中和不同损失评估的比较过程中，权重应保持不变（Christoffersen，Kris Jacobs，2004）。

对不同的资产评估业务，资产评估价值上偏或下偏引致的效率损所导致的成本可能不同：若资产评估价值上偏导致的成本较小，则应选择相对应较小的上偏权重；若资产评估价值下偏导致的成本较小，则应选择相对应较小的下偏权重。同样，权重在事实发生前选定后，不能任意更改。

四、结论和讨论

本文应用给率和测度理论，基于分位数回归构建分位数损失函数，

度量资产评估价值的效率损失。

资产评估出具的价值意见属于事前估计，因为对该估计必须设定判定准则，即用以评估该估计效率的法则，否则估计将失去意义。构建并深入研究和完善损失函数是资产评估实务和理论研究的重要内容。

分位数损失函数为非对称，事实上，Zellner（1986）早已研究了在非对称损失函数条件下的估计和预测，指出非对称损失函数可以更好地拟合实际损失。非对称形式也便于在资产评估实务中依据具体业务性质，事前选定相应的上偏和下偏权重，对过高估计和过低估计所导致的不同成本赋予不同权重。

本文的不足之处在于：

（1）只提出了损失函数的理论形式，尚未应用于经验研究。

（2）分位数回归在 R 、SAS 及 Splus 等应用软件中有相应高效的集成软件包，本文未有给出相应的程序设计及应用。

在本研究基础上以后可以进一步研究的方向：

（1）在分位数回归形式的资产评估损失函数之外，可以探索并建立其他形式的损失函数，以应用于不同的具体情况和要求。

（2）为不同形式的损失函数设计应用程序。

参考文献

［1］刘玉平：《资产评估教程》，中国财政经济出版社 2003 年版。

［2］于鸿君：《资产评估教程》，北京大学出版社 2000 年版。

［3］朱进强、纪益成：《资产评估综合操作实务》，中国财政经济出版社 2002 年版。

［4］宋立新、王德辉等：《熵损失函数下刻度参数估计的不变性和本质完全类》，载《吉林大学自然科学学报》1998 年第 1 期。

［5］李杨、吴会江：《正态参数估计的损失函数和风险函数的 Bayes 推断》，载《沈阳化工学院学报》2000 年第 6 期。

［6］王德辉、牛晓宁：《熵损失函数下巴斯卡分布参数的 Bayes 估计》，载《吉林大学自然科学学报》2001 年第 1 期。

［7］戴晓凤、史敬湖：《VaR 模型回测技术及其评价》，载《湖南农业大学学报（社会科学版）》2005 年第 12 期。

［8］国际评估准则委员会：《国际评估准则 2007》，中国财政经济出版社 2010 年版。

[9] Zellner, A. Bayesian Estimation and Prediction Using Asymmetric Loss Functions. Journal of the American Statistical Association 394, 1986, 446 – 451.

[10] C. -Y. Chou, H. -R. Liu, C. -H. Chen, X. -R. Huang. Economic-Statistical Design of Multivariate Control Charts Using Quality Loss Function. International Journal of Advanced Manufacturing and Technology 20, 2002, 916 – 924.

[11] Christoffersen, P., K. Jacobs. The Importance of the Loss Function in Option Valuation. Journal of Financial Economics 72, 2004, 291 – 318.

[12] Basu, S., S. Markov. Loss Function Assumptions in Rational Expectations Tests on Financial Analysts' Earnings Forecasts. Journal of Accounting and Economics 38, 2004, 171 – 203.

[13] Aizenman, J., M. Hutchison, I. Noy. Inflation Targeting and Real Exchange Rates in Emerging Markets. NBER Working Paper. No. 14561, December 2008, Revised July 2010, JEL No. E52, E58, F15, F3.

[14] Taylor, J., J. Williams. Simple and Robust Rules for Monetary Policy. NBER Working Paper. No. 15908, April 2010, JEL No. E5.

[15] Woodford, M. Optimal Monetary Stabilization Policy. NBER Working Paper. No. 16095, June 2010, JEL No. E52, E61.

[16] Orphanides, A., J. Williams. Monetary Policy Mistakes and the Evolution of Inflation Expectations. NBER Working Paper. No. 17080, May 2011, JEL No. E52.

[17] Schorfheide, F. Estimation and Evaluation of DSGE Models: Progress and Challenges. NBER Working Paper No. 16781, February 2011, JEL No. 32, C50, E30, E50.

[18] Jakub, W., Jurek, E. Stafford. NBER Working Paper. No. 17422, September 2011, JEL No. G01, G12, G2.

[19] Corbae, D., M. Stinchcombe, J. Zeman. An Introduction to Mathematical Analysis for Economic Theory and Econometrics (manuscript), 2008.

[20] Aswath, D. Investment Valuation, second edition. New York: Wiley & Sons Inc, 2002.

[21] Ash, R. B., Dade, C. A. Probability and Measure Theory. BeiJing: Press and Telecom Press, 2007.

[22] Lang, S. Real and Functional Analysis. New York: Springer-Verlag Inc, 1993.

[23] Royden, H. L, Fitzpatrick, P. M. Real Analysis. London: Pearson Education, Inc., 2010.

[24] Rudin, W. Function Analysis. Singapore: McGraw-Hill Book Co-Singapore, 1973.

[25] Samuels, K., Taylor, H. M. A Second Course in Stochastic Processes. Singapore: Elsevier Pte Ltd, 2009.

评估业务的性质、评估质量的内涵及评估准则的作用

张存彦　河北农业大学商学院

【摘要】本文对评估业务的性质、评估质量的内涵及评估准则的作用等一些评估行业的基本理论问题做了初步探讨，认为基于资产交易的评估业务属于鉴证业务，强调评估师对交易第三方的法律责任。在此基础上提出评估质量的内涵应站在第三方的角度进行界定，包括对评估师的职业道德和专业胜任能力的关注两个方面，最后分析了评估准则的作用，在于以评估业务性质的确定为出发点，向社会公众表明所承担的责任以保证评估质量。

【关键词】评估业务；评估质量；评估准则

The Nature of Assets Valuation, the Content of Assets Valuation Quality and the Role of Assets Valuation Standards

ZHANG Cun-yan

Abstract: In this paper, some basic theoretical issues such as the nature of assets valuation, the content of assets valuation quality and the role of assets valuation standards are preliminary discussed. It advocates that general assets valuation based on trading is belong to assurance services and emphasizes on the law responsibility for the third party. Based on this, it defines the content of assets valuation quality from the review of the third party, including two dimensions of professional ethics and professional competence. At last, it analyzes the role of assets valuation standards. That is from the basic point of the nature of assets valuation, shows the law responsibility to public and so to ensure the quality of assets valuation.

Key Words: Assets Valuation; Assets Valuation Quality; Assets Valuation Standards

自2000年至2011年5月，中评协已颁布21项准则，准则正渐成体系，对整个评估行业的执业活动起着重要的指针作用，然而我们发现当前对于制定和实施准则之初就应该统一认识的一些基础性理论问题尚有争论或研究不多，因此本文拟对评估业务的性质、评估质量的内涵及评估准则的作用等问题做一粗浅探讨，希望抛砖引玉，将这些问题的研究推向深入和系统。

一、评估业务性质问题的重要性

应该如何确定评估业务的性质？尽管在1999年国务院办公厅的文件《关于清理整顿经济鉴证类社会中介机构的通知》中将评估行业作为鉴证类中介机构之一，但是这一问题仍然一直存在争议。汪海粟（1998）老师曾指出“评估是受托对特定资产的价值做出评定和估算，为资产定价提供依据，因而具有咨询性特征。而审计旨在澄清企业财务报表的真伪，以维护正常的经济秩序，所以具有鉴证性特征。”

在2002年中注协专业标准部（以下简称专业标准部）对评估专业人士所做的调查中，认为评估公证作用[①]与咨询作用“两者兼而有之”的占68.02%；选择具备“公证作用”的占6.31%；选择“咨询作用”的占25.68%。多数被调查者反对简单地将资产评估归为公证性服务，但对咨询性与公证性的认识仍分歧较大。标准部进一步指出这一问题的重要性，“这一问题涉及资产评估行业在经济生活中的定位和相关法律责任，长期以来，从业人员、政府管理部门、监督和司法部门对此认识不一，不仅影响评估准则的制订工作，甚至会影响行业的生存和发展空间，值得进一步研究”（中国注册会计师协会专业标准部，2002）。当前评估业务的范围已经很广，但是调查问卷并未指出调查的是哪种具体业务，而是笼统地询问评估业务的性质，我们认为是对最基本的评估业务，即基于资产交易的评估业务性质的调查。

李挺伟（2006）对法定评估业务的性质进行了探讨，认为法定评

① 这里我们首先需要明确一点，“公证性”不是一个较为普遍的说法，中介机构的业务类型按照性质划分，一般分为“鉴证业务”和“咨询业务”两大类，因此我们认为文中“公证性”即为“鉴证性”。

估业务因被法律赋予了“评估的法定参考证明效力”而具有鉴证业务的性质。可见，对这一问题至今尚未形成共识，然而它却是一个非常重要的理论问题，专业标准部（2002）指出，“这一问题涉及资产评估行业在经济生活中的定位和相关法律责任，长期以来，从业人员、政府管理部门、监督和司法部门对此认识不一，不仅影响评估准则的制订工作，甚至会影响行业的生存和发展空间”。因此，对评估业的性质决不能简单地看作一个概念性问题，它是评估业发展方向的基点。我们对这一问题的讨论就从评估业在市场经济中的定位和法律责任入手进行分析。

二、评估业务的性质分析

讨论评估业务性质之前先对鉴证业务和咨询业务进行概念上的区分。

（一）鉴证业务和咨询业务的区分

1. 鉴证业务的概念与要素

在中注协2010年制定的《注册会计师业务指导目录》中将其业务分为鉴证业务和相关咨询服务业务两大类。注册会计师行业的《鉴证业务基本准则》准确界定了鉴证业务的概念及其五个要素。由于评估业也是资本市场上重要的中介服务行业之一，我们的研究可以直接引用这一说法：鉴证业务是指注册会计师对鉴证对象信息提出结论，以增强除责任方之外的预期使用者对鉴证对象信息信任程度的业务。鉴证业务包含五个要素，分别是鉴证业务的三方关系、鉴证对象、标准、证据和鉴证报告。

（1）三方关系。三方关系人分别是注册会计师、责任方和预期使用者。注册会计师对由责任方负责的鉴证对象或鉴证对象信息提出结论，以增强除责任方之外的预期使用者对鉴证对象信息的信任程度。

（2）鉴证对象。鉴证对象具有多种不同的表现形式，有财务或非财务的业绩或状况、物理特征、系统与过程、行为等，比如内部控制。不同的鉴证对象具有不同特征。

（3）标准。标准即用来对鉴证对象进行评价或计量的基准。

（4）证据。获取充分、适当的证据是注册会计师提出鉴证结论的基础。

(5) 鉴证报告。注册会计师应当针对鉴证对象信息(或鉴证对象)在所有重大方面是否符合适当的标准,以书面报告的形式发表能够提供一定保证程度的结论。

2. 鉴证业务与咨询服务的区别

在《鉴证业务基本准则指南》中,对鉴证业务和相关服务[①]的区别进行了说明,主要体现在以下几个方面:

(1) 业务涉及的关系人不同:相关服务通常只涉及两方关系人,即客户和提供相关服务的注册会计师;而鉴证业务通常涉及三方关系人,即责任方、预期使用者及提供鉴证业务的注册会计师。

(2) 业务关注的焦点不同。相关服务关注的焦点主要是信息的生成、编制或对如何利用信息作出决策提供建议;而鉴证业务关注的焦点是适当保证和提高鉴证对象信息的质量,通常不涉及信息的利用。

(3) 工作结果不同。相关服务的工作结果不对信息提供可信性保证;而鉴证业务的工作结果是注册会计师以书面形式提出结论,该结论能对鉴证对象信息提供某种程度的可信性保证。

(4) 独立性要求不同。相关服务通常不对提供服务的注册会计师提出独立性要求;而鉴证业务要求注册会计师必须独立。

通过以上比较可以看出两者最根本的区别在于鉴证业务强调专业人员对第三方的法律责任。鉴证业务的用户是"预期使用者",鉴证业务是用来有效地满足预期使用者的需求的。因此,鉴证业务的基础是独立性和专业性,尤其应独立于责任方。

(二) 评估业务的性质

借鉴以上分析,按照《资产评估准则——基本准则》的相关规定,我们反观一般的评估业务,也存在这样类似的五个要素:

(1) 三方关系:基于资产交易的评估业务首先要有交易双方,在双方对交易资产的价格信息缺乏一致信息的前提下,由评估师站在独立的立场上以双方均认可的程序和方法确定一个交易参考价格,以增加评估委托方之外交易的另一方(以下称之为"第三方")决策的可靠性。

(2) 评估对象。评估对象是指以多种形式存在的资产或产权。

① 这里的"相关服务"应是不同资料之间说法的差异,所指应为相关咨询服务。

（3）标准。标准即用来对评估对象进行价值评定和估算的依据。

（4）资料。评估师应当收集资料以“形成合理评估结论”。

（5）评估报告。“注册资产评估师应当根据评估业务具体情况，提供能够满足委托方和其他评估报告使用者合理需求的评估报告。注册资产评估师执行资产评估业务，应当对评估结论的合理性承担责任。”

可以看出，一般资产交易的评估业务具有与注册会计师行业的鉴证业务几乎相同的性质，如果我们把评估作为咨询业务，表明评估师只需对委托方负责，而不必考虑对第三方的法律责任，也就是说在评估业务中只有交易委托方与评估师两方，那么《资产评估准则——职业道德基本准则》就不必强调“独立性”了。我们应该清楚地知道，在资产交易中委托方出于自身利益的考虑都会希望评估师将资产价值向有利于自己的方向评估，如果第三方能够预见到评估师会在评估中倾向于委托方的利益，他还会不会依赖评估报告做出交易的决策？如果评估报告失去促进交易的作用，还会不会有委托方来聘请评估师，这一行业是否还能够在市场经济中生存下去？所以“独立性”于交易双方尤其对委托方是评估行业安身立命之本，而“独立性”正是鉴证类服务最基本的特征。

因此，《资产评估准则——基本准则》明确强调评估报告要“能够满足委托方和其他评估报告使用者的合理需求”。对这一点要从更深的层面来理解，它意味着：评估行业在市场经济中的价值，在于其工作结果能够在多大程度上提高“其他评估报告使用者”决策的正确性，评估报告越客观，对决策越有用，为了促进交易的完成，评估委托方对评估师付出的费用越高，评估业的社会价值也就越大。因此我们认为对于一般的资产交易业务而言，应定性为鉴证业务，这是评估行业的根基所在。

但是，我们并不排除随着评估行业发展，除了鉴证业务之外，评估师凭其专业知识拓展出广泛的咨询服务领域，因此评估行业可参照注册会计师行业的做法，划分出只强调专业知识而不要求独立性的非鉴证业务。

三、评估质量的内涵界定

只有将评估业务定性为鉴证业务，在三方关系前提下对评估质量问题的讨论才有意义。我们可以考察一下，对鉴证类中介服务质量的关注都源自于其对第三方的法律责任履行的担忧，而非对委托方的责任，加之对第三方责任的履行难以观察和约束，这一问题就更引起各方关注。社会对评估行业质量的质疑也是随着资本市场的发展，评估师未能很好地履行其对公众投资者的法律责任而逐渐产生的，因此要准确把握评估质量的内涵，必须将评估师对第三方的责任履行作为核心问题。我们不妨再次借鉴注册会计师行业关于审计质量概念的界定思路。

审计是注册会计师行业最基本的鉴证业务，它的三方关系人分别是审计师、企业管理者和依赖审计报告做出决策的第三方，往往指以企业投资者为代表的社会公众。瓦茨和齐默尔曼（1999）站在第三方的角度对审计质量进行了经典概括，他们认为审计质量是“当事人（第三方）认为审计师揭示企业管理者违约（如管理者侵害投资者利益）行为的概率”。社会对审计服务的需求取决于当事人对其揭示管理者违约概率的评估。企业支付给审计师的服务费也取决于这种概率的水平，概率越高，企业的市场价值越大，企业对审计师的付费也就越高。审计师揭示违约行为的概率（以发生违约行为为前提）取决于：

（1）审计师发现某一特定违约行为的概率；

（2）审计师对已经发现的违约行为进行揭示或披露的概率。

第一个概率（发现违约行为）取决于审计师的职业能力和在审计方面投入的成本，第二个概率（揭示违约行为）取决于审计师相对于企业管理者的独立性，即假如企业管理者对审计师施加压力，不让披露已发现的违约行为，审计师能否顶住压力。

按照这一思路，我们可从第三方“其他评估报告使用者”的角度来界定评估质量的内涵，它也包括两个方面，即评估师是否具备了职业道德和专业胜任能力。职业道德要求评估师“勤勉尽责，恪守独立、客观、公正的原则”；专业胜任能力要求评估师“应当经过专门教育和培训，具备相应的专业知识和经验，能够胜任所执行的评估业务，应当接受后续教育，保持和提高专业胜任能力”。如果这两点做到了，评估质量就不必担忧了。而评估质量是由评估准则的制定和有效实施来保证的，因此对评估质量的内涵界定也可用来解释为什么评估准则由职业道德准则和业务准则两部分构成。

四、评估准则的作用

准则是评估师执业的具体操作规范，因此准则的制定一定要以对评估业务性质的确定和评估质量内涵的界定为出发点。在资本市场上，鉴证类中介机构面对的第三方是广大的社会公众，其服务质量关乎公众的利益，因此监管部门对中介机构的执业质量负有督促和监督责任。纵观美国和我国注册会计师行业执业准则发展的历史，可以清晰地发现他们执业准则体系的制定和趋于健全的路径，是一个不断扩大行业责任以弥合社会期望差距的循环过程。每一次循环基本都是沿着这样的轨迹运行：资本市场爆出恶性事件——给公众造成惨重损失——政府监管部门（如：证券交易委员会、证监会等）对行业质量的极大关注和敦促——行业协会制定或修改执业准则——行业的法律责任扩大（张龙平，王泽霞，2003；闫光华，2006）。

初看起来这一过程似乎是加大了中介行业生存的风险，实际上无论是美国还是中国的注册会计师行业都随着这一次次的准则调整越来越壮大而非走向萎缩。反观我国评估行业的准则制定过程，也大致遵循了同样的发展路径。在出现恶性事件时往往是社会期望与行业质量差距最大的时候，因此准则制定与完善的基本出发点在于：进一步明确行业对社会公众的责任范围，提高执业质量，挽救整个行业的声誉，谋求行业在市场中的继续生存和发展。实际上，行业对评估性质的确定可以看作是对社会公众所负责任的一种自动选择，而这种选择的结果会在行业的执业准则中得到充分体现，同时准则的制定与修改则是行业对社会责任的一种自动承担。市场经济中所有行业的生存都遵循同一个法则：收益和责任的对等。没有哪个行业可以永远只得到收益而无需承担相应的责任，那一定是市场出了问题。

因此，准则的基本作用在于提高行业的公信力，保证评估质量，而这一作用的实现需要评估人员、评估协会、社会公众和监管部门等相关各方的共同努力与配合。由此，准则作为得到各方认可的执业标准，在实施中对于不同的群体，准则呈现出不同的具有作用：（1）对于社会公众、法律部门和监管部门，它是衡量评估质量，明确评估责任的准绳；（2）对于评估师和评估机构而言，是使行业内各事务所规范执业，保持同一水平和质量的标准；（3）对于评估协会而言，它是监督执业质量，检查具体业务操作情况，贯彻行业自律制度，实施内部惩戒的尺度。这些不同的群体从相应的具体作用着手对准则施加影响，准则才能够有效发挥其保障评估质量的基本功能。

参考文献

［1］汪海粟：《制定“中国资产评估准则”应思考的几个关系和问题》，载《中国资产评估》1998 年第 6 期。

［2］中国注册会计师协会专业标准部：《资产评估准则问卷调查结果分析》，2002 年第 5 期。

［3］李挺伟：《资产评估法定业务的性质、规范与责任》，载《中国资产评估》2006 年第 10 期。

［4］瓦茨、齐默尔曼著，陈少华、黄世忠、陈光、陈箭深译：《实证会计理论》，东北财经大学出版社 1999 年版。

［5］张龙平、王泽霞：《美国舞弊审计准则的制度变迁及其启示》，载《会计研究》2003 年第 4 期。

［6］闫光华：《注册会计师审计准则变迁的博弈分析》，吉林大学硕士学位论文 2006 年。

我国评估市场共生体系的构建

——小型评估机构、评估咨询业务与小规模企业

胡晓明　南京财经大学

【摘要】评估机构是市场化的产物，市场需求决定了不同类型机构的价值取向。从共生元素、共生环境、共生模式等角度构建我国评估市场共生体系，小型评估机构有其存在的客观性和必要性，评估咨询业务是小型评估机构生存和发展的基础，小规模企业是小型评估机构走专业化发展道路的理性选择。

【关键词】共生体系；小型评估机构；评估咨询；小规模企业

The Construction of Evaluation Market Symbiosis System in China

—Minitype Appraisal Institutions, Evaluation Consultation Business and Small-scale Enterprises

HU Xiao-ming

Abstract: Appraisal institutions are the product of the market. It's the market demand that decides the value orientation of different types of institutions. This essay will build the evaluation market symbiotic system in our country from the angles of associated elements, symbiotic environment, intergrowth pattern etc. It's objective and necessary for minitype appraisal institutions to exist; their survival and development will be based on the evaluation consultation business. Small-scale enterprises will be the rational choice of small appraisal institutions on the professional development road.

Key Words: symbiosis system; minitype appraisal institutions; evaluation consultation; small-scale enterprises

共生又叫互利共生，本是生物学概念，指两种生物彼此互利共生在

一起，缺此失彼都不能生存的一类种间关系，是生物之间相互关系的高度发展。共生的生物在生理上相互分工，互换生命活动，在组织上形成了新的结构。共生也就是指共生单元之间在一定的共生环境中按某种共生模式形成的关系，其要素包括共生单元、共生模式和共生环境。从经济意义上说，共生是指经济主体之间存续性的物质联系。评估市场共生就是指不同规模、不同性质的评估机构，在共生环境中通过交互式作用和谐发展，形成互惠共生模式，达到整个评估市场的均衡发展状态。本文以小型评估机构对象，构建评估市场共生体系，探讨小型评估机构生存与发展路径。

一、构建评估市场共生体系的必要性

经过20多年的发展，我国资产评估行业已由单纯的为国有资产管理服务步入了为市场经济中各种经济主体、经济行为服务的时期，成为市场经济的一个不可或缺的多元化、开放性、竞争性专业服务行业。然而，在我国评估市场上，受到市场分割、传统思维等诸多因素制约，我国评估行业服务品种单一，大多集中在传统评估业务上；评估工作的经验仍局限于国有企业，部分评估师对其他类型的服务项目知之甚少，眼界中还未能从“产权变动中保护国有资产”的框框中解放出来；许多评估项目停留在根据有关规定要求“要我做”上，而非委托方“我要做”；评估市场营销注重“关系”，忽视“品牌”、“文化”等营销方式的推行。狭窄、单一化评估服务将导致服务产品供过于求，引发评估机构竞相压价、排挤同行，致使市场无序、低层面竞争，严重影响了执业质量，加大了执业风险，在一定程度上影响了评估机构做优、做强、做大。同时，在资产评估行业内部，形成“僧多粥少”、评估机构普遍小而散的市场格局①，小型评估机构在评估市场中占据绝对多的数量。由于小机构评估大企业，决定了机构在经济上对客户的严重依赖性，导致了评估独立性的丧失，最终影响整个评估行业的公信力。因此，有必要剖析我国资产评估市场结构，挖掘资产评估业务新领域，探索小型评估机构发展路径，构建评估市场的共生体系。

---

① 目前，我国评估机构已达3000余家，执业资产评估师仅3万多人，平均每家评估机构10人左右。

斯蒂格利兹认为，凡是在长期竞争中能够得以生存的规模都是最佳规模。大机构有大机构的优势，小机构也有小机构的特点，竞争不一定遵循你死我活、非赢即输的简单规律。出于风险和收益的考虑，不同规模的评估机构具有不同的专长，专业化分工有助于不同层次的评估机构在各自的层次内向着减少交易费用的方向演进，提高评估行业的整体效益。从经济学的观点来看，独立的小型评估机构在稳定地区的服务内涵上，要比大机构更加自主，激励和约束机制更强，具有明显的信息优势和成本优势①。由此，无论是发达国家还是新兴工业国家，都鼓励小型中介机构的发展。

在制定经营战略和发展规划时，一个重要的原则就是扬长避短，充分发挥自身的比较优势，而不是简单的效仿或者盲目的跟风。根据其所处条件，具体问题具体对待，制定可行的战略目标，选择核心业务，才能突破现有的利益格局，打破经营过程中的“瓶颈效应”。大型评估机构对实力不如自己的小型评估机构不应该简单采取并购，而应着眼于我国的实际并从大局出发，在资金、技术、业务等方面尽量给小型评估机构提供必要的支持和帮助，使它们成为自己的协作伙伴，形成在协作中求互补、同发展的动态平衡。从理论上讲，各种类型的评估机构都应寻求最适规模，再大的评估机构也不可能为企业提供面面俱到的服务，这既有专业人员的种类和执业素质的问题，也有评估机构成本效益的考虑。即便是在西方，众多的小型评估机构与大评估公司并没有太大的竞争，其发展策略也是扬长避短、各具特色。所以，我国的资产评估市场规模结构并非“僧多粥少”，关键是作为“粥”的市场资源是否能被有效地挖掘出来。

二、完善市场结构，整合共生单元

评估机构是市场化的产物，其规模应与市场需求相适应。目前我国评估行业，大、中、小评估机构尚未形成合理比例，评估机构的规模结构、地域分布等还不能完全适应我国经济与社会改革发展的需要。进入21世纪后，我国掀起了一股合并、重组之风。虽然，国际经验通常认为“大的就是美好的”，合并或被兼并，也是评估机构发展的选择之

① 主要表现在经营灵活、反应快捷、特色强、责任风险小、价格合理等方面。

一。但是，我们认为，评估机构的规模应“有大有小”，“大者恒大，小者恒小”，这样才有利于保持适度的市场竞争，达到均衡的结构状态。评估市场的需求是有层次的，需求的层次性决定着不同类型评估机构的价值取向。从整体来看，我国未来评估市场结构应该呈现“金字塔式”大、中、小型评估机构并存的均衡格局，大型评估机构初步形成、独占鳌头，以为大、中规模企业（主要是上市公司）提供评估（整体资产评估等）服务为主；中型评估机构是骨干，以为中、小规模企业提供评估（单项资产评估等）及相关服务为主；小型评估机构大量存在，成为面向小规模企业单位和广大县区农村提供优质评估咨询服务的主体力量。因此，各种规模的评估机构之间应形成平衡发展态势，以达到帕累托最优。这既是市场经济全方位发展的需要，也是打破垄断、形成评估行业竞争发展格局的需要。

资产评估有鉴证和咨询两大作用，由于过去大部分评估报告都被用作鉴证，在评估机构的潜意识中放大了评估的鉴证作用，从而忽视了评估的咨询作用。相对于鉴证业务，评估咨询业务的特点表现为，不以产权变动为目的，而是以委托方或资产占有方的管理需要为目的；评估结论既可以是价值形式，也可以是非价值形式；评估基准日的选择可以是当前、也可以是过去或未来；不以评估报告名义出现，更多地体现为评估价值分析报告、评估价值复核报告或以可实现价值评估意见等形式。随着近年来我国经济改革的不断深化，一方面，企业改组、联合、兼并、租赁经营、股份制、土地征用及动迁补偿、抵押、质押、司法鉴定等经济行为使得评估业务经久不衰；另一方面，社会越来越注重评估衍生业务，金融不良资产价值分析、债权价值分析（可收回金额）、执行以财务报告为目的的评估业务相关其他业务（如判断资产获利能力和预测资产未来收益）、担任财务顾问、提供商务计划书、进行兼并收购的尽职调查、对基准日的评估价值进行评估复核、政策法规与技术标准的研究以及进行与咨询相关的专业培训等也将成为新的评估服务需求，与之相关的资产评估业务将得到长足的发展。评估咨询业务的开展，传统业务被赋予了新的内容，在内涵与外延上有了更新、更高的拓展。

我们乐观预期，评估咨询作为一个日趋成熟的服务行业门类，将成为我国未来经济建设中的一大支柱产业，它将推动和促进我国经济发展。而在这一新兴产业中，小型评估机构是主力军，在经济发展中发挥着非常重要的作用，是一不可忽视的团体和社会中坚力量。评估咨询服务作为一种以管理为主要功能的知识性服务，因其所承担的风险比评估鉴证服务要小得多，更有利于小型评估机构的长远发展。小型评估机构开展评估咨询业务，实现做专、做精、做优的准确定位，增加了市场容量，一定程度上能够缓解当前过度竞争、竞相压价的问题，有利于把评估机构和从业人员的注意力引导到开发新业务上来，从根本上转变服务理念、服务方式和服务结构，迅速形成评估行业新的增长点。

三、和谐小型评估机构与小规模企业的关系，形成互惠共生模式

随着民营经济的迅速发展，我国存在着庞大的小企业群，而且其数量规模还在进一步扩张，说明了我国评估咨询服务市场的潜力巨大。在中介服务较为健全的西方国家，企业往往“事事都求人”，这与我国企业追求“大而全”、“小而全”、“万事不求人”的传统做法形成鲜明的反差。我们认为，随着经济的不断发展，小规模企业可借用“外脑”，寻求一种外在化的社会力量介入内部评估工作，付费委托机构提供评估咨询服务将成为小规模企业最优选择。伴随着经济的发展、企业的进步以及机构服务功能的健全，评估机构与企业之间市场需求的互动效应日益加强，双方相互依存、相互促进，采用“自愿委托、收费服务”的原则，使评估咨询服务社会化、产业化成为一项“双赢”策略。

大力发展小型评估机构是中国经济特别是民营经济发展的必然要求。在目前激烈的市场竞争环境下，小型评估机构存在着抗风险能力差的特点，难以通过评估鉴证业务扩大规模，提高业务收入。小型评估机构要走出困境，从传统评估服务中脱离出来，在市场定位上需摆脱“路径依赖”，寻找新的市场机会。我们认为，小型评估机构应集中优势资源以新建、个人独资、民营等小规模企业作为客户群，针对小规模企业内部控制较弱、人员的知识、技术和管理素质不齐全、不具有配备专职评估人员的条件或需要等情况，提供优质及时、贴身裁剪的专业评估咨询服务，是小型评估机构走专业化发展道路的理性选择。虽然大型评估机构凭借其实力优势，也能为小规模企业提供全方位、综合性的服务。但是，出于成本效益的考虑、地域条件限制以及现阶段评估市场整体格

局的调整，大型评估机构的市场定位主要应确定在为大、中规模企业提供评估服务上。

小型评估机构不仅要清楚自己能提供什么类型的服务，更关键的是要掌握客户群需要什么样服务以及市场竞争情况，只有给自身的服务找到一个恰当的市场位置，才可能形成最终、稳定的服务市场。小型资产评估机构发展路径应该是“与小规模企业一道成长”，即在企业成立的过程中，为企业提供资产评估服务；在企业发展的过程中提供税务代理、咨询、资信评估、税基评估等服务；在企业发展到成熟阶段的时候提供企业价值评估、知识产权评估、专利申请代理、商标注册代理服务；在企业向银行贷款的时候提供房地产估价服务；在企业实施特殊经济行为时提供产权交易、工程造价、工商代理等服务，加快成长的步伐。小型评估机构应介入企业价值链，双方相互依存、相互促进、互惠共生。在此共生体系内，小规模企业是小型评估机构生长的土壤和主要的养分来源，其大量存在为小型评估机构的生存和发展提供了市场条件，小型评估机构凭借灵活高效的经营机制和显著的经营特色，帮助小规模企业解决企业发展中的实际问题，减少或避免决策的失误，弥补企业在知识、信息和技术等方面的不足。

四、统一思想，提高认识，创造良性共生环境

我国资产评估行业是在政府直接扶持下、基于防范国有资产流失而建立起来的，评估机构在业务来源方面受到的压力相对较小，存在一种依赖心理。这些评估业务一旦发生“断乳”，许多评估机构就显得有些措手不及。评估机构必须转变“等、靠、要”的思想，基于市场细分，实行差异化服务战略，学会在“夹缝中求生存、谋发展”，成立业务拓展部，寻找适合自己的目标市场，认真分析与研究评估机构自身特点、专业化程度以及提供服务的能力，认真分析与研究目标市场的需求特性、竞争状况、市场容量等，合理地确定自己的市场定位，提供专门化评估咨询服务；评估业务的开拓需要优质的服务来维护，小型评估机构的业务发展应以客户的需求为导向，满足客户需要是竞争的重点，不能只以价格的竞争招揽客户，应摒弃“低价文化”，代之以优质、特色服务争取客户、留住客户。

政策因素会直接影响评估机构在降低交易成本方面的能力和动机。我们不能错误的理解“抓大”政策，“抓大放小”，不是抓大限小，更不是只要大不要小，而是在强调资产评估机构做大的同时，放手发展小型资产评估机构，强调自身的市场化运作。而“放小”又不能完全理解为放任自流，它一方面是让小型资产评估机构到市场经济的大海中去搏击风浪，自求生存、自谋发展；另一方面，更要帮小，为小型资产评估机构的生存、发展创造和培育良好的外部环境。企业的环境决定着企业的行为，政府必须整合各类社会资源，加快完善相关法律，研究小型资产评估机构的生命模型，形成促进小型资产评估机构发展的强大合力和支持体系，为共生单元在税收、组织架构与行政管理以及法律上创造宽松的外在支持；通过进一步扩大评估服务的市场范围，积极指引企业的评估服务需求，努力促进小型资产评估机构评估咨询业务的专业化和商品化水平，推进小规模企业评估咨询业务的社会化进程。同时，共生体系也应加强行业自律性，规范管理，促进成员间的合作和信息共享，增进同业沟通，维护行业共同利益。

总之，评估机构的规模应“有大有小”，在结构上应形成大、中、小型评估机构并存格局。就个体而言，评估机构的规模结构又不是一成不变，市场并不排除任何一个乍看起来十分弱小的主体最后成为一个“庞然大物”的可能性。因为在资产评估领域中存在切实可行的业务增长点，即咨询评估服务，同时小型评估机构也存在更大的发展可能性和发展空间，两者的现状乍看都处于劣势地位，但是通过本文的分析，我们发现完全有可能通过某种途径，将两者结合起来，咨询评估服务依托小型评估机构不断形成自己的业务市场，小型评估机构以咨询评估服务为自己的特色服务，重新找到自己的市场定位。

参考文献

［1］［美］斯蒂格利茨、沃尔什：《经济学》，中国人民大学出版社 2010 年版。

［2］［日］黑川纪章：《新共生思想》，中国建筑工业出版社 2009 年版。

［3］胡晓明：《小型资产评估机构发展的思考》，载《中国资产评估》2011 年第 4 期。

［4］沈伯扬、汪伦：《关于资产评估业务拓展的思考》，载《中国资产评估》2007 年第 3 期。

当前我国金融不良资产评估存在的问题及对策

赵　琼　首都经贸大学

【摘要】不良资产是一个世界性问题，与此相关的不良资产评估工作也是全球性的理论难题之一。随着我国金融的不断发展，我国面临的金融不良资产处置压力也越来越大。本文在归纳总结我国金融不良资产评估方法的基础上，指出金融不良资产评估存在的问题并提出了改善金融不良资产评估的建议和对策。

【关键词】金融不良资产；资产评估

Problems and Solutions of NPL Evaluation in China

ZHAO Qiong

Abstract: Non-performing Loans is a globalized issue, NPL Evaluation is also one of the most difficult issues the world have to face. With Chinese financial development, more NPL disposal pressure will be put on China's financial industry. The paper mainly discuss NPL Evaluation methods, point out the issues and give out some suggestions and countermeasure.

Key Words: Non-performing Loans; asset assessment

当前，我国不良资产在国家金融资产中仍占有较高的比重。考虑到我国正处于经济发展期，随着我国产业结构调整和升级的不断深入进行，我国金融不良资产预计在相对长的一段时间内仍将保持一个较大的规模，如何提高金融资产的处置效率，化解金融不良融资产对一国金融发展的负面影响直接关系到我国金融体系的稳定与发展。资产处置中定价是核心环节，评估是定价的重要参考，而科学合理的金融不良资产估值评估问题更是解决我国金融不良资产问题的关键，因此总结我国金融不良资产评估中存在的问题并进一步改进显得尤为重要。

一、金融不良资产评估的重要性

金融不良资产是指处于非良好经营状态的、不能及时给银行带来正常利息收入甚至难以收回本金的银行资产。由于我国金融业实行分业经营，商业银行的资产结构比较单一，主要集中在贷款这一资产项目，因此在我国金融不良资产通常是指商业银行不良贷款。根据中国人民银行1998年4月20日发布的《贷款风险分类指导原则（试行）》的规定，不良贷款具体包括次级、可疑和损失贷款及其利息。

（一）防范金融不良资产对经济发展的重要性

全球金融危机爆发以来，世界各国都充分地认识到金融已成为现代经济的核心。虽然我国金融业总体上没有受到全球金融危机的冲击和影响，但隐藏在金融领域的风险并非不存在。近年来，虽然我国金融业一直保持着良好的发展势头，不良贷款余额和不良贷款率有了明显的下降趋势，但危机后的2010年，不良贷款余额和不良贷款率双双大幅攀升，可以预计，一旦我国经济企稳，银行开闸放贷后，不良贷款势必会卷土重来，大量金融不良资产的存在将成为威胁我国金融安全的重要隐患之一（见表1）。因此，如何防范和化解金融不良资产风险已成为我国金融业亟待解决的突出问题之一。

表1　　2003~2010年我国不良贷款情况　　单位：亿元，%

年份	不良贷款余额	不良贷款率
2003	21044.6	17.9
2004	17175.6	13.2
2005	12196.9	8.9
2006	11703.0	7.5
2007	12009.9	6.7
2008	4865.3	2.4
2009	4264.5	1.6
2010	12437	2.4

资料来源：历年中国银监会年报。

（二）金融不良资产最优处置有利于实现不良资产经济效益最大化，而金融不良资产评估工作则是处置的核心环节

金融不良资产是一类特殊资产，评估的目的是为了实现不良资产处置经济效益最大化，由于评估工作本身具有复杂性、技术性较强的特性，致使金融资产评估的复杂性和估值技术难度远甚于一般资产，多年来各国政府、金融监管当局和金融实务界一直致力于解决对不良资产处置的估值难题。加之我国的金融不良资产构成复杂、量大面广，使得评估人员按正常评估程序对不良资产准确估值的难度较大。特别是在全球尚未走出金融危机阴霾的大背景下，金融资产评估工作面临的挑战也越来越大，市场迫切需要利用恰当的估值技术合理反映金融资产的价值。

（三）金融资产公司提高经营效益的需要

组建专业金融资产公司对金融不良资产进行集中管理是世界各国通行的做法。10 多年来，我国的四大资产管理公司为国家处置金融不良资产、化解金融风险作出了巨大的贡献，使得我国金融不良贷款率有了显著的下降。随着我国国有银行的纷纷上市，四大金融资产管理公司承担处置国有银行不良贷款的历史使命基本完成，各家公司原定 10 年的预定寿命期已经届满，各个资产管理公司正在积极寻求转型。在完成转型后政府将逐渐淡出金融资产公司的视野，各个公司将成为一个严格意义上的金融企业，随着金融不良资产处置手段的多样化，市场对金融公司加强资产管理能力、提高处置回收率有了进一步提升的要求。资料显示，目前国内管理不良资产最多、财务指标表现最好的信达资产管理公司，其政策性挂账亏损仍高达 2000 多亿元，因此如何消耗高额的不良资产，控制金融风险将关系其自身的生存和长远发展。

二、金融不良资产评估方法及使用范围

目前国际上通行的不良资产定价方法是以尽职调查为基础的现金流分析法，即通过对评估企业的现金流进行合理估算进行风险折扣后确定不良资产的价格。

根据中国注册资产评估师协会 2005 年发布的《金融不良资产评估

指导意见（试行）》，目前我国债权价值分析主要基于两种途径，第一种是以债务人和债务责任关联方为分析范围的途径；另一种是以债权本身为分析范围的途径。两种途径下采用的主要评估方法及适用范围如表2所示。

表2　　金融不良资产评估中的主要评估方法及适用条件

	方法	适用条件
第一种途径	假设清算法	非持续性经营或净现金流小而不稳，有序清偿
	财务重组企业价值分析法	持续经营且现金流稳定，具有投资价值
	信用评价法	持续经营，财务规范，与银行仍有信贷关系
第二种途径	交易案例比较法	有可比的案例，财务资料不全
	专家打分法	存在诸多不确定因素，难以进行定量分析
	综合因素回归分析法	掌握大量历史数据，进行回归分析

虽然金融不良资产评估存在诸多方法，但由于金融不良资产形成的复杂性，目前尚未形成的完备的评估体系和成熟的方法，这种方法在使用过程中都不同程度的存在一些缺陷。常用的方法有：

（一）假设清算法

假设清算法是我国资产评估中使用较为广泛的一种方法，这种方法适用于非持续经营条件下的企业以及仍在持续经营但不具有稳定净现金流或净现金流很小的企业。从这种方法的使用情况来看，这种方法存在一定程度的缺陷。比如，采用这种方法是以企业财务报表真实可靠为前提的，当债务人对评估工作不予认真配合时，评估人员对企业财务的真伪程度难以辨别，这将直接影响到评估的质量；又如，该方法的核心是要计算企业债权的回收率，而求得的回收率仅为一个平均值的概念，未充分考虑债权人个体间的差异。此外，从评估方法来看，该方法在评估中仅考虑债务人当前的资产现状，没有考虑资金的时间价值因素，未能体现资本在充分使用前提下的价值。

（二）信用评价法

信用评价法是假定债务人能够持续经营且债务企业财务核算较为规范，有经审计可信的会计报表等采用的一种评估方法。在评估过程中评估人员要从财务因素和非财务因素两方面综合考虑债务企业的信用等级，然后根据信用等级状况和贷款形态计算贷款本息的风险度，在此基础上确定贷款企业的可收回价值的一种方法。这种方法的局限性体现在难以将企业的信誉予以量化，且其用的指标主要反映付息情况和存贷比，企业主观评议的量化指标有待证明。

（三）交易案例法

交易案例法的使用前提是能够在市场上找到一定数量可参照的与被分析债权类似的资产处置案例，根据可比案例与分析对象的相似程度，可以取不同的权重进行加权进行评估的一种方法。这种方法本身对金融不良资产交易市场提出了较高的要求，市场的规模、发达程度直接关系到交易案例能否在市场中找到，此外，评估人员在差异量化指标的选取、权重的设置等方面也存在难以把握的现象。

三、金融不良资产评估工作亟待解决的问题

（一）理论研究相对滞后，目前业界尚未形成金融不良资产的规范性流程

众所周知，理论是实践的先导，成熟的理论可以达到纲举目张的效果。由于金融不良资产自身的特性，一直都是理论界的研究难点。目前《国际资产评估准则》中也没有专门针对金融不良资产评估的准则。

与西方近百年的资产评估史相比，我国的资产评估工作产生与改革开放的现实需要，至今也仅有短短20余年的历史，而资产评估的理论也刚刚起步，加之我国市场经济仍有许多不完善之处，导致我国的理论研究仍处于摸索阶段，一些基础性的评估理论研究有待加强。

同时，由于发达国家的不良资产比例较低，该领域的研究成果有限，导致我国的理论研究可借鉴的国外的先进做法有限。从不良资产评估的制度建设来看，虽然中国注册资产评估师协会在2005年3月推出了《金融不良资产评估制度意见（试行）》，初步建立了不良资产评估方法体系，在一定程度上为不良资产评估指明了方向，但该意见仅为框架性内容，对具体工作的指导性不强。从不良资产评估的理论研究来看，有关金融不良资产的评估的价值类型、评估方法、处置研究仍处于初级阶段，研究的广度和深度仍有待加强。

（二）现有的方法过于陈旧，无法适应金融不良资产构成复杂的现状

由于金融不良资产自身的特点，传统的三大评估方法在评估工作中会受到诸多限制。例如收益法，由于受我国不良资产结构所限，导致未来现金流难以预测，而且回收预期不高。又如市场法，我国目前尚未形成发达的、多层次的市场体系，市场规模普遍较小，难以满足大规模处置的交易需求。重置成本法虽能够充分考虑资产的损耗，但不能反映企业股权的真实价值且对于债权类资产无法评估。目前《金融不良资产评估指导意见（试行）》中提出的一些方法虽然对传统方法进行了进一步改进，但总体思路仍来源于评估的基本方法，且在具体操作中也遇到一些瓶颈，无法真实体现不良资产的实际价值。

（三）金融不良贷款评估工作缺乏资产评估专业公司的参与

当前我国金融不良贷款具有数量多，金额少且部分金融不良资产的权属、性质不清的突出特点，评估工作量大且难点多已是不争的事实。为了降低评估成本，资产管理公司很少聘请专业的资产评估机构进行不良资产评估工作，而资产评估机构也因评估收益偏低很少涉足该领域。据中国东方资产管理公司发布的《2011年中国金融不良资产市场调查报告》问卷统计显示，大多数评估事务所的不良资产业务收入仅占全部收入的10%以下。

四、对策及建议

（一）金融不良资产的理论研究工作有待加强

鉴于金融不良资产是一类特殊的金融资产，现有方法单一难以准确、科学地真实地反映其价值，因此在评估方法上需要加快创新步伐，借鉴资产评估乃至其他学科的新方法。例如目前实物期权法和信息熵已在金融不良资产评估中的得到一定范围的应用，大大丰富了金融不良资产的评估思路，提高了金融不良资产的工作效率。

1. 实物期权法在金融不良资产评估中的应用

期权定价模型是 Black-Scholes 是根据金融市场上的无风险套利定价原则推导出来的，这一定价模型不仅在理论上得到了证明，在实践上也得到了广泛的应用。

金融不良债权具有的期权价值包括两部分，一是债权人拥有的对债权的给付请求权；当债权人立即对债务人行使强制给付请求权所获得的现金流的收益大于金融资产管理公司的投资费用时，金融资产公司可以采取行权，否则放弃权利；二是债权人拥有的对负债企业的控制权。在企业资不抵债，破产清算时，如债权人认为负债企业仍有投资价值，也可以对其进行资产重组，使陷入困境的负债企业重新恢复生产能力。评估时的核心公式为：

$$C = PN(K_1) - Ve^{-rT}N(K_2)$$

$$K_1 = \frac{\ln(P/V) + (r + \theta^2/2)T}{\theta T}$$

$$K_2 = K_1 - \theta\sqrt{T}$$

上述公式中，P 为项目现金流收益的现值；V 为项目的投资费用；T 为项目投资机会的持续时间；θ 为项目价值的不确定性；r 为无风险利率。

2. 信息熵在金融不良资产评估中的应用

信用评价法评估时需要采用非财务指标，而非财务指标的主观性易造成评估结果失真，专家打分法在使用过程中也存在类似的问题，这时可并借鉴信息熵原理确定各种权重，降低人为因素对评估结果的影响。

又如在评估工作中为了吸收成本法、收益法和市场法各自的优点，在条件允许的情况下，我们可以采用三种方法同时进行评估，赋予各个评估方法一定的权重进行综合预测。预测中的核心公式为：

$$E = -\sum_{i=1}^{n} P_i \ln P_i$$

其中 P_i 满足：$0 \leqslant P_i \leqslant 1$；$\sum_{i=1}^{n} P_i = 1$

式中 P_i 表示每种状态的概率，n 表示系统可能存在的状态。

（二）评估行业和金融资产管理公司需要加强合作和资源共享

为了提高处置进度，降低处置成本，尽快建立和完善金融不良资产评估数据库，对金融不良资产处置案例进行搜集和整理，利用数理统计分析方法，分析各种处置因素对资产价值的影响，建立合理规范的评估参数体系，为交易案例比较法等评估方法提供切实可行的操作基础，合理体现市场机制对资产价值的影响。

（三）延伸服务领域，拓展金融不良资产批量处置的评估业务，与国际惯例接轨

考虑到我国金融不良资产的范围广、单笔金额小的特点，为提高不良资产评估的效率，有必要对不良资产进行打包评估、处置。目前国家有关部门对打包资产的处置出台了一些政策，但没有对资产包的处置评估技术提出要求。

（四）人才队伍的培养建设

作为一个智力密集型行业，资产管理公司的核心资产即是人才，金融不良资产评估工作的质量与评估人员的专业知识和实践经验密切的联系。随着资产管理公司的放行，资产管理规模的增大，对不良资产评估人才的需求将逐渐释放，各个公司都应千方百计创造培养人才、留住人才、吸引人才的平台，改变目前人才队伍匮乏，人才引进和人才流失的现状，使人才培养速度跟上企业发展速度。

参考文献

［1］刘萍：《金融不良资产评估指导意见试行讲解》，经济科学出版社2007年版。

［2］谭小蓓：《关于我国金融不良资产评估若干问题的思考》，载《企业家天地》2009年第2期。

［3］杨松堂：《关于金融资产评估的几个问题》，载《中国资产评估》2008年第1期。

［4］王红兰、王一佼、王亚莉：《后危机时代的金融不良资产评估》，载《中国证券期货》2010年第5期。

［5］王长伟、李少霞：《我国金融不良资产评估探讨》，载《会计之友》2010年第9期。

蒙特卡罗法对资产评估中不确定性预测的处理

古梦迪　首都经济贸易大学

【摘要】传统的三种评估方法各有其利弊，但都存在一个共同的问题，即，最终的评估价值结果往往只有一个，但对该数值的计算却是建立在对许多不确定因素的分析基础上的，包括严格的假设条件、评估环境的复杂性和评估师的主观性等。因此，本文以上市公司大有能源重大资产重组事件中的资产评估为例，考虑如何在其原有的相对绝对化的评估结果中，加入不确定性分析。并最终通过蒙特卡罗模拟，得出带有一定概率波动区间的评估结果。

【关键词】不确定性；蒙特卡罗模拟；概率波动区间

The Application of Monte Carlo Simulation in Valuation

GU Meng-di

Abstract: The three traditional valuation methods have their own advantages and disadvantages. But they all have a common problem, namely, the final evaluation result is often the only one which is based on many uncertain factors, including the strict assumptions, complex environment and subjectivity of valuers. Therefore, this article will take an example to show how to add uncertain analysis in their original relatively absolute valuation results. And finally through Monte Carlo simulation, we will get a fluctuating valuation results of target enterprises.

Key Words: uncertainty; Monte Carlo simulation; fluctuating valuation results

一、引言

资产评估是注册资产评估师依据相关法律、法规和资产评估准则，对评估对象在评估基准日特定目的下的价值进行分析、估算并发表专业意见的行为和过程。在这一过程中，评估师对评估对象的价值描述不仅需要以一些基本假设为前提，更需要加上评估师的一些对评估对象未来情况的主观判断。然而，评估对象所面对的未来的环境往往是不确定的，这必然会导致其价值结果的波动性，但评估师预测分析计算出的价值通常只有一个，显然，这样的评估结果过于绝对化，可信度也会遭受质疑。特别是对于绝大多数预测参数都是面向未来的收益法而言，评估师在价值评估中的主观成分更为明显。由此可见，对资产评估中不确定性预测的处理方法的研究迫在眉睫。

蒙特卡洛模拟，又称随机模拟法，是以概率和统计的理论、方法为基础的一种计算方法。该方法将所求解的问题与某个概率模型联系在一起，在计算机上进行随机模拟，以获得问题的近似解及其分布情况。这是一种先进的数字仿真技术，其实质是利用服从某种分布的随机数来模拟现实系统中可能出现的随机现象。通常，我们对未来的情况都是不能确定的，但如果知道每一个输入变量的概率分布情况，就可以通过运用一个随机数发生器来产生具有相同概率分布的数值，重复次的给每个输入变量赋值，从而每次都会对应实际上可能发生的一种情况。通过大量次数的模拟，就可以得到结果的一个概率分布情况。可见，这种方法运用的是多次估值来表示结果，而不是用一个单一的点估计值来表示。蒙特卡罗法的这种特性，使其恰好可以弥补资产评估中对不确定性预测的需求。相信在未来的价值评估中，该方法会得到广阔的用武之地。

本文就以上市公司大有能源在评估基准日 2009 年 12 月 31 日由于重大资产重组事件而做出的评估报告[①]为例，详细说明在评估过程中，蒙特卡罗模拟方法对未来数值的预测不确定性的处理。

① 文中有关大有能源的相关数据信息均引自其上市公告信息。

二、案例基本情况及分析

大有能源（600403）是主营煤炭生产与经营的上市公司，但由于公司整体规模较小。因此，为提高公司资产质量、增强公司的持续盈利能力和长期发展潜力，其决定将截至基准日除货币资金外的全部资产及负债出售给富欣投资，同时通过发行股份购买义煤集团持有的优质煤炭资产，以扩大上市公司资产规模，提升上市公司盈利能力。重组完成后，公司盈利状况将得到改善，中小股东的利益也将得到充分体现和保障。

经评估机构对拟出售资产实施清查核实、实地查勘、市场调查和询证、评定估算等评估程序，采用现金流折现方法（DCF）对拟出售资产进行评估。评估基准日 2009 年 12 月 31 日拟出售资产账面值为 6922.71 万元，评估后的价值为 14158.12 万元，评估增值 7235.41 万元，增值率 104.52%。

根据大有能源 2005 ~ 2009 年的资产负债表、损益表和内部管理报表，综合考虑未来 5 年以及永续期各种相关因素的影响。本次评估中，加权资产成本 WACC 在 2010 ~ 2011 年采用 r = 14.70%，2012 年及以后采用 r = 14.63%。并且，大有能源拟出售净资产未来年度的现金流量预测如表 1 所示。

表 1　　未来年度的现金流量现值预测表　　单位：万元

年份	2010	2011	2012	2013	2014	2014 年以后每年
主营业务收入	26175.36	25146.89	25425.19	26191.44	26457.81	26457.81
减：主营业务成本	13474.76	13338.58	13803.88	14439.87	14602.47	14602.47
销售税金及附加	967.27	929.26	939.55	967.86	977.71	977.71
主营业务利润	11733.33	10879.05	10681.76	10783.71	10877.63	10877.63
减：营业费用	1104.40	1018.57	998.95	1008.47	1008.54	1008.54
管理费用	6525.42	6387.31	6307.53	6385.74	6386.91	6386.91
财务费用	37.44	37.44	37.44	37.44	37.44	37.44
营业利润	4066.07	3435.73	3337.84	3352.06	3444.74	3444.74
利润总额	4066.07	3435.73	3337.84	3352.06	3444.74	3444.74
减：所得税	548.92	481	767.7	804.49	826.74	826.74
净利润	3517.15	2954.73	2570.14	2547.57	2618.00	2618.00

续表

年份	2010	2011	2012	2013	2014	2014 年以后每年
加：折旧	556.87	556.87	556.87	556.87	556.87	556.87
摊销	38.18	38.18	38.18	38.18	38.18	38.18
扣税后利息	32.38	32.19	28.83	28.45	28.45	28.45
减：资本性支出	-2044.35	54.28	606.21	823.21	661.29	556.87
净现金流量	6188.93	3527.69	2587.81	2347.86	2580.21	2684.63
净现金流量现值	5395.75	2681.41	1718.06	1359.81	1303.66	9271.47

本次评估的基本思路主要是通过估算拟出售资产的未来预期现金流，采用适宜的折现率，将预期现金流折算成现时价值，得出拟出售资产的评估价值。从评估报告的未来现金流预测中可以看出：

（1）评估的详细预测期为 5 年，即 2010～2014 年。

（2）评估假设该企业可保持长时间的运行，故评估收益期按永续确定。且 2014 年后的永续收益趋于稳定，假定与 2014 年相同。即永续增长率为 0。

显然，本次评估中对企业 2014 年以后收益的处理过于简单。尽管说煤炭行业相对其他行业来说未来收益应该比较稳定。但随着时间的长期推移，无论是国家出台的一系列对能源资源开采的鼓励或限制的宏观政策，还是企业内部进行的资产结构调整等以适应其更好发展的战略方针，都必然会使该企业经历或多或少的收益和成本的波动。不产生任何波动的未来收益预测，显然是不具有说服力的。因此，对于该企业未来 2014 年后永续期的净现金流量现值的预测，十分有必要考虑其波动的情况，并通过蒙特卡模拟进行重新的调整预测。而对于详细预测期的评估结果，本文中依然采用原评估报告中的评估数据，不再做细致分析。

三、蒙特卡罗模拟前的收益波动性预测

在进行蒙特卡罗模拟前，首先应当先对评估中所涉及的未来的不确定因素一一进行波动情况分析和确定。该案例中由于是采用现金流折现方法（DCF）进行评估，因此涉及的未来的不确定因素分别有：主营业

务收入、主营业务成本、销售税金及附加、营业费用、管理费用、财务费用、折旧、摊销、扣税后利息、资本性支出。

1. 对主营业务收入和主营业务成本的波动性分析

主营业务收入和主营业务成本通常是对企业净利润额影响最大的两部分。因此，本文将该两个部分特别提出，做着重分析。但由于大有能源是刚刚步入煤炭行业的新进入企业，未能有足够多的历史数据支持，可供分析出其在该行业未来营业收入和营业成本的波动情况。因此需要选取出与其资产规模和营利能力基本相似的可比公司来进行收入和成本的波动性分析。结论从而大致可同样适用于对大有能源的分析当中。

在这里，我们根据大有能源（600403）的资产规模和营利能力，选取与其在重大资产重组后行业类型相一致，且总资产和净利率相当的上市公司的历史利润表数据做分析，以推测出大有能源未来利润表各个项目数值的概率分布。通过对煤炭行业35家上市公司的基本面情况的比较（特别是总资产规模及净利率的数值上），这里初步选定为上海能源（600508），原因有下：

（1）从所处行业角度来看，两者均为煤炭采选业。

（2）从资产规模角度来看，两者总资产规模近似。大有能源的总资产数额为113.17亿元，上海能源的总资产为108.62亿元。在煤炭采选业中，分别排名为第18位和第19位。

（3）从盈利能力角度来看，两者的销售净利率近似。大有能源为15.8%，上海能源的销售净利率约为14.33%。在煤炭采选业中分别排名为第13位和第14位。

（4）从资产结构的角度来看，两者的资本结构相差不大。大有能源的资产负债率为49.28%，上海能源的资产负债率约为32%。

因此，这里选取上海能源作为大有能源的可比公司。对其主营业务收入和主营业务成本这两部分数据通过SPSS软件进行概率分布统计，分析其金额的大致分布特征。从而可推断出目标企业大有能源相应项目金额的未来的一个概率分布。

上海能源1998~2009年的主营业务收入及主营业务成本如表2、表3所示。

表2　　1998～2009年的主营业务收入情况表　　单位：元

年份	1998	1999	2000	2001
营业收入（元）	1038477235.34	1029289813.69	1277861865.48	1473401261.41
年份	2002	2003	2004	2005
营业收入（元）	1592855728.14	1722488494.48	2474901259.90	3715677728.35
年份	2006	2007	2008	2009
营业收入（元）	4317229032.22	5204340022.98	6895108458.17	7330302932.24

表3　　1998～2009年的主营业务成本情况表　　单位：元

年份	1998	1999	2000	2001
营业成本（元）	669687453.70	674814840.02	884883598.15	1099759073.35
年份	2002	2003	2004	2005
营业成本（元）	1244638254.52	1717176567.36	2686349860.79	3715677728.35
年份	2006	2007	2008	2009
营业成本（元）	3101626745.85	3856565949.12	4561036746.26	5188841223.56

首先对上海能源的主营业务收入通过运用SPSS进行K－S单样本检验。通过该检验来研究样本观察值的分布和指定的理论分布是否吻合，即利用样本数据推断其是否来自指定分布的总体。在SPSS中一共给出了4种指定分布，分别为正态分布、均匀分布、指数分布、泊松分布。

在对上述营业收入进行检验时，本文中所选定的单侧显著性水平为0.05，且原假设和备则假设分别为：

H0：上海能源1998～2009年的营业收入服从正态分布。

H1：上海能源1998～2009年的营业收入不服从正态分布。

检验结果如表4所示。

表 4　　营业收入的 K－S 单样本检验结果

K－S 单样本检验		营业收入
数量		11
正态参数[a,b]	均值	3.236×10^{-9}
	标准差	2.389×10^{-9}
最终端差别	绝对值	0.282
	正	0.282
	负	－0.178
Z 统计量		0.936
渐近显著性（双侧）		0.345

显然，从表 4 的结果中可以看出，该组数据的均值为 3236100000，标准差为 2388650000，双侧渐近显著性水平为 0.345；由于这里所选定的单侧显著性水平为 0.05，则有 0.345 >0.1，进而可得结论：检验不显著，无理由拒绝原假设，即可认为上海能源 1998～2009 年的营业收入和正态分布没有显著差异。

由此可知，上海能源 1998～2009 年的营业收入来自正态总体 N（32361000002388650000）。

同理对上海能源的营业成本进行 K－S 检验，结果如表 5 所示。

表 5　　营业成本的 K－S 单样本检验结果

K－S 单样本检验		营业成本
数量		12
正态参数[a,b]	均值	2.225×10^{-9}
	标准差	1.609×10^{-9}
最终端差别	绝对值	0.229
	正	0.229
	负	－0.167
Z 统计量		0.793
渐近显著性（双侧）		0.556

由此可知，上海能源 1998 ~ 2009 年的营业成本同样服从正态分布。

根据上述对可比企业上海能源的分析，由于该企业与大有能源存在一定程度的可比性，进而这里可以假定大有能源未来可持续状态的主营业务收入及主营业务成本金额也应该符合相应的正态分布，而并非是原评估报告中的保持在 2014 年的预测值 26457.18 万元和 14602.47 万元。为了更好的表示出这种正态概率波动性，这里可以假设大有能源在 2014 年之后每一年的主营业务收入和主营业务成本分别服从期望值为 26457.18 万元和 14602.47 万元的正态分布。即，在原评估值的基础上，赋予其一定程度的随机波动概率。

2. 对其他不确定性项目的波动性分析

相对于主营业务收入与主营业务成本对净利润影响程度的显著，对于处于煤炭行业中的大有能源而言，营业费用、管理费用、销售税金及附加数额则相对较小，且基本保持稳定，虽有波动，但波动范围不大，总体上来说概率分布均匀。因此这里可以在原报告评估值的基础上，赋予其一定范围内的均匀分析概率，且具体范围以原评估报告值确定，即，假设大有能源的营业费用、管理费用、销售税金及附加在 2014 年以后服从一定范围内的均匀分布，且该范围由原报告中预测值的最大值和最小值决定。从而，2014 年之后每一年的营业费用在［998.95，1104.4］范围内服从均匀分布；每一年的管理费用在［6307.53，6525.42］范围内服从均匀分布；每一年的销售税金及附加在［929.26，977.71］范围内服从均匀分布。而财务费用、折旧率、摊销，扣税后利息、资本性支出的金额相对较少，对净利润的影响并不显著，因此，这里仍采用原报告中 2014 年的数值，未来保持不变。

对于大有能源未来永续增长率和加权资本成本的概率分布，这里假设两者在 2014 年以后，均服从三角形概率分布特征。三角形概率分布是一种简单的分布形式，它适合于数据缺乏，但能得到变量的最高、最低和最可能值的情况，也是不确定性分析中常用的一种分布形式，尤其当变量的分布形式相当集中，分析者可以估计变量范围的极值，而极值的概率又很低时，这种分布更能确切地反映变量的分布。这对于企业价值评估中未来永续增长率及加权资本成本的估算尤为合适。三角形分布通常会由三个参数来定义：最小值 a，最大值 b 和最可能值 m，最大值和最小值是上下限，低于或高于此值的数值存在可能性极低，且 m 值出现的概率比其他两个的概率高。

这种分布的数据量大大减少，主要需要“最小值”、“最可能值”和“最大值”三组数据，而且这些数据易于通过分析判断来确定。从某种程度上而言，三角形概率分布或许是最接近价值评估人员思维决策过程的一种概率估计，因为当评估人员在预测某项目未来数值时，特别是对市场环境敏感程度较高的永续增长率和加权资本成本，如果缺乏足够充分的市场信息，估算出来的数值将会存在更大的不确定性，但评估人员又很难用标准差去描述它们的不确定性，恰恰通常是只能大概估计出它的最大值、最小值和最可能的取值。此时，三角形的分布似乎更适合于这种情况的数据分析。

对于大有能源的永续增长率，这里可以假设其永续增长率介于［-1%，+1%］之间，且最可能值为原评估报告中的0。而对于大有能源的加权资本成本，这里假设其在2014年后的最大值为16%，最小值为13%，最可能值即为原评估报告中的14.36%。

3. 不确定因素的波动性总结

以上分析可以总结为表6。

表6　　利润表项目的概率分布情况

	分布特征	数据值（万元）
主营业务收入	正态分布	期望值26457.18
主营业务成本	正态分布	期望值14602.47
销售税金及附加数额	均匀分布	变化范围［929.26，977.71］
营业费用	均匀分布	变化范围［998.95，1104.4］
管理费用	均匀分布	变化范围［6307.53，6525.42］
财务费用	保持不变	37.44
折旧	保持不变	556.87
摊销	保持不变	38.18
扣税后利息	保持不变	28.45
资本性支出	保持不变	556.87
永续增长率	三角形分布	最大值1%，最小值-1%，最可能值0
加权资本成本	三角形分布	最大值16%，最小值13%，最可能值14.36%

四、蒙特卡洛模拟运算

本文中所使用的蒙特卡罗模拟软件是美国的 Decisioneering 公司开发的可加载于 Excel 上的 Crystal Ball 11. 1. 1（即，水晶球）分析软件。通过该分析软件，分别将表 6 中的 12 个项目设定为 assumption，并分别设置好它们相应的概率分布情况。将 2014 年之后的净现金流量现值设定为 forecast。将模拟次数设定为 1000 次，置信区间设定为 95%，确定水平为 100%，之后运行模型程序，输出结果如图 1 所示。

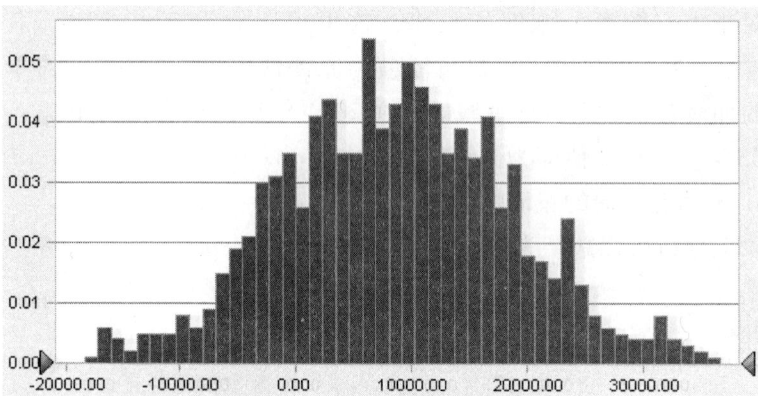

图 1　蒙特卡罗模拟结果

图 1 便是 Crystal ball 对定义数据模拟 1000 次（1000 Trials）后的对大有能源 2014 年之后的净现金流量现值的预测图，它一共显示了 997 个模拟结果（997 Displayed），结果中有 3 个异常值未列入模拟，即，模拟结果代表了对 99. 7% 的数据的统计分析。100% 的确定性水平说明 997 个模拟结果 100% 都落在了蓝色的区域范围之内。但图 1 中显示的仅是结果数据概率分布的一个大致特征，基本是服从正态分布的。为了使结果更清晰的展现出来，可进一步分析图 2 中的数据输出结果（Statistics view）。

数据分析	预测结果
实验次数	1000
均值	8615.75
中数	8674.38
众数	………
标准差	10033.74
方差	100675883.91
偏度	0.0504
峰度	3.03
变异系数	1.16
最小值	-21555.19
最大值	47168.50
平均标准误差	317.29

图 2　蒙特卡罗模拟结果表

根据图 2 中的数字，我们可以清楚地看出，模拟结果的平均值为 8615.75 万元，中位数为 8674.38 万元，标准差为 10033.74 万元，评估结果的波动范围在（-21555.19，47168.50）之间。所以，我们可以得出结论：大有能源 2014 年之后的净现金流量现值最可能为 8615.75 万元，并且 95% 置信水平下的价值区间（-21555.19，47168.50）充分反映价值评估中的不确定性存在。

五、结果比较

综上，基于蒙特卡罗分析后，对大有能源在 2014 年之后利润表相关项目及净现金流量现值预测与原评估报告的比较如表 7 所示。

表 7　　**比较表**　　单位：万元

	原报告对大有能源 2014 年之后的预测值	基于蒙特卡罗分析的对大有能源 2014 年之后的预测值
主营业务收入	26457.81	服从期望值为 26457.18 的正态分布
主营业务成本	14602.47	服从期望值为 14602.47 的正态分布
销售税金及附加数额	977.71	变化范围［929.26，977.71］的均匀分布

续表

	原报告对大有能源 2014 年之后的预测值	基于蒙特卡罗分析的对大有能源 2014 年之后的预测值
营业费用	1008.54	变化范围［998.95，1104.4］的均匀分布
管理费用	6386.91	变化范围［6307.53，6525.42］的均匀分布
财务费用	37.44	37.44
折旧	556.87	556.87
摊销	38.18	38.18
扣税后利息	28.45	28.45
资本性支出	556.87	556.87
永续增长率	0	服从最大值 1%，最小值 -1%，最可能值 0 的三角形分布
加权资本成本	14.63%	服从最大值 16%，最小值 13%，最可能值 14.36% 的三角形分布
净现金流量现值	9271.47	最可能为 8615.75，在 95% 置信水平下的价值波动区间为 -21555.19 ~ 47168.50，标准差为 10033.74

通过对原评估报告数据结果和蒙特卡罗模拟之后的数据结果相比较可以看出，原评估报告中对大有能源 2014 年之后的净现金流量现值的预测为 9271.47 万元，而蒙特卡罗分析在考虑相关项目的波动性概率后，模拟的结果为 8615.75 万元，相差约 655.72 万元。这便是由于未来不确定性风险的存在和未来收益成本的随机波动而造成的结果。

六、结论及建议

当前，大多数评估机构在对企业未来永续期间的参数预测都采取简单化处理的方法，而最终评估结果却是单一绝对化的数值，这或多或少都会使这样的评估结果的可信度受到质疑。并且，过于评估过程中严格的假设条件更是会严重影响到评估结果的适用性，使结果更不具有说服力。而将蒙特卡罗模拟则是通过确定未知参数恰当的波动范围，使预测值不会过于绝对化，并以此得出相应结果的波动范围和最可能值，从而提高了评估结果的说服力和可信度。因此，蒙特卡罗的不确定分析很大程度上与评估过程中的不确定性预测行为相一致，理论上而言，十分适用于评估活动。但对于在蒙特卡罗分析中，各个数值的概率分布情况假设仍需要更多理论依据和数据的支持。若将此方法应用到评估实践当中，依然任重而道远，需要进一步的研究和分析。

参考文献

[1] 周友梅、胡晓明：《资产评估学原理》，中国财政经济出版社 2010 年版。
[2] 斯蒂芬·A·罗斯：《公司理财》，机械工业出版社 2009 年版。
[3] 戴维·R·安德森：《商务与经济统计》，机械工业出版社 2005 年版。
[4] 贾俊平、何晓群：《统计学》，中国人民大学出版社 2009 年版。

浅析当前的民间借贷问题

——兼议影子银行与民间借贷的监管问题

祁敬宇　首都经济贸易大学

【摘要】本文结合民间借贷的典型形式——高利贷，剖析了民间借贷及其与“影子银行”的监管问题，并在此基础上提出了相应的政策建议。

【关键词】高利贷；民间借贷；影子银行；金融风险；金融监管

The Current Problems of Folk Lending

QI Jing-yu

Abstract: By collecting the relevant data and information, this article describes the definition and development and questions of shadow banking in China and also propose possible solutions. At the same time, this paper also reviews the typical form of folk lending-usury, and analyzed the deep-seated problems of folk lending.

Key Words: usury; folk lending; shadow banking; finance risk; regulation

近期，随着通货膨胀的持续，央行贷款利率的提高，商业银行收紧银根，中小企业面临资金短缺，民间借贷问题伴随“影子银行”的问题渐渐显露出来，受到监管当局以及学术界的广泛关注。

民间借贷不等同于高利贷，它也不完全等价于民间投融资，但民间借贷特别是高利贷，对于民间投融资问题之间有着深刻的关系，因此，本文试图就民间借贷，特别是民间借贷中的高利贷及其背后的“影子银行”问题同各位专家学者谈一些个人的观点和见解。

一、当前的疯狂的民间借贷与高利贷风险的加剧

近一段时间以来，在国内外金融形势的大背景下，国内民间借贷呈现出新的态势。随着事态的不断发展，民间借贷的问题日益显现和加剧，令人忧虑。坦率地说，作为金融危机后呈现出的全民高利贷狂欢，将有可能再次酝酿成当前我国最可怕的金融风险，甚至成为金融危机。

2011 年 8 月 20 ~ 21 日，国务院副总理王岐山在甘肃省考察时表示，“当前要严打非法金融活动，重点是社会非法集资和市场金融传销，切实维护金融市场秩序，守住不发生系统性、区域性金融风险的底线。”

现实社会中的这个问题有多么严重呢？这里笔者试举两例。

一是根据有关媒体的报道。据中央电视台财经频道报道，江苏北部的贫困县泗洪县石集乡被称为“宝马乡”，2011 年春节过后开始，石集乡几乎 98% 以上的村民都参与到了疯狂的高利贷游戏中。2011 年 5 月底，疯狂的高利贷之链一夜之间断裂，从石集乡迅速向其他乡镇蔓延，穷困群体上亿的血汗钱瞬间全都打了水漂。这并不是泗洪县一县盛况，高利率之风在全国各地尽吹。目前，有证据显示温州投资者从房地产撤资，投向高利贷市场。央行温州市中心支行 2011 年上半年的《温州民间借贷市场报告》显示，温州民间借贷规模约为 1100 亿元，而去年同期该行的数字显示为 800 亿元，这意味着过去 1 年间温州有 300 亿元资金涌入民间借贷领域。2011 年 1 ~ 3 月，温州民间借贷综合利率分别为 23. 01% 、24. 14% 和 24. 81% ，其中 3 月的利率水平创历史新高。5 月利率达 24. 6% ，6 月则为 24. 4% ，“利率水平处于阶段性高位”。另据该行调查显示，温州有 89% 的家庭个人和 59. 67% 的企业参与民间借贷。

2011 年，温州发生多起企业主、公务员和银行人员等进行民间借贷后出逃的案例。2011 年 4 月以来，温州当地的江南皮革、波特曼、三旗集团、浙江天石电子等关门倒闭。最近的案例是，8 月 1 日，温州巨邦鞋业公司老板王和霞失踪。闽北担保链已经崩溃，显示部分地区的高利贷冰山已在艳阳下融入水底。8 月 5 日，福建建阳刘斌案爆发，此案显示，传销的多层次金字塔式高利贷集资链条，将民间资金与众多担保公司联结成一个金融链条。有消息称，仅建阳的担保公司损失就超过 10 亿元，十多家担保公司老板外逃。

二是笔者的实地调查。2011 年笔者随同首都经济贸易大学工会组织的社会实践考察团一行，到内蒙古鄂尔多斯进行了实地考察。令人惊讶的是，在这座新兴的"后起之秀"城市中，到处弥漫着民间借贷的气息，甚至到了"全民皆贷"的地步。自从 2011 年上半年因为资金链断裂出现多起金融案件，民间资本紧张无比。据我们考察的人员介绍，鄂尔多斯每一个房地产项目都会找民间资本借钱，一般是 40% ~50% 的资金来自民间资本，有些企业，甚至一个楼盘的所有资金都来自民间资本。民间借贷的利率一般在每月至少 3 分以上，在有些地方，连 4 分、5 分的利都没法吸引借贷者把钱拿出来。更可悲的是，有人将资金从房地产市场撤出转入房地产金融，视作房地产健康发展的标志，当房地产投资都成为高危行业，房地产金融高收益必定是一枕黄粱梦。

当一些人通过轻松的炒作房地产、从事高利贷生意而能够"一夜暴富"时，它所带来的社会负效应是巨大的。由于从事房地产和高利贷挣钱容易，自然这些暴富的人会挥金如土，令人不寒而栗。在这些暴富人士的引领下，一些实体企业或者个人不惜饮鸩止渴，为筹集到所需的资金而参与了高利贷。这些企业简直是在进行一场豪赌。由于宏观经济金融政策的不连续，使得一些在经济扩张周期曾得到资金的投资项目，瞬间由于宏观经济政策的变化而导致资金链断裂，或者成为"烂尾工程"而夭折；或者一些企业主不甘被"束手就擒"，而通过高利贷以延续资金链。

高利贷盛行说明资金链出现断绝，在高速增长期所作有实体投资，已经无法获得金融支撑，宏观调控时紧时松让企业在无所适从之下，走上高利贷绝路。高利贷盛行同样说明社会资金在通胀背景下，不愿意进入实体投资领域，不愿意通过辛辛苦苦的劳动来创造财富和价值，而是寄希望于通过"玩钱"的方式，而获得暴利。高利贷如此盛行，更说明目前的社会管理体制，特别是经济金融管理出现了一定的失衡。从金融监管来看，有关方面只关注正规金融机构的资本充足率，对于近在眼前的民间借贷漠不关心、视而不见。一方面是高利贷狂欢陷入集体疯狂，另一方面是正常的民间金融被刻意忽视，民间资金在歧视之下走上不归路，中国的高利贷将可能成为影响金融稳定乃至社会稳定的最大诱因。

二、关于民间借贷的一些深层思考

投机盛行、资金流不畅是一切金融危机发生和升级的催化剂。

在中国数千年封建社会时期内，随着农村商品货币关系的形成与发展，货币形式的借贷又走上了一种畸形的道路——“高利贷”形式，并逐渐演变成我国民间借贷的典型形式。“高利贷”是中国封建社会生产关系的集中体现，“高利贷”作为民间借贷的基本形式是同农民的政治地位、经济地位、社会地位和财富的拥有量、占有的生产资料等密切联系的。

封建社会中的地主阶级，当处于下层的农民陷入困境而不得不向其乞求借贷时，地主最乐于提供的就是“高利贷”。一些商贾富人、绅士官员等也乐于从事“高利贷”之行当。

由于“高利贷”资本的主要特征是它的寄生性和对经济的破坏性，所以，某些封建君主，曾企图用法律来限制过高的利率。中国很早就有国家农贷制度，国家的态度和行为对民间借贷始终构成重大影响，但小农生产方式能够吸引民间借贷与之呼应，使几千年的“高利贷”绵延不断。

鸦片战争以后，中西贸易的迅速扩张，产生了许多商机，这在一定程度上促进了买办阶层的形成和国内财富的不公平分配，而不健全的市场体系又诱致了商人的投机之风盛行。特别是各行业中利润率差距极大，农村土地投资利润率仅为4%，内地贸易的利润率可达20%以上，而国际贸易的利润率竟然可达40%，沿海商人平均年利润率可达30%，而金融业的利润更是高的惊人。

据山西票号中的侯氏四票号蔚泰厚、蔚丰厚、蔚盛长、新泰厚的资料显示，在1879年一个账期的平均利润率竟高达192%（四年一期）。其中蔚丰厚在1857~1879年20年间，资本扩张达4.5倍。高额盈利诱惑，更加刺激了沿海商人的投机倾向，投机之风遍布于经济的方方面面，从生丝贸易、茶叶贸易到房地产投机，从股票投机到银洋货币投机，最终发展到“卖主除了风声以外什么也不卖，买主除了能得到风声外什么也得不到”程度。由此可窥见坊间所谓“炒消息”的地步有多么疯狂。

投机盛行，使得许多人想念投机比起正常方式做生意更加有利可图，甚至办工业、办商业、办实体等领域的商人也倾向于金融市场，进行投机。一个社会的多数人都不去从事自己的本职行业，都在挖空心思地做投机的营生，这个社会离危机实在不远了。其时，舍本求末的投机所造成的市场风险已经深深笼罩着整个社会的一切活动，支撑经济生活的就是那些虚幻的泡沫，而一旦当这些泡沫破灭时，便将经济推入无限的深渊之中，金融危机爆发了。这个历史教训值得我们深深吸取，社会管理者当以此为鉴。

在中国数千年封建社会时期内，货币形式的借贷就曾走上了一种畸形的道路——“高利贷”形式，并逐渐演变成我国民间金融的典型形式。“高利贷”作为民间金融的基本形式是同农民的政治地位、经济地位、社会地位和财富的拥有量、占有的生产资料等密切联系的。

封建社会中的地主阶级，当处于下层的农民陷入困境而不得不向其乞求借贷时，地主最乐于提供的就是“高利贷”。一些商贾富人、绅士官员等也乐于从事“高利贷”之行当。这一点在明清时期的笔记小说和文学作品中时有体现，如《红楼梦》中的王熙凤放过“高利贷”，《金瓶梅》中的西门庆也放过“高利贷”。

明清时期，中国曾出现十大商帮，其中不乏商人富贾从事“高利贷”之事例。晋商是明清时期经营票号业务的典型代表，积累了富可敌国之财富，一些商人也乐此不疲地从事民间借贷业务。这种风气一直延续到近代。这里笔者引用《山西票号史料》[①] 中的有关文献资料，对晋商从事民间金融借贷方面的情况作一描述，以利于读者对中国近代民间金融活动中的“高利贷”现象加以了解和分析。

据记载，晋商票号开拓者之一的毛鸿翙在任“蔚泰厚”总经理期间，积累资财日益丰厚，家世大发后，毛鸿翙又陆续扩展其生财之道。如同治三年（1864）与其他 4 人投资 15 万两白银，将“蔚长厚”布庄改为票号；在光绪十八年（1892）和光绪二十七年（1901）分别投资白银 6 万两、10 万两在平遥城内设立永泰庆票号和永泰裕票号；在平遥城内还独资开设永泰昌钱铺、晋泰昌布庄和日生烟店。日生烟店规模极大，为了便于经营，在曲沃县还建有制造旱烟的日生烟厂，并购买了数百公顷的土地。毛家在邢村的土地不多，至宣统年间不过 7 顷左右。大部分土地是在

① 《山西票号史料》，山西人民出版社 1990 年版。

晋南的安泽县府城一带，约有四五百顷，每年可收地租1000余石粮。为此，还在安泽城内开设了“义泰昌粮行”总店，在府城镇设有分店该粮行除经营地租和粮食生意外，主要业务是向佃户放“高利贷”。

可以看到，毛鸿翙在积累了足够的财富后，经历了票号、烟草、钱铺、布庄、地租。粮行等过程后，依然选择从事了“高利贷”。在当时的中国农村中，许多的生意当挣钱到一定程度时，最后还要归结到放“高利贷”，这是因为“高利贷”的收益要远远高于票号利润和投资实业的回报。

这种放“高利贷”的方式，一是青黄不接时放出，收获后回收；二是“欠租顶账”。放账的利息很高，人们称毛家的利息是“8斗9年30石”，即如借8斗粮，9年以后本利高达30石。毛家在邢村还开设有一所“隆泰当行”，专门从事“高利贷”剥削，该行经营的时间很久，直到1937年“七·七”事变前才歇业。

由于“高利贷”资本的主要特征是它的寄生性和对经济的破坏性，所以，某些封建君主，曾企图用法律来限制过高的利率。中国很早就有国家农贷制度，国家的态度和行为对民间金融始终构成重大影响，但小农生产方式能够吸引民间借贷与之呼应，使几千年的“高利贷”绵延不断。我国民间借贷发展模式数千年来深受中国社会、政治、经济以及文化等各种因素和环境之影响，形成了民间借贷发展的特有现象，它是我国数千年以来特定社会制度环境下的特定产物。研究民间借贷的发展一定离不开这一特定的社会制度环境。

民间借贷发展由于受多种因素的制约而发展缓慢，时至今日，仍能看到民间借贷产品的身影。但是，今非昔比，当前高利贷背后的问题应当引起我们足够的重视。

三、高利贷背后的“影子银行”① 问题

当前，国内学术界一般认为，“影子银行”是游离于“一行三会”

① “影子银行”的概念最早于2007年召开的美联储年度会议，又称为“影子金融体系”或者“影子银行系统”，一般是指那些有着部分银行功能却不受或少受监管的非银行金融机构及金融行为。在美国金融市场中，“影子银行”是把银行贷款证券化，通过证券市场获得资金或进行信贷无限扩张的一种融资方式。

监管之外的变相融资行为。也有学者认为，所谓“影子银行”，是指无银行之名但有银行之实的机构，包括各类贷款公司、PE、典当行等。笔者认为，民间借贷中的很多行为或多或少体现着“影子银行”的特征，长期以来它们完全或部分游离于金融监管之外。

事实上，正规金融体系中拥有银行或类银行业务的非银行机构或准银行机构如信托公司、融资租赁公司、担保公司、财务公司、小额贷款公司和典当行、地下钱庄、基金会、合会等民间金融组织，已经或多或少地具备了“影子银行”的一些功能。

笔者认为，当前我国的“影子银行”主要表现在银信合作、地下钱庄、小额贷款公司、典当行、民间金融、私募投资、对冲基金等金融形式上，特别是近来愈演愈烈的民间借贷以及私募等行为。

当前，以高利贷为代表的“影子银行”的形成是多种因素综合作用的结果，资金供给的减少和信贷需求量的增多是“影子银行”产生的最主要的原因。

（1）为抑制通货膨胀，中央银行为收紧银根多次上调存款准备金率、提高存贷款利率，使商业银行可放贷的资金量减少，贷款额受限，银信合作、地下钱庄、民间借贷、高利贷、典当等“影子银行”形式迅速发展起来。

（2）作为资金需求方的小微企业由于自身发展需要大量的资金，而商业银行借款门槛较高，加之，近期，货币紧缩政策提高了其从银行融资的难度，无奈之下只好求助于民间借贷等金融形式。在我国，99%的企业是中小企业，但银行常常因为中小企业的贷款监控成本较高而不愿为其放贷，以民间借贷为代表的“影子银行”形式恰好弥补了商业银行的空缺，为小微企业解决资金的燃眉之急提供了帮助，但与此同时，也埋下了隐患，潜藏着巨大的金融风险。

（3）利益的驱动使“影子银行”受到资金盈余方的青睐，从而发展迅速，规模扩大。“影子银行”的获利惊人，一些大型企业以及上市公司把闲置资金投放到“影子银行”体系，在获得巨额回报的同时助长了民间“影子银行”的规模，众多的小额贷款公司也纷纷建立，民间高利贷盛行。

那么，我国以民间借贷为代表的“影子银行”体系的规模到底有多大呢？这一问题确实是一个难以定论的问题。

根据中国人民银行在其官网上发布的2011年上半年社会融资规模统计报告，截至2011年6月底，社会融资规模增加7.76万亿元，其中人民币贷款增加4.17万亿元，占53.7%有将近50%的新增贷款来自于“影子银行”；而在2010年，这一比例为55.6%。[①]

虽然“地下钱庄”等民间借贷的规模难以统计，但参考“银信合作”等既有的数据可窥见一斑。表1是2010年四个季度和2011年前两个季度的银信合作的统计数据。

表1 **银信合作业务资金额与占比** 单位：万元，%

	2010年 1季度	2010年 2季度	2010年 3季度	2010年 4季度	2011年 1季度	2011年 2季度
余额	10091592	12558588	189322000	166052981	153019428	161135587
占比	82.51%	73.23%	64.02%	54.61%	46.82%	43.06%

资料来源：中国信托业协会网站。

截至2011年6月30日，中国银行合作理财产品的规模已达到1.61万亿元。[②] 伴随着业务量的增加，民间非金融机构发展迅速，截至2011年6月底，全国小额贷款公司机构数量增加到3366家，贷款余额2874.66亿元，同比分别增长42%和57%；同时全国有典当行5238家，实现典当总额1180亿元，同比增长38%。[③]

从以上一些官方统计数据，我们大体可以推断出我国“影子银行”的基本情况，其产生的影响是巨大的，而对其加以监管的难度也是巨大的。显然，我国“影子银行”的发展带来的风险和问题不容小视。

我国实行“分业经营、分业监管”的体制，而“影子银行”涉及证券、保险、信托等多个行业，造成监管的难度增加，风险加大。例如，银行通过“银信合作”将资本移除表内，从而规避了存款准备金的计提和资本监管的要求。同时，非金融机构的泛滥对传统的金融监管造成了挑战，民间借贷存在监管盲区。而最为恶劣的是，以高利贷为代表的“影子银行”由于其高收益的特点，使越来越多本应投资于实业

①③ 中国人民银行网站。

② 中国信托业协会网站。

等实体经济领域的资金转而投入到能获取暴利的高利贷中，使得很多中小企业放弃了经营的主业转而投机于民间借贷，这从长期来看，对国家、民族的发展是极为有害的。

四、对高利贷等“影子银行”的监管思路与政策建议

鉴于高利贷等民间借贷的盛行，特别是其发展所暴露出的问题，我国监管部门已经开始关注并采取了必要的措施在防范“影子银行”的风险。2011 年年初，银监会发布《中国银监会关于进一步规范银信理财合作业务的通知》，要求各商业银行需在年底前将银信合作业务从表外转入表内，受存贷款比的限制；未转入表内的，信托公司则应按 10.5% 的比例计提风险资本。① 2011 年 5 月，当时的银监会主席刘康明表示，要加强“影子银行”问题的调查研究，做好跟踪分析，严格按照时间表做好银信合作表外传表内的工作，配合有关部门加大对非法金融活动的打击力度，积极推动将打击和处置非法集资工作纳入中共社会治安综合治理考评体系，维护金融市场秩序。②

综合以上分析，在防范“影子银行”的风险、加强监管方面还应该采取以下措施。

（一）积极引导“影子银行”的发展，采取更有针对性的监管方式

对“影子银行”严防死守，过度监管，可能会造成一系列不良的后果，所以，应该积极引导民间金融纳入监管当局的管理范围，采取适当的监管措施，疏堵结合，促进其健康的发展，为金融体系的建设注入鲜活的血液。推进我国金融业综合监管的步伐，针对“影子银行”的业务交叉采取综合监管。

（二）加强对“影子银行”的宏观审慎性监管

“影子银行”体系必须纳入宏观审慎性管理框架范畴，借鉴国际监管模式，建立我国对“影子银行”的监管体系。可以对“影子银行”

①② 中国银行业监管委员会网站。

实行资本充足率的要求，控制其杠杆比率，同时加强风险监测与预警体系建设。

（三）推进利率市场化改革

建立公平的竞争环境，逐步放松利率管制，使资金自由的流动，加强基准利率建设，推进利率市场定价机制，稳定利率水平，实现借贷资金供需平衡。同时对中小企业的资金借贷实行一定的扶持政策，保证其资金的供给，为中小企业的发展创造良好的资金环境。

（四）完善“影子银行”监管的法律法规

根据我国的国情，继续加强“影子银行”的法律法规体系建设，针对存在的问题制定必要的规章制度，提高“影子银行”的信息披露程度，增强其透明度，并根据经济形势的发展变化及时调整各项法律法规。让中小企业主和投资者充分了解“影子银行”的相关信息，防范相关风险。

（五）加强“影子银行”监管的国际合作

G20 首尔峰会要求金融稳定理事会等国际组织在 2011 年提出“加强影子银行监管”的政策建议，根据这一要求，金融稳定理事会于 2011 年 4 月 12 日发布了《影子银行：内涵与外延》，系统阐述了影子银行体系的内涵、风险成因、监管思路、监管方式等方面的最新观点。[①] 中国监管当局应积极参与进来，与世界各国一起探讨关于“影子银行”最优监管方案，促进金融业的健康的发展。

参考文献

［1］李树生著：《合作金融》，中国经济出版社 2004 年版。

［2］温铁军：《“三农”问题与制度变迁》，中国经济出版社 2009 年版。

［3］李树生：《北京郊区民间投资问题研究》，中国金融出版社 2007 年版。

［4］张杰主编：《中国民间借贷制度：结构、变迁与政策》，中国人民大学出

① 《金融发展评论》2011 年 08 期《金融稳定理事会关于加强影子银行监管的政策建议及对我国的启示》中国人民银行合肥中心支行金融稳定处课题组。

版社 2003 年版。

［5］王群琳著：《中国民间借贷制度》，经济管理出版社 2006 年版。

［6］王曙光：《草根金融》，中国发展出版社 2008 年版。

［7］文维虎、陈荣：《重视影子银行动向，避免风险隐患显现》，载《西南金融》2010 年第 2 期。

［8］何德旭、郑联盛：《影子银行体系与金融体系稳定性》，载《经济管理》2009 年第 11 期。

［9］陶冬：《中国影子银行风险大于地方融资平台》，载《第一财经日报》2011 年。

［10］李建军、田光宁：《影子银行体系监管改革的顶层设计问题探析》，载《宏观经济研究》2011 年第 8 期。

上市公司自愿性信息披露动因分析

任祎卓　浙江大学经济学院

【摘要】随着资本市场的快速发展，对上市公司信息披露要求也越来越高，强制性披露已不能满足投资者需求，自愿性披露已成为投资者信息的重要补充和深化。代理理论、信号理论及资本市场竞争理论是公司自愿披露的理论基础；展示“核心竞争力”、吸引更多资本是公司自愿披露的内在动力；沟通利益相关者、承担社会责任是公司自愿披露的外在驱因；通过博弈论逻辑推理，进一步验证了上市公司具有自愿披露信息的强烈动机。

【关键词】上市公司；自愿披露信息；博弈论；动因

Analysis of Motivation of Listed Companies' Voluntary Information Disclosure

REN Yi-zhuo

Abstract: Along with the rapid development of capital markets, requirements for the listed companies' information disclosure become increasingly rigorous, mandatory disclosure already cannot satisfy the demands of investors; Voluntary disclosure has become an important complement and deepening to the investors' information. Agency theory, signal theory and competition theory in capital market are the theoretical basis of the voluntary disclosure; Showing "core competencies" and attracting more capital are the inner power of companies' voluntary information disclosure; Communicating with the stakeholders, being responsible for the society is external driver of the companies' voluntary disclosure; Through logical reasoning by game theory, this paper further verified the listed company has strong motivation for voluntary information disclosure.

Key Words: the listed company; voluntary information disclosure; game theory; motivation

随着资本市场的快速发展，频频暴发的会计信息造假案件接踵而来。面对变幻莫测的证券市场，理性投资者并不满足上市公司按照 SEC 及 FASB（财务会计准则委员会）强制披露的信息，更希望了解公司的未来战略、市场风险、投资项目、通货膨胀、环境保护及并购等前瞻性信息。而上市公司也试图通过披露信息，展示自己在强制信息披露中所不能体现的“核心价值”。于是，自愿性信息披露便应运而生。

一、自愿性信息披露动因理论基础

（一）理论解析

代理理论认为：“一种契约，在这种契约下，一个人或更多人聘用另一个人代表他们来履行某些服务，包括把若干决策权托付给代理人。”经理人和所有者之间是一种代理关系。代理人需要负担监管成本、担保成本及剩余损失等三种契约成本，代理人为了降低监督成本，就有向所有者自愿披露信息的动机。而且代理成本越高，自愿披露的动机就越强。

信号理论（signaling）认为：为了吸引投资、提升股价和市场价值，高质量公司就自愿向投资者披露信息；中等质量公司认为沉默就是隐瞒，因而也自愿披露一些信息；即使质量较差公司，为了维护信誉也可能披露某些信息；最后只有极少数质量最差公司不愿披露，从而投资者不愿投资，公司股价则降低。

资本市场竞争理论认为：资本市场是一个信息市场，信息引导社会资金流向各个实体。公司为了抢占市场有限稀缺资本，必然存在一定竞争关系因而公司就有自愿披露信息的内在动力。而且信息披露越透明、越公开，公司形象就越好，就越能取得投资者信任。而且披露信息还可以减少投资者风险，降低公司成本，提高竞争地位。

（二）经济后果

Healy 和 Palepu 分析了自愿性信息披露的三种经济后果：（1）提高证券流动性：自愿性信息披露能降低投资者间信息不对称，投资者更愿意交易该公司证券（Kim&Verrecchia，1994）；（2）降低资本成本：博特森（1997）研究表明，较少财务分析师关注公司的权益资本成本与自愿性信息披露程度之间存在负相关关系；（3）增加财务分析师信息供给：Lang & Lundholm（1996）认为，仅仅通过强制性信息披露，管理层私人信息不能充分披露，自愿性信息披露降低了财务分析师的信息搜集成本。

二、自愿性信息披露的现实动因

1998 年，普华永道会计师事务所对瑞士 82 家公司调查显示，80%的经理人认为投资者对经理人的信赖程度和市场中介机构更多关注集中在自愿性信息披露较多的公司上。这不但说明自愿披露对投资者的重要价值，而且公司已主观认识到自愿披露对公司的重要意义。

（一）揭示公司价值动因

1970 年阿克洛夫（Akedof）提出了旧车市场模型，从而产生了逆向选择和道德风险问题。在旧车市场上，只有卖方知道旧车质量，而买方只知道旧车的平均质量，因而只好以平均质量价格购车，这就形成了劣车挤好车的“次品车市场效应”。如果证券市场上信息不对称，投资者也只能以旧车市场方法，降低购买股票价格，使证券市场低效萎缩。而且投资者和信贷者还会要求以更高的资本报酬来补偿风险及成本，造成公司筹资困难和成本增加。按照信号理论，不同质量等级的公司为了吸引投资和降低成本就会主动披露信息。纽森和艾甘（Newson and eegan，2002）通过欧美等国 150 个机构投资者对澳大利亚、韩国及新加坡三国跨国公司调查显示，上市公司自愿披露信息的主要目的在于体现公司“核心能力”和“全球竞争化策略”。在我国目前证券市场信息不对称情况下，绩优公司自愿披露信息更能凸现公司价值。李明辉等（2003）对我国 2001 年上市公司年报分析发现，88 家董事会自愿披露内部控制信息的公司，属于 ST/PT 公司的有 5 家，而非 ST/PT 公司的有 83 家。这就验证了绩优公司有动力自愿披露信息。

（二）市场竞争动因

争夺资本市场资源需要。在资源稀缺的资本市场上，信息是引导资金流动的重要工具。在市场资本总量一定情况下，公司信息决定投资者或高价购买证券，或“以脚投票”。在我国，广大投资者（尤其中小投资者）经过2001年前股价大起大落、2001年后股市全面下跌以及政府和学术界投资教育和引导后，投资变得异常冷静。因此，那些认为我国居民大量储蓄导致资本供过于求，资本市场不存在竞争的说法是无道理的。可以预言，只要我国居民不把储蓄资金用于投资，资金需求就有缺口，资本市场就存在竞争。

掌握公司控制权需要。经理人为了防止委托人解雇或谋取更高报酬和职位，防止公司因低股票价格被恶意收购，就会通过信息披露揭示工作业绩和能力。尤其国有控股上市公司政府部门（股东）与经理层之间信息严重不对称，公司就更应该不断向政府传递绩优信号。

（三）资本交易动因

信息披露可以增加市场透明度，吸引投资，提高股票价格和股市流动性。当公司意在通过发行债券、股票或通过股票交易收购另一家公司时，投资者对公司的评价尤为重要（Haly and Palepu，1993）。可见，除基本财务指标外，公司市场形象和股票价格是获得融资机会和提高融资价格的另一决定性因素。巴里和宝恩（Barry and Bmwn，1985）和默顿（Merton，1987）都指出，当经理层与投资者信息不对称时，投资者需要公司额外费用来补偿风险。郎和陆德霍尔姆（Lang and Lundtholm，1997）通过对准备融资的公司进行研究发现，一般在融资前六个月，公司会主动对外披露信息。我国目前上市公司普遍急需融资，所以自愿披露动机都非常强烈。

（四）社会责任需要

公司社会责任是指公司在进行生产经营活动同时，还要担负社会责任，包括环境保护、扩大就业、员工福利、社会活动、产品性能和安全性等。通过披露社会责任信息，可以提升公司形象和“信誉资本”，提高投资吸引力，促进社会和企业可持续发展。因此，具有发展潜力和希望成功的公司都自愿披露社会责任信息。自2006年3月10日国家电网公司发布我国首份社会责任报告，至2007年上半年，我国已有36家公司独立发布了社会责任报告，其中上市公司有30家，增长速度明显。

这说明我国上市公司越来越重视社会责任，社会责任信息披露势在必行。

（五）其他驱使动因

上市公司经理层如果持有公司股票或期权等，往往会在股票期权到期前，延迟披露利好信息、加快披露利空信息，以增加股票补偿。为了避免受到法律诉讼威胁，上市公司在主动增加信息披露同时，会慎重披露前瞻性信息，避免投资者遭受损失。另外，上市公司为了提高内控管理质量，防范风险，降低成本，也会自愿披露信息。

三、自愿性信息披露动因的博弈论验证

博弈论是研究决策主体行为发生直接相互作用时候的决策以及这种决策的均衡问题。决策主体为了达到各自利益和目标，必须考虑对手的各种可能决策，并力图选择有利于自己的决策。“囚徒困境”是博弈论最经典理论，是现代非合作博弈论基石，它很好说明了个人理性与集体理性之间的冲突。下面运用囚徒模型分析上市公司在外部环境影响下，通过信息披露能否走出困境。

（一）博弈模型设计

假设甲、乙两个上市公司，它们是一种非完全信息、非合作的动态博弈。每个居中人都是“理性的”，即不能存在侥幸心理，利用其他居中人失误来扩大自身利益的行为。甲公司的策略集为“自愿披露（D）、不披露（H）”，乙公司的策略集为“自愿披露（I）、不披露（R）”。当甲公司“自愿披露”时，如果乙公司“不披露”，即只报喜不报忧，使乙公司得到正向效用为0，而甲公司因“报忧”而受损效用为 -10。当甲公司“自愿披露”时，如果乙公司也“自愿披露”，则甲、乙两公司均得到效用为 -1；同理，当甲公司“不披露”时，如果乙公司“自愿披露”，甲公司得到效用为0，而乙公司得到效用为 -10。当两公司均“不披露”时，二者效用均为 -8。其模型如表1所示。

表 1　　甲、乙上市公司信息披露博弈

参与者		上市公司（甲）	
	策略	不披露（H）	自愿披露（D）
上市公司（乙）	不披露（R）	-8，-8	0，-10
	自愿披露（I）	-10，10	-1，-1

（二）博弈双方赢得分析[11]

表 1 中，给定甲公司不披露情况下，如果乙公司自愿披露就得到效用 -10 个，如果不披露就得到效用 -5 个，所以乙公司不披露比披露好；在给定甲公司自愿披露情况下，如果乙公司自愿披露就得到效用 -5 个，如果不披露就得到效用 10 个，所以乙公司还是不披露比披露好。这样，乙公司的占优战略就是不披露（R）。同样，甲公司的占优战略也是不披露（H）。结果是两个公司都不披露。这就是说，我们最想达到的"帕累托最优"（I，D）不能实现，只能达到不想得到的纳什均衡（R，H），上市公司走不出囚徒困境。下面我们引入外部环境竞争机制，分析两个公司信息披露博弈变化情况。

1. 社会舆论

社会舆论是上市公司信息披露的强大督促力。不同上市公司对社会舆论承受能力不同，设甲、乙公司承受能力的权重值分别为 A_1、A_2（A_1、$A_2>0$），得到如表 2 所示博弈结构。

表 2　　甲、乙上市公司在社会舆论下信息披露博弈

参与者		上市公司（甲）	
	策略	不披露（H）	自愿披露（D）
上市公司（乙）	不披露（R）	$-8A_1$，$-8A_2$	0，$-10A_2$
	自愿披露（I）	$-10A_1$，$10A_2$	$-A_1$，$-A_2$

显然，社会舆论没有改变甲、乙公司策略博弈均衡，但由于双方权重值不同，双方由对称博弈转化为非对称博弈。

2. 对外形象

对外形象是企业核心竞争力之一。公司为了维护声誉，宁愿接受更大损失，也要披露信息。设甲、乙公司赋予对方的权重分别为 B_1、B_2

(B_1、$B_2>0$)，则支付矩阵如表 3 所示。

表 3　　甲、乙上市公司在社会舆论、声誉度影响下信息披露博弈

参与者		上市公司（甲）	
上市公司（乙）	策略	不披露（H）	自愿披露（D）
	不披露（R）	$-8(A_1+B_1)$，$-8(A_2+B_2)$	$-10B_1$，$-10B_2$
	自愿披露（I）	$-10A_1$，$-10B_2$	$-(A_1+B_1)$，$-(A_2+B_2)$

根据表 3，当 $B_1<1/9A_1$ 时，无论甲公司如何选择，乙公司都不披露信息，这是因为乙公司虽然重视声誉度，但更关心眼前诱人利润。当 $1/9A_1<B_1<1/4A_1$ 时，对方披露即披露，对方不披露即不披露，双方合作，相互惠利。当 $B_1>1/4A_1$ 时，无论对方如何选择，双方为了维护声誉，即使损失当前利润也都选择披露。同理，可以得出 B_2 在一定取值范围内，甲、乙两公司的相应博弈结果。至此，上市公司已部分走出困境。

3. 自律监管

如果甲公司自愿披露而乙公司不披露，甲公司则会后悔自己选择，后悔值与其损失成正比。同时，乙公司也会产生不道德感，不道德感与其损失成正比。假设甲、乙公司的后悔权重分别为 C_1、C_2，不道德感权重分别为 D_1、D_2，由此博弈矩阵如表 4 所示。

表 4　　甲、乙上市公司在社会舆论、声誉度及行业自律、组织监管影响下信息披露博弈

参与者		上市公司（甲）	
上市公司（乙）	策略	不披露（H）	自愿披露（D）
	不披露（R）	$-8(A_1+B_1)$，$-8(A_2+B_2)$	$-10B_1-9D_2$，$-10A_2-9C_1$
	自愿披露（I）	$-10A_1-C_2$，$-10B_2-9D_1$	$-(A_1+B_1)$，$-(A_2+B_2)$

通过表 4 与表 3 对比得知：由于行业自律及组织监管作用，矩阵（R，D）、（I，H）支付变小，（R，H）、（I，D）支付无变化，说明（R，H）、（I，D）的支付均衡概率增加。又因为表中各权重值均大于 0，所以矩阵的均衡点在（I，D）。也就是说，上市公司都选择自己的占优战略——自愿披露，这正是我们想要的结果。这说明，在外部竞争环境影响下，相关人总

会自愿披露信息而达到一种社会的“帕累托最优”状态。

诚然，在经济全球化发展的今天，虽然我国上市公司自愿性信息披露呈快速增长趋势，但是，目前披露质量总体水平还不高，存在不充分、不规范甚至虚假现象，且重强制性披露，轻自愿性披露。因此，应不断加大相应约束条件，遵循成本收益原则，使上市公司自愿性信息披露由博弈内化为一种必然。

参考文献

[1] Xiaochang Li. The Analysis of the Causes and the Degree of Voluntary Information Disclosure by Listed Companies. Management information, 2007, (7). 49 (in Chinese).

[2] Xiaochang Li. T The Analysis of the Causes and the Degree of Voluntary Information Disclosure by Listed Companies. Management information, 2007, (7). 50 (in Chinese).

[3] Li Ying, Zhang Bingfa. “Review of Voluntary Information Disclosure by Listed Companies. Accountant J, 2008, (11). 60 (in Chinese).

[4] Hou Xuejun, Sue Yingjian. Research on the Listed Companies' Strategic Management Ability and the Innovative Management Ability of Information Disclosure. Science and technology and management, 2008, (6). 30 (in Chinese).

[5] Li Linlin. Analysis of the Motivation of Listed Companies' Voluntary Information Disclosure in China, BBS of market 2006, (10). 51 (in Chinese).

[6] Wu Xiangyu. Analysis of the Motivation of Listed Companies' Voluntary Information Disclosure. Public Science and Technology, 2006, the public (1). 136 – 137 (in Chinese).

[7] Wu Xiangyu. Analysis of the Motivation of Listed Companies' Voluntary Information Disclosure. Public Science and Technology, 2006, the public (1). 135 (in Chinese).

[8] Xia Xuehua. Analysis of the Listed Companies' Voluntary Disclosure of Social Responsibility Information. Green accounting, 2009, (6). 46 (in Chinese).

[9] Li Yining, Western Economics. Beijing: Advanced education press, 2002 (in Chinese).

[10] Hu Yunquan. Operations Research Tutorial. Beijing: tsinghua university press, 1998 (in Chinese).

[11] Fudenberg D, Tirole j. game theory. Translated by HuangTao, GuoKai, Wang Yiming, etc. Beijing: Renmin university of China publishing house, 2002 (in Chinese).

后　记

2011年10月28～30日，由首都经济贸易大学（CUEB）主办、美国评估师协会（ASA）和英国皇家特许测量师学会（RICS）协办的第一届资产评估新发展国际论坛在北京隆重举行。

本届论坛的举办得到了财政部、国资委、证监会、中国资产评估协会、北京市注册会计师协会、高等院校以及国内外资产评估机构的大力支持，取得了丰硕成果。论坛收到学术论文70余篇，来自于美国、英国、日本、中国等国家的资产评估行业部门领导、高等院校及资产评估机构的150余名学者专家莅会演讲和交流。首都经济贸易大学校长王稼琼教授、美国评估师协会中国区主席王诚军先生、英国皇家特许测量师学会中国区经理李刚先生和中国资产评估协会培训部主任赵金娥女士出席开幕式并发表致辞。财政部企业司司长刘玉廷先生出席开幕式，并针对资产评估新领域和新发展问题发表重要讲话。国务院国有资产管理委员会产权局评估处处长郜志宇先生、中国证券监督管理委员会会计处杨琴琴女士、北京市注册会计师协会资产评估部副主任毛群女士等相关部门领导出席论坛开幕式。美国评估师协会副主席Daniel R. Van Vleet先生、英国皇家特许测量师学会亚洲分会主席Chris Brooke先生、日本不动产研究所特定事业部部长小林信夫先生、Duffs & Phelps财务咨询有限公司董事总经理Bill Snyder先生、普华永道会计师事务所合伙人陈少瑜先生、安永会计师事务所合伙人Jackson. Wei先生、德勤会计师事务所总监邱伟彬先生、达信评（北京）财务咨询有限公司董事总经理黎大汉先生、美国评值有限公司副总裁周赤宾先生、华渊鉴价股份有限公司副总经理陈淑珍女士、北京首佳房地产评估有限公司董事长高喜善先生、中联资产评估集团高级副总裁王生龙先生、中天衡平国际资产评估有限公司副总经理陈扬先生、中南财经政法大学MBA学院院长汪海粟教授、厦门大学资产评估研究中心主任纪益成教授、中央财经大学资产评估研究所所长刘玉平教授、东北财经大学会计学院姜楠教授、上海立信会计学院曹中教授、首都经济贸易大学财政税务学院资产评估系主任王竞达副教授等资产评估业界精英与专家学者针对资产评估有关前沿问题进行主题演讲。

本次“资产评估新发展国际论坛”较之以往的同类学术会议具有三大特色：

一是论坛议题围绕资产评估行业前沿问题展开，引起强烈共鸣。本次论坛议题着眼于资产评估行业前沿问题，关乎到资产评估行业的部分新业务、新领域，关乎到资产评估行业在经济发展中如何进一步发挥中介作用，引起了广泛的共鸣和关注，论坛出席人员立意高，成果显著。

二是论坛定位较高，实现了国内外知名专家学者的广泛交流与讨论。本次大会论坛切入主题多元，参与范围广泛。来自国内外的行业协会代表、学者、实务专家分别对资产评估行业前沿问题进行探讨，实现了精英聚首，诸多见解和思考均属新颖独特。

三是论坛意义重大深远。论坛系由国内高校和两大国际知名评估行业协会共同举办，紧紧围绕资产评估行业前沿问题展开。与会代表认为，国内外行业协会和高校联合举论坛意义重大，值得延续举办，以更好的促进行业发展。

回想起“资产评估新发展国际论坛”那场激动人心的思想碰撞，各位专家的真知灼见依然环绕在耳边，国内外资产评估行业的专家学者济济一堂，就资产评估行业前沿问题各抒己见，阐述观点，进行论证，实为理论界和实务界一大乐事。

为了更好地整理此次论坛上展示的最新研究成果，我们出版了本次论坛的论文集。论文集的成果汇集了国内外众多知名专家学者的智慧和思想。

在收集、整理征稿论文以及酝酿出版论文集过程中，首都经济贸易大学财政税务学院的老师和研究生们付出了大量辛勤劳动。没有他们的辛勤劳动，就不会有论文集的顺利出版。感谢姚东旭教授、李红霞教授、蔡秀云教授、王珂副书记对论坛以及论文集的大力支持；感谢马颜平、赵琼、张晓慧、陈蕾、李蕾、郭晓丹等教师在论坛举办及论文集整理过程中的辛勤付出；感谢在论文集整理过程中付出大量努力的李翔、刘旭、李雪城等研究生；感谢经济科学出版社对论文集的精心编辑，使得论文集得以及时出版。

数月前的“资产评估新发展国际论坛”是国内外高校、行业协会和实务界共同对资产评估行业前沿领域进行的一次集中探讨，是学术界和实务界共同举办论坛的一种有益探索。我们希望这是一颗种子，并希望这颗种子能够生根发芽，茁壮成长。

赵仑、王竞达

2012 年 2 月于北京